특수학교와 일반학교의 장애 아동 교육을 위한 입문서

장애 아동의 이해와 교육

본 연구는 2020년도 부산교육대학교 학술연구과제로 지원을 받아 수행되었음.

장애 아동의 이해와 교육

This Edition was published by Jipmoondang in 2020, Seoul, Korea.

특수학교와 일반학교의 장애 아동 교육을 위한 입문서

장애 아동의 이해와 교육

김기홍 저

집문당

저자 김기홍(金起興)

동아대학교 문과대학 독어독문학 전공
독일 쾰른대학교(Universitaet zu Koeln) 특수교육과 졸업(학사)
독일 쾰른대학교(Universitaet zu Koeln) 특수교육대학원 졸업(석사)
독일 쾰른대학교(Universitaet zu Koeln) 특수교육대학원 졸업(박사)
인제대학교 사회복지대학원 졸업(석사)
전, 가야대학교 초등특수교육과 교수(2002~2005)
현, 부산교육대학교 유아교육과 교수(2006~현재)

장애 아동의 이해와 교육

2020년 12월 20일 1판 1쇄

저자 | 김기홍
발행인 | 임동규
발행처 | **(주)집문당**
등록 | 1971. 3. 23. 제2012-000069호
주소 | 03134 서울시 종로구 돈화문로 82, 5층
전화 | +82-1811-7567
이메일 | sale@jipmoon.com
홈페이지 | www.jipmoon.com

ISBN 978-89-303-1890-7 93370

가격 28,000원

이 도서의 국립중앙도서관 출판시도서목록(CIP)은 e-CIP홈페이지(http://www.nl.go.kr/ecip)와 국가자료공동목록시스템(http://www.nl.go.kr/kolisnet)에서 이용하실 수 있습니다.
(CIP제어번호: CIP2020049438)

인간에 대한 믿음은

인간 존재의 근본이 되는 신에 대한 믿음을 전제로 한다.

(Karl Jaspers, 1883-1969, 독일 실존주의 철학자, 정신과 의사)

머리말

독일의 제3제국 시대에 히틀러(A. Hitler, 1889~1945)와 민족사회주의자들의 국내외에 대한 정치이념은 주로 인종주의와 사회적 다윈주의였다. 그들은 이러한 왜곡되고 편협한 인간관을 바탕으로 수많은 유대인 등 타민족에 대하여 강제수용소에서 대량학살을 자행하였다. 특히 나치정권은 장애인 및 정신질환자들을 대상으로 강제적 불임시술을 실시하였을 뿐만 아니라, 더 나아가 전국에 설치된 독가스실에서의 천인공노할 만한 국가적 범죄를 저질렀다.

그 당시 나치정권이 지향했던 이상적인 인간상은 오로지 아리아족 혈통을 가지고 있는 건강하고 민족사회주의적 이념을 맹신하며 추종하는 사람이었다. 그러나 이 같은 사회적 규범이나 기대에서 벗어난 장애인들이나 정신질환자들은 노동이나 치료 및 학습이 불가한 존재로 간주한 나머지 이른바 '살 가치가 없는 목숨'이나 '쓸모없는 짐 같은 존재'라 분류되어 무자비한 탄압 정책의 희생양으로 전락하였다.

이러한 비뚤어진 인간에 대한 입장은 아마도 오스트리아의 심리학자였던 아돌프 요스트(A. Jost, 1874~1908)의 『죽음에 대한 권리(*Das Recht auf den Tod*)』라는 저서와 깊은 관련이 있을 것이다. 그는 독일의 철학자 니체(F. Nitzsche, 1844~1900)와 오스트리아 작가이며 정치가였던 폰 헬렌바흐(L. B. von Hellenbach, 1827~1887) 등의 인간관에 영향을 받았다. 특히 요스트는 스코틀랜드의 철학자이자 역사학자였던 흄(D. Hume, 1711~1776)의 공리주의적 인간관에 따라서 개인의 존재의 가치나 의미를 기쁨이나 고통 혹은 사회공동체에 대한 이익과 손해 등의 기준에 따라 판단하였다. 이러한 사상을 바탕으로 그는 난치성 질병의 경우에는 죽음에 대한 권리가 주어져야 한다고 주장하였는데, 즉 극도의 고통스러운 삶을 살고 있고 더 나아가 많은 양의 약물이나 음식 등 사회적인 비용을 소비하며 사는 난치성 질환을 가진 사람들은 오히려 죽음이 더 낫다고 강조하였다. 아울러 이러한 사상은 1920년 독일 정신 병리학자인 호헤(A. Hoche, 1865~1943)와 법학자였던 빈딩(K. Binding, 1841~1920)의 『살 가치가 없는 목숨의 멸절에 대한 허용』이라는 저서로 이어져 결국 히틀러 정권의 장애인 정책의 주요 이론적 근거 중 하나로 오용되었다.

사실 각 국가의 헌법이나 국제적인 각종 선언에서도 인간 존엄성은 기본적으로 모든 사람들의 무조건적이고 절대적인 기본권으로 확고하게 명시되어 있다. 그럼에도 불구하고 오늘날 국내외에서는 자살의 문제를 비롯하여 안락사(조력자살), 인공임신중절이나 최근의 사전연명의료의향서 등의 사회적인 문제들이 드물지 않게 발생하고 있다. 이러한 생명윤리와 관련된 주제들의 결론은 인간 존재 의미나 가치가 절대적이거나 무조건적이기보다는 오히려 여전히 경제성, 합리성 혹은 생산성이라는 기준을 바탕으로 암묵적으로 결정되고 있음을 결코 부정할 수는 없을 것이다.

특수교육은 모든 인간은 각자 유일무이한 존재로서의 인간 존엄성을 인정하는 데서 출발하며, 또한 궁극적으로는 사회적으로 왜곡된 인간성 회복을 주요 목표로 하는 학문영역이라 할 것이다. 이에 본서는 각 개인의 존재 가치와 의미에 대한 어떠한 위협 세력이나 사상이라도 경계하고 주의하는 데 필요한 기초적인 정보와 자료이자 자그마한 계기가 되기를 바라는 마음뿐이다.

끝으로 이 책이 출판될 수 있도록 귀중한 기회와 도움을 주신 ㈜집문당 임동규 대표님과 관계자 여러분께 진심으로 깊이 감사를 드린다.

2020년 12월

저자

차 례

제 II 부 장애 유형별 특성의 이해와 교육

제 I 부

장애 아동 교육의 기초적 배경

제1장

인간 · 교육 · 교사에 대한 기본적 이해

1. 인간

교육의 대상인 인간(homo sapiens/person)의 본질을 이해하기 위해서는 생물학, 사회학, 언어학, 종교학, 윤리학, 교육학, 심리학 등 매우 다양한 학문적인 관점에서 특성들을 살펴볼 수 있다. 그러나 기본적으로 아동과 청소년 등 모든 인간에 대한 교육적 활동과 서비스는 특히 각 개인의 인간 존재에 대한 절대적이고 무조건적인 존엄성의 인정과 존중이 반드시 핵심적인 이념이 되어야 한다. 현대적인 의미에서 인간의 존엄성은 모든 인간은 출생, 성(性), 연령, 피부색 혹은 종교 등의 개인적 특성에 상관없이 동일한 가치를 가지고 있는 것으로 이해할 뿐만 아니라 이러한 가치는 모든 다른 생물이나 사물보다 우위에 있는 것을 말한다. 이와 관련하여 법철학 혹은 법 이론적인 개념으로서 인간 생명의 존엄성 또는 인간 존재의 존엄성에 대한 근거는 고대 철학 및 기독교적인 관점 등 크게 두 가지 입장에서 살펴볼 수 있다.

먼저 철학적인 시각에서 칸트(Kant, 1724~1804)는 인간의 존엄성을 특히 '인간의 수단화 금지'로 이해하고 있는데, 인간은 자신뿐만 아니라 타인에 대해서도 결코 수단이 아니라 목적적인 존재로 대하여야 함을 강조하였다. 칸트는 인간의 존엄성의 주된 근거를 다른 생물체와는 달리 기본적으로 인간이 이성적 존재와 더불어 도덕적 자율성을 가진 존재라는 점에 둠으로써 어떤 다른 것으로도 대체할 수 없는 절대적인 가치인

<칸트(I. Kant)>

출처: https://de.wikipedia.org/wiki/Immanuel_Kant

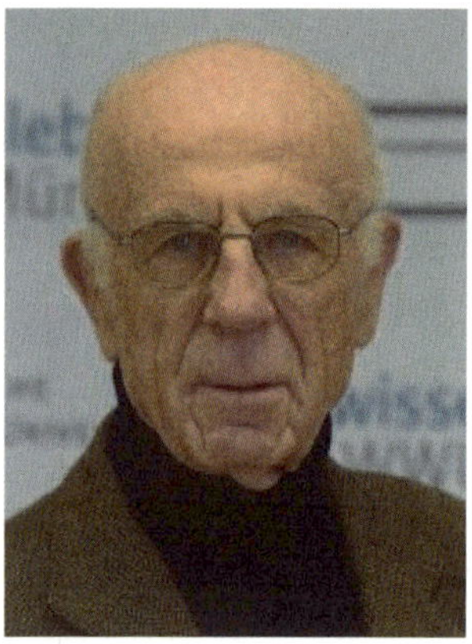

<홀츠하우어(H. Holzhauer)>

출처: https://www.jura.uni-muenster.de/de/apps/personenliste/prof-dr-heinz-holzhauer/

존엄성을 지닌다고 보았다.

한편 인간의 존엄성 사상은 기독교 교리에서 근거를 찾을 수 있는데, 독일의 뮌스터(Muenster) 대학교 법학부의 법제사(法制史) 학자이며 민법 교수였던 홀츠하우어(H. Holzhauer, 1935~현재)는 '인간 존엄성의 개념은 본래 기독교 윤리에서 출발하였으며, 이러한 사상이 오늘날의 인본주의(Humanism) 사상으로 확대되어 법학 등 여러 학문 분야들의 기초적인 이념으로 확립된 것으로 보고 있다. 기독교는 인간의 존엄성의 근거를 특히 인간이 창조되는 과정에서 다른 피조물들과 확연히 구별되는 점을 들고 있다. 구약성경 창세기 1장 27절의 "하나님이 자기 형상 곧 하나님의 형상(Image of God)대로 사람을 창조하시되 남자와 여자를 창조하시고..."에 따르면 인간은 본질적으로 신(神)의 내면적인 품격을 천부적(天賦的)으로 가지고 태어남으로써 다른 생명체나 혹은 물체와는 엄연히 다른 매우 존귀한 존재로 차별성을 두고 창조된 것이다. 따라서 각 개인이 가지는 존엄성은 절대적이고 무조건적인 것을 의미하는 것이다. 아울러 모든 인간은 신의 형상을 따라 지어졌을 뿐만 아니라 인간의 죄성(罪性), 구원 및 사랑의 대상(로마서 3:10, 요한복음 3:16) 등에 예외 없이 모든 인간들이 포함됨으로써 인간 상호 간에 평등성의 사상이 동시에 발현되는 것을 알 수 있다.

아울러 유엔의 각종 선언문과 더불어 각 나라별 기본법인 헌법에 인간의 기본권으로 명시하고 있다. 1948년 12월 10일 세계인권선언(Universal Declaration of Human Rights)은 세계적인 인권 관련 국제법이다. 이 선언문의 전문(前文)에는 "인류 가족 모든 구성원의 고유한 존엄성과 평등하고 양도할 수 없는 권리를 인정하는 것이 세계의 자유, 정의, 평화의 기초가 됨을 인정하며…"라고 취지를 밝히고 있다. 또한 제1조에는 "모든 사람은 태어날 때부터 자유로운 존재로 태어났고, 한 사람 한 사람의 존엄과 권리는 모두 똑같다" 등 여러 조항에서 각 개인의 존엄성과 평등성을 반복적으로 명백하게 선언하고 있다.

특히 2006년 12월 13일 유엔의 장애인권리협약(Convention on the Rights of Persons with Disabilities)은 신체장애, 정신 장애, 지적 장애 등 모든 장애가 있는 사람들의 존엄성과 권리를 보장하기 위한 유엔인권협약이다. 그 전문(前文)의 몇 가지 조항들을 살펴보면, "(a) 세계의 자유, 정의 및 평화의 기초로서 인류 사회의 존엄성, 가치 및 동등하고 양도할 수 없는 권리를 인정하는 유엔헌장에 천명된 원칙들을 상기하고…"와 "(h) 장애를 이유로 한 모든 차별은 인간 고유의 존엄과 가치의 손상을 의미하는 것임을 또한 인정하며…" 등에서 장애인의 보편적인 존엄성의 보장과 삶의 전 영역에서 각종 차별 행위를 금지하고 적극적인 지원과 도움을 제공할 것을 천명하고 있다.

장애인차별금지 및 권리구제 등에 관한 법률의 제1장(총칙) 제1조(목적)를 살펴보면 "이 법은 모든 생활영역에서 장애를 이유로 한 차별을 금지하고 장애를 이유로 차별받은 사람의 권익을 효과적으로 구제함으로써 장애인의 완전한 사회참여와 평등권 실현을 통하여 인간으로서의 존엄과 가치를 구현함을 목적으로 한다"라고 정함으로써 궁극적으로 장애인의 보편적 존엄성과 평등권 실현을 지향하고 있는 것이다.

한편 독일의 경우에 1949년 5월 8일 결의된 기본법(Grundgesetz: GG)을 비롯하여 2002년의 장애인평등법(Behindertengleichstellungsgesetz: BGG)과 2006년의 보편적 동등우대법(Allgemeines Gleichbehandlungsgesetz: AGG) 등을 통하여 모든 인간의 존엄성 보장과 더불어 장애인에 대한 차별을 엄격하게 금지하고 있다. 특히 우리나라의 헌법 제1장(총강) 제1조 ①항에는 "대한민국은 민주공화국이다"라고 정하여 국가의 정치적인 정체성을 밝히고 있는 반면에 독일의 헌법 제1조 1항에는 "인간의 존엄성은 저촉될 수 없다. 이를 존중하고 보호하는 것이 모든 국가 권력의 책무이다"라며 인간의 존엄성을 최우선적으로 확고히 규정하고 있음을 알 수 있다. 이는 나치의 치하(1933~1945)에서 수많은 유대인을 학살하고 제2차 세계대전의 전범국이자 패전국인 독일은 자신들의 지나간 역사적 과오를 철저히 반성하면서 인간 존엄성의 불가침 원칙을 헌법의 첫머리에서 확고하게 선포하고 있는 것이다. 더군다나 1994년에 헌법 제3조(평등권 및 차별금지)의 "(3)... 누구도 자신의 장애로 인하여 불이익을 받아서는 안 된다"라고 정함으로써 성, 혈통, 종교, 언어, 고향, 출신, 인종, 정치관 등뿐만 아니라 특히 장애인들에 대한 차별금지 조항을 제정함으로써 장애인 보호를 국가적인 목표로 수용하였음을 살필 수 있다.

이러한 모든 인간에 대한 존엄성 보장의 당위성에도 불구하고 현대 사회가 공업화, 산업화, 과학화 및 정보화 시대로 빠르게 진행될수록 경제성, 합리성 및 생산성 등을 중심으로 인간의 존재 의미나 가치가 판단될 수 있는 위험성도 동시에 증가될 수 있는 점은 항상 경계해야 할 것이다.

2. 교육

<아베롱(Aveyron)의 야생아 빅터(Victor)>

출처: https://de.wikipedia.org/wiki/Victor_von_Aveyron#/media/Datei:Victor,_the_salvage_of_Aveyron,_end_XVIIIe.jpg

절대적이고 무조건적인 존엄성과 가치를 가진 모든 인간은 계속하여 여타 생물체들과는 달리 교육과 밀접한 관계 가운데 있다. 인간은 의도적이든 혹은 비의도적이든 자극 활동인 교육을 통하여 비로소 각 개인의 무한한 성장 및 발달 가능성을 실현할 수 있는 것이다. 인간과 교육의 불가분의 관계성은 이미 프랑스의 남부 지역에 소재한 아베롱(Aveyron)에서 발견된 소위 '늑대소년'인 빅터(Victor, 1788~1828)의 삶과 성장 과정을 통하여 잘 알려져 있다.

1797년 봄경에 프랑스의 남부지역 아베롱 지역의 생 세린 쉬르 랜스(Saint-Sernin-sur-Rance) 숲 속에서 '야생소년' 또는 '늑대소년'이라 불린 한 남자아이가 관찰되었다. 그 당시 아이는 마치 야생 동물같이 벌거벗은 모습과 매우 비정상적인 움직임을 보였다. 그 후 1798년 7월에 몇몇 사냥꾼들에 의해 발견되어 약 10세가량으로 추정되는 아이가 사로잡히게 되었고, 이들은 그를 인근 마을에 거주하는 미망인에게 위탁하게 되었다. 그러나 그는 일주일 후에 탈출하여 숲에서 다시 겨울을 보내게 되었다. 이어서 1800년 1월 9일 아침에 그는 아베룡 지역에서 가까운 한 마을 근처에서 다시 발견되었고, 얼마 지나지 않아 프랑스의 자연과학자이며, 동물학자이자 성직자였던 본나테레(P. J. Bonnaterre, 1752~1804)가 그를 조사하기 위해 아베룡 지역의 근교인 로데즈(Rodez)로 데려갔다. 본나테레는 야생소년의 키가 1m 36cm이며, 말을 전혀 하지 못하고 자신이 거울에 비친 모습도 인식하지 못하는 것을 확인하였다. 그리고 그는 울화증(鬱火症)에 시달리고 있었으며, 일출부터 일몰 때까지 잠을 잤다는 것으로 조사되었다.

또한 빅터라고 이름 붙여진 야생아는 특히 과자나 향신료 및 요리된 음식을 싫어하였다. 그 반면에 그는 주로 도토리나 견과류나 혹은 밤을 즐겨 먹었다. 또한 그는 어떤 것도 모방할 능력이 없었으며, 다른 아이들의 놀이에도 관심을 보이지 않았다. 또한 그는 성적(性的)인 충동을 보이지도 않았고, 아울러 빅터를 진단한 의사는 그가 더위나 추위에 매우 무감각함에 놀라기도 하였다. 예를 들어, 그 소년은 차가운 눈 속에서 구르며 노는 것을 즐겨하거나, 혹은 종종 맨손으로 불타는 통나무를 꺼내기도 하였다. 또한 그는 모음 'O'에 대하여 뒤돌아보는 것을 제외하고는 음악이나 인간의 말에는 전혀 반응하지 않았다. 이것이 나중에 프랑스의 담당 의사이자 농아교사인 이타르(Itard, 1774~1838)가 그에게 빅터(Victor)라는 이름을 부여한 이유가 되었다. 빅터는 자신의 등 뒤에서 발사된 권총 소리에도 놀라지 않았지만, 매우 원거리에서 견과류가 깨지는 소리는 잘 감지하였다고 한다.

<피넬(P. Pinel)>

출처: https://de.wikipedia.org/wiki/Philippe_Pinel#/media/Datei:Philippe_Pinel.jpg

한편 프랑스의 정신과 의사였던 피넬(P. Pinel, 1745~1826)은 이 소년이 성장과정에서 후천적인 이유로 정신적인 능력에 결핍을 가진 사람이 아니라, 선천적인 바보(Idiot), 즉 태어나면서부터 지적 장애를 가진 것으로 보인다는 견해를 내놓았다.

그러나 그 당시 농인시설의 수석의사였던 이타르는 완전히 다른 소견을 내놓았다. 다시 말하자면, 이 소년이 '지적 장애'를 가진 것은 사실이지만, 이것이 생물학적인 것보다는 문화적인 원인에 더 기인할 것이라는 것이었다. 그리고 이타르는 몇 가지 검사를 통하여 놀랍게도 빅터가 문을 열지 못한다는 것과 낮은 발판을 이용하여 제공된 음식을 가져올 줄 모른다는 사실을 발견하였다. 그리고 이타르는 1801년에 낸 첫 번째 보고서에서 빅터의 행동 변화에 대해 다음과 같이 기록하고 있다.

> 그는 이제 혼자 옷을 입고 침대를 더럽히지 않으려고 노력하며, 테이블에서 음식을 받기 위해 접시를 내밀기도 한다. 그리고 물 주전자가 비었을 때는 물을 가지러 가기도 한다. 그리고 원하지 않는 방문자에게는 출구를 가리키면서 내보내기도 한다. 그러나 호기심이 있는 사람들에 대해서는 자신을 작은 손수레에 태워 돌아다니기를 요구하기도 한다. 아울러 의사가 고의로 그의 머리카락을 엉망으로 만들면 의사에게 빗을 가져오기도 한다. 그리고 아침에는 자신의 선생님의 옷을 준비하기도 한다.

이어서 1806년에 이타르의 두 번째 보고서에는 빅터에 대한 몇 가지 사소한 성공담만이 언급되었다. 최근 몇 년 동안 그 소년은 주로 목재 절단이나 간단한 가사 작업과 같은 단순하고 지루한 작업을 하였다. 또한 이타르는 빅터의 감정이 어떻게 발달했는지를 인식했는데, 그는 칭찬에 대해 기뻐했고, 꾸중에 대해서는 반성의 기미를 보이기도 했다. 그리고 그에게 이타르가 정당하지 않은 것처럼 보였을 때는 분노하기도 했다는 것이다. 시간이 지남에 따라 자신의 선생님과의 지속적인 연습을 통해 가장 중요한 단어의 의미와 독립적으로 쓰는 법을 배우기도 했다. 이를 통해 그는 자신의 생각을 표현하고 주변 사람들과 의사소통도 어느 정도 할 수 있었다는 것이었다. 빅터는 완전한 사회적 통합에는 결국 실패하였고 평생 양육의 대상으로 살다가 40세에 생을 마감하였다.

이에 철학자이며 교육학자였던 칸트는 "인간은 교육을 받아야 할 유일한 피조물이다. 인간은 교육을 통해서만 인간이 될 수 있다. 인간은 교육으로부터 형성된 것 외에는 아무것도 아니다. 인간은 교육, 즉 가르침과 훈육을 받을 수 있는 능력이 있고 아울러 받을 필요가 있다"라며 인간을 다른 동물들과 분명히 구별되는 교육적 존재로 이해하고 있으며, 아울러 인간이 이성적(理性的)인 존재로 계속적으로 성장하고 성숙하기 위해서는 반드시 교육을 필요로 한다고 보았다.

교육에 해당하는 개념인 영어의 "Education"이나 독일어의 "Erziehung"의 어원에서 공통점은 '끌어냄' 혹은 '도출' 등의 의미를 내포하고 있다는 것이다. 즉 교육이란 인간이 지닌 각각의 발달 및 잠재 가능성을 밖으로 이끌어냄으로써 바람직한 방향으로 신장·발전하도록 조력하는 일이라 할 수 있다. 흔히 교육의 개념을 정의할 때는 기능적(functional), 규범적(normative) 혹은 조작적(operational) 정의 등으로 구분한다.

교육의 기능적 정의는 교육을 무엇을 위한 수단이나 도구로 규정하는 입장을 말한다. 이는 교육을 그 기능이나 결과에만 관심을 가지는 도구적 가치를 강조하는 것을 말한다. 예를 들어, '교육은 국가 및 사회발전을 위한 수단이다 또는 '교육은 개인적인 사회적 출세를 위한 수단이다' 등으로 교육을 이해하는 것이다. 이는 교육의 기능적인 측면을 인정한다고 하더라도 교육이 가지는 본래의 가치 실현에 대하여 소홀할 수 있다는 비판을 받기도 한다.

이어서 교육의 규범적 정의는 특히 교육이 가지는 내재적인 가치나 바람직한 의미를 강조한다. 다시 말하자면, 교육을 다른 어떤 활동보다 가치 지향적인 활동으로 봄으로써 교육 자체의 의미와 가치 실현에 무게 중심을 두는 것이다. 이러한 관점에서 '교육은 인간을 인간답게 형성하는 과정이다' 또는 '교육은 민주시민이 갖추어야 할 자질을 함양하는 것이다' 혹은 '교육은 영원한 진리나 가치를 탐색하는 접근과정이다' 등으로 정의하고 있다. 교육의 개념에 대한 규범적 입장에서의 정의는 구체적인 교육활동을 위한 지침마련이 난해한 추상적인 정의일 뿐만 아니라 급변하는 시대의 실생활에서 필요한 요구와 기대가 반영되지 못하는 비실제적 혹은 비현실적이라는 비판에 직면하기도 한다.

그리고 교육의 조작적 정의는 구체적인 교육현장과 더불어 교육활동이 일어나는 객관적인 현장에서 나타나는 교육의 결과나 효과를 바탕으로 이해하는 개념을 말한다. 다시 말하자면, 인간 그 자체를 교육의 가장 중요한 관심의 대상으로 설정하여 인간 행동의 변화 과정을 직접 다루는 것이다. 이와 관련하여 '교육은 인간 행동을 계획적으로 변화시키는 과정이다'라는 대표적인 정의에서 알 수 있듯이 조작적 정의는 의도적이고 계획적인 교육의 결과로 발생하는 인간의 행동적 변화를 의미하는 것이다.

여기에서 말하는 인간의 행동은 비교적 관찰이 용이한 외현적인 행동뿐만 아니라 지식, 태도, 가치관, 성격, 자아개념 등 비가시적이고 내현적인 관찰을 통하여 포착하기 곤란한 내면적 영역까지를 포함하고 있다. 동시에 계획적이라는 말은 기르고자 하는 또는 길러야 하는 인간행동이나 인간상(人間像)에 대한 분명한 인식과 의식이 설정되며 교육의 과학적 이해와 학문적 발달을 기초로 일정한 규칙에 따른 계획 및 과정이 전제됨을 말한다. 계속하여 변화란 육성, 조성, 함양, 발전, 계발, 개선 혹은 교정 등을 포함하는 포괄적 개념인데, 교육은 이러한 인간 행동이 자연적으로 변화되는 데 관심을 두기보다는 의도적이고 정형화된 변화를 목적으로 하는 데 주된 관심을 두는 것이다.

이와 관련하여 우리나라 교육기본법 제2조(교육이념)를 살펴보면 다음과 같이 규정하고 있다.

> 교육은 홍익인간(弘益人間)의 이념 아래 모든 국민으로 하여금 인격을 도야(陶冶)하고 자주적 생활능력과 민주시민으로서 필요한 자질을 갖추게 함으로써 인간다운 삶을 영위하게 하고 민주국가의 발전과 인류공영(人類共榮)의 이상을 실현하는 데에 이바지하게 함을 목적으로 한다.

교육의 개념과 관련하여 위의 세 가지 다양한 입장들을 바탕으로 우리나라 교육이념을 살펴보면 주로 규범적 정의를 강조하고 있음을 알 수 있다. 또한 우리나라의 건국이념뿐만 아니라 교육이념 등 정교(政敎)의 최고 핵심인 홍익인간의 정신을 기반으로 개인적인 측면을 비롯하여, 사회적, 국가적 및 세계적인 측면으로 교육적 이상을 점진적으로 확대하여 설정하고 있다.

모든 인간은 각 개인의 욕구와 능력에 따른 교육을 필요로 하고 아울러 교육을 통하여 속도와 범위를 무론하고 변화가 가능한 존재라 할 수 있다. 특히 우리나라 헌법 제31조 제1항에 "모든 국민은 능력에 따라 균등한 교육을 받을 권리를 가진다"라고 정하고 있다. 이에 따르면 모든 국민은 인종, 신체적 조건이나 신앙, 성별 혹은 사회적 신분 등의 조건과는 상관없이 국가로부터 초등교육 및 중등교육과 아울러 교육시설과 장학 정책 등 모든 조치를 구비하여 균등한 교육의 기회를 보장받는다는 것을 의미한다. 특히 장애 아동이나 청소년들을 위한 차별이나 불이익이 없는 보편적인 학습권이나 수업권 보장과 관련하여 초·중등교육법, 장애인 등에 대한 특수교육법 혹은 장애인차별금지 및 권리구제 등에 관한 법률 등의 다양한 형태로 규정하고 있다.

3. 교사

우리나라의 직업총람으로서 한국직업사전에 따르면 2018년 현재 직업 수는 12,145개, 직업명 수는 16,442개로 각각 조사되었다(https://www.work.go.kr). 흔히 직업은 개인적인 입장에서는 생계유지를 위한 수단이며 도구인 동시에 자아실현의 과정이며, 국가의 발전을 도모하는 중요한 기능을 담당하고 있는 것이다. 그 가운데서 특히 아동과 청소년들을 가르치고 지도하는 일을 담당하는 교사(직)는 다른 일반적인 직업과는 공통적인 특징도 있지만 다양한 교직만의 독특한 성격도 아울러 가지고 있다.

첫째, 교직은 인간을 주 대상으로 하는 직업이다. 교사는 인간의 어느 일부분의 기능에만 관심을 가지기보다는 전인(全人)으로서의 인간, 즉 인지를 비롯하여 신체, 정서, 사회성, 언어, 감각 등 모든 영역이 조화롭고 균형을 갖춘 성장과 성숙을 지향한다는 것이다.

둘째, 교직은 주로 인간의 정신생활을 대상으로 하는 직업이다. 물론 교사도 학생들의 신체적인 건강과 성장에도 관심을 가지지만, 그 주된 강조점은 아동과 청소년들의 정신적인 측면, 즉 가치관이나 지식, 사고방식, 인격, 인간됨됨이 등을 말한다.

셋째, 교직은 주로 미성숙한 아동 및 청소년들을 대상으로 하는 직업이다. 교사는 현재 신체적 혹은 정신적으로 미성숙한 아동과 청소년들의 무한한 가능성과 잠재능력을 가진 인간을 교육적 환경과 자극을 통하여 개인이 성장·발달하고 변화하도록 최대한으로 조력하는 것이다.

넷째, 교직은 봉사직에 속한다. 일반적으로 교직이라는 직업의 본질이 가지는 교직관(敎職觀)으로는 전통적으로 성인군자적인 교사를 이상적인 교사상으로 보아 인간의 인격형성을 돕는 고도의 정신적 활동의 성직관, 전문적인 지식이나 지도 기술 혹은 능력을 가장 중요한 가치로 여기는 전문직관이 있다. 아울러 교직은 다른 직업들과 비교할 때 크게 다를 것이 없는 동일한 의미로 노동을 생활 수단으로 삼고 그에 걸맞은 보수를 받는 노동자라는 측면에서의 노동직관 등으로 구분할 수도 있다. 그러나 교직은 봉사적 성격이 매우 강하다. 다시 말하자면, 권력을 추구하거나 물질지향적인 측면보다는 교육적 사랑과 헌신과 존중을 바탕으로 단순한 지식이나 정보의 전달보다는 아동들과 청소년들의 전인적인 성장을 도모한다는 점에서 큰 긍지와 보람을 가지는 것이다.

다섯째, 교직은 현재와 미래에 있어서 사회와 국가의 발전에 지대한 영향을 끼치는 공인(公人)의 의미를 가진다. 교육의 중요한 기능은 개인적인 발전을 비롯하여 더 나아가 사회와 국가적 문화유산을 계승·발전시키는 데 있다. 따라서 교육을 담당하는 교직은 문화를 창조하고 희망찬 미래를 건설하는 데 필요한 국가사회의 주역이라는 자긍심과 소명감이 부여된 직업이라 할 수 있다.

이처럼 교직 혹은 교사가 지니는 독특한 목적이나 특성을 충족시키기 위하여 교과 및 교수전문가를 비롯하여 학급관리자, 상담자, 모델, 사회화 과정의 조력자, 평가자, 생활지도 및 상담자 등 매우 다양한 역할이 요구된다. 오늘날까지 교육에서 전통적으로 격언처럼 회자되고 있는 "교육의 질은 교사의 질을 능가하지 못한다"라는 말은 교육적 효과의 산물인 아동이나 청소년들의 변화를 일으키기 위하여 무엇보다도 교사의 자질이 중요한 요인이라는 의미일 것이다.

교사의 자질은 시대나 각 학문적인 관점에 따라서 매우 다양하게 분류되지만 두 가지로 대별할 수 있을 것이다. 즉 교사의 전문적 자질과 인간적 자질인데, 먼저 전문적 자질은 교육과 수업 및 아동 및 청소년 등에 있어서 지식이나 기술 및 정보에 해당하는 교과목, 특정 주제에 대한 객관적이고 실제적인 정보, 교수법, 평가, 상담, 학생들의 발달특성 등을 말한다.

이어서 인간적 자질은 주로 교사의 가치관, 태도, 철학, 품성 및 인격 등을 의미한다. 학교교육에 있어서 아동 및 청소년들의 전인교육을 실현하기 위하여 무엇보다도 교사들이 균형 잡힌 자질을 갖추는 일이 매우 중요하다 할 것이다.

지금까지 살펴본 인간-교육-교사 상호간의 본질적 의미와 관련하여 이스라엘 출신의 아동심리학자이며 심리치료사인 지노트(H. Ginott, 1922~1973)의 저서『교사와 아동(*Teacher and Child*)』에 나오는 시(詩)를 통하여 인간 존재와 교육의 목적 및 교사(직)의 정체성 등에 관하여 매우 간단하고도 명확한 시사점을 찾을 수 있을 것이다.

<지노트(H. Ginott)>

출처: https://www.fumara.gr/wp-content/uploads/2018/09/43443235343.jpg

사랑하는 선생님,

나는 나치의 강제수용소에서 살아남은 사람입니다.

나는 아무도 보지 말았어야 할 것을 보았습니다.
숙련된 기술자들에 의해서 건설된 가스실.
교육받은 의사들에 의하여 독살된 아이들.
훈련된 간호사들에 의해서 살해된 유아들.
대학을 졸업한 사람들에 의해서 총살되고 불태워진 여성들과 아기들.

그래서 나는 교육을 불신합니다.

나의 요청은 선생님들이 학생들을 인간이 되도록 도와주라는 것입니다.
선생님들의 노력(고)이 결단코 숙달된 괴물이나, 숙련된 정신병자, 대학 교육을 받은 아이히만(Eichmann, 나치의 전범)으로 이어지면 안 된다는 것입니다.

읽고, 쓰고, 셈하는 것은
그것이 우리의 학생들을 더 인간으로 만드는 데 소용될 때에만
비로소 중요한 의미가 있는 것입니다.

제2장

장애 아동 교육의 개관

1. 장애 아동 교육 관련 개념

일반적으로 특수교육의 대상자는 일정한 장애를 가진 아동이나 청소년들뿐 아니라, 영재성을 가진 학생들까지 포함하는 포괄적 개념이다. 이에 따라 특수교육학이란 이들을 대상으로 행해지는 모든 교육의 이론과 실제의 총체적 활동이라 할 수 있다.

특히 장애를 가진 학생들을 주 대상으로 하는 특수교육학은 다양한 인접 학문들과 깊은 관련성을 가진 응용학문이라 할 수 있다. 이른바 순수학문과 응용학문의 구분의 기초적인 기준은 주로 학문이 지향하는 주요 목적에 따라 결정된다 할 것이다. 순수학문은 주로 진리탐구, 지적 만족 혹은 학문의 내재성을 지향하는 학문 영역인데, 여기에는 물리학, 화학, 생물학, 철학, 언어학, 심리학, 수학 등이 해당한다. 그 반면에 응용학문의 특성은 기술의 개발이나 실용성을 강조하며 지식은 다른 목적을 달성하기 위한 유용한 수단으로 보는 견해가 강한 것을 들 수 있으며, 자연과학을 비롯하여 사회과학, 의학, 법학 및 공학 등이 대표적인 예에 속한다. 또한 특수교육학은 교육학의 한 영역으로서, 특히 <표 2-1>과 같이 교육학, 철학, 심리학, 의학, 사회학 등의 이론과 실제를 주요 배경으로 한 응용학문이라 할 수 있다(Doerr/Guenther, 2003).

아울러 특수교육학은 이러한 주변의 다양한 학문적인 바탕으로 형성되었고, 그 하위 범주로는 지체 장애아 교육학을 비롯하여 학습 장애아 교육학, 시각 장애아 교육학, 청

〈표 2-1〉 특수교육학의 주요 인접 학문 영역

구분	일반적인 관심 영역	특수교육학과의 관련성
교육학	교육현상과 교육행위(교육의 본질, 목적, 내용, 방법, 교육제도, 행정 등)	교육학적 이론과 실제를 기초로 특수교육대상자의 수업과 교육에 수정·적용
의학	인체 구조 및 기능, 질병, 치료, 예방, 건강 유지 방법이나 기술 등	장애의 예방, 진단, 평가, 치료 및 재활 등
사회학	사회적 관계의 성격·원인·결과 및 개인과 집단 간의 상호작용 등	장애인에 대한 사회적 태도, 장애인 가족, 장애인의 여가, 사회적 통합 등
심리학	인간행동과 심리과정	특수교육대상자의 행동 및 학습 심리, 각종 검사도구 개발 등
철학	인간과 세계에 대한 근본 원리, 삶의 본질 등	인간과 교육의 본질적 개념과 의미 등

각 장애아 교육학, 자폐범주성 장애아 교육학, 의사소통 장애아 교육학, 지적 장애아 교육학, 정서·행동 장애아 교육학, 건강 장애아 교육학 등으로 구분될 수 있다(Bach, 1999).

무엇보다도 특수교육학은 지금까지 전통적으로 의학과 교육학을 중심으로 상호 대립 혹은 협력적 관계 가운데서 발전해왔다. 사실 의학과 교육학은 서로 다양한 공통점이 있음에도 불구하고, 특히 교육학은 아동과 청소년들의 인지와 정서영역의 발달적인 면을 강조하는 데 비하여 의학은 주로 인간의 병리적인 신체와 정신적인 영역에 있어서의 치료활동에 주된 관심을 두는 점이 서로의 다른 점이라 할 것이다.

우리나라의 경우에는 장애 아동이나 청소년들을 대상으로 하는 교육의 이론과 실제에서 '유아특수교육학', '초등특수교육학' 및 '중등특수교육학' 등 '특수교육'이라는 단일개념만 사용되고 있다. 그러나 독일은 역사적으로 '특수교육학' 이외에도 '치료교육학', '특수교육학', '재활교육학' 혹은 '촉진교육학'이나 '통합교육학' 등 매우 다양한 입장과 특성을 가진 용어들이 학계와 교육현장에서 통용되고 있음을 알 수 있다.

먼저 역사적으로 가장 오래된 개념이며 교육학과 의학 사이에 위치한 치료교육학(Heilpaedagogik)은 'heilen'의 '치료하다'라는 동사 혹은 'heil'의 '건강한'이라는 형용사와 'Paedagogik'의 '교육학'이라는 복합 명사의 형태이다. 이 용어에서 '치료'는 의학적인 측면에서 당연히 환자를 건강하게 회복하는 것을 가리킨다. 교육학 문헌 중에서 치료교육학이라는 개념은 1861년과 1863년에 게오르겐스(J. D. Georgens, 1823~1886)와 다인하르트(H. M. Deinhardt, 1821~1880)에 의하여 두 권짜리로 저술된 '백치와 백치 수용소를 중심으로 한 치료교육학(Die Heilpaedagogik mit besonderer Beruecksichtigung der Idiotie und der Idioten-anstalten)'에서 처음으로 언급되었다. 그 이전에는 체코의 기독철학자이자 신학자이며 교육학자였던 코메니우스(J. A. Comenius, 1592~1670)와 영국의 의사이자 계몽주의 철학자였던 로크(J. Locke, 1632~1704)가 '치료(Heilen)'의 개념을 교육학 문헌에 도입하였는데, 코메니우스는 지적 장애, 로크는 정서 · 행동 장애와 관련하여 각각 치료의 개념을 사용하였다. 치료교육학은 교육학에서는 지속적으로 논란이 있었는데, 이는 한편으로는 이 개념이 의학적인 측면이 강하였을 뿐 아니라, 다른 한편으로는 신학적인 요소도 함께 내포되었기 때문이었다. 의학적인 입장에서 장애 아동 및 청소년들에 대한 치료는 신체기관의 손상으로 이미 불가능하며, 더군다나 교육학적 방법으로는 더욱더 불가능한 것으로 이해하였다. 즉 신학적인 관점에서 치료(Heil)라는 개념 속에는 구원이란 의미도 동시에 나타나는데, 그것은 물질적인 손상을 가진 신체에 대한 회복과 아울러 궁극적으로는 종말론적인 의미에서 장차 초월적이고 손상이나 흠 없이 부활할 육신에 대한 구원으로도 이해하였던 것이다.

치료교육학은 의학적인 입장에서 장애를 가진 아동 및 청소년을 대상으로 하는 교육의 궁극적 목표가 특히 정신적 또는 신체적 장애의 치료를 강조하였다. 독일에서는 19세기에 들어서면서 무엇보다도 지체 장애아 교육에 마취제(1841)나 깁스(1841) 또는 X-Ray(1895) 등의 의료적 기술의 발전이 치료교육학 개념의 성립에 중요한 요소로 작용하였다. 이는 정형외과 부분의 의학적인 발전을 촉진하여 지체 장애 아동 및 청소년들이 가진 근 · 골격계 분야의 손상을 수술 및 의학적인 조치를 통하여 회복 및 개선을 할 수 있다는 기대와 자신감을 불러일으킨 것이었다. 그 당시 의학의 획기적인 발달은 장애의 진단 · 판별 및 치료와 재활에 큰 공헌을 했을 뿐만 아니라, 장애 아동이나 청소년들이 가진 잔존능력 계발의 가능성을 일깨우는 결정적 계기가 되기도 하였다. 블라이딕(Bleidick, 1985)에 따르면 의학적 이론과 실제에서 출발한 치료교육학은 당시에 교육학이라기보다는 의학의 한 분야로서 자리를 잡았는데, 예를 들어, 지적특수교육학은 응용 정신병리학, 의사소통특수교육학은 이비인후과 그리고 지체특수교육학은 정형외과 의학 등을 바탕으로 하여 시작되었다. 치료교육학 개념을 바탕으로 한 장애 아동 및 청소년들에 대한 교육활동에서는 주로 의사가 주체를 이루었고, 그 반면에 교육자는 의료인들의 치료과정에 있어서 다만 보조자로서의 역할로만 여겨진 것이었다(Bleidick/Hagemeister, 1994).

그러나 1940년대에 들어오면서 장애 아동 및 청소년들을 대상으로 하는 교육학의 상위개념으로 이해된 치료교육학에 대하여 비판적인 논의가 일기 시작했다. 1941년 스위스의 교육학자였던 한젤만(H. Hanselmann, 1885~1960)은 장애를 의학적인 조치로만 치료할 수 있다는 지나친 기대와 낙관을 부정하는 입장을 제시하며 특수교육학(Sonderpaedagogik)이라는 개념을 사용하게 되었다. 한젤만은 특수교육학의 개념 정의에서 '발달상 장애를 가진 아동과 청소년의 신체적, 정신적 또는 정서적 상태와 행동양식의 인과 관계를 파악하며 그들의 수업, 교육 및 복지 영역의 이론과 실제를 파악하는 학문'이라고 하였다(Bleidick, 1985). '특수교육학' 개념은 이후 제자인 스위스의 교육학자 모어(P. Moor, 1899~1977)에 의하여 '교육을 통해 무엇인가를 고칠 수 있다는 것은 지나친 생각임을 알게 되었고, 특수교육학의 기능과 과제는 항상 치료를 통하여 고칠 수 없는 것에서 교육의 가능성을 찾는 것이다'라며 치료교육학에 대하여 강하게 비판함으로써 학문적 입장을 견고히 하게 되었다(Bleidick, 1988). 그리고 몇몇 학자들도 특수교육학의 정의와 관련하여 '특수교육학은 선천적이거나 혹은 후천적으로 독특한 특성으로 인하여 일반적인 방법이 아니라 특별한 방법으로 교육되어야 하는 아동들에 대한 교육이론', 또는 '특수교육학이란 정상적이고 일반적인 교육적 방법이나 원리를 통하여서는 충분하지 못할 때에 특별한 교육학이 요구되는 아동과 청소년들을 위한 학문'이라고 언급하였다(Bleidick, 1985). 다시 말하자면, 특수교육학이라는 개념이 한편으로는 대상 그룹의 특수성이나 장애인의 특별한 지위를 의미하고, 다른 한편으로는 그들에 대한 적절한 교육과 훈련에 필요한 방법, 시설 및 조치 등에 대한 전문성을 특히 강조하고 있는 것이다.

치료교육학의 의학적 입장에서 치료를 강조한 것과는 달리 특수교육학은 특수성을 가진 장애 아동과 청소년들에게는 특별한 교수법이 적용되어야 한다는 인식을 바탕으로 종래 교육학이 의학에 종속되는 관계에서 벗어나 교육 본래의 정체성을 회복하고자 하는 점이 중요한 출발점이자 계기로 작용하였다. 이에 따라 1954년에는 독일 헤센(Hessen)주의 중부에 위치한 마부르크(Marburg)대학교에서 최초로 대학기관으로서 특수교사를 양성하기 위한 학과가 설치되었다. 그럼에도 불구하고 장애 아동과 청소년의 치료 가능성에 대한 지나친 낙관론을 비판하며 정립된 특수교육학 개념은 그들이 가진 특수성과 아울러 교육가능성을 인식하여 이에 상응하는 교육방법을 발전시킨 점은 사실 매우 긍정적으로 평가할 만하다. 그렇지만 장애를 가진 아동과 청소년에 대한 특수성을 지나치게 강조한 나머지 그들이 비장애 또래들이나 일반교육으로부터 분리되는 부작용이 초래되어 교육적 통합과 사회적 통합을 거스르는 결과를 낳았다.

한편 구서독 지역에서는 1960년대에 특수교사를 양성하는 학과가 설치된 대부분의 대학에서 '특수교육학' 용어가 도입되었는데, 이는 우선 교육계에서 '치료교육학'이라는 개념 자체에 대한 기본적인 반발심이 작용하였다. 아울러 '특수학교'라는 개념 아래 장애를 가진 아동과 청소년들을 위한 학교제도가 정립되기 시작하였다. 즉 '특수교육학'이라는 용어와 '특수학교'라는 개념이 상호 부합되는 것으로 이해한 것이었다. 이에 당시 특수교사들을 양성하던 다수의 '치료교육학 연구소'들은 대부분 '특수교육학 연구소'로 개칭되었다.

이처럼 의학적 입장을 바탕으로 비정상을 정상으로 치료하겠다는 낙관주의적인 견해인 치료교육학에 이어 장애의 치료적 한계성을 지적하며 교육의 본질적인 의미와 역할을 회복하고자 장애라는 특수성을 강조한 특수교육학 개념이 등장하였다. 그러나 특수교육학의 분리적 현상을 비판하는 가운데 이번에는 '장애아교육학'(Behindertenpaedagogik)이라는 새로운 용어가 등장하였다. 교육학적인 입장을 바탕으로 특별한 교육방법을 강조한 특수교육학은 결과적으로는 장애 아동 및 청소년들로 하여금 학교와 사회로부터 고립이나 분리의 위험성이 크다고 비판을 받게 되었다. 이에 따라서 1972년에 함부르크(Hamburg) 대학의 블라이딕(Bleidick, 1930~현재) 교수를 중심으로 치료교육학과 특수교육학 개념이 여전히 혼용되는 가운데 새로운 상위개념으로 장애아교육학이 제시되었다. 장애아교육학은 특정 학문의 입장을 강조하는 것보다는 총체적인 것이며, 일반교육학의 이론 및 체계와 유사한 포괄적이고 독자적인 학문으로 자리매김을 하고자 노력하였다. 장애아교육학의 주요 목표와 과제는 사회화, 문화화 및 인성화 등 세 가지 요소를 중심으로 형성되어 있다(Bleidick, 1985).

먼저 사회화란 장애인의 사회적 통합을 궁극적인 목표로 하는데, 이는 비장애인이 장애인을 동등한 사회적 구성원으로 인정하고 수용하여 이루어지는 사회적 재활을 가리킨다. 즉 장애인이 비장애인과 함께하는 삶 가운데서 역할을 발견하고 사회적 상호관계를 맺으며, 책임감을 인식하고, 직업을 통하여 공동체에서 의무를 자각한다는 의미이다. 이어서 문화화는 학습의 곤란과 제한성에도 불구하고 직업을 비롯하여 여가활동, 가족, 거주, 대중교통 또는 대중매체 등 사회의 다양한 문화생활에 적응하고 역할과 기능을 수행할 수 있는 일정한 지식, 정보 및 기술을 습득하고 계발하여야 한다는 것이다. 인성화와 관련하여 장애인은 장애로 인한 갈등을 극복하고 사회의 한 인격체로서 존재가치와 의미를 인식하여 개인의 자아형성 및 자아실현을 통하여 사회적 통합으로 이어지도록 한다.

그리고 이와 같은 장애아교육학의 목표와 과제를 달성하기 위하여 교육관계자들은 교육의 주 대상인 장애 아동과 청소년과 장애에 대한 충분한 정보와 지식 등을 이해해야 한다. 또한 아동의 행동이나 자아실현 과정에 영향을 미치는 생물학적 결함과 외부세계에 대한 경험을 제약하는 사회적 부적응 및 심리적 이상과 장애라는 특수성을 극복하기 위하여 철학적인 사고 등 다양한 인접학문(의학, 철학, 심리학, 사회학, 법학 등)의 상호연계와 협력이 요구된다. 블라이딕의 장애아교육학은 그 내용과 체계 면에서 일반교육학과 대등한 위치에 설 수 있도록 독자적인 학문의 기초를 닦았으며, 동시에 교육의 대상인 장애아 및 청소년에 대한 낙인(labeling)효과를 예방하고자 일반교육의 현장까지 그 영역을 확대하고자 하였다. 따라서 장애아교육학은 오늘날 학문의 발달로 인하여 온갖 종류와 형태의 명칭을 가함으로써 장애 아동을 사회적으로 양산해서는 안 된다고 주장한다. 아울러 궁극적으로는 일반교육과의 통합을 강조하며 연구대상의 일반성과 보편성을 폭넓게 이해해야 한다는 점에서 치료교육학이나 특수교육학의 개념보다는 더 포괄적인 개념으로 평가된다(Bach, 1999).

한편 제2차 세계대전 이후에 구서독에서는 치료교육학을 비롯하여 특수교육학 및 장애아교육학 등 다양한 개념들이 학문적으로 널리 사용되었다. 그러나 구서독과는 달리, 1949년 10월 7일 정부수립과 독일의 통일이 공식 선언된 1990년 10월 3일에 이르기까지 41년 동안 구동독지역에서뿐만 아니라, '치료교육학'개념이 통용된 헝가리를 제외한 대부분의 동부유럽에서는 막스-레닌(Max-Lenin)주의 이론과 방법을 기초로 사회주의적 재활교육학(Rehabilitationspaedagogik)이라는 용어가 공식적으로 사용되었다. 베커(Becker, 1969)는 '사회주의적 재활이란 의학적, 교육적, 사회학적 및 경제학적인 관점에서 상실되거나 저하된 장애인의 업무능력을 장차 개선이나 회복을 통하여 경제, 정치, 문화 및 가족생활에 적극적인 참여를 위한 능력을 배양하는 총체적인 활동'이라고 정의하였다. 재활교육학의 이론적 중심에는 특히 장애인의 재활과 심신의 장애로 인한 인성발달과 관련하여 마르크스주의적 인성발달이론을 기초로 하고 있다. 다시 말하자면, 생물학적인 결손은 궁극적으로는 인간의 총체적인 인성에 영향을 미치는 것이다. 이는 운동을 비롯하여 이동, 의사소통, 감각기능, 사고, 기억, 감정, 의지 등 사회적 행동영역이나 업무능력 전반에 두드러지게 반영되어 나타나는데, 여기에는 외형적으로 이질성이나 장애, 일탈 및 지체 등의 형태를 들 수 있다. 이러한 외형적인 다양한 형태는 계속하여 정상적인 학습능력의 제한성과 인성발달에 있어서 주요한 저해요소로 이어진다. 따라서 재활교육학의 목표와 과제는 수정, 보상, 지지, 예방 등 생물학적인 결손으로 인한 부정적인 사회 심리적 요소를 제거하는 일반적인 방법과 아울러 재활운동교육, 감각교육, 사고(思考)교육, 언어교육, 재교육 혹은 환경개선 등 특별한 재활방법들을 통하여 학습상 장애요인의 발견, 예방, 감소 및 제거라 할 것이다. 이와 같이 구동독에서 재활교육학 개념은 막스-레닌의 사회주의적 입장을 바탕으로 성립되었고, 동시에 사회주의적 교육목표와 일맥상통하는 특성을 가졌다. 그리고 재활교육학은 특히 장애 아동 및 청소년들을 위한 수업이나 교육을 재활의 관점에서 보았으므로 성공적인 재활은 곧 성공적인 교육과 동일시하였다. 또한 구동독에서는 1990년 10월 3일 공식적으로 독일 통일이 선언되기까지 오로지 재활교육학이라는 개념을 사용한 나머지 통합교육에 대한 논의나 그와 관련된 문헌은 찾기 어려웠다. 이는 성공적인 재활이 곧 성공적인 교육이며 통합이라 보았기 때문이었다. 즉 장애인의 사회적인 삶으로의 이입이나 참여활동을 장애 아동 및 청소년의 모든 교육적 촉진의 최종적인 목적으로 간주하였고, 이를 동시에 통합으로 보았던 것이다. 따라서 구동독은 통합교육을 따로 특별히 언급하거나 강조할 필요성이 없었던 것이다(Dupuis/ Kerkhoff, 1992).

지금까지 장애 아동 및 청소년 교육과 관련하여 시대적으로 독일의 다양한 학문적 입장과 특성을 가진 개념들에 대하여 살펴보았다. 먼저 의학적인 관점에서 치료를 강조했던 치료교육학을 비롯하여 장애 아동과 청소년들에 대한 특별한 교육방법에 주안점을 둔 특수교육학, 지나친 분리교육을 비판하며 사회학적인 입장에서 장애인에 대한 사회적 차별이나 편견을 지적하며 통합을 전면에 내세운 특수교육학 등이 있었다. 아울러 구서독과는 달리 사회주의적 사상을 바탕으로 무엇보다도 재활을 강조한 구동독에서는 재활교육학 등이 대표적인 개념이었다. 그러나 이러한 일련의 다양한 개념들은 서로 이전의 개념을 축출하거나 혹은 충돌하기보다는 각각의 개념이 가지는 단편적이고 부정적인 측면을 보완하는 대안으로 다양하게 제시되어 오늘날까지도 학계나 대학기관에서 다양하게 적용되고 있음을 알 수 있다. 예를 들어, 쾰른(Koeln)대학교의 경우에는 '치료교육학 및 재활학과, 도르트문트(Dortmund)기술 대학교와 베를린 훔볼트(Humboldt) 대학교는 '재활교육학과', 프랑크푸르트(Frankfurt/M.) 대학교는 '특수교육학과' 그리고 함부르크(Hamburg) 대학교는 '장애아교육학' 등 각각 다양한 명칭으로 개설되어 있다.

한편 최근에는 독일에서 특수학교(Sonderschule)라는 용어는 더 이상 사용하지 않는 추세가 강하게 나타나고 있다. 특히 미국의 학문적 특성이 학문을 어떻게 사용할 것인가라는 실용성을 강조하는 반면에, 독일 등 유럽의 학문은 그 본질을 규명하고자 추구하는 사변적 성격이 두드러진다 할 수 있다. 이러한 의미에서 예를 들면 바덴 뷔템베르크(Baden-Württemberg)주에서는 특수학교라는 용어가 2015년 7월 15일 학교법의 개정을 통하여 '특수교육 및 상담 센터'로 대체되었다.

독일이나 오스트리아 등지에서 19세기 말경에 장애 아동 및 청소년 교육 기관의 명칭이었던 '보조학교(Hilfsschule)'가 '학습지원을 위한 특수학교(Sonderschule fuer Lernhilfe)' 또는 '촉진학교(Foerderschule)'로 개칭한 것은 '분리된 사람들로서 장애학생들에게 가해진 사회적 낙인의 증가를 막자는 의미가 강하였다. 특히 1990년대 중반부터 많은 국가에서는 특수학교라는 용어를 '촉진학교', '촉진센터(Foerderzentrum)' 혹은 '특수 교육적 촉진중점을 가진 학교(Schule mit sonderpaedagogischem Foerderschwerpunkt)' 등의 다른 용어로 대체하기 시작하였다. 촉진이라는 개념은 학교가 학생들이 가진 손상이나 장애를 제거하고 권리 침해를 미리 예방하며 아울러 보상을 위한 필수적인 교육적 노력을 의미한 것이었다. 따라서 현재 장애를 가진 학생들이 일반학교에서는 최적의 교육적 촉진을 받을 수 없다고 증명하는 것만으로는 충분하지 않고, 오히려 심층적인 촉진 진단 프로그램을 통해 적절한 교육적 또는 특수교육적인 촉진 방안을 찾는 것이 필수적인 것으로 보고 있다.

그 밖에도 장애 아동이나 청소년들의 교육에서 다른 몇 나라를 살펴보면, 우선 영어권에서는 주로 'special education'의 특수교육의 개념과 프랑스나 또는 프랑스어를 공용어로 사용하는 스위스 등지에서는 'education curative'의 치료교육학적 개념을 주로 사용하고 있다. 그리고 네덜란드의 경우에는 '기형 또는 불구인 것을 바로 교정하다'라는 의미로 특히 정형외과와 관련되는 정형교육학이라는 개념이 통용되고 있다. 또한 구소련 지역에서는 특수교육학 개념과 가까운 용어가 학계에서 널리 퍼져있는 등 나라에 따라서 다양한 입장과 특성을 보이는 것을 알 수 있다(Wolfensberger, 1972).

그리고 특수교육의 개념은 주로 교육 대상을 비롯하여 그들의 특성이나 교육의 구성 변인 등 다양한 요인에 따라서 나라별로 다르게 정의하고 있다. 예를 들어 미국의 경우에는 1975년의 공법 94-142, 특수교육법에 '지적 장애, 난청, 농, 지체 장애, 건강손상, 언어 장애, 시각 장애, 정서 장애를 가진 아동 또는 특수교육과 더 많은 자원을 필요로 할 정도로 특정 학습문제를 가진 아동에 대하여 교실수업, 체육수업, 병원에서의 교육 등을 포함하여 장애 아동의 독특한 요구에 맞추고자 특별히 고안된 교수로서 부모나 보호자에게 비용을 부담시키지 않는 교육'이라 정하고 있다. 또한 일본은 심신 장애아란 특별한 학교교육의 한 분야를 특수교육이라 칭하는데, 심신의 장애 때문에 일반학급에서 교육, 지도가 곤란한 아동에게 그 특성이나 필요에 따라서 좋은 환경을 주고 좋은 습관을 몸에 익히고 그 가능성을 최대한으로 발휘하게 하여 적응능력 및 창의력이 풍성한 인간으로 육성하기 위해 마련된 학교교육의 한 분야로 규정하고 있다.

이어서 우리나라의 법적인 특수교육의 정의를 살펴보면, 2007년 5월 25일 새롭게 제정된 「장애인 등에 대한 특수교육법」 제1장(총칙) 제2조(정의)에 '특수교육이란 특수교육대상자의 교육적 요구를 충족시키기 위하여 특성에 적합한 교육과정 및 제2호에 따른 특수교육 관련 서비스 제공을 통하여 이루어지는 교육'이라 규정하고 있다. 또한 동법 제2호의 '특수교육 관련서비스란 특수교육대상자의 교육을 효율적으로 실시하기 위하여 필요한 인적, 물적 자원을 제공하는 서비스로서 상담지원, 가족지원, 치료지원, 보조인력지원, 보조공학기기지원, 학습보조기기지원, 통학지원 및 정보접근지원 등'에 대하여 언급하고 있다.

결론적으로 특수교육(학)의 조작적 정의에 의하면 "특수교육이란 인지, 정서, 사회성, 신체운동, 감각기능 및 의사소통 등의 다양한 영역에 있어서 동일(혹은 또래)연령층의 평균으로부터 현저한 편차를 지님으로 인하여 일반적인 교육방법 및 교육프로그램을 통하여 소정의 교육목표의 달성이 곤란한 아동을 대상으로 각각의 장애 특성에 적합한 교육환경(교사, 교육과정, 교육 내용 및 장소, 평가 및 교수법 등)을 통하여 장차 개인적 재활 및 사회적 통합을 달성하기 위하여 실시되는 교육의 이론과 실제의 총체"라 이해할 수 있을 것이다.

2. 장애(인)의 개념

흔히 장애나 장애아(인)의 개념은 각 나라와 시대에 따라서 다르며, 아울러 다양한 학문적인 입장에서도 그 정의를 서로 달리하고 있다. 다시 말하자면, 장애 여부를 결정하는 주요 요소로는 우선 교육학적인 입장에서는 일반적인 환경에서의 학습능력을 비롯하여 법적인 측면에서는 권리와 의무의 이행 능력, 경제학적인 관점은 근로능력, 의학적인 입장에서는 건강여부 등을 대표적으로 꼽을 수 있을 것이다.

먼저 1975년 12월 9일 국제연합 총회에서 만장일치로 채택된 '장애인 권리선언(The Declaration of the Rights of Disabled Persons)' 제1항에서 장애인이란 '선천적이든 후천적이든 신체적, 정신적 능력의 불완전으로 인하여 일상의 개인적 혹은 사회적 생활에서 필요한 것을 자기 자신으로서는 완전히 또는 부분적으로 확보할 수 없는 사람'으로 정의하고 있다. 1979년 국제연합 총회에서 결의한 '세계 장애인의 해' 선언에서 장애는 개인과 그를 둘러싼 환경 간의 상호적 관계가 반드시 고려되어야 하며, 장애인에 대한 정의에는 기능상(Function)의 장애뿐 아니라 사회적 불리(Handicap)도 포함되어야 한다고 강조하였다.

이어서 1980년 세계보건기구(WHO)는 국제장애분류(International Classification of Impairment, Disabilities and Handicaps: ICIDH-1)에서 장애(인)의 개념에서 특히 손상(Impairment), 불능(Disability) 그리고 사회적 불리(Handicaps) 등 세 가지를 가장 기본적인 요소로 들고 있다(Brackhane, 1988, Rath, 1985). 우선 손상(Impairment)은 특히 의학적인 측면에서 유전, 사고 혹은 질병 등에 의하여 인간의 심리적, 생리적 또는 해부학적 신체기관의 구조적, 기능적 손실 혹은 비정상을 의미한다. 이어서 불능(Disability)은 손상으로 인하여 대부분 정상으로 간주되는 범위나 방법을 통하여 개인적인 차원에서의 일상적인 활동 수행능력이나 기능의 제한 혹은 결여되는 상태를 가리킨다. 그리고 사회적 불리(Handicaps)는 손상이나 불능으로 말미암아 연령, 성, 직업, 교육, 거주, 문화 등 제반 사회적인 삶의 분야에서 받는 한 개인의 사회적인 차별이나 불리 및 불이익 등을 말한다.

이어서 1998년에는 세계보건기구(WHO)에서 기존의 개념들 중에서 특히 부정적인 이미지를 중성적 또는 긍정적인 용어로 대체하면서 국제장애분류개정안(ICIDH-2)이 제안되었다. 다시 말하자면, 국제장애분류(ICIDH-1)의 손상(Impairment)이라는 용어는 그대로 지속적으로 통용되었지만, 불능(Disability)은 활동제한(Activity Limitation), 사회적 불리(Handicaps)는 참여제약(Participation Restriction)으로 각각 개정되었다(정한영, 2003).

그리고 2001년에 세계보건기구는 국제적으로 일반화된 장애의 개념을 정의하기 위해서 기능, 장애 및 건강에 대한 국제 분류(International Classification of Functioning, Disability and Health: ICF)를 제시하였다. 이러한 세계보건기구의 새로운 ICF 분류기준의 배경에는 기존의 질병이나 장애 분류 기준이 단순히 의료적 진단에 지나치게 의존하고 있는 나머지 개개인의 기능적인 상황이 거의 반영되지 못한 단점을 보충하기 위함이었다. 이에 따르면 개인의 질병이나 장애 분류기준은 신체 기능과 구조, 개개인이 수행하는 작업이나 업무와 관련된 활동 및 일상생활과 관련된 활동 참여, 장애의 경중 및 환경적 요소와 관련된 상황적 요소 등의 세 가지 광범위한 요소들로 구성되어 있다는 것이다. 구체적으로 살펴보면, 신체 구조 및 기능은 실제 장애인의 신체적 또는 생물학적인 특성을 의미하며, 활동과 참여는 의사소통, 이동, 타인과의 상호작용, 학습 등과 같은 장애인의 개인적인 기능 상태를 의미한다. 또한 상황적 요소에는 가족, 국가 및 정부, 법률, 문화 등 개인적인 능력으로는 통제할 수 없는 환경적 요소와 성별, 인종, 나이, 학력 등 개인적 요소로 구성되어 있다. 즉 ICF에 의하면, 장애와 기능은 장애인의 건강 상태, 환경과 관련된 요소, 개인적 요소 등과 상호 관련되어 있는 복잡 다양한 상호작용의 하나라고 이해하고 있는 것이다.

특히 지금까지 대부분의 의료적인 진단은 장애의 원인이나 예후를 파악하는 데는 유용하지만 각 장애인의 기능이나 능력을 이해하기에는 충분하지 못한 경우가 많았다. 이에 ICF에서는 장애를 이해하는 과정에서 단지 장애의 의료적인 측면뿐만 아니라 사회적 · 환경적인 요소들을 종합적으로 고려한다는 것이다. 아울러 ICF 분류에서는 보통 수식을 통하여 장애 상태를 표기하여 표준화하고 있는데, 장애 혹은 장애로 인한 한계나 제약은 0(어려움 전혀 없음: 0~4%), 1(약간 어려움: 5~24%), 2(보통 정도로 어려움: 25~49%), 3(상당히 어려움: 50~95%), 4(완전히 어려움: 96~100%) 등으로 수식화하고 있으며, 환경적인 요소는 장애인이 속한 환경이 장애가 되는지 또는 기능적 특성의 촉진 가능성 여부에 따라서 '+'나 '-' 수치로 표기한다. 여기에서 ICF 수치의 감소는 결국 한 장애인의 기능적 능력이 증대되었음을 뜻하며, 이를 통해 장애인의 잠재적인 능력을 해석하기도 한다. 사실 ICF 분류는 1,400개 이상이며, 이러한 다양한 수치적 분류는 실제 현장이나 임상에서 적용되는 데 한계가 나타나기도 한다.

한편 독일의 경우를 살펴보면, 먼저 「중증장애인법」 제1장 제3조 제1항에 따르면 '장애란 비정상적인 신체적, 정신적 또는 정서적인 상태로 말미암아 나타나는 일시적인 것이 아닌 기능 저하의 결과'라고 규정하고 있다. 이때 '비정상적'이라는 것은 해당 생활 연령에서 전형적으로 현저한 편차를 보임을 말하며, '일시적인 것이 아니라' 함은 보통 6개월 이상의 지속적인 시간을 의미한다'라고 해석한다(Neumann, 1997). 아울러 2001년 6월에 시행된 독일의 사회법전(Sozialgesetzbuch: SGB) 9편 제2조에 '장애인이란 자신의 신체적 기능과 정신적 능력이나 정서적 건강이 분명히 동일 연령에 적합한 전형적인 상태에서 6개월 이상 일탈하며, 그 결과 사회적 생활의 참여에 지장을 받는 사람을 말한다"라고 명시하고 있다(http://www.gesetze-im-internet.de).

그리고 1973년 10월 독일 교육협의회에서 바라본 교육학적인 입장에서 장애인이란 '학습, 사회적 행동, 언어적 의사소통이나 심리 역동적 능력에 있어서 사회생활의 참여를 실제적으로 어렵게 할 정도로 저하된 아동, 청소년 및 성인을 말한다. 따라서 그들은 특별한 교육적인 촉진을 필요로 하며, 장애는 일정한 만성적 질환을 비롯하여 보기, 듣기, 말하기, 지지 및 운동기능, 인지, 정서 및 외형 등의 불능 혹은 기능저하 등을 포함한다. 아울러 종종 중복 장애가 나타나기도 한다'라고 밝히고 있다.

또한 특수교육학자인 블라이딕(Bleidick, 1999)에 의하면 '장애인은 신체, 정신 및 정서적인 기능의 손상으로 인하여 직접적인 생활 활동 혹은 사회생활의 참여를 어렵게 할 정도의 불능 및 기능 저하인 자'로 정의하고 있다. 이어서 크뢰어케스(Cloerkes, 1997)는 사회학적인 관점에서 '장애인은 신체, 정신 및 정서적인 영역에 있어서의 매우 부정적인 가치로 간주하는 지속적이며 가시적(可視的)인 일탈을 말하며, 장애인은 우선 일반적인 기대에서 원하지 않는 일탈이 발생하며, 아울러 이로 인하여 그에 대한 사회적 태도나 반응이 부정적인 자'를 의미한다.

우리나라에서의 장애(인)의 개념 정의를 법적인 측면에서 살펴보면 「장애인 복지법」과 「장애인 등에 대한 특수교육법」 등 두 가지로 대별할 수 있을 것이다. 먼저 「장애인 복지법」 제2조(장애인의 정의 등)에 따르면 다음과 같이 규정하고 있다.

> ① '장애인'이란 신체적 · 정신적 장애로 오랫동안 일상생활이나 사회생활에서 상당한 제약을 받는 자를 말한다.
>
> ② 이 법을 적용받는 장애인은 제1항에 따른 장애인 중 다음 각 호의 어느 하나에 해당하는 장애가 있는 자로서 대통령령으로 정하는 장애의 종류 및 기준에 해당하는 자를 말한다.
>
> 1. '신체적 장애'란 주요 외부 신체 기능의 장애, 내부기관의 장애 등을 말한다.
> 2. '정신적 장애'란 발달 장애 또는 정신 질환으로 발생하는 장애를 말한다.

한편 「장애인 복지법」시행령 [별표 1]에 따르면 장애유형은 신체적 장애와 정신적 장애 등으로 대분류하고, 이어서 신체적 장애는 외부 신체 기능의 장애 및 내부기관의

〈표 2-2〉 우리나라 「장애인 복지법」상의 장애 유형

대분류	중분류	소분류	세분류
신체적 장애	외부 신체기능 장애	지체 장애	절단 장애, 관절 장애, 지체기능 장애, 변형 등의 장애
		뇌 병변 장애	중추신경의 손상으로 인한 복합적인 장애
		시각 장애	시력 장애, 시야결손 장애
		청각 장애	청력 장애, 평형기능 장애
		언어 장애	언어 장애, 음성 장애, 구어 장애
		안면 장애	안면부의 추상, 함몰, 비후 등 변형으로 인한 장애
	내부기관 장애	신장 장애	투석치료중이거나 신장을 이식받은 경우
		심장 장애	일상생활이 현저히 제한되는 심장기능 이상
		간 장애	일상생활이 현저히 제한되는 만성·중증의 간 기능 장애
		호흡기 장애	일상생활이 현저히 제한되는 만성·중증의 호흡기 기능 이상
		장루·요루 장애	일상생활이 현저히 제한되는 장루·요루
		간질 장애	일상생활이 현저히 제한되는 만성·중증의 간질
정신적 장애	지적 장애		지능지수가 70이하인 경우
	정신 장애		정신분열병, 분열형 정동 장애, 양극성 정동 장애, 반복성 우울 장애
	발달 장애(자폐증)		소아자폐 등 자폐성 장애

장애로 중분류되어 있다. 그리고 정신적 장애는 지적 장애를 비롯하여 정신 장애 및 발달 장애 등 <표 2-2>와 같이 현재 총 15개의 유형으로 나누어져 있다. 이는 2003년 7월부터 안면 장애, 장루·요루 장애, 간 장애, 간질 장애, 호흡기 장애 등 5종이 추가되었다.

또한 1990년 제정된「장애인고용촉진에 관한 법률」에 따르면, 이 법은 장애인의 직업적 재활을 촉진하기 위하여 만들어진 특별법으로서 대체적으로 노동능력이 있는 장애인을 대상으로 직업훈련과 고용 장려에 관한 규정을 내포하고 있다. 여기에서 장애인은 '신체 또는 정신상의 장애로 인하여 장기간에 걸쳐 직업생활에 상당한 제약을 받는 자로서 대통령령이 정하는 기준에 해당하는 자'로 정의하고 있다.

한편「장애인 등에 대한 특수교육법」상 장애인이란 기본적으로는 이 법의 제1장(총

칙) 제2조(정의) 제3항의 특수교육대상자와 동일하게 이해한다. 이에 동법 제3장(특수교육대상자의 선정 및 학교배치 등) 제15조(특수교육대상자의 선정)에서 교육장 또는 교육감은 다음 각 호의 어느 하나에 해당하는 사람 중 특수교육을 필요로 하는 사람으로 진단 · 평가된 사람을 특수교육대상자로 선정된 자를 말한다. 여기에는 시각 장애를 비롯하여 청각 장애, 지적 장애, 지체 장애, 정서 · 행동 장애, 자폐성 장애, 의사소통 장애, 학습 장애, 건강 장애, 발달지체 등을 포함된다. 「장애인 등에 대한 특수교육법」 시행령의 〔별표〕에는 다음과 같이 특수교육대상자 선정 기준을 정하고 있다.

1. 시각 장애를 지닌 특수교육대상자

시각계의 손상이 심하여 시각기능을 전혀 이용하지 못하거나 보조공학기기의 지원을 받아야 시각적 과제를 수행할 수 있는 사람으로서 시각에 의한 학습이 곤란하여 특정의 광학기구 · 학습매체 등을 통하여 학습하거나 촉각 또는 청각을 학습의 주요 수단으로 사용하는 사람

2. 청각 장애를 지닌 특수교육대상자

청력 손실이 심하여 보청기를 착용해도 청각을 통한 의사소통이 불가능 또는 곤란한 상태이거나, 청력이 남아 있어도 보청기를 착용해야 청각을 통한 의사소통이 가능하여 청각에 의한 교육적 성취가 어려운 사람

3. 지적 장애를 지닌 특수교육대상자

지적 기능과 적응행동상의 어려움이 함께 존재하여 교육적 성취에 어려움이 있는 사람

4. 지체 장애를 지닌 특수교육대상자

기능 · 형태상 장애를 가지고 있거나 몸통을 지탱하거나 팔다리의 움직임 등에 어려움을 겪는 신체적 조건이나 상태로 인해 교육적 성취에 어려움이 있는 사람

5. 정서 · 행동 장애를 지닌 특수교육대상자

장기간에 걸쳐 다음 각 목의 어느 하나에 해당하여, 특별한 교육적 조치가 필요한 사람

가. 지적 · 감각적 · 건강상의 이유로 설명할 수 없는 학습상의 어려움을 지닌 사람

나. 또래나 교사와의 대인관계에 어려움이 있어 학습에 어려움을 겪는 사람

다. 일반적인 상황에서 부적절한 행동이나 감정을 나타내어 학습에 어려움이 있는 사람

라. 전반적인 불행감이나 우울증을 나타내어 학습에 어려움이 있는 사람

마. 학교나 개인 문제에 관련된 신체적인 통증이나 공포를 나타내어 학습에 어려움이 있는 사람

6. 자폐성 장애를 지닌 특수교육대상자

사회적 상호작용과 의사소통에 결함이 있고, 제한적이고 반복적인 관심과 활동을 보임으로써 교육적 성취 및 일상생활 적응에 도움이 필요한 사람

7. 의사소통 장애를 지닌 특수교육대상자

다음 각 목의 어느 하나에 해당하여 특별한 교육적 조치가 필요한 사람

가. 언어의 수용 및 표현 능력이 인지능력에 비하여 현저하게 부족한 사람

나. 조음능력이 현저히 부족하여 의사소통이 어려운 사람

다. 말 유창성이 현저히 부족하여 의사소통이 어려운 사람

라. 기능적 음성장애가 있어 의사소통이 어려운 사람

8. 학습 장애를 지닌 특수교육대상자

개인의 내적 요인으로 인하여 듣기, 말하기, 주의집중, 지각(知覺), 기억, 문제 해결 등의 학습기능이나 읽기, 쓰기, 수학 등 학업 성취 영역에서 현저하게 어려움이 있는 사람

9. 건강 장애를 지닌 특수교육대상자

만성질환으로 인하여 3개월 이상의 장기입원 또는 통원치료 등 계속적인 의료적 지원이 필요하여 학교생활 및 학업 수행에 어려움이 있는 사람

10. 발달지체를 보이는 특수교육대상자

신체, 인지, 의사소통, 사회·정서, 적응행동 중 하나 이상의 발달이 또래에 비하여 현저하게 지체되어 특별한 교육적 조치가 필요한 영아 및 9세 미만의 아동

이처럼 장애인에 대한 개념 정의는 다양한 학문적 입장에 따라서 다를 수 있지만, 일반적으로 조작적 정의에 따르면 <그림 2-1>에서 보는 바와 같이 '장애인이란 신체적, 정신적, 사회적, 의사소통 및 감각 등 제반 영역에 있어서 기능의 저하 및 제한으로 인하여 지속적으로 일상적인 생활 및 사회활동에 대한 참여가 현저하게 곤란하여 장기적으로 다양한 사회적 도움을 필요로 하는 사람'이라 이해할 수 있을 것이다.

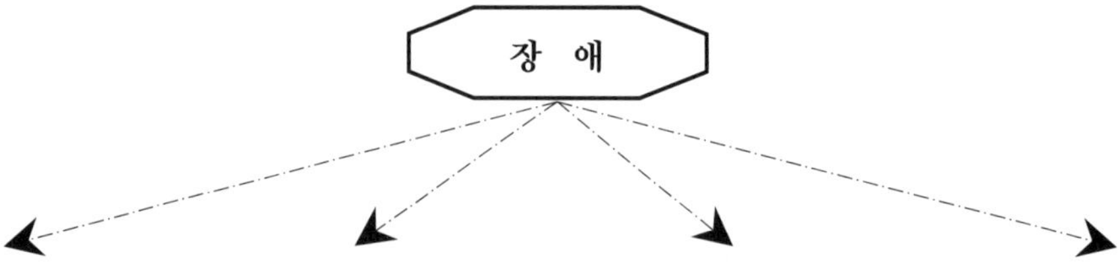

정서 · 사회성 · 의사소통 영역 장애	인지 영역 장애	감각 영역 장애	신체 · 운동 영역 장애
· 정서 · 행동 장애 · 자폐성 장애 · 의사소통 장애	· 지적 장애 · 학습 장애	· 청각 장애(난청/농) · 시각 장애(맹/저시력)	· 지체 장애 · 건강 장애
· 발달 지체(영아 및 9세 미만 아동)			

〈그림 2-1〉 손상영역에 따른 장애 유형

3. 장애 아동 교육의 목적과 의의

일반적으로 교육의 궁극적인 목적은 인간 개개인의 가능성이나 잠재능력을 최대한 계발하여 개인의 완성, 행복 추구, 인간다운 삶의 영위 혹은 자아실현 등에 있다 할 것이다. 사실 특수교육의 목적도 근본적으로는 일반교육의 그것과 거리가 멀다고 할 수 없을 것이다. 다만 장애 아동이나 청소년들이 인지, 정서, 사회성, 신체운동, 감각 혹은 의사소통영역에 있어서 또래들에 비하여 현저한 기능의 제한이나 어려움이 있기 때문에 교육목표에 도달하는 교육과정에 있어서 다양한 특별한 교육적 지원 환경을 필요로 한다.

「장애인 등에 대한 특수교육법」 제1장(총칙) 제1조(목적)를 살펴보면, "「교육기본법」 제18조에 따라 국가 및 지방자치단체가 장애인 및 특별한 교육적 요구가 있는 사람에게 통합된 교육환경을 제공하고 생애주기에 따라 장애유형 및 장애정도의 특성을 고려한 교육을 실시하여 이들이 자아실현과 사회통합을 하는 데 기여함을 목적으로 하고 있다"라고 명시하고 있다. 따라서 이러한 교육 목적을 달성하기 위하여 장애 아동 및 청소년 개개인의 독특한 교육적 욕구와 필요를 충족시킬 수 있는 교육프로그램을 비롯하여 교수방법, 교사 및 시설 등 제반에 걸쳐 적합한 교육 환경을 조성하는 것이 무엇보다도 중요하다 할 것이다.

장애 아동과 청소년들이 각자의 잠재능력을 최대한 계발하여 자아실현과 사회 참여 활동을 통하여 행복한 삶을 영위하도록 조력하는 제반 교육적 서비스 활동이 오늘날 특수교육의 목적이라 할 수 있다. 그러나 특수교육의 역사를 살펴보면, 원시 및 고대의 멸절의 시대, 중세의 자선과 보호의 시대, 근대의 특수(분리)교육의 시대 및 현대의 통합교육의 시대 등 일련의 긴 역사를 지나왔다. 따라서 이러한 특수교육의 역사적 배경을 바탕으로 현재와 미래의 특수교육은 다음과 같은 몇 가지 관점에서 장애 아동 및 청소년에 대한 교육적 서비스의 의의를 가진다(이효자 외, 1998).

1) 인도주의적 · 윤리적 측면

장애를 가진 아동이나 청소년들을 대상으로 하는 교육이나 수업의 기초는 무엇보다도 모든 인간 존재의 절대적이며 무조건적인 존엄성과 가치를 핵심적인 바탕으로 하는 인도주의적 또는 인간의 일반 윤리적인 관점에서 출발한다. 앞에서 이미 살펴본 바와 같이 인간의 존엄성이라는 개념의 출발은 철학적 관점이나 기독교 윤리에서 유래하였으며, 이러한 사상이 오늘날의 휴머니즘으로 확대되어 법학 등 모든 학문의 기본적인 이념으로 정립된 것이다. 또한 독일 출신의 철학자들이자 교육학자들이었던 칸트(I. Kant, 1724~1804)와 파울젠(F. Paulsen, 1846~1908)에 의하면 모든 인간은 반드시 교육을 필요로 하며, 동시에 교육이 가능한 존재임을 재차 강조하였다. 그럼에도 불구하고, 교육적 존재인 인간의 성장과 변화 가능성은 무엇보다도 모든 인간의 절대적이며 무조건적인 존엄성이 전제되고 인정되지 않으면 결코 시작뿐만 아니라 완성도 기대할 수 없다. 특히 장애인에 대한 교육에 있어서 이러한 인간관과 교육관은 특수교육에 있어서 무엇보다도 가장 중요하고 기본적인 이념이 되는 것이다(연세대학교 교육철학

연구회, 1998; Hesselberger, 1999).

국제적인 차원에서 인간의 기본적인 존엄성과 관련된 대표적인 예로는 1948년 12월 10일 유엔총회 결의 217 A(Ⅲ)에 따라 30여 개 조항으로 구성되고 채택되어 선포된 세계 인권선언(The Universal Declaration of Human Rights), 1975년 12월 9일의 세계 장애인권 선언(The Declaration of the Rights of Disabled Persons)을 비롯하여 각 국가들의 헌법이나 각종 차별금지법 등에 모든 인간의 기본적인 존엄성과 생명권을 법적으로 보장하고 있다.

그렇지만 장애인들은 역사적으로 오랫동안 인간 존재로서의 가장 기본적인 권리인 생명권이나 생존권조차도 인정을 받지 못하고 탄압의 시대를 지나 왔다. 특수교육의 역사적 흐름 가운데서 가장 불행했던 시기는 아마도 고대시대와 동시에 20세기 중반의 독일히틀러와 민족사회주의시대를 대표적으로 지적할 수 있다. 특히 이때에는 사회적 규범이나 기대 가치에 부합하지 못하는 장애인이나 병약아들은 인종주의(Racism)나 사회적 다윈주의(Social Darwinism)적 정치이념 아래 '살 가치가 없는 목숨'으로 간주되어 대부분 방임, 유기 및 학대를 넘어 멸절의 대상으로 전락하였다. 더군다나 고대 그리스의 도시국가에 속하였던 스파르타(Sparta)와 독일의 나치 정권은 동일하게 사회적으로 이상적인 인간상(人間像)을 '강인하고 용감한 군인'으로 정하여 다양한 법률(스파르타의 「리쿠르구스(Lycurgus)법전」, 나치 독일의 「차세대 유전성 질병 예방법」, 「혼인보호법」, 「기형아 및 정신박약아 신고 의무제」 등 수많은 법)을 제정하여 소위 '합법적'인 절차와 과정을 통하여 조직적으로 인간의 존엄성을 파괴하는 반인륜적인 국가적 범죄를 저질렀다(Rudnick, 1985; 1990).

고대와 나치스 시대의 이러한 인간에 대한 의학적 혹은 생물학적인 관점은 '인간존재'란 바로 '건강한 존재'와 동일시하는 우상적인 공식을 성립시켰다. 즉 인간존재의 의미와 가치의 사회적 인정 여부는 특히 건강 유무에 따라서 생과 사가 달려있었던 것이었다. 그뿐만 아니라 각 개개인의 존엄성과 존재 가치는 오로지 경제적인 도구로만 여기는 가치관 속에서 '장애인 = 노동 불능 = 멸절'이라는 등식하에 장애인들은 '살 가치가 없는 존재', '국가의 짐' 혹은 '무용(無用)한 존재' 등으로 철저히 분류되었다. 오늘날도 만약 인간 존재의 의미나 가치 유무가 오로지 신체적, 정신적 건강 혹은 경제적인 관점에서 상대적이고 조건적인 요인으로 결정된다면, 결국은 또 다시 오늘날도 특히 장애인이나 다른 사회적 소외계층의 기본적인 권리인 생존권마저도 위협당하는 비참한 역사가 되풀이될 위험성이 매우 클 것이다.

무엇보다도 현대 사회가 국내외적으로 점점 더 지능화, 과학화 및 정보화로 나아갈수록 인간성은 메말라갈 것이며, 인간 존재의 기본적인 가치나 존엄성의 평가 기준은 경제성, 합리성 및 생산성 등이 그 핵심을 차지할 것으로 보인다. 여기에는 결국 최근 국내뿐만 아니라, 해외에서도 논란거리가 되는 안락사(조력자살)를 비롯하여 인공임신중절, 사전연명의료의향서 등의 생명윤리 문제들이 깊은 관련성이 있다 할 것이다. 기본적으로 절대적이고 무조건적인 인간의 생명이나 존재 의미의 결정 요인이 결코 경제적 혹은 생산적인 입장에서 계산되는 그런 것은 아니지만 사회의 현실적인 실정은 많은 차이를 보이는 것을 부정할 수는 없을 것이다.

결론적으로 장애인들에게 교육의 의미나 필연성의 가장 일반적인 근거는 그들도 동등한 인간이기 때문이다. 특수교육은 모든 인간의 절대적이며 무조건적인 존엄성과 가치의 인정을 바탕으로 출발하고, 교육활동을 진행하며 또한 이를 성취하고 완성하고자 하는 학문영역이다. '모든 인간은 교육을 필요로 하며, 교육을 통하여 변화가 가장한 존재이다'라는 대전제는 모든 인간의 절대적이고 무조건적인 존엄성을 기초로 비장애인뿐만 아니라 분명히 장애인에게도 동일하게 유효한 교육학적 인간관과 교육관이라 할 것이다.

2) 법률적인 측면

특수교육의 의미나 필연성에 있어서 법적인 측면과 관련하여 한마디로 말하자면, 장애인들의 차별 없는 교육권과 수업권은 윤리적인 관점뿐만 아니라, 아울러 각종 법에도 보장되어 있다는 사실에 기초한다. 고대로부터 장애 아동 및 청소년들이 교육권을 법적으로 보장받기까지는 오랜 기간 동안 학대나 멸시, 편견 및 혹독한 탄압의 시대를 지나왔다.

먼저 우리나라의 헌법 제31조 제1항에 의하면 '모든 국민은 능력에 따라 균등한 교육을 받을 권리를 가진다'라고 정하고 있는데, 여기에서 특히 각 개인이 가진 능력에 따른 교육기회의 평등성을 강조하고 있음을 알 수 있다. 이 외에도 「교육법」 제18조에는 특수교육, 「초중등교육법」 제55조에는 특수학교 및 동법 57조에는 특수학급 설치에 관한 규정을 각각 두어 장애 아동 및 청소년들의 교육권과 학습권을 보장하고 있다.

특히 우리나라의 특수교육과 관련하여 최초의 법령은 1977년 12월 31일 제정된 「특수교육진흥법」인데, 이는 사실 1975년 미국의 「장애 아동교육법(P. L. 94-142)」과 1979년 일본의 양호학교 의무제 실시 등을 기초로 하였다. 이후 「특수교육진흥법」은 1987년 10월 24일 1차 개정(법률 제3936호)을 통하여 모든 특수교육대상자들의 교육을 의무교육과 무상교육으로 확대하였으며, 이어서 1990년 12월 27일에 2차 개정(법률 제 4268호)이 이루어졌다. 그리고 1994년 1월 7일에는 3차 개정으로 모두 16개 조문에서 5장 28개 조문으로 전문이 개정된 「특수교육진흥법」은 특수교육의 기회 확대와 질적 향상을 위한 각종 시책을 마련하도록 규정하였다. 1997년 12월 13일에 다시 「특수교육진흥법」은 제4차 개정 공포되어 일부 항목이 보완 또는 추가되기도 했다. 특히 1999년에 개정된 「특수교육진흥법」 제28조(벌칙)에는 대학 등 교육기관에서 장애를 이유로 입학을 거부할 시에는 이를 처벌할 수 있는 벌칙도 처음으로 신설되었다.

하지만 당시 「특수교육진흥법」이 특수교육대상자들에게 만족할 만한 교육적 지원이 제공되지 못한다는 지적에 따라 이를 개선하기 위하여 이 법령은 30여 년 만에 폐지가 되었다. 이에 2007년 5월 27일자로 전면 개정한 「장애인 등에 대한 특수교육법」이 공포되었고, 2008년 5월 26일부터 시행되었다. 이 법령의 몇 가지 중요한 내용들을 살펴보면 다음과 같다. 우선 특수교육에 있어서 유치원과 고등학교 과정에서 의무교육이 전격 도입되었고, 장애의 조기발견 체제를 구축하고, 장애영아교육은 무상으로 하여 영유아교육의 기회를 강화하도록 하였다. 한편 대학의 장에게는 장애학생지원센터의 설치와 편의제공을 의무화하였고, 국가 및 지방자치단체 등이 장애성인 평생교육시설을 설치해 장애인에 대한 생애 주기별 교육지원 체제를 확립하도록 규정하였다. 아울러 특수학교의 학급 및 일반학교의 특수학급당 학생 수를 현행보다 대폭 하향 조정하여 이를 법률에 적시함으로써 특수교육의 질적인 면을 고려하기도 했다. 그 외에도 장애아의 가족지원, 치료지원, 보조인력 지원 등 관련 서비스의 제공을 의무화하여 장애인의 교육권 실현에 박차를 가하고자 하였다.

독일의 경우를 살펴보면, 기본법 제3조 제3항에 의하면 '누구든지 성, 출신, 인종, 언어, 출생, 신념, 종교적이거나 정치적인 관점으로 인하여 불이익을 당하거나 특혜를 받아서는 안 된다'라고 규정하고 있다. 더군다나 1994년에 제정 공포된 장애인 차별금지 조항이 추가되었는데, 이는 '누구도 자신의 장애로 인하여 불이익을 받아서는 안 된다'라고 밝히고 있다.

앞에서 살펴본 특수교육과 관련되는 여러 가지 법령들은 두 가지 특성으로 구분될 수 있다. 먼저 모든 국민에 있어서 인종, 신체적 조건, 신앙, 성별, 사회적 신분 등에 상관없이 교육의 기회 균등이 보장되어 있다는 점이다. 즉 각 개인의 교육권에 있어서 소극적인 차별대우의 금지뿐 아니라 더욱더 능동적인 권리로 인정하고 있다. 또한 이를 위하여 국가는 모두에게 평등한 교육을 실시하기 위해 초등교육, 중등교육은 물론 교육시설, 장학 정책 등 모든 필요한 조치를 강구하여 균등한 교육권이 제공되어야 한다는 것이다. 아울러 교육조건의 평등성과 관련하여 모든 아동의 취학에 대한 권리 보장과 각 아동의 개별적인 교육적 능력과 기대 및 욕구에 최적한 교육환경의 조성에 대하여 국가적 의무가 부여되었다. 즉 모든 아동을 대상으로 획일적인 교육방법, 교육내용, 교육재료 등을 사용하기보다는 오히려 가능한 아동의 신체적, 언어적, 사회적 및 정서적 영역 등에서 발생하는 개별적인 제반 특성과 욕구나 필요에 따른 개별화된 교육환경을 조성해야 한다는 것이다.

3) 사회 복지적 · 사회 연대적 측면

사회복지란 모든 국민들에게 인간다운 생활을 보장하고 지원하기 위해 개인이나 사회적 욕구를 충족하기 위한 공적 또는 민간적인 차원에서 다양하게 제공되는 제도적, 정책적인 지원 형태를 말한다. 이에 사회복지의 한 영역에 속하는 특수교육도 장애를 가진 아동이나 청소년들에게 적합한 교육환경과 조건을 제공하여 개인적인 잠재능력을 최대한 계발하여 사회의 동등한 구성원으로서 인간다운 행복한 삶을 영위하도록 이바지하는 점은 공통적인 기능과 의미라 할 것이다.

특히 현대 자본주의 국가에 있어서 사회복지는 국민 생활의 전반적인 분야에서 발생할 수 있는 다양한 요구나 이해관계의 대립을 조정하며, 아울러 사회의 빈부격차로 인한 자본주의 부정론에 대한 예방 정책의 일환으로 이해할 수도 있다. 그러나 다양한 소외 계층이 자신의 욕구나 기대에 있어서 이에 부응할 만한 국가적인 실제적인 제도나 행정적 환경이 조성되지 못할 경우에는 결국 사회구성원들 간의 상호적 연대성(mutual solidarity)이 확립되지 못함으로써 사회적 안정이나 통합이 유지되기는 매우 곤란할 수도 있는 것이다. 이에 장애를 가진 아동이나 청소년들에 대한 교육적 환경과 기회는 사회 복지적 입장에서 국가의 안정된 체제를 유지하고 계층 간의 사회적 상호 연대성 및 사회적 통합을 강화하는 매우 중요한 요인으로 작용한다고 볼 수 있다.

4) 예방 교육적 측면

특수교육은 기본적으로 장애 아동 및 청소년들이 장차 독립적이고 성공적인 개인적 혹은 사회적 역할과 기능을 성공적으로 이행하도록 돕는 교육적 활동이다. 이를 위하여 여기에는 필수적인 학업 기술(쓰기, 읽기, 셈하기 등)과 사회적 기술(지시 따르기, 대화방법, 인간관계 등), 개인적 신변처리기술(식사, 착 · 탈의, 대소변 습관, 위생 등) 및 직업적 기술 등을 교수하는 교정적 중재가 포함된다. 그와 더불어 장애로 인하여 기능의 제한성과 상실성의 경우 특히 다양한 보조 공학 기술을 통하여 의사소통을 비롯하여 걷기나 쓰기, 식사 영역 등 학교생활과 사회생활 가운데서 대체기술에 의하여 과제를 수행하도록 조력하는 보상적 중재자의 역할과 과제도 부여된 것이다.

특히 특수교육의 목적과 당위성과 관련하여 다음의 두 가지 측면에서 매우 중요한 예방 교육적 중재를 들 수 있다. 첫째, 장애인의 입장에서 특수교육의 필요성이나 의미는 1차적인 장애보다는 오히려 2차적인 장애에 더 집중한다. 즉 이미 발생한 장애와 결함으로 인하여 발생하는 심리적이나 정서적인 반응들인 불안, 고독, 우울 등 비관적인 감정 및 태도형성이 계속적으로 반사회적인 행동으로 발전하는 것을 사전에 차단하는 것을 의미한다. 그 밖에도 장애 영·유아나 가족을 대상으로 제공되는 조기특수교육은 잠재적인 장애발생 원인의 사전 차단(미숙아, 학대 및 방치아동 혹은 지적 장애 부모의 자녀 등)과 더불어 이미 장애를 가진 영유아의 장애정도의 최소화에 특수교육의 중요한 의미를 찾을 수 있다(Sander, 1998).

둘째, 특수교육은 비장애인의 입장에서 산모교육을 비롯하여 교사 및 부모교육 등을 통하여 장애발생의 원인이나 예방과 관련한 여러 가지 교육 프로그램 및 상담 등을 통하여 장애 발생 원인을 최대한 원천적으로 막을 수 있는 정보를 제공함에 매우 중요한 목적이나 가치를 두는 것이다. 더욱이 통계적으로 장애의 발생 원인에 있어서 유전이나 염색체 이상 등 선천적 원인보다는 오히려 무지(無知)나 부주의로 인한 후천적인 각종 사고나 질병으로 인한 발생률이 절대 다수를 차지함으로써 누구나 장애를 가질 수 있는 현대 사회의 특성(장애의 일반성)을 감안할 때에도 예방 교육적 측면에서의 특수교육은 반드시 필요한 조치라 할 것이다(Sander, 1998).

5) 인적자원개발적인 측면

장애 아동이나 청소년들에 대한 교육적 권리나 환경의 조성의 필요성은 사회 경제적 또는 인적 자원론의 관점에서도 설득력이 있을 것이다. 즉 이는 장애를 가진 사람들에게 잠재능력을 계발할 수 있는 교육적 기회, 권리 및 환경을 조성한다면 개인적 재활뿐만 아니라, 적극적인 경제활동과 사회 참여를 통하여 사회 및 국가발전에 이바지할 수 있는 유능한 사회인을 육성할 수 있다는 기대에서 출발하는 입장이다.

실제로 장애를 극복한 세계적인 인물들을 몇몇 살펴보면, 우선 미 백악관 직속기관인 국가장애위원회 차관보로 활동했던 시각 장애인 강영우(1944~2012) 박사가 있다. 또한 초인적인 의지의 미국 여성 시각 장애 및 농인이며 저술가인 켈러(H. A. Keller, 1880~1968), 소아마비 장애를 가졌던 루스벨트(F. D. Roosevelt, 1882~1945) 제32대 미 대통령도 이에 포함된다. 그리고 1798년경부터 청신경 위축 혹은 중이(middle

<베토벤(L. van Beethoven)>

출처: https://de.wikipedia.org/wiki/Ludwig_van_Beethoven#/media/Datei:Beethoven.jpg

<호킹(S. W. Hawking)>

출처: https://de.wikipedia.org/wiki/Stephen_Hawking#/media/Datei:Stephen_Hawking.StarChild.jpg

ear)에 뼈가 비정상적으로 자라는 증상인 이경화증으로 추정되는 질병으로 인하여 독일 작곡가이자 피아니스트이며 청각 장애를 가졌던 베토벤(L. van Beethoven, 1770~1827), 근위축증을 가졌으며 영국의 이론 물리학자이자 천체 물리학자인 스티븐 호킹(S. W. Hawking, 1942~2018) 박사 등 수많은 사람들을 꼽을 수 있다.

특히 이러한 인적자원개발적인 관점은 종래 사회가 가졌던 특수교육의 무용론(無用論)이나 소비적 경제 투자론적 관점에 대한 변론으로 매우 의미가 있다고 보는 바이다. 그럼에도 불구하고 여기에서 특히 주의할 점은 특수교육의 당위성이나 의의가 이러한 인적자원개발적인 입장만 지나치게 강조하게 될 때 특수교육이 자칫 경제적인 이득이라는 목적을 위한 수단으로 곡해되기 쉽다. 다시 말하자면, 모든 인간의 절대적 존엄성과 가치를 인정하는 데서 출발하는 특수교육의 기본적이고 본질적인 의미가 중복·중증 장애인들에게 있어서 사각지대로 전락될 위험성은 항상 경계하고 예방해야 할 것이다.

4. 장애의 발생 원인과 예방

1) 장애의 발생원인

우리나라 보건복지부의 주요 지표별「2019년도 등록 장애인 현황」에 따르면 현재 등록 장애인은 261만 8,000여 명으로, 전체 인구 대비 약 5.1%를 차지하고 있다(https://www.thepublic.kr). 이에 의하면 등록 장애인 수와 전체 인구 대비 비율은 등록 장애인에 대한 서비스의 확대를 비롯하여 등록제도에 대한 인식의 개선 등으로 인하여 2003년 이후 꾸준히 증가하였고, 2010년부터는 전체 인구 대비 약 5% 정도로 비슷한 수준을 유지하고 있는 것으로 파악됐다.

지적 장애는 18세 이전이나 출생 전부터 시작되는 문제로 인해 발생할 수 있다. 여기에는 다운증후군을 비롯하여 태아 알코올증후군, 약체 X 증후군, 유전적 혹은 선천적 결함이나 감염 등 선천적인 원인이 있을 수가 있다. 아울러 지적 장애의 원인은 각종 사고로 인한 부상, 질병 또는 뇌의 문제로 인해 발생하는 후천적인 원인 등 약 200여 가지가 넘을 정도로 많다. 그러나 지금까지 장애의 원인이 알려진 것도 있지만, 절반 이상은 장애 원인이 아직 미상인 경우에 속한다.

대개 장애의 발생 원인을 규명할 경우에는 상관관계라는 통계적인 기술을 이용하는데, 이는 단지 장애가 발생할 확률이 비교적 높은 것으로 예측하는 것일 뿐, 이것이 완전한 인과관계를 성립하는 절대적인 기준은 결코 아니다. 그럼에도 불구하고 그 발생 확률이나 상관관계가 비록 낮게 보인다고 하더라도 각 개인의 생명의 존엄성을 인정하는 이상은 반드시 조심하고 주의를 기울여야 함이 마땅하다.

일반적으로 생물학적 혹은 의학적 관점에서는 장애발생의 원인을 크게 출산 전(선천적-태아기), 출산 시 그리고 출산 이후 등 세 단계로 구분한다(Schmutzler, 1996).

(1) 출산 전(선천적-태아기)

이는 부모가 가진 유전적 요인부터 태아기인 임신 40주 사이의 시기에 발생할 수 있는 장애 원인을 의미한다. 인간은 수정과 착상 과정을 통하여 임신이 이루어지는데 만기 출생할 때는 평균 약 3.5kg의 몸무게와 2,000억 개의 세포를 가지게 된다. 다시 말하자면, 출산 전 시기는 임신 전부터 출산까지의 시기로 인간의 생애주기별 단계 가운데서 어떤 시기보다 환경에 매우 민감한 시기에 해당한다 할 것이다. 더 나아가서 임신 전 부모의 유전적인 환경 요인이나 임산부의 건강 조건은 특히 태아에게 매우 결정적인 영향을 미칠 수밖에 없는 것이다.

가. 유전적인 요인과 염색체 손상

보통 인간의 정자와 난자 속에는 수많은 개인적인 유전정보를 포함하고 있는데, 이러한 다양한 정보는 아주 미세한 화학적인 물질로 구성되어 있으며, 유전적 정보를 가진 물질을 유전인자(gene)라고 한다. 이 유전인자는 성염색체(chromosome)라는 보다 큰 덩어리의 물질 속에 배열되어 있고, 염색체는 세포의 핵 안에 있는데, 난자와 정자의 생식세포에 의해서 다음 세대에 전수되는 것이다. 그리고 유전인자 자체는 디옥시리보핵산(Deoxyribo Nucleic Acid: DNA)이라는 복잡하고 다양한 분자들로 형성되어 있는데, 이 분자 구조는 2중 나선으로 꼬인 사다리 모양으로 특수한 화학 물질 계열로 구성되어 있다. 이는 유기체의 유전적 부호로 유전적인 내용들을 전달하며, 주위의 물질과 상호작용하여 세포, 조직 및 기관을 이루는 단백질의 구성을 지시하는 것이다.

일반적으로 염색체 수는 동식물의 종(種)에 따라 각각 다양한데, 예를 들어, 누에나방은 전체 염색체 수가 56개이며, 소는 60개, 새우는 254개이며 고사리는 92개이다. 그러나 염색체 수가 다른 생물에 비하여 더 많다고 해서 고등하거나 적다고 지능이 낮은 종이 아니다. 아울러 그 반대도 아닌데, 같은 종끼리는 염색체의 수가 같지만 그렇다고 염색체 수가 같다고 동일한 종이라고도 할 수 없다. 인간의 경우에는 크기, 형태 및 배열에 따라서 남성의 정자로부터 받은 23개의 염색체와 여성의 난자로부터 받은 23개의 염색체가 합쳐져서 새로운 46개의 염색체 배합이 형성된다. 또한 두 개의 배합체인

정자와 난자는 감수분열을 통하여 46개의 염색체의 절반인 23개의 염색체를 갖는다. 이때 감수분열을 할 때 46개의 염색체 가운데 어떤 염색체가 나누어져서 23개가 되는가는 보통 일정하지는 않다. 따라서 동일한 정자와 난자라 하더라도 배우자가 지니는 23개의 염색체의 배합은 각기 서로 다르다. 이처럼 전체 46개 염색체의 형태는 태어나는 신생아의 혈액형, 신장(身長), 체형 등의 모든 유전적인 잠재성을 결정하며, 아울러 지능과 일정한 질병에도 영향을 미치기도 한다. 따라서 동일한 부모로부터 출생한 형제라 할지라도 유전적인 특성이 다를 수 있는데, 이것이 형제 간에서도 개인차를 발생시키는 유전학적인 원인으로 작용하는 것이다(Schmidt, 1979).

DNA는 배아(embryo)의 발달과정에서 세포 안에 있는 화학적 과정을 지시하는데, 이때 유전 구조내의 작은 결점이 예상치 못한 부정적인 영향을 초래할 수 있다. 이때 변이된 DNA는 자체 교정도 가능하지만, 자발적 유산(spontaneous abortion)이 발생할 수도 있는 것이다. 특히 돌연변이를 비롯하여 방사선 노출, 약물의 오·남용, 농약 등 화학약품, 다이옥신, 납, 카드뮴, 벤졸 등의 각종 환경오염 등을 통하여 유전인자 결함은 이어서 유전변이로 인하여 출생 시 장애아 출생의 위험도를 높이게 된다. 유전변이란 유전인자가 변형된 것이며, 유전 형질은 다음 세대로 전해지는데, 이때 우성유전으로 유전되는 경우에 자녀는 그 부모와 동일한 장애를 가지게 된다.

상염색체(autosomal) 우성유전 장애로 전해지는 질병으로는 왜소 발육증 형태인 연골발육부전증(achondroplasia)이 있다. 이는 연골세포 부족이 특징인 유전성 질환이며, 연골 무형성증(軟骨無形性症)이라고도 한다. 이 질환을 가진 성인의 평균 신장은 약 120~130cm 정도이며, 팔다리가 짧고 머리가 크고 이마가 튀어나온 것이 특징이다. 대개 생명에는 큰 지장이 없는데, 발병빈도는 신생아 25,000명에 1명꼴로 나타난다. 이어서 신경계가 점진적으로 퇴화하는 헌팅톤(Huntington)병은 유전성 뇌질환이며, 일반적으로 발병된 후 15~25년 이내에 신체적 혹은 정신적으로 심각한 무능력 상태에 이르게 되어 결국은 사망에 이르게 되는 퇴행성 유전성 질환에 속한다. 그리고 정상적인 손가락, 발가락 수보다 많은 다지증(polydactyly) 등 각 개인이 가진 장애 증후의 정도에 따라 큰 차이를 나타내는데 약 2,000여 가지의 질병이 있다.

다른 한편 상염색체 열성유전 장애도 부모로부터 유전된 것으로는, 예를 들어 낭포

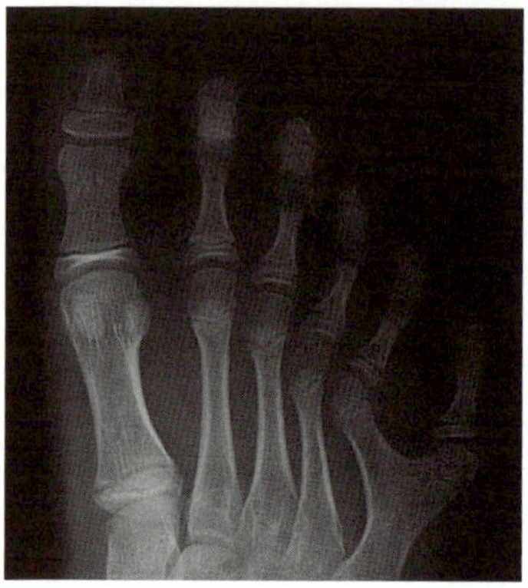 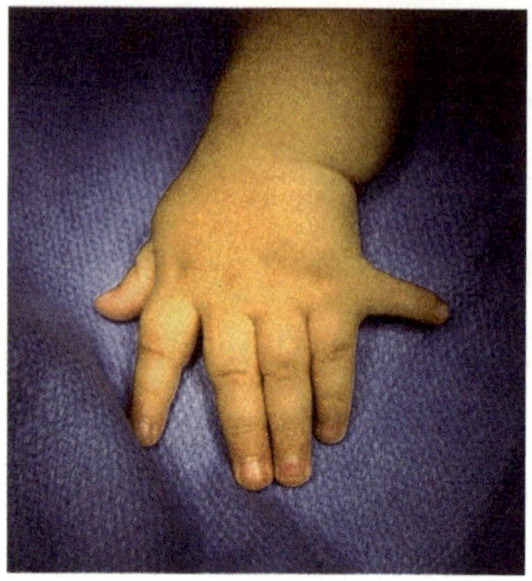

<다지증(polydactyly)>

출처: https://www.handsurgeryresource.com/polydactyly

출처: https://de.wikipedia.org/wiki/Polydaktylie#/media/Datei:Polydactyly_01_Rfoot_AP.jpg

성 섬유증(cystic fibrosis)이 있는데, 이는 분비선 기능에 영향을 주어 호흡기관과 소화기관의 점액분비가 비정상적으로 진하고 끈적끈적하며 많아진다. 그리고 점액이 폐에 축적되고 기관지를 막아 호흡곤란이 생겨 때로 만성 호흡기감염증으로 발전되기도 한다. 그리고 폐질환이 가장 흔한 사망 원인이며, 주요 증상에는 만성적 기침, 재발하는 폐렴, 점진적인 폐 기능 상실 등이 있다. 아울러 우유의 유당의 일부에 해당하는 갈락토스(galactose)를 우리 신체에 유용한 글루코스(포도당)로 바꾸지 못하는 유전적 질환의 하나인 갈락토세미아(Galactosemia)가 있다. 이는 조기에 발견하여 식이요법을 통해 치료를 하지 않을 경우 지적 장애를 유발하며, 때로는 백내장이나 간장 질환을 유발하기도 한다.

또한 성염색체는 세포핵에 있는 염색체들 중 상염색체를 제외한 나머지 염색체를 말하는데, 이는 생물의 성별을 결정하는 데 관여하는 염색체이다. 사람이 가지고 있는 23쌍의 염색체 중 1쌍만이 성염색체에 속하며, 성염색체 관련 유전 장애는 250여 가지를 들 수 있다. 그 가운데 대표적으로는 미국의 의사이며 내분비학자인 클라인펠터(H. F. Klinefelter, 1912~1990)의 이름을 따서 1942년에 명명된 클라인펠터 증후군(Klinefelter Syndrome 또는 Klinefelter-Reifenstein-Albright-Syndrome)은 남아

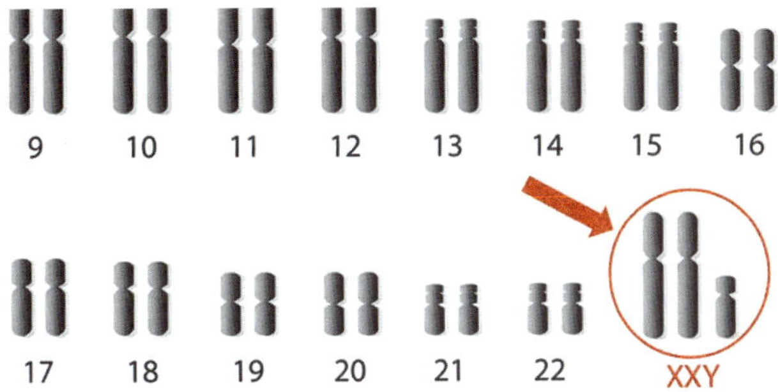

<염색체 이상으로 발생하는 클라인펠터 증후군(Klinefelter Syndrome)>

출처: https://www.apotheken-umschau.de/Klinefelter-Syndrom

1,000명당 1명꼴의 빈도로 비교적 흔하게 발생하기도 한다. 이는 염색체의 수가 47개로 성염색체 유전자형이 XXY로 되어서 남성처럼 보이지만 과도하게 발육한 가슴, 여성적인 높은 음성, 무모증(無毛症), 생식불능 등 여러 가지 여성적인 특성을 보인다. 이들의 지능은 다를 수 있지만, 평균 IQ는 85~90으로 보고되어 있으며, 일부에서 사회적 적응에 문제를 보이는 경우도 있다. 또한 키는 평균보다 큰 경우가 많으며, 대부분 불임이나 약 30%의 환자는 여성형 유방, 당뇨병, 생식세포종양 등의 부작용을 보이기도 한다. 독일의 경우에는 현재 약 8만여 명의 클라인펠트 증후군의 청소년 및 남성이 있는 것으로 추정한다.

한편 터너 증후군(Turner Syndrome 또는 Ullrich-Turner-Syndrome)은 사실 1929년에 독일의 소아과 의사였던 울리히(O. Ullrich, 1894~1957)에 의하여 이미 그 특성들이 보고되었다. 그 후에 미국의 내분비학자인 터너(H. H. Turner, 1892~1970)가 1938년에 터너 증후군(Turner Syndrome)을 발표하였는데, 이에 의학 문헌에는 터너 증후군(Turner-Syndrom) 혹은 울리히-터너 증후군(Ullrich-Turner-Syndrome)이라고 표기

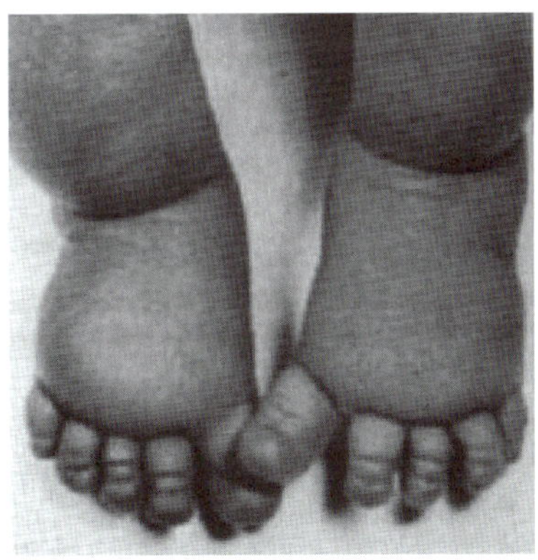

<터너 증후군 신생아의 림프부종>

출처: https://de.wikipedia.org/wiki/Turner-Syndrom#/media/Datei:Neck_of_girl_with_Turner_Syndrome_(before_and_after).jpg

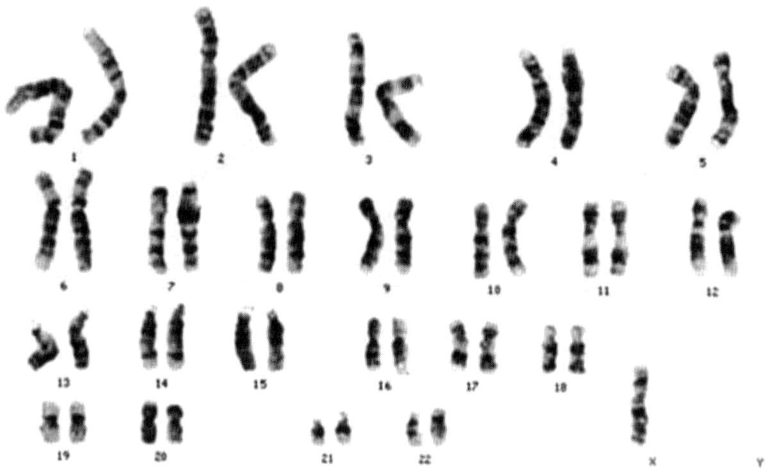

<전체 45개의 염색체로 구성된 터너 증후군(Turner-Syndrome)>

출처: https://de.wikipedia.org/wiki/Turner-Syndrom#/media/Datei:45,X.jpg

하기도 한다. 이의 특성으로는 염색체의 수가 45개로 성염색체 유전자형이 XO형으로 되어서 여성의 형태를 가지지만 난소가 없거나 흔적만 남아 있다.

따라서 2차 성징이 나타나지 않아서 생식불능, 골격이상, 성장 장애, 감각기관의 손상, 인지손상 등 증상이 발생한다. 그중에 약 20%는 지적 장애에 해당하고 1 : 2,500의 비율로 여자 신생아에게 발생한다.

또한 다요인적 유전(multifactorial inheritance)이란 정상 유전인자와 비정상 유전인자들이 특정한 결합방식에 의해 결합되거나 혹은 유전 인자가 환경과 상호작용하여 훨씬 더 복잡한 방식으로 유전되는 것을 말한다. 예를 들어, 이분척추(spina bifida)는 척수나 척주관 하부의 폐쇄이상으로 발생한다. 이는 백인에게 흔히 나타나며, 특히 여성 태아에게 더 많이 발생하기도 한다. 특히 척수 수막류의 경우에는 중추신경인 척수에 이상이 생겨서 수술 후 걷기 힘들거나 뇌수종이 동반되는 경우가 많다. 이어서 만곡족(彎曲足)이라고도 하는 선천성 기형발(clubfoot)은 비뚤어지거나 위치가 바르지 못한 발의 선천성 기형을 말한다. 이는 주로 여성에 비하여 남성에게서 2배 정도 더 발생한다. 그리고 선천성 태아안면기형 중 가장 많은 질환인 구개파열(cleft palate)은 선천

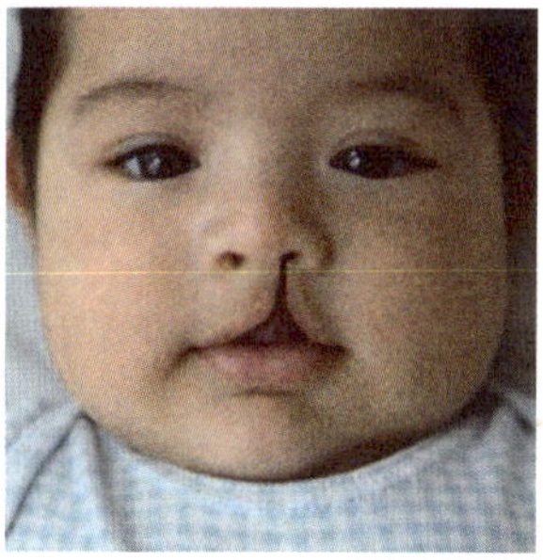

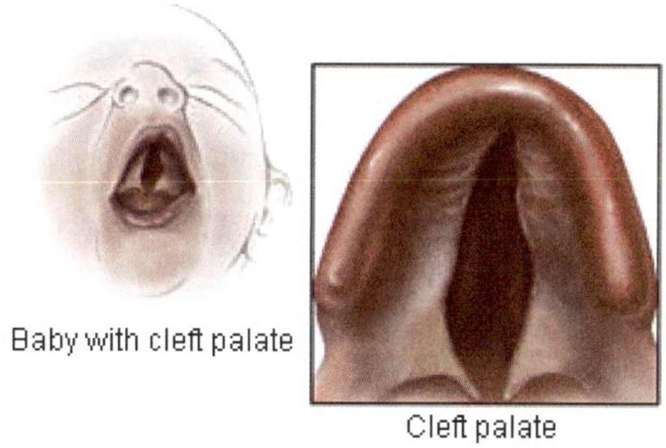

<구개파열>

출처: https://thecfydiaries.wordpress.com/2017/07/19/cleft-lip-cleft-palate/

출처: https://www.cdc.gov/ncbddd/birthdefects/CleftLip.html

적으로 입천정이 뚫려 있어 코와 입이 통하는 것을 말한다. 또한 코나 잇몸까지 갈라져 있는 경우도 있는데, 이를 입천장 갈림증이라고도 불린다. 이 중 대략 50%에서는 입술 갈림증과 입천장 갈림증이 동시에 수반되어 발생한다.

그 밖에도 유전의 어떤 형질에 의해서든 장애가 발생하는 유전변이를 들 수 있다. 대표적인 것으로는 유전성 안질환인 망막색소변성증(retinitis pigmentosa)이 있다. 보통 망막은 눈으로 들어온 빛을 전기적 신호로 바꾸는 역할을 함으로써 신경을 통해 뇌로 정보가 전달되는 방식이다. 망막색소변성증은 이러한 기능을 하는 망막에 색소가 쌓이면서 망막의 기능이 소실되는 유전성 질환이며, 시각세포가 손상되어 점차적으로 시야가 좁아지고 결국 시력을 잃게 되는 것이다. 망막 색소변성은 우성, 열성, 성 관련 유전인자 등 그 어느 것에 의해서도 유전이 되며, 지금은 보균자를 찾기가 어려우나 80명당 1명이 열성 망막색소변성 유전인자를 가지고 있다고 판명되고 있다.

그리고 많은 경우에는 유전적 결함이 효소결핍이나 결함이 주요 원인으로 작용할 수 있다.이에 여러 가지 효소들 중에 한 가지가 없거나 결핍되면 세포가 정상적인 화학 작용이 불가능하여 계속하여 중요한 화학물질과 단백질을 공급할 수 없게 되므로 신체의 특정 화학물질 수준에 문제가 발생하게 된다. 이러한 효소결핍에 의한 장애로는 예를 들어, 페닐케톤뇨증(Phenylketonuria: PKU)이 있다. 이는 많은 음식물에 자연적으로 발견되는 필수 아미노산의 일종인 페닐알라닌(Phenylalanine)을 타이로신으로 전환시키는 효소인 페닐알라닌수산화효소가 선천적으로 저하되어 있어 페닐알라닌이 축적된 나머지 지능 장애를 비롯하여 담갈색 모발, 피부의 색소 결핍을 초래하는 상염색체 열성 유전성 질환이다. 그러나 다행히도 조기에 저페닐알라닌 특수 분유 등 식이요법을 통하여 치료가 가능하다(Goellnitz, 1981). 선천성 아미노산 대사이상으로 페닐알라닌을 발생은 백인의 경우가 1만 4,000명당 1명꼴로 동양인들보다 훨씬 빈도가 높게 나타난다. 이어서 갈락토스혈증(Galactosemia)이 있는데, 이는 출생 직후에는 정상으로 보이나 젖을 먹으면 며칠 뒤에 토하기 시작하고 무기력해지며, 체중이 늘지 않고 간이 커지며, 소변검사에서 갈락토오스가 검출되기도 한다. 이는 치료되지 않으면 영양 실조와 발육 장애 혹은 백내장이나 지적 장애를 초래할 수 있는 또 다른 신진대사 장애이다. 앞서 페닐케톤뇨증과 마찬가지로 조기발견과 특별한 식이요법을 통하여 치료가 매우 성공적인 것으로 알려져 있다.

또한 테이 삭스(Tay-Sachs)병이 있는데, 이는 영국의 안과의사인 테이(W. Tay, 1843~1927)와 미국의 신경학자인 삭스(B. Sachs, 1858~1944)의 이름을 딴 병명으로 1881년에 처음으로 발표하였다. 이는 출생 후 3~6개월 후부터 시작되어 운동력이 상실되며, 농, 맹, 뇌기능의 치명적인 퇴화를 가져와 치료가 불가능한 지방질 또는 지방이 체내조직에 증가되는 진행성, 퇴행성의 질환이다. 그리고 병이 진행함에 따라 이미 있던 운동능력도 점차 상실되어 기어다니거나 앉지 못하고 고개조차도 들 수 없게 되며, 망막에는 붉은 반점이 생기고 시력 상실과 더불어 전신에 마비현상이 나타나 대부분 사망에 이른다.

그리고 장애의 또 다른 원인은 혈액형의 Rh요인인데, <표 2-3>과 같이 모자(母子) 혈액 불일치를 들 수 있다. 특히 Rh-인 어머니가 Rh+ 아이를 가졌을 때 어머니의 혈액 속에 있는 항체가 태아를 공격하여 자연유산, 사산, 황달, 빈혈증, 심장 결함, 지적 장애 등이 나타날 수 있다.

이는 특별한 진단이 없더라도 부모의 혈액형 검사나 임신 중 초음파검사 혹은 양수 검사 등으로 태아의 건강상태를 살필 수 있다. 만일에 임신 중인 경우에는 임신 28주~32주에 로감(RhoGAM)이라는 면역 글로불린 근육 주사를 통해 태아의 건강 이상을

〈표 2-3〉 부모 및 아기의 RH 항원의 적합여부

	부	모	아기
RH 요인	RH+	RH+	양호
	RH-	RH-	양호
	RH-	RH+	양호
	RH+	RH-	빈혈, 황달, 뇌신경 장애 또는 사산 등 발생

예방한다. 그리고 계속하여 임신 계획이 있다면, 분만 후에도 72시간 내에 산모에게 로감 면역 글로불린을 주사하여 미리 부작용이나 장애 요인을 예방해야 한다.

그리고 가장 보편적인 염색체 변이에 의한 장애로는 1866년에 영국의 의사였던 다운(J. L. Down, 1828~1896)의 이름에 따라 명명된 다운증후군(Down Syndrome)이다.

과거에는 한때 다운증후군의 얼굴이 동양인, 즉 몽골로이드를 닮았다 해서 몽골리즘(Mongolism)이라 칭하기도 했지만, 다운증후군 환자나 특정 인종을 동시에 폄하하는

<다운증후군 8세 남자아이(좌)와 호주의 다운증후군 모델 23세 Madeline Stuart(우)>

출처: https://de.wikipedia.org/wiki/Down-Syndrom#/media/Datei:Boy_with_Down_Syndrome.JPG

출처: https://www.independent.co.uk/life-style/fashion/features/madeline-stuart-the-downs-syndrome-model-lands-two-modelling-jobs-in-a-week-10375794.html

단어로 비판받아 더 이상 사용하지는 않는다. 이것은 23쌍의 염색체 배열 중에서 특히 21번째 염색체가 2개가 아닌 3개로 되어 있어 전체 염색체 수가 47개인 경우이다. 다운증후군은 약 800:1의 비율로 발생하며, 이러한 아동의 특징은 눈 안쪽 구석의 피부가 아래로 쳐져 주름이 생기고, 머리가 작고, 코가 낮고, 혀가 내밀어져 있고, 심장, 손가락의 변형, 백혈병, 눈, 귀에 결함이 있으며, 지적 장애, 운동 기능 결함 등을 야기시킨다. 다운증후군의 발생 원인에 대해서는 아직 정확하게 밝혀진 바가 없다. 오늘날에는 양수검사(amniocentesis)를 통해 약 40가지 정도의 유전자 및 염색체 변형을 찾아낼 수 있게 되었다. 다운증후군은 단지 통계적으로 35세 이상의 산모가 20대의 산모보다 다운증후군을 가진 아이를 출산할 확률이 20배 가까이 높다는 것으로 미루어보아 산모의 연령과 관계가 있을 것이라고 추정할 뿐이며, 부모의 교육수준, 사회적 계층, 인종에 관계없이 발생할 수 있다(Rett, 1983).

이 시기의 장애발생 원인으로는 영양실조를 마찬가지로 들 수 있는데, 요오드, 단백질 등 불충분한 영양섭취는 몸의 생화학적 조절과 두뇌 기능 사이의 관계에 영향을 미칠 수 있다. 심각한 영향 결핍은 두뇌의 뇌세포 수의 감소나 뇌 성장과 성장 장애, 운동 기능 장애, 지적 장애를 유발할 수 있다. 특히 모태 내에서 발육시기와 출생 후 초기 18개월은 모든 기관 조직의 생리학적 발달에 결정적인 시기에 해당한다. 출생 후 영양실조, 특히 유아기의 최초 6개월은 두뇌 발달에 결정적인 시기이므로 중요한 신경계의 구조와 두뇌 세포사이에 상호 연결이 발달하게 되는 것이다(Weigt, 1988).

나. 감염과 중독

임신 과정 중에 있어서 여러 가지 세균(bacteria)이나 바이러스(virus) 감염과 각종 약물 등 유해물질에 의한 중독은 태아, 영아 및 유아발달에 결정적인 영향을 끼쳐 장애가 발생할 수 있다.

보통 세균은 우리 몸이나 주변에서 서식하는 단세포 유기체인데, 대부분은 인체에 무해하고 감염이 없는 특성이 있다. 예를 들어, 우리 몸속의 박테리아는 음식을 소화시키고 다른 박테리아나 미생물로부터 지켜주거나 몸에 영양분을 공급하는 데 도움이 된다. 그러나 세균의 약 1% 미만이 실제로 유해한데, 여기에는 호흡기 감염을 유발할 수 있는 황색 포도상 구균이나 폐렴을 일으킬 수 있는 폐렴균, 혹은 대장균과 살모넬라균은 덜 익힌 고기에서 발견되며 식중독의 위험이 있다.

그 반면에 바이러스는 보통 숙주나 다른 생물체 없이는 생존할 수 없다. 세균보다 작은 바이러스는 살아있는 세포에 붙어 그 세포의 유전 물질을 사용하여 스스로를 복제하거나 변형되어 감기, 대상포진, 홍역, 수두, 에이즈 등의 질병이 발생할 수 있다. 세균 감염은 일반적으로 신체의 한 영역으로 제한되지만, 바이러스 감염은 더 쉽게 퍼지고 몸 전체에 영향을 미친다. 여기에는 독감 바이러스에 의한 독감으로 열, 기침 및 통증이 포함되며, SARS(중증 급성 호흡기 증후군) 바이러스나 COVID-19(신종코로나 바이러스 감염증) 등으로 인한 열, 기침 및 호흡 곤란 등이 있다. 보통 항생제로는 바이러스 감염을 치료하기 어렵고, 백신 접종을 통하여 예방하거나 항바이러스 약물을 사용하여 치료한다.

임산부의 감염으로 태아에게 영향을 미치는 질병으로는 먼저 풍진(Rubella)을 들 수 있다. 일반적으로 풍진은 임신 3개월 이내에 바이러스에 감염되면 태아의 발달에 치명적인 손상을 줄 수 있다.

산모가 가진 풍진의 영향을 받고 출생한 신생아는 청각과 시각 등에 심한 감각적 신경 결함을 가지고, 백내장, 녹내장, 지적 장애, 뇌성마비, 선천성 심장 장애, 치아, 뇌 기형, 성장 장애, 혈관 장애, 갑상선 등에 있어서 여러 가지 부작용을 발생시킬 위험성이

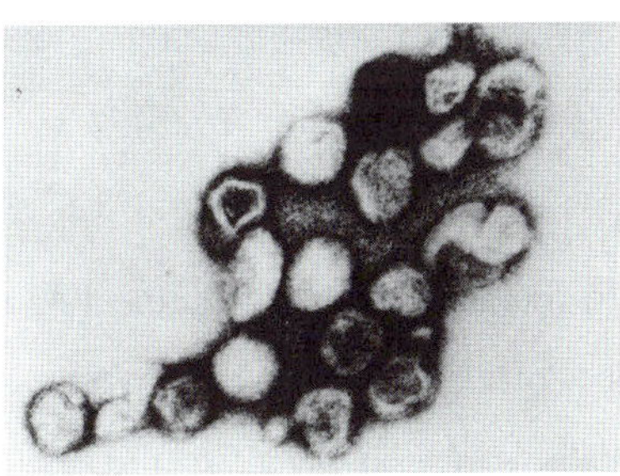

<풍진 바이러스>

출처: https://de.wikipedia.org/wiki/R%C3%B6teln#/media/Datei:Rubella_virus_TEM_B82-0203_lores.jpg

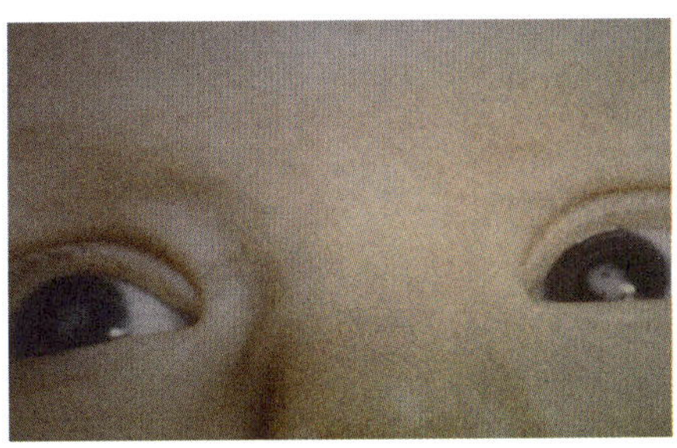

<선천성 풍진바이러스 감염으로 인한 수정체 혼탁현상>

출처: https://de.wikipedia.org/wiki/R%C3%B6teln#/media/Datei:Cataracts_due_to_Congenital_Rubella_Syndrome_ (CRS)_PHIL_4284_lores.jpg

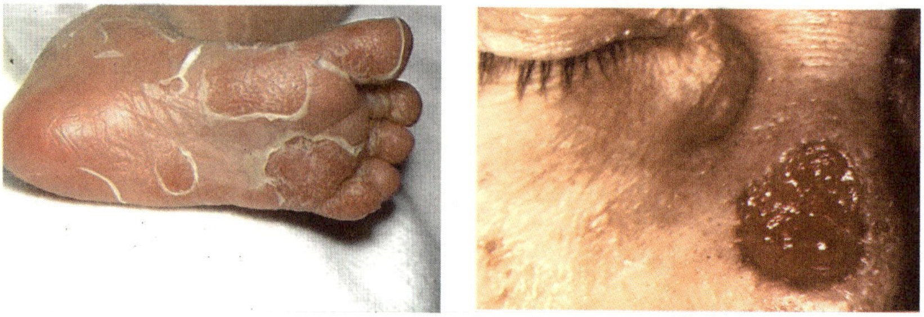

<매독균 감염에 따른 증상>

출처: https://de.wikipedia.org/wiki/Syphilis#/media/Datei:Gumma_of_nose_due_to_a_long_standing_tertiary_syphilitic_Treponema_pallidum_infection_5330_lores.jpg

높다. 그러나 풍진 감염은 임신 전에 진단이나 예방 접종을 통하여 막을 수 있다. 1981년 독일에서는 75,000여 명의 풍진 바이러스에 대한 항체가 없는 임산부로 인하여 같은 해에 약 300여 명의 풍진 바이러스 감염으로 손상을 가진 신생아들이 출생했다(Krieg, 1981).

이어서 대개 성적 접촉을 통해서 전파되나 간혹 모체로부터 태아에게 전염되기도 하는 매독(Syphilis)은 성병의 일종으로서 임신 5개월(16~18주) 이후부터 태아에게 큰 손상을 주게 된다. 즉 매독은 풍진처럼 성장하고 있는 유기체에 감염되는 것이 아니라 이미 성장한 유기체의 구조를 비정상적으로 변화시킨다. 매독에 감염된 경우 33% 정도는 유아 초기에 사망하게 된다. 그 외에도 매독 균에 감염된 대부분의 아동들은 선천성 매독으로 인한 맹, 간 기능 장애, 정신지체, 구개파열, 언어 장애, 청각 장애, 이분 척추증, 복막염, 중추신경계 등에 심각한 장애를 일으킨다(Langemann, 1985).

또한 임신 중 만성적으로 알코올을 섭취함으로써 태아에게까지 신체적 기형과 정신적 장애가 나타나는 선천성 증후군인 태아알코올증후군(Fetal Alcohol Syndrome: FAS)이 있다. 이는 신경계 기형이나 성장과 지적 장애 및 안면 기형 등이 나타난다. 1973년에 임신 중 음주를 계속하는 산모가 낳은 태아로부터 밝혀진 특징으로는 지적 장애를 비롯하여 비정상적으로 작은 머리, 심장 결함, 얼굴 및 관절이상, 암, 저체중, 자연 유산, 조산 및 구개·구순파열, 사산 등의 원인으로 알려져 있다.

또한 최근의 연구결과는 비록 적당량을 마시는 사교적인 음주조차도 임산부는 태아에게 해로운 영향을 미칠 수 있다고 경고하고 있다. 태아알코올증후군의 주요 신체적 특징으로는 보통 미간이 넓고, 눈이 작고 가늘며, 좁은 윗입술, 콧날이 빈약하고, 충동적이며, 사회성이 결여되고 기억력, 사고력이 뒤지는 등 다양한 증상이 나타난다. 따라서 임신 중 임산부는 소량의 알코올 섭취일지라도 절대적으로 삼가는 것이 특히 중요하다(Janov, 1984).

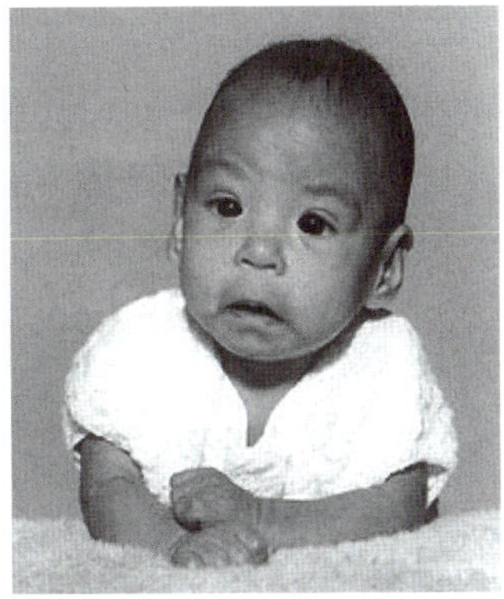

<태아알코올증후군(FAS)>

출처: https://de.wikipedia.org/wiki/Geistige_Behinderung#/media/Datei:Photo_of_baby_with_FAS-2.jpg

임산부에게는 알코올뿐만 아니라 흡연 또한 태아의 건강에 결정적인 위험한 요인으로 영향을 미치기도 한다. 담배 속에 함유되어 있는 니코틴(Nicotine)의 유해성분이 임부의 체내를 통과하여 그 결과 태아에게 영향을 미친다. 흡연 시 약 4,000여 종의 유해한 화학적 성분이 인체로 직접 흡입되는데, 이러한 인체에 유해한 주요 기체 성분으로는 일산화탄소를 비롯하여 이산화탄소, 니트로사민, 질소화합물, 시안화수소, 암모니아 등이 있다. 또한 미립자 성분의 유해 주요 물질은 니코틴, 타르, 석탄산, 방사선 불질인 포로늄 210, 비소, 크레졸, 싸이나, 벤조피렌, 아크롤레인 등 매우 다양하게 나타난다. 임신 중 임산부가 흡연을 하게 되면 먼저 산소량이 적

<흡연자의 폐(좌)와 비흡연자의 폐(우)>

출처: https://www.bauz.net/bisherige-zeitungen/ausgabe-4-staub/seite-7/eine-lunge-sieht-schwarz-raucherlunge/

어지고 이산화탄소량이 증가함에 따라 태아의 심장 박동률은 빨라지고 호흡동작이 늦어져 태아의 움직임이 멈춰진다. 이러한 반응들이 계속해서 누적되면 태아에게 영향을 주게 되어 결국은 사산, 조산, 저체중, 혈관수축, 성장 장애, 미성숙, 행동 장애, 과잉행동, 학습 장애, 최소한의 뇌기능 장애 등 출생에서뿐만 아니라, 아동기의 학습, 적응에 이르기까지 계속적인 영향을 미치는 것으로 알려져 있다. 아울러 임산부의 흡연은 태아의 사산율도 한층 증폭시키는데, 하루 한 갑 미만의 흡연은 태아 사망률을 20% 상승시킨다.

그리고 그 이상일 경우에는 43%로 늘어나며, 유산의 빈도도 훨씬 높아질 뿐만 아니라 산모도 사망률이 증가할 수 있다. 게다가 특히 여성에게 있어 흡연은 임신율을 저하시키는 데 영향을 주기도 한다. 그리고 신생아가 니코틴 성분이 함유된 모유를 섭취할 경우 아이가 불안하고, 초조해지며, 맥박이 빨라지고, 정상적인 성장을 방해하기도 한다. 또한 엄마의 흡연은 영유아가 간접흡연으로 말미암아 급성기관지염, 모세기관지염, 폐렴, 만성중이염, 인두염, 만성 천식 등 기관지 및 호흡기 질병을 유발하는 빈도가 높게 된다. 그리고 최근에는 소위 '제3의 흡연'으로 간과 폐에 손상을 일으킬 수 있다고 보도되기도 했다. 다시 말하자면, 흡연자가 장기간 머물렀던 집, 사무실의 벽, 카펫이나 가구 등에 담배 연기의 독성물질이 주변 환경에 섞여 오랜 시간 방치되면서 이 장소에 있는 제3자에게 간접흡연을 하는 것과 같은 피해를 주는 것을 말한다.

이어서 임산부의 약물 중독도 마찬가지로 태아의 건강 및 발달에 중대하게 해로운 영향을 미칠 수 있다. 그 가운데 중독성 약물인 모르핀, 헤로인, 코카인 등을 복용한 산모의 태아는 자궁 속에서부터 약물에 중독되어 있다. 이 때문에 태아는 태어날 때부터 잠시도 가만히 있지 못하는 불안정, 신경질적 반응, 불면증, 하품, 재채기, 열, 떨림, 경기, 구토 등의 금단 증후군을 보이는 신생아가 될 수 있다. 한편 헤로인에 대한 금단증상을 완화시키기 위해 사용되는 메타돈(Methodone)은 아편양제제(阿片樣製劑)의 하나로 마약류로 분류되어 있는데, 이는 태아에게 더 치명적인 생리학적 손상을 준다.

최근에는 임산부가 사용하는 상당수의 약물이 태아에게 매우 해롭다는 사실이 밝혀져 임신 중에는 가능한 한 약을 복용하지 않도록 권하고 있다. 예를 들어, 진정제의 일종인 탈리도마이드(Thalidomide)를 사용함으로써 발생했던 세계적인 비극은 20세기

<콘터간(Contergan)의 피해자>

출처: https://programm.ard.de/TV/3sat/contergan—die-eltern/eid_280077063650721

출처: https://www1.wdr.de/archiv/contergan/contergan104.html

들어 약과 관련된 사고 중에서 가장 비참한 참사였다. 이는 1956년 수면효과가 있는 진정제인 탈리도마이드가 독일에서 콘터간(Contergan)이라는 상품명으로 시판되었다. 쥐, 토끼, 개, 원숭이 등을 사용한 동물실험에서 한 번에 많은 양을 투여해도 아무런 부작용이 없어 안전하고 효과적이며 독성도 없다고 알려졌다. 아울러 임상시험을 한 결과 사람에게 졸음과 진정작용을 유도하는 안전하고 효과적인 약제로 나타났다.

그러나 이후 1960~61년 사이의 몇 달에 걸쳐 매일 탈리도마이드를 복용한 임산부들에서 팔다리가 저리고 가렵거나, 화끈거리고 힘이 빠지는 증상을 호소하는 다발성신경염의 증례가 학술지에 계속 보고되기 시작했다. 1961년 10월에 전국 산부인과학회에서 독일인 의사 3명이 각각 불구가 심한 아이들이 많이 태어난다고 보고하였다. 그 불구는 당시에 매우 특징적이었지만 그때까지 거의 보지 못했던 극히 희귀한 기형이었고, 팔다리가 바다표범의 물갈퀴를 닮았다고 해서 해표지증(Phocomelia)이라고 불렀다. 다시 말하자면, 손이 아주 작거나, 팔 길이가 짧거나 귀가 없는 신체 기관의 결함을 가진 기형아들이 서독에서만 6천~8천여 명이 출생하게 되었는데, 이 약의 주요 성분이 바로 탈리도마이드라는 것이었다. 이 아이들은 또한 심장과 소화기에도 이상이 있었으며, 절반 정도는 사망했고, 생존아동의 지능은 대부분 정상 수준이었다(Dupuis/Kerkhoff, 1992).

아울러 임산부들에게 유해하다고 알려진 약품들에는 스트렙토마이신(Streptomysin), 임신 중 투약이 뼈 성장을 방해하여 미숙아를 낳을 수 있고 임신후기에 복용하면 신생아의 치아에 악영향을 미치는 테트라시크린(Tetracycline) 및 설파노마이드(Sulfanomides) 등의 항생제, 비타민 A, B6, C, D, K 등의 과다 복용, 아편제 그리고 기타 진정제 등을 들 수 있다. 또한 안정제인 밀타운(Miltown)과 리브리엄(Librium)을 임신 6주 내에 복용할 경우 정신지체, 청각 장애, 심장 장애, 관절 및 사지의 결함을 초래할 수 있다. 기타 출생 전 장애발생의 원인인 중독 및 감염에는 자궁 내 양수 및 태아의 감염, 임신중독, X-Ray 방사선 노출, 원생동물 감염 및 납중독 등이 주요 요인에 속한다.

(2) 출산 시

대개 출산은 진통(labour)과정을 비롯하여 해산(delivery), 후산(afterbirth)의 3단계를 통해 진행된다. 구체적인 출산의 단계로는 자궁의 수축과 함께 진행되는 진통을 시작으로 하여 끈끈하고 흰 점액에 피가 조금 섞인 분비물이 나오는 이슬 단계를 거쳐 자궁구가 열리는 순간에 태아와 양수를 싸고 있던 양막이 찢어지면서 양수가 흘러나오는 파수 단계가 있다. 또는 자궁구가 열리는 제1기, 태아가 탄생하는 제2기, 자궁에서 태반이 유출되는 제3기 등의 세 단계로 나눌 수도 있다. 대부분 출산에 걸리는 시간은 초산의 경우는 평균 약 16~18시간이고, 경산의 경우에는 평균 6~8시간 정도이다.

이러한 출산단계에서는 신생아나 산모 모두에게 위험이 따를 수도 있는데, 아이가 출생하기 전에는 대기와 접촉하지 않았기 때문에 태아 생존과 발달에 필요한 산소는 산모의 혈관을 통하여 태아에게 전달된다. 그러나 출산과정에는 태반과 순환계에 있는 대부분의 산소들이 줄어들기 때문에 출산 시까지의 산소량은 태아 생명과 직결된다. 이때 제법 긴 시간 동안의 산소결핍인 무산소증(anoxia)은 피할 수 없는 뇌손상을 가져오며 또한 일단 파괴된 뇌세포는 복원이 불가능하다. 무산소증은 뇌성마비, 간질, 정신지체, 기타 아동기 발달 장애의 원인이 된다. 출생 시 무산소증의 영향은 산소결핍의 정도와 기간, 다른 복합적인 증상의 유무, 영아의 개인차 등에 따라 달라진다(Goellnitz,1981).

특히 이 시기에 조산아나 미숙아의 출생은 장차 장애 및 다양한 결함을 가질 위험성에 노출된 경우이다. 조산아 및 미숙아는 보통 출생 시 체중이 2.5kg 이하이거나 총 임신기간 40주 가운데서 28~37주 사이에 출생된 아기로 원래는 성숙되지 않는 아기를 의미한다. 그리고 조산아의 기준은 일반적으로 신장 47cm 이하, 두위 33cm 이하, 흉위 30cm 이하를 말한다. 이의 출생빈도는 약 8~9%가량이고 신생아 평균 체중이 큰 구미 각국에서는 약 6% 전후로 비교적 낮은 편이다. 특히 조산아들은 대부분 독립적인 기능을 할 수 있는 준비가 제대로 되어있지 않기 때문에 신체나 행동 등에 있어서 비정상이나 혹은 지체가 되기 쉽다. 의학계에서는 지금까지 오랫동안 이들에 대한 치료를 위해 적극적인 노력이 이루어졌지만 여전히 이들은 성장함에 따라 뇌성마비, 지적 장애, 맹, 황달, 폐 기능의 약화, 감염, 내출혈, 저혈당으로 인한 문제, 호흡기 관련 질병인 기관지 폐렴 등 수많은 문제들이 여전히 나타나고 있다. 또한 조산아의 원인으로는 외상으로 일어날 수도 있지만, 대부분은 모체의 질병으로 인한 것이 가장 흔한데, 그 중에서도 매독을 주원인으로 보고 있으며, 모체의 결핵, 신장염, 당뇨, 급성전염병 및 만성중독성 질환 등도 그 원인이라 할 수 있다(Goellnitz, 1981).

그리고 출산 즉시 산모로부터 신생아에게 감염되는 치명적인 병으로 거대세포바이러스감염증인 사이토메갈로 바이러스(Cytomegalovirus: CMV)와 수포진(herpes)을 들 수 있다. 거대세포바이러스에 감염된 신생아는 조산 가능성과 저체중의 가능성이 높고, 소뇌증 또는 청력 장애, 지적 장애나 사망을 일으킬 수 있는 신경계의 문제들을 보이기도 한다. 아울러 간과 비장의 비대, 황달, 혈소판 수의 감소, 점상출혈이 생길 수 있다. 이것은 산모의 약 3% 정도가 감염되는 수포진의 일종으로 수두증, 경련, 마비, 발작, 맹, 농의 원인이 되며, 감염된 신생아의 경우 치사율은 무려 50%나 된다. 한편 수포진은 CMV보다 발생률이 적으나 발달상의 피해는 훨씬 크다. 주로 산모의 자궁경부를 통해 감염되며 영구적인 손상을 입게 되나 항바이러스 약물로 치료하고 있다.

일반적으로 출산 직전 또는 출산 시 뇌손상을 야기하는 가장 큰 원인으로는 태아나 임산부의 호흡 및 혈액 순환, 제왕절개 수술 혹은 겸자분만(鉗子分娩, forceps delivery) 시 의료사고에 의한 원인 등을 들 수 있다.

또한 출산 직전에 모체의 혈액 순환이 원할하지 못함으로써 태아에게 산소를 충분하게 공급하지 못할 경우에도 그 결과 빈혈증이나 출혈, 태반 장애 그리고 탯줄이 꼬여 태

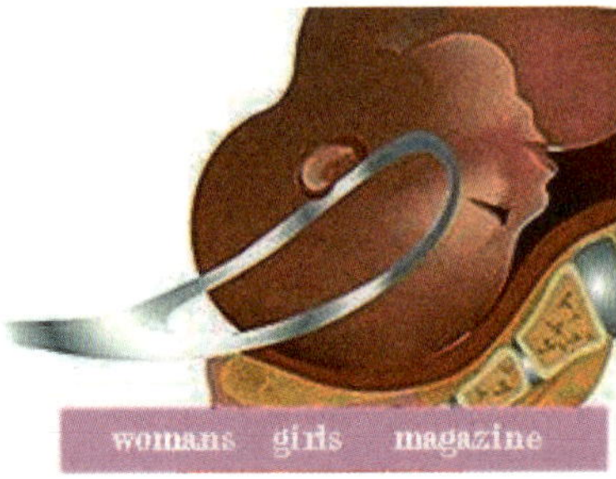

<겸자 분만>

출처: https://womansgirls.com/tweezers-risks-and-benefits-of-forceps-supported-childbirth-15799

아의 혈액 순환 곤란이 발생하기도 한다.

(3) 출산기 이후

출산기 이후 흔한 장애 발생 요인으로는 감염이나 영아 돌연사 증후군(Sudden Infant Death Syndrome), 각종 사고, 아동학대 및 환경적 요인 등을 들 수 있다.

가. 아동기 감염

뇌막염(meningitis)이나 뇌염(encephalitis) 등은 감염에 의해 발병된 것으로 지적 장애나 시각 장애, 농, 뇌성마비 등 기타 장애를 수반한다. 먼저 뇌막염은 뇌와 척수를 싸고 있는 막에 세균이나 바이러스에 감염이 일어나서 염증이 생기는 것인데, 대부분 인플루엔자 균이나 뇌막염구균, 폐렴구균으로 인해 발생하게 된다. 그 외에도 귀에 병이나 결핵 등의 다른 질병으로 인하여 세균이 혈액을 통해 뇌의 수막에 감염이 돼서 발생할 수도 있다. 뇌막염은 뇌와 척수를 덮고 있는 수막에 염증이 생긴 것으로 고열이 수반되면서 마비, 혼수상태, 경련 등 여러 가지 문제가 생기게 된다. 유아 치사율이 10%나 되는 척수 수막염은 인플루엔자 B에서 나온 것으로 최근 새로운 백신이 개발되어 2살 이하의 유아가 감염되는 것을 막고 있다.

뇌염은 바이러스, 박테리아, 기생충에 의해 감염되며 뇌막염보다 유아 감염률이 높은 편이다. 뇌염은 주로 병원균에 의해 생기며, 때로는 납·비소·수은·에틸알코올·염화탄화수소·모르핀·바르비투르산염 등 화학물질 같은 것 때문에 생기기도 한다. 뇌염에 걸렸을 때 나타나는 증상으로는 주로 열, 두통, 졸음이 오고 전신에 힘이 없으며, 혼수상태, 손발이 떨리고 목과 등이 뻣뻣하게 되는 것이 특징이다. 경련은 나이에 관계없이 모든 환자에게서 발생하지만 특히 영유아에게 가장 잘 일어난다.

나. 영아 돌연사(영아급사) 증후군

영아 돌연사 증후군(Sudden Infant Death Syndrome: SIDS)은 영아 사망의 주요원인 중 하나이며, 이는 출생에서 일 년 이내에 건강한 아기가 갑자기 사망하는 경우로 부검이나 사망 당시의 상황이나 혹은 사후검사, 병력 검토를 해 보아도 사인(死因)을 알 수 없는 갑자기 죽음에 이르는 것을 의미한다.

영아 돌연사 증후군은 미국의 경우 신생아 500명 중 1명 정도로 발생하며, 1년에 약 7,000명 정도가 잠든 채로 사망한다고 한다. 그 원인은 아직 미상인 경우가 많지만, 특히 모체의 흡연이나 약물 복용, 출산 연령이 낮거나, 영양부족, 임신간격이 짧을 경우에 발생할 확률이 높은 것으로 알려져 있다. 그리고 대부분의 경우에는 생후1~5개월 사이의 연령에서 가장 많으며, 약 95% 정도가 생후 6개월 이전에 발생한다. 이어서 계절적으로는 가을과 겨울철에 비교적 더 잦고, 성별로는 6:4의 비율로 남아에서 더 빈번함을 알 수 있다. 그 밖에도 해당 영아는 주로 미숙아, 저체중아 혹은 가난하거나 혹은 25세 이하의 연령으로 산전 관리에 소홀한 경우에 발병률이 더 높은 것으로 나타났다.

영아 돌연사 증후군을 완전하게 예방할 수는 없지만 어느 정도 위험을 낮출 수 있는 방법으로는, 먼저 아기를 재울 때는 보호자와 같은 방에서 별도의 아기 침대에 재우는 것이 좋다. 아울러 아기를 엎어서 재우는 것보다는 호흡기의 이상이 있거나 위나 식도 역류가 있는 경우를 제외하고는 천장을 향해 눕혀 놓는 것이 더 안전하다 할 것이다. 또한 임신 전이나 임신 중 또는 출산 후에도 예비 엄마들은 직접흡연이나 간접흡연에도 노출되지 않는 것이 매우 중요하다. 특히 아기의 침구를 마련할 때는 가능한 한 평평하고 탄탄한 매트리스나 요 위에 눕혀 재우는 것이 이러한 사고를 예방하는 데 더욱더 유리하다. 침실의 온도와 관련하여서도 너무 더울 경우에 정상적인 수면이나 호흡의 신경조절을 불규칙하게 하므로, 일반적으로 평균 19~21도 사이를 유지하는 것이 좋다.

다. 사고 및 아동 학대

장애발생 요인 중에 후천적인 것과 관련하여 가장 빈번한 원인으로는 각종 안전사고 및 교통사고를 들 수 있다. 보통 주변에서 발생하는 각종 사고는 대부분 안전에 대한 무지와 부주의로 인하여 대뇌나 중추신경계 혹은 정형 외과적 충격과 손상 등이 수반되어 지체 장애나 지적 장애 또는 의사소통 장애 등이 유발될 수 있는 것이다.

특히 아동학대(child abuse)는 보호자를 포함한 성인에 의하여 아동의 건강을 비롯하여 안녕을 해치거나 위협함으로써 정상적인 발달을 저해할 수 있는 다양한 행동이나 태도를 의미한다. 여기에는 신체적, 정서적, 언어적, 성(姓)적, 방임 및 유기 등의 형태가 있으며 아울러 아동학대의 결과는 신체적 손상을 비롯하여 언어적 장애, 정서불안, 인지기능의 저하, 사회성 결여 등 아동의 발달상 다양하고 심각한 부작용을 초래한다. 아동학대의 원인은 크게 주로 가정의 구조적 요인(가족의 상호작용 불균형, 바르지 못한 양육방법, 경제적인 빈곤, 편부 및 편모의 가정, 사회적 고립, 소외 등)과 개인적 요인(부모의 부적절한 자녀관, 양육관 혹은 훈육관, 유년기 시절의 학대받은 경험, 부모의 알코올이나 약물중독, 부모의 분노조절이나 역할 등의 미숙, 자녀에 대한 권리의식의 이해부족 등)으로 구분할 수 있다(Pechstein, 1975).

또한 최근에는 아이의 뇌가 외부의 흔들린 충격으로 인해 손상을 입는 일명 '흔들린

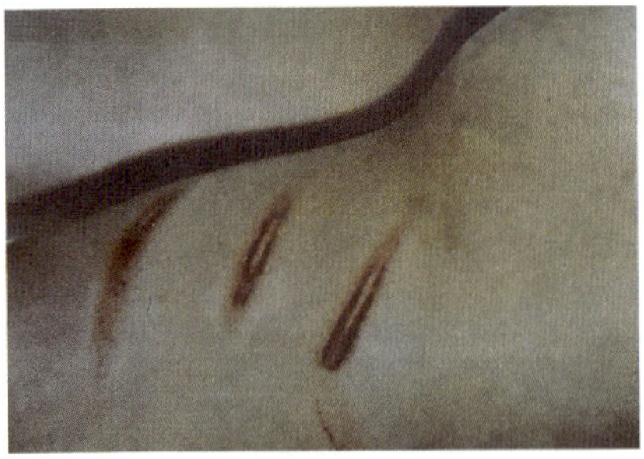
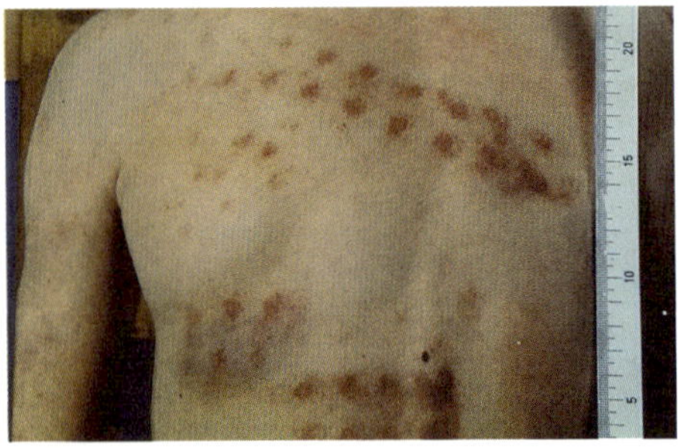

<아동 학대(child abuse)>

출처: https://www.hr-inforadio.de/programm/dossiers/kindeswohl/kindeswohl-misshandlungen-108~_p-8.html

아이 증후군(shaken baby syndrome)'이 있다. 신생아나 영아의 경우에는 뇌를 보호하는 머리 속의 뼈가 약하고 뇌와 두개골 사이에는 공간이 있어서 잘 고정되지 않은 상태의 아이를 거세게 흔들면 뇌출혈 및 망막출혈 등으로 인하여 실명이나 사지마비, 운동장애, 간질 등의 장애나 심지어 사망에 이르기도 한다. 따라서 부모나 보육교사들의 경우에는 아이가 울거나 보채거나 혹은 아이를 깨울 때 앞뒤로 심하게 흔드는 것은 절대 금물이다. 그 밖에도 아기는 아직 신체 자체도 미성숙하고 연약하기에 충격으로 인해서 장골이나 늑골 골절, 경추 손상 등의 복합적인 손상이 생길 수 있기 때문에 아이를 흔드는 어떤 행위도 절제하는 것이 안전하다.

라. 환경적 요인

그 밖에도 장애 원인으로는 생물 의학적인 측면에서뿐만 아니라, 다양한 주변 환경의 영향도 받는다. 다시 말하자면, 가정적 혹은 사회적 환경에서의 심리적 불안, 빈곤, 영양실조, 가정의 불안정, 교육기회의 결핍, 유아기의 양육형태 및 환경오염 등의 다양한 개인적, 사회적으로 제한된 환경으로부터 뇌 기능 감소, 성장 장애, 무기력증, 행동장애 등이 발생할 수 있는 것이다(Hilsheimer, 1975).

특히 현대 사회에서 인간 생활이나 생산 소비의 과정에서 배출되는 무수한 매연을 비롯하여 분진, 악취, 소음, 진동, 오수, 오물, 폐기물, 방사능 물질 등이 생활환경을 오염시켜 인간이나 생물의 건강과 생존 활동에 막대한 위협을 가하고 있다. 이러한 환경오염은 개인적으로는 예방하기 어렵기 때문에 국가적 혹은 국제적인 공조와 협력이 요구되는 분야라 할 것이다.

2) 장애의 예방

앞서 살펴본 장애 발생의 원인들과 관련된 내용들은 사실 일부분에 지나지 않으며, 실증적으로 명확하게 밝혀진 원인도 많지 않지만, 장애의 발생을 예방할 수 있는 데에는 몇 가지 중요한 시사점을 줄 수 있다. 특히 장애를 미연에 완전하게 예방한다는 것은 여전히 어려운 과제임에는 틀림이 없다. 그러나 출생 전부터 태아는 여러 다양한 환경적인 영향을 받게 되며, 이때에 태내 환경의 여러 가지 결핍 사항들은 상당수가 인위적으로 예방 가능한 것이 있다. 즉 임산부가 섭취하는 음식으로부터 약물, 질병, 호흡하는 공기와 심지어는 정서까지도 모두 태아에게 영향을 미치는 것으로 알려져 있다.

이에 장애의 발생 위험률을 최소화하기 위하여 특히 임산부가 취할 수 있는 몇 가지 예방적 조치를 살펴보면 다음과 같다. 첫째, 무엇보다도 결혼 및 임신 전후에 건강 진단을 통해 장애발생 요인을 미리 제거하는 것이 중요하다. 둘째는 임산부의 영양 상태를 잘 유지하여 장애의 발생을 억제하고 예방한다. 임산부의 균형 잡힌 영양 상태와 아동의 신체적, 정서적 건강과의 관계를 확인하기 위하여 많은 연구들이 실시되었지만, 그 결과는 항상 일관성을 유지한다고 보기는 어렵다. 임산부의 영양 상태와 태아의 건강에 대한 상관관계가 일관성이 없는 이유로는 우선 윤리적인 문제로 태내의 영양 상태와 출생 후의 영양 상태를 비교하기 위하여 실험대상으로 임산부 또는 신생아에게 영양섭취를 억제시킬 수 없는 것이다. 그리고 또 다른 이유는 연구과정의 방법론적인 문제인데, 연구대상의 수가 너무 적거나 또는 임신기간 중 무엇을 섭취했는가에 대한 정보를 단순히 임산부의 기억에 의존하였으며, 적절한 통제 집단(비교 집단)이 없었기 때문이다.

그러나 일반적으로 임산부가 균형 잡힌 영양 섭취를 한다면, 그만큼 건강한 태아가 태어날 확률이 높은 것은 자명한 사실일 것이다. 최근에는 영양실조의 문제보다는 오히려 과다한 영양섭취와 운동부족으로 인한 출산시의 문제가 점차 증가하고 있는 추세이다. 또 다른 한편으로 과거에는 임산부의 영양실조 문제가 사회의 저소득층에서만 발생할 위험성이 높은 것으로 나타났지만, 최근에는 여성들 사이에서 체중절감(Diet)을 위한 식사조절로 인하여 중, 상층 부류에까지 확산되어 가고 있다. 셋째는 이미 언급된 바와 같이 임신 전후의 흡연이나 알코올을 절대적으로 삼갈 뿐만 아니라, 동시에 약물 복용 시 주의를 기울이는 것이다. 특히 풍진, 수두, 홍역 등의 각종 질환들이 태아에게 전염되어 치명적인 손상을 주지 않기 위해 미리 예방접종 및 사전조치를 취하는 것이 가장 중요할 것이다.

5. 장애 아동 교육기관의 유형

특수교육은 모든 인간의 절대적이고 무조건적인 존엄성과 가치를 인정하는 인간관을 가장 기초적인 바탕으로 출발하는 학문이다. 그리고 특수교육은 궁극적으로는 장애 아동과 청소년들의 독특한 욕구와 필요에 따라 교육적 환경과 서비스를 제공함으로써 개인적인 재활과 더불어 사회적 통합을 지향한다. 따라서 특수교육 환경은 최소 제한적인 일반적 교육기관으로부터 제한의 강도가 점점 더 증가하는 매우 다양한 교육기관의 유형과 지원들로 구성되어 있다.

이와 같이 장애 아동과 청소년들을 대상으로 하는 특수교육에서 연계적인 교육체계는 우리나라「장애인 등에 대한 특수교육법」제1장(총칙) 제2조(정의) 제10항에 의하면 '특수교육기관이란 특수교육대상자에게 유치원, 초등학교, 중학교 또는 고등학교(전공과를 포함한다)의 과정을 교육하는 특수학교 및 특수학급을 말한다'라고 정하고 있다. 또한 동법(同法)의 제6항, 제8항의 통합교육, 순회교육 등의 조항들을 종합해 볼 때 일반학급, 병원, 가정 및 각종 복지시설 등 다양한 교육환경이 여기에 모두 해당된다 할 것이다. 이에 장애 아동 및 청소년을 위한 교육 환경에는 먼저 장애아 영유아교육기관을 비롯하여 일반학급, 특수학급, 특수학교, 병원, 기숙제 시설 등이 속한다. 그리고 장애의 정도와 현재의 수준에 따라서 장애 학생들의 교육기관은 통합교육 기관(일반 어린이집 및 유치원, 일반학급 및 특수학급)과 분리교육 기관(특수학교의 병설 유치부, 장애아 유치원, 특수학교, 가정, 병원, 기숙제 시설 등)의 두 가지 형태로 나눌 수 있다. 그 가운데서 20세기 중반 이후부터는 국내외적으로 교육적 패러다임(paradigm)의 변화로 말미암아 전통적인 분리교육에서 탈피하여 통합교육에 대한 관심과 요구가 더 강하게 나타나고 있는 추세라 할 것이다.

1) 장애 영 · 유아 교육기관

일반적으로 영·유아를 위한 교육기관은 유치원과 어린이집 등이 대표적이라 할 것이다. 특히 장애 영·유아들을 위한 교육기관의 가장 핵심적인 기능으로는 조기발견을 비롯하여 조기진단, 조기교육 및 조기치료 등의 과정을 통해 이미 발생한 장애와 잠재적 장애를 제거하거나 최소화, 예방 및 보상교육으로 아동의 발달을 촉진하는 데 있다 할 것이다. 또한 이 기관은 장애아와 비장애 아동 간의 통합교육을 위한 가장 적절한 출발점이자 교육환경으로서 매우 중요한 의미를 가진다. 여기에는 일반 유치원(어린이집)과 특수학교의 병설 유치부 그리고 특수 유치원(어린이집) 등이 대표적인 교육기관에 해당한다.

우리나라 「장애인 등에 대한 특수교육법 시행령」 제1장(총칙) 제2조(의무교육의 실시)에는 '「장애인 등에 대한 특수교육법」(이하 "법"이라 한다) 제3조 및 법률 제8483호 부칙 제1조 단서에 따라 특수교육대상자에 대한 의무교육은 다음 각 호에 따라 차례로 각각 실시한다'라고 정하고 있다. 즉, 2010학년도에는 만 5세 이상 유치원 과정 및 고등학교 과정, 2011학년도에는 만 4세 이상 유치원 과정, 그리고 2012학년도에는 만 3세 이상 유치원 과정에 의무교육이 적용된다는 것이었다. 또한 동법 제3조(의무교육의 비용 등) 및 「장애인 등에 대한 특수교육법」 제3조 등에 따르면 특수교육대상자에 대하여 유치원부터 고등학교(17세까지)까지의 의무교육과 의무교육의 비용에 관하여 정하고 있다. 아울러 전공과와 만 3세 미만의 장애영아교육은 무상으로 실시한다. 이어서 동법 제2장(국가 및 지방자치단체의 임무)과 제3장(특수교육대상자의 선정 및 학교배치 등)의 제14조(장애의 조기발견 등)에 영유아의 장애 및 장애가능성의 조기발견을 위한 홍보와 의료기관에서의 무상 선별검사를 실시할 것을 각각 정하고 있다.

2) 일반학급

일반학급은 최소한의 제한적인 학습 환경, 다시 말하자면, 통합교육을 위한 가장 적

<하노버(Hannover) 소재 종합 학교의 통합 체육수업 장면>

출처: https://www.deutschlandfunkkultur.de/fuenf-thesen-zur-inklusion-wie-beintraechtigte-kinder-am.976.de.html?dram:article_id=381172

합한 환경으로서 비장애아 또래들과 동등한 환경이나 조건 가운데서 제공받는 교육 서비스 형태라 할 수 있다. 이에 일반학급은 최적의 통합된 교육환경으로서 특히 통합학급 교사가 장애 아동과 청소년의 발달이나 행동특성에 대하여 실제적이고 객관적인 지식과 정보를 숙지해야 한다.

또한 그들을 지도하는 데 필요한 다양한 교수법과 관련 설비 및 자료를 활용하는 기술들을 습득하는 등 전문적인 자질이 요구되기도 한다. 그리고 무엇보다도 장애 아동이나 청소년에 대한 교사의 긍정적이며 수용적인 태도 등 인간적 자질은 통합학급의 교사가 가져야 할 가장 기본적인 역할이자 자질이라 할 수 있다.

3) 자문교사(Consultant Teacher)

자문교사는 일반교사에게 특수교육이나 혹은 통합교육과 관련하여 자문을 하는 형태로서 장애아는 일반학급에 배치가 된다. 자문교사는 직접 장애아를 지도하기보다는 학생 및 부모상담, 교육 방법, 자료제공 등 간접적인 지원 활동을 한다. 따라서 자문교사는 일반학교의 교육과 아울러 특수교육에 관한 전문적 자질을 필요로 한다.

우리나라에서 이와 유사한 역할을 담당하는 전문가로는 2008년부터 운영해온 수석 교사제도가 있다. 이는 초·중·고등학교의 교사 중 수업 전문성이 뛰어난 교사들이 교감이나 교장 등의 관리직으로 승진하지 않고도 일정한 대우를 받고 지속적으로 교단에서 교직생활을 할 수 있도록 하며, 교원의 전문성 제고를 위해 도입된 제도로, 보통 교육경력이 15년 이상 되는 교사들에게 응시 기회가 주어진다. 이들은 소속 학교에서 수업 이외에 학교나 교육청 단위의 현장 연구, 교육과정, 교수-학습, 평가방법의 개발과 보급, 교내 연수의 주도, 신임교사 멘토링 등의 역할을 한다. 그 외에도 1급 정교사 자격연수 등 교원양성과 연수기관 강의 등 교과교육 관련 외부 활동도 병행하기도 한다.

4) 순회교육

순회교육이라는 용어의 개념 정의는 「장애인 등에 대한 특수교육법」 제1장(총칙) 제2조(정의) 제8항에 따르면 특수교육 교원 및 특수교육 관련서비스 담당인력이 각 급 학교나 의료기관, 가정 또는 복지시설(장애인복지시설, 아동복지시설 등) 등에 있는 특수교육대상자를 직접 방문하여 실시하는 교육을 말한다. 여기에는 재택 순회학급을 비롯하여 가정순회교육, 기관 순회학급, 기관 순회교육 및 시설파견학급 등으로 구분할 수 있다(국립특수교육원, 2002).

그리고 동법 제25조(순회교육 등)에는 교육장이나 교육감의 책임 아래 해당 특수교육대상자들에 대한 순회교육 서비스에 대하여 다음과 같이 정하고 있다.

> ① 교육장 또는 교육감은 일반학교에서 통합교육을 받고 있는 특수교육대상자를 지원하기 위하여 일반학교 및 특수교육지원센터에 특수교육교원 및 특수교육 관련서비스 담당 인력을 배치하여 순회교육을 실시하여야 한다.
> ② 교육감은 장애정도가 심하여 장·단기의 결석이 불가피한 특수교육대상자의 교육을 위하여 필요한 경우 순회교육을 실시하여야 한다.
> ③ 교육감은 이동이나 운동기능의 심한 장애로 인하여 각급학교에서 교육을 받기 곤란하거나 불가능하여 복지시설·의료기관 또는 가정 등에 거주하는 특수교육대상자의 교육

을 위하여 필요한 경우 순회교육을 실시하여야 한다.

④ 교육장 또는 교육감은 제3항에 따른 순회교육의 실시를 위하여 의료기관 및 복지시설 등에 학급을 설치·운영하는 등 필요한 조치를 강구하여야 한다.

⑤ 국가 또는 지방자치단체는 제4항에 따라 학급이 설치·운영 중인 의료기관 및 복지시설 등에 대하여 국립 또는 공립 특수교육기관 수준의 교육이 이루어질 수 있도록 대통령령으로 정하는 바에 따라 행정적·재정적 지원을 할 수 있다.

⑥ 제1항부터 제4항까지의 규정에 따른 순회교육의 수업일수 등 순회교육의 운영에 필요한 사항은 대통령령으로 정한다.

먼저 재택순회학급이란 가정에 있는 특수교육대상자 3~6명을 하나의 단위학급으로 편성하여 특수학교 또는 일반학교가 학급마다 특수교육교사를 배정하여 가정방문을 통해 아동을 지도하는 교육 형태를 의미한다.

이어서 가정순회교육은 특수학교 혹은 일반학교가 가정에 있는 특수교육대상자를 위한 특별한 학급을 구성하지 않고, 아동의 학적을 이미 편성되어 있는 특수학교나 일반학교의 학급에 두고 특수교사가 가정을 방문하여 아동을 지도하는 형태이다.

그리고 기관 순회학급은 일반학교 또는 특수학교가 가정이 아닌 일반학교나 사회복지시설 등에 특수교육대상자를 위한 학급을 설치하여 장애교육교사가 기관을 방문하여 아동을 지도하는 교육 형태를 말한다.

또한 기관 순회교육은 특수학교 혹은 일반학교가 가정이 아닌 일반학교나 사회복지시설 등에 특수교육대상자를 위한 학급을 별도로 편성하지 않고 아동의 학적은 이미 구성된 특수학교나 일반학교의 학급에 두고 특수교육교사가 기관을 방문하여 아동을 지도하는 것을 말한다.

그 밖에도 시설파견학급은 특수학교 혹은 일반학교가 장애인 복지시설 등에 특수교육대상자를 위한 학급을 설치하고 특수교사를 배치하여 시설 내에서 그들을 교육하는 형태를 말한다.

5) 학습 도움실(resource room)

학습 도움실은 장애 아동이나 청소년이 일반학급에 소속되어 있지만 일부 특정한 수업만 이곳에서 주당 7~8시간 정도 개별적인 수업을 받는 형태를 말한다. 이 교실은 일반적으로 작은 공간인데 특수교사가 특별한 치료교육을 위해 하루 중 짧은 시간 동안 그들을 지도한다. 학습 도움실도 일반학급교사에게 자문을 하기도 하며 때에 따라서는 일반학급 교사와 팀을 구성하여 아동을 지도하기도 한다. 학습 도움실은 장애 아동 및 청소년들에 대한 교육 지도를 비롯하여 평가, 자료제공, 교사상담 등이 주요 업무이다.

이는 사실 외국에서 많이 활용되고 있는 교육 형태이지만, 우리나라의 경우에는 특수학급과 동일한 기능이나 역할로 사용하기도 했다.

6) 특수학교

사실 특수학교제도는 장애 아동 및 청소년을 대상으로 하는 교육에서 역사적으로 가장 전통적이고 대표적인 분리교육 유형의 기관이라 할 수 있다.

특수학교는 기숙제 특수학교와 통학제 특수학교로 구분할 수 있다. 대체적으로 중증장애아의 거주와 교육을 동시에 병행할 수 있는 기숙제 특수학교는 가장 전통적이고 보편적 형태의 교육 환경이다. 기숙제 학교는 집중적인 특수교육 프로그램을 적용할 수 있으며, 직업훈련 및 레크레이션 지도, 집중적인 진단 및 상담, 다양한 장애유형의 아동 수용, 많은 전문가의 배치 등 전문성 측면에서 장점이 있다. 그러나 대부분의 기숙제 학교는 도시로부터 멀리 떨어져 있으므로 가정이나 지역사회와의 격리현상이 나타날 수 있다는 점과 학교생활의 경직성, 높은 교육비 혹은 간혹 인권침해 등을 단점으로 꼽을 수 있다.

한편 통학제 특수학교는 자기 집에 거주하며 통학버스를 이용하여 학교에 다니는 교육환경을 말한다. 이러한 특수학교 형태는 다양하게 각 장애영역별로 설치할 수 있는데, 우리나라는 현재 맹, 농, 지적 장애, 지체 장애, 정서 장애 학교 등 5개 영역에서 설

학교복도 주출입구

승마치료용 말 럭키(Lucky)

교실

<쾰른(Koeln)의 지체 장애학교>

출처: https://belvederestrasse.lvr.de/de/nav_main/ueber_unsere_schule/unser_schulgebaeude_/unser_schulgebaeude_1.html

치되어 있다. 그러나 대체적으로 이러한 형태의 특수학교는 대도시에 집중되어 있고 오늘날 기숙제 특수학교에 비하여 증가하는 추세에 있다. 그 반면에 통학제 특수학교는 비장애 아동 및 청소년과의 접촉이 적고 통학 시간이 많이 소요되는 단점이 있지만, 기숙제 특수학교보다는 일반사회와의 통합정도가 비교적 강하다고 할 수 있다.

그러나 전통적으로 장애 학생들을 위한 대표적인 분리교육 환경인 특수학교는 최근 국내외의 통합교육의 거센 흐름 중에 그 역할과 과제 등에 있어서 새로운 개혁의 방향을 모색하여야 할 도전에 직면하고 있다. 오늘날 통합교육의 지속적 강조로 이미 특수학교에서 교육받고 있는 장애 학생 총 수에 비해 일반학교의 특수학급이나 일반학급에서 교육받고 있는 장애 학생 총 수가 더 높은 비율을 차지하고 있다. 그럼에도 불구하고 우리나라의 경우에는 해마다 특수학교도 계속적으로 설립되고 있어 통합교육과 분리교육이 혼돈 가운데 공존하는 모습을 보이기도 한다.

7) 특수학급

특수학급은 일반학교 내에 설치되어 있으며, 일반학급에서 교육을 받을 경우 소정의 학습효과를 달성하기 어려운 장애아들로 구성되어 있다. 여기에는 보통 장애정도가 가벼운 저시력, 난청, 지적 장애, 언어 장애, 정서 장애 등을 가진 학생들이 대다수를 차지하고 있다. 일반학교 내에 있는 특수학급은 각 학교에 따라서 '사랑반', '특수학급' 혹은 '도움반' 등 여러 가지 용어로 불리다가, 최근에는 대부분 통합교육지원실로 단일화된 것으로 보인다.

보통 특수학급은 시간제 특수학급과 전일제 특수학급으로 구분되는데, 우선 시간제(부분제)특수학급은 대부분 특수학급에서 교육활동이 이루어지지만, 음악, 미술, 체육, 가사 등의 교과목이나 특별활동 혹은 행사 등 부분적으로는 일반학급에 통합되어 함께 교육을 받는 형태를 말한다. 따라서 시간제 특수학급은 비장애 아동과의 통합의 정도와 관련하여 독립된 특수학급보다 더 확대된 환경임을 알 수 있다. 그 반면에 전일(독립)제 특수학급은 일반학급에서의 통합교육은 거의 실시되지 않고, 특수교사가 교육 프로그램을 일차적으로 책임지는 특수학급 형태로서 중등도 장애나 중도 장애아들이 보다 효과적으로 학습한다.

그러나 오늘날 특수학급이나 또한 그곳에 재직 중인 특수교사의 본질적인 목적이나 정체성과 관련해서는 갈등과 혼란이 있는 것이 현실적인 문제라 할 것이다. 과연 특수학급은 장애 학생들을 위한 단순한 학습 도움실의 의미가 강한지, 아니면 그야말로 근본적으로 통합교육을 위한 지원실로서의 역할을 회복해야 하는지 말이다.

8) 기숙제(생활) 시설

일반적으로 장애인 시설은 이용시설과 생활 시설로 크게 구분할 수 있다. 장애인 이용시설은 대표적으로 장애인 복지관이 여기에 해당한다. 장애인 복지관은 지역 사회내의 가정에서 생활하는 장애인들을 대상으로 장애의 진단이나 평가, 사회심리나 직업재활, 특수교육 혹은 의료재활 등의 종합적인 서비스를 제공하는 복지시설이다. 그 외에도 장애인을 주간에 일시적으로나 혹은 일정기간 보호하여 장애인에게 필요한 재활서비스를 제공하는 장애인 주간보호시설이나 장애인 단기보호시설 등이 있다.

그 반면에 기숙제 시설로는 예를 들어, 장애유형별 생활시설이 있다. 이는 장애유형이 동일하거나 유사한 장애를 가진 사람들을 입소 또는 통원하게 하여 그들의 장애유형에 적합한 의료, 교육, 직업, 심리 및 사회 등 재활서비스와 주거서비스를 제공하는 시설을 말한다. 이러한 기관의 주요한 기능은 장애 아동이나 청소년의 사회적 보호 및 교정적 치료를 들 수 있다. 그 외에도 중증장애인요양시설이나 장애영유아생활시설 등이 있다. 근대 특수학교가 설립되기 전까지 그들은 주로 시설을 통하여 수용, 보호되고 훈련을 받았던 것이다. 최근에는 교육과 직업재활 등 중요한 프로그램을 실시하고, 복지적 측면에서 그 기능을 강화하고 있다.

그러나 기숙제 시설의 장점은 앞서 살펴본 기숙제 특수학교와 유사한 전문성을 들 수 있지만, 단점으로는 가정이나 사회로부터의 단절이나 격리 혹은 종종 인권침해 등의 위험성도 간과할 수 없는 점이라 할 것이다. 따라서 기숙제 시설의 약점을 보완하기 위해서는 무엇보다도 시설 거주자들의 부모나 가족의 수시방문, 전화, 비장애아와의 접촉 기회, 지역사회활동에 대한 참여, 여가활동 등 다양한 영역에서 개방적이고 통합적인 체제로 개선되어야 할 것이다.

9) 병원(학교)교육

우리나라는 장애 개념 및 장애범주의 확대라는 세계적인 추세에 발맞추어 2005년 3월 24일 「특수교육진흥법」 개정 법률의 공포를 통하여 건강 장애 학생을 특수교육대상자로 인정하여 학습권 보장을 위한 기초적인 법적 근거를 마련하였다. 또한 병원 교육은 교육 대상과의 개인 지도 형태와 집단 지도 형태를 취할 수 있으며 의사, 간호사, 특수교사, 일반교사 및 원적 학교나 기타 전문가들과의 초학문적 팀 협력이 반드시 필요하기도 하다. 아울러 건강 장애 학생들이 회복하여 원적 학교로 복귀한 후에 학습적인 면이나 교사 및 또래들과의 학교생활에 신속히 적응하도록 사전에 치밀한 교육 프로그램뿐만 아니라, 원적 학교와의 다양한 정보교환이나 적극적인 상호 협력이 요구되기도 한다.

10) 가정교육

흔히 가정에서 실시하는 교육 형태는 비교적 중도·중복 장애로 인하여 학교에 등교할 수 없는 경우가 대부분이다. 특히 질병이나 사고 후의 치료 및 요양이 필요한 경우에는 가정 순회교사나 일반학급 교사가 시간계획을 수립하여 실시할 수 있다. 특히 가정교육이 실시되는 경우에는 아동이 격리 또는 고립되는 것을 예방하기 위하여 대상아동에게 학교, 지역사회, 가정활동 등에 관한 정보를 충분히 제공하여야 한다.

6. 장애 아동 교육 관련 통계적 현황

1) 일반적 현황

통계학의 가장 일반적인 기능이나 역할은 주어진 현상을 기술(description)하고, 현재의 상황을 초래한 원인과 장차 변화 가능성에 대한 이해를 돕기 위한 설명(explanation)과 현상에 대한 인과관계를 규명하는 일일 것이다. 그리고 이것이 규명되면 이를 바탕으로 결과를 예상하고 원하는 결과를 얻기 위한 방법을 예측하고 통제하는 예측과 통제(prediction and control)의 의미를 가진다.

따라서 장애인과 관련된 통계는 얻어진 자료를 바탕으로 각 국가의 다양한 특수교육이나 장애인 정책을 계획·수립하여 그 결과를 평가하는 데 기초적으로 필수 불가결한 것이다. 또한 이는 지역사회중심의 재활 프로그램 등 구체적으로 장애인을 대상으로 하는 프로그램을 이행하기 위하여 중요한 기준과 지침으로서 그 의미가 크다 할 것이다. 장애인과 관련된 통계자료는 장애의 정의나 범주, 장애인 등록의 비의무성 등 다양한 요인에 의하여 나라별로 다소 차이를 보인다. 그러나 세계보건기구(WHO)에 따르면 한 국가의 장애인의 비율은 총 인구의 최소 8%~최대 10%를 차지하는 것으로 추산하고 있다.

이 절에서는 우리나라와 더불어 독일의 장애인과 관련된 통계 자료를 살펴보고자 한다. 먼저 우리나라 2019년도 보건복지부의 등록 장애인 통계 현황은 <표 2-4>와 같다(http://www.mohw.go.kr).

2019년의 등록 장애인 통계발표에서 주요 내용을 살펴보면, 먼저 등록 장애인은 총 261만 8천여 명으로 전체인구의 약 5.1%로 나타났다. 그리고 전체 15개 장애유형 분석결과 지체 장애가 46.7%로 가장 많았으며, 청각 장애 14.4%, 시각 장애 9.7%, 뇌 병변 장애가 9.6% 순으로 나타났으며, 가장 낮은 장애 유형으로는 뇌전증 장애 0.3%, 심장 장애 0.2%, 안면 장애 0.1%로 각각 나타났다.

장애유형별 증감 추세를 보면, 지체 장애는 2010년 이후 감소세를 보인 반면에, 청각 장애, 발달 장애, 신장 장애 등은 꾸준히 증가하고 있음을 알 수 있다.

〈표 2-4〉 2019년 우리나라 장애유형별 등록 장애인 통계 현황 (단위: 명, %)

장애유형별	등록 장애인(명)	비율(%)
지체 장애	1,223,000	46.7
시각 장애	253,000	9.7
청각 장애	377,000	14.4
언어 장애	21,000	0.8
지적 장애	213,000	8.1
뇌 병변 장애	252,000	9.6
자폐성 장애	29,000	1.1
정신 장애	103,000	4.0
신장 장애	92,000	3.5
심장 장애	5,000	0.2
호흡기 장애	12,000	0.5
간 장애	13,000	0.5
안면 장애	3,000	0.1
장루 · 요루 장애	15,000	0.6
뇌전증 장애	7,000	0.2
합계	**2,618,000**	100

그 밖에도 연령별 등록 장애인 현황을 살펴보면, 70대가 22.2%, 60대 22.3%로 가장 많으며, 성별로는 남성이 57.8%로, 여성 42.2%보다 더 높게 나타났다. 아울러 장애 정도별로 구분하면, 심한 장애로 등록된 장애인은 37.6%, 심하지 않는 장애로 등록된 경우가 62.4%로 집계되었다. 지역별로는 경기도가 37.6%로 가장 높으며, 세종이 0.5%로 가장 낮게 나타났다. 또한 등록 장애인 수 및 전체 인구 대비 비율은 등록 장애인에 대한 서비스의 확대, 등록제도에 대한 인식개선 등으로 2003년 이후 꾸준히 증가하고 있지만, 2010년부터는 전체인구 대비 5% 정도로 비슷한 수준을 유지하고 있다. 장애등록을 하지 않은 주요 이유로는 아마도 '등록절차나 방법을 몰라서', '본인이 장애인이라고 생각을 하지 않아서' 혹은 '남에게 알리기 싫어서' 등이라 짐작할 수 있을 것이다.

한편 독일의 2017년 12월 31일자 장애인 현황을 살펴보면 <표 2-5>와 같다(https://www.destatis.de). 독일의 경우에는 매 2년마다 장애인 통계 현황이 발표되는데, 2017년 말 현재 총 약 780만 명으로 조사되었으며 이는 2015년 대비 약 2% 수준인 15만 1,000여 명이 증가한 수치이다. 또한 이는 독일 전체 인구의 약 9.4%를 차지하고 있는 실정이다.

또한 독일의 전체 장애인들을 성별로 보면, 남성이 절반 이상인 약 51%를 차지하고 있으며, 여성은 약 49%를 보이고 있다. 그리고 장애유형별로 구분하여 보면, 지체 장애가 약 59%로 가장 높은 비율을 차지하고 있으며, 그중에 25%가 내부 신체기관에 장애를 가지고 있고, 약 13%는 지적 장애 및 정서상 장애, 12%는 팔·다리 기능, 11%는 몸통이나 척추 기능의 결함, 약 9%는 뇌 병변, 약 5%는 시각 장애, 약 4%는 청각 장애

〈표 2-5〉 독일의 장애인 통계 현황 (단위: 명, %)

구분			주요장애 유형별		
			지체 장애	뇌 병변 장애/지적 장애/ 지적 장애/정서적 장애	기타
성별	남	3,928,519(51%)	4,598,367 (59%)	1,665,080 (22%)	1,503,126 (19%)
	여	3,838,054(49%)			
	합계	**7,766,573(100%)**			

및 의사소통에 어려움을 각각 보이고 있는 것으로 나타났다.

그 밖에도 연령별로 분포도를 보면, 65세 이상이 약 56%로 가장 높은 비율을 차지하고 있고, 이어서 45~55세가 약 11%, 55~60세가 약 9% 순으로 이어졌다. 그 반면에 18세 이하의 아동 및 청소년들은 약 2%가량으로 집계되었다.

한편 독일에서 중증 장애인은 원호청(Versorgungsamt)으로부터 50 이상의 장애 정도(혹은 등급, Grad der Behinderung: GdB)로 진단·평가되어 장애인 등록증을 소지한 경우를 말한다. 독일의 장애인 중에 약 33%는 장애 등급 50, 약 23%는 장애 등급 100을 받은 최중도 장애에 해당하는 비율이다.

독일의 장애 발생 원인과 관련하여 약 88%가 각종 질병, 약 3%가 선천적 혹은 생후 일 년 내에 장애를 가진 경우였다. 그리고 약 1.5%가 산업재해 및 교통사고 및 가정에서의 안전사고 등 각종 사고, 약 0.2%가 전쟁 혹은 군 복무 및 사회복무 중 부상으로 각각 장애가 발생한 것으로 조사되었다. 이는 우리나라의 경우도 독일과 크게 차이를 보이지 않는 점이다. 이처럼 장애 발생원인과 관련된 통계 자료를 통하여 두 가지 중요한 의미를 찾을 수 있다. 첫째는 질병이나 각종 사고로 발생하는 경우가 절대 다수인 점을 감안할 때 의학적, 교육적인 조치들을 통하여 일정 부분까지는 장애를 미리 예방할 수 있다는 것이다. 이어서 두 번째로 장애의 보편성 또는 일반성으로 사고나 각종 질병으로 인하여 누구나 장애를 가질 수 있는 위험성과 가능성에 노출되어 있다는 점을 들 수 있다.

2) 장애 아동 교육 관련 통계 현황

우리나라 교육부(2020)의 특수교육통계 자료에 의하면 <표 2-6>에서 알 수 있는 바와 같이 총 95,420명의 특수교육대상자들이 유치원, 초등학교 및 중등학교에 재학 중인 것으로 조사되었다. 교육기관별 분포도를 살펴보면, 특수학교에 26,299명, 특수학급 52,744명 그리고 일반학급에 16,061명이 각각 재학 중이어서 통합교육의 비율은 72.1%에 달한다. 이는 우리나라의 유치원에서 고등학교 과정까지의 전체 학생 610만

〈표 2-6〉 우리나라 2020년 특수교육 주요 현황 (단위: 명, 개)

배치별			특수학교	일반학교		특수교육 지원센터	합계
				특수학급	일반학급 (전일제 통합학급)		
특수교육대상자 수			26,299	52,744	16,061	316	95,420
학생 수	장애영역별	시각 장애	1,188	252	464	4	1,908
		청각 장애	647	710	1,760	15	3,132
		정신지체	14,230	31,880	4,561	22	50,693
		지체 장애	3,751	3,649	2,432	96	9,928
		정서·행동 장애	69	1,317	607	-	1,993
		자폐성 장애	5,727	7,302	887	1	13,917
		의사소통 장애	148	1,350	904	2	2,404
		학습 장애	12	783	431	-	1,226
		건강 장애	13	117	1,655	-	1,785
		발달지체	514	5,384	2,360	176	8,434
		합계	26,299	52,744	16,061	316	95,420
	학교과정별	장애영아	123	-	-	316	439
		유치원	918	3,866	1,752	-	6,536
		초등학교	8,143	27,713	7,349	-	43,205
		중학교	5,430	10,327	3,383	-	19,140
		고등학교	6,453	10,625	3,577	-	20,655
		전공과	5,232	213	-	-	5,445
		합계	26,299	52,744	16,061	316	95,420
학교 및 센터 수			182	8,523	7,830	197	11,927
				11,548			
학급 수			4,968	11,661	15,314	50	31,993
특수학교(급) 교원 수			9,161	12,079	-	905	22,145
특수교육 보조인력 수			4,856	8,590	282	-	13,728

여 명 가운데 약 1.6%를 차지하고 있는 실정이다. 그리고 장애유형별로 살펴보면, 지적 장애가 전체의 절반 이상인 53.1%로 가장 높으며, 이어서 자폐성 장애 14.6%, 지체 장애 10.4% 순으로 나타났다(http://www.moe.go.kr).

그 밖에도 학교 급별 특수교육대상자들의 분포율을 보면, 초등학교가 45.2%로 가장 높은 비율을 차지하고 있으며, 고등학교(전공과 포함) 27.4%, 중학교 20.0%와 영유아가 7.3%로 이어졌다. 설립별 특수학교의 현황과 관련하여 전체 182개교가 있는데, 사립이 49.5%로 가장 높고, 공립 47.8%와 국립이 2.7%를 각각 차지하고 있는 것으로 조사되었다. 아울러 장애영역별 특수학교에서 지적 장애학교가 69.2%로 가장 많으며, 이어서 지체 장애 12.1%, 청각 장애 7.7%, 시각 장애 7.1%, 정서 장애 3.9%로 각각 분포율을 보였다.

독일의 특수교육대상자 현황과 관련하여 교육부장관회의 자료에 따르면, 2017/18년 현재 전체 의무교육 연령기의 아동과 청소년(6~15세) 총 7,361,885명 가운데 약 7.3% 정도에 해당하는 539,965명이 특수학교나 혹은 일반학교에서 수업과 교육에 있

〈표 2-7〉 2017/18년 독일 장애 아동 및 청소년 현황 (단위: 명, %)

장애유형	교육기관 유형			교육기관 유형별 비율	
	특수학교	일반학교	합 계	특수학교	일반학교
학습 장애	86,200	100,425	186,625	46.2	53.8
시각 장애	4,615	4,553	9,168	50.3	49.7
청각 장애	10,615	10,337	20,952	50.7	49.3
의사소통 장애	28,843	27,271	56,114	51.4	48.6
지체 장애	23,808	13,172	36,980	64.4	35.6
지적 장애	79,373	11,832	91,205	87.0	13.0
정서행동 장애	39,883	51,741	91,624	43.5	56.5
학습·의사소통·정서행동 장애	19,755	0	19,755	100.0	0.0
건강 장애	10,917	419	11,336	-	-
기타	13,471	2,735	16,206	83.1	16.9
합계	**317,480**	**222,485**	**539,965**	**58.0**	**42.0**

어서 특별한 도움을 필요로 하는 발달상 어려움을 가진 특수교육대상자에 속한다(https://www.kmk.org). <표 2-7>에서 살펴볼 수 있는 바와 같이 전체 장애 아동 및 청소년 가운데 학습 장애아는 186,625명으로 약 34.6%를 차지하고 있다. 이어서 정서·행동 장애가 91,624명으로 약 17.0%, 지적 장애가 91,205명으로 약 16.9% 순으로 나타났다. 그리고 전체 539,965명의 특수교육대상자 중에 222,485명이 일반학교에 재학 중이어서 장애 학생의 통합비율은 약 41.2%로 조사되었다. 또한 장애유형별 통합비율을 살펴보면, 정서행동 장애가 약 56.5%로 가장 높게 나타났으며, 학습 장애 53.8% 등으로 나타났지만, 반면에 지적 장애 학생은 87%로 대부분 특수학교를 다니고 있는 것으로 밝혀졌다.

이어서 연방통계청의 2007년부터 2018년까지 특수학교의 수와 관련하여 <표 2-8>에서 보는 바와 같이 해마다 확실한 감소 추세를 보이고 있다. 이를 통하여 짐작할 수 있는 점은 최근 국내외적으로 통합교육의 시대를 맞이하여 특수학교를 해마다 증설하는 우리나라와는 반대로 독일은 해마다 특수학교를 폐쇄함으로써 점진적으로 통합교육의 추세가 강하게 나타나고 있음을 살필 수 있다(https://de.statista.com).

〈표 2-8〉 2007년~2018년의 독일 특수학교 수 (단위: 개교)

연도별	특수학교 수	연도별	특수학교 수
2007	3,360	2013	3,191
2008	3,330	2014	3,117
2009	3,337	2015	3,011
2010	3,320	2016	2,913
2011	3,282	2017	2,865
2012	3,258	2018	2,835

제3장

통합교육

장애인 교육의 역사적 흐름 가운데서 20세기 중반 이후로 특수교육이나 장애인복지계에서 혁신적인 패러다임(paradigm)의 변화가 일어나기 시작했는데, 바로 사회적 또는 교육적 통합에 대한 큰 관심과 점진적인 실천이었다. 1950년대 이후 북유럽에서 장애인들에 대한 사회적 분리를 비판하면서 시작된 여러 가지 움직임들은 마침내 학교교육에까지 영향을 미침으로써 장애 아동들이 일반학교에서 비장애 아동들과 함께 교육과 수업에 참여할 수 있는 통합교육의 기회와 권리가 주어지는 기초적인 중요한 계기로 작용하였다.

사실 장애인에 대한 교육은 대부분의 국가나 문화권에서 수세기 동안 특별한 시설이나 기관에서 분리교육의 형태로 실시되었다. 따라서 장애인을 위한 사회적 혹은 교육적 통합의 역사는 비교적 최근에 시작되었는데, 특히 이는 정상화 원리(50년대)를 비롯하여 탈수용 시설화(60년대), 최소제한 환경(70년대), 주류화(80년대), 일반교육주도(90년대), 완전통합(21세기) 등 일련의 통합교육의 배경적 요인들을 바탕으로 가속화되어 왔다. 물론 현실적으로는 장애가 심해 일반학급에 입급할 수 없는 중도·중복 장애 아동들은 여전히 특수학급이나 특수학교에서 최상의 서비스를 받아야 하지만, 이들도 가능한 일반학교에서 교육을 받을 수 있는 체제와 환경을 조성해야 한다는 것이 교육정책의 본질적인 방향이자 성격이라 할 수 있을 것이다. 즉 통합교육이 지향하는 궁극적인 목적은 장애인들도 모든 사회생활 영역에 있어서 차별이나 불이익을 받지 아니하고, 동등한 공동체의 일원으로 참여하여 인간다운 삶을 영위하는 데 있다 할 것이다.

<통합교육>

출처: https://www.aktion-mensch.de/dafuer-stehen-wir/was-ist-inklusion/inklusion-schule.html

<무트(J. Muth)>

출처: https://jakob-muth-schule-hs.de/schulname/

독일의 교육학자이자 보훔(Bochum)대학교 교수였으며, 동시에 독일 통합교육에 있어서 선구자였던 무트(J. Muth, 1927~1993)에 의하면, 통합이란 사회생활에 있어서 모든 사람이 가지는 기본적인 권리로 간주하였다. 그리고 장애인이 사회 속으로 통합되는 것은 모든 민주주의 국가에 있어서 필연적 과제라 주장하였다(Muth, 1991, 1992).

교육의 역사 속에서 장애인들은 주로 배제(Exclusion)의 대상(Buerli, 1997; Greving & Ondracek, 2005)이었고, 중세 시대에 이르러 비로소 자선과 보호의 시대로 대전환점을 맞이했지만, 여전히 그들은 사회적으로 최하위계층에 속하고 의존적인 존재에 불과하였다(Stadler, 1981). 그리고 18세기 계몽사상의 도래와 함께 그들은 교육이나 의료적 서비스를 받는 등 사회적 태도에 큰 변화를 보였다. 그럼에도 불구하고 장애라는 특수성의 지나친 강조로 말미암아 비장애 또래들로부터 철저히 분리(Separation)되었다. 그러나 장애인들에 대한 분리교육의 정당성은 오랜 시간 동안 자연스러운 사회적 규범이나 가치로 각인되었던 것이었다(Vernooij, 2007).

그 이후 20세기 중·후반대를 전후하여 북유럽을 중심으로 세계적인 추세로 확대되고 있는 장애인과 비장애인들의 통합교육 운동은 오랜 전통적인 사고방식에 따르면 이른바 코페르니쿠스적인 혁신적 대변화라고 할 수 있을 것이다. 오늘날 통합교육을 지칭하는 영어식 용어로는 '선(先) 분리 후(後) 통합', 즉 이른바 '모음식 통합'으로 이해하는 'Integration'과 이후 1994년 스페인의 살라만카(Salamanca)에서 개최된 유네스코(UNESCO) 국제회의에서 처음 사용된 '선(先) 통합 후(後) 분리'의 의미를 가진 '포함식 통합', 즉 'Inclusion'의 개념이 도입되었다. 그 밖에도 21세기에는 완전 통합(Full Inclusion)이라는 개념으로까지 발전하여 비장애 학생뿐만 아니라, 모든 유형이나 정도의 특수교육대상자들이 자신의 거주지 인근에 위치한 학교에 재학하여 각자의 교육적 요구에 적합한 교육적 서비스를 받아야 할 것을 주장하고 있다.

통합교육의 본질적인 의미나 가치는 아동들이 가진 각각의 다양성이나 이질성이 더 이상 비정상이거나 분리의 기준이 아니며, 오히려 사회적 공동체에서 모두가 동등한 권리를 가지고 어울려 살아가야 할 존재로 서로 인정하고 수용해야 한다는 것이다(한국통합교육학회, 2005; Preuss-Lausitz, 1992; Bintinger & Wilhem, 2000).

1. 통합교육의 개념 정의

통합교육의 개념에 대한 가장 일반적인 이해로는 '다양한 교육적 필요와 능력을 가진 아동들이 함께 교육받는 것'이며, 주요 특징으로는 '장애 아동과 비장애 아동이 사회적 활동(놀이, 친구관계 형성 등) 영역과 교육이나 학습 활동(수업, 학교 교육활동 등) 영역에서 의미 있는 상호작용을 하는 것'을 말한다. 장애 아동의 독립적인 삶의 성취가 특수교육의 주요 과제 중 하나임을 감안할 때 통합교육은 이러한 것을 실현시킬 수 있는 매우 의미 있는 과정임에 틀림없을 것이다.

통합교육의 개념 정의와 관련하여, 특히 교육학적인 입장에서 일반학교의 수업에서 장애아와 비장애아의 전반적인 분야에서 함께하는 최선의 수업이나 교육을 의미한다(Maehler/Schroeder, 1991). 프렌겔(Prengel, 1993)은 '통합교육이란 지적 장애 학생으로부터 아주 우수한 학생에 이르기까지 모든 학생들로 이루어진 공동 학습을 말하며, 맹, 농, 지체 장애와 중도·중복 장애 등 모든 장애 유형과 정도의 아동을 함께 포함한다'라고 정의하며 특히 외적인 광범위한 통합교육의 대상에 대하여 언급하고 있다. 그 반면에 바흐(Bach, 1977)의 경우에 통합교육은 '장애인과 비장애인 간의 집중적이고 인격적인 접촉이나 상호적 작용, 다양한 공동 활동 또는 집단 내에서 장애인에게 일정한 역할과 과제의 부여, 개인별 특성 및 욕구에 대한 상호적 존중 등이다'라고 통합교육의 내적인 특성에 대하여 강조하고 있다.

이어서 우리나라의 「장애인 등에 대한 특수교육법」 제1장(총칙) 제2조(정의) 제6항에 따르면, '통합교육이란 특수교육대상자가 일반학교에서 장애유형·장애정도에 따라 차별을 받지 아니하고 또래와 함께 개개인의 교육적 요구에 적합한 교육을 받는 것을 말한다'라고 정의하고 있다.

한편 카우프맨 등(Kauffman et al., 1975)은 통합교육의 수준을 크게 세 가지 형태로 구분하였는데, 여기에는 장애 아동을 일반학급에 물리적으로 통합(시간적 통합)하는 것 외에도 학문적(교수 활동적 통합) 통합 및 사회적(사회·심리적 통합) 통합이 해당된다. 먼저 물리적 혹은 시간적 통합이란 가장 기초적인 단계로서 일정시간 동안 비장애 또래들과 동일한 공간의 교육 환경에 배치하는 것을 의미한다. 이어서 교수 활동적 통합 또는 교육과정적 통합이란 일반학급의 학업 활동이나 교육과정에 장애 학생의 수준이나 관심 등에 따라서 의미 있게 참여하는 형태를 말한다. 또한 사회적 통합이란 통합되는 학급의 교사와 또래로부터 심리·정서적으로 학급의 동일한 구성원으로 인정 및 수용되는 단계에 이르는 것이다. 따라서 통합교육의 본질적인 가치와 목적을 달성하기 위해서는 물리적 통합과 교육 과정적 통합을 넘어 동일한 사회의 구성원으로서 서로 인정하고 수용되는 사회적 통합까지 이루어져야 한다(이소현·박은혜, 2006 재인용).

그리고 여기에서 장애의 정도가 비교적 가벼운 아동의 경우에는 학급구성원으로 완전히 수용되는 단계의 통합까지도 가능한 것으로 보고되고 있다. 그러나 현실적으로 교육현장에서는 중도 장애 아동들은 장애의 정도나 특성으로 인하여 일반학급의 모든 활동에 완전히 참여하기 어려울 수도 있다.

한편 통합이라는 용어와 관련하여 일반적인 개념인 'Integration'은 어원학적으로 라틴어의 동사형인 'integrare'에서 유래하였고, 의미로는 '원상복구하다', '선제로 만들다' 혹은 '완전하게 만들다'이다(Eberwein, 1999).

또한 역사적으로 Integration은 초기에는 철학, 사회학, 심리학 등에서 사용하였으며, 오늘날에는 교육정책에 있어서 매우 중요한 개념이며 일상적인 용어로 확대되고 있다(Cloerkes, 2007). 또한 'Integration' 용어가 교육학에서는 성격심리학이나 발달심리학에서 많이 인용되었고, 1960년대에는 교육과정 관련 주제에서 자주 거론된 개념이다. 특히 교육학 영역에서 이 개념은 장애 아동과 비장애 아동의 공동수업 등 학교의 교육적 통합을 의미하고 있다(Kobbi, 1999; Muth, 1999). <그림 3-1>처럼 장애 아동은 학교교육에 있어서 오랫동안 배제와 차별의 주요 대상이었으며, 1950년대에 비로소 북유럽에서부터 오늘날 통합교육을 위한 기초적인 다양한 사상적 배경이 정립되

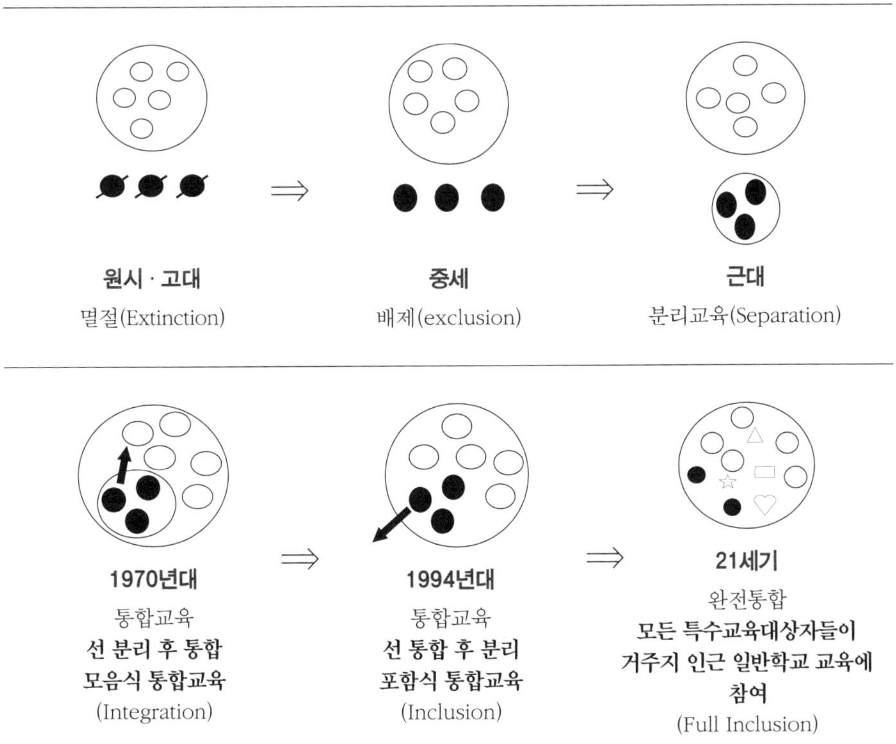

〈그림 3-1〉 시대별 장애인들의 학교교육 변천 과정

기 시작하였다.

초기에 일반적인 통합교육 개념이었던 'Integration'은 주로 장애 아동들을 일반학교에 편입시켜서 필요에 따라 특수교육적 지원을 하며 또래 아동들의 수업에 부분적으로 참여하는 것이었다. 물론 이 경우에는 장애 아동들이 일반학교가 원하는 일정한 요구조건을 어느 정도 충족시켜야만 입학이 가능하였던 것이다. 그러나 1994년 스페인 서부의 살라망카(Salamanca)지역의 UNESCO 국제회의에서 처음으로 공식적 용어로 사용된 'Inclusion'은 '다양성의 교육학(Paedagogik der Vielfalt)'이라고도 불리며 'Integration'의 개념보다 더 능동적이고 수용적이며 훨씬 진보된 개념이라고 이해할 수 있다.

또한 'Inclusion' 개념의 보편적 특성들을 살펴보면, 먼저 장애유무를 비롯하여 성별, 문화, 국적, 언어, 피부색, 종교, 내·외국인 혹은 개성 등을 기준으로 구분하지 않고, 모든 아동은 서로 다양하며 교육적으로 독특한 욕구를 가진 존재로 인정하고 수용하는 입장이다. 누구도 학교시스템에 맞추기 위하여 '장애인'으로 낙인을 찍어 범주화시키지 않고, 인간의 이질성을 자연스러운 현상으로 보며 그것이 정상인 것으로 여기는 것이다. 아울러 장애를 오히려 긍정적인 가능성으로 평가하며, 장애인들이 특별지원 대상이 아니라, 동등한 권리를 가지고 주체적으로 행동하는 존재라고 받아들인다(Sander, 2003). 'Integration'과 'Inclusion'의 개념에서 Hinz(2002)는 그 차이점을 <표 3-1>처럼 구분하고, 또 Hinz(2003)는 'Inclusion'의 개념과 함께 장애에 대한 이해도 근본적으로 변해야 한다고 강조한다.

사실 'Inclusion' 개념이 'Integration'에서 유래했지만, Abram(2003)은 우선 'Integration'은 항상 인간을 장애인, 여성, 소수자 등으로 우선 구분하고, 또한 구분된 것을 때로는 다시 합치는 의미라고 하였다. 그러나 'Inclusion'은 학교교육에서 각자 가진 경향성이나 능력에서 다양성을 가진 모든 아동들이 교육과 수업에 참여함을 특히 강조한다. 즉 모든 학생들은 공동체 의식을 가지고 함께 수업에 참여하는 가운데에서 각 개인은 자신의 확실한 존재 의미를 자각하는 것이라고 보았다. 그리고 Kroeg(2005)는 'Integration'이 지금까지는 분리된 사람들의 재편입으로 이해한다면, 'Inclusion'은 처음부터 그들도 공동체의 일부라고 보며 다양성을 인정하는 것으로 이해하는 것이다.

〈표 3-1〉 'Integration'과 'Inclusion'의 개념상의 특성

Integration	Inclusion
• 장애 아동들을 일반학교로 편입시킴	• 모든 아동들의 공동학습과 공동생활을 강조함
• 장애유형에 따른 세분화 체제 운영	• 모든 아동들을 위한 포괄적인 체제로 운영함
• '두 집단 이론' 강조(장애/비장애인)	• 교육학적으로 세분할 수 없는 이질적 집단이론 강조
• 개인 중심적 접근법	• 체계(제도)적 접근법
• 행정적인 차원에 고정됨	• 정서적, 사회적 및 수업적 측면을 존중함
• 특별한 욕구를 가진 아동 지원 강조	• 학급이나 학교 전체를 위한 지원을 강조
• 장애 아동에게 특별한 지원계획 강조	• 모든 아동에게 공동적이며, 개별적 학습 강조
• 각 개인별 개별 교육과정	• 모든 아동을 위한 개별화된 교육과정
• 특수교육자와 특수교육학 중심	• (일반)학교교육자와 (일반)학교교육학 중심
• 장애 아동의 지원자로서의 특수교육자	• 전체학급과 교사들의 지원자로서 특수교육자
• 학교교육학에서 특수교육의 확대요구	• 특수교육학과 학교교육학의 동시 변화 요구
• 특수교육학과 (일반)교육학의 조합	• 특수교육학과 (일반)교육학의 통합(synthesis)
• 전문가를 통한 통제	• 팀워크를 통한 친밀한 문제해결 강조
• 장애아를 기존의 학교시스템에 맞춤	• 시스템을 아동들의 욕구에 맞추려고 시도함
• 아동의 이질성이 집단 구성의 기준임	• 아동의 다양성을 정상적인 것으로 봄

즉, 모든 사람들이 가진 개성과 필요가 고려되고, 더 이상 영재아, 장애아 혹은 외국인 등의 어떤 집단으로 분류되지 않는다. 'Integration'이 장애인들을 여전히 사회적으로 분리나 배제시킨 이미지를 가진다면, 'Inclusion'은 모든 사람들이 함께 사회 공동체에 참여하여 만들어가는 것이다. 아울러 'Inclusion'은 일정한 부류의 사람들만이 사회에 적합한 것이 아니라, 모든 구성원들이 동등한 권리자로서 참여하며, 욕구가 충족되는 사회적 미래상을 의미하는 것이다.

2. 통합교육의 역사적 배경

사실 특수교육이나 사회 복지에서 장애인들에 대한 사회적 또는 학교 교육적 통합의 역사는 20세기에 들어와서 비로소 시작되어 그 역사는 아직 길지 않다. 그러나 대략 반세기라는 역사를 가진 통합교육의 발전은 그동안 국내외적으로 지속적으로 이루어져 왔다. 특히 통합교육의 기초적인 배경으로 작용한 철학적 기초인 정상화의 원리와 탈수용 시설화와 같은 사회적인 측면, 최소 제한적 환경의 의무화와 같은 교육법적인 근거에 의하여 그 발전 속도는 가속화되어 왔다고 볼 수 있다. 따라서 이 절에서는 통합교육의 역사적 배경으로 삼을 수 있는 몇 가지 개념들을 살펴본다.

1) 정상화 원리(the Principle of Normalization): 1950년대

역사적으로 통합교육의 기초적인 발판은 북유럽 국가인 스웨덴의 '정상화 운동'에서 비롯되었다고 할 수 있다. 통합은 이러한 정상화를 위한 하나의 수단이나 방법으로 적용되었다고 해도 과언이 아닐 것이다. 정상화의 원리 혹은 정상화 운동은 오늘날 장애인 복지의 기본적인 개념의 바탕이며, 아울러 심신에 장애가 있다 하더라도 삶의 모든 영역에서 정상으로 살 권리가 있다는 것이 핵심 이념이다. 1969년 스웨덴에서 지적 장애인의 보육에 관한 법률이 제정될 당시 그들의 비참한 환경인 시설을 비난하는 운동을 계기로 시작하였다. 원래 정상화 개념은 1950년대에 덴마크인 개혁가였던 뱅크 미켈센(N. E. Bank-Mikkelsen, 1919~1990)에 의하여 시작되었다. 이어서 스웨덴인 니르예(B. Nirje, 1924~2005)는 정상화의 원리를 확대하고 구체적인 목표들을 설정하여 실제적으로 현장에 적용하였다. 또한 이러한 사상은 볼펜스베르거(W. Wolfensberger, 1934~2011)에 의하여 1960년대에 미국과 캐나다 지역으로 확대시켰다. 독일의 경우에는 사회학자이자 교육학자였던 팀(W. Thimm, 1936~2006)이 정상화 원리의 대표적인 주창자로서 역할을 하였다. 정상화의 원리는 당시 특히 지적 장애인들의 생활이 마치 나치의 강제수용소와 다를 바 없다고 비판하였고, 이들도 사회의 일원으로서 존경받고 장애를 갖지 않는 사람과 동등한 생활을 하며 일반시민과 평등하게 인권을 보장해야 한다는 주장으로 출발하였다. 즉 장애를 가지고 있는 사람과 장애를 가지고 있지 않은 사람은 동등한 인간으로서와 시민으로서 평등하다고 강조하였다. 니르예(Nirje, 1994)에 의하면 정상화의 개념은 다음과 같은 여덟 가지 영역에서 모든 장애인의 삶에 있어서 정상적인 환경과 권리를 보장할 것을 주장하고 있다.

- 정상적인 일상생활 리듬
- 일(노동) - 여가 - 거주의 분리
- 정상적인 연간생활리듬
- 생애주기 과정에 있어서 정상적인 경험
- 개인에 대한 정상적인 존중과 자기결정권
- 문화권에 따른 정상적인 성(性) 생활의 영위
- 정상적인 경제생활 및 사회적 기회의 제공
- 공동체내에서 정상적인 환경의 조성 등

이어서 정상화의 원리는 장애인의 권리선언(1975)이나 국제 장애인의 해(1981) 제정에 이바지를 하였으며, 장애인의 사회적 통합을 위한 중요한 기초적 이념으로 작용하였다. 또한 정상화의 원리는 장애 아동의 교육과 수업에서는 비장애 아동과 마찬가지로 차별이나 불이익이 없는 동등한 교육의 기회와 다양한 교육적 환경들이 제공되어야 한다는 것을 의미하였다.

2) 탈수용 시설화(Deinstitutionalzation): 1960년대

1960년대와 1970년대를 걸쳐서 유럽을 시작으로 장애인들이 열악한 대규모 시설에 수용되어 거주하는 것을 강하게 비판하는 사회적인 움직임이 보였다. 이는 장애인들로 하여금 전통적으로 분리된 시설 거주에서 지역사회로 이동하기 시작한 사회적인 운동을 말한다. 따라서 이러한 장애인 시설에 대한 사회적 비판을 통하여 많은 장애인들이 분리된 환경에서 가정으로 돌아가게 되거나 혹은 지역사회내의 보다 통합된 환경인 그룹 홈(group home) 형태 등의 작은 규모의 시설에서 거주하게 되었다. 이러한 탈수용 시설화 운동은 장애인들의 사회적 통합에 있어서 매우 중요한 계기와 의미를 부여한 것으로 이해할 수 있다. 그리고 탈수용시설화 정신의 궁극적 목표는 장애인들이 스스로 자신이 사는 곳이나 방법 및 대상을 결정하고 적절한 지원을 제공 받을 수 있도록 하는 것이다.

그러나 다른 한편으로는 이러한 움직임에 대하여 비판적인 관점도 있다. 그 가운데 한 가지는 가장 좋은 조건하에서의 시설도 장애인에게 부정적인 영향을 미치는가 하는 것이다. 또 다른 한 가지는 탈수용 시설화는 의심할 여지없이 도덕적이며 윤리적인 측면에서 가장 이상적인 환경인가 하는 질문이라 할 것이다.

3) 최소 제한환경(the Least Restrictive Environment: LRE): 1970년대

유럽에서 출발한 통합의 배경인 정상화 운동과 탈수용시설화 움직임을 바탕으로 계속하여 1975년에 미국에서는 「전(全) 장애아 교육법(the education for all handicapped children act」에 장애 아동에 대한 무상교육, 최소제한 환경의 제공, 개별화 교육 계획(IEP) 수립의 의무화 등이 법적 규정으로 명문화되기에 이르렀다.

특히 이 법에서는 장애 아동을 일반교육 환경에서 분리하는 것을 가능한 방지하기 위한 '최소제한 환경'의 개념을 도입하였다. 즉 장애 아동을 또래를 비롯하여 가정이나 지역 사회로부터 가능한 한 최소한으로 분리환경에 배치함으로써 그들의 모든 삶이 가능한 한 정상적이어야 한다는 의미이다. 다시 말하자면, 장애 아동들도 그들이 사는 지역사회 안에서 비장애 또래들과 함께 교육을 받게 해야 한다는 것이다. 만일 장애 아동이 교육적 혹은 사회적으로 제한이 불가피한 경우 환경의 제한을 가급적으로 최소화해야 한다는 것이다. 예를 들어, 시간제 특수학급에서 충분히 교육적 도움을 받을 수 있는 학생을 전일제 특수학급에 무리하게 배치해서는 안 되며, 또한 일반학교의 특수학급에서 교육이 충분히 가능한 아동을 분리된 시설인 특수학교나 장애인 시설에 배치해서는 안 된다고 규정하고 있다(이소현 · 박은혜, 1998).

4) 주류화(Mainstreaming): 1980년대

원래 주류화란 학교생활이나 사회생활에 있어서 비장애 아동의 생활 흐름을 큰 물줄기로 보았을 때, 장애 아동도 가능한 한 이 흐름에 포함시키는 것을 의미한다. 그러나 학교 생활 전체에 장애 아동이 통합되기보다는 일부 수업시간이나 혹은 점심시간이나 휴식시간에 한정적으로 그들을 비장애 아동들과 통합시키고, 그 외의 시간은 특수학급 배치가 이루어짐을 말한다.

이는 부분적으로는 통합교육이 이루어진다고 하지만, 실제로는 장애 아동들이 비장애 또래와 함께하는 학업이나 사회적 활동으로부터 대부분 소외되고 낙인이 찍히는 등 효과가 매우 미미하였다. 아울러 특수교사가 장애 학생에 대한 대부분의 책임을 지며, 장애 아동에게 일반교육 프로그램을 수준에 맞게 조절이나 수정하여 통하여 지원하기보다는 주로 분리교육프로그램을 사용함으로써 이에 대한 비판적인 입장에서 일반교육주도(REI)가 등장하게 되었다.

5) 일반교육주도(Regular Education Initiative: REI): 1990년대

일반교육주도는 주류화를 통한 교육이 장애아들을 통합하는 데는 부족하다고 비판하면서 1980년대 말경에 미국의 교육부 차관인 윌(C. Will)에 의해 주도된 개념으로, 통합교육의 움직임을 가속화하는 데 영향을 미쳤다.

이 개념은 정규 교육 프로그램과 특수 교육 프로그램의 효과적인 상호작용의 필요성에 초점을 둔 것으로 모든 장애 아동들은 교육프로그램의 조직이 적절히 마련되고 적당한 교직원이 배치된다면, 정규교육의 프로그램 속에서도 마찬가지로 교육을 받을 수 있다는 주장이다. 이것은 일반교육과 특수교육을 하나의 교육체계로 통일함으로써 교육적인 개혁을 시도하겠다는 것으로 지금까지 이에 대한 찬반 논의가 진행되고 있다.

우선 일반교육 주도의 움직임을 찬성하는 사람들은 장애 아동을 위한 현행 교육제도가 일반교육과 특수교육의 이중적인 구조 형태를 취함으로써 비기능적이고 비효율적이며 동시에 비경제적이라는 주장이다. 특히 이들의 주장에 의하면 이중적인 구조로 되어있는 특수교육과 일반교육을 병합함으로써 학생, 교사, 부모 및 교육 행정가들에게 모두 혜택을 줄 수 있다는 것이다. 결론적으로 일반교육주도의 지지자들은 일반교육이나 일반교사가 주도적으로 모든 유형의 장애 아동을 완전히 포함할 수 있음을 주장한다.

그 반면에 많은 특수교육 전문가들은 이러한 일반교육주도 개념에 대하여 기본적인 의도는 긍정하지만 그 교육적인 효과에 대하여서는 의문을 제기하고 있다. 먼저 일반교사들이 장애 아동을 충분히 교육할 수 있는 준비가 부족하며, 모든 장애아들이 장애의 성격이나 정도와는 무관하게 일률적으로 일반학급으로 이동하는 것에 대한 실증을 거친 타당성이 제시되고 있지 않을 뿐만 아니라 여러 가지 면에서 이질적인 아동들을 대단위 교육현장(일반학급)에서 효율적으로 교육할 수 있는 방법이 아직 연구되지 않고 있다는 현실적인 문제들을 지적하고 나섰던 것이었다(이소현 · 박은혜, 1998).

6) 완전 통합(Full Inclusion): 21세기 이후

최근 특수교육 영역에 있어서 가장 활발하게 논의가 진행되는 주제 가운데 한 가지는 바로 완전 통합에 관한 개념이다. 완전 통합을 지지하는 사람들은 경도 장애 아동뿐만 아니라 중도 장애아까지를 포함하는 모든 장애 아동을 위해서는 일반학급이 가장 적절한 교육환경임을 강조한다(국립특수교육원, 1997). 완전통합의 가장 큰 특징은 모든 장애 아동들이 자신의 거주지 인근 학교에 다니며, 그곳에서 분리된 교육프로그램이나 장소가 아니라 함께 각자의 수준에 맞는 교육과 수업에 참여하는 것을 말한다. 완전통합을 주장하는 사람들은 분리교육을 포함한 현행 특수교육 제도가 아동의 개별적인 필요를 충족시키는 데 실패했다고 보고 있고, 장애 아동에게 불필요한 낙인만 찍고 아동의 학입적, 사회적인 발달을 위하여 필요한 풍부하고 다양한 일반 교육환경으로부터 장애 아동들은 제외되어 있다고 주장한다.

반면에 일부 특수교육 전문가들은 완전통합이 장애 아동을 위한 유일한 선택이라는 점에 동의하지 않는다. 이들은 여전히 개별 아동들의 특별한 필요를 충족하기 위하여 특수학급이나 자료실과 같은 기타 선택의 여지가 포함된 교육적 서비스 체계가 필요하다는 주장이며, 또한 일반학급 교사들이 장애 아동의 독특한 필요를 충족시킬 수 있을 정도로 준비와 훈련이 되어 있지 않다는 현실적인 문제를 제기한다. 동시에 통합결과에 대한 장단점들을 밝혀 실험적인 입증자료들을 기반으로 통합교육의 실행여부가 결정되어야 함에도 단지 윤리적인 논리만 앞세운 완전 통합을 반박하는 것이다. 아무튼 오늘날 특수교육의 주요 흐름은 분리교육의 오랜 전통에서 정상화 원리를 대두로 탈시설화와 통합교육을 추구하게 되었다(이소현 · 박은혜, 1998).

3. 우리나라와 독일의 통합교육 개관

1) 우리나라의 통합교육

우리나라에서 장애 아동과 비장애 아동 간의 통합교육의 시작은 1970년대 초에 특수학급의 설치로 출발하였다고 볼 수 있다. 최초의 특수학급으로는 1937년에 일본인이 허약한 아동을 위하여 설립한 서울의 공립 동대문국민학교였다. 이어서 1968년에는 사립학교인 서울 월계국민학교에 시각 장애 아동을 위한 특수학급이 생겼고, 1971년에는 대구의 칠성국민학교에서 최초로 장애 아동과 비장애 아동의 통합교육이 이루어졌다. 아울러 1970년대 후반에는 서울 여의도중학교에 시각 장애아를 위한 특수학급이 건립되었다. 이후 우리나라는 통합교육에 대한 국제 사회의 강력한 요구에 발맞추어 1980년대를 전후하여 사회적으로 인식의 변화를 기초로 장애 아동 및 청소년들이 일반학교에서 비장애 또래들과 함께 교육과 수업에 참여하는 비율이 점진적으로 늘고 있다. 우리나라 「헌법」을 비롯하여 「교육기본법」, 「초 · 중등교육법」, 「장애인차별금지 및 권리구제 등에 관한 법률」, 「장애인 등에 대한 특수교육법」 등 다양한 법률적 측면에서도 이미 장애인에 대한 차별과 불이익을 금지하며 통합교육에 대한 기초적인 권리와 환경을 조성하고 있다. <표 3-2>에서 살펴볼 수 있는 바와 같이 교육부(2020) 자료에 따르면, 현재 우리나라의 특수교육대상학생은 총 95,420명이며, 그 중에 특수학급에 재학 중인 장애 아동은 52,744명으로 전체의 약 55.3%, 특수학교와 특수교육지원센터 등 분리 교육시설에 약 27.9%인 26,615명이다. 그리고 16.8%에 해당하는 16,061명

〈표 3-2〉 우리나라 통합교육 현황 (단위: 명, %)

구분		합계	특수학교 및 특수교육지원센터	특수학급 및 일반학급	통합 비율
장애영역별	시각 장애	1,908	1,192	716	37.5
	청각 장애	3,132	662	2,470	78.9
	지적 장애	50,693	14,252	36,441	71.9
	지체 장애	9,928	3,847	6,081	61.3
	정서 · 행동 장애	1,993	69	1,924	96.5
	자폐성 장애	13,917	5,728	8,189	58.8
	의사소통 장애	2,404	150	2,254	93.8
	학습 장애	1,226	12	1,214	99.0
	건강 장애	1,785	13	1,772	99.3
	발달지체	8,434	690	7,744	91.8
	합계	**95,420**	**26,615**	**68,805**	**72.1**
학교과정별	장애영아	439	439	-	0.0
	유치원	6,536	918	5,618	86.0
	초등학교	43,205	8,143	35,062	81.2
	중학교	19,140	5,430	13,710	71.6
	고등학교	20,655	6,453	14,202	68.8
	전공과	5,445	5,232	213	3.9
	합계	**95,420**	**26,615**	**68,805**	**72.1**

은 일반학급에서 교육을 받고 있는 등 전체 장애 아동의 72.1%가 일반학교에 재학 중에 있다.

그리고 통합교육의 비율을 장애영역별로 살펴보면, 먼저 건강 장애를 비롯하여 학습 장애, 정서행동 장애, 의사소통 및 발달지체 등이 거의 대다수가 통합교육을 받고 있는 반면에, 시각 장애, 자폐성 장애 및 지적 장애 순으로 통합교육의 비율이 낮게 나타나는 등 장애영역별로 큰 차이를 보였다. 이어서 학교과정별로 통합교육의 비율은 유치원이 가장 높은 비율을 보였으며, 상급학년으로 갈수록 그 비율이 점차적으로 감소되는 것을 알 수 있다. 그리고 장애영아나 전공과에 재학 중인 특수교육대상자들의 통합비율은 비교적 매우 낮은 것으로 조사되었다.

교육부(2020)의 특수교육통계 자료를 살펴보면, 최근 5년간의 통합교육 비율은 평균 약 71.2%를 보이고 있다. 이는 통계적으로 해마다 특수학교의 재학생은 전반적으로 감소하거나 소규모로 증가하는 반면에, 특수학급이나 일반학급 등 통합교육 환경에 재학 중인 특수교육대상자 수는 꾸준히 증가하고 있음을 알 수 있다. 그러나 다른 한편으로는 분리교육의 대표적인 교육기관이라 할 수 있는 특수학교의 수도 해마다 꾸준히 증가하여 2015년 167개교에서 2020년에는 182개교로 늘어났다. 이를 통하여 알 수 있는 점은 우리나라의 경우에는 현재 통합교육과 더불어 분리교육도 병행하고 있는 모습을 동시에 살필 수 있는 것이다.

하지만 통합교육은 특수교사와 일반교사 간의 협력구조를 강화할 뿐만 아니라 장애아동과 비장애 아동들의 학교생활 및 학습과정에서 긍정적인 영향을 미치는 등 사실 국내·외적으로 이미 그 당위성과 필연성에 있어서 교육적, 법적 혹은 사회 윤리적 혹은 교육 경제적 관점에서 강력한 지지를 바탕으로 중요한 가치와 의미를 가진다 할 것이다(이대식 외, 2006; 이소현, 2003; 김수연, 2002; 박승희, 1994; Heimlich, 2007).

이처럼 오늘날 통합교육의 효과와 당위성에도 불구하고 실제 교육현장은 매우 다양한 문제점들에 직면하고 있어 통합교육의 양적, 질적인 발전과 도약에 걸림돌이 되고 있다. 여러 선행연구들에서 나타난 우리나라 통합교육의 실천과정에서 나타나는 주요 문제점으로는 통합교육과 특수학급의 기본적인 정체성의 혼미, 특수학급의 물리적 환경의 열악성, 학교 급별 특수학급설치의 불균형 현상, 특수학급 대상학생의 선발과정상 문제, 교육과정의 운영과 평가 기준의 미비, 특수학급교사의 정체성 혼란, 특수교육과 장애 학생에 대한 일반교사의 부정적인 태도와 객관적인 정보와 지식의 결여, 행·재정적인 지원의 미비 등을 꼽을 수 있다(박승희, 2003; 최세민 외 2005; 김기홍, 2009a, 2009b; 이대식 외, 2006; 윤점룡, 1995).

특히 김기홍(2009a, 2009b)에 따르면, 특수학교에 재학 중인 장애아 부모, 특수학급교사와 통합학급 교사 등 교육현장에서 나타나는 통합교육에 대한 인식은 여전히 아픔과 갈등 및 혼란 등으로 요약할 수 있다. 먼저 특수학교에 재학 중인 특수교육대상자들의 부모들은 이미 일반교사나 비장애아 혹은 일반 부모들의 부정적인 태도와 차별적인 대우로 인하여 두려움과 불신을 직·간접적으로 경험하여 현실적으로 특수학교를 최종적으로 선택한 경우가 빈번하였다. 특히 특수학급의 장애 아동에 대한 특수교사와 통합학급교사들의 태도에 있어서 통합학급교사의 차별적인 태도와 자격 문제, 통합교육과정과 프로그램의 미비, 특수학급교사의 권한과 역할의 모호성, 특수학급교사와 통합학급교사의 소통 부재로 인한 공동협력의 어려움 등 개선해야 할 현안들이 지적되었다.

아울러 교육현장에서는 통합학급 담임교사를 정할 때 대부분의 교사들이 기피하여 무작위 추첨을 통하여 '운명적'으로 선정되고 있는 실정이다. 사실 통합학급 교사의 자질이나 역량 혹은 이의 선정과정에서부터 이미 통합교육의 발전을 기대하기는 어려울 수밖에 없는 것이 우리나라 교육현장의 실제적인 현실이다. 따라서 통합교육이 추구하는 본질적이고 효과적인 의미와 목적을 달성하기 위한 통합교육 이론이나 방법 등 다양한 개선책이 국가 정책적으로 절실히 필요한 실정이다.

2) 독일의 통합교육

특수교육의 역사에서 유럽의 장애 아동에 대한 교육은 오랫동안 거의 실시되지 않았지만, 예외적으로는 비싼 수업료를 지불하는 경우에는 가정교사에 의하여 간혹 이루어지기도 했다. 그러다가 중세 이후 15세기의 르네상스 등을 바탕으로 18세기 계몽주의 시대에 진입하면서 영국의 철학자 로크(J. Locke, 1632~1704)와 독일어권에서는 페스탈로치(J. H. Pestalozzi, 1746~1827) 등의 사상을 중심으로 유럽은 의학, 법, 철학, 교육학 등 모든 학문분야에서 큰 발전을 보였다. 이러한 사상이나 과학 등을 바탕으로 맨 먼저 농 아동들에 대한 교육의 가능성을 발견하고 하이니케(S. Heinicke, 1727~1790)에 의하여 라이프치히(Leipzig)에 독일의 첫 번째 농학교가 설립되는 등 많은 교육자들에 의하여 장애인을 대상으로 교육이 실시되었다. 이어서 맹 아동들로 하여금 장차 사회적으로 유용한 사람으로 능력을 배양하도록 궁극적인 교육 목표를 설정하고, 또한 현실적으로 맹 아동들이 방치되고 학대받는 것을 예방하기 위한 수업 방법도 동시에 시도하게 되었다. 또한 사회 속에 방치된 아동을 위한 기숙제 학교와 지체 장애를 가진 아동을 위한 정형외과적인 측면에서의 병원학교가 잇달아 설립되기 시작하였다(Biewer, 2010).

그 후 19세기(1821~1860)에는 최초로 오늘날 통합교육과 유사한 성격의 '일반화 운동(Verallgemeinerungsbewegung)'이 독일에서 농 아동들을 중심으로 활발하게 전개되었다. '일반화 운동'은 초등교육과정에서 농 아동들의 교육권을 실현하고자 한 운동이었는데, 당시의 사회적 배경으로는 학습능력이 있거나 학습이 필요한 농 아동들의 수와 그들을 위한 시설의 수가 턱없이 부족하여 수용력이 매우 낮았다. 따라서 모든 농 아동들에게 교육을 실시할 수 있는 적합한 길을 모색해야 했고, 동시에 재정적인 큰 부담이 없이 이 문제를 해결하기를 바랐던 것이었다. 이러한 농 아동들의 교육문제를 해결할 수 있는 방법으로는 학교조직의 재구조화를 들었다. 특히 '일반화 운동'의 본질은 무엇보다도 농 아동들을 위한 수업과 교육방법에 대한 지식의 일반화라 할 수 있다. 즉 농아를 교육하는 교사들의 교육적인 전문 지식을 가능한 한 모든 초등학교 교사들도 숙지해야 된다는 것이다. 동시에 농 아동들은 건청 아동과 거주지 근처의 초등학교를 함께 다니게 함으로써 그들이 또래아동들로부터 더 이상 격리되어서는 안 되며, 또한 장애 아동들이 그 가족과 지역 공동체 속에서 살아야 한다는 인본주의적인 사고를 사상적 배경으로 취했던 것이었다.

'일반화 운동'의 결과로 농아와 건청 아동 간의 공동 수업이 시도되었지만, 장애 아동과 비장애 아동의 분리교육의 옹호자와 공동수업의 지지자들의 견해가 서로 대립하기도 하였다. 특히 장애 아동의 부모들은 오늘날처럼 자신의 자녀들이 비장애 아동으로부터 격리되지 않고 동일한 학교를 다닐 수 있도록 전력을 다하여 노력하였다(Arbeitsgruppe Bildungsbericht am Max-Planck-Institut fuer Bildungsforschung, 1997). 한편 통합교육에 대한 우려심도 동시에 표출되었는데, 독일의 라이프치히(Leipzig)시의 농아 연구소장인 라이히(C. G. Reich, 1782~1852)는 일반학교에서 농 아동에 대한 교육적 지원의 미비뿐만 아니라, 그곳에서 조롱과 놀림의 대상으로 내몰릴 수 있음을 지적하였다. 또한 오스트리아의 북동쪽 도시인 그뮌트(Gmuend)시의 농아 시설장이었던 예거(V. A. Jaeger, 1794~1864)는 일반초등학교 교사는 농아 시설의 교사처럼 장애 아동에게 충분한 시간을 할애할 수 없으므로 한 학급에 다양한 특성을 가진 모든 아이들에게 적합하게 대처하기는 불가능할 것으로 보았다. 그러나 기본적으로 농 아동들이 거주지 근교 학교에서 교육과 수업을 받을 수 있는 가능성을 부정하는 것은 아니었다. 당시 초등학교에서 농 아동들이 읽기, 쓰기 등의 교육시간을 통하여 장차 농 학교의 수업을 준비시킬 수 있다고 보았다. 반면에 독일 슐레스비히(Schleswig)시의 농아시설장인 크루제(O. F. Kruse, 1801~1880)는 6~12세는 반드시 농아시설에서 교육을 하고, 나머지 시기는 인근학교에 위임할 수 있음을 주장하기도 하였다.

그러나 농 아동과 건청 아동 간의 통합교육 이념을 실제 교육현장에서 실천하는 것은 그리 간단한 문제가 아니었다(Ellger-Ruettgardt, 2008). 그것은 관련 규정의 미비, 학급의 크기, 영유아교육의 부족, 미비한 대체의사소통 보조기구, 농에 대한 객관적 정보의 부실, 새로운 교수법 개발 부족 등 많은 요인들로 인하여 결국 일반화 운동의 약화를 가속화시키게 되었다. 일반화 운동의 지지자들이 원했고, 필수적인 요소로 본 부분적인 개별화 수업도 농 아동에게는 미비하게 적용될 수밖에 없었고, 통합교육 교사들은 농 아동 수업을 위한 기본적 지식과 교수방법에서도 매우 부족한 현실적인 문제들이었다.

그 후 1860년대에 마침내 농 학교는 통합교육을 위한 교사교육 과정에서부터 분리되어 농아 시설 자체에서 세미나가 개최되어 오늘날 독립적인 청각 장애인 교육학의 학문적인 출발점이 되었고, 의무교육 연령의 농 아동들이 입학할 수 있는 교육기관이 급속히 설립됨에 따라서 통합교육에 대한 열망도 결국에는 점점 쇠퇴하기에 이르렀다.

그리고 19세기 중반에는 지적 장애 아동 및 지체 장애 아동들을 위한 특수학교들이 잇달아 건립되고, 1859년에는 구동독의 할레(Halle)지역에 학교에서 학습적으로 가장 약한 아동들을 위한 '보충학급(Nachhilfeklasse)'이 설치되어 특별한 교육이 시작되었다. 이어서 가톨릭의 견진성사를 위해 필요한 지식을 가지지 못한 14~20세의 학습부진아동과 청소년들을 위한 '긴급학교(Notschule)'가 설립되기도 하였다. 그리고 1867년에는 조직과 내용은 일반 초등학교와 유사한 독일의 '보조학교(Hilfsschule)'가 처음으로 개교하였다. 이들은 일반학생들보다는 학업능력이 떨어지고, 지적 장애학교의 장애 아동들보다는 학업수준이 비교적 나은 학생들이었는데, 이는 작은 학급임과 동시에 느린 학습속도와 학습내용의 축소 등의 특성을 가진 아동 및 청소년들로 구성되었다. 학교건립의 동기는 우선 자선적인 측면 외에도 한 학급에 학습력이 떨어지는 장애 아동으로 인하여 나머지 아동들의 발달을 방해하는 상황을 없애 초등학교의 부담을 줄여주고, 또한 적합한 교육을 통하여 이들도 장차 유용한 사람으로 양성하기 위함이었다. 이 학교에는 1945년 초까지 오늘날 지적 장애학교와 정서 · 행동 장애 학생들이 함께 교육과 수업에 참여하기도 하였다(Rudnick, 1985).

19세기 말과 20세기 초에는 난청과 저시력 학생들에 관한 다양한 문제들이 거론되고, 독립적인 학교형태에 대하여 논의되었다. 동시에 정서 · 행동 장애 아동들을 위한 다양한 교육적 서비스가 개발되기도 하였으나, 1933년 나치정권의 수립과 동시에 지금까지의 적극적이고 긍정적인 특수교육에 대한 발전 노력은 급격한 퇴보현상을 보였다. 이듬해인 1934년부터 '보조학교'의 학생들에게 국가적으로 강제적인 불임시술이 행해졌고, 1939년에 장애인들을 대상으로 안락사가 무자비하게 자행되기 시작하였다. 그 당시에는 각 개인의 존엄성은 없었으며, 특히 인종주의(Racism)와 사회적 다윈주의(Social Darwinism)가 정치적인 이념으로 설정되어 장애인들은 '살 가치가 없는 목숨'으로 보았다(Bock, 1986).

아울러 제2차 세계대전(1939~1945) 후에도 '보조학교'는 결정적인 변화가 일어나지 않았는데, 1950년부터 비로소 독일 특수교육제도의 본격적인 정비작업이 시작되었다. 이에 '보조학교'는 1960년대에 이르러 최초로 헤센(Hessen)주를 중심으로 전국적으로 '학습 장애아 특수학교'로 명칭이 바뀌었던 것이다. 그리고 지적 장애 아동 부모들

<지적 장애인 및 가족들의 자조모임인 레벤스힐페 로고>

출처: https://de.wikipedia.org/wiki/Bundesvereinigung_Lebenshilfe#/media/Datei:Bundesvereinigung_Lebenshilfe_ logo.svg

의 자조기구인 레벤스힐페(Lebenshilfe)의 건립 이후인 1958년에 지적 장애와 지체 장애 아동들이 새로운 학교건립을 통하여 학교교육이 다시 가능하게 되었다. 1970년대 초부터는 그들에게도 의무 교육권이 주어졌는데, 그때까지 많은 장애 아동들은 학교를 다닐 수도 없었을 뿐만 아니라, 다닐 필요조차도 없었던 것이다. 현재 독일의 특수학교 형태는 학습 장애, 지적 장애, 언어 장애, 지체 장애, 정서·행동 장애, 건강 장애, 난청, 농, 저시력, 맹 등 10개의 유형으로 다양하게 분류되어 있다.

사실 독일은 특수교육제도의 도입 초기부터 장애인들을 사회 속으로 통합하려는 목적이 이미 포함되어 있었다. 그 당시에는 특수교육을 다양한 세부 전문분야로 분류하여 기본적으로 각 개인을 일정한 목적에 맞게 도울 수 있고, 또한 특별한 수업방법들에 대한 효과를 시험해볼 수 있는 기회를 제공한다고 생각하였던 것이다. 그러나 기본적으로 모든 아동이나 인간은 각자 매우 다양한 존재이므로 모든 사람이 동일한 시간에 꼭 같은 속도로 같은 내용을 배울 수 없음에도 불구하고, 이러한 특수교육의 제도화는 항상 인간을 낙인찍거나 혹은 어떤 범주 속으로 분류하려는 위험성을 내포하고 있다고 보았다.

이에 북유럽에서 시작된 '정상화 운동' 등의 통합교육의 기본정신과 함께 특히 1970년 초부터 독일은 베를린(Berlin), 함부르크(Hamburg), 브레멘(Bremen), 뮌헨(Muenchen) 등의 대도시들을 중심으로 유치원의 장애 아동 부모들의 운동단체와 유치원 교육자들이 함께하여 강력한 주장을 바탕으로 장애아와 비장애 아동의 학교 통합교육이 시도되었다. 당시 독일에서 처음으로 통합교육을 실시한 유아교육기관은 1973년 베를린(Berlin)의 프리데나우(Friedenau) 지역의 아동복지 시설이었다(Hinz, 1993; Heimlich, 1995).

<베를린의 플래밍(Flaeming) 초등학교>

출처: https://de.wikipedia.org/wiki/Fl%C3%A4ming-Grundschule#/media/Datei:Fläming-Grundschule_Berlin.jpg

이러한 통합운동은 계속하여 초·중등학교의 통합 교육으로 확산하는 데 촉진제의 역할을 하였고, 결국 독일 최초의 국가적 차원에서의 통합교육 모델은 1975년 베를린(Berlin)의 플래밍(Flaeming) 초등학교(1875년 개교), 본 프리스도르프(Bonn-Friesdorf)의 기독초등학교(Evangelische Grundschule), 북독일 슐레스비히 홀쉬타인(Schleswig-Holtstein) 주의 쉐네펠트(Schenefeld)시의 고르히-포크학교(Gorch-Fock-Schule) 등이 잇달아 설립되었다. 그 당시 대부분의 통합학급은 '11(비장애 아동) + 4(장애 아동) Modell' 형태로 운영되었다. 그러나 이후에 다양한 연구 결과 학급당 20명의 아동이 함께 수업을 받는 것이 15명으로 구성된 형태보다 학업 성취와 사회적 태도에 더 긍정적이라는 결과를 바탕으로 학급당 인원이 많으면 더 많은 문제들이 발생하리라는 가정은 더 이상 유효하지 않았다. 그 반대로 오히려 학급 안에 일정한 많은 아동들이 있을 때 다양한 관심과 능력들로 인하여 더 다양하고 상호 긍정적인 영향을 주며, 아동들의 사회적인 접촉이 긍정적인 효과를 유발한다는 것이었다(Mueller, 1988).

이어서 1982년에 같은 지역의 우커마르크(Uckermark, 2008년부터 페터-파울-루벤스(Peter-Paul-Rubens) 학교로 개명, 1902년 개교) 초등학교는 통합학급의 차원을 넘어 학교의 모든 학급들이 통합교육에 동참하여 학교 차원의 통합학교로 설립되어 독일 통합교육에 있어서 새로운 질적인 발전에 기여하게 되었다(Eberwein, 1984). 이 학교의 기본적인 교육환경을 살펴보면, 먼저 학급당 전체 아동 수를 20명으로 하고 그중에 2명의 장애 아동이 입급된 '18+2 Modell'로 구성되어 운영되었고, 초등교사 1명과 특수교사 1명 및 아울러 1명의 교육보조원도 함께 배치되어 협력적인 교육과 수업이 실시된 것이었다(Projektgruppe Integrations versuch, 1984).

또한 1970년대부터 설립된 '종합학교(Gesamtschule)' 제도의 도입은 모든 아동들의 잠재능력을 배양하고, 동시에 장애인 교육의 기회 균등과 통합교육으로까지 연결되는 중요한 근거를 마련하였다. 이는 종래의 독일 학교교육제도의 단점인 지나친 조기 진로 선택에 따른 아동의 성장가능성의 억제에 대한 예방과 교육개혁의 일환이었다(한국교육과정평가원, 2009, 정혜영 외, 2008; Demmer-Dieckmann, 2001; Schnell, 2006; www.focus.de).

1980년대에는 1973년의 '장애나 장애의 위험성이 있는 아동을 위한 교육적 촉진'에 대한 독일 교육위원회의 권고안을 기본 바탕으로 독일 전 지역의 유치원과 일반학교에서 장애 아동의 통합교육이 모든 학생들의 학교성적, 사회와 정서적인 측면의 효과를 검증하기 위한 다양한 학교 모델들이 제시되었다(Deutscher Bildungsrat, 1974). 하임리히(Heimlich, 1998)의 연구결과에서 살펴볼 수 있는 바와 같이, 이러한 공동수업이 유치원뿐만 아니라 일반학교의 장애아와 비장애아 모두에게 단점보다는 오히려 사회성 발달 영역에서 특히 긍정적인 효과가 있는 것으로 보고되었다. 그리고 통합교육 환경 속의 장애 아동과 청소년들의 학업 성취력이 특수학교의 재학생들과 비교했을 때에 비하여 더 나은 결과를 보였던 것이었다. 아울러 1990년대 초에 이르러 독일은 학교 통합교육을 넘어 직업적 통합에 관한 주제의 논의로 점점 확대되기 시작했다(Heimlich, 2003). 특히 지적 장애를 가진 성인들을 위한 '함부르크 취업지원(Hamburger Arbeitsassistenz)' 제도를 통하여 노동시장에서의 첫 번째 통합시도는 잘 알려진 사례라 할 수 있다. 계속하여 2001년에 제정된 법률을 통하여 연방노동협의회(Bundesarbeitsgegemeinschaft)는 모든 주정부에 '고용지원 협회(Unterstuetzte Beschaeftigung e.V.)'를 전국적으로 집중하여 설립하였다. 사회법전 제9권(Sozialgesetzbuch IX)에는 중증 장애인을 위한 통합관련 규정을 정하고 있고, 또 고용지원에 관한 재정이 보장되어 있다. 아울러 장차 장애인의 통합적인 거주와 여가생활 영역까지도 관심을 확대해야 할 것을 주장하였다(Heimlich, 2003).

특히 1994년 5월의 독일 교육부장관회의(KMK)에서 통합교육을 모든 학교의 과제로 인식하고 일반학교에서의 특수교육지원에 대한 결의로 장애 아동과 비장애 아동들의 공동수업을 위한 지원이 분명하게 규정되었다. 아울러 장애 아동의 학교통합 교육과 관련하여 독일의 헌법 제1조 1항에는 '인간의 존엄성은 저촉될 수 없다. 이것을 존중하고 지키는 것이 모든 국가기관의 의무이다'라고 규정하며 통합교육의 기초로서 인간의 기본권인 인간생명의 존엄성을 분명히 밝히고 있다. 이어서 제2조, 제3조에는 모든 인간의 보편적 평등성과 다양성 그리고 기회의 평등성 등 오늘날 통합교육의 가장 원초적이고 중요한 기본 조항들을 포함하고 있다. 아울러 동법 제6조에는 자녀의 양육과 교육에 있어서 부모의 선택권을 기본적으로 인정하고 있다. 특히 장애인들의 학교교육뿐만 아니라, 그들의 모든 사회적 삶에서 중요한 의미를 가지는 것으로는 1994년 헌법에 장애인들을 특정하여 삽입된 제3조 3항 '누구도 자신의 장애로 인하여 차별되어서는 안 된다'라는 조항이다. 헌법상 기존의 성, 출신, 인종, 언어, 고향 및 출신지, 신앙, 종교 및 정치적 이념 등에 있어서 차별과 특혜를 금지하는데, 추가적으로 장애인 차별금지를 명확히 하여 모든 사회적으로 차별적인 태도와 행위를 금하고 있는 것이다(Avenarius & Heckel, 2000).

사실 독일의 통합교육에 대한 움직임은 지난 40여 년 동안 학교 교육 제도와 장애인들의 사회적인 참여 구조에도 많은 발전과 변화를 가져오게 하였다. 2002년에는 독일의 장애인평등법(BGG: Bundesgleichstellungsgesetz)이 제정됨으로써 장애인들이 편의 시설, 통신, 정보, 이동 등 삶의 영역에서 차별을 받지 않고, 균등한 기회의 측면에서 평등성을 촉진하는 계기가 되었다. 이어서 2008년 12월 21일 독일 정부는 유엔의 장애인 인권협약(Convention on the Rights of Persons with Disabilities)에 서명하여 모든 사회적 차원에서 학교통합교육을 보장하는 등 장애인들의 차별 없는 교육권과 기회균등의 바탕 위에서 실천해야 할 국가적인 의무가 부과되었다. 오늘날 독일의 16개 각 주정부는 장애 아동의 통합교육에 있어서 다양한 형태로 지원과 선택 등에 관하여 규정하고 있다.

예를 들어, 브레멘(Bremen)의 교육법 제4조(일반적인 학교생활의 구성) 5항에는 '수업과 아울러 학교생활은 가능한 한 장애아와 비장애아를 위하여 공동적으로 구성되어야 한다. 그리고 학교는 장애 학생들의 한계성에 대하여 대책을 세워야 한다. 아울러 학교는 아동들의 발달상 손상을 적합한 조치를 통하여 예방하고, 장애로 인하여 나타나는 영향들을 제거하거나 최소화하여야 한다'라고 정하고 있다. 또한 노트라인 베스트팔렌(Nordrhein-Westfalen) 주의 교육법 제7조(취학의무자의 특수교육적 지원) 1항에, '신체적, 정신적, 심리적인 장애나 학습능력상 현저한 손상으로 초등학교나 상급학교 수업에서 충분히 지원받을 수 없는 취학 의무자는 개인적인 요구사항에 맞게 특수교육적인 지원을 받는다. 그들의 취학의무는 일반학교나 혹은 특수학교에 재학함으로써 이행하게 된다'라고 규정하고 있다(www.behinderung.org).

(1) 통합교육의 기본이론

독일은 1970년대 중반부터 주로 베를린(Berlin), 함부르크(Hamburg) 등 대도시들을 중심으로 학부모나 교사들이 주축이 되어 통합교육운동이 일어났으며 통합교육과 관련하여 다양한 이론들이 제시되었다.

첫째, 독일의 교육학자인 포이저(G. Feuser, 1941~현재)의 '공동대상(협력)이론'은 옛 소련의 심리학자였던 비고츠키(L. S. Vygotsky, 1896~1934)의 발달심리학적 관점을 바탕으로 발전시킨 이론이다. 즉 인간은 발달을 위하여 사회적, 역사적 혹은 문화적 환경과 상호작용을 매우 중요한 요인으로 여기는 것이다. 포이저에 따르면 학교의 통합교육은 장애의 종류와 정도에 관계없이 공통의 학습대상(목표)을 중심으로 학습과정에 있어서 모든 학생들 상호 간에, 그리고 학습자와 교육자들이 서로 협동하고 생각하고 행동하며 학습하는 활동을 의미한다. 또한 그의 이론이 말하는 통합교육의 중요한 기초는 공동의 학습대상에 대하여 학습자 개인의 능력과 특성에 따라서 개별적인 접근법(교수법)을 중심으로 한 협력적인 활동을 의미한다(Feuser, 1995).

둘째, 라이저(H. Reiser)의 '다차원적 통합과정이론'이다. 라이저(Reiser, 1986)의 이론은 팀과 조직이 겪는 커뮤니케이션 문제를 해결하는 고전적인 교육 방식으로서 코헨(Cohen)의 주제중심 상호작용 모델을 바탕으로 통합교육을 이해하고 있다. 즉 통합은 사회적인 상호작용이라는 단면적인 측면만 아니라, 더 다양한 차원(심리내적 차원,

상호작용 차원, 제도적 차원 및 사회적 차원) 속에서 상호작용하는 과정 가운데 나타나는 결과라고 보는 것이다. 성공적인 통합은 우선 기본적으로 심리내적인 측면을 바탕으로 상호작용적 측면, 제도적 측면 그리고 사회적인 측면이 다양한 단계에서 균형과 일치를 거치면서 이루어지게 되는 것이다. 아울러 그는 통합교육의 주체를 각 개인으로 보고 그들의 주관적 세계를 끌어내는 것이라고 하였다. 또한 어떤 일정한 과정을 겪어야 통합이 이루어지고, 동질성과 이질성이 동시에 존재하는 형태라고 한다. 즉 통합이란 인간의 외부에서 자동적으로 발생하는 것이 아니라, 의사소통과 상호간의 공통적인 행동과 일정한 과정을 거치면서 개인의 발달이 이루어지는 것이다. 라이저(Reiser, 1992)에 따르면 통합교육과정은 이러한 네 가지 차원을 통하여 완성되고, 통합적 과정의 원동력인 접근성-격리성과 동일성-다양성 사이의 변증법이라고 본다.

셋째, 잔더(A. Sander)의 '학생-환경 중심 통합교육이론'인데, 이는 미국의 발달심리학자이며, 사회심리학자인 브론펜브레너(U. Bronfenbrenner, 1981)의 생태학적 모델을 기초로 삼았다. 이에 따르면, 인간의 발달 과정은 가족, 지역, 사회, 문화 등 자신을 둘러싼 주변의 생태환경과 역동적으로 밀접한 관계를 가지고 있다. 그는 인간 주변의 생태학적 환경을 미시체계(가정, 학교, 또래집단 등)를 비롯하여, 중간체계(가정생활과 학교생활, 가정생활과 친구관계 등), 외부체계(부모의 직업, 이웃 등) 및 거시체계(이념, 제도, 문화 등) 등 네 가지 단계로 구분한다. 잔더에 의하면, 어떤 손상이나 능력(성적)의 저하로 인하여 자신의 환경과 불충분한 관계를 맺게 될 경우에 장애가 발생하는데, 즉 환경과 만족할 만한 관계를 맺는가의 여부는 개인적인 요인보다는 그가 처해 있는 환경이 결정적인 역할을 한다. 잔더(Sander, 1985, 1999)는 통합교육이 일반적이고 자연적인 교육환경으로 장애 학생의 교육에 가장 적합한 환경임을 말한다. 따라서 통합교육을 위하여 개인적인 측면과 가족, 학교, 물리적 환경 등 사회적인 여러 조건 등 장애 아동에게 영향을 미치는 다양한 주변 환경들의 수정과 조절이 필요하다.

넷째, 헤블린(U. Haeberlin, 1937~현재)의 '인류학-윤리학적 모델이론'이다. 스위스 프라이부르크(Freiburg) 대학교수였던 헤블린은 우선 사회가 장애인에 대하여 통합적이거나 배타적인 경향성을 유럽의 사상사에서 찾는다. 현대 치료교육학(Heilpaedagogik)의 창시자이며 많은 저서를 서술한 독일의 게오르겐스(J. D. Georgens,

1823~1886)와 다인하르트(H. M. Deinhardt,1821~1880), 스위스의 특수교육학자인 모어(P. Moor, 1899~1977)의 치료교육학의 전통적 노선, 그리고 오스트리아-이스라엘계 유대인인 부버(M. M. Buber, 1878~1965)의 대화적 철학(dialogical philosophy)사상 등이 헤블린의 통합 교육이해에 영향을 끼쳤다. 헤블린은 통합교육의 근원을 치료교육학적 전통에서 찾았는데, 모어(Moor, 1969)는 이미 치료교육학은 교육학이며 전혀 어떤 다른 것이 아니라고 말한다. 그는 특수교육학(Sonder-paedagogik)을 일반교육학의 한 분야로 보는데, 그것은 특수교육학이 인류학적으로나 방법적인 면에서 절대적으로 엄격한 독립성을 주장할 수 없기 때문이다. 모어에게 통합은 더 이상 궁핍한 사람이 생기지 않도록 사회가 변화되는 가운데 사회적 이상(理想)을 통하여 가능하다고 보고, '자조(自助)를 돕기 위한 보조활동(Hilfe zur Selbsthilfe)'으로 이해하였다(Juelich, 1996).

또한 주목해야 할 점은, 모어는 장애인 개념을 신체적 손상으로 보는데, 모어에 의하면 치료교육학의 과제는 장애인들이 사회에서 그들의 필요와 능력에 부합하도록 지지하는 것이다. 이것은 잔더의 생태학적 이론과 일치하는데, 만일 장애인이 사회 속으로 스스로 통합이 될 수 있는 처지가 아닐 경우에는 인적인 차원과 사회적 차원에서 내·외적인 지원을 통하여 환경의 조절이 요구된다는 것이다. 이로부터 모어의 제자인 헤블린은 통합적 치료교육학을 이끌어 왔으며, 대화적 철학과 인류학적 치료교육학의 입장을 기초로 삼았다. 헤블린은 사상적인 개방성, 인간으로부터 출생한 모든 생명체의 절대적인 생명권에 대한 책임, 모든 인간의 교육권, 독립성, 삶의 질, 교육적 효율성의 제어와 자기비판 등 치료교육학적 직업윤리를 강조하였는데, 이런 점에서 통합교육학은 치료교육학적 전통노선과 일치하며(Heimlich, 2003), 많은 학자들(Kobi, 1993; Klein et al., 1999; Speck, 2003)이 치료교육학의 생태학적 입장을 지지하고 있다.

(2) 독일의 통합교육 형태

독일의 학교 현장에서의 통합교육은 각 주(州)에 따라서 매우 다양한 형태를 보이지만, 일반적으로 개별통합, 통합학급, 외부학급 및 협력학급 또는 열린 학급 등 다섯 가지로 구분될 수 있다(Metzger & Weigl, 2010).

첫째, 개별통합(Einzelinklusion)은 장애 아동이 개별적으로 거주지 인근에 소재한 일반학교나 혹은 직업학교에 비장애 아동들과 함께 재학함으로써 주변의 사회 환경으로부터 격리하지 않는 형태이다. 특히 1994년 바이에른(Bayern)주 의회는 '바이에른 교육과 수업법'을 근거로 일반학교에 재학 중인 개별 장애 아동들을 지원하기 위하여 주로 특수학교의 교사들로 구성된 '이동식 특수교육지원 서비스(Mobile Sonderpaedagogische Dienste: MSD)' 제도를 최초로 운영하고 있다. 이들은 일반학교에 재학하고 있는 모든 영역의 장애유형의 학생들을 비롯하여 장애아 부모와 교사들을 대상으로 진단·평가, 상담, 수업, 개별 및 공동수업계획의 조정, 교사교육 등 다양한 활동을 통하여 통합교육을 지원하고 있다.

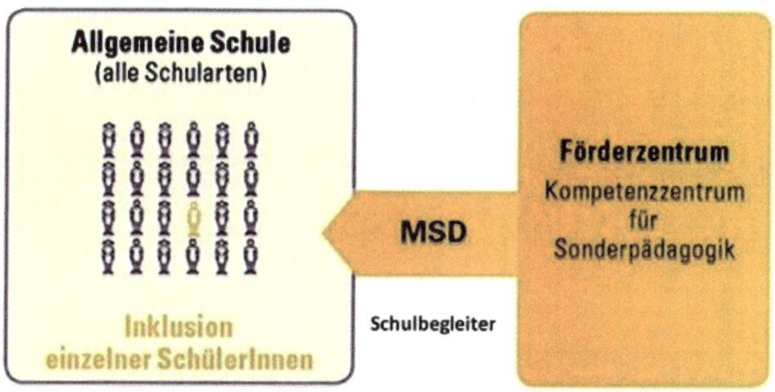

<개별통합 형태>

출처: http://www.inklusion.schule.bayern.de/schule_entwickeln/formen-gem-lernen/inklusion-einzel/

둘째, 통합학급(Inklusionsklassen)은 다수의 장애 아동이 입급된 일정한 학급으로 공동수업을 실행하기 위하여 일반교사는 물론 특수교사, 교육이나 보육을 담당하기 위한 보조 인력이 추가적으로 참여하고 있는 형태를 말한다. 예를 들어, 베를린의 플래밍(Flaeming) 초등학교의 모델을 보면, 통합학급은 10명의 비장애 아동과 5명의 장애 아동(10+5 모델), 우크마르크(Uckermark) 초등학교의 경우에는 18명의 비장애 아동과 2~3명의 장애 아동(18+2~3 모델)이 입급되어 일반교사, 특수교사와 교육보조원 각 1명으로 협력 수업이 이루어진다.

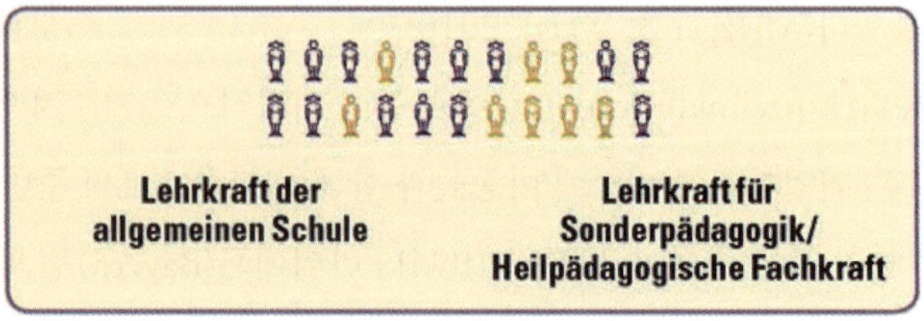

<통합학급 형태>

출처: http://www.inklusion.schule.bayern.de/schule_entwickeln/formen-gem-lernen/schulprofil_inklusion/klasse-lehrertandem/

셋째, 동반자학급(Partnerklassen)은 2011년까지는 외부학급(Aussenklassen)이라는 명칭으로 불렸다. 이러한 통합교육 유형은 특수학교의 한 학급을 일반학교 안으로 옮겨서 일정 공간을 차지하고 대부분 시간은 여전히 특수학교제도와 특수학교교육과정에 의거하여 수업이 실시되지만, 휴식 시간, 학교 행사, 음악, 체육, 미술 등 예·체능 과목들은 시간제로 파트너 학급간의 장애 아동과 비장애 아동의 긴밀한 접촉을 강화하는 것을 목적으로 한다. 두 학급의 공동수업 형태나 범위는 두 학급교사들 간의 협의와 협력을 통하여 결정되고 시행되며, 외부학급이 소속된 특수학교와 일반학교는 교사와 교사들의 수업시수, 교육과정 등에 있어서 융통성 있게 조절된다.

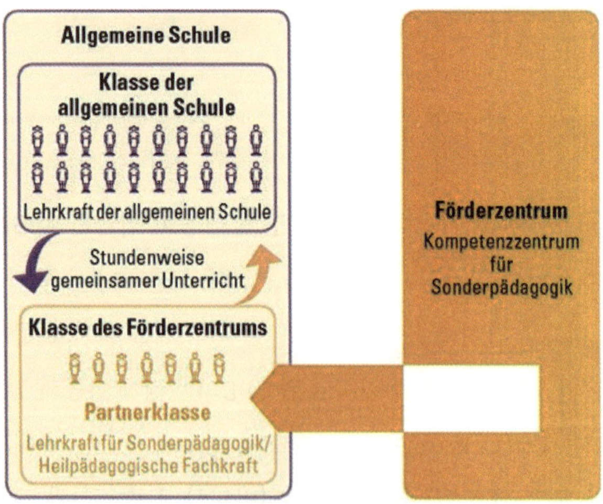

<동반자학급 형태>

출처: http://www.inklusion.schule.bayern.de/schule_entwickeln/formen-gem-lernen/partnerklasse/

넷째, 협력학급(Kooperationsklassen)형태는 일반학교의 한 학급과 특수학교의 한 학급 혹은 한 집단이 때때로 공동협력 프로젝트를 통하여 서로를 이해하고 선입견을 예방하거나 개선하기 위한 활동을 말한다. 더 긍정적인 통합교육의 효과를 기대하기 위해서는 불규칙적이거나 일 년에 한 번 정도의 만남보다는 체육, 미술, 음악 혹은 가사 등의 교과목을 통하여 두 학급이 매주 규칙적인 접촉을 해야 한다. 이러한 협력학급 형태에서는 특수교사가 주당 몇 시간 동안 학급을 운영하기도 한다.

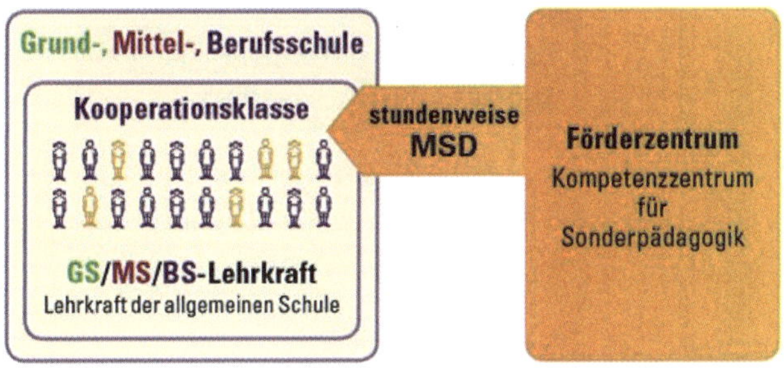

<협력학급 형태>

출처: http://www.inklusion.schule.bayern.de/schule_entwickeln/formen-gem-lernen/koopklassen/

다섯째, 열린학급(Geoeffnete Klassen)은 이른바 '역통합'의 형태로 운영된다. 이는 주로 시각 장애나 청각 장애 등 감각장애학교나 지체 장애 특수학교에 비장애 학생들로 구성된 학급이 설치되어 일반교사의 지도 아래 일반교육과정에 의거하여 교육이 이루어진다. 아울러 시간제로 장애 학생들과 비장애 학생들이 함께 공동수업에 참여하기도 한다.

<열린학급 형태>

출처: http://www.inklusion.schule.bayern.de/schule_entwickeln/formen-gem-lernen/offene-klasse/

(3) 독일 통합교육 관련 통계적 현황

앞의 <표 2-7>에서 살펴본 바와 같이 2017/18년 독일의 특수교육대상자 수는 539,965명이다. 이를 장애유형별로 보면, 학습 장애 아동이 전체의 약 34.6%로 가장 높고, 이어서 정서행동 장애 및 지적 장애가 각각 약 17% 등의 순으로 나타났다. 아울러 이들의 교육기관별 현황을 보면 전체 장애 아동 및 청소년들 가운데 약 42.0%는 일반학교, 나머지 58.0%는 특수학교에 재학 중인 것으로 나타났다.

장애유형별로는 정서·행동 장애의 통합비율이 56.5%로 가장 높고, 이어서 학습 장애의 경우가 53.8%로 그 뒤를 이었다. 그 반면에 지적 장애는 87%가 특수학교에 재학 중인 것으로 조사되어 통합비율이 가장 낮았다. 그 밖에도 우리나라와 유사할 정도로 교육과정별로 볼 때도 장애유아가 통합비율이 가장 높으며, 그 뒤는 초등학교 및 중등학교과정으로 나타났다. 이처럼 저학년보다는 고학년으로 올라갈수록 통합교육의 비율이 점점 낮은 현상은 독일에서도 해결해야 할 난제 가운데 하나인데, 아마도 초등학교보다 훨씬 더 자연도태사상(自然淘汰思想)이나 학교성적에 대한 강한 집착이 작용한 것으로 보인다(Jaumann-Grumann & Oeffner, 2010). 그리고 독일의 전체 16개 주(州)별 장애 아동에 대한 통합교육 비율을 살펴보면 각 주마다 큰 격차를 보이기도 했다. 즉 2016/17년의 자료를 참조하면, 브레멘(Bremen)의 경우에는 88.9%로 가장 높게 나타났으며, 이어서 베를린(Berlin) 65%, 함부르크(Hamburg) 64.2%로 이어졌다. 그 반면에 가장 낮은 주는 바이에른(Bayern)이 27.4%, 헤센(Hessen)이 29.7%로 각각 조사되는 등 지역에 따라서 큰 격차를 나타내었다(https://deutsches-schulportal.de).

(4) 독일의 통합교육 사례

본 절에서는 독일의 몇 가지 통합교육의 사례를 소개하고자 한다. 먼저 독일 중서부의 노트베스트팔렌(Nordrhein-Westfalen)주에 소재한 쾰른(Koeln)시의 로젠마르(Rosenmaar) 시립초등학교(舊 Peter-Petersen 학교)를 비롯하여 같은 도시에 있는 자유 발도르프 학교(Freie Waldorfschule)인 미하엘리(Michaeli) 종합학교 및 뒤셀도르프(Duesseldorf)의 시립 몬테소리(Montessori) 초등학교의 통합교육의 운영 사례를 간단히 살펴보고자 한다.

① 로젠마르 시립초등학교의 개관

쾰른 시에 소재한 로젠마르 초등학교는 1952년 7월에 건립되었으며, 1968년까지 당시 독일의 8년제였던 이 '국민학교(Volksschule)'에는 총 410명의 학생, 8개 학급과 7명의 교사가 재직하였다. 1968년부터 4년제 시립초등학교로 바뀌었고, 1981년 학교관리위원회와 학교교직원회에서 장애 아동과의 공동 수업을 위한 모델학교로 신청하기로 결의하여 1982년 30주년 기념일에 교육부가 통합학교로 공포하였다. 당시 이미 지체 장애아 4명과 의사소통 장애 아동 2명이 재학 중에 있었고, 1980년대 초부터 이 학교는 원칙적으로 장애유형이나 장애 정도에 관계없이 모든 아이들을 위한 학교로 되었다.

그리고 2011학년도에는 총 405명의 학생(1학년; 105명, 2학년: 101명, 3학년: 102명, 4학년: 97명)이 재학 중이며, 여학생은 191명으로 47%, 외국인 학생은 94명으로

<쾰른(Koeln) 로젠마르(Rosenmaar) 시립초등학교>

출처: https://rosenmaarschule.de/rosenmaarschule-23-03-2020/

〈표 3-3〉 로젠마르 초등학교에 재학 중인 장애 아동의 유형별 현황 (단위: 명, %)

장애유형	장애 학생 수(명)	비율(%)	비고
학습 장애	7	9.3	
정서·행동 장애	18	24.0	7명의 자폐성 장애 포함
의사소통 장애	13	17.3	
청각 장애	1	1.3	
시각 장애	1	1.3	
지체 장애	23	30.8	2명의 중증장애 포함
지적 장애	12	16.0	
총	**75**	**100**	

출처: Schulportfolio(2011). Rahmendaten und Dokumente schulischer Arbeit. Rosenmaarschule, Koeln Hoehenhaus.

23%, 그리고 장애 아동은 75명이 통합교육을 받고 있어 전체 재학생의 약 18.5%를 차지하고 있다. 통합교육 중인 장애 학생들의 장애유형을 보면 <표 3-3>처럼 지체 장애 아동이 약 31%로 가장 높고, 정서·행동 장애 아동이 24%로 이어졌다.

한편 이 학교의 교사현황으로는 총 38명인데, 일반교사 21명, 특수교사 17명이며, 그 가운데 여교사의 비율이 35명으로 92%를 차지한다. 이들은 주당 14시간~28시간의 수업시수로 다양하게 수업을 담당하고 있으며, 그 외에도 주당 10시간 정도의 시간제 교육보조원 52명, 물리 및 언어치료사 등 3명, 사회복지사 2명, 행정직원, 기타 자원봉사자 등 총 83명이 통합교육을 직, 간접적으로 지원하고 있다. 특히 특수교사들의 전공별 현황은 학습 장애와 의사소통 장애 전공 각 2명, 정서·행동 및 지체 장애 전공 각 3명, 정신지체를 전공한 특수교사는 모두 7명이 재직 중이다.

이 학교는 원래의 교명인 페터 페터젠(Peter-Petersen)이라는 학교 명칭을 2010년 6월에 현재 본교가 소재하고 있는 도로명에 따라서 로젠마르(Rosenmaar)학교라 바꾸었고, 동시에 독일의 예나(Jena) 대학교 교수였으며 개혁교육학자였던 페터젠(P. Petersen, 1884~1952)은 개혁교육자로서 1927년에 교육적 이론의 유명한 기초인 '예나플랜(Jenaplan)'을 발표했다. 또한 그는 히틀러 시대에 인종차별적이고 반유대적인 나치사상에 일부 동조한 것으로 밝혀져 그의 이름을 딴 학교명이 학교 교직원회의 격렬한 토론을 거친 후에야 개명을 결정하였다. 그러나 이 학교는 이미 수십 년 동안 장애아동의 통합교육, 연령과 학년의 혼합식 학급편성, 점수 대신에 서술식 보고의 성적표 발급과 개별적 필요와 능력에 따른 촉진 등의 교육적 사상과 철학은 여전히 페터젠의 예나플랜 교육학의 원리와 기초 위에서 형성되어 있다(www.peter-petersen-schule-koeln.de).

가. 교육목표

로젠마르 학교는 처음부터 모든 아동들이 자기계발 가능성을 체험하며, 장애 아동들도 또래의 다른 아이들과 마찬가지로 같은 공동체에 속해있음을 일상적인 생활을 통하여 경험하게 한다. 통합과 관용의 정신은 이 학교의 매우 중요한 가치이며, 책임감이 투철한 행동은 본보기나 교육을 통하여 배우고, 직접적인 다양한 교육 활동을 통하여 발전하는 것으로 이해한다. 또한 아이들에게 자신감을 부여하고 문제를 다루는 방법을 익히도록 도와주며 직면한 과제나 문제에 대하여 두려움이 없이 함께 해결하는 것을 배우도록 조력하고 있다. 이에 로젠마르 학교는 읽기, 쓰기, 셈하기 외에도 다음과 같은 다양한 교육 목표들을 정립하고 있다.

- 자유 과제나 주간활동계획을 통하여 장시간 동안 자립적이고 스스로 책임을 지는 가운데 집중할 수 있는 학습 능력 함양

- 프로젝트 활동을 통하여 문제를 인식하고, 해결하며, 새로운 사실을 발견하며 함께 활동하며 학습하는 능력 함양
- 학급여행이나 수업활동을 통하여 스스로 책임의식을 인식하고 과제를 해결하는 능력 함양
- 방학을 통하여 상상력과 창의성을 발달시키고, 이것을 표현하는 능력을 함양
- 더 어리거나 약한 아이들과 공동생활을 할 때에 당연히 돕기도 하고 또한 다른 사람의 도움을 받을 줄 아는 능력을 함양
- 대화를 통하여 다른 사람의 말을 주의 깊게 경청하는 능력 함양
- 놀이나 여가활동을 통하여 자기 계발 능력을 함양

로젠마르 초등학교는 장애아와 비장애아가 함께 공부하고 생활하며, 각 아동이 자신이 가진 능력의 한계에까지 도달하고자 한다. 때로는 상대적으로 매우 뛰어날 수도 있고 혹은 뒤떨어질 수도 있음을 서로 인정해야 한다. 그러나 아동들의 능력과 교과목에서 나타나는 학력은 개별적인 개성의 표현이며, 서로 간에 다양하기 때문에 결코 비교할 수 없는 것이라 보는 것이다. 아동들의 재능이나 능력 혹은 출생 등에 있어서 다양성을 인정하고 존중하며, 아울러 학습자 집단의 다양성이 더 이상 귀찮은 문제가 아니라, 교육적인 기회로 간주한다. 어떤 아동도 차별이나 제외되지 않고 장애 아동과 비장애 아동이 서로 협력하는 가운데 상호 학습하며 다양한 경험의 폭을 확대해 가고 있는 것이다.

나. 페터 페터젠(Peter-Petersen)의 예나플랜(Jenaplan) 교육학

로젠마르 초등학교의 건학정신이며 동시에 교육철학을 기초한 페터 페터젠(Peter Petersen)은 1923년에 독일의 중동부의 튀링겐(Thueringen) 주에 위치한 예나(Jena) 대학교에 초등학교 교사양성과정의 설치와 아울러 예나플랜 교육학으로 국제적으로 널리 알려진 교육이론과 실천의 새로운 장을 연 인물이었다. 오늘날 예나플랜의 이념은 아동, 부모, 교사와 다른 협력자들과 함께 최대한 민주적인 참여를 통하여 '모두를 위하여 생동감 있는 학교'를 만드는 것을 지향하고 있다. 오늘날 예나플랜 교육학을 공식적인 교육철학으로 표명하고 실천하는 초등학교가 독일에는 약 25개교, 네덜란드

약 300여 개교가 설치 · 운영되고 있다.

이 학교의 교육적 이론의 주요핵심을 이루는 페터젠의 예나플랜 교육학의 교육관이나 인간관은 각 아동은 자신을 소중하게 여기며, 개별적인 능력과 개성을 존중하며, 공동체에 소속된 중요한 일부분으로 인정하는 것이다. 즉 아동은 개별적으로 서로 다른 존재이며 동시에 매우 가치 있는 존재로서 가능한 한 모든 아동들이 함께 살면서 배우게 해야 한다는 것이다. 따라서 다양한 출신지, 종교, 피부색, 신체적 · 정신적으로 다양한 능력을 가진 아동들은 자기 자신과 아울러 다른 사람들을 존중하는 가운데 서로를 경험할 수 있는 것이다.

예나플랜 교육학의 특징으로는 다음과 같은 다양한 점들을 살펴볼 수 있다. 우선 이 학교는 전통적인 학년제 학급 대신에 학년과 연령의 혼합식 학급으로 편성되어 운영되고 있다. 이를 통하여 학생들로 하여금 독립성, 창의성, 팀 능력의 향상, 전통적인 획일적 시간표와는 달리 주간 활동계획서를 비롯하여 점수로 표시된 성적표 대신에 학업능력의 서술식 보고형식, 유급제 폐지, 인공적인 수업형식을 거부하고 상호적인 협력을 통한 자립적 사고와 행동방식을 지향한다. 그리고 기술, 지리, 역사, 생물, 물리, 사회, 미술, 음악, 학급생활 등 인간, 자연, 문화 관련 과목을 중심으로 하는 주요수업(Kernunterricht)형태는 각 모둠학급 그룹별로 함께 모여서 공통적인 과제와 주제를 부여받고 각각의 역할을 분담하여 해결하는 것이다. 학생들은 이러한 교육 및 수업형태를 바탕으로 다양한 관심사들을 서로 나누고 대화를 통하여 합의점 등을 도출하는 능력을 배운다. 결국 그들은 각자의 활동 내용들을 하나의 공통적인 결과물로 융합되도록 만드는 것을 학습하며, 또한 공동체에 대한 책임감과 소속감을 강화시키기도 한다. 이때 교사는 사회자이며 상담자의 역할만 하는 것이다. 또한 핵심주제에 대한 성공적인 해결의 전제가 되는 기본적인 기능과 기술 등을 익히는 과정수업(Kursunterricht)은 서로 나란히 위치한 두 학급 모둠(2명의 초등학교교사와 2명의 특수교사가 협력교수활동을 진행함)이 함께하는 수업을 통하여 아동 각 개인의 학습력을 강화하고, 공통적인 주제나 대상에 대하여 아동들의 다양한 능력을 계발하도록 조력하는 활동 등을 꼽을 수 있다. 이러한 과정수업은 각 아동들이 연령이 다양하게 구성된 학습그룹에서 어떻게 자신의 권리를 찾는가에 대한 질문에 대한 대답이라 할 수 있다. 여기에는 주로 독일어를 비롯하여 수학, 영어 수업을 하는데, 인터넷, 대중매체, 모형, 지도, 참고서적 등이 활용되는 것이다. 수업의 형태는 대부분 자유 활동 및 과제, 자유 독서 및 놀이 등을 통하여 이루어져 있다(Jenaplan-Initiative Bayern e.V. und Gesellschaft fuer Jenaplan-Paedagogik in Deutschland e.V., 1999).

다. 입학과정과 수업

특수교육대상자들을 위한 입학과정과 관련하여 예를 들어, 노트라인 베스트팔렌(Nordrhein-Westfalen) 주의 경우에는 기본적으로는 '학교법과 교육법(Schul- und Bildugsgesetz)'에 의거하여 절차가 진행된다. 그러나 입학과정을 간단히 보면, 학부모가 해당학교에 신청서를 제출한 후에 교장, 학부모, 일반 및 특수교사 혹은 치료교사들로 구성된 팀 상담이 이루어지고 최종적으로는 주로 학교 당국의 교육적 환경에 따라서 입학여부가 좌우되는 편이다. 즉 로젠마르 학교의 입학과정에서 주요한 결정적 요소로는 특히 학교가 해당 장애 아동의 교육이나 수업에서 요구되는 인적, 공간적 혹은 물리적인 조건 등의 구비여부나 혹은 교육청이나 관계 기관과의 협력이 가능한지의 문제이다.

로젠마르 학교에서는 공동수업, 즉 통합교육을 통하여 장애 아동들이 또래 비장애 아동들과 함께 수업에 참여하고 있는데, 모든 수업과 교육활동의 계획과 실행은 교장, 교감, 책임특수교사로 이루어진 학교운영 팀, 여가활동 담당 팀, 치료 팀 그리고 두 개의 학급모둠이 한 팀으로 구성된 8개 팀과의 상호 논의와 협력 가운데 결정되고 실천되는 것이 특징이다. 특히 예나플랜 교육학을 바탕으로 현재 총 16개의 학년(1~4학년)과 연령(만 6~9세)을 초월한 혼합형 학급 모둠으로 구성되어 있다. 한 학급의 모둠은 보통 26~28명(학년별 평균 각 7명)으로 그중에 4~6명의 다양한 장애를 가진 학생들이 입급되어 특수교사와 일반교사와 교육보조원들이 협력팀을 형성하여 교육적 서비스를 제공하고 있다.

그리고 예나플랜 교육학의 특징이며 로젠마르 초등학교의 독특한 학급편성 방법인 연령과 학년을 초월한 혼합형 모둠학급의 장점이 매우 다양함을 강조한다. 이는 보통 성인의 경우에도 어떤 직장이나 주거공동체에서도 혹은 길거리에서 아동들의 놀이 그룹이나 단체에 동일한 연령층으로만 구성되어 있는 곳은 없는 것이 사실이다. 만일에 동일한 연령층으로 꼭 같은 경험이나 지식수준만 가진 사람들만 한 공간이나 단체에 있다면, 특히 사람들은 상호 간에 다양한 경험과 영향을 주고받고 배우기는 매우 어렵다는 것이다. 따라서 로젠마르 초등학교의 혼합형 모둠학급은 우선 동일 연령층으로 구성되지 않음으로써 성적위주의 상호비교 혹은 지나친 경쟁의식을 해소할 수 있으며, 혼합적인 연령구조 가운데 학력이나 연령의 격차를 통하여 고학년이 저학년에 대하여 혹은 발달정도가 우수한 아동이 낮은 아동에게 정보나 도움을 교환할 수 있는 등 상호 협력의 사회적 동기를 부여한다. 그리고 특히 혼합적인 학년으로 구성된 학급에서 아동들은 다양한 행동양식과 학습능력을 배우거나 이해함으로써 장애 아동은 비장애 아동에 대하여 서로 간에 더 많이 알게 되고, 비장애 아동은 더 긍정적인 사회적 태도를 함양하게 된다. 또래 아동들보다 학업발달의 수준이 더 높은 아동은 모둠학급을 바꿀 필요 없이 이미 상급학년의 수업목표를 지향할 수도 있으며, 반면에 학습 속도가 비교적 또래 아동들보다 느린 아동들은 유급과정이 없이 모둠학급에서 계속해서 더 머무를 수가 있는 것이다. 더군다나 현대 사회는 외동으로 태어난 많은 아동들의 경우에는 다양한 연령의 아동들과 사귀며 가족적인 분위기에서 학습이 가능하여 장차 사회생활의 집단 내에서 독립적인 능력뿐만 아니라 동시에 협력적인 관계성을 강화할 수 있다.

예나플랜의 교육철학에 따라 운영되는 학교는 특히 통합교육을 위한 적합한 교육적 환경을 조성하고 있는데, 이는 우선 아동들의 다양성을 기본적으로 인정하며 또한 그것을 바탕으로 수업형태와 구조가 형성되는 것이다. 장애 아동의 발달을 촉진하기 위하여 가능한 많은 통합 교육적 환경들을 제공하며, 특수교사들은 일반교사와 마찬가지로 학급에 대한 총체적인 공동 책임의식을 가지고 있으며 다양한 교육적 경험을 통하여 전문가로서의 역량을 함양하는 것이다. 초등학교 교사와 특수교육 교사는 서로를 경청하고, 과제를 분담하며, 다양한 문제점을 토론하며 협력적인 교육 활동을 하는 것이다.

이 학교의 수업시간과 관련하여 예를 들어, 학급 모둠 1의 시간표를 참고하면 다음과 같다. 보통 수업은 아침 8시 15분에 시작하여 9시 15분까지 진행되고, 9시 15분부터 9시 30분까지는 아침식사 시간이며, 9시 30분에서 10시 30분까지 수업, 10시 30분에서 11시까지 휴식시간이다. 이어서 11시부터 11시 45분까지 다음 수업이 진행되고, 이어서 11시 45분부터 12시 30분까지 수업시간에 해당된다. 12시 30분부터 오후 1시 15분까지는 점심시간이 이어지고 월요일과 수요일의 오후 1시 15분부터 3시까지는 각 학급 모둠별로 주요수업(Kernunterricht)이 이루어지고 나머지 요일의 오후 시간은 자유 선택활동을 하게 되어 있다. 따라서 공식적인 수업 시간은 아침 8시 15분부터 오후 3시 15분까지이며, 각 수업 시간의 진행은 한 명의 교사 혹은 두 명의 교사에 의하여 협력 교수가 진행되는데, 관련 교사들 간에 혹은 팀별로 협의와 계획에 따라서 사안들이 결정이 된다.

로젠마르 학교의 또 다른 하나의 특징은 2007년 8월부터 열린 전일제학교(Offene Ganztagschule)를 통하여 통합을 매우 촉진시키고 있다. 아이들은 공식적으로 오전 8시 15분부터 오후 3시 15분 까지 학습과 놀이 활동을 하지만, 전일제 학교제도를 통하여 오전 7시 30분부터 오후 4시 30분까지(단, 금요일은 오후 4시까지) 아동들을 돌보게 된다. 전일제 학교에서는 교사와 교육보조원의 팀 활동이 실시되며, 아동들은 정해진 그룹에서 다양한 학습과 놀이, 긴장과 완화의 경험을 하게 되는 것이다. 또한 댄스, 스포츠, 연극, 요가, 기타, 터키어 등 40여 개의 여러 가지 프로그램이 제공되고 있으며, 아울러 도서관, 정원, 목공소, 자전거 센터, 컴퓨터실, 도자기실 등 열린 공간도 설치되어 있다. 방학기간 혹은 수업이 없는 시간에는 오전 8시부터 오후 4시까지 돌보게 된다. 전일제 학교의 운영과정 가운데 교육비, 음료수, 점심, 간식 등의 각종 비용은 부모들의 연간 총수입에 따라서 차등 지불하게 된다.

아울러 로젠마르 학교는 교과목 수업뿐만 아니라 다양한 공간과 활동을 통하여 독립성을 함양하고 프로젝트, 자유 활동, 그룹 활동, 미술수업, 음악 수업, 스포츠, 축제, 학생의 소그룹모임 등의 수업과 다양한 여가활동을 통하여 창의성을 키운다. 그리고 교내의 학교정원, 떡갈나무 숲, 양 우리, 닭장 등 동·식물들을 통하여 다양한 경험을 바탕으로 아동들은 친환경적 태도를 함양하고 생태교육의 효과는 매우 중요한 부분이라 할 수 있다.

그리고 수업에 있어서 교육공학적인 기기의 활용은 장애 아동에게 있어서 특히 중요한 계기와 의미를 가지는데, 특히 컴퓨터의 활용은 아동들에게 좋은 기회를 제공할 수 있다. 주의력이나 인지능력이 결핍된 아동들에게 학습준비도와 집중력을 향상시키고, 다양한 교과목에서 학습적인 발전을 꾀할 수 있다는 점이다. 또한 소근육 운동에 문제가 있는 아동에게는 컴퓨터를 통하여 쓰기와 읽기 능력을 높일 수 있다. 아울러 지체 장애 및 중복 장애 아동에게 있어서 다양한 기기와 프로그램들을 통하여 학습 및 의사소통 능력을 함양할 수 있는 기회를 제공하기도 한다.

라. 평가

로젠마르 시립 초등학교는 페터젠의 교육철학을 바탕으로 아동들에게 점수를 통하여 그들을 평가할 의도가 없을 뿐만 아니라, 또한 평가할 수도 없는 것으로 본다. 따라서 1975년부터 시험, 과제물 그리고 학년말에 발급되는 성적표에는 노트라인 베스트팔렌 주의 '학교법과 교육법(Schul- und Bildugsgesetz)'에 규정된 1등급(sehr gut)에서 6등급(ungenuegend)으로 구분되는 일반적인 학업 평가와는 달리 놀이, 과제활동 등에서 준비성, 인내, 집중력, 관심도, 독립성, 책임감, 그룹 활동에서의 협력성, 비판력, 배려심, 준법성 등 사회적 태도 등을 주로 다루는 행동발달상황이나 교육과정이나 교육계획표에 의거하여 각각의 교과목의 개별적인 발달영역에 있어서 이를 점수로 평가하는 대신에 구체적인 학습발달 상황이 객관적으로 보고 형식으로만 서술된다. 또한 형식의 성적표는 교사와 부모의 면담 시간에 기초자료로 사용되기도 한다. 장애 아동들의 경우에는 학습발달과정에 대하여 구체적으로 서술하고, 이것을 통하여 부모, 교사 혹은 관련 치료사들이 아동의 발달상황과 학습능력에 대한 정보를 바탕으로 개별적인 촉진계획을 정립할 수 있는 기본적인 중요한 자료가 되는 것이다.

마. 기타

그 밖에도 로젠마르 학교의 다양한 형태의 축제 행사는 긴 역사적 전통을 가지고 있으며, 예나플랜 교육학의 교육기본 형태 가운데 하나에 해당한다. 여기에는 여러 가지 크고 작은 축제들이 개최되는데, 여름축제, 학교카니발, 성(聖) 마틴 & 비델(Martin & Veedel) 축제 행렬, 시에서 개최되는 큰 시장에 참여, 사육제전야제 등이 있다. 그 외에도 3주간 개최되는 학교 축제, 학급여행, 생일잔치, 매 학년마다 2~3번 개최되는 아동과 부모축제 등을 들 수 있다. 축제는 대화와 놀이를 통하여 아동들에게 일상적인 학교 생활에서 매우 중요한 의미를 가진다. 축제는 단순한 파티와는 달리 다른 사람과 함께 준비하고, 실행하고 또한 발표를 하게 된다. 그때 아이들은 기획, 무대장치, 의상, 배경 음악, 시 창작 등에 대하여 심사숙고하며 재료를 준비하고 만들고 암기하고 연습하는 등 일련의 과정을 거치게 되면서 자신의 다양한 잠재 능력을 발휘하며, 장차 아이들의 직업준비나 선택에 많은 영향을 준다. 또한 많은 관중 앞에 등장하여 자신들의 수고에 대하여 인정을 받고, 결과에 대하여 만족하며 축제의 준비와 실행을 통하여 강한 동기 부여의 효과를 발휘하기도 한다. 축제나 잔치는 생동감 있는 학교를 만드는 데 기여하고 공동체에 대한 강한 소속감을 증대시키기도 한다.

또한 학교는 수업이외의 여러 가지 활동을 통하여 아동들이 사회적 행동이나 학습, 자연이나 사물과의 직접적인 경험영역 등을 확대하기 위한 프로그램이 필요하다. 특히 사회·정서적으로 어려움을 가진 아이들에게 학교와 여가활동영역의 협력은 안전과 삶의 방향을 정립하는 데 긍정적인 영향을 미칠 수 있다. 따라서 이 학교는 여가활동영역에서 여러 가지 목표를 설정하고 있는데, 아이들이 스스로 여가활동을 결정하고 계획하는 것, 자신의 주변 환경과 조화를 이루고, 자신의 부족한 점을 개선하고, 가정적인 환경에 구애받지 않는 것을 학습한다. 그리고 텔레비전이나 컴퓨터 외에 정신적인 촉진과 긴장을 완화할 수 있는 여가활동의 가능성을 찾고, 기술적이고 음악적인 능력을 발전시키며 아울러 함께 수업하는 아이들이 여가활동을 공동으로 사용하는 것을 배우는 것이다. 사회적이고 비판적인 행동의 학습과 실천을 통하여 다양한 출신의 아동이 통합적 환경에 도달할 수 있는 것이다.

로젠마르 학교에는 그룹이나 아동 개인들의 여가시간을 위한 다양한 공간들이 마련되어 있으며, 레고, 역할극, 인형 코너, 조각 혹은 만들기, 놀이, 휴식, 마사지 및 독서 공간 등이 구비되어 있다. 놀이나 휴식공간에서 아동들은 교육보조원의 관리 가운데 조용히 독서를 하거나 놀고, 이야기를 나누기도 한다. 다른 한편으로 양탄자, 나무, 두꺼운 스티로폼 매트 등으로 제작된 자유놀이 공간에서 아이들이 이리 저리 뛰고, 장난치고, 기어오르기도 하고 체조를 하기도 한다. 학교와 여가활동은 아동들이 살고 배울 수 있는 공동적인 교육적 활동무대이다. 여가활동은 자립성이나 사회적 태도, 공동책임의식 등의 함양에 매우 중요한 역할을 한다. 무엇보다도 모든 장애 아동들도 통합된 그룹으로 들어가서 공동수업뿐만 아니라 함께 여가시간을 지내며 더욱더 자립능력을 함양할 수 있는 것이다. 특히 이 학교는 전일제 통합 초등학교로서 장애 아동들에게 여가활동은 자신의 장애로 인하여 가정환경에서 여가활동의 가능성이 제한을 받기 쉬우므로 특히 교육적으로 중요한 의미를 가지기도 한다.

게다가 다양한 치료활동은 통합교육에 있어서 이 학교의 일상생활 가운데 하나이다. 근육질환, 뇌 병변, 과잉행동, 학습 장애, 감각 장애, 주의력 결핍 등 장애 아동이 가진 문제에 대하여 교내 물리치료를 비롯하여 휠체어 운동이나 자전거 타기 혹은 인지치료 등이 실시된다. 치료시간은 주요수업이나 과정수업 등 시간표에 따라서 개별적 혹은 그룹별로 실시된다. 학교생활은 모든 아이들에게 피곤하고 긴장하게 하는데, 특히 장애 아동은 더 많은 집중과 인내를 필요로 하므로, 치료활동은 아동의 발달을 촉진시키고, 심신의 피로와 긴장을 해소시키는 것은 필수적인 요소에 해당한다 할 것이다.

② 미하엘리(Michaeli) 자유 발도르프학교(Freie Waldorfschule)

이어서 쾰른(Koeln)시에 있는 루돌프 슈타이너(Rudolf Steiner, 1861~1925)의 자유 발도르프학교인 미하엘리(Michaeli) 학교의 통합교육에 관하여 살펴보고자 한다.

우선 독일 자유 발도르프학교 연맹(Bund der Freien Waldorfschulen)이 제시한 자료를 바탕으로 발도르프 교육학의 주요한 이론적 배경과 아울러 자유 발도르프 학교교육의 실제에 관하여 개관하고자 한다(http://www.waldorfschule.de).

가. 자유 발도르프 교육학의 기본적 이해

발도르프 교육학의 창시자인 슈타이너는 1861년 2월 27일 당시 오스트리아 제국의 크라이예비첵(Kraljevec, 오늘날 크로아티아의 북부지역)에서 출생하였으며, 1925년 3월 30일 스위스의 도나흐(Dornach)에서 생을 마감하였다. 그리고 철학자, 자연과학자 및 괴테 연구자로서 슈타이너는 교육학을 비롯하여 예술, 의학, 종교, 재정학, 운동예술 및 농업 등 다양한 학문적 분야에서 지대한 영향을 끼쳤다(http://de.wikipedia.org). 특히 발도르프 교육학은 인지학(Anthroposophie)을 바탕으로 교사교육이나 교

<슈타이너(R. J. L. Steiner)>

출처: https://de.wikipedia.org/wiki/Rudolf_Steiner#/media/Datei:Steiner_um_1905.jpg

육방법 등이 이루어지는 슈타이너의 독특한 교육이론을 의미한다.

'인지학(Anthroposophie)'의 어원을 살펴보면 그리스어로 '인간(ἄνθρωπος(ánthropos))'과 '지혜(σοφία(sophía))'를 의미하는 복합명사로 구성되어 있다. 다시 말하자면, 인지학은 어원적인 입장에서 '인간의 지혜' 혹은 '인간에 관한 지혜'라 할 수 있다. 슈타이너는 인지학을 정신세계에 대한 연구 및 인식의 한 방법이며, 인간의 정신적 존재성이나 우주와의 관계성 등 인간관과 세계관에 관하여 인간의 인식 및 경험의 가능성을 통하여 이해하려는 정신과학적 성격임을 강조한다. 인지학은 물질적인 세계를 넘어 정신적이고 영적인 실재를 체험할 수 있도록 가능한 자신의 주의력과 관심을 최대한 사용하도록 촉구한다. 인지학적 인간 이해에 기초한 발도르프 교육학은 각 개인의 개별성, 전인성, 감성 및 정서, 상상, 직관, 영감 등을 교육의 중심으로 보고 있다. 결국 인지학은 인간을 이해함에 있어서 지나친 합리성과 이성적인 측면을 지양할 뿐만 아니라, 육체적인 존재와 동시에 정신적-영적인 존재로서의 본질을 인정하고 인식하고자 집중하였다(http://de.wikipedia.org; 최은미, 2011; 최종인, 2004).

또한 슈타이너는 독일의 대문호(大文豪)인 괴테(J. W. von Goethe, 1749~1832)의 자연과학적 서적이나 세계관의 영향을 받아 수학과 자연과학적인 지식들이 인지학을 이해하기 위한 전제조건으로 보았다. 따라서 슈타이너는 그의 철학적 주요 저서인 『자유의 철학(*Philosophie der Freiheit*)』에 부제로 '자연과학적 방법에 따른 영적 관찰결과(Seelische Beobachtungsresultate nach naturwissenschaftlicher Methode)'를 추가적으로 붙였다(http://www.waldorfschule.de: 최종인, 2004).

슈타이너에 의하면 '인간은 의미 없는 물질적인 생산물이 아니라 영적인 창조물이다. 인

<쾰른 미하엘리(Michaeli) 자유발도르프 학교(freie Waldorfschule)>

출처: https://www.michaeli-schule-koeln.de/

간은 스스로 자유롭게 성장해 나갈 수 있다. 자신의 운명의 주인은 바로 자신 자체이다. 인간은 신의 은총으로 온전히 세워진 영혼의 창조물, 신의 창조물이다. 잃고 얻음을 겪고, 베풂과 빚짐, 발전과 퇴화 등을 거듭하며 이 세상의 삶으로 윤회를 되풀이하며 스스로 자유롭게 발달해 가는 존재인 것이다. 인간과 우주와의 중요한 관계는 정지된 형상으로 간주해서는 안 된다. 그 안에서 강력하고 극적인 일들이 일어난다. 여기서 인간은 단지 관객이 아닌 것이다' (최은미, 2011, p. 52 재인용).

이처럼 슈타이너에 의하면 인간은 육체, 영혼 및 정신적 요소로 구성되어 있는 것으로 이해하였으며, 또한 인간은 자유롭고, 자율적일 뿐만 아니라 주변 환경과의 적극적이고 긍정적인 상호 작용을 통하여 발전해가는 자아 실현적 존재로 보았다. 특히 반죽하기, 도자기 만들기, 땅파기, 달리기, 놀이, 서커스, 굽기, 쓰기, 그리기, 시 낭송, 연극 활동 등 여러 가지 감각교육은 발도르프교육학의 중요한 요소이다. 감각교육은 사고(思考)교육으로서 미하엘리 학교는 이것을 전통적인 학교교과교육 외에도 다양한 수공예, 미술 및 음악적인 과목으로 구성된 교육과정을 통하여 실천하고 있다. 이처럼 과

<슈타이너의 생가>

출처: https://de.wikipedia.org/wiki/Rudolf_Steiner#/media/Datei:Rudolf_Steiner_Geburtshaus,Donji_Kraljevec,_Croatia.JPG

목의 다양성은 학생들로 하여금 학급 및 학교공동체 생활을 위한 신체적, 정신적 그리고 영혼적인 잠재력을 발달시키는 데 매우 중요한 요소로 간주하고 있는 것이다.

나. 자유 발도르프 학교교육

역사적으로 자유 발도르프 학교는 20세기 초에 이미 남녀공학을 비롯하여 1학년 때부터 두 가지 외국어 수업, 주기적 집중수업, 1학년부터 12학년까지의 종합학교, 유급제 폐지, 예술 활동 중심의 수업, 구체적 서술식 평가표, 일반교육과 직업교육의 연계, 학교의 자치(율) 행정 등을 적용하였다. 그리고 오랜 기간 후에 비로소 발도르프 학교의 교육체계 및 운영방법들 가운데 몇 가지가 일반학교의 수업 현장에도 마찬가지로 적용되기도 하였다.

최초의 자유 발도르프 학교는 슈타이너에 의하여 1919년 9월 7일 독일 남부의 슈투트가르트(Stuttgart)에서 설립되었고, 9월 16일부터 수업이 시작되었다. 이 학교의 건립과 함께 교육제도에 있어서 사회적 정의가 처음으로 실현되었다. 이는 아동과 청소년들이 사회적 출신이나 재능 등 개별적인 배경을 바탕으로 구성된 학교교육제도 대신에 차별 없는 교육으로 대체하게 된 것을 의미한다. 이와 같은 독특한 교육이념을 바탕으로 설립된 자유 발도르프학교 교육은 아래와 같은 특성을 가지고 있다(http://www.waldorfschule.de).

우선 동일한 교사(校舍)에 유·초·중·고등부가 함께 있는 이른바 종합학교 형태를 보이는 자유 발도르프 학교는 각 아동의 개별성 및 소질계발 등에 특별한 역점을 둔다. 따라서 상대적 비교에 바탕을 두고 평가하는 일반적이고 전통적인 학교교육제도와는 달리 모든 학생들이 유급(낙제)제가 없는 가운데 12학년을 졸업하게 된다. 자유 발도르프학교의 교육과정은 아동들의 내면에 있는 정신적이고 영적인 소질과 재능을 계발함을 바탕으로 구성된다. 따라서 1학년 때부터 다양한 예술적-수공예의 성격을 가진 수업을 통하여 개인적인 측면에서뿐만 아니라, 사회적으로도 중요한 창의적 능력과 경험의 폭을 확대하게 되는 것이다.

자유 발도르프학교의 교육과정은 보통 초급단계(1~4학년), 중급단계(5~8학년) 및 상급단계(9~12학년)의 세 유형으로 구분되어 있다. 특히 교육과정은 교사와 아동들 간의 협력 가운데서 아동의 학습과정과 인간 발달과정이 수업의 내용과 수업형태와 일치하도록 구성되어 있으며, 모든 수업은 입학초기부터 인간의 내면적인 자유를 목표로 하고 있으며 개별성과 개방성을 강조하고 있다. 자유 발도르프학교의 교육적 과제는 대학을 위한 예비교육이라기보다는 수업을 통하여 아동 및 청소년들이 가지는 삶에 대한 질문과 그에 대한 대답에 관하여 심오하게 고찰함에 중점을 두는 것이다. 그리고 모든 자유 발도르프 학교 교육과정의 공통점은 학생들로 하여금 가능한 많은 실제적인 경험의 폭을 확대 시켜주며 그것을 통하여 내용적인 이해를 촉진시키는 것에 있다. 아울러 슈타이너는 아동중심 교육과정을 제시하였으며, 교사에게 수업방법과 내용에 대해서는 자유롭게 운영할 수 있도록 최대한 자율권을 제공하였다.

이어서 자유 발도르프 학교의 특성에 속하는 것은 아동 및 청소년들로 하여금 학습대상 및 내용에 대하여 집중하여 학습할 수 있는 수업형태인 '에포크 수업(Epochenunterricht)', 즉 주기적(週期的)인 집중수업을 들 수 있다. 주기적인 집중수업은 흔히 4주에서 6주 동안 대부분 오전 수업 시간에 두 시간 동안 이루어지며, 동일한 주제 혹은 교과를 다루며 집중과 심화 단계로 들어가는 것이다. 학생들의 연령에 적합한 주제를 중심으로 하며, 담임교사에 의하여 수업과 교육이 실시된다. 이러한 주기적인 집중수업을 통하여 다양한 능력을 가진 학급의 아동들 가운데 우수한 아동들은 더욱더 심오한 학습능력을 기를 수 있으며, 재능이 적은 학생들은 해당 분야의 탐구생활에 충분한 시간적 여유를 가지고 점진적으로 접근하는 능력을 키움과 동시에 명확한 이해를 도울 수 있는 기회가 되는 것이다.

자유 발도르프 학교 교육에 있어서 슈타이너가 스스로 개발한 독특한 형태 가운데 하나인 '오이리트미(Eurythmie)'는 모든 학년에 필수 과목으로서 중요한 교육적 개념과 방법 가운데 하나에 속한다. 고대 그리스어적인 어원을 살펴보면 'εὖ(eu)'는 '좋은, 선한 혹은 올바른'을 의미하며, 'ῥυθμός(rhythmos)'는 '율동 또는 리듬'을 의미한다. 슈타이너의 주장에 의하면 오이리트미는 인간의 몸짓을 통하여 시, 음악, 소리나 언어 등을 표현하는 움직임의 예술 활동이며, 색깔과 공간 구성과 함께 신체의 부분 동작이 몸 전체와 조화를 이루어가는 움직임이다. 오이리트미의 교육적 의미는 인간의 내적인 삶이 신체의 움직임을 통하여 예술적으로 표현되는 것으로 인간의 정신과 영혼을 육체와 조화롭게 결합시키는 것을 의미한다. 또한 예술 활동의 한 유형으로서 오이리트미는 독특한 의상을 입고 리듬과 율동을 통하여 협동심과 배려심 등 사회성 함양을 통하여 개인과 주변 환경과의 조화를 추구하는 능력을 함양할 수 있다는 점이다(이종태, 2002; 최은미, 2011; http://de.wikipedia.org).

또한 자유 발도르프 학교의 담임교사는 일반적으로 1학년부터 8학년까지 이어서 동일한 학생들을 담당하게 된다. 특별히 8년 담임제는 담임교사로 하여금 오랜 시간에 걸쳐서 학생들의 재능과 성격 등에 대한 정보와 지식을 통하여 학급의 각 학생들의 개별적인 발전을 도울 수 있는 큰 장점이 있다. 대부분의 교과(읽기, 쓰기, 셈하기, 역사, 물리, 생물, 사회, 그리기 등)를 담임교사가 오전 8시부터 9시 45분까지 주기적인 집중수업으로 3~4주간 연속적으로 담당한다. 그러나 일반적으로 언어, 체육, 음악, 오이리트미, 종교, 원예, 수공예 등은 전담교사에 의하여 수행된다. 자유 발도르프 학교의 교육과정은 아동의 발달에 초점을 맞추고 있으며, 또한 각 교사는 시의적절한 주제와 수업방법을 스스로 선택할 수 있는 많은 자율성을 가지고 있다.

자유 발도르프 학교의 평가 및 성적표와 관련해서는 전통적인 제도와 달리 학생들의 성적을 기준으로 우열을 평가하지 않는다. 자유 발도르프 학교의 학생들은 상대적인 평가보다는 각 과목별로 개인적 성과와 발전 가능성 등을 바탕으로 잠재능력이 최대한 계발되도록 성적표가 기술되어 있는 특징을 가지고 있다.

한편 자유 발도르프 학교는 교장이나 교감제도 등 흔히 수직적인 관계로 구성된 일반 공립학교들의 경영 및 관리체제와는 전혀 달리 부모와 교사로 구성된 협의체를 통하여 공동 자치행정체제로 운영되고 있다. 자치행정의 영역에는 독립적인 교사의 고용과 해고, 학생선발, 교육과정의 기획, 수업교과에 관한 규정, 교수-학습목표에 관한 규정, 졸업에 대한 규정, 재정적 결정 등이 여기에 속한다. 학교수업 및 교육 계획과 운영에 관한 모든 사항은 교사 간 동일한 권리를 가진 교사회의를 통하여 매주 이루어진다. 이러한 학교 운영과 관리체제는 결국 발도르프 교육학의 인지학적인 정신과학을 바탕으로 한 인간과 교육에 대한 이해 등을 바탕으로 이행되는 것이다(Richter, 2003).

사립학교 형태인 미하엘리 학교의 재정적인 문제는 주 정부의 지원금, 부모의 학교회비(발전기금), 기부금 등으로 운영되고 있다. 자유 발도르프학교의 기본적인 원칙은 학생들이 종교, 피부색, 성별, 부모의 수입 등으로부터 차별받지 아니하고 입학이 가능한데, 예를 들어, 이를 실현하기 위하여 부모의 학교회비는 학생의 입학 후에 학부모회의 재정부와의 면담 등을 통하여 가족의 수입에 따라서 차등적으로 정해지는 것을 통해 가장 쉽게 짐작할 수 있다. 교사에게 학부모의 학교회비에 관해서는 일체 언급하지 않는다. 독일의 각 지역에 따라서 또는 정치적 성향에 따라서 학부모의 학교회비는 매우 다양하지만 2010년을 기준으로 부모가 납부하는 부담금은 평균적으로 매월 160유로(Euro) 정도이다.

그 밖에도 미하엘리 학교는 초급단계(1~4학년)와 중급단계(5~8학년) 학생들을 위한 방과 후 학교를 12시부터 오후 2시 30분까지 운영하고 있다. 학급마다 한 명 혹은 두 명의 관리자가 있으며 점심이 제공되고, 다양한 놀이와 활동 및 숙제를 지원하게 된다.

자유 발도르프학교는 2013년 현재 전 세계적으로 60여 개국에 총 1,025개교가 설립되어 운영 중에 있다(http://www.freunde-waldorf.de). 한편 독일 연방통계청의 자료에 의하면 2012년 현재 독일에는 211개의 발도르프 학교가 설립되어 총 81,575명의 학생들이 재학 중에 있다. 이는 2009년에 비하여 1,474명의 학생이 증가하는 등 해마다 그 비율이 늘어나는 추세이며, 독일의 총 8,678,196명의 학령기 아동 및 청소년 가운데 약 0.9%를 차지하고 있는 것으로 나타났다(https://www.destatis.de).

다. 미하엘리 종합학교의 개관

독일의 자유 발도르프학교의 장애 학생과 비장애 학생들의 통합교육 운영과 관련하여 미하엘리(Michaeli) 학교를 중심으로 그 특성들을 살펴보고자 한다(http://www.michaeli-schule-koeln.de).

역사적으로는 1989년 말에 쾰른의 자유 발도르프 학교가 설립되었지만, 이때 동시에 장애인이 함께 배울 수 있는 자유 발도르프 학교가 쾰른 시에 필요하다는 의견을 가진 부모와 교사가 처음으로 회동하였다. 2000년 여름에 마침내 설립된 미하엘리 발도르프 학교는 쾰른 시의 남부지역에 한 개 학급 15명의 학생과 두 명의 담임교사와 한 명의 시간제 오이리트미 교사 그리고 행정직원 한 명으로 시작하였다. 그 당시 주정부(州政府)의 교육부는 우선 잠정적으로만 학교운영을 허락하였다. 초기 이 학교는 공식적으로는 기존의 쾰른 시 북부에 설치된 자유 발도르프 학교의 분교형태였다. 2001년 1월에 독립적인 학교로서의 승인을 얻게 되었으며, 점차 학급이 증설되어 현재 1학년부터 12학년까지 재학하고 있는 종합학교이며, 장애 학생과 비장애 학생을 위한 통합학교로의 면모를 갖추었다.

미하엘리 자유 발도르프학교는 2012년 1월 19일에는 독일 전국에서 가장 모범적인 통합교육 운영을 인정받아 야콥 무트(Jakob-Muth, 1927~1993) 상(償)을 받았다. 그는 독일 중부 지역에 위치한 보훔(Bochum) 대학교 교육학 교수를 지냈으며, 장애 아동의 통합교육을 교육제도에 도입한 선구자적인 인물로서 2009년부터 독일 전역에 있어서 모범적인 통합교육 기관을 대상으로 이 상을 수여하고 있다(http://de.wikipedia.org).

이어서 미하엘리 발도르프 학교의 통계적 현황을 살펴보면, 2013년 현재 전체 학급 수는 1~12학년까지 각 학년별 1학급씩 총 12학급이며, 학급당 평균 학생 수는 약 22명이다. 또 교사와 관련하여 총 34명의 교사 가운데 약 15%에 해당하는 5명의 특수교사가 재직 중에 있다. 학생은 총 264명이 재학 중이며, 그중에 약 19%인 50명의 특수교육대상자들이 비장애아 학생들과 함께 수업 및 교육에 참여하고 있다. 교사 1인당 학생

〈표 3-4〉 미하엘리 학교에 재학 중인 장애유형별 학생 현황 (단위: 명, %)

장애유형	장애 학생 수	비율
학습 장애	15	30.0
지적 장애	9	18.0
정서 · 행동 장애	8	16.0
의사소통 장애	7	14.0
중도 · 중복 장애	6	12.0
지체 장애	4	8.0
시각 장애	1	2.0
총	**50**	**100.0**

수는 평균 약 7.8명, 특수교사 1인당 장애 학생 수는 평균 10명인 것으로 각각 조사되었다. 또한 학급당 장애 학생은 평균 약 4.2명씩 입급되어 있다. 이 학교에 재학 중인 특수교육대상자의 장애유형별 현황을 보면 <표 3-4>와 같으며, 학습 장애 학생들이 약 30%로 가장 높은 비율을 차지하고 있고, 이어서 지적 장애 18%, 정서 · 행동 장애가 16% 등의 순으로 나타났다.

라. 미하엘리 자유 발도르프 학교의 교육목표

'모든 학생들을 위한 하나의 학교(one school for all)'로서 미하엘리 학교는 슈타이너의 정신과학적 사상과 아동기의 중요성을 바탕으로 한 교육과정에 따라서 각 개인의 영적인 면을 존중하여 최대한 계발하며 발달을 돕는 것을 주요 목표로 하고 있다. 슈타이너의 교육학적 기본 사상을 배경으로 인간이 함께 살고 함께 배우기 위하여 다양한 재능들을 계발시키고, 인간 간의 사랑, 공감, 상호 조력과 연대 의식 등 공동체 정신을 함양한다. 미하엘리 학교는 각 아동의 결핍이나 단점에 관심을 두기보다는 오히려 각 개인의 능력과 관심을 특히 중요하게 생각하는 교육기관이다. 이는 1994년 6월 유네스코(UNESCO)의 살라망카(Salamanca) 선언에서 '모두를 위한 교육' 즉 장애 아동과 비장애 아동의 통합교육의 기본 정신과도 일치하는 것이다.

미하엘리 학교는 통합교육을 '다른 사람들에 대한 개방', '상호간의 채워줌', '상호협력' 혹은 '공동성장' 등과 동일한 개념으로 이해하고 있다. 통합교육은 원칙적으로 학생, 교사 및 학부모 등 학교의 모든 구성원들의 이해와 협력에 의하여 발전하는 공동체 교육을 말한다. 특히 교사와 학부모들은 학생들의 다양한 지적 수준을 고려하여 인지, 예술, 일상생활 기능 및 사회적 영역을 촉진시킨다. 통합교육은 다양한 개성을 가진 사람들과의 상호작용을 통하여 강점과 약점에 대한 감정이입을 경험하고 존중과 신뢰가 형성되어 함께 살고, 배우며 가족적인 환경을 만드는 것을 의미한다.

미하엘리 학교의 통합교육적인 교육 이념과 정신을 가능한 최대한 실현하기 위하여 특히 슈타이너의 발도르프 교육학을 비롯하여 장애아 및 비장애 아동의 통합교육, 미국의 발달심리학자인 가드너(H. Gardner, 1943~현재)의 다중지능이론 및 주제중심 학습법 등 네 가지 중요한 기본 원칙을 바탕으로 두고 있다. 우선 슈타이너는 자신의 인간학을 바탕으로 만들어진 발도르프 교육학에서 공동체, 연대성 및 인간애를 실현하기 위한 교육적 기초를 마련하였다. 그는 이러한 교육정신을 바탕으로 차별과 분리가 아닌 모든 학생들을 위한 학교를 세우고자 하였다. 다양한 재능을 가진 학생들로 구성된 학급은 다채로운 능력을 가진 공동체를 형성함으로써 서로에게 긍정적 영향력을 미친다고 보았던 것이었다.

그리고 장애 및 비장애 아동과 청소년들 간의 통합교육을 실시하고 있는 미하엘리 학교는 통합교육의 기초적인 개념을 다음과 같이 이해하고 있다.

- 통합교육은 수업시간에 모든 아동들에게 동일한 학습주제를 제공함을 말한다.
- 통합교육은 아동의 개인적 발달의 차이점을 인정한다.
- 통합교육은 개별성과 아울러 협력적인 학습 풍토를 강조한다.
- 통합교육은 모든 학생을 위한 학교(one school for all)에서 가능하다.

결국 미하엘리 학교의 교육적 환경과 정서는 아이들이 국적별, 문화적, 사회계층별, 신체적 혹은 지적 능력에 차별받지 아니하고, 또한 각자가 가진 개성과 차이를 무시하지 않으면서 동일한 학급에서 함께 참여하고 서로 도우며, 살고 배우며 노는 것을 의미하는 것이다. 따라서 통합학급은 아동들 각자가 특별한 존재로 인정받는 가운데 구성된 다양성을 가진 학습을 의미한다.

그리고 가드너는 다중지능이론(Theory of Multiple Intelligences)에서 인간을 음악적 지능을 비롯하여, 신체·운동적 지능, 논리·수학적 지능, 언어적 지능, 공간적 지능, 대인관계 지능, 자기이해 지능 그리고 자연탐구 지능 등 8가지 영역으로 구분하였다. 모든 인간은 최소한 한 가지의 재능에 있어서 다른 것보다는 우수하고 강점을 가진 것으로 본다. 결국 이러한 관점은 한 아동의 결핍이나 단점을 보기보다는 오히려 그가 가진 잠재적인 다양한 능력과 가능성에 관심을 더 두어야 한다는 것이다.

아울러 미하엘리 자유 발도르프 학교는 주제중심 학습법에 의거하여 수업과 교육이 이루어짐에 따라서 아동들을 더 이상 교육적 객체로 보기보다는 개인에 대한 권리의 소유자이며 독립적인 인격체이자 주체로 본다. 주제중심학습은 아동중심 교수법으로서 모든 교육적 결정은 아동의 흥미, 능력 및 요구 등 아동의 입장에서 민감하게 반응하고 그들의 적성과 태도 발달을 중요시한다. 즉 아동들은 각자 매우 다양한 존재이므로 교육에 있어서도 모든 아동이 동일한 시간에 동일한 속도로 획일적인 방법과 내용을 적용하여 배우고 가르칠 수 없음을 전제로 한다는 의미이다.

마. 학생

미하엘리 자유 발도르프 학교는 1학년부터 12학년 학생들까지 모두 재학하고 있는 일종의 종합학교 형태로 설립되었다. 학급당 평균 약 22명으로 구성되어 있으며, 또한 장애 학생의 비율은 평균 약 4.2명으로 약 19%에까지 이른다. 학급당 학생 수는 장애 학생의 수와 다양한 교육 환경적 요인을 고려하여 조절하게 된다. 그리고 학급당 기본적으로 특수교사와 일반교사 등 2명의 교사가 함께 협력수업을 하고 있다. 학급당 아동의 수와 마찬가지로 장애 아동의 수 혹은 유형에 관한 결정은 교육적 효과 등 다양한 요소를 고려하게 되고, 중증 장애를 가진 학생들은 학교생활을 돕기 위한 보조인이 동행한다.

미하엘리 학교에서 학생들과 교사들은 학급에 대해서는 함께 살고 함께 배우는 하나의 공동 운명체로서 이해하고 있다. 따라서 여기에는 남학생과 여학생, 활발한 아이와 조용한 아이 그리고 비장애 학생과 다양한 장애를 가지거나 중도·중복 장애를 가진 학생 등 매우 다양한 특성을 가진 사람들 간의 조화로운 관계 형성을 확고하게 지향하고 있다.

발도르프 학교의 교육과정은 아동의 정신과 영혼의 발달을 추구하고 있으므로 학급은 가능한 동일연령의 학생들로 구성되어 있다. 이 학교의 목표는 아동들이 함께 배우고, 또 서로서로 간에 배우고 돕는 것이다. 따라서 재능이 많은 아이와 마찬가지로 그렇지 못한 아이들도 다양한 방법을 통하여 그들의 능력을 계발하고 발달시킬 수 있는 가능성이 부여되어야 한다고 본다. 동시에 모든 아이들은 학교생활 가운데서 그들의 발달 수준에 따라서 학습활동이 이루어져야 하는 것이다. 따라서 학생들의 모둠 구성도 성적이나 혹은 장애 여부보다는 각 아동의 다양한 능력에 따라서 이루어지는 것이다. 학급은 많은 다양한 재능을 가진 학생들로 구성되어 있으므로 각 아동의 개인적 촉진에 대한 문제가 항상 제기된다. 이때 교사는 가능한 학생들의 놀이, 활동 혹은 학습영역에서 학습자들의 능력과 욕구에 대한 다양성을 이해하고 그에 따른 교육적 조치를 강구하여야 한다.

아울러 이 학교의 학생들에게는 그들이 자신의 생각과 소원, 불안 혹은 걱정거리를 충분히 말할 수 있는 다양한 공간과 환경이 정기적으로 제공된다. 이러한 활동을 통하여 아동들은 스스로 각각의 또래들에 대한 상호간의 존중감과 개방적 태도를 함양할 수 있도록 하는 것이다.

바. 교사

미하엘리 학교의 교사들은 자유 발도르프학교의 교육과정과 인지학적 치료교육학에 대한 슈타이너의 이론을 기초적인 바탕을 두고 수업을 하고 있다. 발도르프 교사는 일반 4년제 대학에서 교직이나 인지학 교사 교육기관을 졸업한 후에 발도르프교육학에 관한 추가적인 자격증을 취득해야 한다. 학교에서 교사채용 시에는 초등교사, 주요학교, 실업학교 혹은 김나지움교사뿐만 아니라 특수교육교사 등 다양한 교육과정의 교사들을 함께 선발하여 배치한다.

자유 발도르프학교는 장애 학생 및 비장애 학생 간의 통합교육을 실현하기 위하여 기본적으로 가능한 한 남녀 각각 1명씩 총 2명(학급담임교사와 교과전담교사, 특수교육교사 혹은 통합교육보조원)의 교사가 한 학급을 공동 책임 방식으로 이끌어 간다. 그들은 가장 기초적으로 팀 형태로 협력 수업을 진행한다. 이때 팀 구성원 간의 결정적인 요소로는 교사 상호 간의 존중과 수행 능력이 필수적으로 요구되는 것이다. 교사들은 각자의 수업활동을 나누며, 전체학급을 대상으로 수업을 하거나 혹은 경우에 따라서는 소그룹이나 개별 아동을 대상으로 수업을 실행하기도 한다. 전문교과는 보통 전문교과 교사와 학급 담임교사 간의 협력체제에서 수업이 이루어진다. 일상적으로 행해지는 공동 교육활동들을 통하여 교사들은 일상의 문제들을 어떻게 함께 해결할 수 있는지, 그리고 때로는 서로 다른 의견이 있더라도 상호 관용과 배려를 바탕으로 어떻게 협력할 수 있는지에 대한 본보기를 아동들에게 제공하는 것이다. 결국 이러한 생동감 있고 긍정적인 토론식 문화는 인간의 다양성과 아울러 조화성 간의 균형을 이루도록 돕는 것이다.

담임교사들은 매일 주요과목 수업을 하고 때로는 많은 전문교과 시간에도 함께 있기 때문에 그들은 학생들에 대해서 정확한 정보를 가지고 있어야 한다. 예를 들어, 누가 어떤 아이들과 함께 모둠활동을 하는 것이 더 효과적이고 의미가 있는지, 누가 언제 교사로부터 특별한 도움이 필요한지 등이다. 그리고 교사들은 학생, 학부모 혹은 다른 교육기관 등에서 제시되는 새로운 생각에 대해서는 항상 개방적인 자세를 가지고 있다. 이러한 새로운 생각들을 각 아동들에게 교육적으로 적용하기 전에 인지학적 인간학과 발도르프 교육학의 원칙에 기초하여 논의를 거치게 된다. 그 밖에도 매주 목요일 오후 15시에서 19시 30분까지 개최되는 교사단 회의에는 학교의 모든 교사들이 참여하며 규칙적으로 전체 혹은 그룹별 모임을 통하여 통합교육, 수업방법 등 당면한 교육적인 문제들을 다루며 학교의 발전을 도모하게 된다.

사. 학부모

일반적으로 아동들의 발달 및 성장과 함께 교육의 중심에는 가족, 특히 학부모들도 동일한 비중의 교육적 책임이 부여된다고 할 수 있을 것이다. 학교가 위임받은 교육과 수업의 역할과 기능을 성공적으로 실현하기 위해서는 가능한 아동들이 함께 학습할 수 있는 교육적 환경이 마련되어야 한다. 그중 결정적인 전제조건 가운데 하나는 무엇보다도 부모-교사 간의 신뢰를 바탕으로 한 긴밀한 협력적 관계가 반드시 필요한 것이다.

아울러 학교와 가정에서의 교육이 서로 상반되지 않도록 하기 위해서 부모에게 중요한 사항은 슈타이너의 교육학과 이념에 대해서 신뢰하고 동의하며 협력의 관계를 형성·유지하는 것이다. 이와 같이 부모와 교사의 협력적인 관계를 형성하기 위하여 개별 면담시간이나 4~6주에 한 번씩 정기적으로 학부모의 밤이 개최되며, 또한 일 년에 한 번씩 부모들은 학교에서 열리는 발도르프교육을 주제로 한 세미나에 참석하여야 한다. 그 밖에도 부모들은 학교의 재정, 건축 혹은 개보수 작업, 학교의 각종 행사 등 다양한 분야에서 교육과 학교발전을 위한 논의와 결정에 적극적으로 참여하고 있다. 이처럼 학부모의 협력과 추진력 없이는 발도르프 학교의 자치적인 학교 운영은 거의 불가능하다 할 것이다.

아. 교육과정

발도르프 교육학에서는 주로 학생들의 건강을 유지하고 촉진하기 위한 교육을 지향하며, 이것은 학교의 실생활 가운데서 다양한 원칙과 감각적, 체험적 활동을 통하여 실현되고 있다. 특히 미하엘리 학교의 교사들은 수업을 마치 예술 작품처럼 계획하고 구성하여 실시하며, 아동들의 모든 활동과정은 예술성을 포함하고 예술적으로 표현되어야 함을 특별히 강조하고 있다.

또한 자유 발도르프 학교의 교육과 수업에서는 전인적(全人的) 인간 교육을 강조하는데, 이는 신체-영혼-정신 혹은 손-가슴-머리의 발달이 항상 고려가 되어야 하며 아울러 균형 잡힌 교육이 이루어져야 할 것을 강조한다. 그리고 이러한 교육철학을 바탕으로 이미 첫 번째 자유 발도르프 학교의 건립 때부터 장애아와 비장애아, 재능아 등 다양한 특성을 가진 학생들이 이러한 슈타이너의 교육이념에 따라서 함께 수업을 받아왔다. 슈타이너는 자유 발도르프 학교의 건립 초기부터 교육과정에 있어서 교사가 수업을 준비하거나 수업을 실행할 때 반드시 고려해야 할 네 가지 원칙을 제시하였는데, 이는 인간 및 발달중심, 세계 및 문화중심, 인식 및 경험중심 그리고 아동 및 상황중심 등으로 구성되어 있다(Richter, 2003).

한편 미하엘리 학교의 일과를 간단히 살펴보면, 먼저 아침 7시 30분부터 학교가 개방되어 담임교사들이 교실에 있으며, 8시부터 각 학급은 하루의 일과를 시작하게 된다. 9시 30분까지 숲, 가까운 농장, 학교작업장 혹은 혼합학년제 형태의 예술 작업 등 다양한 활동들이 진행된다. 그 후에 학생들은 9시 30분부터 10시까지 이미 몇몇 아이들의 도움으로 학교 조리실에서 함께 준비한 아침식사를 마친 후 쉬는 시간을 가진다. 보통 10시부터 11시 30분까지 각 학급들은 몇 주 동안 국어, 수학, 역사 등 일정주제와 과목을 중심으로 주요수업시간을 주기적 집중수업형태로 가진다. 1~4학년까지는 11시 30분부터 12시 30분까지, 나머지 학년들은 오후 1시 30분까지 러시아어, 영어, 오이리트미, 수작업, 그리기, 체육 활동들이 이어진다.

1~4학년의 초급단계 학생들은 오전 수업 후에 하교하며, 일부는 방과 후 학교에 가게 된다. 4학년부터는 주당 2일은 15시까지 수업이 진행된다. 자유 발도르프 학교의 주요 교육과정을 살펴보면 리듬활동, 특별활동이며 상급단계에 해당하는 9~ 12학년의 교육내용은 다음과 같은 몇 가지 특징들을 가진다. 우선 리듬활동과 관련하여 미하엘리 학교에서는 인간을 철저히 리듬적 존재로 인식하기 때문에 교육에서 리듬(rhythm)은 매우 중요시되는 요소 가운데 하나이다. 즉 심장과 호흡, 수면 등 인간의 생명을 비롯하여 밤과 낮, 월(月), 절기(節氣) 등 자연계에 이르기까지 모든 만물은 리듬과 함께 시작하듯이, 아동들의 학교생활도 마찬가지로 리듬적인 환경과 매우 밀접한 관련을 가지고 있다.

자유 발도르프 학교의 교육에 있어서 리듬적 요소를 담고 있는 '에포크 수업(Epochen-unterricht)', 즉 주기적(週期的)인 집중수업을 들 수 있다. 초급단계(1~4학년)와 중급단계(5~8학년)를 위한 주기적 집중수업에는 동화(이야기 들려주기)를 비롯하여 국어(독어), 수학, 기하학, 역사, 지리학, 자연(물리, 화학, 생물) 과목 등이 있다. 그리고 상급단계(9~12학년)에 해당하는 주기적 집중수업과목은 국어(독어), 수학, 역사, 지리학, 생물학, 물리학, 화학, 토지측량과 예술사(10학년) 등이 속한다. 주기집중수업을 위하여 학급담임교사가 교재를 만들고 4~6주 동안 실시되며, 여기에는 장애아동이든 비장애 아동이든 모든 학생들이 참여한다. 물론 학생 자신의 개인적인 능력에 따라서 수업내용과 목표가 정해진다. 그리고 주기집중수업에 해당하지는 않지만 매주 정기적으로 실시되는 전문교과에는 영어, 불어, 오이리트미, 음악, 미술, 정원 가꾸기, 체육, 종교 등이 있다. 전문교과들은 담임교사가 교과 전담교사와의 상호 협력을 통하여 수업이 진행된다.

아울러 주간별 리듬을 살펴보면, 수업은 월요일부터 금요일까지 주 5일로 이루어지며, 토요일 오전에는 모든 부모들이 학교축제, 학생콘서트, 학교연극 및 서커스공연 등 학교 행사에 함께 참여하기도 한다. 또한 매주 월요일과 금요일마다 초급 및 중급단계 학년들의 모든 학급이 공동 합창단 행사를 실시하기도 한다.

또한 자유 발도르프학교의 일일 교육적 리듬을 살펴보면, 우선 등교한 아침시간에는 동화(이야기 들려주기)를 비롯하여 국어(독어), 수학, 기하학, 역사, 지리학, 자연(물리, 화학, 생물) 과목 등 주요수업 과목으로 시작한다. 이 수업은 보통 리듬적인 부분과 탐색부분 등 크게 두 영역으로 구분되는데, 리듬적인 부분에는 감각훈련, 움직임 활동, 음악연주, 노래 부르기, 어학연습, 연극놀이 및 손가락 놀이 등이 있다. 탐색영역은 주기적 집중수업의 주제를 중심으로 이루어진다. 이어서 교육적 의미와 학급의 상황을 고려하여 자유시간과 아침식사시간이 이어진다. 계속하여 전문교과 수업이 진행되는데, 여기에는 영어, 불어, 오이리트미, 음악, 미술, 수공업, 예술, 작업, 종교 등이 포함된다. 3학년부터 매주 실시되는 종교시간은 학생들로 하여금 선과 악, 정의와 불의 등에 대하여 생각하게 하고, 가치관을 함양하며 또한 다른 사람의 생각을 배려하는 능력을 함양하게 된다. 종교수업의 최대 관심사는 결국 학생들로 하여금 삶의 의미에 대한 길과 대답을 찾게 하는 것이다. 일반적으로 교회로부터 위임받은 종교 교사에 의하여 신, 구교 종교 수업이 실시되고 있다.

초급(1~4학년) 및 중급단계(5~8학년)에 있는 학년들에게 있어서 오전 수업은 15~20분 동안 동화, 우화, 전설, 구약, 독일 및 그리스 신화, 로마의 역사, 민족사, 생애 등 다양한 학년에 따른 주제를 중심으로 이야기 나누기 시간을 가진다.

미하엘리 학교의 교육과정에 있어서 특이점 가운데 또 다른 하나는 특별교육활동으로서 서커스(곡마단)의 교육활동이다. 자유 발도르프학교 입학 초기부터 매우 중요한 영역에 속하는 다양한 리듬활동 교육은 장애 아동은 물론 어떤 아동도 예외 없이 4학년 때부터 서서히 집중적으로 몸의 평형잡기, 곡예하기, 외발 자전거 타기 등 서커스 활동이 주당 3번씩 아침에 30분 동안 8학년까지 진행된다. 이러한 서커스활동은 아동에게 중요한 프로젝트의 성격을 나타내는데, 여기에는 곡예사뿐만 아니라 어릿광대, 기술자, 프로그램 매니저, 조명 담당자, 계산원, 악사 등 다양성의 인정과 자립성 함양을 위한 아동들의 다양한 기능과 역할을 필요로 한다.

또한 수학, 국어, 영어 등 인지과목 만큼이나 수업의 예술성을 강조하는 미하엘리 자유 발도르프 학교에서는 특히 매 시간 음악활동이 이루어진다. 더군다나 음악연주와 관련하여 무엇보다도 현악기 교육활동이 매우 강조되고 있다. 그리고 3학년과 4학년의 경우에 학생들은 개인적인 희망에 따라서 그룹형태로 현악기 수업을 받는다. 이것은 미국 일리노이스(Illinois) 대학교의 로랜드(P. Rolland)에 의한 연구결과를 바탕으로 하고 있는데, 즉 바이올린부터 콘트라베이스까지 모든 현악기들은 같이 수업을 할 수 있을 만큼 그 연주기법이 매우 흡사하다는 것이다. 이러한 그룹악기 수업의 형태는 개인수업에 비하여 매우 많은 이점이 있는데, 예를 들어, 학습자들에게 학습 동기부여에 있어서 효과가 매우 크다는 것이다. 참여자들은 처음부터 오케스트라의 음향효과를 경험하게 되는데, 수업은 주당 두 번씩 이루어짐으로써 교사로부터 약 3일에 한 번씩 연주법들을 지도받을 수 있다. 아울러 그룹연주에서는 항상 사회적 학습이 이루어지는데, 장애 학생과 비장애 학생이 함께 연습을 하기 때문에 각자가 자신의 가능성과 능력에 따라서 교육적 촉진을 경험하게 되는 것이다. 또한 현악기들은 학교로부터 제공되고 수업료는 학생들에게 유리하게 책정되어 있다. 그리고 학급음악연주는 정규 오전수업에 이어서 이루어지기 때문에 불필요한 부가적인 이동시간의 절약도 장점에 속하는 것이라 할 수 있다.

미하엘리 학교에서는 공동체 시간이 있는데, 이것은 특히 학급공동체를 관리하는 데 이바지하도록 제공된 학급담임교사를 위한 시간이다. 이러한 공동체 시간의 궁극적인 목표는 학생들로 하여금 스스로와 주변 사람(학급)이나 사회에서 자신의 위치와 역할 등에 대하여 탐색하도록 돕는 데 있다. 이어서 미하엘리 발도르프학교는 언어치료사를 비롯하여 예술치료사, 학습치료사, 물리치료사 등 다양한 외래치료사들과 학부모, 학교 및 교사들 간의 밀접한 협력을 통하여 아동들의 교육적 필요를 채우고 있다. 개별적 치료는 우선 의사의 처방이 전제되어야 하며, 치료비용은 건강보험기관이나 혹은 학부모가 지불하기도 한다.

그 밖에도 미하엘리 학교는 청각 장애를 가진 장애 학생과의 의사소통을 위하여 2학년 때에 독일어 수화 교육 프로젝트를 만들어 아동들의 수준에 적합하도록 일 년 동안 제3외국어로서 수업을 실시한다. 청각 장애를 가진 수화교사는 초기에는 통역자를 두지만 곧 교사와 아동들 사이에 이 시간만큼은 지금까지 익숙한 음성언어를 사용하지 않을 정도로 소통을 한다. 끝으로 9학년에서 12학년까지를 의미하는 상급단계는 초급 및 중급단계의 학년과 마찬가지로 자유 발도르프학교의 교육과정과 슈타이너의 인지학적 치료교육학에 이론적 근거를 두고 있으며, 통합교육에 대한 기본적인 원칙도 동일하게 적용되고 있다.

상급단계와 관련하여 우선 각 학급은 두 명의 교사가 수업을 담당하고 있다. 각 학급당 학생 수는 약 25명이며, 그 가운데 평균 약 20%인 4~6명의 장애 학생이 함께 통합교육을 받고 있다. 그리고 학급당 학생 수와 장애 학생 수는 교육적 근거를 바탕으로 결정하게 되며, 상급단계의 학급들은 다양한 전문교과 시간에 학급 내 모둠형태나 혹은 혼합 학년형태로 수업을 진행하기도 한다. 학급공동체에서는 장애 학생들은 특별한 도움과 보조인의 도움을 통하여 가능한 한 비장애 학생과 함께 교육과 수업에 참여하게 된다. 학습 장애 혹은 지적 장애 학생은 외국어 같은 과목에 있어서 예술이나 수공업 과목들로 대체할 수도 있다.

상급단계의 학년으로 진급과 함께 청소년들에 대한 부모의 교육적 책임에는 변화가 없다. 그러나 청소년들은 상급단계 학년부터 학교의 교육적 책임을 완성하는데 더욱더 밀접한 관계를 가진다. 따라서 9학년 말경에 학생들에게 학교의 교육적 책임에 협조하고 그 의미를 알리기 위하여 학교계약서에 서명을 한다.

교사와 학생의 관계는 초급단계의 모범적 기능에서 중급단계의 자연스러운 권위적 관계로, 그리고 상급단계에서는 마침내 교사-학생 관계는 동반자적인 교수·학습자로 변하게 된다. 학급에는 더 이상 담임교사제가 아니라 도움과 지원이 필요한 청소년들을 위한 한 명의 학급 관리자와 주기적 집중수업이나 전문교과목의 교과를 위한 전문교사 등 두 명의 교사에 의해 수업이 주로 진행된다.

상급단계의 교육과정도 근본적으로 자유 발도르프 학교의 교육과정과 슈타이너의 인지학적 치료교육학에 기인한다. 상급단계의 교육과정에는 종종 주요과목으로 일컫는 인지 과목으로는 수학, 국어, 외국어 등이 있으며, 자연과학과목들은 물리, 화학 및 생물이 속하고, 사회학과목으로는 지리, 역사, 철학, 사회 등이 있다. 그 외에 예술과목으로는 음악, 오이리트미, 미술, 작업, 서커스, 그리고 체육과 종교 등으로 구성되어 있다. 그러나 여기에서 특히 중요한 사항은 미하엘리 학교는 예술영역의 과목들이 다른 과목들만큼이나 동일한 비중과 의미를 가진 것으로 본다. 이것은 곧 수업의 주제, 과목 및 방법 등의 다양성을 통하여 학생들이 훗날 미래의 복잡한 국제사회에 살아가기 위한 올바른 인성의 형성을 최대한 준비할 수 있다는 것이다.

그 외에도 상급단계에서의 수업은 일반적으로 주요수업과목으로 두 명의 교사가 나누어 주기집중수업 형식으로 진행된다. 그리고 체육수업은 흔히 상급단계에서는 남녀 학생을 서로 분리하여 실시한다. 또한 상급단계의 학년에서 각 학년별로 모든 학생들이 다양한 직업현장에서 각각 3주에 걸친 실습에 참여하면서 진로교육에 참여하게 된다.

③ 독일의 몬테소리 학교(Montessori-Schule)

가. 마리아 몬테소리(Maria Montessori)의 생애

마리아 몬테소리는 1870년 8월 31일 이탈리아에서 태어났으며, 1883년 초등학교 후에 자연과학-공과계열의 중등학교로 진학하였다. 이후 그녀는 1892년에 이탈리아에서 최초로 여성 의학도가 되어 마침내 1896년 박사학위를 취득하였다.

<몬테소리(M. Montessori)>
출처: https://de.wikipedia.org/wiki/Maria_Montessori

마리아는 1906년까지 외과근무를 했고, 후에 교육학에도 관심을 두고 지적 장애 아동의 정신과 병동에서 면허의(免許醫)로 일하였다. 특히 이때 몬테소리는 주변의 환경에 방해받지 않고 끊임없이 집중하여 동일한 놀이 동작을 수십 번 반복하여 성공한 후에 마침내 즐거워하는 3세의 지적 장애 여아를 주의 깊게 관찰하였다. 이를 통하여 마리아는 지적 장애아들이 결코 지적으로 미숙한 것이 아니라, 지금까지 다만 그들을 위한 신체적 돌봄만 아니라 손과 감각기관을 사용한 교육적 자극이 결여되었음을 알았다. 이

<구슬 줄로 된 수학 교구>

출처: https://de.wikipedia.org/wiki/Montessorip%C3%A4dagogik#/media/Datei:Perlenketten.jpg

에 그녀는 장애 아동의 발달을 촉진할 수 있는 교육방법 연구에 몰두하여 소위 '감각교구(sensuous material)'라는 특별한 학습도구를 통하여 아동들로 하여금 호기심, 집중력과 주의력을 깨우는 자극제로 발전을 시킨 것이었다. 이런 몬테소리 교육방법은 더욱 정교하고 체계화되었고, 비장애 학생들의 교육에도 동일하게 확대 · 적용되었다(Hebenstreit, 1999).

당시 지적 장애아 교육을 함께 연구했던 의사 주세페 몬테사노(Giuseppe Montesano, 1868~1951)와의 사이에 아들 마리오(Mario Montessori, 1898~1982)가 태어났다. 이때 마리아는 아들과 일 사이에서 고민하였는데, 당시 미혼모에 대한 사회적 인식은 매우 나빴다. 만일 마리아가 당시 아들에게 사실을 이야기하면 그동안 의사로서뿐 아니라 교육에 대한 열정과 경력이 바로 끝났을 것이다. 그녀는 아들을 위탁 가정에 맡기기로 결정했고, 그를 자주 방문하였다. 마리아가 아들을 직접 교육할 수 없었던 이유 중 하나는 모든 아이들에게 최상의 교육을 위해 열정을 쏟기 위한 것이었다(Fuchs, 2003).

1902년 그녀는 교육학, 임상심리학과 인류학을 전공하고 1904년부터 1908년까지 로마대학에서 수많은 강의로 자신의 독특한 교육학을 정립했다. 특히 정신과에서 지적 장애 아동을 세심히 관찰하였고, 이들이 가진 관심의 양극화 현상을 발견하였다. 마리아는 장애 아동에게 여러 감각연습을 통하여 결국 성공적으로 접근하였다. 또 이 성공적인 교육방법을 비장애 아동에게 적용하려 1907년 1월 6일 로마의 빈민지역인 산 로렌조(San Lorenzo)에 하위계층의 방임된 아이들을 위한 첫 번째 유치원(casa dei bambini)을 개원하였다. 그들은 마리아의 교육을 통하여 단기간 내에 쓰기와 셈하기를 성공적으로 학습하였고, 이는 자신의 교육적 신념을 실현하고 독특한 교육방법을 확대하는 계기가 되어 이탈리아에 더 많은 유치원이 설립되었다(Theresia, 2015).

1909년 마리아는 처음으로 몬테소리 교육학 이론을 바탕으로 한 양성과정 개설과 함께 '과학적 교육방법(Scientific education method)'이라는 논문을 발표하였다. 또한 1913년 15세인 아들 마리오를 데리고 왔고, 이후 그는 여러 나라에 몬테소리 교육학 강의를 하는 어머니를 동행하였다. 이후 몬테소리 운동은 국제적으로 알려져 몬테소리 유치원과 학교가 전 세계에 설치되었다. 또한 마리오는 몬테소리 교육 활동에 더 깊이 관여하였고, 그는 어머니의 컨설턴트가 되기도 하였다.

그러나 몬테소리 운동의 전성기에 독일은 1933년 히틀러(Adolf Hitler, 1889~1945) 집권으로 독일 몬테소리 운동은 쇠퇴했고, 또 이탈리아도 파시스트들이 권력을 장악하였다. 특히 무솔리니(Benito Mussolini, 1883~1945)가 초기에는 몬테소리 교육방법은 국가적인 교육이론으로 인정되어 모든 학교에 보급되었다. 그러나 파시스트들이 과도하게 몬테소리 교육학에 관여하여 마리아는 그들과 관계를 단절하고 1936년 네덜란드 암스테르담(Amsterdam)으로 도피했다. 이때 이탈리아, 스페인, 러시아와 독일에서는 몬테소리 학교들이 문을 닫는 등 큰 시련기였고, 제2차 대전 발발 후에 아들 마리오와 함께 1939년부터 1946년까지 인도로 망명했다. 그곳에서 거대한 네트워크가 형성되어 강력한 인도식 몬테소리 운동이 일어났다. 1946년에 황폐한 유럽으로 복귀한 마리아는 여러 강연을 통하여 계속 자신의 평생사업인 몬테소리 교육활동을 활발히 진행했다(Kramer, 2004). 그녀는 1952년 5월 6일 네덜란드에서 생을 마쳤고, 몬테소리 교육은 아들인 마리오에 의해 더욱더 발전되어 오늘날까지 이어지고 있다.

나. 몬테소리 학교의 일반적 현황

역사적으로 독일에서 몬테소리 교육의 논의는 1차 대전(1914~1918) 전에 베를린(Berlin)과 함부르크(Hamburg) 등지에서 있었지만, 첫 몬테소리 교육시설은 1919년 베를린-란크비츠(Berlin-Lankwitz) 지역의 유치원이었다. 이때 베를린의 여교사이며 몬테소리 교육학의 선구자이며, 유대계 혈통이라는 이유로 아우슈비츠(Auschwitz) 강제수용소에 희생된 클라라 그룬발트(Clara Grunwald, 1877~1943)가 지대한 기여를 하였다. 1921년에 독일 몬테소리협회가 창설되었고, 1923년 6월 2일 예나(Jena)지역의 베니겐예나(Wenigenjena)에 최초의 초등학교가 세워지는 등 독일 내에서 활발한 몬테소리 운동이 일어났다. 그러나 1933년 봄 히틀러 집권과 함께 모든 시설들이 폐쇄되고, 관련 문헌의 공식적 유통도 금지되는 등 대대적인 탄압을 받았다. 그리고 제2차 대전(1939~1945) 후 파울 샤이트(Paul Scheid) 교수와 마리아 몬테소리가 프랑크푸르트(Frankfurt/M.)에 독일 몬테소리협회를 다시 창설함으로써 시설 확충과 몬테소리 교사교육 실시 등 재부흥의 계기가 마련되었다. 1958년과 1964년에 몬테소리에 대한 박사학위논문이 최초로 발표되어 몬테소리교육학에 대한 학문적인 연구도 활성화되는 계기가 되었다(Hammerer, 1997). 현재 몬테소리 학교 현황은 전 세계에 약 40,000여 개교이며, 독일은 전국에 약 1,000여 개의 몬테소리 학교나 유치원이 있어 가장 높은 비율의 대안학교이다. 그중에 유치원 과정이 약 500여 개교, 초등학교 약 400여 개교, 중등학교는 약 100여 개교이다. 독일 몬테소리 학교의 설립별 유형에서 공립학교 외에 약 60%는 국가가 공식적으로 승인한 가톨릭이나 개신 교회 재단 혹은 부모회 주도로 운영되는 사립학교이다. 이때 사립학교는 국가적인 재정지원을 받지 않아 대부분 자체 재정 충당을 하므로 학부모의 수입 정도에 따라 차등화된 월별 수업료를 받는다. 이는 학교마다 다소 다르지만 매달 평균 80~500유로 정도이며, 특히 재능아, 수입이 낮은 가족의 경우에는 장학금이 제공되기도 한다(https://www.montes-sori-deutschland.de).

다. 몬테소리 학교의 아동관

몬테소리 교육의 핵심 아동관은 아동 자신과 개성, 즉 각 아동이 가진 본질적 가치를 인정하였다. 몬테소리는 전통적인 규범과는 달리 보상뿐 아니라, 벌은 인간의 내적태도 형성에 해로우므로 인간은 본성에 따라서 자연스럽게 자신의 고유한 동기로부터 자유롭게 학습한다고 보았다. 이러한 교육적 인간관을 기본으로 몬테소리 교육은 먼저 각 아동이 가진 다양한 욕구, 재능과 소질을 바탕으로 수업 속도나 주제 혹은 반복 등의 교육 활동에서 자신이 독립적으로 조절할 수 있는 능력 함양을 강조하였다. 몬테소리에 의하면 아이들은 자신의 리듬이나 관심사에 따라서 자신의 독특한 방식으로 가장 잘 학습한다고 여겼다. 몬테소리 교육방법에서의 주도동기(leitmotiv)는 각 아동이 학습에서 자연스럽게 얻는 기쁨이 곧 아동자신의 존재 의미의 핵심적인 표현으로 본 것이었다. 또한 몬테소리 교육방법은 존경과 존중의 바탕위에 각자가 자기 발전의 안내자가 되어 자유 활동을 통하여 자립적이고 균형 잡힌 성격을 형성하도록 조력하는 것이다. 여기서 자유 활동이란 아동 스스로가 어떤 주제를 가지고, 혼자나 집단으로 할지, 얼마나 오랫동안 그리고 어떤 속도로 활동할지에 대하여 결정함을 의미한다. 그럼에도 분명한 규정이 있는데, 이는 아동이 스스로 선택하고 시작한 자유로운 학습활동은 반드시 끝내도록 지도한다. 또 모든 학습활동 시간에 서로가 방해를 하지 않도록 특히 정숙하고 질서정연한 교실분위기를 형성하는 것이 매우 중요하다. 그러나 중등과정인 5학년부터는 자유학습활동은 줄어드는 반면에 공동연구과제인 프로젝트 학습활동이 증가한다.

몬테소리는 아동의 발달 단계를 주로 어린 시절 1단계(0~6세), 어린 시절 2단계(7~12세) 및 청소년기(13~18세) 등 세 가지로 구분한다(Helming, 1998). 먼저 1단계는 '흡수의 시기'라 하는데, 운동, 언어, 순서 등의 발달에 특히 민감한 시기로서 아동의 성격이나 재능이 형성되는 소위 두 번째 배아성장 시기로 보았다. 특히 3~6세의 나이는 배아가 이전에 습득한 지적, 운동적, 사회적 기능을 개발하고 저장할 수 있는 단계이며, 이러한 경험들은 이후에 교육을 통하여도 좀처럼 돌이킬 수 없는 것으로 여겼다. 이어서 2단계는 안정 단계라고도 하는데, 이때는 실제적인 환경의 경험, 추상적 능력, 양심이나 도덕에 대한 민감도가 특히 높은 시기이다. 그리고 3단계인 청소년기는 급격한 변화의 시기로 많은 신체적, 정신적 변화는 깊은 불확실성을 야기하기도 하는데, 사회의 일부분으로 느끼는 청소년들은 이를 인정받기를 원한다. 몬테소리는 청소년들의 욕구들은 학교 교육의 중심에 있고, 또한 그곳에서 충족되어야 한다. 아울러 그들은 보호받아야 하고, 자신감을 높이고, 존엄성에 대한 감각을 발달시키는 등 사회에서 인간의 역할을 이해하는 법을 배워야 한다. 몬테소리는 이 시기를 사회적 민감성 시대라고 했으며, 청소년들은 사회적 관계 속에서 사회적 책임을 지고, 독립적인 사람으로 진지하게 수용되기를 바란다는 것이다. 이에 몬테소리는 청소년들에게 지역사회에서 독립적인 삶을 경험하도록 환경이 제공되어 지적으로뿐 아니라, 실제적으로 일을 함으로써 생계를 위해 돈을 버는 경험도 필요하다고 보았다.

라. 몬테소리 학교의 교육적 특성

몬테소리 교육학이나 교육 자료 개발에서 가장 결정적인 요소 중 한 가지는 각각 아동들이 가진 감각활동의 미세함에 대한 주의 깊은 관찰이다. 즉 모든 아동들은 천성적으로 새로운 사물에 대하여 관심을 가지고 만지고, 냄새 맡고, 맛보고 싶은 자연스런 충동을 가지고 있다. 몬테소리가 이러한 관찰을 통하여 인식한 점은 아동들의 사고에 대한 접근이 추상적인 방법이 아니라, 이는 근본적으로 아동들의 감각활동을 통하여 도출된다는 것이었다. 이 관점은 프랑스의 이과학(耳科學)계 의사이자, 농(聾)교사인 장 이타르(Jean Itard, 1774~1838)와 교육학자이자 지적 장애인교육학의 학문적 창시자였던 에두아르 세갱(Édouard Séguin, 1812~1880)으로부터 이미 큰 영향을 받은 것으로 보인다(Ludwig, 2003).

그리고 몬테소리 교육에서 아동은 출생하는 순간부터 신체적인 능력과 자유를 갈망하는 것으로 이해했다. 또한 아동은 정신활동을 통하여 지적 호기심과 자율성을 채워 점차 성인으로부터 자유와 독립을 갈망한다고 보았다. 이에 몬테소리는 이런 과정을 인간 삶의 생물학적 법칙이며, 이때 교사는 아동의 동맹자가 되어 그들의 필요와 학습 욕구를 채울 수 있는 환경을 제공할 것을 주장하였다. 특히 몬테소리 교육학에서 '스스로 하도록 나를 도와주세요'라는 대명제처럼 교사는 몬테소리 학교에서 아동의 자립을 위한 조력자이다. 따라서 교사는 아동이 스스로 학습하도록 이끄는 법을 배워야 하는데, 결국 교사는 교육 과정에서 아동의 민감한 단계를 철저히 인식하여 그의 관심을 불러일으키는 활동으로 안내해야 한다. 즉 교사는 세심한 관찰자이며, 지지자로서 동행하며, 아동이 질문이 있거나 문제가 발생할 경우에만 촉진자로 관여하는 것이다(Schumacher, 2016).

특히 몬테소리 학교교육의 대부분은 자유학습 활동인데, 이때 교사는 아동들로 하여금 자신의 발달상황에 따라서 일정한 과제와 몬테소리 교구를 선택하고 결정하도록 최대한 자율성을 제공한다. 이처럼 몬테소리 교육학의 기본 이념 중에서 아동은 원래 스스로 배우고 싶은 욕구 때문에 외부의 압력이나 강제는 금기사항이다. 따라서 몬테소리 학교에서 교사는 교실 앞에서 교육과 수업을 진행하기보다는 개별아동이 자립적으로 할 수 있도록 직접 아동의 눈높이에 맞게 조력하는 자라 할 수 있다. 또한 아동평가에서도 '한 아이를 절대 다른 아이들과 비교하지 말고, 항상 그 아이 자체에 집중하라'라는 명제 아래 점수를 통한 평가도 몬테소리 학교에서는 대부분 없다. 하지만 학기말에 각 아동의 행동발달 상황과 학습과정 등에 대하여 개별적으로 구체적인 보고서 형식으로 기록된 증명서가 발급된다. 이러한 방식의 평가는 몬테소리 학교에서 대체적으로 7학년 전까지 이어지는데, 이후에는 점수로 대체되기도 한다. 또한 몬테소리 학교는 정기적으로 아동, 학부모 및 교사가 함께 면담을 통하여 해당 학생의 활동 결과나 학업 성취도에 관하여 소통하기도 한다(Boehm/Fuchs, 2004).

한편 몬테소리 학교는 공인된 학교이므로 기본적인 교육방침이나 과정은 각 주정부의 지침을 따른다. 몬테소리 학교의 특이점 중 한 가지는 각 학급이 학년 혼합제로 구성된 점인데, 이는 동일 연령의 아이들 간에도 실제로 최대 2년의 발달상 차이를 보일 수 있다는 인식을 포함하고 있다. 이런 차원에서 학년 혼합제 학급 운영을 통하여 상호 지원이나 도움이 교육학적으로나 교육 방법론적으로도 더 가치가 있다는 것이다. 즉 숙련된 아동은 학습이 필요한 아이를 돕는데, 이는 많은 경험에서도 보여주는 바와 같이 도움을 받는 아이들뿐만 아니라, 특히 도움을 주는 아이에게도 큰 교육적 효과가 있다. 그들은 특히 자신들의 성격 발달에 매우 중요한 의미를 경험할 수 있는 것으로 본다.

몬테소리 학교가 일반학교와 다른 점은 제시된 교육목적을 어떤 방법이나 과정을 통하여 도달하는가 하는 점이다. 전통적인 학교와는 달리 몬테소리 학교의 아동들은 교육과정 속의 교육목적이 다 같이 한 학급에서 모두가 동일 시간이나 방법 혹은 동일속도 및 학습량이 적용되지 않는다. 반대로 각 아동이 가진 개별적 능력이나 발달상황에 맞추어져 있어 몬테소리 학교의 교육과정은 대체로 학급이나 개별 학생들의 필요를 기초로 구성되어 있다. 그러나 확실한 것은 몬테소리 학교 학생들이 각 학년말에는 일반학교의 학생과 동등한 학력이나 교육수준에 이른다는 점이다. 독일의 몬테소리 학교는 대부분 초등학교 과정이 많은데, 이에 학부모들의 주요관심은 자유로운 환경의 몬테소리 초등학교 이후에 일반 중등학교에서의 적응여부에 관한 점이다. 하지만 몬테소리 학교에서 아동들은 학년 혼합제 학급에서 교육과정에 따른 교과지식이나 정보 외에 환경에 적응할 때 장점으로 영향을 미치는 자율성, 자립성, 용기, 존중, 책임성 등 수많은 사회적, 인성적인 요소들도 발달되어 있다. 다만 아이들이 몬테소리 초등학교와는 달리 일반학교의 평가 점수 체제, 수업방법이나 비개별적인 환경과 분위기에 익숙하기까지 다소 시간이 소요될 수는 있다(Klein-Landeck/Puetz, 2011).

마. 뒤셀도르프(Duesseldorf) 시립 몬테소리 초등학교의 개관

이어서 재 통합교육을 실시하고 있는 뒤셀도르프 시립 몬테소리 초등학교의 사례를 중심으로 그 특성을 몇 가지 살펴보고자 한다(https://www.montessorischule-duesseldorf-sued.de).

뒤셀도르프 시립 몬테소리 초등학교는 1969년 교사와 학부모들의 협력 하에 39명의 아동으로 개교하였다. 그러나 1970년대 초까지만 해도 여전히 수업은 일반교육학이 대체로 적용되었고, 교사들이 몬테소리 교사자격증(Montessori-Diplom)을 취득하면서 점진적으로 몬테소리 교육으로 전환되었다. 특히 1977년에는 뒤셀도르프 지역 몬테소리 교육 20주년 기념행사에 몬테소리교육학의 창시자인 마리아 몬테소리의 아들인 마리오 몬테소리가 참석하였다. 이후 학생 수는 계속 증가했고, 때로는 지원자가 입학정원을 초과하기도 했다. 1986년 학교가 현 주소지로 옮겼을 때는 212명의 학생이 있었다. 1990년 초에는 300여

<뒤셀도르프(Duesseldorf) 시립 몬테소리 초등학교 교사와 학생>

출처: https://www.montessori-schule-duesseldorf-sued.de/cm/team-2/schulleitung/

명이었고, 현재는 12개의 혼합 연령 형태로 구성된 학급에 총 320명의 학생들이 재학 중이다. 그중에는 지체 장애를 비롯하여 지적, 정서·행동, 자폐성, 감각장애 등 여러 유형의 장애 학생 22여 명(약 6.9%)이 5개 학급에서 함께 배우고 있다. 그리고 장애 아동들은 장애유형이나 정도 및 학급의 환경에 따라서 학급당 최대 4명까지 있지만, 보통 2~3명의 장애 아동이 배치되어 있다. 또 다양한 문화권과 사회 계층 출신의 아동들이나 영재아동들도 함께 재학 중에 있다.

또한 이 학교의 교사는 총 20여 명이 재직 중에 있고, 그중에 특수(통합)교육과 관련하여 1명의 정규직 특수교사와 2명의 시간제 특수교사와 8명의 통합교육 보조교사가 장애 아동의 수업이나 학교생활을 집중적으로 돕고 있다.

이 학교의 입학 절차는 먼저 학부모가 자녀의 입학신청서를 작성하여 학교 행정실에 제출한 후에는 입학 희망 자녀의 학교 방문 일정을 통보받게 된다. 매년 9월에 몬테소리 학교 소개의 밤이 개최되고, 10월에 학부모는 우편으로 학교입학에 대한 승인여부를 전달받는다. 입학이 허락될 경우에 학부모는 입학허가 통지서를 가지고 자녀와 함께 공식적으로 등록 절차를 거치게 되는데, 이때 학교장은 학부모와 함께 자녀의 입학과 관련하여 학교 계약서를 체결한다.

장애 아동의 입학은 학부모가 우선 인터넷상 해당 학교의 정보를 바탕으로 직접 특수교사와의 개별적인 면담일정을 정한다. 또한 매년 가을에 학부모는 학교소개의 밤에서 학교의 교육이념, 자유학습활동에서의 개별적 촉진내용에 대하여 특수교사와 함께 상담이 가능하다. 본 학교에 입학신청서를 제출한 모든 학부모의 해당 장애자녀들은 학교 방문 일정에 따라서 초대를 받는다. 이때 그들은 학년별 혼합형태의 학급에서 자유학습활동을 하는 수업에 초대되어 참관을 하며, 이어서 학부모와 특수교사 간의 면담을 통하여 몬테소리 학교 입장과 장애자녀의 입장에서 각각 교육적 지원 가능성에 대하여 논의하며 설명하는 시간을 가진다. 학교당국과 학부모는 경우에 따라서 새로운 일정에 장애 아동의 의학적, 교육적 진단을 바탕으로 학교에서의 구체적인 특수교육적 지원과 관련하여 가능성과 한계에 대하여 계속적인 논의가 있기도 한다. 장애 아동이 입학을 하든, 다른 교육기관을 추천받든 입학에서 결정적인 요인은 특히 장애아의 개별적인 필요와 복지에 초점이 맞춰져 있다. 만일 학교와 학부모로부터 몬테소리 학교에서 적절하고 필요한 지원을 기대할 수 있다고 판단되면, 관찰, 부모와의 인터뷰, 직전 유치원의 보고서나 의료나 치료 보고서, 초등교사와 특수교사가 함께 작성한 교육적 진단 등을 기초로 특수교육 지원 신청서를 작성하게 된다. 이때 필수적인 특수교육적 지원요구와 교육기관 유형 결정은 통상 학부모의 요구나 해당 학교 당국의 의견을 최대한 반영하여 관할 교육청이 최종 결정을 내린다.

바. 학교의 이상상(ideal image)

뒤셀도르프 시립 몬테소리 초등학교는 '아동들은 우리에게 길을 묻는 손님이다'라는 몬테소리의 교육관을 바탕으로 다음 네 가지 학교교육의 이상상(理想像)을 추구하고 있다.

첫째, '우리는 한 팀이다'. 여기에는 학교의 아동을 비롯하여 학부모, 일반교사, 실습교사, 방과 후 교실교사, 외부 관계 기관이나 전문가, 사회복지사, 특수교사, 통합교육 보조교사, 행정직원, 학교 건물 관리인 등이 모두 포함된다. 먼저 아동들은 몬테소리 학교교육과 수업에 있어서 중심을 이루고 있으며, 그들은 자체 인터넷 사이트(Montehof)와 연 4회 발간되는 학생신문(Montestar)에 학교생활이나 학교 정보를 싣기도 하고 필요한 학습 자료를 찾기도 한다.

학부모 또한 아이들과 함께 학교운영위원회나 각종 행사의 협력 등을 통하여 매우 중요한 팀 구성원으로서의 역할을 한다. 특히 교사들은 해마다 학부모들에게 몬테소리 학부모 과정이나 학부모 포럼과 매년 2회 학부모 면담 등을 통하여 몬테소리교육이나 교육관련 특강과 다양한 소통채널을 통하여 협력하고 있다. 또한 교사와 관련해서 모든 학급교사들은 일반교사 자격증과 더불어 2년의 교육과정을 거친 몬테소리 교사자격증을 추가적으로 소지하고 있다. 실습 중인 예비교사들도 몬테소리 학교 교사회의 중요한 구성원인데, 이 교사회는 팀 회의를 비롯하여 업무 및 학술회의나 수업 준비 등에 있어서 긴밀하게 상호 협력하고 있다. 또 방과 후 교사들도 일반교사와의 논의와 협력 하에서 몬테소리 교육의 이론과 실제에 의거하여 정규 수업 이후에 다양한 교육프로그램을 진행한다.

이어서 뒤셀도르프 시립 몬테소리 초등학교는 방과 후 시간에 가톨릭이나 개신교회,

여가활동 기관, 시립기관, 상담소, 유치원, 치료사나 의료진 등 수많은 외부 관계 기관이나 전문가들과 적극적인 협력 관계 속에 있다. 그리고 학교사회복지사들은 학교, 학부모 및 사회 환경 속에 있어서 사회화 과정을 함양하거나 사회나 가족적 분쟁과 문제에 있어서 중재하거나 교사회, 학교관리자, 방과 후 교사, 지역관청, 상담소 및 의료진 등과의 협력을 통하여 문제를 예방하거나 해결해 나간다.

한편 특수교사는 장애 학생뿐 아니라, 통합교육 등의 문제에 대하여 자문교사로서 일반 학급교사들을 협력 · 지원하고 있다. 종종 자유학습활동 시간에는 특별한 도움이 필요한 아동들을 집중적으로 지원하기 위하여 특수교사가 일반교사와 협력하여 수업과 교육을 실시한다. 한편 통합교육 보조교사들은 장애 학생들이 학교생활을 수행하도록 추가적인 지원 활동을 실시하게 된다. 이들은 특수교사를 중심으로 한 지속적인 회의를 통하여 협력 내용과 방법에 대하여 정보를 제공받게 되는 것이다. 그 밖에도 행정직원은 학부모, 교사나 아동들에게 다양한 정보와 도움을 제공하고, 학교건물 관리인은 교내의 청결, 안전과 보수 등 학교구성원들의 쾌적한 학교생활을 위하여 협력하고 있다.

둘째, '우리는 모든 아동들을 위한 하나의 통합학교이다'. 마리아 몬테소리가 '모든 아동들은 각각 다르다'라고 말한 것처럼 모든 아동들이 동일한 시간에 동일한 활동을 할 수 없는 것은 자명한 일이다. 아동들은 함께 있지만 모두가 동일하지 않고 매우 다양한 존재인데, 이들은 연령, 기질과 모국어, 장애나 비장애 또는 특별한 재능 등이 있어서 각기 다르다. 몬테소리교육학의 핵심은 각자가 가진 자신의 개별적인 발달 양식, 재능이나 능력에 따라 개별화된 교육적 촉진이 필요하다는 것이다. 몬테소리 학교는 아동들로 하여금 최선을 다하여 자신의 능력을 발휘하여 성공적인 학습에 도달할 수 있도록 노력할 것을 요구한다. 이것은 영재성을 가진 아동만 아니라, 다양한 유형의 장애를 가진 학생, 신입생, 읽기-쓰기 곤란학생 등 모두에게 통합교육의 환경 속에서 동일하게 적용되는 것이며, 이에 몬테소리 학교는 모든 학생을 위한 통합교육이 유일한 길임을 믿는다.

셋째, '우리는 한 공동체 속에서 생활한다'. 먼저 몬테소리 학교에는 공동체의식을 함양하기 위한 다양한 전통적 활동이나 행사가 각인되어 있다. 예를 들어, 입학식, 교실

내 몬테소리 교구 수납대, 학급 내 실내화 착용, 공동 조찬, 절기별 축제, 예배, 소풍, 수학경시대회, 민주주의 교육활동, 상호 무폭력 · 존중 교육활동, 체육활동, 학습활동 논의, 낭독, 노래, 학급활동, 수학여행 등이 있다.

넷째, '우리는 아동들의 총체적 인성을 촉진시킨다'. 몬테소리 학교는 모든 학생들이 동일한 속도로 학습을 한다는 환상을 거부하고, 이들의 다양성을 장점으로 이해한다. 이는 독일어를 모국어로 하지 않는 다문화 가정 아동이나 장애 아동 등 모든 학생들에게도 적용된다. 각 아동들은 다른 재능이나 관심, 능력이 있어 이 학교는 아동들의 개별적 특성이나 능력을 찾고, 또 이를 수용하고 인정한다. 왜냐하면 각자는 유일무이한 존재이며 특성을 가진 학교 공동체의 구성원이기 때문이다. 몬테소리 학교는 '나 스스로 할 수 있도록 도와 주세요'라는 교육관을 바탕으로 아동들이 최대한 독립성, 자기책임성, 타인을 도울 자세 등을 함양하도록 지도한다. 특히 몬테소리 학교교육의 대부분인 자유 학습활동을 통해 아동들은 스스로 자신의 발달을 가능하게 하는 사회적 경험들을 하게 된다. 이때 아동들은 학급에서 정숙하게 학습활동을 하고 서로 방해를 하지 않는 것을 강조하며, 또한 상급학년들의 도움이나 다양한 프로젝트를 통하여 학교 공동체 생활 속에서 적응하는 법을 배운다.

사. 통합교육의 기본 원칙

몬테소리는 '서로 다른 것이 정상이다'라는 모토 하에 아동의 다양성을 인정하는 아동관을 기초로 자신의 교육학을 정립했고, 아동들은 처음부터 '각자는 다르다'라는 것을 경험한다. 이 학교는 오랫동안 통합교육을 학교 교육의 주요 목적으로 삼고 현재 약 20여 명의 장애 학생들이 통합교육에 참여하고 있다. 이를 통하여 장애 아동들은 비장애 학생들로부터 경험의 폭을 넓히는 반면에, 비장애 아동들은 장애 아동들의 용기와 적극적 의지에 감동하며 서로 성장한다. 또한 학부모들 간에도 서로에 대한 이해심도 성장하게 된다. 이 학교에서 장애 아동으로 인한 문제는 없고, 일상적인 교육과 수업 중에 상호 존중, 다양성과 개별성의 인정과 함께 공동체 의식이 매우 강화됨을 알 수 있다. 이 학교의 자랑과 자부 중 하나는 졸업한 장애 학생들이 현재 성공적인 직장생활을 하고 있다는 사실이다.

장애 아동의 학교 입학과 교육적 서비스는 관할 교육청과 긴밀한 협력을 통해 실행되며, 특수교사는 학교에서 장애 학생들의 통합교육이 잘 실현되도록 최선을 다하고 있다. 그리고 장애 아동들은 결코 개별적으로는 통합학급에 배치되지 않고, 소그룹형태(2~4명)로 입급되고 있다. 이는 한편으로는 장애 아동에 대한 고립현상이나 낙인화를 예방하고, 또 다른 한편으로는 특수교사나 통합교육보조교사의 입장에서 교육적 지원의 효과성을 높이기 위한 것이다. 통합 학급의 모든 장애 학생들은 가능한 한 학급 내에서 함께 교육과 모든 행사에 참여하고, 그곳에서 비장애 학생들과 함께 동일한 주제를 바탕으로 개별적 능력에 따라서 학교생활에 참여한다. 만일 교실 공간 밖에서 촉진이 더 성공적이라 예상되는 경우에는 항상 장애 아동과 비장애 아동이 소그룹을 이루어 함께 학습활동을 하게 된다.

각 장애 학생에게는 일부는 학부모나 장애 학생 당사자와 함께 협의하여 작성하는 일 년당 네 개의 개별화 촉진계획서(Der individuelle Foerderplan: IFP)가 있다. 예를 들어, 단기적인 계획 형태로 당일에 어떤 과제를 할지를 항상 눈앞에서 볼 수 있도록 책상에 부착을 해 놓은 일일계획이나 주간계획이 있다. 또한 수주 동안의 기간에 달성해야 하는 중장기적인 포괄적 촉진계획도 설정된다. 이러한 개별화 촉진 계획서는 교사-부모-학생의 면담에서 함께 촉진내용이나 기간 등이 상세하게 논의되고, 또한 각각의 개별화 촉진 단계의 말미에 재평가를 실시하기도 한다. 이 계획서에는 먼저 교사, 학부모, 학생 및 관련 참여자가 확인하여 서명을 하며, 여기에는 인지영역에서의 단계별 목표 외에 다양한 인성 발달과 관련된 내용도 포함된다.

뒤셀도르프 시립 몬테소리 초등학교는 학부모와의 합의를 통하여 교사의 가정방문이나 의무적인 정기적 면담 시간을 통하여 행해지는 학부모 활동도 학교교육의 본질적 목적을 성공적으로 실행하는 데 매우 중요한 요인이다. 예를 들어, 종종 학부모의 요청에 따라 실시되는 교사의 가정 방문은 아동에게 있어서 자신이 얼마나 소중한지를 느끼는 큰 계기로 작용한다. 또한 이는 교사와 아동이 상호 이해의 폭을 넓히는 기회가 되어 학교생활에 매우 긍정적인 영향을 줄 수 있는 것이다.

한편 장애자녀가 있는 학부모는 자녀의 발달상황에 적합한 범위 내에서 교사나 기타 관계인과의 긴밀한 협력이 특히 필요하다. 장애 아동의 개별화 촉진 계획서의 작성과 실행 및 평가 등의 과정에서 교사와 학부모나 장애 학생 당사자 간의 협력과 관심은 매우 중요한 역할을 한다. 또한 아동들이 다 같이 학교생활 중에 성공적인 통합교육을 위하여 학부모와 교사들 간의 대화와 토론도 자주 열리고 있다. 그리고 매주 학교장 및 특수교사를 비롯하여 장애 학생과 관련된 업무 관계인 간의 협력과 회의를 통하여 통합교육을 바탕으로 학교공동체는 활발히 운영되는 것이다.

몬테소리 학교의 모든 아동들은 수업 중에 자율적으로 각자 개별적인 독특한 형식과 속도 및 교구를 가지고 학습하고, 가능한 한 많은 도움을 받지만 동시에 최대한 독립적으로 학습활동을 한다. 또한 각 아동들은 학교 공동체의 소중한 구성원이며, 자신의 가능성이나 제한성 등과 무관하게 기본적으로 서로 존중을 받는다. 모든 아동들은 원래 각각 다양한 능력, 소질, 약점, 재능 등을 가지는데, 이곳의 아동들은 연령, 성, 발달수준, 관심, 인생경험, 능력, 사회·정서적 요소, 언어적이나 사회·문화적 출신 등에 있어서 모두 다르다. 몬테소리 학교의 교사는 상담자, 조력자, 관찰자 혹은 조직자이며, 교사들의 주요 과제는 아동들의 다양성을 인식하고 수용하고 최선을 다해 촉진하는 일이며, 동시에 아동이 가진 결핍보다는 장점이나 강점으로부터 출발하여 격려와 칭찬과 지원을 통하여 교육과 수업에서 성공경험을 돕는 것이다. 그리고 다양한 과제를 통하여 아동들로 하여금 지나치게 과대하거나 과소한 기대나 요구를 피하기 위하여 가능한 개별적으로 적합한 교육적 수준을 제시하게 된다.

아. 수업 시간표

몬테소리 학교는 <표 3-5>와 같이 매일 아침 7시 55분부터 8시 10분까지 등교시간에 해당하는데, 교사들은 7시 55분에 교실에 도착한다. 이어서 첫 시간은 매일 수학, 국어, 종교나 우주교육(kosmische Erziehung) 교과목 등의 자유학습 활동이 8시 10분부터 9시 40분까지 90분 동안 실시된다. 이는 단지 3학년과 4학년학생들이 4주마다 예배를 드리는 목요일은 예외이다.

자유학습활동의 종결 무렵에는 교실이 정리가 되고, 10여분에 걸쳐 아침식사를 하며 9시 50분부터 10시 15분까지 25분 동안 대체로 교실은 잠근 채로 운동장에서의 휴식시간이 이어진다. 곧 이어 10시 15분에서 11시 45분까지 90분간 자유학습활동이 계

〈표 3-5〉 몬테소리 초등학교 일과표

구분	시간	단위(분)
등교/수업 준비	07:55~08:10	15
자유학습활동 1	08:10~09:40	90
아침식사	09:40~09:50	10
운동장 휴식 1	09:50~10:15	25
자유학습활동 2	10:15~11:45	90
운동장 휴식 2	11:45~12:05	20
교과수업 1	12:05~12:50	45
교과수업 2	12:50~13:35	45

속되며, 이후 11시 45분부터 12시 5분까지 20분 동안 다시 두 번째 휴식이 실시된다.

비교적 긴 휴식 시간에 아동들은 숨바꼭질 놀이뿐 아니라, 이어지는 수업에 더 잘 집중하기 위하여 긴장 완화의 과정을 가지기도 한다. 매일 자유학습활동과 두 번째 휴식 후에는 12시 5분부터 12시 50분까지와 12시 50분부터 13시 35분까지 각각 45분간 동일 학년들끼리 교과 담당교사들로부터 보충적인 의미의 교과수업이 실시된다. 그 이후에 아동들은 귀가를 하거나 혹은 오후에 조직된 방과 후 교실로 간다.

자. 자유학습활동

몬테소리 학교에서의 일상적인 학교생활 가운데 핵심은 비장애 아동뿐 아니라 장애 아동에게도 동일하게 적용되는 매일 4시간까지 이루어지는 자유 학습활동이다. 이 시간에는 1학년부터 4학년까지의 초등학생들이 학년별로 각각 약 7명씩 혼합 형태로 구성된 학급에서 함께 수업과 교육에 참여한다. 각 아동은 자유롭게 자신의 관심에 따라서 과제물을 선택하여 다양한 몬테소리 교구를 가지고 여러 장소에서 학습활동을 하는 것인데, 예를 들어, 1학년이 읽는 것을 배우는 동안에 옆 책상의 상급 학년은 분수 계산을 위한 기초적인 것을 학습하기도 한다. 아동들은 혼자이거나 또는 책상에서 파트너와 함께하거나, 교실 내의 바닥이나 교실 밖 복도 등의 학습 유형이나 장소, 방법 등에 있어서 철저하게 스스로 자유롭게 선택한다. 이를 통하여 저학년 아동들은 고학년들로부터 관찰이나 모방을 통하여 배우는 반면에, 고학년 아동들은 자신의 정보나 지식을 저학년에게 전달하기도 하며 돕는 스스로의 모습을 보고 성장했음을 깨닫고 감동과 보람을 가지는 것이다. 이를 통하여 아동들은 상호 이해심이나 협력, 특히 다양한 장애에 대한 배려심이나 접촉 공포증을 감소시키는 등 상호 여러 사회적 경험을 하며 함께 배운다. 이처럼 몬테소리 학교는 아동들로 하여금 사회적 존재로 성장하도록 수업의 대부분은 혼합형 학년제 학급 형태를 바탕으로 자유학습활동을 실시한다. 그리고 각 아동이 수행한 자유학습활동의 결과물은 보통 수업 중이나 오후에 교사로부터 확인을 받는다.

마리아 몬테소리가 말하는 자유는 매일 아침 아동들에게 모든 학습활동을 전적으로 방임하듯 맡기는 의미보다 제시된 일정한 규범과 교사와의 합의를 기본 바탕으로 한다. 즉 이것은 일정하고 제한된 자유를 말하는 것이다. 예를 들어, 아동들이 먼저 몬테소리 교구를 자유롭게 선택할 때도 그들은 교실 환경에서 이미 제공된 일정한 교구의 범주와 관련된 것이다. 만일에 아동이 스스로 하나의 과제 수행을 선택하여 결정하여 학습활동을 시작했다면, 학습목표를 달성하기 위해 최대한 집중력이 발휘되도록 타당한 교구사용법을 따라 마무리할 책임과 의무도 지는 것이다. 이처럼 아동들이 학교생활 중에 일정한 범주 내에서 영위하는 자유는 학교공동체 내의 타인과의 관계에서도 똑같이 적용된다. 즉 아동들은 자유학습활동 시간에 자신만을 생각하기보다는 반드시 공동체 규칙을 지키며 다른 친구들을 배려하는 것을 배워야 하는 것이다.

몬테소리 학교는 자신의 독특한 교육이념이나 목적과 방법을 실행하기 위해 학교나 교실 환경을 특히 중요한 요소로 보고 있다. 예를 들어, 학교의 모든 공간이나 복도는 밝고 친근하게 조성되었고, 도처에 각종 아동들의 수제품, 사진이나 그림들이 걸려있다. 또한 교실은 수많은 몬테소리교구들이 질서 있게 나열된 진열대, 아동의 신체구조에 맞춘 책상이나 의자, 교실 한 모퉁이에 쾌적한 분위기의 의자 및 양탄자 등 매우 아늑한 학습 분위기로 꾸며져 있다. 특히 다양한 몬테소리 교구들은 아동들이 학습활동을 할 때 인지적인 능력을 함양할 뿐 아니라 촉각, 시각과 청각 등 다양한 감각경험을 자극한다. 즉 신체적, 정신적 활동의 자극원인 여러 가지 감각활동은 무한한 상상력과 창의력의 동기를 부여하는 것이다.

특히 자유학습활동에는 장애 학생 지원서비스의 최대 효율성을 위하여 일반교사나 특수교사, 사회복지사, 통합교육 보조교사 등이 학급에 시간제로 추가 투입되어 팀티칭이 이루어진다. 이 외에도 국어(독일어), 읽기-쓰기, 수학, 체육, 음악과 미술 교과, 특별한 재능을 가진 아동이나 감각 장애를 가진 아동들의 경우에는 개별적 촉진을 위해 특수교사에 의해 추가적인 교육적 지원을 실시한다. 모든 아동의 수업이나 교육적 촉진활동은 각 아동의 개별적인 학습정도에 따라서 개별적 혹은 소집단으로 실시된다. 또한 특별한 교육적 촉진이 필요한 아동을 위해서는 개별적인 촉진계획이 세워지고, 이에 따라서 교사들 간의 팀 협력을 통하여 각 아동의 학습목표가 실현되는 것이다. 예를 들어, 의료진의 진단과 보건 당국의 협력을 통하여 추가적인 체육활동이 필요한 지체 장애 아동의 경우에는 소그룹형태로 특수교사나 사회복지사와 함께 주당 일회 특별한 체육활동이 제공된다. 반면에 체육활동에 특별한 재능이 있는 아동들은 학교 대표팀에서 스케이팅, 수영이나 축구 경기에 참여할 수 있고, 그들은 최고의 성과를 함께 달성하기 위하여 추가적인 훈련시간을 체육수업에 부가하기도 한다.

또한 읽기-쓰기 영역에 어려움이 있는 아동들은 자유학습활동 시간에 주당 일회 추가적으로 촉진 그룹을 만들어 교육적 지원을 받고 있다. 반면에 인지영역에 특별한 재능을 가진 아동들을 위해서는 자유학습활동 시간에 개별적인 지원 및 교내 수학경시대회를 개최하거나 월반, 심화과정 참여나 학부모들에게 상담실, 특별한 기관 혹은 특별 프로그램 등에 참여할 것을 권고하기도 한다. 더군다나 최근에는 사회·정서적인 영역에서 문제를 가진 아동이나 이 분야에서 지원이 필요한 아동들이 증가하여 교내에서 세 단계 유형의 프로그램을 실시하고 있으며, 이주민이나 난민 등 다문화 가정의 아동에 대한 국어(독일어)교육에서도 교육적 지원이 제공되기도 한다.

차. 교과 수업

뒤셀도르프 시립 몬테소리 초등학교는 현재 12개의 혼합학년(1~4학년)의 아동들로 구성된 학급에서 함께 수업과 교육에 참여한다. 이 학교에서는 자유 학습 활동을 하고 휴식을 가진 후에는 영어, 수학을 비롯하여 국어(독일어), 음악, 미술, 스포츠, 종교, 사회과학, 수영 등의 교과수업이 학년별로 진행되는데, 이러한 수업들은 보통 2학년부터 4학년까지 구성된 그룹의 아동들에게 실시된다. 1학년부터 영어, 종교, 음악 및 체육 수업 등은 학년에 따라서 배분되어 있고, 음악이나 체육 교과교육은 자유학습활동 시간에도 실시된다. 그리고 지체 장애 학생들의 경우에는 국어, 수학, 스포츠, 수영과 같은 교과목들에 있어서 방과 후에 보충수업이 제공되기도 한다. 또한 수학, 국어(독일어)나 사회과학 등의 교과 수업에서는 특히 소통을 강조하는 학습내용들이 많이 포함된다. 예를 들어, 문학 작품에서의 글을 중심으로 하는 이야기나 수학에 있어서 다양한 해결방안에 대한 논의 활동 등이 이에 해당한다. 몬테소리 학교에서의 자유학습활동이나 교과 수업은 항상 교사들 간에 있어서 집중적이고 적극적인 상호 협력과 논의를 필요로 하는 것이다.

카. 학급협의회와 학생의회

몬테소리 학교는 보통 학년 초에 각 학급당 학급 대표 및 부대표를 각 한 명씩 선출한다. 각 학급 대표 학생들은 2주마다 학생의회로 회집하고, 전체학교와 관련된 다양한 주요 안건들이 다루어진다. 이때 각 학급의 대표학생들은 우선 자기 학급 구성원들에게 일정한 사안에 대한 의견을 조사해야 한다. 이어서 학생의회에서는 이에 대하여 각 학급의 대표자들이 투표를 하고 다수결로 의결을 하는데, 이 과정을 통하여 진지하고, 함께 결정에 참여하는 민주주의의 중요한 원칙을 경험하는 것이다. 학급 내에서는 정기적으로 학급협의회가 개최되며, 여기에서 교실 안의 문제나 혹은 운동장에서의 문제를 다루고, 이에 대한 해결방안을 모색하게 된다.

그리고 뒤셀도르프 시립 몬테소리 초등학교는 의무나 책임, 정숙, 안전, 청결, 상호 협력 및 존중, 교사의 지시 이행 등의 10개 조항으로 구성된 학교규칙이 제정되어 있다. 이를 통하여 상호이해와 평화적 분위기 조성을 위하여 모든 학생들은 학년 초부터 이를 반드시 명심해야 하고, 학부모들에게도 통지가 되어 학생과 학부모 모두의 서명 날인이 필요하기도 한다. 또한 비기독교 학생이나 기타 이유로 기독교 종교교육에 미참하는 학생들은 정규 수업교과는 아니지만 몬테소리 학교의 추가적인 과정인 이른바 '사회학습(Soziales Lernen)'에 참여하여 교육을 받는다. 여기에서 학생들은 다양한 세계의 종교에 대하여 학습하고, 동시에 친구나 가족 관계, 학교생활이나 감정의 언어적 표현 등 다양한 사회적 상호 관계를 주제로 다루기도 한다. 그리고 학년말에는 친절하고 예의 바른 인사말, 학교규칙 준수, 다른 친구와의 도움과 나눔, 음식 규칙, 학교 내 정숙, 학교물건 소중히 다루기, 타인 존중, 역할모델 등 10개 영역의 범주에서 학급 친구들로부터 모범적인 사회적 행동의 사례로 선발된 학급당 두 명의 학생들에게 학교 총회를 통하여 상을 수여하기도 한다.

그 밖에도 이 학교에는 기니피그를 비롯하여 물고기, 집토끼, 닭, 강아지 등을 사육하고 있는데, 학생들은 올바른 동물보호교육을 받음으로써 동물에 대한 지식이나 이를 다루는 법과 그에 대한 책임감을 학습하기도 한다. 또한 동물들과의 접촉을 통하여 아동뿐 아니라 교사에게도 사회성이나 심신의 안정, 스트레스 경감 등 정서적인 안정에 큰 효과를 주기도 한다.

타. 기타

몬테소리 학교는 학부모 조직과 관련하여 각 학급마다 학부모들로 구성된 학급운영위원회가 있는데, 그들은 대표자 및 부대표자 각 한명씩 선출된다. 그리고 최소한 1년에 2회 학부모회를 개최하여 아동들의 학교생활, 수업이나 새로운 프로젝트 등에 대한 정보를 얻는다. 학급운영위원회장단의 역할은 각종 행사 등의 조직, 학부모와 학급교사들 간의 정보교환 및 협력활동 등이다. 아울러 각 학급운영위원회 대표 및 부대표들이 함께 학교운영위원회를 구성하는데, 여기에서 한 명의 대표와 두 명의 부대표를 선출하게 된다. 학교운영위원회장단은 학교경영진이나 타 단체에 대하여 학부모의 관심과 권리를 대변하고 동시에 학교차원의 여러 행사들을 조직하고 지원하며 협력하는 역할을 한다. 아울러 몬테소리 학교는 기본적으로 다양한 몬테소리 교구가 구비되었을 뿐 아니라, 비장애 학생이나 특히 장애 학생의 유형이나 정도에 따라 적합한 수업자료와 함께 교실 내에 컴퓨터를 사용하기도 한다. 이를 통하여 개별적인 학습과정에 있어서 동기부여, 자료나 정보수집 등을 바탕으로 다양한 경험의 폭을 넓히거나 소통능력을 함양하는 데 도움을 받고 있다. 이에 각 학급은 최소한 두 대 이상의 인터넷 망과 연결된 컴퓨터를 교실 내에 구비하고 있다.

또한 장애인 편의 시설과 관련하여서도 학교는 승강기를 비롯하여 폭넓은 복도 및 출입문, 화장실, 장애인을 위한 특별 공간, 장애인에게 적합한 체육관과 바닥의 구조적 조절이 가능한 수영장도 설치되어 있다. 그 외에도 몬테소리 학교의 각 학급은 아동들이 소설, 그림책, 사전이나 백과사전 등 다양한 난이도의 도서를 자유롭게 선택하여 읽을 수 있도록 쾌적한 독서 공간을 교실마다 모퉁이 공간에 설치하여 운영하고 있다.

4. 통합교육의 목적 및 가치

일반적으로 교육의 최종적인 목적은 조화로운 인간 발달을 통하여 인간다운 삶을 살아가며 자아실현과 개인의 행복한 삶을 추구하는 데 있다고 할 것이다. 특수교육의 목적 또한 이와 크게 다를 바 없는데, 장차 장애아의 사회적 격리나 차별을 예방하고 동등한 사회적 일원으로서 참여하고 적응하여 더불어 살아갈 수 있는 능력을 키우는 데 있다. 따라서 통합교육은 개인이 가진 차이의 유형 및 정도에 관계없이 모든 생활 영역에 동참함으로써 행복한 공동체 사회의 건설을 지향한다. 이러한 차원에서 통합교육은 다음과 같이 네 가지의 목적과 가치를 추구하는데, 즉 인간의 다양성, 교육의 평등성, 교육의 수월성 이해의 확대 및 사회적 조화성 등이다(정대영, 2004, 2005).

첫째, 통합교육은 인간의 다양성을 전제로 하고 서로 인정하고 수용함으로써 출발한다. 인간의 다양성은 서로의 여러 가지 차이를 인정하고 수용하며 존중하는 것이 가장 기본적인 자세이다. 사회의 구성원들은 다양한 외모만큼이나 능력이나 성격에서 상호 간에 많은 차이를 보이고 있다. 학교사회와 학급사회 역시 예외일 수 없으며 그 구성원들 역시 다양한 개인들의 집합체이다. 각 개인들 사이의 다양한 능력 수준은 차별과 집단화의 상대적 조건이나 근거가 되는 것이 아니라, 개인차와 개별적인 독특한 교육적 요구로 이해되어야 하는 것이다.

둘째, 통합교육은 교육의 평등성을 추구하는데, 교육의 평등성이란 개인이 지닌 학습 능력과 요구에 적합한 교육 서비스를 제공해 주는 것을 의미한다. 즉 그러한 교육적 서비스가 양적 및 질적으로 보장되는 것을 평등주의적 기회 평등이라고 한다. 이것은 특히 우리나라의 기본법인 헌법 제31조 제1항에 '모든 국민은 능력에 따라 균등하게 교육받을 권리를 가진다'라고 규정함으로써 모든 국민들에 대한 교육의 균등한 기회를 제공할 것을 명시하고 있다.

셋째, 통합교육은 교육의 수월성을 지향한다. 수월성 교육은 일반적으로 남들보다 뛰어나고 우월한 능력을 가진 피교육자에 대하여, 그 능력을 개발하려는 교육이나 교육 프로그램, 영재교육 또는 우수학생의 교육을 의미한다. 그러나 여기에서는 영재를 발굴하여 교육하는 것도 중요하지만 수월성을 좀 더 근본적으로 확대하여 해석할 필요가 있다는 것이다. 즉 각 개인이 가진 다양한 잠재력을 최대한 계발시켜 주는 기회와 환경을 조성해주는 것이야말로 교육의 수월성을 보장해 주는 것이다.

넷째, 통합교육은 조화의 극대화를 강조한다. 이는 다양성을 가진 모든 구성원들이 어느 한 사람 소외되지 않고 각자의 역할과 기능을 발휘하며, 집단의 공동선을 위해 기여하고 나아가 조화를 이루며 더불어 살아가는 집단사회, 즉 더불어 사는 공동체 사회를 실현하는 것이다. 이상적인 공동체 사회에서는 능력, 성별, 종교, 인종, 빈부, 문화 등의 조건에 따라 편견과 차별이 이루어지지 않는 사회를 말한다. 마치 오케스트라처럼 비록 다양한 모양, 소리 등의 악기가 모여 있지만 조화를 이룰 때에 아름다운 음악을 창조할 수 있는 것처럼 공동체 사회도 마찬가지다. 각자가 가진 여러 가지 다양성이 갈등이나 분쟁의 요인으로 작용하기보다는 오히려 상호간의 인정과 이해를 통하여 하모니(harmony)를 이룸으로써 조화로운 학교와 더 나아가서 사회를 창조하는 기초가 되는 것이다.

5. 통합교육의 효과

통합교육은 장애 아동에게는 물론 비장애 아동에게도 여러 가지 긍정적인 영향을 준다는 것이 이미 많은 국내외 연구에서 제시되었다. 여기에서는 통합교육의 효과를 장애 아동과 비장애 아동으로 나누어 간단히 살펴보고자 한다.

먼저 장애 아동의 입장에서 살펴볼 수 있는 통합교육의 효과는 특히 사회성 향상을 들 수 있다. 즉 일반아동의 행동을 관찰하고 모방하며 일반아동들과의 바람직한 상호작용을 통해 바람직하지 못한 행동을 감소시키고 사회적으로 수용될 수 있는 다양한 행동을 배울 수 있다는 것이다. 그리고 통합교육을 통하여 장애 아동은 다양한 어휘와 바른 언어표현 방식 등 언어적 능력 향상을 꾀할 수 있다. 아울러 잠재적 능력의 발휘 기회를 가지는데 일반학급에서 일반아동과 정상적인 생활을 하면서 장애 아동의 숨겨진 잠재능력을 발견하고 이를 발휘할 기회를 가질 수도 있다. 또한 통합교육은 장애 아동으로 하여금 친구와 함께 공부한다는 자긍심을 가짐으로써 긍정적인 자아 존중감 발달에 큰 영향을 끼치게 된다는 점이다.

아울러 통합교육이 일반아동에게 주는 효과로는 우선 인간의 다양성과 존엄성을 배울 수 있는 점이 있다. 이는 다른 사람을 배려하는 마음과 태도 발달에 도움이 되며, 장애인에 대한 두려움이나 오해가 감소되어 장애인을 자연스럽게 대할 수 있게 된다. 또한 자신의 건강함에 대한 감사하는 마음을 가지게 되며, 다른 사람을 도울 기회를 가져 다양한 사회적 행동을 배우게 된다(이소현, 2004; 박승희, 1994).

이처럼 통합교육의 효과를 각자의 입장에서 한마디로 요약한다면, 먼저 장애 아동을 위해서는 모방학습의 효과를 통하여 의사소통, 사회성, 대인관계 기술 등을 향상시키고, 비장애 아동에게는 특히 인성교육에 미치는 효과가 매우 크다 할 것이다.

무엇보다도 통합교육이 지향하는 목적이나 사상은 아래에서 우리나라의 <인성교육진흥법> 제2조(정의)에 나오는 인성교육의 정의와 더불어 핵심가치와 덕목 및 핵심역량들과 일맥상통하는 것이라 할 것이다.

> 1. "인성교육"이란 자신의 내면을 바르고 건전하게 가꾸고 타인·공동체·자연과 더불어 살아가는 데 필요한 인간다운 성품과 역량을 기르는 것을 목적으로 하는 교육을 말한다.
> 2. "핵심 가치·덕목"이란 인성교육의 목표가 되는 것으로 예(禮), 효(孝), 정직, 책임, 존중, 배려, 소통, 협동 등의 마음가짐이나 사람됨과 관련되는 핵심적인 가치 또는 덕목을 말한다.
> 3. "핵심 역량"이란 핵심 가치·덕목을 적극적이고 능동적으로 실천 또는 실행하는 데 필요한 지식과 공감·소통하는 의사소통능력이나 갈등해결능력 등이 통합된 능력을 말한다.

특히 인성교육의 일환으로 통합교육은 최고의 방법이며 또한 교육의 가치를 지닌 교육철학의 실천이라 할 것이다. 이러한 통합교육을 바탕으로 학교현장에서 장애 아동과 비장애 아동들 간의 건전한 통합교육이 장차 사회적 통합을 이루는 초석이 될 것이라는 점을 믿어 의심치 않는 바이다.

6. 통합교육의 성공조건

통합교육의 성공적이고 효과적인 결과를 기대하기 위해서는 단순히 장애 아동을 일반학급 또는 비장애 아동과 함께 물리적인 공간에 배치했다는 것으로는 불가능한 것은 자명하다. 통합교육이 추구하고자 하는 소기의 목적이 성취되기 위해서는 반드시 고려되어야 할 환경이나 전제조건들이 갖추어져야 한다. 계획적이지 못하거나 무조건적인 통합은 오히려 장애 아동의 발달에 악영향을 줄 뿐만 아니라, 부모나 아동 자신에게 매우 부정적인 영향을 미칠 수 있는 것이다.

물론 통합교육을 성공적으로 이끄는 요인으로는 우선 법, 제도, 행정체제, 재정확보와 지원방식 등 사회적 구조의 개선, 교육내용 및 방법의 개발, 인간의 다양성과 존엄성을 인정하고 수용하는 태도 등 다양한 사회적 환경이 형성되어야 한다. 그러나 여기에서는 성공적인 통합교육의 여러 조건 가운데 인적 요소들과 관련하여, 특히 장애 아동과 일반아동, 특수교사와 일반교사, 장애아 및 비장애아 부모들의 입장을 중심으로 고찰하고자 한다.

(1) 장애 아동의 측면

이미 많은 선행 연구결과들은 일반적으로 통합교육의 시기는 빠르면 빠를수록 효과적이라고 밝히고 있다. 먼저 비장애 아동의 측면에서 볼 때 유아들은 특정 집단에 대한 특별한 태도나 인식에 있어서 편견 및 차별의 감정 등 고정관념이 형성되지 않았기 때문에 조기에 장애 및 비장애 아동의 접촉경험은 상호간의 이해 및 수용가능성을 훨씬 높여준다는 것이다. 따라서 이는 영유아교육기관에 해당되는 유치원이나 어린이집에서부터 통합교육이 활성화되어야 함을 의미하는 것이다(김옥기, 1993). 그리고 장애 아동들이 일반 학급에 입급되어 비장애 아동으로부터 때로는 거부되거나 따돌림을 당하고 놀림의 대상이 되는 현상은 물론 장애 아동에 대한 교사나 비장애 아동의 잘못된 태도나 정보부족으로 인해 발생하기도 하지만, 장애 아동 자신의 사회적 기술 혹은 대인관계 기술의 결함으로 생길 수도 있다는 것이다. 교사는 장애 아동에게 필요한 사회적인 기술들을 습득시켜야 하는데, 인사하기, 다른 사람의 활동을 방해하지 않기, 큰 소리로 떠들지 않기, 공통적인 주제에 관심 가지기 등을 적극적으로 지도하여 사회적 기술의 결함으로 인해 아동이 소외되거나 불이익을 받지 않도록 지도해야 한다.

(2) 비장애 아동의 측면

장애 아동이 일반학급에 입급되기 전에 비장애 아동들에게 적절한 오리엔테이션을 실시함으로써 비장애 아동들이 장애 아동들을 인정하고 수용할 수 있는 긍정적 태도와 인식을 형성하는 것이 무엇보다도 중요하다. 장애 아동이 가지고 있는 문제점뿐만 아니라 장점 및 비장애 아동과의 공통점 등을 인식시켜 장애 아동이 나와 동일한 인간이며 장애를 단지 개인적인 능력의 차이의 연장선으로 볼 수 있는 관점을 가르치는 것이 가장 중요한 기초인 것이다. 이를 위하여 다양한 방법들이 있는데, 예를 들어 적극적인 삶을 살아온 장애인들의 모습을 알아보게 하거나 장애 아동을 소개하는 책이나 TV, 비디오 등의 시청각 자료를 통해 장애에 대한 사전 지식과 정보를 제공하고 이해하게 한다. 또는 모의 장애 체험이나 장애인 초청 강연, 혹은 특수학교, 특수학급 등의 견학을 통해 장애를 접하게 할 수도 있다. 장애 아동이 일반학급에 들어온 후에는 비장애 아동과 함께 협력 학습을 하게 하고 비장애 아동이 동료교사 혹은 자원봉사자 등의 역할을 함으로써 장애인에 대한 긍정적인 태도와 인격적인 수용태도를 함양할 수 있을 것이다(신현기 외, 2005).

(3) 교사의 측면

교육현장에서 통합 교육의 실천에 있어서 장애 아동을 대하는 교사의 태도와 역할은 비장애 아동의 장애 아동에 대한 태도형성에 직접적인 영향을 미치며 궁극적으로 통합교육의 성패를 좌우할 만큼 매우 중요한 의미를 가진다. 통합교육을 성공적으로 실현하기 위하여 교사의 측면에서 우선 학생들에 대한 태도와 전문적 자질뿐만 아니라 특수교육을 담당하는 교사와 통합학급 교사 간의 공동협력을 위한 역할과 태도가 결정적인 요인에 해당할 것이다(이소현 · 박은혜, 1998).

우선 장애 아동의 교육을 주로 담당하는 특수교사의 역할 및 태도를 살펴보면, 우선 적절한 개별화교육프로그램을 개발 적용하고, 학교 행사 등 학교의 전체 프로그램에 장애 아동의 참여를 촉진하며, 통합학급에서 장애 아동이 학급 구성원으로 받아들여져 생활할 수 있도록 지원하고, 또한 그들이 통합학급의 수업에 의미 있게 참여할 수 있도록 지원한다. 그리고 장애 아동과 비장애 아동의 상호작용이 잘 이루어질 수 있도록 지원하여 비장애 아동과 장애 아동이 상호간에 올바른 인식과 태도로 대할 수 있도록 지도한다. 특수교사가 일반교사에게 통합교육의 의의와 장애 아동의 특성, 지도방법을 자문하기 위해서 전문성이 구비되어야 하며, 아울러 통합학급 교사와 지속적으로 협력하는 것이 무엇보다도 중요하다.

이어서 통합학급 교사는 통합학급에서 장애 아동을 동등한 학급구성원으로 인정하고 긍정적으로 수용하는 긍정적인 인식과 태도를 가지는 것이 무엇보다도 중요한 요소에 해당한다. 그리고 이들은 통합학급에서 장애 아동이 수업에 비장애 또래들과 함께 의미 있고 적극적으로 참여할 수 있도록 지도한다. 또한 장애 아동과 일반아동의 사회적 상호작용도 잘 이루어질 수 있도록 지도하며, 특수학급 교사와 지속적으로 협력하는 것이 매우 중요하다.

또한 성공적이고 효과적인 통합교육의 실현을 위하여 교사의 측면에서는 일반교사와 특수교사간의 공동협력이 매우 중요한데, 이를 위하여 특수교사와 일반교사 간의 상호존중과 공동 책임의식이 반드시 전제되어야 할 것이다.

(4) 부모의 측면

통합교육에서 소기의 목적을 달성하는 데 있어서 결정적인 요인은 교사의 역할과 자질이기도 하지만 부모의 태도나 인식도 마찬가지로 매우 중요한 전제에 속한다. 따라서 장애 아동 부모뿐만 아니라 비장애 아동의 부모의 인식과 태도가 동일한 비중을 가짐에 따라서 이들을 대상으로 하는 부모교육도 반드시 요구되는 것이다. 이에 학교에서 학부모를 대상으로 하는 여러 다양한 연수나 초청 강연을 통해 통합교육의 필요성을 인식하게 하며, 장애 아동에 대한 지식과 정보를 제공함으로써 이해를 돕는 것도 중요하다. 또는 장애 아동과 비장애 아동의 부모간의 모임을 통하여 서로 이해를 하게 하는 것도 통합교육에 중요한 변수로 작용할 수 있는 것이다(신현기 외, 2005).

특히 장애의 발생 시기가 선천적이든 후천적이든 원인에 상관없이 자녀의 장애는 부모들에게 있어서는 매우 다양한 반응을 일으키게 하는 요인이 된다. 곧 부모가 될 사람들이 아직 태어나지 않은 아이에 대하여 여러 가지로 상상하고 기대하는 일은 아주 자연스러운 일이라 할 것이다. 아이에 대한 기대는 사회적 계층에 따라서 매우 다양한데, 예를 들어 중산층 혹은 상위층의 경우에는 총명하고 예쁘고, 사랑스럽고, 양육하기 쉬운 아이 등 모든 부분에서 완전하고 최고로 갖춘 자녀이기를 희망하고 기대한다고 한다. 그러나 기대가 크면 클수록 충격과 실망과 절망 또한 크기 마련이다. 이러한 부모의 실망은 보통 세 가지 관점을 의미하는데, 그중에 한 가지는 이 아이에 대하여 가지고 있는 미래의 희망과 기대에 관한 것이고, 또 한 가지는 여러 가지 비교적 제한된 자녀의 삶의 문제이다. 그리고 또한 친척, 친구, 직장동료 등 주위 환경의 반응을 들 수 있는데, 이는 부모의 절망에 수치심이 더하여지게 되는 것이다(Saal, 1984; Vernooij, 1998).

그렇지만 다양한 관련 문헌들에 나타난 장애아 부모, 특히 어머니의 반응들은 모두가 일치를 보이지는 않는다. 단지 공통적으로 나타나는 세 가지 형태는 우선 충격(shock)을 비롯하여 죄책감(Guilt emotion)이나 현실적인 위협적이거나 외상적인 사건을 받아들이지 않고 거절하는 부정(denial), 자신이 갖고 있는 좋지 않은 충동을 다른 사람이 가지고 있다고 원인을 돌리는 투사(projection), 자신의 행동을 부정확한 변명을 사용하여 받아들여질 수 있게끔 행동을 재해석하는 합리화(rationalization) 혹은 수용될 수 없는 충동이 사회적으로 받아들여질 수 있는 충동으로 대체되는 승화(昇華, sublimation) 등 방어적 행동 기제들이다(Cloerkes, 2001; Vernooij, 1998).

또한 장애아 부모의 반응과 관련하여서는 자녀의 장애유형에 따라서 중요한 역할을 하는 것으로 알려져 있다. 예를 들어, 지적 장애아의 출생에 있어서는 부모의 죄책감이 두드러지게 나타나고, 자녀뿐만 아니라 부모의 삶의 의미에 대한 강한 의문을 불러일으킨다는 것이다(Cloerkes, 2001; Sporken, 1975). 그리고 장애자녀에게 있어서 양육이나 교육, 보호, 의사방문 및 치료활동 등은 특별히 어머니에게 장기적으로 시간적으로나 신체적 혹은 심리적으로 심한 부담을 의미한다. 그 밖에도 나이가 든 장애 아동의 양육에서 어머니들은 종종 신경증을 비롯하여 소진(burn out), 수면장애, 우울증 등 건강상의 문제도 동시에 발생한다(Froehlich, 1991; Bremer-Huebler,1990; Jonas, 1994).

다른 한편으로 가족 내에서 장애자녀의 아버지 역할은 어머니와는 달리 대부분 조연(助演) 혹은 주변인으로 본다(Hinze, 1991). 장애 아동의 출생에 대한 아버지의 반응으로는 우선 장애를 가진 자녀(특히 장애를 가진 자녀가 아들인 경우)의 인생에서 미래가 없는 것으로 여긴다는 것이다. 이에 그들은 전통적인 관점에서 아버지의 역할 상실에 대한 극심한 실망감(Balzer/Rolli, 1975), 정서적인 부담감으로부터의 탈출과 좌절경험의 보상으로서 직업적 업무에 몰입하거나 장애자녀에 대한 부인의 각별한 애정과 관련하여 소홀(무시)감 및 질투심 등을 가지는 것을 볼 수 있다. 또한 장애자녀의 아버지들은 직업 활동으로 인하여 장애 아동과의 접촉 시간의 부족하거나 또는 남성이나 아버지들의 갈등상황에 대한 회피경향이나 장애아 어머니와 관련 전문가들이 아버지의 역할을 중요하지 않게 여기는 등 여러 가지 이유로 자녀의 장애를 수용하고 인정하는 데 대체로 많은 시간과 어려움들을 가진다(Lamb, 1983; Kalenbach, 1992; Hinze, 1992).

슈테기(Stegie, 1988)에 따르면 장애자녀의 발생으로 인한 부모의 심리 · 정서적 특성을 충격을 비롯하여 거부 및 불인정 등 위기적 반응, 절망, 비애, 공포, 우울 및 분노 등의 정서적 분열 상태 등을 거쳐 타협과 수용의 최종단계로 이어진다는 것이다. 한편 슈하르트(Schuchardt, 1996)는 학습과정으로서 위기관리의 일반적인 모델을 제시하는데, 불확실성을 비롯하여 확실성, 공격성, 타협, 우울, 수용, 적극성, 연대성 등의 순으로 주장하기도 한다.

따라서 장애아 부모나 가족들이 가지는 심리적, 신체적 혹은 경제적인 부담과 스트레스에 대하여 이해하며 격려와 지지를 통하여 긍정적으로 문제를 개선하거나 해결하도록 돕는 것이 필요하다. 장애 자녀의 부모가 경험하는 일반적인 심리·정서적 반응 특성은 다양한 과정이 있지만 보통 충격과정을 비롯하여 거부와 분노, 죄책감과 죄의식, 수용 및 적응단계 등 일련의 과정을 거친다는 것이다. 그러나 이러한 다양한 심리적 반응단계들은 일회성(一回性)으로 지나가기보다는 오히려 특정 상황에서는 종종 반복적으로 발생할 수도 있음에 유의해야 할 것이다.

먼저 제1단계는 충격(shock)단계인데, 장애 아동이 출생하거나 혹은 진단될 때에 자신의 자녀가 장애 아동이라는 사실을 알게 되는 경우 부모들은 대부분 커다란 충격, 즉 심한 정신적 공황 상태를 경험하게 된다. 이 시기에 교사나 상담자는 주로 수용과 이해를 통하여 인내심을 가지고 기다릴 필요가 있다.

제2단계는 거부와 분노(denial & anger)로 반응하기도 하는데, 장애를 과소평가하거나 혹은 받아들이지 않는 전형적인 거부 및 분노의 반응을 나타낸다. 부모들은 담당 의사 및 전문가의 진단에 대하여 의심하면서 다른 전문가들을 찾아다니며(doctor shopping) 긍정적이고 수용할 만한 진단 결과를 찾아 계속 다니게 된다. 이때 장애자녀에 대한 적절한 교육과 치료시기를 놓치는 부정적 결과를 가져올 수 있으므로 주의하여야 한다. 아울러 부모가 더 이상 자녀의 장애 상태를 거부할 수 없으면 주변의 관련 전문가, 의사, 배우자나 해당자녀 등에 대한 분노와 원망이 생긴다. 심지어 자신을 진정 돕고자 하는 사람들에게까지 직접 화를 내기도 하고, 그들의 동기에 대해 의심을 가지기도 한다. 상담과정에서는 분노의 감정과 마음을 표출하도록 허용하면서 서로에게 상처가 되지 않도록 배려하고 깨닫도록 한다. 이시기에는 상담자나 교사가 많은 격려와 위로를 통하여 극복하도록 지지하는 것이 필요하다.

이어서 제3단계에는 죄책감과 죄의식(Guilt emotion)이 나타난다. 자녀의 장애 상태를 객관적 또는 사실적인 현실로 인정한 후에 종종 나타나는 것이 죄책감이나 죄의식이다. 부모들은 장애자녀의 출생에 대하여 자신이나 주위환경 또는 다른 사람이나 신을 비난하거나, 부모 자신(특히 어머니)의 어떠한 잘못으로 벌을 받는 것이라고 생각하는 등 자책, 원망, 합리화, 투사 등 다양한 방어기제를 사용하거나 무기력, 고립감 혹은 우울증 상태가 나타나기도 한다. 이 시기에는 죄의식과 죄책감의 감정으로 인하여 부모가 우울증에 걸릴 수 있으므로 용기와 격려를 통하여 죄책감으로 인한 우울증에서 속히 벗어날 수 있도록 상담이 진행되는 것이 중요하다.

마지막 제4단계는 수용 및 적응(acceptance & adapt)이며, 이를 회복기라고도 한다. 이는 앞의 다양한 일련의 과정을 거치고 난 후에 자녀의 장애를 인정하고 수용하기 시작하고 전문가 상담이나 각종 관련 모임 등을 통하여 자녀의 문제에 보다 적극적이고 구체적인 해결을 위해 다양하게 노력하게 된다. 이때에는 특히 장애유형과 정도에 알맞은 구체적이고 실제적인 정보와 문제해결책에 대한 직·간접적인 지원 및 중재의 역할이 절실히 요구되는 시기이다.

제4장

장애 아동 교육의 역사

일반적으로 역사 연구의 가장 큰 의미는 비판력이나 판단력을 함양함에 있다 할 것이다. 역사란 인간 및 자연의 모든 현상에서 과거에 일어난 사실이나 그 사실에 대한 기술을 말한다. 그러나 역사를 연구하는 것은 결코 한 사건의 과거만을 연구하는 것이 아니라, 과거를 바탕으로 하여 현재를 이해하고 나아가 미래까지 예측하는 것이다. 이렇듯 특수교육의 역사도 마찬가지로 장애인과 관련한 교육의 발생, 사상 및 제도 등에 관한 교육과정의 역사 또는 그것을 연구하는 학문이다.

역사의 발전과정에는 언제나 당시 각 사회의 의식이나 사상들이 깊이 개입되고 반영된다. 따라서 특수교육의 역사는 사회의식과 사상의 변화에 영향을 받으면서 진행되어 왔다. 인류사 가운데서 방임과 조소, 경멸과 유기의 대상이었던 장애인들이 오늘날 완전 통합의 차원에 이르기까지 특수교육의 발전의 역사를 이해하는 것은 현대 특수교육의 본질과 현상에 대한 해석뿐만 아니라, 이러한 역사적인 회고를 통해 미래 특수 교육이 나아가야 할 방향이나 철학을 정하는 데 매우 중요한 기초적 자료로서의 가치와 의미를 가지는 것이다. 여기에서는 서양의 특수교육의 역사적 흐름을 비롯하여 우리나라의 장애인에 대한 교육적 조치를 각 시대별로 나누어 개괄적으로 알아보고자 한다.

1. 구미의 장애 아동 교육의 성립과 전개

인류의 역사적 흐름 속에서 장애아에 대한 사회적 태도는 각 사회의 문화, 종교, 정치 등 여러 상황의 영향력에 따라 매우 다양하게 변천되어 왔다. 따라서 특수교육의 발달 과정을 시대별로 구분하기는 쉬운 일이 아니지만, 여기에서는 선사시대 및 고대 시대, 중세시대, 근대 시대와 현대로 나누어 각각 살펴보고자 한다.

(1) 선사시대(B. C. 45,000~B. C. 20,000) 및 고대 시대(B. C. 1,550~A. D. 476): 멸절의 시대

선사시대(prehistory)는 문자를 사용하는 역사시대(history)와 대비되는 개념이며, 여기에는 구석기시대, 중석기시대, 신석기시대, 청동기시대, 초기 철기시대까지를 포괄하는 시대적 개념으로 이해되고 있다. 아울러 선사시대와 역사시대 사이의 과도기를 원사시대(protohistory)라고 부르기도 한다. 그런데 선사시대에 대한 연구는 문자가 없었으므로 대개 전적으로 지상이나 물밑에 남겨진 유적이나 유물들을 중심으로 지질학, 고생물학, 물리학 혹은 생화학 등의 자연과학 분야의 학문적 도움을 필요로 한다.

따라서 선사 시대에 있어서 장애인들에 대한 역사적 기록이나 문헌이 거의 없는 상황에서 당시 그들에 대한 사회적 태도나 행동에 대한 평가는 쉽지 않은 것이 사실이다. 그러나 대체적으로 메소포타미아나 이집트 지역에서는 장애나 질병은 신의 벌로 간주되었으며, 장애인들에 대하여 교육권을 박탈하고 살해하는 등 부정적인 인식이 지배적이었다. 그러나 간혹 일부 문화권에 따라서는 부분적으로는 그들에 대한 긍정적인 측면도 살필 수 있다.

지금의 이라크 북동쪽에서 기원전 약 45,000년 전의 네안데르탈(Neandertal)인에 대한 발굴 작업 중에 중증 장애인이었던 것으로 여겨지는 약 35~40세가량의 남자 신체골격이 발견되었다. 그는 왼쪽 눈 실명을 비롯하여 오른쪽 전박(前膊, 팔꿈치부터 손목까지의 부분, 아래팔) 및 손의 마비, 보행기능 등에 있어서 상당한 제한을 가진 것으로 조사됨에 따라서 자기 자신이나 집단의 생계를 유지하는 데 기여할 가능성은 아마도 매우 낮은 것으로 보인다. 그는 물질주의적 측면에서만 본다면 전혀 유용한 존재가 아니었음에도 불구하고 자신이 속한 부족으로부터 치료와 돌봄을 받고 수년 동안 생존했던 것으로 추정하고 있다.

특히 오늘날 우크라이나(Ukraine) 남부의 크림(Krim)지역에서 원시 네안데르탈(Neanderthal)인들에 의하여 수두증(Hydrocephalus)으로 인해 지적 장애를 가진 것으로 보이는 약 2세 정도의 아이가 매우 경건한 형태로 매장된 것이 발굴되었다.

아울러 기원전 약 25,000년 전 석기시대 당시 오늘날 체코슬로바키아의 한 지역인 모라비아 정착지에서 40세 정도의 얼굴에 심한 기형을 가진 여성이 두 개의 매머드(홍적기에 서식한 거대한 코끼리) 견갑골(어깨뼈, 肩胛骨, shoulder blade)로 덮인 채 무덤에서 발견되었다. 그 당시 여러 가지 발굴 자료들이나 매장 형태들을 근거로 볼 때, 이 여성은 자신의 기형적 외모에도 불구하고 공동체에서 영향력이 있는 위치를 차지하고 있었던 것으로 가정할 수 있는 것이다(Haas, 1992).

그리고 동일한 석기시대의 한 정착지에서 발견된 다른 자료들을 통해서 살펴볼 때도 초기 부족사회에서도 신체적인 장애가 결코 사형선고를 의미하지 않았다는 것이다. 1986년에 16~18세로 추정되는, 세 명의 또래로 보이는 여성들이 무덤에서 발견되었다. 그들은 모두 팔의 움직임이나 조절에 상당한 제한을 유발할 정도의 어깨둘레에 유전성 기형 증후군을 가졌다. 그리고 그중에 한 여성은 추가적으로 현저한 장애를 가진

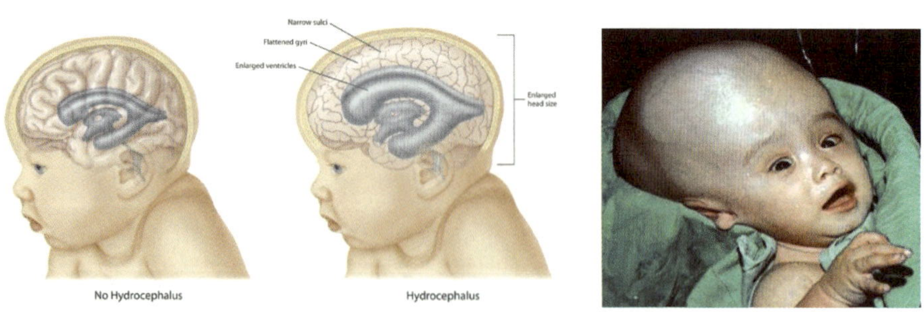

<수두증(중간 및 오른쪽 그림)>

출처: https://commons.wikimedia.org/wiki/File:Hydrocephalus_CDC.png#/media/File:Hydrocephalus_CDC.png

것으로 알려졌는데, 즉 왼쪽 팔, 오른쪽 허벅지 및 다리가 짧고, 척추 측만이 있으며, 고관절 기형 및 이분척추 등 기타 많은 병리학적 문제와 선천성 기형을 가진 것으로 알려졌다. 이러한 병리학적 질병과 장애는 빙하시대의 공동체 생활에서는 심각한 문제였음에는 틀림이 없었지만, 그럼에도 불구하고 이들은 그 당시로서는 거의 20세 정도까지 생존했다는 것은 놀랄 만한 일이었다.

그뿐만 아니라 모스크바 북동부와 프랑스 서부에서도 이와 비슷한 유형의 결과를 볼 수 있다. 특히 후자의 경우에 프랑스의 막달라(La Madeleine) 중앙지역에서 한 남성의 유골이 발견되었는데, 중증 장애를 가졌음에도 당시 구석기 시대에 예외적으로 50~60세까지 생존했다는 것이다. 그 당시의 다양한 유골이나 유물 등의 발굴에 따르면, 장애를 가진 사람들은 동료들로부터 특별한 관심이나 치료를 받은 것으로 추정할 수 있는 것이다. 아무튼 이 시대의 부상자를 비롯하여 병약한 아동 및 청소년 등 장애인들은 당시의 사회 공동체로부터 보호와 도움으로 생존하여 성인이 될 수 있는 기회를 가졌던 것으로 여겨진다. 하지만 이러한 초기 사회의 시대에 장애인들이 일반적으로 어떤 위치나 의미를 가졌는지에 대하여 일반화된 진술은 사실상 불가능한 일이다.

좁은 의미에서 세계사의 시작은 기원전 약 3,000년경으로 설정하는데, 이때 가장 오래된 문명지에 속했던 고대 동양의 유프라테스 강과 티그리스 강(Euphrates & Tigris, 현재 이라크 지역) 혹은 나일 강(이집트 지역) 근교는 경작지였으며, 아울러 장애인에 대한 어느 정도의 증거나 자료를 얻을 수 있는데, 고대 메소포타미아에서 발견된 자료에 따르면 장애인에 대한 사회적 태도를 다소 짐작할 수 있다. 그리고 오래된 문서에 따르면 국가 당국이나 사원에서는 경증 장애인이나 청각 및 시각 장애인을 고용하고자 시도하기도 했다. 그들은 대부분 사회에 통합되었는데, 아마도 이들은 더 높은 행정적인 지위까지 다다를 수 있었으며, 특히 맹인들에게는 음악가와 지체 장애인에게는 금세공인의 직업을 지정하기도 했다. 그 당시에는 장애 자체가 형벌의 일종이 아니라 많은 신들의 기분으로 해석되기도 했다. 그 밖에도 고대 아시리아(Assyria) 왕국은 범죄자와 적을 맹인으로 만들거나 신체를 절단하기도 했다고 한다(Mueller, 1996).

또한 고대 이집트의 경우를 살펴보면, 작가였던 아메네모페(Amenemope)가 쓴 <아메네모페의 교훈>이 있다. 이 책은 기원전 1300년~기원전 1075년경의 작품으로 보고

<고대 이집트의 4대 왕 아메네모페(Amenemope)의 무덤가면(카이로 박물관)>

출처: https://de.images.search.yahoo.com/search/images;_ylt=Awr9J.h5JylfFKoALWYzCQx.;_ylu=X3oDMTByNWU4cGh1BGNvbG8DZ3ExBHBvcwMxBHZ0aWQDBHNlYwNzYw--?p=Amenemope&fr=yfp-search-sb

있으며, 사람이 살아가는 데 필요한 권고사항들로 된 격언과 훈계를 담고 있다. 그리고 이 내용들은 이집트의 윤리적 기초이며, 학교 교육과정의 일부로 간주하고 있다.

여기에는 다음과 같은 내용이 있는데, 예를 들어, '맹인을 비웃지마라' 혹은 '마비된 사람을 더 어렵게 만들지 마라' 또는 '신의 손에 있는 사람을 조롱하지 말고 마치 그를 공격하려고 하는 것처럼 화 내지 말라' 등을 들 수 있다. 아메네모페에 의하면, 인간이 가진 장애의 원인은 전적으로 신의 뜻에 기인하기 때문에 인간적인 이해나 인식을 초월한다는 것이다(Schroeder, 1983).

한편 고대사회는 기독교 전기시대로 장애인들은 무시를 당하거나 극심한 학대를 받는 등 멸절의 시대를 맞았다. 그들은 18세기 계몽사상의 일환으로 특수교육의 성립이 있기까지 기본적인 생존권은 물론 교육에서도 오랫동안 소외의 대상으로 남았다(김영욱 외, 2005).

<스파르타 전사(戰士)의 동상>

출처: https://de.wikipedia.org/wiki/Sparta

서양 문명의 기원인 고대 그리스나 로마시대에 장애인은 시대와 국가에 따라 약간의 차이가 있지만, 대체로 학대, 유기, 무시, 혹사 등을 당한 시대라고 할 수 있다. 아프거나 장애를 가지거나 혹은 허약한 신생아들은 고대 그리스에서뿐만 아니라 로마에서도 양육을 하지 않고 유기하여 그들의 운명에 내맡겼다. 만일 가족이 경제적으로 어려워서 아이를 키울 수 없는 경우에는 비록 그 아이가 건강하더라도 버려졌다는 것이다. 그러나 나중에 로마에서는 버려진 아이들의 문제를 구호소의 도움으로 해결하고자 시도하기도 하였다.

<스파르타(Sparta) 시에서 본 타이게투스(Tygetus)>

출처: https://de.wikipedia.org/wiki/Taygetos#/media/Datei:Taygetos_From_Sparti.jpg

<에우로테스(Eurotes) 강의 하상(河床 stream channel)>

출처: https://de.wikipedia.org/wiki/Evrotas#/media/Datei:Eyrwtas.PNG

도시 혹은 도시국가를 의미하는 폴리스(Polis)의 연합체로 이루어진 고대 그리스는 개인보다는 국가전체를 우선하는 정책을 폈기 때문에 태어난 아이는 가족의 한 일원(一員)이기보다는 국가의 자산이라고 간주하였다. 특히 그리스는 장애인을 '식충이'라고 불렀고, 스파르타에서는 법전에까지 명시하여 국가의 '해충'으로 취급하였다. 예를 들어, 대표적인 도시국가 중 하나인 스파르타(Sparta)는 이상적 인간상(人間像)을 '군인상(軍人像)'으로 정하고 건강한 군인 양성을 통해 국가적 번영과 부강을 강조한 리쿠르구스(Lycurgus, B. C. 800년 경)법전에 의거 태어난 아이는 국가로부터 정해진 규범이나 가치에 일치하는 신체적, 정신적 건강을 공인 받아야 지역사회에 수용되어 한 사람의 시민으로 살아갈 수 있었던 사회였다.

그러나 태어난 아이가 병들거나 장애아이거나 혹은 신체 허약아이면 아버지로부터 빼앗아 바로 깊은 계곡이 있는 약 2,400m 높이의 타이게투스(Tygetus)산에 던져버리거나 에우로테스(Eurotes)강에 던져 익사시켰다(김영욱 외, 2005; Malbin 1922).

한편 B. C. 594년경 아테네(Athene)는 솔론(Solon)법에 의거해서 신체 허약아 등 국가발전에 기여할 수 없는 아동들은 공동의 이익에서 제외되어 양육에 대한 권리가 박탈되어 살해되거나 진흙 항아리 같은 곳에 넣어 강물에 띄워 보내는 유기 풍습이 성행하기도 했다. 그리고 현재 튀니지 북부의 튀니스에서 동쪽으로 약 10km 떨어진 아프리카 지중해 연안에 위치한 카르타고(Cartage)에서는 태양숭배의 일환으로 맹 아동을 타오르는 불길에 화형시키기도 하였다.

이어서 그리스와 마찬가지로 로마에서도 장애아는 유기, 살해, 매매의 대상이 되었다. 가족 공동체 사회였던 고대 로마는 기원전 451년에 12동판법(Law of the Twelve Tables)에 따라서 장애 아동을 살해할 것을 권고하였다. 즉 네 번째 동판에는 가족법과 관련되어 '명백한 기형아는 속히 살해되어야 한다'라고 기록되어 있다. 그리고 이 시대에는 자녀, 아내, 노예 등에 대한 가부장의 절대적인 법적 권리를 인정한 사회였다. 즉 아버지가 자녀들을 유기, 살해, 추방, 매매, 심지어 불구자로 만들어도 법적인 제재를 가하지 않았다. 출생한 아이에 대한 생존권 여부에 대한 결정권은 아버지가 가졌는데 대부분의 장애아들이 살해의 대상이 되었다. 또 다른 문헌에 의하면 5명의 이웃이 승인하면 아버지는 장애자녀를 유기할 수 있었다고 한다(Antor/Bleidick, 1995).

이처럼 유아살해의 풍습은 통일 로마제국의 성립 후 중세를 거쳐 여전히 18세기까지 부분적으로 지속되는 현상을 보였지만, 가부장권이 약화되면서 조금씩 변화된 양상을 보여 왔다. 즉 그 반면에 장애라는 하나의 사실만으로 살해되거나 유기되는 대상에서 벗어나 점차 사회적, 경제적 가치에 의해 그들의 생존이 좌우되기에 이르렀다. 통일 로마제국에서는 많은 맹 소년들이 거지로 훈련되거나, 노를 젓는 노예로 팔려나가기도 했으며, 맹 소녀는 매춘의 대상이 되기도 하였다. 지적 장애아는 노예로 매매되거나 구걸행각이나 또는 귀족계급의 놀이개감으로 이용되기도 하였다. 그리고 정신질환자, 지적 장애인들을 축제나 잔치에나 일상적인 생활 가운데 구경거리 혹은 유희의 목적으로 매매 거래하는 특수시장이 형성되기도 하였다. 그리고 때로는 소유주가 자신의 노예를 의도적으로 불구로 만들어 구걸하도록 내보냈다는 문헌 자료가 동시에 발견되기도 하였다(Hedderich, 1999; Greving/Ondracek, 2005).

그리고 더 나아가 이러한 사회의 부정적인 장애인관은 그들이 추구하는 가치관, 즉 가족과 집단의 생존을 위한 사회적, 경제적 가치가 만연한 현실이 가장 큰 이유에 해당했다. 그러나 동시에 당시 인간관과 관련된 철학적 사상 또한 이러한 시대정신에 동조하였다고도 할 수 있다. 예를 들어, 그리스 사상의 중요한 특색중 하나인 심미주의(審美主義)는 장애인들을 외모로 판단함으로써 부정적인 장애인관을 형성하는 계기가 되기도 하였고, 이러한 부정적인 장애인관은 서양 철학의 시조라고 할 수 있는 아리스토

<아리스토텔레스(Aristoteles)>

출처: https://www.geo.de/geolino/mensch/2755-rtkl-weltveraenderer-aristoteles

<성(ST.) 아우구스티누스(Augustinus)>

출처: https://www.nieuwwij.nl/opinie/heeft-deze-unit-een-ziel-robots-games-en-religie/

텔레스(Aristoteles, B. C. 384~B. C. 322) 그리고 중세 교부철학의 기반을 놓은 아우구스티누스(Augustinus, 354~430)와 같은 대철학자들조차도 인간은 이성(理性)을 가지고 생각하는 도구로서 언어를 가지고 있으며, 이 언어의 습득은 선천적이라는 입장을 주장하는 언어선천설(言語先天設)에 영향을 미치기도 하였다. 이러한 왜곡된 언어선천설은 다시 이후 그리스도 사상과 결합되면서 농아인은 신(神)의 말을 듣고 이해하지 못하므로 신앙에 결함이 된다는 언어신수설(言語神授說)에 입각하여, 농아의 경우 이성을 가지고 있지 않는다는 입장에서 그 교육이 불가능함을 주장함으로써 장애인에 대한 사회적 태도에 부정적으로 영향을 미쳤다.

또한 백치(Idiot)라는 어원에서 알 수 있는 바와 같이 그들은 '변한 자', '쫓겨난 자' 혹은 '악마가 붙은 자'로 명칭을 붙여 사회 외적인 존재로 취급하여 왔다(Meyer, 1983). 이러한 장애인에 대한 부정적인 인식으로 말미암아 13~17세기 초에 걸쳐 유럽전역에 걸쳐 일어났던 마녀사냥 시기에 수많은 장애인이 악마가 씐 마녀로 간주된 나머지 수많은 사람들이 희생되는 결과를 초래하기도 하였다.

결국은 고대시대에 널리 퍼진 사회적 가치관이나 이상적인 인간상은 아름답고, 기능을 잘하며 능력 있는 사람들을 지향하였던 것이었다. 이에 손상된 신체를 가졌거나 만성적인 환자나 정신 장애인들은 사회적인 낙인이 붙게 되었다. 고대 그리스인(특히 아테네)의 이상적인 선(善)과 미(美)의 조화에 대한 갈망은 '아름다운 것은 선한 것이다'라는 사회적 의식을 바탕으로 아프거나, 정신적 장애를 가졌거나 불구자 등 당시의 사회적 이상이나 기대 및 규범 등에 부합되지 못하는 사람들에 대하여 매우 거부적인 태도를 가지게 하였고, 단지 예외적으로 전쟁부상으로 인하여 장애를 가진 사람들에 대해서는 명예롭게 보았다. 그리고 플라톤(Platon, B. C. 428/427~B. C. 348/347)과 아리스토텔레스 등 그리스뿐만 아니라 로마 철학자들도 원하지 않는 아이에 대하여 임신중절을 지지하고 다만 이상적인 인간에 대해서만 양육을 주장하였다. 아울러 고대에서는 아이가 매우 허약하거나 기형일 경우에는 관습적으로 출생 후에 살해 및 유기의 대상이 되었다. 즉 건강하고 유능한 아이들만이 양육을 받았고, 약한 아이들은 계곡의 절벽에 던지거나 아사 상태로 내버려 두었다. 고대 로마에서도 법적으로 장애 아동을 살해하는 것이 국가적으로 허용하기도 했다(Moeckel, 1988).

(2) 중세 기독교 사상의 유입과 발전기(A. D. 560~A. D. 1500년경): 자선과 보호의 시대

장애인들에 대하여 무시하고 학대하던 전통적인 사회적 태도는 소아시아의 니케아에서 열린 가톨릭 최초의 종교 회의인 니케아 종교회의(Nicaea, A. D. 325) 이후에 기독교의 활발한 보급과 발전을 계기로 중세는 자선과 보호의 시대를 맞이하는 큰 변화를 가져오게 되었다. 즉 기독교의 이웃사랑의 교리가 자비와 동정심으로 발현되어 빈곤자, 질환자 및 장애아(특히 지체 장애 혹은 전쟁 부상자)를 수도원이나 시설에 보호 수용하는 운동들이 사제(司祭)들을 중심으로 일어났던 것이다. 아울러 그들은 귀족의 집에서 보호를 받거나 교회 근처나 시장근처 혹은 시(市)의 성문(城門) 앞에서 구걸하면서 생계를 유지하였다. 이러한 노력은 특히 '모든 인간은 하나님 앞에서 동등한 권리와 의무를 가지며, 모든 사람의 영혼은 다 같이 존중되어야 한다'라는 기독교의 기본 교리에 근거를 두었다(Speck, 1993; Anstoetz, 1992).

중세 기독교 사상의 도래는 무엇보다도 장애인의 사회적인 지위를 개선하는 데 크게 이바지하였고, 고대 유대인의 의무인 자선행위에 따라 가난한 자와 장애인을 위한 구제 활동이 시작되었다. 모든 인간은 그들의 외모와 상관없이 존엄하며, 또한 하나님의 자녀라는 기독교의 기본사상 아래 장애인의 인권 인정이나 구호물자의 조성뿐만 아니라 그들에 대한 인간의 존엄성과 평등성을 바탕으로 교육적인 조치를 위한 중요한 기초석을 마련한 것이었다. 당시의 구빈, 보호시설들은 주로 시각 장애인을 대상으로 한 것이 특징이며, 이러한 경향은 후에 시각 장애 특수학교 교육에 많은 영향을 주었다.

이렇게 장애인의 사회적 지위나 태도에 획기적인 변화를 일으킨 당시 기독교 사상의 이면에는 여전히 장애인에 대한 고대의 부정적인 전통사상도 일부에서는 동시에 이어지고 있었다. 즉 이스라엘 민족의 여호와 신앙은 건강을 하나님의 선물로, 반대로 질병이나 장애 등은 하나님의 벌로 간주했으며, 동시에 미신적인 사고로 인해 이러한 불행은 마귀로부터 말미암는다고 여겨왔다. 더욱이 신학 교수이자 종교개혁자인 루터(M. Luther, 1483~1546)조차 장애아를 악마의 작품이라고 여긴 나머지 그들을 유기시키려 하였다. 이러한 이유로 인하여 결국 실제로 많은 장애인들이 출생 직후에 살해되었다. 또한 당시 중세 시대의 봉건주의적 계급 체제 사회에서 장애인들의 사회적 위치는 문헌 자료나 예술작품들을 통해서 살펴볼 때 대부분 최하위의 계층이나 부류에 속했던

<1517. 10.31. 루터(M. Luther)의 반박문 95개 조항 게시와 비텐베르크(Wittenberg)의 성곽교회(Schlosskirche)>

출처: https://www.planet-wissen.de/kultur/religion/martin_luther/index.html

출처: https://de.wikipedia.org/wiki/Schlosskirche_(Lutherstadt_Wittenberg)#/media/Datei:Schlosskirche_(Wittenberg).jpg

것으로 알 수 있다. 왜냐하면 그들은 구제나 보호의 대상으로 여겼기 때문에 항상 사회의 상류 계층에 의존적인 생활을 했기 때문이었다(Mueller, 1996; Fornefeld, 2000).

또한 기독교적인 사고에 있어서 장애인에 대한 기부와 관련하여서도 하나님 앞에서 서로 평등한 피조물이나 인격적인 관계로서의 만남이라기보다는 오히려 종종 분리의 의미 혹은 수직적인 관계(도움을 주는 자와 도움을 받는 자) 또는 무엇보다도 선한 행위를 통하여 자신의 이기주의적인 구원의 방편으로 이해했다. 즉 자선을 베푼다는 것은 자기구원을 스스로 성취하는 방법이 된다고 믿었기 때문에 자선을 통한 자기구원의 성취가 중세에서 장애인 복지나 특수교육의 중요한 기초로 작용했다는 것이다(Stoerig, 1975). 그 외에도 질병이나 장애를 죄의 결과나 또는 귀신이 들린 것과 동일시하기도 했다.

이처럼 서양의 고대에서 중세 말까지 장애 및 장애인들에 대한 사회적인 인식이나 태도는 주로 미신적인 주술의식이나 심미주의적(審美主義的)인 사상과 왜곡된 종교관 그리고 사회적, 경제적 조건들로부터 장애나 장애인들에 대한 편견이나 미신적 사고를 양산하였던 것이었다. 아울러 이것은 결국 편견적이고 차별적인 인간관으로 발전하여 오늘날까지도 지속적으로 그 영향력이 남아있는 것이다.

(3) 근대 사상의 태동과 특수교육의 시도(A. D. 1450년~19세기 말경): 특수교육(분리 교육)의 시대

장애인에 대한 고대 사회의 멸절의 시대와 중세시대에 자선과 보호의 시대를 거쳐 근대에 이르러 특수교육의 시도와 장애인관의 변화에 영향을 끼친 몇 가지 주요 사조들에 대해서 살펴보고자 한다.

우선 15세기 이탈리아에서 시작된 문예부흥운동이며 프랑스어로 재생(再生, rebirth)의 의미를 가진 르네상스(Renaissance) 이후 인본주의 사상은 중세의 종교적인 편견과 미신으로부터 탈피하여 장애의 본질을 현실적인 근거 위에서 합리적으로 이해함을 통해 인간성을 회복하는 계기가 되었고, 중세후기부터의 심리학이나 의학의 발달은 개인간의 능력 차를 밝혀내어 누구나 소질 계발의 권리를 갖고 있음을 인정하게 하였다.

기독교적 세계관과 중세 봉건제도의 질서 가운데서 중세 천년의 암흑의 시간이 지나가고 서구사회에서는 15세기를 맞이하면서 인간에 대한 새로운 탐구, 자아에 대한 발견, 인간성의 회복과 같은 만능 교양인으로의 인간 존재를 고양하려는 새로운 운동이 펼쳐지게 된다. 장애에 대한 종래의 운명론적인 관점을 뒤엎고 근대적 장애인관에 입각한 교육이나 훈련의 가능성을 모색케 한 근대사상의 형성은 인류역사에 있어서나 특수교육사에 있어서 매우 중요한 의미를 갖는다. 이른바 르네상스 이후 인본주의 사상의 대두는, 인간을 최고의 선으로 보고 목적체로 취급하여 독립개체로서의 존재의의와 가치를 부여케 하였다. 르네상스운동은 인간의 발견과 인간성의 회복이라는 인간(문)주의 사상 즉, 휴머니즘 사상을 본질로 하고 있는데, 신(神)중심주의, 내세주의, 권위주의, 금욕주의, 계시주의, 교회주의와 같은 모든 중세적 세계관이 부정되고, 그 대신에 인간 중심 및 인간 이성을 특히 강조하는 사회를 건설하고자 하였다. 이러한 인간과 세계에 대한 새로운 이해와 사상의 발전은 조심스럽게 장애인 혹은 장애에 대한 이해와 인식에 있어서 또 다른 차원으로 이끄는 계기가 되었다.

이어서 16세기 유럽에서 전개된 종교개혁에서 교육사상은 공교육제도의 실시를 주장하여 이후 장애인들을 위한 특수학교의 교육 실현에 중요한 사상적 기반이 되었다. 즉 종교적 르네상스 운동에 해당하는 종교개혁을 통한 사상의 진보 역시 장애인의 삶과 교육에 대한 발전적인 이해와 그리고 장애인 복지와 특수교육의 성립에 있어서 중요한 간접적인 영향을 끼쳤다. 남부유럽을 중심으로 한 르네상스 운동의 영향을 받아 16세기에 접어들면서 독일을 중심으로 한 북부유럽에서는 프로테스탄티즘(Protestantism)에 의하여 일어난 종교개혁은 기존교회를 통한 간접신앙으로부터 성서를 통한 개인의 직접 신앙을 개혁의 본질로 하고 있었기 때문에 장애인도 직접적인 신앙 체험을 통해 그리스도인이 될 수 있다고 주장하였다. 특히 루터(M. Luther, 1483~1546)는 종교와 교육의 불가분의 관계를 주장함으로써 국민 교육의 필요성을 역설하였고, 공교육 성립에 결정적인 영향을 끼쳤다. 이러한 종교 개혁적인 사상적 흐름은 신 앞에서 모든 인간은 평등하므로 장애인도 하나의 인간으로서 인격적, 권리적 존재라는 인식 전환의 단초를 제공하게 되었던 것이다.

특히 이 당시 사회변화 및 인간이나 교육에 대한 사상의 진전과 더불어 자연과학도 비약적인 발전을 보이는 가운데 의학 역시 생리학이나 해부학 등의 분야에서 학문적인 발전이 가속화되었다. 특수교육학의 발달사와 가장 밀접한 관련성을 맺고 있는 16~17세기 의학은 장애 아동의 생리와 병리를 과학적으로 해명하고 장애의 원인 등을 과학적으로 규명함으로써 장애 아동에 대한 합리적 이해와 대책수립에 크게 기여하게 되었다. 이러한 중세 후기의 의학발전 등이 어우러져 인간의 문제를 중시하고 과학적인 근거 위에서 신체적 보호와 치료, 특수교육의 가능성 모색 등 새로운 계기를 마련하게 되었다.

한편 특수교육의 역사에 있어서 사상적 개화의 시대인 18세기 계몽주의 시대를 맞이하여 장애인을 위한 학교들이 설립되고, 장애의 원인 규명 또한 하나씩 밝혀지기 시작했다. 특히 그동안 관심 밖에 있던 지적 장애아의 교육 가능성에 대한 시도와 탐구가 제기되고 시험되는 등 특수교육의 비약적인 발전이 이루어진 세기였다. 먼저 18세기에 들어와서 특수교육이 크게 발전된 이유는 앞서서 언급된 바와 같이 의학이나 생리학 발전과 같은 새로운 학문의 발전이 그 배경이 되었지만, 무엇보다도 크게 영향을 미친것은 계몽주의의 확장에서 그 근본적인 연원을 찾을 수 있다. 계몽주의 사상은 영국의 의사이자 철학자인 로크(J. Lock, 1632~1704)로부터 출발하여 대륙의 합리주의와 결합하면서 이성중심의 사상으로 발전한 사조로, 인간의 이성의 힘을 발휘하여 인습과 전통, 미신과 특권, 사회의 불합리성을 타파하고, 인간의 사회적 부자유 및 불평등을 제거하자는 사상운동이었다. 그리고 이 같은 사고방식의 보급은 교육을 통하여 가능하다고 보았기에 계몽사상은 곧 교육 운동이라 할 수 있다(손인수, 1996). 이러한 계몽사상은 정치적으로는 프랑스 혁명(1789)의 사상적 기저로 작용하여, 혁명의 3대 이념인 자유, 평등, 박애정신은 사회변화의 원동력이 되어 사회전반의 제도를 혁신하고 인권을 신장시키며, 인류애를 구현하는 박애주의 교육사상으로 연결되었고 이러한 사상적 흐름은 결국 사회적으로 불평등한 조건 아래에 있던 장애아

<로크(J. Locke)>

출처: https://de.wikipedia.org/wiki/John_Locke#/media/Datei:John_Locke.jpg

들에 대한 인권의 신장과 교육의 기회 제공이라는 새로운 인식의 확산을 가져왔다.

<루소(J. Rousseau)>

출처: https://whoswho.de/bio/jean-jacques-rousseau.html

그러나 계몽주의적 사상의 긍정적인 면모와 동시에 지나친 이성의 강조와 자결(自決)의 강조는 정신장애아와 중증 장애아에 대한 교육의 입지를 더욱 좁게 하는 비판적인 측면도 살펴볼 수 있다. 특히 계몽주의의 사상적 흐름 가운데서 아동의 개성과 그들의 독특한 요구를 존중할 것을 강조하는 프랑스의 철학자이자 교육학자, 음악가 및 음악평론가였던 루소(J. J. Rousseau, 1712~1778)의 자연주의적 교육사상을 비롯하여 민족적, 종교적 차별을 부정하고 박애주의적 교육사상이 대두함에 따라 장애아에 대한 기초적인 교육이 시도되고 또한 장애영역별로 각 나라에 따라 장애아를 위한 학교 및 시설들이 설립되기 시작하였다.

이어서 근세 초기에 접어들면서 선구적인 특수교육자들을 중심으로 개인적 내지는 실험적 측면에서 장애 아동을 위한 교육이 적극적으로 시도되었다. 특히 16세기와 17세기에 걸쳐 스페인을 중심으로 농아에 대한 언어지도방법의 모색 등이 그 대표적인 예이다. 예를 들어, 스페인의 수도사였던 폰스(Pedro Ponce de León, 1516~1584)는 농교육의 가능성을 믿고 선천성 농아동에게 음성언어를 지도하였고, 그를 이어 저술가였던 보네(J. P. Bonet, 1579~1623)는 농아를 위한 알파벳 지문자(指文字)를 개발하였는데, 그는 아동의 언어개발을 매우 중요시했다.

또한 세계적으로 특수교육의 선구적인 역할을 한 나라는 역시 개인의 자유와 인간평등사상이 비교적 앞선 프랑스라 할 수 있다. 18세기 후기에 포르투갈에서 프랑스로 이주한 유대계 교육학자였던 페레르(J. R. Pereire, 1715~1780)가 촉 지각에 기초한 농아동의 언어 지도법을 개발하였고, 언어의 자연적 발달원칙에 따른 일상 생활적, 경험적 농교육방법을 확립하였는데, 이것은 훗날 지적 장애아교육을 태동케 하는 데 중요한 역할을 하게 되었다.

<이타르(Itard)>

출처: https://de.wikipedia.org/wiki/Der_Wolfsjunge#/media/Datei:Jean_Itard.jpg

장애인 교육방법을 연구한 최초의 사람들 중에 프랑스의 의사이며 농교육자인 이타르(J. Itard, 1774~1838)를 들 수 있다. 그는 페레르의 농교육 방법론에 영향을 받아 감각훈련 방법을 적용하여 '아베롱(Aveyron)의 야생아'에 대한 교육실험을 실시함으로써 특수교육방법의 발전에 중요한 기초석을 마련하였다. 1799년 9월 파리 근교의 아베롱 숲에서 11~12세가량의 야생 소년이 발견되었는데, 이 소년은 추측건대 약 5~6세경에 산 속에서 혼자 살아온 것으로 추정되었다. 당시 이타르는 자기의 스승이자 정신병리학자였던 피넬(P. Pinel, 1745~1826)의 만류에도 불구하고 5개의 목표를 설정하여 5년간 교육을 시도했다. 그중에 특히 제3의 목표인 언어훈련 영역에서는 소기의 성과를 거두지 못했으나, 감각훈련 영역이나 사회성 훈련은 다소의 성과를 거두었다고 알려져 있다. 그 당시 야생아였던 빅터(Victor, 1788~1828)의 교육 중에 언어훈련에서 2~3개의 단음절을 발성하는 것 이외의 발달을 보이지 않은 것은 언어발달의 결정적 시기가 지났기 때문으로 해석되었다. 그럼에도 불구하고, 이러한 이타르의 노력이 빅터를 정상적인 아동으로 만들지는 못했지만, 그의 조직적인 교육방법은 특수교육에 크게 영향을 미쳤다.

한편 이타르의 제자인 세긴(E. Seguin, 1812~1880)은 감각훈련 방법과 경험론의 영향을 받아 지적 장애아의 교육원리로서 이른바 생리학적 교육방법을 개발하였다. 이에 세긴은 신경생리학적 가설에 근거하여 지적 장애아의 불완전한 감각기관에 대한 훈련을 통해 지적·도덕적 단계에로까지 끌어올리는 것을 교육목적으로 설정하였다. 이러한 교육방법은 이탈리아의 의사이자 교육자였던 몬테소리(M. Montessori, 1870~1962)의 유아교육 방법론에 많은 영향을 미친 바 있으며, 그녀는 유아교육의 선구자로 알려져 오늘날에도 그녀의 교육원리가 현장에 적용되고 있다. 이처럼 19세기의 이타르, 세긴, 몬테소리 등에 의해서 확립된 교육방법은 오늘날 특수교육의 이론과 실제의

<함부르크(Hamburg) 몬테소리(Montessori) 유치원(1928년)>

출처: https://de.wikipedia.org/wiki/Montessoripp%C3%A4dagogik#/media/Datei:HANSif1451_Montessorischule.jpg

<몬테소리 학교 교과목 수업 장면>

출처: https://www.montessori-schule-duesseldorf-sued.de/cm/schule/fachunterricht/

중요한 기초로 큰 영향을 미쳤다. 그들이 실시하고 제안한 교육방법에서 돋보이는 것은 계열화된 교육과제, 교육적 자극의 반응, 환경의 조정, 보상, 아동의 특성을 고려한 교수, 소질에 대한 신념 등 매우 놀랄 만한 내용들이 포함되어 있었다.

또한 특수교육의 역사를 살펴보면 특수학교 교육의 시도에 있어서도 프랑스가 선도적인 역할을 하였으며, 장애영역별로 발전 순서를 보면 우선 농 학교가 가장 먼저 시작되었고 이어서 맹학교, 지적 장애 학교 등은 19세기 후반에, 지체 장애 학교 및 다른 장애아를 위한 학교들은 20세기에 들어오면서 비로소 점진적으로 확대되었다.

<드 레뻬(de l'Epee)>

출처: https://en.wikipedia.org/wiki/Charles-Michel_de_l%27%C3%89p%C3%A9e

먼저 농아들을 위한 학교교육은 세계 최초로 1750년대에 프랑스에서 시작하였고, 당시 드 레뻬(C. M. de I'Epee, 1712~1789)는 수화법(manual method)에 의해 농교육을 실시하였다. 이때부터 프랑스를 중심으로 하여 농 아동을 위한 언어지도 방법으로서 수화법이 크게 보급되기에 이르렀다.

이어서 1778년에는 독일의 라이프치히(Leipzig)

에서 세계최초의 공립농아학교가 하이니케(S. Heinicke, 1727~1790)에 의해 설립되었다. 그는 프랑스의 경우와는 대조적으로 수화를 지팡이에 비유하여 구화교육의 의미와 필요성을 언급하였다. 이때부터 유럽에서는 청각 장애아 교육에서 프랑스의 수화주의(Manualism)와 구화주의(Oralism) 방법론에서 상호 논쟁이 시작되었다(Schmutzler, 1999). 이어서 이탈리아에서는 1780년에 밀라노(Milan), 네덜란드는 1790년에 북부지역의 그로닝겐(Groningen), 덴마크는 1807년에 수도인 코펜하겐(Copenhagen)에 농 학교를 설립하여 구화법을 주로 사용하여 교육하였다. 그리고 미국의 경우에는 유럽의 선진교육을 직접 시찰하고 연수를 한 후에 이를 본국에 적극적으로 소개하기도 했다. 또 미국의 특수학교 교육의 성립은 1815년 미국의 청각 장애인 목사였던 갈라우데(T. H. Gallaudet, 1787~1851)의 유럽 지역의 농교육 시찰이 중요한 계기가 되었다. 그는 파리 농 학교에서 연수를 마치고 1816년 오늘날 미국 코네티컷(Connecticut) 주의 주도(州都)인 하트퍼드(Hartford)에서 7명의 농아를 데리고 컬럼비아(Columbia) 농 학교를 설립하여 1817년에 뉴욕(New York) 농 학교, 1820년에는 펜실베니아(Pennsylvania) 학교가 설립되었다. 이와 같이 유럽의 프랑스(1755년)를 비롯하여 독일(1778년), 영국(1783년) 등에서는 18세기 말경에 이미 농 학교 교육이 시작되었으며, 기타 미국(1817년)을 비롯한 일부 유럽 국가인 벨기에(1834), 핀란드(1846) 등에서는 19세기 초에 이르러 농아를 대상으로 한 교육적 서비스가 제공되기 시작하였다. 따라서 구미 농 학교 교육은 우리나라에 비하여 약 1세기 이상 더 일찍이 출발하였음을 볼 수 있다.

이어서 맹학교 교육에 있어서도 가장 선구적인 역할을 한 나라는 농교육에서와 마찬가지로 프랑스였다. 이에 프랑스의 교사였던 아유이(V. Haüy, 1745~1822)는 1784년에 파리에서 세계 최초의 왕립시설인 시각 장애인 교육기관을 설립하였다. 이 학교는 훗날에는 국립 맹학교로 개편되어 맹아와 농아를 모두 수용한 교육기관으로 발전하였다. 그의 업적은 유럽의 다른 나라들에까지 영향력을 줌으로써 영국은 1790년, 독일은 1806년에 각각 맹학교가 설립되기 시작하였다. 한편 미국은 이처럼 유럽 지역의 맹교육과 교육기관의 설립 등에 영향을 받아 1831년에 뉴욕 맹학교가 설립되었는데, 이때 뉴욕 맹학교의 교장이었던 웨이트(W. B. Wait, 1839~1916)가 세로로 2점, 가로로

2점인 총 4점으로 구성된 뉴욕 점자(: :)를 고안하였다.

1832년에는 미국의 하우(S. G. Howe, 1801~1876)에 의해 매사추세츠(Massachusett) 주 워터타운(Watertown)에 건립된 퍼킨스(Perkins)맹학교는 오늘날에도 세계 맹교육의 선구적 역할을 하고 있다. 한편 맹학교 교육의 발전에 공헌한 인물로서 프랑스의 시각 장애인 교사인 브레유(L. Braille, 1809~1852)를 들 수 있는데, 그는 1829년에 6점(종3 횡2)으로 된 점자 알파벳을 만들어 1834년에 이를 다소 개편하여 현재의 형을 완성하였다.

이어서 지적 장애아 교육은 다소 늦게 발전했으나, 프랑스가 1835년, 영국이 1847, 덴마크가 1855년에 이들을 위한 특수학교를 설립하였다. 특히 농교육의 발전 과정에서 언어지도방법이 중요한 계기가 되었고, 맹교육에서는 점자의 고안이 결정적 역할을 한 것처럼 지적 장애아교육의 발전에는 지능검사의 개발이 중요한 공헌을 하였던 것이었다. 오늘날 지능검사 형태의 원조는 1905년에 지능검사 척도를 창안한 프랑스의 심리학자인 비네(A. Binet, 1857~1911)와 시몬(T. Simon, 1873~1961)의 비네-시몬-테스트(Binet-Simon-Test)이다. 이러한 지능검사 개발은 지적 장애아의 진단·판별과 교육적 조치에 있어서 놀랄 만한 업적으로 평가되며, 후에 미국 등 다른 나라에서도 지능검사 도구가 개발되는 중요한 계기를 마련하였다.

미국의 경우에 지적 장애학교 교육은 프랑스의 의

<브레유(L. Braille)>

출처: https://de.wikipedia.org/wiki/Louis_Braille

<비네(A. Binet)>

출처: https://de.wikipedia.org/wiki/Alfred_Binet

<시몬(T. Simon)>

출처: https://de.wikipedia.org/wiki/Th%C3%A9odore_Simon

사이자 교육학자였던 세긴(Seguin)이 1850년에 도미(渡美)한 후에 1854년 뉴욕에서 처음으로 지적 장애아를 위한 학교를 설립하였다. 또한 같은 해에 세긴은 펜실베니아(Pennsylvania) 지적 장애학교를 인수하기도 했다.

또한 지체 장애학교 교육은 초기에는 의료적인 배경하에서 정형 외과적으로 치료적 조치가 강조되었으며, 19세기에 들어와서는 치료와 함께 교육적 조치도 병행해서 강조됨으로써 이때부터 특수교육에 있어서 이른바 치료교육이 강조되기 시작했다. 역사적으로 지체 장애아에 대한 조치는 먼저 신체적 보호에서 점차적으로는 치료로 발전하였고, 교육은 비교적 매우 늦게 시작되었다.

1832년 독일에서는 교육학자였던 쿠르츠(J. N. von Kurz, 1783~1865)에 의해 처음으로 지체 장애아를 위한 교육시설이 마련되었다. 그리고 1851년 영국, 스위스에서는 1864년에 유럽최초의 지체 장애아교육시설이 차례로 운영되었다. 1900년에는 미국에서 이들을 위한 특수학교가 설립되었다(Hensle/Vernooij, 2000).

이와 같이 특수교육의 역사에서 특수학교 교육의 발달과정은 장애영역별로 볼 때 농, 맹, 지적 장애, 지체 장애교육의 순서로 발전되어 왔다. 또한 장애아들의 기능적인 면에서 보호적 성격의 기숙제 학교 그리고 교육적 성격의 통학제 학교로 점진적으로 발전해 왔다. 초기에는 교육기관의 설립동기가 주로 개인적·종교적 이유로 출발한 사립학교가 주종을 이루었으나, 차츰 국가적인 책임인 공교육으로 확대되어 갔음을 알 수 있다. 게다가 언어지도 방법, 점자의 고안, 지능검사도구의 개발 등이 특수교육 발달에 크게 기여하였고, 자유주의 사상이 발달한 유럽 국가들로부터 특수학교 교육에서도 선구적 역할을 보였던 것이었다. 이처럼 19세기 후반과 20세기 초에 활동한 많은 교육 선구자들의 사상과 실천은 오늘날 특수교육대상자들에게 가장 적절한 교육을 제공하려는 특수교육학의 이론과 실제에 중요한 역할과 기초가 된 것이었다.

(4) 20세기 이후: 독일 나치스 정권과 통합교육 시대의 도래

특수교육의 역사에서 중세를 비롯하여 계몽주의 시대를 거치면서 장애인에 대한 치료나 교육적 활동은 의학, 자연과학, 인문학 및 교육학 등에서 적극적인 사고와 실천력을 바탕으로 괄목할 만한 발전을 거듭하였다. 그러다가 1900년대 초에 이르러 특수교육에 대한 관심과 노력은 서서히 활력을 잃어 가기 시작하였다. 특수교육이나 장애아에 대한 생각이 점차 비관주의와 두려움으로 변하고, 아울러 장애아들의 일탈 행위를 통제하기 위해 강압적인 방법이 발달하기도 하였다. 아울러 이와 같은 퇴보 현상은 사회의 편협한 태도와 가설에서 비롯된 것으로 이른바 장애는 유전에 의해 발생됨으로 교육을 통해서는 전혀 해결할 수가 없다는 생각이 확대되었다. 특히 지적 장애 아동 및 청소년들의 교육적인 조치가 소홀해가며 그들을 위한 교육비와 교육무용론이 등장하여 큰 위기에 빠져들게 되었다.

특히 이 시기에 독일의 히틀러(A. Hitler, 1889~1945)와 민족사회주의의 주요 정치이념이었던 인종주의(racism)나 사회적 다윈주의(social darwinism)는 특수교육이 소용없다고 주장함으로써 특수교육의 역사에 있어서 또 한번의 비참한 시련기를 맞게 되었다. 고대시대에 이어서 이른바 '제2의 멸절기'라고 할 수 있는 20세기 중반의 독일의 나치정권(1933~1945)은 유대인뿐만 아니라, 수많은 장애인에 대한 체계적이며 계획적인 극심한 국가적 탄압의 시기였다. 제3제국인 나치의 독재 정권은 당시 사회적 다윈주의를 바탕으로 장애인과 만성 질환자들을 '국가의 짐' 또는 '살 가치가 없는 목숨'으로 분류하여 강제적인 불임 시술과 안락사(安樂死)를 통해 수십만 명의 인명을 대량으로 희생시킨 사실은 인류 역사상 장애인에 대한 사회적 태도에 있어서 가장 비인간적인 정책의 사례라 할 것이다.

<히틀러(A. Hitler)>

출처: https://de.wikipedia.org/wiki/Adolf_Hitler#/media/Datei:Bundesarchiv_Bild_102-13774,_Adolf_Hitler.jpg

그 당시 독일제국이 사회적 규범이나 가치로 추구한 이상적인 인간상(人間像)은 고대 그리스의 스파르타와 마찬가지로 군인상(軍人像)이었다. 반면에 그렇지 못한 장애인 또는 만성 질환자 등 수많은 사회적 약자들은 제거의 대상으로 지목되었던 것이다. 이러한 범죄행위는 수많은 관련 법령들을 제정하여 이른바 '합법적'인 절차와 과정을 통하여 계획적으로 자행된 것임을 볼 때 고대 시대와 매우 유사한 것을 알 수 있다.

독일의 특수교육의 역사에서 나치시대의 암흑기를 반성하듯이 현재 독일의 기본법을 살펴보면 인간의 기본적인 존엄성 및 인권과 관련된 다양한 조항들이 명시되어 있음을 알 수 있다. 그중에 대표적인 몇 가지를 보면, 먼저 독일 기본법 제1조 1항에 따르면 '인간의 존엄성은 저촉될 수 없다. 그것을 보호하고 지키는 것은 모든 국가 기관의 의무이다'라고 인간의 절대적인 존엄성을 명확하게 선언하고 있다. 또한 기본법 제3조 3항에는 '모든 인간은 법 앞에 평등하다'라고 차별이나 특권 등을 금지하는 모든 인간의 평등권이 보장되어 있다. 특히 독일의 기본법에서 장애인과 관련하여 1994년 11월에 추가적으로 제정·공포된 '어떤 누구도 자신의 장애로 인하여 차별을 받아서는 안 된다'라는 장애인 차별금지 조항이 엄격히 규정되어 있음을 알 수 있다(Hesselberger, 1999).

(1) 독일의 나치 시대와 장애인

가. 나치스 정권의 주요 정치이념과 장애인 정책

독일의 민족사회주의는 반민주주의를 비롯하여 반자본주의, 인종주의, 반의회주의, 반공산주의, 사회적 다윈주의 등 극단적인 국가주의와 반지성주의(反知性主義)에 기초한 전체주의적인 독재체제였다. 특히 독일의 제3제국은 유대인이나 장애인 등에 대한 박해와 대량학살로 이끈 주요 정치적 이념인 인종주의와 사회적 다윈주의 사상을 맹목적으로 추종하였다. 히틀러와 민족사회주의자들은 특히 어린이 및 청소년들에게 학교교육에서 반유대주의와 사회적 다윈주의 사상으로 철저히 무장시키고 정치적으로 선전 선동을 통하여 유대인과 장애인들을 증오의 대상 및 제거해야 할 집단으로 세뇌시켰다.

히틀러 시대에는 경제적인 측면에서도 철저한 국가의 통제와 규제가 이루어졌는데, 국민생활의 안정과 제2차 대전 준비를 목표로 식량의 자급자족을 추진하였고, 특히 소련의 계획 경제 개념을 도입하여 공업, 특히 군수공업분야 육성에 박차를 가하였다. 당시 히틀러 총통은 산업발전을 위한 신속한 물자수송과 미래의 비행장으로 사용할 목적

<1938/39년대 독일제국의 고속도로와 주유소>

출처: https://de.wikipedia.org/wiki/Reichsautobahn#/media/Datei:Reichsautobahn_mit_Tankstelle.jpg

으로 훌륭한 고속도로망을 건설하기 시작하였다.

아울러 독일 국내의 종교와 문화생활도 국가적인 통제하에서 철저히 제한되었다. 특히 가톨릭교회는 나치의 국가주의나 인종주의에 대하여 일체언급을 회피하여 정부 정책에 순응하는 모습을 보였으며, 유대인의 대량학살에 대하여서도 침묵을 지켰던 것이었다. 이에 언론인을 비롯하여 학자, 예술가 등을 포함한 지식층 등 모든 사회가 무소불위(無所不爲)의 나치정권 앞에서는 필연적으로 무기력할 수밖에 없었다.

이어서 히틀러와 나치정권은 인종주의 정치이념을 바탕으로 아리안(게르만)족에 속하는 독일인 같은 우월한 민족은 나머지 '열등한 인종' 혹은 '패배한 인종'들을 없애거나 그들의 영토를 빼앗는 식민 침략전쟁을 통하여 독일인들을 위한 '생활공간(Lebensraum)'으로 편입할 것을 주장하였다. 나치독일은 특히 인종주의의 정책에서 주된 공격 대상 중 한 집단을 유대인들로 규정하였는데, 유대인은 인종적으로 가치가 없고 반국가적이라 규정하였고, 독일 시민들에게 그들에 대한 정치적 선동과 학교교육 등을 통하여 부정적인 인식과 정서를 형성시키기도 했다. 그는 유대인 및 유대인과의 혼혈인들을 공직에서 추방하고, 시민권을 빼앗고, 독일인과 유태인과의 결혼을 금지시키고, 종교적인 탄압을 가했다. 또한 세계 제2차 대전이 발발한 후 그들을 강제수용소

<아우슈비츠(Auschwitz) 강제 수용소 입구>

출처: https://de.wikipedia.org/wiki/KZ_Auschwitz#/media/Datei:Eingangstor_des_KZ_Auschwitz,_Arbeit_macht_frei_(2007).jpg

에 집단 수용하였고, 한 인종의 완전한 말살정책을 실현하기 위하여 유럽 국가들의 여러 곳에 산재한 죽음의 수용소 가스실에서 약 650만 명 이상을 잔인하게 학살하였다.

히틀러가 집권한 동안 민족사회주의 독재 권력은 독일 사회 전반을 철저한 통제 구조 속으로 몰아넣었고, 특히 이때 장애인 정책은 인류역사상 최악의 시대로 접어들어 수많은 장애인들과 질환자들이 비참하게 죽임을 당하였다. 더군다나 19세기 산업화 초기 단계에 독일은 엄청난 인구수의 증가와 사회적 하위계층의 빈곤화, 그리고 여러 다양한 이유로 노동생활에 참여할 수 없었던 사람들의 궁핍한 생활 등으로 인하여 사회적인 상황은 매우 악화되었다. 그리고 산업화 사회는 작업과정에서 생산적으로 이윤을 창출할 수 있는 사회적으로 유능한 사람들과 반면에 그렇지 못하여 사회 제도에 위탁되는 이른바 '사회적으로 무용(無用)한 사람들'로 나누는 결과를 낳았다.

이처럼 사회적으로 위기 상황에서 결국 독일의 보건 및 인구정책은 19세기 말의 생태학적 법칙을 골자로 한 사회적 다윈주의 이론을 바탕으로 파멸의 소용돌이 속으로 빠져 들어가고 있었다. 즉 개인의 소위 '사회적인 무용성(無用性)'의 책임을 당사자 자신에게서 찾고, 결국 그들을 생물학적으로나 유전학적으로 열등한 것으로 간주하는 사회적 다윈주의의 주장들은 놀랍게도 학문과 정치영역에서 많은 추종자가 생기게 되었다. 이러한 이론들은 한편으로는 유전적으로 건강한 사람을 양성하고 보존하는 것을 주요 과제로 설정하였고, 다른 한편으로는 히틀러의 민족사회주의 정권에 강제적이며 인간 경멸적인 방식으로 행했던 민족 우생학 정책의 이념적인 근간을 이루는 데 주요 요소로 작용하였다(Mattner, 2000).

장애인과 만성질환자들에 대한 독일 나치스 정권의 정책은 19세기 중엽에 영국의 대표적인 자연과학자이며 진화론 주창자였던 다윈(C. Darwin, 1809~1882)과 오스트리아 사제였던 멘델(G. J. Mendel, 1822~1884)에 의해 발표된 논문의 이론에 그 기초를 두고 있다. 특히 오스트리아의 유전학자이기도 했던 멘델은 세 가지로 구성된 멘델법칙(Mendels law)으로 유명한 인물이다. 먼저 우성과 열성의 대립 유전자 중 우성이 형질로 발현된다는 우열의 법칙과 단성 잡종끼리 교배하였을 때 우성과 열성의 대립 유전자가 일정한 비율로 분리된다는 분리의 법칙 그리고 서로 다른 상동 염색체에 있는 각 유전자는 독립적으로 행동한다는 독립의 법칙이 있다. 이에 다윈의 적자생존설(適者生存說, Survival of the fittest)과 멘델의 '유전의 법칙'을 바탕으로 영국의 자연과학자이자 문필가였던 갈톤(F. Galton, 1822~1911)에 의해 더욱 발전된 우생학(優生學, eugenics)을 응용하여 체계화된 사회적 다윈주의는 당시 장애인과 만성 질환자들을 대상으로 한 말살정책에 핵심적인 정치적 이념으로 작용했다. 이러한 사실은 이미 히틀러가 저술한 『나의 투쟁(*Mein Kampf*)』이라는 저서에 매우 분명하게 언급하고 있는데, 그는 인구정책 및 장애인, 질환자, 사회적 소외계층들의 문제를 설명하면서 이러한 이론들을 인용하였던 것이다(Rudnick, 1985).

1859년에 다윈은 <생존을 위한 투쟁에서 우세한 인종의 보존과 자연 도태를 통한 종(種)의 기원(On the origin of species by means of natural selection, or the preservation of favoured races in the struggle for life)>을 발표했는데, 그는 여기에서 다양한 동·식물류의 발전에 있어서 생존을 위한 투쟁과 자연도태에 관한 내용을 기술했으며, 그의 주요한 논제에 의하면 자연도태는 모든 진화의 전제조건이라고 보았다. 그러나 독일의 의료인이자 동물학자인 헤켈(E. Haeckel, 1834~1919), 의사이자 우생학자인 샬마이어(W. Schallmayer, 1857~1919) 등 사회적 다윈주의자들은 이러한 이론을 다윈의 승인도 없이 인간 사회에 그대로 적용한 정책을 실현한 것이었다.

<샬마이어(W. Schallmayer)>

출처: https://de.wikipedia.org/wiki/Wilhelm_Schallmayer

무엇보다도 샬마이어는 독일의 의사이자 우생학자인 프뢰츠(A. Ploetz, 1860~1940)와 함께 당시 대표적인 사회적 다윈주의자들 중에 한 사람인데, 그는 1903년 『국민이력(國民履歷)에서 유전과 도태(*Vererbung und Auslese im Lebenslauf der Völker*)』라는 저서에서 사회적 다윈주의 이론(도태이론)의 기본적인 내용을 언급하고 있다. 그의 주장에 따르면 우선 도태는 모든 것들의 발전을 위한 전제 조건이며, 도태는 단지 한 세대 가운데서 일부분—더 우수한 자, 더 유능한 자—만이 생존할 수 있으며, 또한 계속 번식해야 한다는 결과를 의미한다. 이러한 관점에서 샬마이어는 당시의 의학적인 발전을 유감스럽게 생각하였는데, 예를 들면 결핵의 치료를 도태의 자연스러운 과정을 방해하는 것으로 보았고, 도태야말로 모든 인류의 발전을 위한 가장 중요한 전제조건임과 동시에 동·식물계에서뿐만 아니라, 인간에게 있어서도 마찬가지로 동일한 의미와 가치를 적용해야 하는 것으로 여겼던 것이었다(Koch, 1973: Bleidick, 1999).

아울러 샬마이어 이론에 의하면, 정신질환자의 생식능력과 관련하여 의학적인 관점에서 매우 부정적으로 보았는데, 정신질환으로 인해 치료받은 자의 후손들은 일정한 신경 병리학적인 소질을 그 부모로부터 계속적으로 유전되는 것으로 여겼다. 따라서 그는 정신질환자에 대한 보호적 조치는 단지 그들로 하여금 생식의 가능성을 포기할 때에만 허용해야 할 것을 강조하였다. 또한 사회적 다윈주의 사상에서 국가의 중요한 과제 중 하나는 아이들의 출생에 있어서 다양하고 엄격한 규정을 통해서만 허락되는 인구 정책을 강력하게 주장했다. 또한 그는 국가가 일정한 국민 계층이나 부류에 대하여 자의적 또는 강제적인 불임시술을 관철할 권리를 가지는 데 동의하였다. 1933년 이후 이러한 비인간적인 인구정책은 실제로 실행되었는데, 그는 범죄자, 매독환자들에게 결혼에 관한 권리를 부여하지 말 것과 결혼식 이전에 관계 보건 관청으로부터 불임 시술 증명서의 발급제도를 도입할 것을 제기하였다(Rudnick, 1985).

이어서 사회적 다윈주의와 그 사상적 맥락을 같이하는 멘델의 유전법칙을 바탕으로 한 우생학을 인간사회로 적용하는 일은 그 당시 대부분 생물학자들에 의해서 실행되었다. 그들은 제3제국 시절에 인간의 지능이나 심리적 또는 신체적인 특성의 유전성과 관련된 연구를 통하여 그 지식과 이론을 독재 국가의 사회정책에 구체적인 형태로 반영하였던 것이다. 어원적으로 그리스어의 'eugenes(좋은 혈통으로부터 나온 고귀한 태생)'에서 유래된 '우생학'개념은 1883년 갈톤에 의하여 처음으로 사용되었다. 이에 의하면 한 인간의 재능이나 성격은 대체로 유전적인 영향이 큰 반면에 환경적인 요소는 매우 미미한 의미를 가지는 것으로 생각하였다. 각 개인의 발전가능성은 자신들의 총체적인 유전인자에 달려있다는 사상적인 기초 위에서 인간은 결코 모두가 동일하지 않는 것으로 결론을 내리는 것이다. 다시 말하자면, 인간은 자신의 내적인 본성에 의하여 서로가 동일하지 않을 뿐만 아니라, 오히려 인간들은 자신의 내적인 본성에 의하여 아주 다양한 형태를 가진 존재라는 것이다. 그와 더불어 사회적 다윈주의자와 마찬가지로 생물학자들도 도태과정은 인간사회의 지속적인 발전을 위한 가장 필연적이고 중요한 시금석으로 이해하였던 것이다. 또한 그들은 이러한 도태과정을 저해하는 모든 인간적이고 사회적인 조치 및 규정을 거부하였다. 즉 자연도태(예를 들어, 결핵, 영아사

<안락사 대상자 수송차량>

출처: https://www.planet-schule.de/wissenspool/spuren-der-ns-zeit/inhalt/hintergrund/euthanasie.html

망, 자살, 신체적으로 열등한 사람들이 가지는 전염병 등)를 가로막는 규정 또는 조치들을 '반도태(反淘汰)'라고 불렀을 정도였다. 이들은 사회의 가장 중요한 과제를 능동적인 출산정책에서 찾았다(Antor/Bleidick, 1995).

특히 독일 우생학의 창시자인 프뢰츠는 독일에서 이것을 '민족 우생학' 혹은 '인종개량학'의 의미로 "Rassenhygiene(racial hygiene)"개념으로 사회에 각인시켰다. 그는 1904년부터 전문잡지인 『인종 및 사회 생물학서(*Archiv für Rassen- und Gesellschaftsbiologie: ARGB*)』를 출판했으며, 1905년에는 '민족우생학회(Deutschen Gesellschaft für Rassenhygiene)'를 설립하였다. 또한 1895년 발표된 『독일 민족의 유능성과 허약자 예방(*Die Tüchtigkeit unserer Rasse und der Schutz der Schwachen*)』이라는 자신의 저서에서 그는 민족의 건강유지와 소질의 개량을 위하여 다윈의 이론을 적용하여 보다 더 우수한 사람들의 생산과 열등한 기질을 가진 자들에 대한 도태나 제거를 통해 민족 우생학의 기본적인 노선을 유지할 것을 강력히 밝혔다. 1911년에는 헤켈에 의하여 드레스덴(Dresden) 시(市)에 최초의 우생학 상담소(Eugenische Beratungsstelle)가 설립되었는데, 특히 부부들을 위한 민족 우생학적인 상담소의 주요 과제는 주로 사회적으로 하위계층의 집단들을 대상으로 하는 불임시술을 관철하는 데 있었다(Antor/Bleidick, 1995).

아울러 그는 단지 '고가치(高價值)를 가진 부부'에게만 생식을 국가적으로 허용하는 규정을 제정할 것을 요구하였는데, 생식 전문가들은 유효한 부부에게 최상의 잉태시점을 결정하며, 임신을 의학적으로 감독해야 한다고까지 주장하였다. 그의 이른바 '생식학'에서 모든 신생아는 의학적으로 건강유무를 감정(鑑定)하며, 심지어는 허약아 또는 기형아는 일정량의 모르핀 주사를 통해 안락사시킬 것을 요구하였다. 그리고 신생아의 생사(生死) 여부에 관한 결정은 이러한 일을 담당할 의사회(醫師會)에 권한이 위임되어야 할 것을 주장하였다. 그는 건강보험과 실업보험의 폐지를 요구했는데, 그 이유는 빈곤자에 대한 사회적인 원조는 인간 사회에서 생존을 위한 경쟁(투쟁)력을 약화시키는 것으로 간주하였기 때문이다(Mattner, 2000). 이와 같은 사회적 다윈주의자들과 우생학자들의 이론들은 나치 정권의 정치적 이념의 근간을 구성하였고, 더 나아가서 당시 그들의 주장은 구체적으로 사회 정책에 적용되었다. 그 결과 수많은 장애인과 정신

질환자들을 대상으로 한 강제적인 불임시술과 안락사를 위한 이른바 '합법적'인 도구로 전락하였던 것이었다.

나. 장애인에 대한 멸절정책으로서의 강제적인 불임시술 및 안락사

> 울부짖는 장애아들이 마침내 가스차량의 내부에 서로 포개어져 실려 있었다. 차량 안이 이들로 가득 찼을 때 이중문이 잠겼고, 차량은 움직이기 시작했다. 좁고 밀폐된 공간에서 이미 아이들은 죽음의 공포에 휩싸여 소리를 지르며 차량 사방의 벽을 내려쳤다. 몇 시간 후에 차량의 배기통과 차량의 내부가 연결되어 뿜어 나오는 유독가스인 일산화탄소로 인해 일차적인 효력이 보이기 시작했다. 대부분의 아이들은 이미 격렬한 질식감을 느끼고 있었다. 그들은 고통스런 심장박동, 현기증, 이명(耳鳴), 관자놀이의 심한 통증… 계속되는 배기가스의 극심한 중독으로 인하여 그들은 구토증세를 보이고, 이어서 심한 경련, 방뇨와 방분으로 고통했다. 마침내 그들은 산소결핍 현상으로 인해 뇌기능 마비로 서서히 죽어갔다(Rudnick, 1990).

제3제국 시대에 인종주의와 사회적 다윈주의라는 정치이념들로 철두철미하게 무장한 나치정권은 특히 장애를 가진 사람들의 삶을 두 가지 형태로 위협을 가했다. 즉 그 한 가지는 유전병의 예방이나 혹은 확대 방지와 관련된 우생학 정책이며, 다른 하나는 불치병이나 만성 질환자의 경우에 자행되었던 강제적 안락사에 대한 국가적인 범죄행위였다.

이와 같이 히틀러의 주요 관심사는 1923년 자신의 저서인『나의 투쟁』에서 이미 언급되었듯이 모든 허약한 자들과 게르만족 외에 유대인 등 타민족들을 완전 제거하는 것이었다. 또한 장애아나 불치병 환자에 대한 살해규정과 우생학 관련 여러 법령이 제정·공포되기 훨씬 이전부터 히틀러의 광적인 사상은 이미 1927년에 행해진 자신의 한 탁상연설에서 나타난다. 그는 이 연설에서 '만일 독일에서 해마다 100만 명 정도의 신생아가 태어나고, 그 가운데서 허약한 아이 7십만 내지는 8십만 명을 제거한다면 아마도 결국 세계에서 가장 강력한 국력 신장의 결과를 보게 될 것이다'라며 밝힌 바가 있다(Schmeichel, 1982).

히틀러와 민족사회주의자들은 1933년 1월 30일 정권을 장악하고 동시에 다양한 관

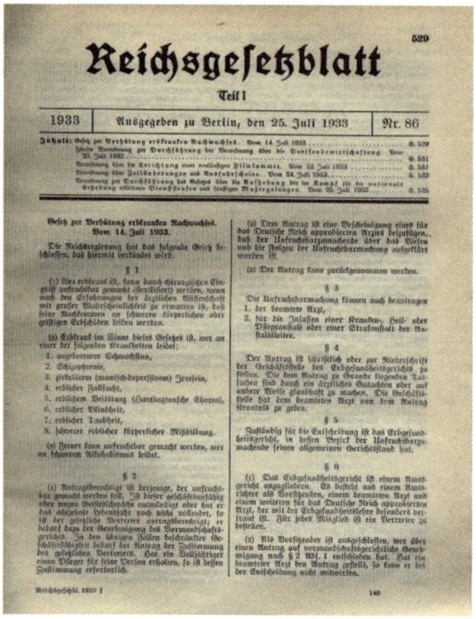
529

Reichsgesetzblatt

Teil I

1933 | Ausgegeben zu Berlin, den 25. Juli 1933 | Nr. 86

Gesetz zur Verhütung erbkranken Nachwuchses. Vom 14. Juli 1933.

<1933년 7월 25일자 차세대 유전성 질병예방법에 관한 제국법률 공보(公報)>

출처: https://de.wikipedia.org/wiki/Sterilisationsgesetze

련 법령들을 통하여 장애인에 대한 강제불임시술과 우생학의 이론을 기초로 자신의 야욕을 실천해나갔다. 이러한 장애인 등에 대한 히틀러 독재 정권의 악행의 절정은 이른바 '살 가치가 없는 목숨'이라고 낙인을 찍은 후에 이루어진 말살정책인 안락사를 통해 자행된 것이다(Stadler, 1998). 이러한 국가적인 정치이념 아래에서 나치정권의 만행은 이미 1933년 이전부터 매우 체계적이고 조직적으로 단계별 계획을 수립했는데, 각 시기별 정책의 특징은 다음과 같다(Rudnick, 1990; Stadler, 1998).

제1단계는 1933년부터 1938년까지인데, 나치정권의 정치이념과 정책에 저항하는 반대세력을 숙청하는 시기였으며, 동시에 장애인이나 만성 질환자에 대한 강제 불임시술이 시행된 시기이다. 1934년 설치되어 주로 정치범을 다루었던 나치정권의 특별 법정인 민족 재판소(Volksgerichtshof)의 주된 과제는 법을 논하기보다는 오히려 민족 사회주의를 반대하는 자를 제거하는 것으로 이해할 정도로 당시 나치정권의 이념을 옹호하는 기관으로 변질되었다. 또한 1933년 7월 14일 제정되어 1934년 1월 1일 공포된 「차세대 유전성 질병 예방법(Gesetz zur Verhuetung erbkranken Nachwuchses)」에 의해 관련 해당자들에 대한 대대적인 강제적 불임이 자행되었다. 특히 1935년 9월 15일 「혈통보호법(Blutschutzgesetz)」, 같은 해 10월 18일의 「독일국민 유전건강보호법(Gesetz zum Schutz der Erbgesundheit des deutschen Volkes)」 등의 발효에 따라서 약혼자들은 반드시 관계보건청의 결혼 적격증(Ehetauglichkeitszeugnis)을 호적 사무소에 제출해야 하는 엄격한 혼인 제도 규제안을 도입하였다. 그 외에도 이 법은 금치산자, 정신질환자, 유전성 질병 등을 가진 자들의 혼인을 근본적으로 엄격하게 금지할 것을 규정하였다.

이어서 제2단계는 1939년부터 1941년까지인데, 이 시기는 특히 안락사 범죄행위의 최고 절정기라 할 수 있다. 제1단계에서 대대적인 강제 불임시술에 이어서 1939년부터 선천적 또는 후천적 불치성 질병이나 장애 및 정신질환 등으로 인해 일상적인 사회생활 및 노동활동이 불가능한 사람들에 대하여 '살 가치가 없는 목숨'으로 분류하여 무참하게 안락사 및 대량학살을 통해 자신들의 왜곡된 정치이념을 실행하였다. 그 당시 장애와 파시즘의 관계는 '장애 = 노동 불능 = 멸절'(Rudnick, 1990)이라는 공식이 성립되어 인간의 존재의미나 가치는 다만 경제성 혹은 생산성 유무에 달려있었음을 쉽게 알 수 있다.

끝으로 제3단계는 1942년부터 1945년 전쟁이 끝날 때까지를 말하는데, 이 기간 나치정권은 장애인에 대한 안락사행위를 강화했을 뿐만 아니라 강제수용소에서도 잔인한 대량학살을 자행하였다. 1941년 8월의 중앙정부 중심의 소위 '공식적'인 안락사 중단 발표 직후인 11월에 다시 이러한 비인간적인 범죄 행위는 지역별로 혹은 장애인 시설차원에서 계속해서 진행되었다. 이에 1941년 8월 이후, 이전의 독가스 희생자들보다 더 많은 수의 장애인과 정신질환자들이 안락사를 통하여 죽음을 맞이하였다.

나치 정권의 장애인과 정신질환자들에 대한 망동은 1933년 나치정권의 권력장악 때부터 2차 대전의 종전 시기인 1945년까지 계속 이어졌으며, 안락사를 통하여 희생된 무고한 인명은 무려 최소 30만 명 이상으로 집계되고 있다. 또한 그 당시 이미 '무용(無用)'한 자로 분류된 대상 가운데 극소수는 아직 잔여 노동 능력이 있다는 판정에 따라서 죽음의 공포로부터 벗어난 사람들도 있다는 기록을 볼 때, 한 인간의 기본적인 절대적인 존엄성과 존재 가치는 전혀 다른 기준에 의하여 결정된 것을 알 수 있다. 강인하고 유능하며 또한 최고의 가치로 구성된 인간들로 만들어진 유토피아적 민족 공동체(Volksgemeinschaft)를 갈망했던 망상가적인 독일의 나치정권은 강자에게만 생존권이 허용된다는 사회적 다윈주의 사상이 주를 이루었다. 히틀러 정권이 자행한 유대인 등 타민족과 '살 가치가 없는 목숨'으로 간주한 만성질환자 및 장애인에 대한 억압과 대량학살은 서양의 역사적 흐름 중에서 인권과 인간 존엄이 완전히 박탈된 최악의 국가적 범죄 행위라 할 것이다.

또한 나치정권 시대에서 학교 등 교육기관들에게 부여된 주요한 과제는 역시 건강한 아동 및 청소년에 대하여 양육권이 허용되었지만, 반면에 허약자는 도태시킴으로써 민족 사회주의의 세계 정복의 야욕에 따라 의지가 강하고 이웃을 지배하려는 군주적 인간(Herrenmensch)을 양성하는 데 있었다. 다시 말해, 학교는 민족 사회주의적 이상형인 인간상을 실현하려는 독재정권의 정치 이념에 복종하는 동시에 그것을 선전하는 정치적인 도구로 전락되었던 것이었다. 히틀러 독재 정권에서의 인간상이었던 '군인상(軍人像)'은 제2차 대전을 준비하기 위한 사회적인 이상형으로 인정되었다. 특히 게르만 민족에 대한 우월성과 정치적인 지도자에 대한 맹목적인 복종의 광적 신념 가운데서 독일 청년들은 사이비 종교적인 행사와 신체적인 엄격한 훈련을 통하여 군사적인 목적을 달성하여야 했다. 모든 국가적인 교육기관은 독재정권의 정책에 무조건적으로 복종하고 엄격한 규율 및 동료의식을 지키고 강화하는 데 기여하였다. 특히 이들 교육기관들은 주로 강인함과 군사적 유용성(有用性)을 배양하는 교육을 지향하였다. 또한 가정교육의 주된 관심인, 오로지 유전적으로 강인한 후손을 생산하는 데 인종학과 유전학 관련 과목이 도입되었고, 학교졸업생들에게는 나치정권에 의하여 발간된 『너와 너의 국민(*Du und dein Volk*)』이라는 제목을 가진 소책자가 배부되었는데, 책자의 주요 골자로는 유전에 관한 기본법과 혼혈종 및 배우자 선택 시(배우자 선택 10계명) 우생학적인 규정들을 담고 있었다. 특히 민족사회주의 정권은 국민들이 배우자를 선택할 때 독일 혈통과 독일 문화를 보존하기 위해 인종적 가치와 인종 순수성의 관점에서 이른바 거룩한 결혼을 안정시킬 목적으로 다음과 같이 10계명을 제시하였다(Mattner, 2000).

1. 당신은 독일인임을 기억하라.
2. 당신이 유전적으로 건강하다면 자녀가 없는 상태로 유지되어서는 안 된다.
3. 당신의 신체를 청결하게 유지하라.
4. 당신의 영혼을 깨끗하게 유지하라.
5. 독일인은 같은 혈통이나 또는 북유럽 혈통 배우자를 선택하라.
6. 미래의 배우자의 조상에 대해 먼저 물어보라.
7. 건강은 외적인 아름다움을 위한 전제 조건이다.

8. 사랑으로 결혼하라.

9. 놀이 친구를 찾지 말고 동반자를 찾으라.

10. 부부의 의미는 건강하고 많은 아이들이다.

한편 1939년 8월 독일 나치스 정권의 내무장관이자 법률학자였던 프릭(W. Frick, 1877~1946)은 기형아 및 정신박약아동의 의무 신고제를 발표하였다. 이러한 자료를 기초로 하여 1939년 9월 폴란드에 대한 침공으로 발발한 제2차 세계대전과 동시에 'T 4(Tiergarten Str. 4)'—베를린의 티어가르텐 4번지에 위치한 안락사 중앙본부에서 자행됨에 따라 붙여진 이름—로 명명된 안락사 프로그램이 시행되었는데, 당시 베를린에서만 약 10만 명 이상의 사람들이 참혹하게 희생되었다. 또한 나치정권은 1938년 학교교육법을 통하여 지체 장애아 등 장애를 가진 아동에 대하여 교육이 불가능한 자로 여기고 의무교육에서 자유롭게 조치를 하였는데, 이와 같은 규정은 결국 그들을 학교교육에서 배제하고자 함을 의미했다(Stadler, 1998).

제3제국 시대에 있어서 인구정책의 주요 목적은 소위 평균이하의 '열등한' 자들의 출생을 가능한 배제시키는 반면에, 우수한 유전인자를 가진 사회 계층의 출생률을 최고로 향상하는 데 두었다(Bauer, 1926). 아울러 1933년 7월 14일「차세대 유전성 질병 예방법」이 가결되어 유전성 질환자에 대한 생식을 금지하는 규정이 발표되었다.

이 법령은 1934년 1월 1일부터 효력이 발생되었으며, 제1조에 다음과 같은 강제적 불임시술 대상자들에 관한 사항들이 명시되어 있었다(Antor/Bleidick, 1995).

(1) 유전성 질병을 가진 환자는 의사의 진단에 따라 장차 그의 후손이 심각한 신체적 또는 정신적으로 유전성 결함을 가질 수 있다는 위험성이 예측될 때 외과 수술을 통해 불임시술이 행해질 수 있다.

(2) 이 법에서 언급하는 유전성 질환은 다음과 같은 질병 가운데 한 가지를 앓고 있는 자를 의미한다.

1. 선천성 정신박약
2. 정신분열증
3. 조울증(躁鬱症)
4. 유전성 간질병

5. 유전성 무도증(舞蹈症)
6. 유전성 시각 장애
7. 유전성 청각 장애
8. 유전성 중증 지체 장애

(3) 아울러 중증의 알코올 중독증에 걸린 사람도 불임시술이 행해질 수 있다.

그리고 동법 제12조 1항에는 불임시술에 대한 국가의 강제성이 법적으로 허용되었는데, 만약 법원이 최종적으로 불임시술을 결정하고 환자 본인이 이의 신청을 하지 않는 경우에는 환자의 의견에 반하여 피임시술을 시행할 수 있다고 규정하고 있다. 히틀러와 민족사회주의자들의 인구정책의 실행과 관련하여 보건 당국은 국민의 질병에 대한 치료 및 예방 이외에도 유전과 인종에 관한 정책을 수행하기 위해 수많은 상담소를 설치·운영하였다. 보건청과 동시에 다양한 연구소가 설립되어 유전성 질환을 가진 환자들을 파악하고, 환자를 유전질환 관련 법원(Erbgesundheitsgerichte: E.G.G.)으로 인도하는 역할을 담당하게 되었다(Mattner, 2000).

이에 더해 히틀러는 유전성 질병을 가진 사람들의 혼인금지를 더욱더 강화하기 위하여 1935년 10월 18일「독일 국민 우생 보호법(Gesetz zum Schutze der Erbgesundheit des deutschen Volkes)」을 발표했다. 이 법령은 다음 각 항에 해당하는 자들의 혼인을 공식적으로 허용하지 않았다(Rudnick, 1985).

(1) 약혼자 중에 한 사람이 전염성 관련 질병을 앓고 있어 다른 사람들 또는 후손에게 건강상의 유전적 손상을 줄 우려가 있는 자.
(2) 약혼자 중에 한사람이 금치산 선고가 내려져 있는 자.
(3) 약혼자 중에 한 사람이 금치산 판결이 내려져 있지는 않지만 만일 혼인한 부부가 민족공동체에게 바람직하지 못하게 보이는 어떤 정신적인 결함을 가진 자.
(4) 약혼자 중에 '차세대 유전성 질병 예방법'에서 제시하는 어떠한 유전병을 가진 자.

그리고 혼인에 대한 적법성을 증명하기 위하여 약혼자들은 소재지 관청에 해당 보건 당국으로부터 발급된 공식적인 결혼적격증을 제출하여야 했는데, 이는 주로 의학적인 진단의 결과나 또는 유전학적인 조사(족보 및 유전관련 목록표 등)들이 판결의 주요 기저를 이루었다. 나치가 집권한 기간(1933~1945) 동안 약 40만 명 이상이 강제적으로 불임시술을 통해 비참하게 희생된 것으로 추정되는데, 그중에 절반 정도는 선천성 정신박약아이며, 약 25%는 정신 분열증 환자가 속하였다(Mattner, 2000; Antor & Bleidick, 1995).

<1934년 나치정권의 인구정책 선동 포스트: 건강한 부모-건강한 자녀>

출처: https://www.dhm.de/lemo/bestand/objekt/pli03467

국가적인 강제적 불임 시술 대상자로 등록된 사람이나 불임 시술된 사람들의 평균 연령은 30세 정도였으며, 최연소 희생자는 12살, 최고령은 71세였다. 불임시술은 아이들의 경우에는 10세부터 행해졌고, 강제적인 불임시술은 14세 이상부터 허용이 되었다. 불임시술은 다양한 공공(公共)병원에서뿐 아니라, 기독교 재단 병원에서도 공공연히 자행되었다. 반면에 가톨릭 관련 단체들은 이러한 장애인 말살정책에 대체적으로 관여하지 않았다(Rudnick, 1990).

장애인이나 정신질환자들을 대상으로 행했던 불임시술에 이어 히틀러와 민족사회주의자들은 그들에 대한 안락사 프로그램을 계획하였다. 이를 위하여 나치정권은 이미 1933년 이전에 이론적으로 준비하였고, 1939년부터 이를 시행하였던 것이다. 이러한 국가적인 장애인 정책은 대부분 노동력이 없거나 전쟁 동원 인력으로 무용(無用)하여 소위 '살 가치가 없는 목숨'으로 분리된 유전적 또는 불치성 장애인, 정신 질환자 등에 대한 잔인한 멸절 시도였다. 그리고 이는 강제적인 불임시술과는 대조적으로 어떠한 법적인 근거를 —명목적이고 형식적이긴 하지만— 기초하지 않고 안락사 행위가 불법적으로 자행되었다. 장애아에 대한 안락사 행위는 형식적으로는 우선 일명 '크나우(Knauer)가족 사건'으로부터 출발한다. 이는 라이프치히(Leipzig) 대학 부속병원 소아

<브란트(K. Brandt)>

출처: https://de.wikipedia.org/wiki/Karl_Brandt_(Mediziner)

과 병동에 입원해 있는 아이의 부모가 1938년 제3 제국의 총통인 히틀러에게 개인적으로 서신을 보냈다. 편지는 부모들이 선천성 맹, 지적 장애와 더불어 한쪽 다리만 있는 중도·중복 장애를 가진 자신들의 자녀에 대한 안락사를 허용해 달라는 내용이었다. 히틀러는 그 부모의 요청을 마침내 수용했으며, 사실을 조사하기 위하여 히틀러의 주치의인 외과 의사였던 브란트(K. Brandt, 1904~1948)가 라이프치히로 급파되었다. 그리고 그의 의학적인 감정에 의하여 마침내 그 장애아는 안락사를 당하였으며, 이 사건을 계기로 어린이 안락사 준비를 위한 의학적 심의 기관이 구성되기에 이르렀다.

이어서 1939년 8월 18일 나치정권의 제국내무장관으로부터 모든 주정부(州政府)에 '기형 및 장애를 가진 신생아에 대한 의무신고제'에 관한 회람장(回覽狀)이 발부되었다. 여기에는 모든 의사와 조산원은 특히 지적 장애, 다운증후군, 뇌성마비, 지체 장애, 뇌수종, 소두증 등으로 판명된 신생아들의 출생에 대하여 해당 보건 당국에 반드시 의무적으로 신고해야 한다는 것이다. 그리고 신고된 관련 아이들은 그들이 살해될 병원으로 이송되었는데, 그 당시 독일 제국 전역에 약 30여 개의 안락사 특별 소아과 병동이 설치되어 있었다. 그리고 안락사 관계 당국은 해당 아동들이 특별 병원으로 이송되는 사실에 대하여 전혀 예상하지 못하는 부모들의 경우에는 변명으로 의학적인 필요성을 그 이유로 제시하였다. 그들은 안락사 대상에 속하는 아동의 부모들에게 형식적으로는 장애를 가진 자녀들이 다른 시설에서 더 나은 보호와 치료를 약속하였다. 그러나 다른 시설로 이송되는 것을 적극적으로 반대하는 부모들에게는 자녀에 대한 양육권 박탈과 국가적인 지원 중단을 위협의 도구로 삼아 협박을 일삼았다. 이 아이들은 대부분 최종적으로 안락사가 자행되는 부서로 후송되기 전에 다양한 다른 시설로 옮겨졌는데, 이렇게 함으로써 부모들이 자신의 자녀를 찾지 못하도록 한 것이었다. 이러한 특별 시설에서 장애어린이들은 클로로포름(chloroform), 모르핀(Morphine), 루미날(Luminal)

등 강력한 마취제 및 진정제를 다량 투여하거나, 총살, 자동차 배기가스를 이용한 중독 및 질식사, 독가스 강제수용소에서의 대량학살, 기아사 및 구타 등을 통하여 결국에는 잔혹하게 살해되었다(Antor/Bleidick, 1995).

한편 민족사회주의 정치인이며, 나치 친위대(SS) 고위책임자였던 보울러(P. Bouhler, 1899~1945)와 브란트(K. Brandt)에게 안락사에 관한 전권을 위임한 히틀러의 장애인 멸절정책은 아래와 같이 세 가지 다양한 유령기관을 통하여 어린이뿐 아니라 성인에게까지 확대 · 실행되었다(Mattner, 2000).

(1) 전국치료 및 보호시설협회: 안락사 대상들에 대한 파악과 심사를 위한 등록서를 발송하는 업무.
(2) 환자이송 공익협회: 안락사 대상자를 지정 시설로 이송하는 책임을 부여받음.
(3) 시설관리 공익 재단: 안락사 시설의 인사를 관리하며 재정을 담당함.

특히 장애인 및 정신질환자 치료 및 보호시설 협회에서 발송된 등록서에는 다음과 같은 내용들이 포함되어 있었다. 다시 말하자면, 먼저 환자의 병명은 무엇인가? 이 환자

<도르트문트(Dortmund) 근교의 아플러벡(Aplerbeck) 특별소아병동>

출처: http://www.gelsenzentrum.de/kindereuthanasie_juergen_sommerfeld_gelsenkirchen.htm

가 5년 이상 한 시설에 있는가? 이 환자는 범죄성이 있는 정신 질환자인가? 그리고 또한 이 환자는 독일인인가? 등의 질문들이 제시되었다. 이러한 설문들은 환자 자신이 안락사와는 전혀 관계성을 상상하지도 못한 채 오로지 해당 수용시설에 의해 작성되었다. 또한 이렇게 작성된 환자 관련 서류 자료나 정보만을 기초로 하여 국가로부터 위임받은 관련 담당 의료진들에 의하여 해당 환자들의 생사가 결정된 것이었다. 결국 안락사 대상으로 진단·평가된 환자들은 안락사가 행해지는 죽음의 시설로 이송되기 전에 우선 대기실에 해당하는 중간 시설을 경유하기도 했다. 그리고 최종적인 죽음을 맞이하는 환자들은 이러한 시설에서 독가스로 살해된 뒤에 바로 화장터에서 소각 처리되었으며, 그곳에는 특별 호적 사무소가 설립되어 거의 다 위조된 사망원인과 사망시간이 기록된 사망진단서가 발급되어 가족들에게 통보되었다. 대다수 희생자들의 가족들은 안락사 당국으로부터 환자가 시설로 이송된 이후에 갑작스런 질병으로 인하여 사망했다는 소식을 전해 듣는데, 시신은 이미 전염병의 위험을 방지하기 위하여 소각 처리된 상태였다(Mattner, 2000).

이러한 수십 만 명 이상의 생명을 학살한 국가적 범죄행위가 가톨릭교회를 통하여 점차 사회에 알려짐과 동시에 사회적 저항이 거세지자 히틀러는 1941년 8월 24일 마침내 안락사를 중단할 것을 명령하였다. 그러나 같은 해 11월부터는 국가적인 차원에서 벗어나 지역별 혹은 장애인 시설 주관으로 또 다시 대량 살상이 지속적으로 이어졌다. 이에 1939년부터 1945년까지 나치정권에 의해 희생된 정신 질환자 및 장애인의 수는 약 20만 명이 넘는 것으로 추정한다(Antor/Bleidick, 1995: Rudnick, 1990).

(2) 통합교육의 시대

이러한 20세기 초기까지 특수교육 발전의 쇠퇴 현상은 1950년대와 1960년대 이후에 이르러 지금까지 국내·외적으로 많은 긍정적인 변화가 일어나기 시작했다. 특수교육 서비스가 확대되고, 전문화된 서비스가 증가하고, 아울러 장애인에 대한 훈련과 보호에 관한 공적인 관심이 증가하였다. 인류 역사의 흐름 중에 오랜 전통을 가진 장애인에 대한 사회적 태도 중에 한 가지는 바로 분리 사상이다. 장애인을 비장애인으로부터 분리 및 격리시키는 것을 매우 당연하고 정상적인 것으로 여긴 것이었다. 이는 장애를 이유로 한 장애인에 대한 사회적 분리 현상으로, 장애인의 총체적인 인격도 동시에 제약하고 차별한 것이었다.

그러나 1970년대 초기부터 북유럽을 기점으로 시작된 정상화원리나 탈수용시설화 운동을 통하여 그들이 동등한 인간으로서의 정상적인 환경이나 권리가 박탈당한 채 특수시설에서 지나치게 고립되어 차별받고 있는 데에 대한 강한 비판적 인식들이 확산되었다. 이에 통합에 대한 토론은 학교, 직장 그리고 많은 다양한 생활 영역에서 장애인의 분리 및 격리에 대하여 비판함으로써 정규시설에서 장애인과 비장애인 사이의 차별성이 아닌 일반성을 촉진하는 것을 그 목적으로 삼는다. 오늘날 사회에서 장애인의 모든 삶의 영역에서 온전한 통합과 참여는 여전히 근본적인 과제로 남아있는 실정이다.

최근에는 교육적 혹은 사회적 통합은 전 세계적으로 교육을 비롯하여 직업, 거주, 문화 또는 사회 심리분야 등에서 활발하게 진행되고 있다. 또한 그 밖에도 영유아교육, 전환기교육, 부모의 권익강화 및 참여, 개별화교육, 당사자 주의(자기결정권), 중도·중복장애아 교육 등 특수교육이나 장애인 복지와 관련하여 다양한 분야에서 논의되고 있다.

2. 우리나라의 장애 아동 교육의 성립과 전개

사실 서양의 특수교육에서 역사적으로 나타난 초기 장애인에 대한 혹독한 차별이나 태도는 우리나라에서도 마찬가지로 발견할 수 있다. 이와 관련하여 한 가지 단적인 예로 우리나라의 전통적인 장애인관은 여러 가지 속담이나 격언에서도 알 수 있듯이 그 명칭에 있어서나 내용에 있어서도 멸시를 받거나, 무능력 혹은 희롱이나 사회적인 소외의 대상으로 여겨진 것이었다. 이에 우리나라의 장애인에 대한 시대적 태도나 교육적인 측면에서 다음과 같이 구분하여 개괄적으로 살펴보고자 한다.

1) 개화기 이전의 장애 아동 교육

우리나라에서 개화기 이전의 특수교육은 주로 고대 시대를 일컫는바, 13세기 이전 우리나라의 교육기관에서 장애인을 대상으로 교육을 행했던 기록은 거의 없는 편이다. 그러나 고려 23대 원종(1259년~1274년) 때인 13세기 후반부터 맹인들이 직접 복업(卜業)에 종사했던(고려사 130) 자료가 남아 있다. 여기에는 맹인들이 직접 복업을 받았다는 기록은 없지만, 고려 태조 13년(930년) 서경학교를 설치하여 복업을 가르쳤다는 기록을 보면 장애인들도 이 때 어떤 방식으로든 복업에 대한 교육을 받았으리라 짐작할 수 있다. 이후 복업은 광종 9년 과거제도에 포함되었으며, 공양왕 원년인 1389년에는 관학으로 발전하였는데, 이 때 맹인들은 자섬부사(資贍副使, 종 5품)와 강안전 시위호군(康安殿 侍衛 護軍, 종 4품)의 벼슬도 받게 되었다(임안수, 1993).

이후 조선시대는 중앙집권적 국가의 성립이라는 근세의 특징을 나타낸 역사인 반면에, 고려에서는 국가의 직접 지배를 받지 않는 속현과 부곡 등이 전체 군현의 과반수나 되었다. 그러나 조선은 건국과 더불어 모든 군현에 수령을 파견하여 국가의 일원적인 지배체계를 확립하였다. 그리고 조선의 교육제도는 성균관과 사부학당, 향교, 서원, 서당 등으로 구성되어 있었는데, 서당은 대부분의 부락에서 기본적으로 청소년의 교육을 담당하였다. 당시 서당의 교육은 철저하게 개인의 능력과 진보의 정도에 따라 서로 다르게 이루어지는 개별교육으로 각자가 배우는 내용이 따로 있었고, 진도(進度)도 다르게 이루어졌다.

조선시대에 장애인의 교육과 관련된 문헌상의 기록으로 세종 27년(1445년) 3월 서운관에서 훈도 4~5명을 두고 10명의 맹인을 선발하여 3일에 한 번씩 음양학을 교육(세종실록 107)한 기록이 남아 있다. 서운관(書雲觀)은 고려 말부터 조선 초까지 기상관측 등을 관장하던 관서인데, 이는 세조 12년(1466년) 1월 관상감으로 바뀌었으며, 음양학은 명과학으로, 풍수학은 지리학으로 바뀌었다(세조실록 33, 38). 명과학은 관상감의 음양 3과의 하나로 운명 · 길흉 · 화복을 판단하는 학문인데, 이 때 명과학 교육을 받은 맹인들은 나라에서 행하는 과거에 응시할 수 있었고, 합격한 자에게는 임금이 검교직(檢校職)이나 체아직(遞兒職)을 제수하고 녹봉을 주어 공무에 종사하도록 하였다. 따라서 우리의 역사에서 장애인의 교육에 대한 기록은 이것이 최초이지만, 이를 오늘날과 같은 특수교육의 개념으로 볼 수 있는지에 대해서는 더 많은 연구가 이루어져야 한다. 그러나 이는 세계 최초로 16세기 스페인에서 농교육이 시작된 시점보다 더욱 빠르다는 점에 주요한 의미를 부여할 수 있을 것이다.

그리고 조선 시대의 맹인들은 명과맹(命課盲)뿐만 아니라, 관현맹(管絃盲)으로도 활동하였다. 관현맹 제도는 고려 문종 30년(1076년)에 시작되어 공양왕 3년(1391년)까지 316년간 존속되었다(고려사 31). 이 제도는 조선조에 들어와서도 지속되다가 고종 21년 폐지되었는데, 관현맹인은 궁중 향연에서 관현합주나 가무반주를 맡은 맹 음악인이며, 이들은 전공 분야에 따라 여기(女技)들의 춤이나 노래에 맞추어 당악과 향악의 반주를 하였다. 그 당시 당악은 당나라뿐 아니라 송나라에서 들어온 중국의 음악을 총칭하는 것이며, 향악은 우리나라의 음악을 의미하였다.

또한 당시 맹인들을 음악인으로 둔 이유는 다음과 같다. 첫째, 먼저 조선시대에는 남녀 간의 접촉을 금했던 관습 및 제도인 내외법(內外法)이 엄격했는데, 주로 여자들만 있는 궁중내연에 악공이 들어가 연주를 할 수 없었으므로 앞을 못 보는 맹인들로 하여금 연주를 하도록 하였다. 둘째, 고려 말부터 조선 초까지 음악을 맡아보던 관청이었던 관습도감(慣習都監)의 창기가 사죽(絲竹, 현악기와 관악기, 즉 음악)과 장구를 배우지 못하였을 때 궁중의 잔치와 제향을 위하여 이들로 하여금 임시로 반주를 하게 하였다. 셋째, 실업자를 없애고자 하는 대책의 일환으로 이루어진 정책이었다. 우리나라 역사에서 맹인들이 고려 때부터 점복맹이나 관현맹으로 활동할 수 있었던 것은, 그에 필요한 교육을 받을 수 있는 제도가 있었기 때문이라고 짐작된다. 따라서 고려시대부터 특히 맹인에 대한 점복교육과 관현교육이 이루어졌다고 짐작되나, 그 구체적인 기록은 찾을 수 없다. 다만 장애인 교육에 대한 최초의 기록으로 조선시대 관학인 서운관에서 교육이 이루어졌다는 기록이 남아있을 뿐이다.

이와 같이 비록 시각 장애인에게 제한되고 근대적인 특수교육의 형태는 아니라 하더라도 장애인을 위해 국가의 교육기관에서 공식적인 교육을 실시하고 관직에까지 등용시켰다는 점은 우리나라의 특수교육 역사에서 의의가 매우 크다 할 것이다. 그러나 다른 한편으로 우리나라의 전통적인 장애인에 대한 인식이나 태도는 차별이나 편견이 매우 지배적일 것이라는 주장도 있다. 이는 우리나라의 전통적인 속담이나 격언집에서 가려낸 88개의 장애인 관련 내용 중에서 긍정적인 이미지를 담은 속담은 단지 2가지뿐이며, '앉은뱅이 용쓴다', '귀머거리 삼년 벙어리 삼년' 혹은 '장님 코끼리 다리 만지기' 등 나머지는 대부분 부정적이라는 주장에 기인한다. 그뿐만 아니라 오늘날까지도 이어지는 장애인과 관련된 여러 가지 명칭을 보더라도 멸시적이며 비하적인 사회적인 인식들을 쉽게 짐작할 수 있다.

2) 근대시대의 장애 아동 교육

사실 근대적 의미의 특수교육은 다양한 측면에서 볼 수 있지만, 특히 구한말 개화기에 즈음하여 주로 외국인 기독교 선교사들에 의해서 시작되었다 할 것이다. 당시 구한말의 개화사상은 그 보급과 실천을 교육제도를 통하여 실현하고자 했으며, 이에 따라 교육의 실용화, 민주화, 구국화를 강조하는 신교육운동이 전개됨에 따라 우리나라에서도 전통적인 경전중심의 교육을 탈피하여 새로운 학문 전수를 위한 근대학교가 보급되기에 이르렀다. 다시 말하자면, 즉 개화사상은 신교육사상을 낳고, 신교육 사상을 바탕으로 근대학교의 설립이라는 일련의 새로운 역사 발전의 추세에 따라 장애 아동의 교육문제에도 관심을 가지게 되었다. 그 당시 우리나라에서 근대식 특수교육이 행해지기 전에 개국 이후 외교사절단의 귀국보고 문서나 당시의 개화서적 등을 통해 외국의 특수교육이나 장애인 복지의 사례들이 국내에 소개되었던 것이었다(김영욱 외, 2005).

<서유견문>

출처: https://100.daum.net/encyclopedia/view/163XX81000110

이에 1881년 조선 후기의 문신이며, 외교관 및 내각총리대신을 지낸 박정양(朴定陽, 1842~1905) 등 신사유람단은 일본의 각종 교육기관을 보고하는 가운데 맹아원에 관하여 소개를 하고 있는데, 이는 우리나라에 문서상으로 특수교육이 소개된 최초의 평가받고 있다. 그리고 조선후기부터 일제강점기까지 개화 사상가이자 정치인이었던 유길준(1856~1914)은 유럽 및 미국 등의 구미(歐美)를 돌아보고 1895년 서유견문이란 저서를 통해 치아원(痴兒院, 지적 장애아 교육), 맹인원(盲人院, 맹교육), 아인원(啞人院, 농교육) 등에 관하여 당시 구미 특수교육의 모습을 구체적으로 소개하였다(김영욱 외, 2005).

이러한 움직임들은 우리나라 특수교육의 태동에 있어서 매우 중요한 의미를 갖는 것으로 평가되고 있다. 그러나 이러한 문서나 서적을 통해 소개되는 단계에 이어서 우리나라에 최초로 장애 아동 및 청소년들을 위한 교육이 시작된 것은 미국 감리교의 의료 선교사이며 교육자였던 홀(R. S. Hall, 1865~1951) 여사에 의해서였다.

< 홀(R. S. Hall) 여사>

출처: https://news.v.daum.net/v/20151014163104469

홀 여사가 언제부터 특수교육을 시작했는가 하는 교육의 시작 시기에 대해서는 사실 여러 가지 주장(1894, 1898, 1906)이 있다. 그럼에도 불구하고 우리나라의 오봉래라는 맹 소녀를 가르친 시기는 1894년으로 알려져 있으며, 뉴욕 맹학교에서 뉴욕 점자를 익힌 다음 그해 가을 다시 한국에 돌아와서 한국말 성경의 일부와 십계명을 점자로 번역하기도 했다.

그녀는 1900년부터 학교교육을 통한 맹교육을 실시하기 위하여 자신이 가르친 4명의 맹 여아들을 당시 평양 여자 맹학교인 정진소학교(1896년 설립)에 입학시켰다. 그리고 홀 여사는 학교 앞에 기숙사를 마련하여 맹아를 수용하고 생활훈련을 하는 한편, 학교에서는 일반 아동과 같이 교육을 받게 했다. 이러한 통합교육 형태의 우리나라 맹아교육이 서양에 비해 138년의 차이가 있지만, 오늘날 선진국에서 볼 수 있는 통합교육의 형태를 취한 시간제 특수학급의 방식으로서 매우 진보적인 교육이었음을 알 수 있다. 아울러 홀 여사는 농 여아에 대한 관심을 가지고 1909년에는 평양에서 맹교육에 이어 농교육도 시작하였다(김영욱 외, 2005).

한편 1903년에는 미국 장로교 선교사였던 모펫(A. F. Moffett) 여사에 의해 평양에 최초의 남자 맹학교가 설립되었다. 한편 홀 여사는 남편과 함께 중국 최초의 농학교인 체후(芝果, Chefoo)농 학교에 머물면서 농교육을 실시하기도 했다. 그 후 평양 농 학교 교장이었던 이익민을 중국에 보내 동료 선교사인 밀(Mill)여사가 운영하는 농 학교에서 농교육 방법을 연수케 하였고, 이 씨가 귀국한 뒤 1909년에 한국 최초의 농 학교 교육을 시작하였다. 당시 교과목이나 학생 수, 교원 수에 대해서는 잘 알 수 없지만, 다만 1914년에 동양맹아교육회의를 평양 맹아학교가 주최한 것으로 보아서 상당한 수준의 교육내용이었을 것으로 추측할 수 있다.

이처럼 우리나라의 근대식 특수교육의 성립은 거의 모두가 외국 선교사들에 의해 이루어졌는데, 초기부터 이들이 구미 선진국의 특수교육 방법을 채택하여 통합교육에 큰 관심을 가진 것은 매우 주목할 만한 점이다.

3) 일제 강점기 시대(1909~1945)의 구빈 보호적 성격의 장애 아동 교육

20세기 초기에 일본 제국주의자들이 우리나라를 점령하고 난 후에 조선총독부를 설치하여 제생원(濟生院) 관제 및 규칙을 제정 공포하고, 구빈 보호적 성격이 강한 형태의 특수교육을 실시하였다. 1912년 3월에 조선총독부는 제생원 내에 양육부와 맹아부를 두었는데, 양육부는 주로 고아를 양육 보호하였으며, 맹아부는 맹아와 농아에 보통교육을 실시하고 생활에 필요한 기능을 가르치는 것을 주요목적으로 하였다. 이와 같이 제생원 맹 아부는 근대적인 교육기관이라기보다는 이들을 고아와 함께 구빈적 측면에서 보호를 하는 데 주목적을 두었던 것이었다. 이는 한국 최초의 공립 특수교육기관으로 해석될 수도 있지만, 고아의 양육과 맹·농아의 교육을 동일한 기관에서 맡고 있는 실정이었고, 특수교육에 있어서도 교육의 질적인 수준이나 혜택이 일본인과 조선인 간에 많은 차별이 있었던 것으로 알려져 있다(김영욱 외, 2005).

그러나 일제 식민지하에서도 특수교육에 있어서 놀라운 업적을 한 가지 꼽을 수 있는데, 이는 바로 당시 제생원 맹아부에 교사로 재직해 온 박두성(1888~1963)의 한글

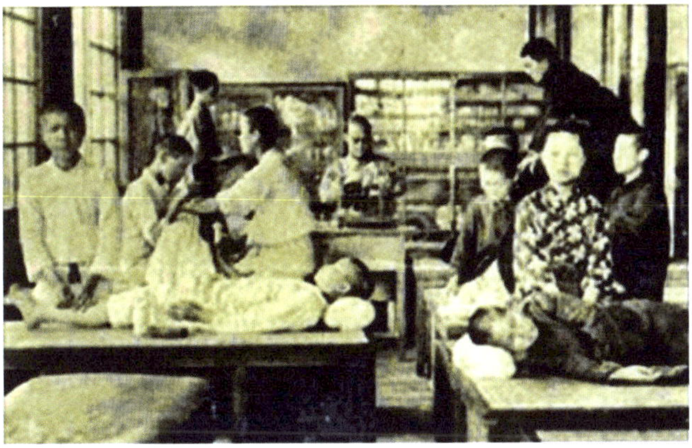

<제생원의 맹아부>

출처: https://news.v.daum.net/v/20190420040403666

점자 창안이라고 할 수 있다. 박두성은 일어점자로만 교육하는 것에 대하여 불만을 품고, 1921년 한국인 졸업생들과 함께 조선어점자연구위원회(1923~1945)를 조직하여 우리말 점자를 만드는 일을 강력히 추진하였다. 그는 당시 사용 중이던 뉴욕 점자로서 초등독본과 천자문을 점자화하려고 노력했으나, 4점으로 이루어진 뉴욕 점자(: :)로는 불가능함을 깨닫고 6점으로 된 한글점자를 고안하여 1926년 11월 4일에 마침내 공포하였다. 이것이 이른바 훈맹정음이며, 이는 1829년 프랑스의 시각 장애인이었던 브라유(L. Braille, 1809~1852)가 최초로 6점의 점자를 고안한 이래 약 백년 뒤의 일로서 국제점자학계로부터도 한글의 우수성과 함께 훌륭한 점자로 공인 받게 되었다(김영욱 외, 2005).

더군다나 일본의 식민지 치하 속에서도 우리나라의 기독교인들을 중심으로, 예를 들어 이창호 목사는 1935년 평양 광명 맹학교를 설립하였는데, 이는 한국인에 의해 설립된 최초의 특수학교로서 프랑스의 교사였던 하우이(V. Haüy, 1745~1822)의 1784년 맹학교를 기준으로 하면 151년 뒤의 일이며, 프랑스의 청각 장애아교육학의 창시자였던 레페(C.-M. de l'Epée, 1712~1789)의 1760년의 농교육과 비교하면 175년의 차이를 보이기도 한다. 이어서 제생원 맹아부 졸업생인 손용주에 의해 1938년 원산 맹학교가 설립되었다.

한편 일반 초등학교 내에 설치된 최초의 특수학급은 1937년 서울 동대문 공립 초등학교의 병 허약아를 위한 학급으로 알려져 있다. 비록 이는 일본인의 손에 의해 설립된 것이지만 최초의 공립 특수학급이라는 점과 본 학급 운영의 실태가 『문교의 조선(文教の朝鮮)』 제193호(1941년 10월호)에 구체적으로 밝혀져 있으며, 그 뒤 1968년 서울 월계 초등학교의 약시학급은 우리나라 최초의 특수학급으로 기록된 셈이다(김영욱 외, 2005).

이와 같이 역사적으로 볼 때 우리나라 초기 근대적 의미의 특수교육은 특히 서북지방에서 맹교육을 중심으로 발달해 왔으며, 아울러 외국의 기독교 선교사와 한국의 기독교인을 중심으로 구빈 보호적인 성격이 강조된 공적 특수교육의 기초로 작용하였다.

4) 해방 이후 장애 아동 교육제도의 기초 및 사립 특수학교의 건립

1945년 8월 15일 마침내 일제로부터의 광복과 더불어 민주적인 교육이 점진적으로 추진됨에 따라 특수교육에 있어서도 제도적인 기초가 정비되기 시작하였다. 1949년에 제정된 매 4월 시작 및 2학기제를 근간으로 하는 교육법에 특수학교의 설치 의무와 일반학교 내에 특수학급을 설치할 것을 명시하여 특수교육의 법적 근거를 최초로 마련하였다. 그러나 당시로서는 법·제도적 규정, 즉 형식적인 것에 불과하였고, 오히려 1950년대를 전후하여 기독 민간독지가들에 의한 사립 특수학교가 많이 설립되었다. 따라서 이들 사학이 한국 특수교육 발전의 주도적 역할을 담당해 왔다는 점은 부인할 수 없을 것이다(김영욱 외, 2005).

우리나라에서 해방 후 최초로 설립된 사립 특수학교는 1946년 4월에 이영식(1894~1981) 목사가 대구에 설립한 대구맹아학원(현재 광명학교와 영화학교의 전신)이다. 그 당시 대구시 중구 서성로의 중앙교회에서 초기에는 맹 아동 2명과 농 아동 10명으로 입학식과 개교식이 개최되었다. 이 학교는 기독교정신에 입각하여 국민교육과 생활기능을 익히게 함을 목적으로 하였다. 설립 당시에 수업연한은 6년이었으며, 6세 이상의 맹·농아를 입학대상으로 하였고, 초대 교장에 이영식 목사가 취임하였던 것이다.

이어서 대구 제일교회와 이영식 목사의 사택 등으로 수업 장소를 옮기기도 했다. 1948년 2월에 드디어 태평로에 교사를 정하고 정착하였고, 1953년 11월 현재의 소재지인 대명동으로 이전하였다. 그리고 1951년에는 농아를 위한 중등부, 1952년에는 맹아를 위한 중등부가 각각 신설되어 중등교육도 함께 시작되었다. 1953년 3월에는 농아를 위한 대구영화학교와 맹아를 위한 대구광명학교로 각각 분리되었고, 1964년 두 학교에 고등부도 신설되어 대학진학과 직업훈련의 기회가 제공되었다.

그리고 우리나라 최초의 지체 장애아학교는 1964년에 설립된 연세대학교 세브란스 병원 소아재활원 초등학교이며, 지적 장애아학교는 1966년의 대구 보명학교가 최초의 교육시설로 서양에 비해 약 한 세기가 뒤진 셈이다. 또한 우리나라도 맹·농교육은 비교적 일찍 시작된 반면에 지적 장애나 지체 장애인을 위한 학교교육은 다소 늦은 공통점이 있음을 알 수 있다(김영욱 외, 2005).

5) 1970년대 이후 장애 아동 교육에 대한 공적책임의 확대

우리나라의 특수교육은 1970년대 중·후반에 접어들어서 비로소 국가의 공적책임이 확대되기 시작하였다. 1975년 12월 9일 국제연합은 제30차 총회에서 '장애인 권리 선언(The Declaration of the Rights of Disabled Persons)'을 결의하고, 이어서 1981년을 장애인의 완전 참여와 평등을 골자로 하는 '세계 장애인의 해(The International Year of Disabled)'로 결의하여 선포하였다. 우리나라도 이를 배경으로 1977년 「특수교육진흥법」을 제정하고, 그 다음 해에 시행령과 시행규칙을 각각 제정·공포하여 특수교육에 대한 국가의 임무를 규정하였다. 이 법은 당시 시각 장애자, 청각 장애자, 정신지체자, 지체부자유자, 정서 장애자, 언어 장애자, 기타 심신장애자를 특수교육 대상자로 규정하고, 특수교육의 진흥을 위한 국가와 지방자치단체의 책임을 촉구하는 내용이 주였다. 이 법의 시행으로 과거에 비해 장애아 교육기관의 수가 많이 늘어나게 되었으며, 교육을 받게 된 장애 아동의 수도 크게 늘어나게 되었다. 따라서 이때의 특징은 국가의 공적 책임이 확대되고, 특수학급이라는 부분통합을 위한 특수교육기관이 대폭적으로 증가하였다는 점을 들 수 있다.

이와 같이 특수학교와 특수학급의 교육을 중심으로 발전되어 오던 우리나라의 특수교육은 1994년 특수교육진흥법의 개정으로 그 방향과 내용의 전환을 도모하게 되었다. 이는 그동안 이루어져 온 특수학교와 특수학급의 분리교육만으로는 학교 졸업 이후 장애 학생들이 사회에 적응하는 데 어려움이 많다는 인식에서부터 비롯되었다. 따라서 이 법을 통해 특수교육 대상학생들도 분리교육보다는 일반학급에서 통합적인 환경에서 교육받아야 한다는 당위성이 강조되고 있는 것이다. 이는 세계의 통합교육이라는 추세를 지향하는 바도 있지만, 그보다는 교육 원래의 모습과 본질적 의미를 회복하자는 측면에서 더욱더 중요한 의미가 있다고 할 것이다.

제 II 부

장애 유형별 특성의 이해와 교육

제 II 부

장애 유형별 특성의 이해와 교육

장애 아동이나 청소년에 대한 교육적 지원을 위해서는 무엇보다도 각 장애유형에 따른 다양한 특성들과 그들의 필요를 이해하는 것이 매우 중요한 전제라 할 것이다. 우리나라는 2007년 5월 25일 새롭게 제정된 「장애인 등에 대한 특수교육법」 제3장 제15조(특수교육대상자의 선정) ①항에 의하면 다음과 같이 규정하고 있다.

교육장 또는 교육감은 다음 각 호의 어느 하나에 해당하는 사람 중 특수교육을 필요로 하는 사람으로 진단 · 평가된 사람을 특수교육대상자로 선정한다.

1. 시각 장애
2. 청각 장애
3. 지적 장애
4. 지체 장애
5. 정서 · 행동 장애
6. 자폐성 장애(이와 관련된 장애를 포함한다)
7. 의사소통 장애
8. 학습 장애
9. 건강 장애
10. 발달지체
11. 그 밖에 대통령령으로 정하는 장애

한편 미국의 장애인 교육법(IDEA: Individuals with Disabilities Education Act, 1990)에서는 10가지 영역으로 구분되는데, 즉 지적 장애, 청각 장애, 말/언어 장애, 시각 장애, 중도 정서 장애, 지체 장애, 자폐범주성 장애, 외상성 뇌손상, 기타 건강상 장애 및 특정학습 장애 등을 말한다. 이어서 독일은 1972년 3월 16일 독일 연방공화국의 주(州) 교육부장관상임회의(KMK)의 '특수학교제도의 규정을 위한 권고(Empfehlung zur Ordnung des Sonderschulwesens)'에서 전통적인 학교제도의 구분형태에 따라서 특수교육 대상자를 학습 장애, 맹, 저시력, 농, 난청, 언어 장애, 지체 장애, 지적 장애, 행동 장애, 만성 질환 등 10가지로 정하고 있다. 그 밖에도 원인, 종류 및 정도에 관계없이 단일장애를 두 가지 이상을 가지는 중복 장애도 여기에 포함시키고 있다.

따라서 본서에서는 주로 「장애인 등에 대한 특수교육법」의 분류 양식에 따라서 시각 장애, 청각 장애, 지적 장애, 지체 장애, 정서·행동 장애, 자폐성 장애, 의사소통 장애, 학습 장애, 건강 장애, 발달지체와 더불어 우리나라의 특수교육대상자에는 포함되어 있지 않지만 영재 교육도 함께 알아보고자 한다. 그리고 각각의 장애영역에 따라서 역사를 개관한 후에 개념정의, 원인, 진단 및 판별, 특성 및 교육적 조치 등에 관하여 기술한다.

제5장

시각 장애

우리의 많은 신체기관 중에서 먼저 시각은 일상적인 생활과 학습활동 등 모든 삶의 영역에 있어서 매우 중요한 역할과 기능을 담당하는 감각 기관에 속한다. 옛 말에 '우리 몸이 천 냥이라면, 눈은 구백 냥이다'라고 하듯이, 우리의 생활 가운데 습득하는 정보의 약 85% 이상은 시각 기관을 통하여 얻을 정도로 그 의미는 매우 크다 할 것이다. 이러한 시각 기능의 손상으로 인하여 장애가 발생할 경우에 시각을 통한 정보나 지식의 경험뿐만 아니라, 공간 간 이동이나 운동 등 다양한 삶의 영역에서 매우 부정적 영향을 받게 될 것은 자명한 일일 것이다.

1. 시각 장애 아동 교육의 역사

특수교육의 역사에서 시각 장애인은 다른 유형의 장애인에 비하여 사회적인 평가에 있어서 비교적 특별한 위치를 차지하는 것으로 보인다. 즉 그것은 일반적으로 지체 장애인은 사회적으로 거부된 반면에, 시각 장애인과 관련해서는 적어도 부정적인 측면과 아울러 긍정적인 측면이 동시에 나타나는 상반적(相反的)인 감정이 병존했던 것을 알 수 있다. 특히 패럴(Farrell, 1956)에 의하면 시각 장애인 교육의 역사에서 그들은 당시 대도시의 성문(城門)출입구나 교회의 계단은 특별히 수입이 좋은 장소로 알려져 그곳은 항상 시각 장애인 거지들에게 지정되었고, 아울러 고대나 중세 시대에 있어서 시각 장애인 가수는 아주 유명하고 존중받는 인물로 묘사되곤 하였다. 서양 최고 최대의 서사시 『일리아드(Ilias)』와 『오디세이(Odyssey)』의 작자로 알려진 그리스의 시성(詩聖) 호메로스(Homeros 또는 Homer) 등 수많은 사람들이 비록 시각 장애를 가졌지만 명성을 누렸다.

<영국의 수학자 사우더슨 (N. Sauderson)>

출처: https://en.wikipedia.org/wiki/Nicholas_Saunderson

일본의 왕자 히토야수(Hitoyasu, 843년생), 영국의 시인이자 정치 사상가였던 밀턴(J. Milton, 1608~1674) 그리고 영국의 수학자인 사우더슨(N. Sauderson, 1682~1739) 등이 시각 장애를 가진 대표적인 인물들이다(Garbe, 1969).

그럼에도 불구하고 다른 한편으로 시각 장애인은 사회적으로 두려움, 회피, 동정, 무시 등 매우 부정적으로 인식되기도 했다. 경우에 따라서는 시각 장애인에게 마술적인 신비한 힘과 능력이 있는 것으로 간주했으며, 또 다른 경우에는 시각 장애인들은 그들 자신들의 죄로 인하여 저주받는 것으로 여기기도 했던 것이다. 그들은 왕자와 거지, 가수와 점성가, 시인과 어릿광대 등 다양한 지위나 직업을 가졌다. 그리고 그중에 일부는 유아 때 살해되기도 하였으며, 또 다른 한편으로 청소년기 때에는 관대하게 취급받기도 하였지만, 노년기에 노쇠해지면 길거리에 유기되거나 생매장을 당하기도 하였다. 또한 그들은 떼를 지어 농촌으로 방랑생활을 하면서도 비교적 꿋꿋하게 생존하기도 했다. 동시에 그들은 일종의 은어(隱語)를 사용하여 의사소통을 하였고, 어떤 사람들은 일생동안 고향을 떠나지 않고 생활하는 자들도 있었다. 아울러 그중에 몇몇은 교회나 왕실의 특별한 보호를 받는 자들도 있었지만, 반면에 그 당시 사회적인 시선으로부터 멀어지게 하기 위해 일부는 전염병 전문병원이나 정신병원 혹은 빈곤자 수용시설에 감금되기도 하였다(Koestler, 1976).

18세기 계몽주의시대의 도래와 함께 시각 장애인에 대한 철학적, 교육학적 관심이 나타나기 시작했는데, 이때 정신적 지도자 가운데 한 사람에 속했던 프랑스의 작가, 철

<디드로(D. Diderot)>

출처: https://de.wikipedia.org/wiki/Denis_Diderot

<아위(R.-J. Haüy)>

출처: https://de.wikipedia.org/wiki/Ren%C3%A9-Just_Ha%C3%BCy

학자이자 교육자였던 디드로(D. Diderot, 1713~1784)는 1749년에 '시각 장애인에 관한 편지'에서 시각 장애아 교육의 가능성이 증명됨을 공포하였다. 그는 시각 장애인의 교육은 그가 이미 상실한 것으로부터가 아니라, 오히려 그가 가진 것을 바탕으로 이루어져야 한다는 사고와 또한 가능한 한 모든 외부 세계와의 접촉을 시도해야 할 것을 강조하였다(Farrell, 1956). 즉 이것을 통하여 그 당시 이미 보상교육 및 통합교육의 기본원리가 적용된 것임을 짐작할 수 있다.

프랑스의 나폴레옹(B. Napoleon, 1769~1821)시대에 이집트 원정(1798/99)을 통하여 실명(失明)의 원인인 전염성 만성결막염이 유럽으로 전파되었을 때—이 전염병이 수년 동안 유럽의 군대 내에서 창궐하였다— 1745년에 출생한 아위(R.-J. Haüy, 1745~1822)는 프랑스의 첫 번째 시각 장애인 교육자로서 시각 장애를 가진 학생들을 위하여 전력을 다하였다.

그는 교구(教具)의 사용을 통한 교육적 자극으로 시각 장애인들이 더 이상 구걸행각을 하지 않도록 최선의 노력을 기울였다. 이에 그의 교육적 성공은 결국 1784년 프랑스 파리에 첫 번째 시각특수학교가 설립되기에 이르렀으며, 구미의 다른 나라에도 영향을 끼쳐 계속하여 특수학교가 그야말로 폭발적으로 설립되었다. 1791년 영국의 리버풀(Liverpool), 1793년 영국의 에딘버러(Edinburgh)와 브리스톨(Bristol), 1800년에 영국의 런던(London), 1804년 오스트리아의 빈(Wien), 1806년 독일의 베를린 쉬테크리츠(Berlin-Steglitz), 1807년 이탈리아의 밀라노(Mailand), 1808년 네덜란드의 암스테르담(Amsterdam), 체코의 프라하(Prag), 스웨덴의 스톡홀름(Stockholm), 1809년 러시아의 St. Petersburg(상 페트스부르크), 스위스의 취리히(Zuerich), 1811년

덴마크의 코펜하겐(Kopenhagen), 1812년 스코트랜드의 애브딘(Aberdeen), 1815년 아일랜드의 더블린(Dublin), 1816년 벨기에의 브뤼셀(Bruessel), 1818년 이탈리아의 나폴리(Napoli), 1820년 스페인의 바르셀로나(Barcelona)에 각각 설립되었다. 그리고 1832년에는 미국의 뉴욕(New York), 보스톤(Boston) 그리고 필라델피아(Philadelphia)에 각각 시각 장애 아동들을 위한 특수학교가 세워졌다(Farrell, 1956: Garbe, 1969). 이처럼 지금까지 구걸행각을 습관적으로 일삼았던 시각 장애인들에 대한 획기적인 사고의 변환으로 인하여 교육의 가능성을 발견한 후 거의 모든 유럽 국가들과 미국에까지 관련 교육기관들이 계속하여 설립된 것이다.

이어서 시각 장애인 교육학은 발전을 거듭하게 되는데, 자신도 시각 장애인이며 파리의 시각 장애인학교 교사였던 브레유(L. Braille, 1809~1852)가 1829년 시각 장애인들에게 문어(文語)를 이해할 수 있는 방법인 점자(點字)를 처음으로 소개하였다. 그리고 1879년에 이 점자는 독일에도 도입되었지만, 이 특별한 문자 체제는 노인 시각 장애인들에게 있어서 학습하기에는 다소 어려움도 따랐다. 또한 1932년에 미국 점자 도서관의 자료에 의하면, 전체 시각 장애인 중에 약 10% 미만이 점자로 된 서적을 읽을 수 있었다고 한다(Farrell, 1956).

사실 시각 장애인을 위한 독자적인 교육은 20세기 초에 시작되었지만, 이미 그 이전에 세계 곳곳에서 맹이나 저시력아들을 위한 복합적인 교육이 실시되었다. 예를 들어, 1802년 오스트리아 빈(Wien)에서 교육학자이자 역사학자인 가하이스(F. A. de P. Gaheis, 1763~1809)는 저시력아, 당시 소위 '반맹아(半盲兒)'를 맹아동연구소(Institut für blinde Kinder)의 특별한 부서에서 수업을 할 것을 제안하였다.

<가하이스(Gaheis)>

출처: https://de.wikipedia.org/wiki/Franz_Anton_de_Paula_Gaheis

아울러 당시 저시력아를 위한 최초의 학급은 1907년 라인강 상류의 프랑스 지역인 엘자스(Elsass), 그리고 최초의 저시력아 학교는 1919년 독일의 베를린(Berlin)에서 각각 설립되었다. 1933년 독일 나치스정권이 권력을 장악하기까지 1923년 독일 함부르크

(Hamburg)의 맹과 저시력 학교나 혹은 맹아를 위한 시설에서 저시력아를 위한 특별 수업을 병행하는 복합적인 형태를 가지기도 했다.

히틀러와 민족사회주의자들이 정권을 잡은 1933에서 1945년 사이에 있어서「차세대 유전성 질병 예방법」을 통해 당시 수많은 시각 장애인들도 함께 희생되었으며, 이 기간 동안 시각 장애아교육학의 발전은 정체되거나 오히려 역행하는 현상을 보이기도 했다. 수년 동안 저시력 아동의 수업이 대부분 맹학교에서 실시되었던 전통이 안과의사, 특수교사 및 시각 장애인교사들이 저시력 아동의 독특한 교육적 필요를 주장함에 따라서 점차 많은 주(州)에서는 독립적인 저시력 아동을 위한 학교들이 설립되었다.

이어서 우리나라의 경우에 시각 장애아 교육의 역사적 흐름을 살펴보면, 우선 조선시대 대부분의 시각 장애인들은 점복업(占卜業)을 하였으며, 일부는 음악에 재능이 나타나 관현맹인(管絃盲人)으로 활동하기도 하였다. 그 이후 1898년 미국의 감리교 선교사이며 의사였던 홀 여사(R. S. Hall)에 의하여 시각 장애를 가진 여아를 수용하여 뉴욕점자를 가지고 수업을 실시하였다. 또한 1912년에는 조선총독부가 맹 학생 16명과 농 학생 11명을 중심으로 제생원 맹아 부를 설립하여 초등보통교육과 침술과 뜸을 떠서 병을 고치는 의술인 구술(灸術) 및 안마술 등으로 직업교육 및 기본적인 생활 교육을 받도록 하였다. 최초의 점자는 1897년 홀(Hall)여사에 의해 사용된 4점의 뉴욕점자가 단점이 많았으므로, 1926년 박두성 선생에 의해 마침내 6점 형의 한글점자인 훈맹정음이 제정되었다. 그리고 1945년 해방 후에는 제생원 맹아부가 동년 10월에 국립 맹아학교로 개명되었고, 6년제 초등교육이 실시되기 시작하였다. 이후 1947년 9월에는 동교에 5년제 중등과가 신설되었고, 1950년 6월 동교에 3년제 맹사범과가 설치되기도 했다. 1954년 4월에는 일반 고등학교 졸업자를 입학자격으로 하는 1년제 보통사범과가 설립되고, 이어서 1964년 3월에는 맹사범과와 보통사범과가 폐지되고 고등과가 신설되었다. 1967년에는 처음으로 맹학교 교육과정이 공포되었고, 이는 1977년, 1983년 그리고 1989년에 재차 개정되기도 했다. 우리나라 최초의 저시력 아동학급은 1969년 3월 13일 서울 월계초등학교에 설치되었으며, 1979년 서울 여의도중학교에 중학교과정의 저시력 학급을 각 학년당 한 학급씩 병설 운영하였다. 교육부(2020)의 특수교육 통계자료에 의하면 전국의 특수학교는 총 182개교이며, 그중에 13개교의 시각 장애

학교가 설치되어 있다.

2. 시각 장애의 개념

흔히 시각 장애는 맹과 저시력 등 두 가지 유형을 포함하는 개념인데, 각 나라에서 시각 장애에 대한 개념의 정의가 다양하여 세계적으로 통일된 정의는 사실상 어렵다. 세계보건기구(WHO)에 의하면, 55개의 국가에서 약 78개의 다양한 시각 장애에 대한 개념 정의를 사용하고 있음을 통하여 알 수 있는 바와 같이 국가나 다양한 학문적 입장에 따라서 각각 다양함을 알 수 있다(Wilson, 1973). 시각은 시력(視力)과 시야(視野) 또는 시계(視界)로 구성되어 있다. 먼저 시력(visual acuity)이란 눈으로 일정한 물체나 혹은 대상을 볼 수 있는 명료(선명)도를 의미하며, 시야(visual field)나 시계는 정면의 일정한 점을 주시했을 때에 눈을 움직이지 않고 볼 수 있는 전체적인 범위를 말한다. 즉 인간은 일정한 물체나 대상을 볼 때 정면의 시선 방향에 있는 것은 가장 뚜렷하게 보는 반면에, 주변에 있는 것은 비록 불완전하지만 어느 정도 상(像)의 존재를 인식할 수가 있다. 이때 전자를 중심시야, 후자를 주변시야라고 하며, 인간의 시야 범위는 보통 거의 180도 전방이다.

시각 장애의 개념정의에서 우선 의학적 관점에서의 정의에 따르면, 안과학에서는 보통 시력으로 시각 장애여부를 결정하는데 1/3m 이상(약 30cm)의 거리에서 검사자의 손가락 움직임을 셀 수 있는 정도의 안전지수(finger count)를 구별하지 못하면 맹(盲), 양안(兩眼) 교정시력이 0.02 이상 0.04 미만이면 준맹(準盲)으로 간주한다. 한편 저시력은 고도 저시력, 중등도 저시력 및 경도 저시력으로 구분하는데, 교정시력이 0.04~0.1이면 고도 저시력이라고 하며, 0.1~0.3일 때 중등도 저시력, 0.3~0.8이면 경도 저시력이라 진단한다(이상욱/김재호, 1996). 또한 교정시력이란 흔히 라식(LASIK)이나 라섹(LASEK)과 같은 시력교정 수술이나 렌즈나 혹은 안경 등의 보조물을 착용하여 나올 수 있는 시력을 말한다. 여기에서 라식과 라섹 수술은 차이를 보이는데, 먼저 라식은 각막 절편을 생성한 다음 이를 열어젖히고 레이저로 조사해 굴절 이상을 교정하는 방식이다. 그 반면에 라섹의 경우에는 각막 상피 세포를 벗겨내 레이저로 시력을 교정하는 방법을 말한다. 라식 수술은 통증이 적으며 시력 회복기간이 빠른 장점이 있고, 라섹은 라식에 비해 통증이 있고 회복 기간도 길지만 각막 두께가 얇은 경우에도 수술이 가능하며 각막 절편으로 인한 합병증이나 염증 등의 부작용 발생 가능성이 적은 장점이 있다. 한편 나안시력(裸眼視力)은 안경이나 렌즈 등의 보조기구를 착용하지 않는 상태에서 진단되는 시력을 가리킨다.

이어서 법적인 측면에서 시각 장애의 개념은「장애인 복지법」(1989. 12. 30.) 제2조 장애인의 정의에 의하면 '장애인은 신체적 · 정신적 장애로 인하여 장기간에 걸쳐 일상생활 또는 사회생활에 상당한 제약을 받는 자를 말한다'라고 규정하고 있다. 그리고 대통령령인 장애인복지법시행령(개정 2018. 12. 31.) 제2조에 따르면 시각 장애인을 다음과 같이 규정하고 있다.

> 가. 나쁜 눈의 시력(공인된 시력표에 따라 측정된 교정시력을 말한다. 이하 같다)이 0.02 이하인 사람
> 나. 좋은 눈의 시력이 0.2 이하인 사람
> 다. 두 눈의 시야가 각각 주시점에서 10도 이하로 남은 사람
> 라. 두 눈의 시야 2분의 1 이상을 잃은 사람

한편「장애인 복지법 시행규칙」제2조에 의하면 시각 장애인의 장애 정도에 따라 6등급으로 구분하며 아래와 같이 규정되어 있다. 그리고 여기에서 두 눈의 시력을 합한 시력이라 함은 (좋은 쪽 눈의 시력 × 3 + 나쁜 쪽 눈의 시력) ÷ 4로 환산한 결과를 의미한다.

> 1급: 두 눈의 시력(만국식 시력표에 의하여 측정한 것을 말하며 굴절 이상이 있는 사람에 대하여는 교정시력을 측정한 것을 말한다. 이하 같다)을 합한 것이 0.01 이하인 사람
> 2급: 두 눈의 시력을 합한 것이 0.02 이상 0.04 이하인 사람
> 3급: 두 눈의 시력을 합한 것이 0.05 이상 0.08 이하인 사람

4급: 가. 두 눈의 시력을 합한 것이 0.09 이상 0.12 이하인 사람
　　나. 두 눈의 시야가 각각 5도 이내인 사람
5급: 가. 두 눈의 시력을 합한 것이 0.13 이상 0.2 이하인 사람
　　나. 두 눈의 시야가 각각 10도 이내인 사람
　　다. 두 눈에 의한 시야의 1/2 이상을 잃은 사람
6급: 한 눈의 시력이 0.02 이하, 다른 눈의 시력이 0.6 이하인 사람으로 두 눈의 시력을 합친 것이 0.2를 초과하는 사람

그러나 2019년 7월 이후부터 「장애인 복지법 시행규칙」별표 1(장애인의 장애 정도(제2조 관련))에 의하면 시각 장애인의 6등급 구분이 더 이상 적용되지 않고, 장애의 정도가 심한 장애인과 장애의 정도가 심하지 않는 장애인 등 아래와 같이 두 가지로 새롭게 구분되었다.

가. 장애의 정도가 심한 장애인
　1) 좋은 눈의 시력(공인된 시력표로 측정한 것을 말하며, 굴절이상이 있는 사람은 최대 교정시력을 기준으로 한다. 이하 같다)이 0.06 이하인 사람
　2) 두 눈의 시야가 각각 모든 방향에서 5도 이하로 남은 사람
나. 장애의 정도가 심하지 않은 장애인
　1) 좋은 눈의 시력이 0.2 이하인 사람
　2) 두 눈의 시야가 각각 모든 방향에서 10도 이하로 남은 사람
　3) 두 눈의 시야가 각각 정상시야의 50퍼센트 이상 감소한 사람
　4) 나쁜 눈의 시력이 0.02 이하인 사람

한편 시각 장애와 관련하여 교육적 입장에서 보면, 우리나라의 「특수교육진흥법」(개정 1994. 01. 07.) 제10조에 따르면 특수교육의 대상자로서 시각 장애를 포함하고 있다. 아울러 동시행령(1998. 07. 16.)에 의하면 다음과 같은 항목을 시각 장애를 지닌 특수교육대상자의 진단, 평가, 심사, 선정의 기준으로 정하고 있다.

• 두 눈의 교정시력이 각각 0.04 미만인 자
• 시력의 손상이 심하여 시각에 의하여 학습과제를 수행할 수 없고, 촉각이나 청각을 학

습의 주요 수단으로 사용하는 자

- 두 눈의 교정시력은 각각 0.04 이상이나 특정의 학습매체 또는 설비를 통하여서도 시각적 과제 수행이 어려운 자
- 특정의 광학 기구, 학습매체 또는 설비를 통하여서만 시각적 과제수행을 할 수 있는 자

그러나 2007년 제정된 「장애인 등에 대한 특수교육법 시행령」에 따르면 시각 장애를 지닌 특수교육대상자를 다음과 같이 정하고 있다.

> 시각계의 손상이 심하여 시각기능을 전혀 이용하지 못하거나 보조공학기기의 지원을 받아야 시각적 과제를 수행할 수 있는 사람으로서 시각에 의한 학습이 곤란하여 특정의 광학기구 · 학습매체 등을 통하여 학습하거나 촉각 또는 청각을 학습의 주요 수단으로 사용하는 사람

이어서 미국의 법적인 분류를 살펴보면, 법적 맹인과 저시력인(低視力人)으로 나뉘는데, 법적인 맹인(legally blind)이란 교정한 후 더 잘 보이는 쪽의 눈의 시력이 20/200(0.1)—건안인(健眼人)이 200피트(feet, 1피트는 30.48cm)거리에서 볼 수 있는 것을 20피트 앞에서 볼 수 있는 정도의 시력—이거나 혹은 시야가 20도 이하인 사람이라고 정하고 있다. 보통 건안인은 정면의 일정한 물체나 대상을 주시하더라도 시계(視界) 180도 안의 사물을 어느 정도 구분할 수 있지만 시야가 20도 이하인 경우에는 주변 시력이 매우 미약하여 마치 좁은 터널을 통해 보는 것과 같은 것이다. 또한 교정 후에 잘 보이는 쪽의 눈의 시력이 20/70(0.3) 이하인 경우에는 법적 저시력인(low vision)으로 규정하고 있다. 최근 미국에서는 약시(partial sightedness)라는 용어 대신에 저시력이라는 개념을 사용하고 있다.

한편 독일의 저시력 학교의 교육과정을 살펴보면, 저시력 학교는 시각 장애로 인하여 다른 학교에서는 적당한 촉진이 불가능한 아동이나 청소년에 대하여 특수 교육적 서비스를 제공하는 기관이며, 다음과 같은 아동 및 청소년이 약시아 교육의 대상으로 포함되어 있다(Ministerium fuer Wissenschaft und Forschung des Landes Nordrhein-Westfalen, 1980).

• 한쪽 눈의 시력이 1/3~1/20(0.3~0.05)이고 다른 쪽 눈의 시력이 1/3(0.3) 이하인 경우의 약시아(혹은 저시력아)
• 한쪽 눈의 시력이 1/20~1/50(0.05~0.02)이며 다른 쪽 눈의 시력이 1/20(0.05) 이하인 경우의 고도 약시아(혹은 저시력아)

아울러 저시력 학교는 대체적으로 1/3(0.3)~1/20(0.05) 사이의 시력을 가진 아동 및 청소년들로 구성되어 있다. 또한 맹 학교는 시력을 전혀 측정할 수 없거나 혹은 광학적 교정 후에도 중요한 생활영역에 있어서 전혀 시기능(視機能)이 없는 아동 및 청소년처럼 행동할 만큼 강한 시각적 손상을 가진 아동을 대상으로 하는 교육기관이다. 맹은 일반적으로 1/50(0.02) 이하의 시력을 가진 아동 및 청소년을 일컫는데, 여기에서 시각 예민도 지수 1/50이란 건안인이 50m 거리에서 볼 수 있는 것을 1m 거리에서 인식할 수 있음을 의미한다. 이들은 낯선 환경에서 단지 특별한 도움을 통해서만 방향인식과 이동이 가능하며, 건안인들이 주위 환경으로부터 대부분 시각적으로 수용할 수 있는 정보를 습득하기 위하여 다른 방법들을 —특히 청각 및 촉각으로— 필요로 한다. 더군다나 대인관계에 있어서도 사회적으로 상호작용이 매우 곤란하며 대부분 시각적인 기능을 통하여 실시되는 학습과정이 특별한 수단과 방법—예를 들어, 점자(點字)—을 통해서만 성취할 수 있는 것이다. 이러한 맹아학교에는 1/20(0.05)~1/50(0.02) 이하의 시력을 가진 고도의 약시 아동 및 청소년들이 포함되기도 하는데, 이들을 위한 교육, 직업과 일상생활을 위한 수업이나 교육은 맹아의 경우와 동일한 매체, 방법이나 도구 등을 사용한다(Ministerium fuer Wissenschaft und Forschung des Landes Nordrhein-Westfalen, 1981).

3. 시각 장애의 원인 및 출현율

우리의 신체기관 중 특히 눈은 많은 신경계들 중에서 가장 고도로 분화된 감각기관에 속하며, 눈의 구조는 크게 각막(Cornea), 동공(Pupil), 수정체(Lens), 홍채(Iris),

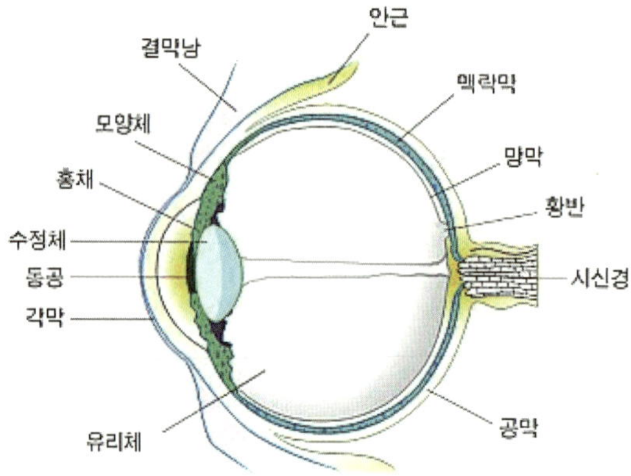

<눈의 구조>

출처: https://blog.naver.com/kdgydae/10142071981

망막(Retina), 황반부(Macula) 등으로 구성되어 있다. 보통 검은 동자라고 불리는 각막은 눈의 가장 바깥쪽에 있는 투명한 무혈관 조직이며, 각막은 안구를 보호하고 방어하는 기능과 광선을 굴절시켜 망막으로 도달시키는 기능을 하는 것이다. 이어서 동공(Pupil)은 홍채의 중앙에 구멍이 나있는 부분을 말하며, 수정체는 양면이 볼록한 돋보기 모양의 무색투명한 구조로 홍채 뒤에 위치하고 있다. 그리고 특히 수정체의 기능은 각막과 함께 눈의 주된 굴절 기관에 해당하는 것이다. 이어서 홍채는 각막과 수정체 사이에 자리 잡고 있는데, 홍채의 색은 인종별 혹은 개인적으로 색의 차이가 나타날 수 있는데, 색소가 많으면 갈색으로 보이는 반면에, 색소가 적으면 청색으로 보인다. 홍채는 눈에서 빛의 양을 조절하는 조리개 역할을 한다. 망막은 안구 뒤쪽의 2/3를 덮고 있는 투명한 신경조직인데, 카메라에 비교하자면 필름에 해당한다. 아울러 망막은 눈으로 들어온 빛이 최종적으로 도달하는 곳이며, 시세포들이 시신경을 통해 뇌로 신호를 보내는 기능을 한다. 또한 황반부는 망막 중에서 빛이 들어와서 초점을 맺는 부분으로서, 이 부분에는 색깔을 감지하는 원추세포가 많이 모여 있다. 황반부의 시세포는 신경섬유와 연결되어 시신경을 통해 뇌로 영상 신호를 전달하는 데 관여하는 것이다.

맹과 저시력 등 시각 장애의 원인은 주로 선천적인 것과 후천적인 것으로 나눌 수 있다. 그중에 후천적 원인으로 발생하는 경우가 월등한 비율을 보이고 있으며, 또한 그 원인을 알 수 없는 경우도 빈번하다. 후델마이어(Hudelmayer, 1975)는 소아(小兒) 맹의 원인을 연구했으며, 카덴(Kaden, 1978)은 성인에게 있어서 맹의 유발 요인을 규명하려는 시도를 하였다.

특히 독일을 비롯한 중부유럽에서 시각 장애를 가장 빈번하게 발생시키는 원인으로는 다음의 다섯 가지 질환들을 꼽을 수 있다.

- 녹내장(綠內障, Glaucoma)
- 당뇨성 망막증(Diabetic Retinopathy)
- 백내장(白內障, Cataract)
- 망막색소변성증(Retinitis Pigmentosa)
- 시신경위축(Leber Hereditary Optic Neuropathy)

그리고 시각 장애를 유발하는 원인으로는 선천성(유전성) 및 후천성 시각 손상(사고 및 질병 등)으로 나누어 볼 수 있다.

■ 선천성(유전성) 시각 손상
- 시신경 위축
- 망막색소 변성증
- 진행성 고도근시
- 선천성 색소결핍증(눈, 머리카락 혹은 피부 등)

■ 후천성 시각 손상
- 임신 기간 중 임산부의 바이러스성 질환(예, 풍진)
- 출산 시 손상(예, 뇌혈종)
- 출산 후 질환, 즉 유아기 감염(예, 뇌막염, 뇌염), 전염성 유아질환(예, 성홍열), 당뇨성 망막증
- 안질환(전염성 만성 결막염, 포도막염, 망막아종, 시신경 위축)
- 퇴행성 안질환(녹내장, 우안(牛眼) 혹은 수안(水眼), 백내장, 망막색소 변성증, 노인성 황반(黃斑), 후수정체섬유증식증(後水晶體纖維增殖症))
- (과다 혹은 과소)굴절로 인한 착시(錯視)(근시, 원시, 난시)
- 기형(奇形)(소안구, 무안구증, 홍채결손증(紅彩缺損症))

- 사고, 부상, 중독 등

이어서 시각 장애를 일으키는 다양한 원인 질환과 손상들 중에 가장 빈번하게 일어나는 유형들을 보면 아래와 같다.

1) 고도근시(高度近視, altitude myopia)

보통 교정시력 0.08~0.03(-4.00 디옵터~-7.00 디옵터) 이상의 시력을 고도 근시로 분류한다. 디옵터(diopter) 혹은 디옵트리(dioptrie)는 렌즈의 굴절률을 나타내는 단위, 즉 안경의 도수를 나타내는 단위이다. 그리고 이는 초점 거리를 미터로 쟀을 때의 역수(逆數, 1/f)를 의미하는데, 디옵터의 값이 클수록 도수가 센 안경을 의미한다.

고도근시는 눈의 구조가 특이하고 조직 또한 연약하기 때문에 다양한 합병증이 발생할 수 있다. 특히 실명의 원인이 되는 녹내장의 발생률은 40세 이상의 건안인에서는 1~2%이나 고도근시의 경우에는 15~28%로 상당히 높은 편이다. 또한 빈번한 시력 상실의 원인이 되는 망막박리도 건안인보다 고도근시 환자에게서 훨씬 자주 발생하며, 고도근시는 백내장, 사시(사팔눈), 유리체 혼탁, 황반부 출혈, 야맹증, 시력교정이 불가능한 저시력, 각막혼탁, 색각장애 등 여러 장애를 유발하여 실명에 이르기도 한다. 고도근시의 원인은 아직 밝혀지지 않았으므로 정확한 치료방법도 여전히 불투명한 상태이다. 다만 교정하는 방법만 있는데, 고도근시의 시력 교정 방법은 콘택트렌즈나 안경이 현재로서 무난한 방법이며, 수술적 방법으로는 각막절삭기와 레이저를 병용하는 라식 방법이 비교적 안전하고 효과적인 방법으로 알려져 있다.

고도근시의 경우에 관리 및 지도상 특별한 배려나 주의점과 관련하여, 먼저 머리나 눈 부분에 충격이 미칠 수 있는 과격한 운동이나 활동, 즉 테니스, 배드민턴, 다이빙, 역기 들기, 줄넘기, 권투, 뜀뛰기, 눈을 비비는 행동 등을 삼가야 한다. 그리고 특별한 이상이 없더라도 정기적으로 안과적인 진찰을 통하여 녹내장과 망막변성 등의 합병증이 발생하지 않도록 예방하는 것이 무엇보다도 중요하다.

2) 선천성 백내장(congenital cataract)

인간의 눈은 마치 카메라의 구조나 원리와 거의 유사한데, 그 가운데서 눈 속의 수정체는 사진기의 렌즈에 해당한다. 만일 카메라의 렌즈가 더러워지면 사진의 선명도가 떨어지게 되는 것처럼 눈의 수정체에도 혼탁이 생기면 눈 속으로 빛이 잘 통과하지 못하여 물체가 흐려보이게 된다. 여러 가지 원인에 의해 눈 속의 수정체에 혼탁이 오는 것을 백내장이라 하는데, 대부분 원인불명이지만 유전, 태아 알코올 증후군, 선천성 풍진 증후군, 선천성 톡소플라스마 증후군, 갈락토스혈증 등 선천성 대사 장애, 염색체이상과 같은 전신질환을 동반하는 경우도 있으므로 안과적인 검사뿐 아니라 내과적 검사가 필요하기도 하다.

백내장의 초기에는 약물치료로 백내장의 진행속도를 더디게 할 수 있지만, 호전시킬 수는 없으며, 근본적인 치료는 혼탁한 수정체를 제거하고 인공수정체로 대체하는 것이다. 이는 1만 명의 신생아 중 0.6~6명꼴로 나타나는데, 수술이 필요한 선천성 백내장은 생후 6주 이전에 수술을 시행해야 한다.

3) 소안구증(microphthalmia)

소안구증은 선천성 혹은 후천적인 유전성으로 인하여 안구 전체가 보통 안구에 비하여 작은 상태를 말한다. 이 질환은 두개골의 형성부전, 초자체의 이상, 녹내장, 백내장과 함께 나타날 수 있다.

아울러 무안구증(anophthalmia syndrome)은 선천적으로 양쪽 또는 한쪽 안구 및 눈조직이 없는 상태를 말하는데, 유전적 돌연변이, 유전자 이상, 태아기의 부적절한 환경 등으로 단백질 생성이 방해를 받아 발생할 수 있다.이는 안구 크기가 비정상적으로 작은 소안구증 등과 달리 안구조직을 포함한 안구 전체가 선천적으로 없다는 특징을 가진다.

4) 당뇨병성 망막증(diabetic retinopathy)

당뇨병의 유병 기간이 비교적 긴 환자의 경우에 망막에 병변을 일으키는 안과 질병으로서 당뇨가 잘 조절되어도 완전히 예방할 수 없는 경우가 대부분이다. 당뇨병성 망막증은 당뇨성 안과 합병증 중 가장 흔한 질환이며, 성인 실명의 주된 원인이므로 주기적인 안과 검진과 적절한 진단이나 치료가 요구된다. 이는 망막 혈관이 부어 출혈이 일어날 수 있거나, 또는 망막 표면에서 비정상적으로 새로운 혈관이 자라날 수 있는데, 이러한 변화 때문에 시력 손상이나 실명으로 이어질 수 있는 것이다.

병변의 진행 상태에 따라서 비증식성 망막증과 증식성 망막증으로 나눌 수 있다. 비증식성 당뇨병성 망막증은 면화반, 망막출혈, 망막부종 등의 병변이 망막에 생기는 경우인 반면에, 증식성 당뇨병성 망막증은 망막에 신생혈관이 생성되어 유리체 출혈 등의 합병증을 초래하는 상태이다. 만약 새로운 혈관들이 망막 표면에서 자랄 경우에는 이런 혈관으로 인하여 눈 속에서 출혈이 일어나 시야를 가리게 되는데, 증세가 심해진 경우에도 망막증은 아무런 증상 없이 진행될 수 있다. 따라서 당뇨병 환자들은 정기적으로 안과 검진을 받는 것이 매우 중요하다.

5) 미숙아 망막증(未熟兒網膜症, retinopathy of prematurity)

미숙아(premature infant) 또는 조산아(preterm infant)는 태생 주수(胎生週數)가 보통 37주 미만인 신생아를 말하는데, 미숙아 망막증은 이러한 아이에게서 볼 수 있는 안과적인 질환이다. 이는 망막 혈관의 미성숙이 주요 원인인 것으로 추정된다. 1942년 미국에서 이 질환의 반흔기병변(瘢痕期病變)을 발견하여 후수정체(수정체후면) 섬유증식증(纖維增殖症)이라고 불리었지만, 그 후 이 증세가 미숙아에게서 많이 발견되고 여러 단계를 경과한다는 사실이 알려져, 1950년에 미국에서 미숙아 망막증이라고 명명하였다.

보육기 안에서 산소를 대량으로 흡입한 미숙아에게서 중환자가 많이 나왔으므로 산소 사용을 제한하였더니 환자 수는 격감했으나, 완전히 없어지지는 못하였다. 반대로 산소량을 지나치게 제한함으로써 뇌성소아마비 또는 폐기능장애로 사망하는 환자가 출현하여 산소의 적정량 사용이 연구되고 있으나, 아직 미숙아망막증으로 인한 실명아(失明兒) 또는 저시력 증상을 완전히 예방하지는 못하고 있는 실정이다. 신생아에서는 증상을 알 수 없으므로, 정기적인 안과 검진이 매우 중요하다.

6) 선천성 녹내장(우안, 牛眼, congenital Glaucoma)

태아기에 방수유출로가 제대로 만들어지지 않아 생기는 질환으로 신생아의 눈이 지나치게 크거나 검은 눈동자가 맑지 않으며, 눈물을 흘리는 경우에 의심되는 질환이다. 녹내장은 눈에 받아들인 빛을 뇌로 전달하는 시신경에 장애를 초래하는 질환으로서 시신경이 장애를 받으면 시야에 안 보이는 부분(암점)이 생기게 되고 점차 진행이 되면 실명에 이르게 된다.

시신경에 장애가 오도록 하는 원인 가운데서는 주로 안압이 중요한 역할을 한다. 눈의 모양체에서는 눈의 형태를 유지하고 각막과 수정체(렌즈)에 영양을 공급하는 물(방수)이 계속 생성되어 방수 유출로를 통해 빠져나가는데, 만약 이 방수 유출로에서 방수가 제대로 빠져나가지 못하면 안압이 올라가게 된다. 녹내장은 어린아이에서 노인까지 다 생길 수 있는 질환이며 특히 40세 이후에 많으므로 40세 이후에는 누구나 녹내장 검사를 받아보는 것이 녹내장을 조기에 진단하여 치료를 시작할 수 있는 최선의 방법이다.

선천성 녹내장은 태어날 때부터 안압이 높아 검은자위가 커져 일명 우안(牛眼)이라고도 하는데, 이는 발견이 늦으면 늦을수록 시력상실이 초래되기 쉬우므로, 대부분은 발견 즉시 수술을 받아야 실명을 예방할 수 있다.

7) 황반변성(macular degeneration)

황반변성은 녹내장과 당뇨성 망막병증과 더불어 흔히 안과의 3대 실명원인으로 꼽히고 있다. 망막은 마치 카메라의 필름처럼 눈 속에 들어오는 빛의 영상이 초점을 맺는 장소이며 망막의 중심부가 황반부이다. 이곳에 이상이 발생하여 빛이 통과하지 못하게 되면 마치 사진의 가운데 부분이 가려진 것처럼 흐리게 보이게 되고 반면에 주변의 영상들은 정상적으로 보일 수 있다. 망막은 아주 섬세한 그물과 같은 신경조직이며, 황반부는 망막의 중심부에 있는 약 0.5cm 정도 크기의 원형 부위이다. 황반부를 통하여 글을 읽거나 정교한 작업을 할 수 있고, 색을 구별할 수 있으며, 눈 중의 눈이라고 불리울 만큼 매우 중요한 부위이다.

황반변성은 황반부가 손상을 받아서 중심 시력이 저하되는 경우이며, 사물을 옆으로 즉 주변부 망막으로 보게 된다. 황반변성으로 완전 실명이 되는 것은 아니지만, 글 읽기나 근거리 작업이 어렵거나 불가능하게 될 수 있는 위험이 있으며, 대부분의 경우에 저시력 기구를 활용하면 많은 도움을 받을 수 있다. 황반변성은 주로 노인들에게 많이 발생하지만, 중심시력을 저하시키는 원인 중에는 노화현상 이외에 다른 원인들도 많이 있으며, 현재까지 황반변성은 글 읽기와 정교한 작업을 불가능하게 만드는 가장 흔한 원인으로 알려져 있다.

황반변성의 가장 흔한 원인은 연령증가에 의한 노인성 황반변성이며 건성과 습성으로 나눌 수 있다. 건성노인성 황반변성은 노화에 의하여 황반부 조직이 얇아지거나 위축되면서 손상되는 것이며, 대부분의 노인성황반변성은 이러한 종류에 해당된다. 습성노인성 황반변성은 비교적 드물게 발생하는 편이지만 혈관변화에 의하여 발생하기 때문에 훨씬 더 심한 증상을 일으키게 된다. 정상 황반부는 눈 바닥에 영양을 공급하는 섬세한 혈관들로부터 얇은 막에 의해서 분리되어 보호받고 있는데, 노화과정에 의하여 이러한 혈관들이 터지거나 누출됨으로 반흔 조직이 생기게 된다. 이러한 반흔 조직으로부터 연쇄적으로 다른 비정상적인 신생혈관이 자라게 되며, 이러한 혈관들은 아주 약하기 때문에 쉽게 터지거나 누출될 수 있는 것이다. 혈액과 누출액은 황반조직을 파괴하며 더욱 심한 반흔을 일으키며, 시력은 점차로 흐려지며, 두꺼워진 반흔 조직으로

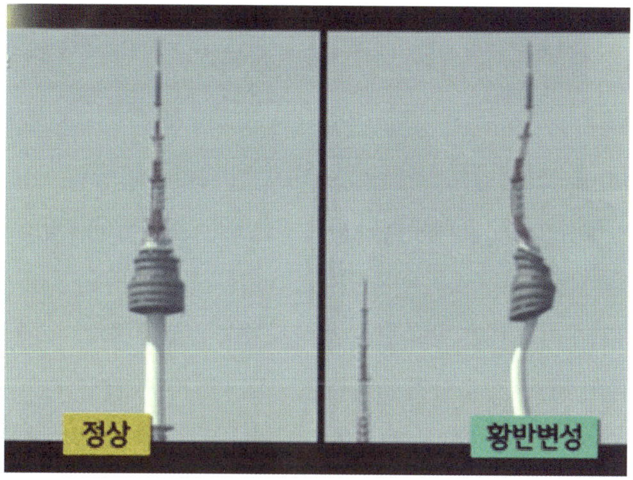

<황반변성의 증상>

출처: https://hori.sungkyng11.com/24

인하여 중심부 시력이 현저히 떨어지게 되는 것이다.

또한 유전에 의한 황반변성은 노화과정과는 무관하게 아동 및 청소년들에게도 나타날 수 있다(연소황반변성). 또한 고도근시가 있는 경우나, 외상, 염증, 감염 등에 의하여서도 황반부의 섬세한 조직이 손상을 받을 수 있고 결과적으로 황반변성을 일으킬 수 있다. 황반변성을 조기에 발견할 수 있는 확실한 방법은 없지만, 정기적인 눈 검사를 실시하여 조기발견에 힘써야 한다. 특히 가족 중에 망막질환이 있는 경우에는 특히 정기적인 안과 검사가 더욱 필요하고 중요하다.

8) 망막색소변성증(retinitis pigmentosa)

망막은 눈으로 들어온 빛을 전기적 신호로 바꾸어 신경을 통해 뇌로 정보를 전달하는데, 망막색소변성증(RP)은 원인이 확실치 않으나 유소아기에서 증상이 나타나기 시작하여 장기간 진행되는 질병이다. 아울러 이는 눈의 망막에 있는 색소가 쌓이면서 세포가 변성되어 망막의 기능이 소실함에 따라서 시야가 좁아지고 시력을 잃게 되는 유전성 질환이다. 그러나 동시에 건안인 중에서 가족력이 없어도 돌발적으로 발병하는 경우도 있다.

이러한 환자의 수가 미국의 경우에는 약 400,000명 이상, 영국은 25,000명 이상, 일본은 약 6,000명 중 1명 정도 발생한다고 하며, 전 세계에 백만 명 이상의 환자가 있다고 한다. 초기 증상으로는 형태에 따라 다르지만, 어두운 곳에서나 밤에 잘 보지 못하며(야맹증) 공놀이를 하기가 어려울 수 있다. 그리고 갑자기 어두운 곳에 들어갔을 때 적응을 잘 못하거나 저녁 해가 질 무렵 외출 시 문제도 발생할 수 있다. 이 증상이 점점 심해지면, 점차 외곽시야가 좁아져 터널과 비슷하게 가운데만 보이는 터널시야(Tunnel vision)가 되거나 영상이 희미해지며 책을 읽거나 얼굴조차도 알아보지 못하게 된다. 이 질환은 서서히 진행하며 상당수에서는 시력을 잃게 되는 무서운 질환이지만 30~40대에 실명하거나 50~60대에도 비교적 시력을 유지하는 사람까지 경과가 개인에 따라 다양하게 나타날 수 있다.

그리고 망막색소변성증을 가진 경우에는 시력 상실에 대한 공포와 분노로 정서적인 우울을 가질 수 있는데, 이때 스스로 질병을 극복하고 대처해 나가도록 가족이나 교사의 많은 격려와 지원, 도움을 필요로 한다.

9) 시신경위축(視神經萎縮, optic atrophy)

시신경 위축은 시신경다발의 손상으로 시신경이 손상되어 나타나는 현상으로, 시신경은 한번 손상되면 회복이 불가하므로 질환을 조기에 발견하고 예방하는 것이 가장 중요하다.

시신경의 위축은 시신경섬유가 여러 원인에 의하여 축색(軸索)의 변성과 기능상실을 초래하여 시신경유두(視神經乳頭, 시신경원판)가 창백해지고 시력이 감퇴하고 시야 이상이 나타난다. 검안경으로 안저(眼底)를 확대해 보면 건강한 시신경유두는 경계가 선명하고 등적색(橙赤色)을 띤 원판모양이다. 이것은 많은 신경섬유의 축색을 둘러싼 흰색의 수초이며, 주로 지방질 · 단백질 · 수분으로 구성되어 있는 미엘린(myelin) 색깔과 시신경안내부(視神經眼內部)의 풍부한 동맥이나 모세혈관에 있는 피의 선홍색이 합쳐진 것인데, 혈류정지나 시신경 후방에서 종양 등에 의한 압박으로 인하여 하행성위축을 초래하면 창백위축(蒼白萎縮)이 생긴다. 또 염증을 일으키면 부종, 혈관의 충만, 신경교세포의 증식, 염증성세포 등으로 인하여 혼탁해져 경계가 선명하지 않고 유두는 잿빛 백적색을 띤 후에 염증성 위축이 생기고, 등황색으로 퇴색하여 위축한다. 이와 같은 위축이 생기면 기능회복은 어려우나, 조기에 침해된 부위를 진단하여 원인치료를 해야 한다. 시력이나 시야에 대한 정밀검사, X선 검사, 전산화단층촬영검사(Computed Tomography: CT), 혈액응고에 대한 성상 확인 등이 중요하다. 그 밖에 단순성 위축에는 뇌하수체선종 등의 압박으로 생긴 것도 있고 유전적으로 가족성(家族性)인 것도 있다. 또한 안내질환인 망막염 후의 위축은 상행성 또는 망막성 위축이라고 한다. 안압이 상승하여 녹내장이 되면 유두가 함몰되고, 몹시 창백하며 위축된다.

한편 시각 장애인의 출현율과 관련하여 우리나라의 경우에 한국보건사회연구원의 장애인 실태조사에 의하면 1990년에는 약 220,000여 명 정도로 추정하였으나, 1995년의 조사에서는 전체장애인 출현율이 증가한 반면에 시각 장애인의 출현율은 92,500여 명으로 현저하게 감소한 것을 볼 수 있다. 이러한 수치의 큰 차이는 판별기준의 다양성으로 인한 결과인데, 즉 1990년에는 교정시력 0.5 이하인 자를 포함하였지만 1995년에는 0.1 이하를 판별 범주로 하였기 때문이다. 한편 1990년 한국보건사회연구원의 보고에 따르면 만 3세부터 18세까지 전체 아동 가운데 특수교육을 필요로 하는 시각 장애 아동 중 맹아동이 약 6,500명, 저시력 아동이 11,500명으로 0.14%로 추정하고 있다(김승국, 1993).

한편 미국의 경우에는 3~21세까지의 전체 아동 및 청소년 가운데 시각 장애아는 약 1.1%이며, 캐나다는 1983년 자료에 따르면 전체 학령기 아동의 0.06%가 시각 장애를 가진 것으로 보고하고 있다. 그리고 독일의 시각 장애인은 1970년대에 약 70,000명으로 전체인구의 약 0.12%에 해당하는 수치이다(Kaden, 1978). 한편 Rath(1995)에 의하면 맹과 약시(저시력)에 대한 명확한 정의의 설정이 불가능한 것을 감안할 때 독일의 시각 장애인의 출현율은 전체 인구 가운데 약 0.15~0.25%를 차지한다. 만일 독일의 총인구 가운데 0.15%를 시각 장애인으로 추정할 때 약 120,000명, 0.25%를 기준으로 보면 약 200,000명에 이른다는 설명이다. 그리고 맹아동 및 청소년의 비율과 관련하여 약 0.012~0.015%로 추정한다(Rath, 1995: Sander, 1973). 만일 맹아의 비율을 0.012%로 본다면 1994년도에 6~15세 학령기아동 7,640,000명 가운데 약 920명이 맹아라는 것이다. 그리고 맹인 및 고도 저시력인의 50~70%가 중복 장애인으로 구분되어 있다는 것이다(Hudelmayer, 1975: 1985).

맹은 서방국가들에 있어서 드문 아동 장애유형 가운데 하나에 속하는데, 위에서 살펴보는 바와 같이 총 인구 가운데 성인의 맹 발생률은 몇 배로 높은 것을 알 수 있다. 예를 들어, 바이에른(Bayern) 주(州)의 연령 분포도에 따르면 60세 이상이 70%를 차지했으며, 그 가운데서 재차 80세 이상의 연령층이 38%를 차지하였다(Rath, 1995). 최근에는 현저하게 발전된 의학적 기술로 말미암아 맹아동의 비율은 1880년에서 1950년 사이 22%에서 3%로 격감한 반면(Schoeffler, 1956)에 아직 많은 지역, 즉 아시아, 아프리카 및 라틴아메리카는 오늘날까지도 여전히 그 비율이 상승하는 경향을 보이고 있다.

세계 총인구에 대한 시각 장애인의 비율에 관한 일관적인 통계는 없지만, Hudelmayer (1975)와 Kaden(1978)에 따르면, 전체 세계인구 가운데 1천 5백만에서 1천 7백만 명으로 보는데 오늘날 그 수치는 훨씬 더 높을 것으로 예상한다. 크리스토펠 맹인선교회(Christoffel Blindenmission: CBM, 1997)의 자료에 의하면 지구상에 약 7천만 명의 맹인과 1억 5천만 명의 고도 저시력인이 있다고 밝히고 있다. 매일 약 2,700명 정도가 실명(失明)을 한다는 것이다. 1천 7백만 명은 기생충에 의하여 야기되는 질병 중에 한 가지인 사상충속(絲狀蟲屬, 가축에 기생하여 피부 필라리아증을 일으키는 마이크로필라리아의 일종)으로 말미암아 감염되는데, 이로 인하여 약 50만 명이 실명한다는 통계이다(CBM, 1997). 또한 주목할 만한 사실은 전 세계 국가들 가운데 긴급사태 발생지역에서 전체 맹인의 약 3/4(85%)을 차지할 뿐만 아니라 알맞은 영양 섭취 혹은 조기진단 및 치료를 통하여 예방 가능한 실명률도 매우 높다는 점이다(WHO, 1974). 2천만 명이 백내장으로 실명을 했는데, 그 가운데 약 75%에 해당하는 1천 7백만 명이 전혀 치료받지 못하거나 혹은 매우 미흡할 정도로 치료를 받은 아시아국가에서 발생하였다(CBM, 1997).

시각 장애와 관련된 안질환 중에 비타민 A의 결핍, 영양부족 및 영양실조 등이 아동기에 역행할 수 없는 안구건조증(眼球乾燥症)의 원인으로 작용한다. 해마다 약 500,000명의 유아들이 아시아, 아프리카 및 라틴아메리카에서 심각한 안구건조증으로 실명한다는 것이다. 그리고 아프리카, 아시아, 중앙 호주 지역의 약 1억 5천만 명의 아동이 전염성 만성결막염을 앓고 있으며, 6백만 명이 그 질환으로 인하여 이미 실명에 이르렀다고 한다.

1995년 독일의 공식적인 통계보고에 의하면 맹, 고도 시각 장애 및 기타 시각적 장애로 인하여 330,165명이 중증 장애인으로 등록되어 있다. 전문가들의 추정에 의하면 서로 다른 시력의 판정기준으로 말미암아 취학아동 가운데 저시력의 빈도는 0.04~2%까지 큰 편차를 보인다(Sander, 1973). 잔더(Sander, 1973)의 견해에 따르면 특수교육적 서비스를 필요로 하는 저시력의 한계점을 1/4(0.25)로 볼 때 저시력아의 빈도는 0.3%에 이른다(Deutscher Bildungsrat, 1973). 또한 1972년 독일교육부장관회의(KMK, 1972)의 '특수학교제도의 규정을 위한 권고안(Empfehlungen zur Ordnung des Sonderschulwesens)'에서는 저시력아의 빈도를 0.1%로 추정하고 있다. 팀(Thimm, 1985)은 저시력아동의 빈도를 0.52%로 보는데 그는 미국에서 사용하는 판별법, 즉 일반신문의 인쇄글을 읽을 수 있는지의 여부를 중요한 기준으로 삼고 있다. 이에 따르면 현재 독일의 8천여 만 명의 인구 중에 약 416,000명 정도가 해당되는 수치이다. 이미 위에서 언급된 바와 같이 맹 및 저시력에 대한 개념의 정의가 다양한 관계로 인하여 정확한 출현율을 산출하는 것은 쉽지 않지만, 확실한 것은 노인성 시각 장애가 아동 및 청소년에 비하여 월등히 높은 비율로 나타난다는 점이다.

4. 시각 장애의 진단 및 평가

사실 시각 장애는 그 원인이 아직 명확히 밝혀지지 않은 경우가 많으며, 매우 복합적인 문제로 발생한다. 특히 출생 전에 유전 상담, 적절한 영양의 섭취, 알코올 및 흡연의 금지, 약물복용 및 기타 시각 장애를 유발하는 질환을 예방하기 위한 예방접종 등에 관심을 집중하여야 한다. 그리고 모든 아동들은 1년에 한 번씩 정기적으로 안과적인 검사를 받는 것이 바람직하다. 더군다나 모든 장애 아동의 경우와 마찬가지로 시력장애도 조기에 발견하는 것이 중요하므로 유아 교육 기관에서부터 기본적인 시력검사를 정기적으로 실시하거나 부모나 교사의 세심한 관찰이 요구되는 것이다. 시각 장애를 지닌 것으로 의심되어 선별된 아동의 건강기록부와 생활기록부 및 장애인 등록증 등을 검토하여 시력이 기록되어 있는 경우 시각 장애의 정의에 나타난 기준에 부합되면 기록하

〈표 5-1〉 정밀검사를 필요로 하는 연령 및 시력정도

연령	시력 정도
3세	20/50(0.4) 이하
4세~초등 3학년 연령	20/40(0.5) 이하
초등 4학년 이상 연령	20/30(0.67)이하

〈표 5-2〉 정밀진단을 요하는 행동 특성

구분	주요 내용
행동적 특성	- 눈을 과도하게 문지른다. - 한쪽 눈을 감거나 뜨고 있고, 머리를 경사지게 하거나 앞으로 뺀다. - 읽기에 어려움이 있거나, 아주 가까이서 본다. - 눈을 자주 깜빡거리거나, 가까이서 볼 때도 주의를 집중하지 못한다. - 멀리 있는 물체를 명확히 보지 못한다. - 낯선 환경에서는 걸어 다니는 것이 자연스럽지 않다. - 사람들과 사물과 자주 부딪친다. - 책을 읽거나 쓸 때에 정확한 줄을 따라가지 못한다. - 눈과 손의 협응이 요구되는 과제 수행이 빈약하다.
신체적 특성	- 사시 - 눈물이 줄줄 흐르거나, 눈이 항상 충혈되거나 혹은 눈꺼풀이 부어있다. - 눈동자의 움직임이 부드럽지 못하다. - 물건을 눈에서 너무 가깝거나 멀리 든다.
언어적 특성	- 눈이 아프고, 따끔따끔하다. - 머리가 자주 아프고 메스껍고 어지럽다(특히 눈을 요하는 작업을 하고 난 뒤에는 더욱 심하다). - 잘 안 보인다거나 혹은 희미하거나 두 개로 보인다.

고, 그렇지 않으면 전문의에게 의뢰하여 시력을 평가하고 시 기능 검사를 실시하여 분류기준을 참고로 하여 판별한다(정동영, 김형일, 정동일, 2001). 이에 안과적인 정밀검사가 필요한 경우에 연령별에 따른 시력정도를 살펴보면 <표 5-1>과 같다.

그리고 <표 5-2>에서와 같은 행동을 보이는 아동도 시각에 문제를 지닌 것으로 의심하여 관련 전문의에게 즉각적으로 정확한 진단을 받도록 의뢰할 필요가 있다.

5. 시각 장애 아동의 특성

시각 장애를 가진 아동 및 청소년들은 그 유형과 손상 정도에 따라서 개인차를 보이지만, 대부분 아동의 전반적인 발달과 학습 과정에 있어서 다양한 부정적 영향을 미치게 된다. 이에 시각 장애인들이 가지는 특성들 가운데 학령기 아동이나 청소년들과 관련된 주요 내용을 중심으로 살펴본다.

1) 인지적 특성

시각 장애를 가진 아동 및 청소년들의 인지적 특성과 관련하여 다양한 선행 연구가 있지만, 연구자들 간에는 차이를 보이기도 한다. 일반적으로 시각 장애를 가진 아동이 비장애 아동보다 지능이 다소 뒤떨어지는 것으로 나타나고 있다. 그러나 이것은 아직 결정적인 것으로 주장하기에는 미흡하고 그 차이도 유의한 것은 아니다. 이런 결과는 우선 기능검사가 비장애 아동을 대상으로 해서 만들어졌고, 지능지수라는 것이 단순히 아동의 지적 능력만이 반영되는 것이 아니라 아동이 그러한 능력을 발달시킬 수 있었던 기회도 반영한다는 점에서, 시각 장애로 인해 지능이 약간 뒤지는 것보다는 오히려 주위 환경을 탐색할 수 있는 적절한 기회의 결핍에 의한 것이라고도 볼 수 있다. 더욱이 지능은 지능검사에 의해 측정됨으로 시각 장애 아동 중에서 지능 검사 실시가 불가능한 아동이 정안아동보다 현저하게 많이 존재하는 사실을 묵과해서는 안 된다는 점을 반드시 주목해야 한다.

오늘날까지도 시각 장애 아동에게 완전히 적용할 수 있는 지능검사 도구는 여전히 없는 편이며, 그나마 적용이 어느 정도 가능한 표준화 검사 도구로는 KEDI-WISC (Korean Educational Development Institute -Wechsler Intelligence Scale for Children, 한국웩슬러 아동용 개인 지능검사)와 K-WAIS(Korean Wechsler Adult Intelligence Scale, 한국 웩슬러 성인용 지능검사) 언어성 하위 검사뿐이며, 동작성 검사는 여전히 측정이 어렵다. 아무튼 시각 장애 아동과 또래 정안아동의 지능 비교에서는 지금까지 사용된 지능검사, 샘플링의 방법 등 과정에 있어서 다소 차이가 있지만, 시각 장애 아동의 평균지능은 정안아동 집단에 비해 유의미한 차이가 없다고 할 수 있다.

그럼에도 불구하고 개념발달의 측면에서 특히 선천적이거나 영아기에 시각적 손상을 가진 아동이나 청소년들은 시각을 통한 정보수집 체계의 기능적 결핍으로 인하여 또래의 정안아동에 비해 개념형성 과정에서 부정적인 영향을 간과할 수 없다. 따라서 이들은 시각 이외의 다른 감각기관(촉각, 청각, 미각, 후각, 통각 등)을 이용하여 정보를 얻게 됨으로 말미암아 이들이 경험한 내용은 정안아동과 비교했을 때 종종 차이를 피할 수는 없다. 즉 시각 외의 감각을 통하여 충분히 지각할 수도 있는 반면에, 청각, 촉각, 미각이나 후각적 감각만으로 발생하는 제한성 때문에 추상적 사고를 요구하는 과제나 또는 공간 개념, 미세한 감각 기능을 통하여 인식할 수 있는 개념들에 있어서는 시각적 감각 기능의 손상이 심할수록 이에 대한 이해나 수용이 어려운 경우도 발생한다.

그리고 시각 장애 아동이나 청소년들은 종종 학업성취 면에서 지능검사 결과 또래 비장애친구들에 비해 유의한 차이가 나타나지 않음에도 불구하고 시각 장애아들이 비장애아에 비해 낮은 편이다. 이것은 예상컨대 시각 장애 아동이 정안아동보다 취학이 대체로 늦으며, 대다수의 장애 아동이 적절한 시기에 알맞은 교육 프로그램을 지원 받지 못하고 있다. 아울러 시각 장애 정도가 심한 아동의 경우에는 점자나 큰 활자체의 학습 자료를 사용해야 하므로 정보수집이 느린 점 등에 기인할 수 있다는 점이다. 따라서 결국 잠재적인 지적인 능력 면에서는 시각 장애인이 비장애인과 비교했을 때 큰 차이가 없지만, 이를 개발할 수 있는 사회적 기회나 교육적 환경 등의 결핍으로 실제적인 수행이나 성취적인 면에서 지체되는 것으로 여겨지는 것이다.

2) 신체발달 및 운동능력

시각 장애를 가진 아동이나 청소년들의 신체영역의 발달은 비장애 아동들과 대부분 큰 차이가 없지만, 작거나 비만적인 신체를 가진 경우가 종종 있기도 하다. 이는 시각 장애로 말미암아 신체발달에 부정적인 영향을 주는데, 즉 그것은 시각적 자극의 제한, 모방학습의 제한이나 혹은 환경적 요인 등에 기인한다.

흔히 보이는 시각 장애 아동의 신체적인 특징으로는 자세와 보행패턴에서도 발견되는데, 대표적으로는 무릎굴곡이나 두 다리를 벌린 폭넓은 걸음걸이 자세 등을 보인다(김동연, 1984). 한편 운동발달영역과 관련하여 또래 비장애 아동과 비교할 때 독립적인 앉기나 서기 등에서의 큰 차이는 없는 반면에, 서있는 자세 유지나 독립보행 기능은 다소 지체된다. 특히 시각 장애 아동은 대근육의 협응 기능이 제한적이고 부적절한 평형반응으로 말미암아 한 발로 서기나 균형 잡기, 점프하기, 발끝으로 걷기 등의 운동영역에 어려움을 가지기도 한다. 이에 시각 장애 아동들이 가진 운동기능의 결핍은 계속하여 그들이 자유스럽게 움직이는 기회나 활동적인 놀이를 할 경험적 기회를 제한한다는 사실을 주목하여 지도하여야 할 것이다.

3) 사회 · 정서적 특성

먼저 시각기능의 지체나 장애 자체가 아동이나 청소년들의 자발적인 사회활동이나 상호작용 또는 의사소통 영역에서 기능적으로 부정적 영향으로 작용하기 때문에 건전한 자아상의 형성과 전인 발달에 지장을 주는 요소로 보고 있다. 또한 시각 장애아들이 가진 사회적 · 정서적인 문제는 그들에 대한 비장애아들의 부정적인 반응이나 태도와 밀접한 관계를 가진 것으로도 알려져 있다. 이에 시각 장애 아동의 사회 · 정서적인 발달과 관련하여 몇 가지 특징을 보면 다음과 같다.

첫째, 부모나 친구들을 통한 모델링(Modelling)과 시각적 피드백(Feedback)은 사회적, 정서적 기능을 훈련하는 데 중요한 수단으로 작용한다. 보통 정안아동은 시각적 단서를 충분히 사용하지만, 시각 장애 아동은 이것이 어렵기 때문에 또래들 간의 사회적 상호작용이 제한을 받거나 서로 잘못 이해되는 경우가 종종 발생한다. 따라서 이와 같은 제한점 때문에 시각 장애 아동에 대한 사회의 부정적인 태도가 형성되거나 사회적으로 고립되는 결과를 낳기도 하는 것이다.

둘째, 시각 장애 아동들 중에는 종종 자신의 몸을 흔들거나 머리를 젓거나 또는 심한 경우에는 자신의 눈을 찌르는 등과 같은 문제 행동이 나타나기도 한다. 이러한 행동은 일반적으로 지적 장애아나 자폐범주성장애아 등 다른 장애 아동에게도 발견되는데, 이는 외부세계로부터 자극의 결핍을 보상하기 위한 일종의 자동적인 자기자극 행동으로 보기도 한다. 그럼에도 불구하고 이러한 행동은 다른 또래 아동들에게 부정적인 영향으로 작용함으로써 놀림을 받거나 또는 사회적으로 소외를 일으키는 원인 중에 하나가 되기도 한다.

특히 시각 장애아들이 가진 성격이나 행동특성이 장애 자체와 관련되기보다는 오히려 사회 환경이나 주변 구성원들이 가진 부정적이고 거부적인 인식이나 태도가 그들의 사회 · 정서적인 발달을 저해하는 주요 요인으로 강조하는 경우도 있다. 다시 말하자면, 시각 장애아 심리와 같은 특유의 성격이 존재하는 것이라기보다는, 반대로 근본적으로 사회적 환경에 좌우되는 경우가 많다고 보는 것이다. 따라서 사회 구성원들의 태도 변화와 사고는 장애 아동이나 청소년들로 하여금 긍정적인 사회 · 정서 발달 형성과정에 지대한 영향을 준다는 것을 명심해야 한다.

4) 언어발달 특성

사실 시각 장애가 아동의 언어발달에 미치는 영향에 대해서는 다른 두 가지 견해가 존재한다. 먼저 시력손상이 언어의 이해나 사용에 영향을 주지 않는다고 보는 입장인데, 이는 언어 지능검사에서 시각 장애 아동이 비장애 아동과 비교했을 때 유의한 차이가 없다는 것이다. 아동의 언어 학습이 시각보다는 주로 청각을 통해 이루어지고, 또한 시각 장애아가 타인과 의사소통을 하는 주요 매체나 수단이 언어이므로 이들의 언어사용 욕구가 비장애아보다 더 강하다는 점을 감안할 때 이러한 견해는 충분히 이해가 가능한 것이다.

그렇지만 또 다른 관점으로는 시각 장애아의 언어적 발달이 또래 비장애아보다 지체된다고 보는 것이다. 이는 청각뿐만 아니라 시각도 언어발달에 있어서 매우 중요한 감각 기관에 해당한다는 입장이다. 이들은 선천적인 맹아들이 시각적 모방학습에 있어서 시각적인 자극이 제한되어 언어발달이 지체되고 의미를 인식하지 못한 채 사용하는 단어가 종종 있다고 주장하는 것이다. 아울러 그들은 어휘 사용의 양적인 면은 풍부하지만 명사를 비롯하여 형용사나 부사 및 동사 등에서 추상적인 표현으로 그 의미를 모르는 경우가 많다고 한다. 그뿐만 아니라, 시각 장애아의 언어발달상의 특성을 보면, 비장애아보다 이야기하는 속도가 느리기도 하며, 음을 조절하지 못해서 크게 이야기하며, 억양에도 적당한 변화가 없고, 몸짓이나 얼굴표정의 비언어적 도구의 사용이 드물고 발음하는 데 입술의 움직임이 적다.

6. 시각 장애 아동의 교육적 지원 및 통합교육

시각 장애 아동들에 대한 교육적 지원을 위해서는 안과 전문의의 진단서를 비롯하여 심리학자의 심리검사, 교사의 교육적 평가 등 각종 전문가들과 부모들로 구성된 판별위원회의 협력적 활동을 통하여 가능한 한 통합된 환경에서 교육과 수업이 이루어지도록 계획을 수립하고 실천하는 것이 중요하다 할 것이다.

1) 교수-학습의 원리

시각 장애 아동들에게 적합한 교육적 지원을 실행하기 위하여 아래와 같은 몇 가지 기본적인 교수-학습원리가 요구된다.

(1) 개인차(Individual Differences)를 바탕으로 한 교수-학습의 개별화가 중요하다. 이는 각각의 장애 아동들은 장애의 정도를 비롯하여 장애 발생 시기나 발생원인, 지능, 적성, 흥미, 학습태도, 잔존시력, 가정적 환경 등 개별적으로 매우 다양한 특성과 환경을 가지고 있다. 이에 따라서 기본적으로 개인에게 합당한 교육방법이나 교육목표 및 매체를 통하여 교육적 서비스가 계획되고 실행되어야 하는 것이다.

(2) 구체적 또는 대리적 경험(Detailed or Surrogate Experience)을 통한 조기중재가 필요하다. 시각 장애 아동은 자신의 시지각의 장애로 인하여 주로 시각보다는 후각이나 촉각 또는 청각 등 대리적인 감각기관을 통하여 더 많은 정보를 습득한다. 그렇지만 이러한 대리적 감각기관들이 시각을 대신하여 완전히 보상하기는 불가하기 때문에 경우에 따라서는 더욱더 구체적인 물체를 제공하여 크기나 형태, 부피, 온도, 질감, 양감 등을 경험하도록 하는 것이 중요하다. 더 나아가서 특히 매우 작거나 큰 물체에 대한 학습과정의 경우에서는 모형자료를 사용하여 이해도를 높이는 데 용이하게 활용할 수도 있다.

(3) 통합된 경험(Integrated Experience)의 제공으로 시각 장애를 가진 아동이나 청소년들은 사물이나 현상에 있어서 전체보다는 부분적인 경험과 지식을 가지기 쉽다. 따라서 다양한 대리감각기관들을 통하여 전체적인 측면을 느끼고 인지하고 실행하기에 제한성과 어려움을 가지므로 전체적인 개념의 이해와 숙지를 위하여 환경을 제공하여 각별히 지도해야 한다.

(4) 의도적이고 체계적인 학습프로그램(Intentional and Systematic Learning Program)의 제공이 필요하다. 시각적 감각을 상실한 아동은 조기에 의도적이고 체계적인 듣고, 만지고, 냄새를 맡는 학습 활동을 통하여 지적발달을 도와야 한

다. 특히 여러 가지 장난감을 통한 놀이지도는 이러한 관점에서 매우 좋은 교육활동에 속한다 할 수 있는데, 이는 조기에 대리 감각을 활용할 수 있는 기능훈련이 기초적으로 이루어져야만 후에 학령기의 성공적인 학습활동을 가능하게 하는 것이다.

(5) 자발적이고 능동적인 학습(Spontaneous and Active Learning)을 위한 환경이 조성되어야 한다. 신체기관 중에서 시각은 사람의 행동의 동기를 촉발시키고 촉진함으로써 자신의 주변 환경을 습득하는 데 매우 중요한 감각기관에 해당한다. 따라서 시각 장애 아동은 시각의 손상으로 물체에 대한 호기심이나 관심 및 행동 촉진의 결여, 주위 환경의 습득 지체 등을 유발하기 쉬우므로 적절한 환경적 자극 요소들을 제공하여 적극적인 학습활동을 위한 환경을 제공하여야 한다.

2) 교수-학습 환경

시각 장애 아동을 위한 교육적 지원을 위하여 다양한 측면에서 적절한 교수-학습 환경이 전제되어야 한다. 이는 시각 장애학교나 혹은 일반학급에 입급된 시각 장애 아동을 위하여 시각적 손상으로부터 발생하는 장애의 부정적인 영향력을 최소화하기 위해 교육적 환경에 대한 보완이나 수정이 필수적 요소이다. 여기에는 예를 들어, 시설의 채광을 비롯하여 색채, 음향, 조명, 각종 장애물, 공중전화기, 칠판, 책상, 의자, 계단, 엘리베이터, 화장실, 현관, 복도, 점자블록이나 핸드레일(Handrail) 등이 사전에 고려되고 구비되어야 한다. 특히 시각 장애 아동을 위한 학교의 입지 환경으로는 통학이나 보건, 관리, 보안, 도시근교를 고려하고 교지

<독서확대기>

출처: https://www.urimal.org/2712

선정 시에는 교사(校舍)의 배치와 실내체육관, 운동장, 기숙사 등이 함께 포함되어야 한다.

그 밖에도 전자공학기구를 활용한 컴퓨터실, 녹음기, 시청각자료, 오버헤드 프로젝트(Over Head Projector: OHP), 확대경, 확대 독서기, 확대교과서(활자 크기 18~24포인트) 등 각종 학습실이나 점자판, 필기용구류, 보행보조 기구류 등 다양한 교재 및 교구 등이 시각 장애 학생들의 학습활동이나 학교생활을 위해 구비되어 있어야 한다.

3) 점자교육

점자(Braille)는 맹아나 저시력아 등 주로 인쇄물 자료를 시각기관을 통하여 의사소통의 주요 기구로 사용할 수 없는 경우에 읽고 쓰기 위한 중요한 촉각적 체계를 의미한다.

점자는 원래 프랑스의 육군 장교였던 바르비에(C. Barbier, 1767~1841)에 의하여 야간 전투용 메시지를 전달하기 위한 문자로 손가락으로 만져서 읽을 수 있도록 사용하다가 나중에는 시각 장애인들을 위한 점자로 발전하였다. 1829년 프랑스의 시각 장애인 교사였던 브레유(Braille)에 의해 창시되었으며, <그림 5-1>에서 보는 바와 같이 모두 6점(종으로 3점, 횡으로 2점)으로 구성되고, 왼쪽 위에서 아래로 1, 2, 3점, 오른쪽 위에서 아래로 4, 5, 6점의 고유 번호를 붙여 사용한다. 이 6개의 점을 조합하면 모두

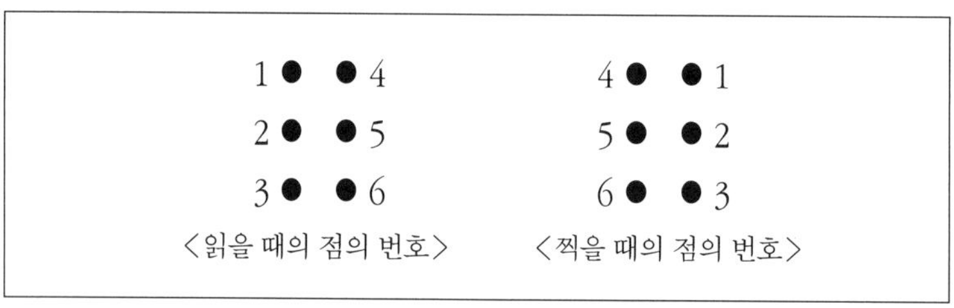

〈그림 5-1〉 점의 명칭

〈그림 5-2〉 우리나라 읽기형 점자 일람표

출처: https://search.daum.net/search?w=img&q=%ED%95%9C%EA%B8%80%20%EC%A0%90%EC%9E%90&DA=IIM

64개의 점형이 나온다. 따라서 점자는 이 점형으로 이루어지고 그 각 점형에 의미가 부여된 문자를 말한다.

우리나라에서는 1894년 평양에서 오봉래라는 이름을 가진 맹 여성을 대상으로 미국의 감리교 선교사이자 여의사였던 홀(R. S. Hall)여사에 의하여 뉴욕점자를 바탕으로 교육을 실시하였다. 그러나 이는 그 당시 세로 2줄, 가로 2줄씩의 4점으로 만들어져서 세계적으로 인정된 브레유 6점 점자체계와 맞지 않아 개정의 필요성이 제기되었다. 이에 우리나라 조선총독부 산하 제생원의 맹아부(현 서울맹학교)의 초대 교사였던 송암 박두성이 당시 제생원에 재학 중인 학생들 및 일반 시각 장애인들과 협력하여 브레유식 한글점자 연구를 시작하여 1921년에 6점식 한글점자를 창안하였고, 이후 수차례 수정 및 보완 작업을 거쳐 1926년 11월 4일 '훈맹정음'이라는 한글판 점자를 만들었던 것이다. 1993년에는 우리나라에서 '한글점자연구위원회'가 설립되었고, '개정한국점자통일안'이 마련되어 한글점자 외에도 고문점자, 수학 및 과학 점자와 점자악보, 컴퓨터 점자기호, 점자국악보를 개정하였고 영어 등 13개국의 외국어 점자를 수집하고 정리하는 활동을 하였다.

점자는 점필과 점판을 사용하여 일반용지보다 두꺼운 종이에 튀어나오게 하여 촉각으로 판별한다. 따라서 비장애 아동이 일반 인쇄활자를 읽거나 쓰는 것보다 속도가 훨씬 느리고 교과서의 크기나 부피가 매우 커지고 모든 자료가 점자화되어 있지 않는다는 단점이 있다(송준만, 유효순, 1990). 점자는 시각 장애 아동에게 있어서 학습이나 일상생활 및 사회생활 가운데 매우 중요하므로 충분한 학습시간이 제공되어야 하는 것이다.

4) 묵자(墨字)교육

시각 장애인들을 위한 점자와 대조적으로 비장애인들이 사용하는 글자를 흔히 묵자라 한다. 한편 시각 장애 아동들에게도 묵자의 읽기와 쓰기를 유용하게 하기 위하여 컴퓨터를 써서 문서를 작성 · 편집하기 위한 시스템인 묵자 워드 프로세서(word processor)

의 사용법을 지도하기도 한다. 또한 이는 특수교육공학을 통하여 입력한 글자(문자)를 음성으로 읽어주는 프로그램이 개발되어 시각 장애 아동 스스로 바르게 입력했는지 여부를 점검할 수 있도록 해준다. 아울러 일반학급에 통합된 시각 장애 아동에게는 묵자 교육도 더욱더 절실히 요구되는 기술이라고 할 수 있을 것이다.

5) 보행교육

시각 장애 아동이나 청소년 교육에 있어서 보행교육은 여러 가지 주변 환경에서 당사자가 독립적이고 효율적으로 보행능력을 습득하도록 지원함으로써 정서적으로 자아 존중감을 높일 뿐만 아니라 학습활동 및 일상생활 경험의 폭을 넓히는 등 많은 교육적 효과를 기대할 수 있다. 보행이란 자기 주변 환경과 공간 관계 속에서 자신의 현재 위치를 파악하고 일정장소에서 목표로 하는 다른 장소로 이동하는 것을 말한다. 일반적으로 보행은 방향정위(Orientation)와 이동(Mobility)으로 구성되는데, 먼저 방향정위란 시각 장애 아동이 결함이 없는 감각기관을 통하여 자신과 주위환경을 인식하고 이해하는 능력을 뜻한다. 또한 이동은 장애인의 특별한 기능이나 혹은 잔존 감각기관을 사용하여 한 장소에서 다른 장소로 움직이는 능력으로 정의한다. 이와 같은 보행훈련의 두 가지 요소는 서로 다른 것 같아 보이지만 동시에 이루어지며, 이 두 기능을 잘 조화시켜 주변 생활환경에서 안전하고 효율적으로 독립적인 보행기능을 발휘하여 독립심과 자긍심을 함양하도록 해야 한다. 아울러 그들로 하여금 신체적인 활동을 증가시키며, 이를 통하여 사회적 접촉을 비롯하여 직업의 기회, 지역사회 참여 확대 등을 통하여 사회적 통합이 실현되도록 하는 데 보행교육의 중요한 목표가 있다.

보행의 종류로는 크게 안내보행, 긴 지팡이 보행, 전자기구이용 보행, 안내견 보행 등으로 구분할 수 있다. 특히 긴 지팡이는 손잡이, 자루 및 끝 등 세 부분으로 구성되어 있으며, 긴 지팡이보행은 시각 장애인의 상징이며 아울러 독립보행의 대표적인 방법에 해당한다. 지팡이의 종류로는 긴 지팡이, 접는 지팡이, 노인이나 신체적인 문제로 인하여 사용하는 보조 지팡이 등이 있는데, 현재 사용하는 대부분의 지팡이는 본체가 알루

<다양한 시각 장애인 안내견>

출처: http://deutsche-blindenfuehrhunde.info/

미늄으로 구성되어 가볍고 견고하며 가격도 저렴한 편이다. 기본적으로 좁은 곳, 계단, 교실이나 방안 등의 보행훈련이 끝나면 실외 훈련이 시작되는데 가장 어렵고 훈련을 필요로 하는 것은 안전하게 횡단보도를 지나가는 방법이다. 긴 지팡이 보행법은 시각 장애인에게 미리 전방에 장애물 유무를 알려주고 가격 면에서나, 가볍고 관리가 용이한 점 등이 장점이다. 그 반면에 악천후일 경우에는 매우 곤란할 때가 있으며, 상반신 위에 있는 물체를 식별하기에는 비교적 한계점을 가진다. 아울러 긴 지팡이는 다른 보행자나 운전자로부터 보호를 받을 수 있지만, 사회적인 태도에 낙인이라는 부정적인 영향을 줄 수도 있다.

이어서 안내견 보행법이 있는데, 이때 무엇보다도 안내견을 사용하는 시각 장애인은 우선 가야 할 방향을 바르게 인식하고 있어야 한다. 즉 안내견은 흰 지팡이의 역할과 장애물을 편리하게 피해 가는 데 도움을 제공하므로 자주 가는 집이나 가게 정도는 특별한 지시 없이도 습관적으로 갈 수 있지만 대부분 사용자의 방향지시 등의 명령이 없이는 곤란한 경우가 많다. 사실 시각 장애인들이 안내견을 보행 도우미로 사용한 것은 세계 제1차 대전 이후 독일이 실명한 상이군인을 위해 육성되었으며, 초기에는 독일산 세퍼드(German Shepherd)가 주종을 이루었지만 근래에는 인내심과 집중력, 지능, 순종심, 외양 면에서 뛰어난 영국산 래브라도 리트리버(Labrador Retriever)가 가장 많이 이용되고 있다. 우선 안내견 보행의 단점으로는 안내견에 대한 책임인데, 안내견은 지팡이와는 달리 지속적으로 훈련을 하지 않으면 자기임무를 망각할 수 있다는 점이다. 안내견에 관한 관리문제도 간단하지 않아서 위생, 먹이 등에도 많은 관심이 필요하며, 안내견의 보행 속도조절에서도 노인이나 어린이들에게는 다소 이용상 한계가 있다. 반면에, 안내견의 장점으로는 지팡이가 감지할 수 없는 장애물들을 피할 수 있다는 점과 자아존중감이나 삶의 적극성 및 심리적 동기부여에도 유익하다.

마지막으로 긴 지팡이나 안내견을 활용하여 보행할 때에 함께 사용하는 전자보행기구에는 레이저 지팡이(Laser Cane), 소닉 가이드(음파안내기, Sonic Guide), 진로음향기(Pathsounder) 등이 있다. 이것은 일정한 범위 혹은 거리 내에서 환경을 지각하기 위하여 전파를 발사하고, 그로부터 돌아오는 정보를 처리하여 환경과 관계되는 정보를 이용자에게 제공하는 기구를 말한다. 예를 들어 진로음향기의 경우에는 목에 매달고 다니는데, 적외선을 발사하여 허리 높이 이상의 위치에 장애물이 일정 거리 안에 탐지되면 신호를 보내주는 방식이다. 그리고 음파안내기의 경우에는 안경테, 조절기, 충전기, 휴대상자 등으로 구성되어 장애물이 탐지되면 사용자에게 거리나 방향 등을 소리로 전달해주는 것이다. 그 밖에도 레이저 지팡이는 아랫부분은 일반 긴 지팡이와 동일하지만, 지팡이의 윗부분에 레이저 관선을 상, 중, 하 등 세 방향으로 발사하여 장애물에 레이저가 접촉될 경우에는 진동이나 소리가 동시에 발생하며 알려주는 것이다.

6) 일상생활훈련

일반적으로 비장애 아동의 경우에는 부모나 가족 혹은 또래 동료들을 통하여 여러 가지 모방학습을 바탕으로 쉽게 독립적인 일상생활이 가능하다. 그 반면에 시각 장애 아동이나 청소년들의 경우에는 다양한 시각 장애인용 도구나 잔존감각 등을 사용하여 식사예절, 조리, 의복이나 위생관리, 청소 및 가정관리, 여가생활 등 개인을 비롯하여 가정, 학교 및 지역 사회생활 전반에 있어서 일상생활 기술들을 익힐 수 있도록 체계적이고 안전한 지도가 반드시 요구되는 것이다. 중도에 실명한 경우는 지금까지 시각에 의존했던 것을 청각이나 촉각 등 다른 감각 기관을 통하여 일상생활에 적응하는 훈련이 필요하게 된다.

7) 교수-학습 보조매체의 이용

시각 장애 아동들을 위한 교수-학습에 있어서 적절한 시각, 청각 및 촉각적 도구 보조매체를 사용하는 것은 학습 동기를 유발하고, 교육의 효율성을 향상하는 데 있어서 매우 중요한 것이다. 따라서 시각 장애 아동의 기능수준, 교육적 필요, 연령, 욕구, 개인차 등을 고려하여 여러 가지 보조도구와 자료를 선택하고 결정하는 것이 필요하다. 최근에는 컴퓨터 공학의 발달에 따른 시각 장애 아동의 교육에 중요한 보조매체가 널리 사용되고 있다.

먼저 저시력 아동들이 잔존시력을 보다 효율적으로 사용하기 위한 시각적 교수-학습 보조 매체의 활용은 인쇄된 활자를 더 쉽게 읽음과 동시에 눈의 피로를 감소시키고자 사용되는 것이다. 시각적 보조도구로 주로 사용되는 것은 확대경(돋보기의 일종으로 조명이 부착된 것과 미부착된 것)을 비롯하여 독서대(책을 올리거나 각도를 조절하

<촉각 지구본>

출처: http://art7.co.kr/admin/bbs/view_img.php?code=03p_03&img=1403180648318_2.jpg

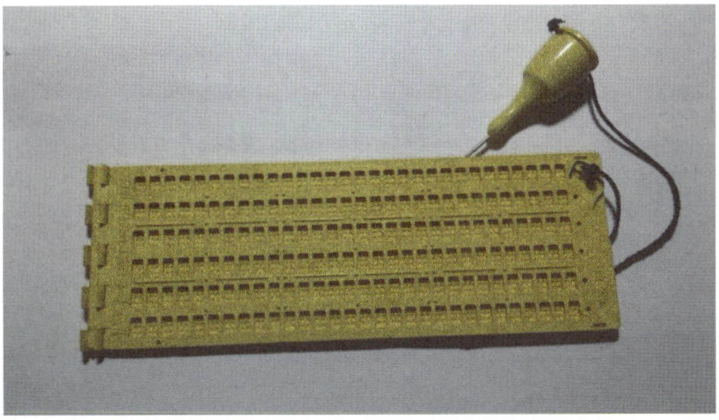

<점판과 점필>

출처: http://blog.daum.net/specialbonus1/22

고 눈에 근접하도록 사용), 사인펜(다양한 굵기의 사인펜으로 글씨나 그림을 진하고 굵게 표시), 큰 활자를 사용한 교재(활자크기 14~30의 정도), 단안 망원경(저시력인들은 양안의 시력차로 인하여 같은 배율의 양안 적용이 곤란하여 쌍안경 대신에 단안 망원경을 사용하여 간판, 거리이름 등을 인식), 확대 문자출력장치(문자를 4~60배 확대 가능) 등을 들 수 있다.

이어서 촉각적 보조도구는 대부분의 학습을 촉각적 보조도구에 의존하는 맹 학생들이 많이 사용하는데, 예를 들어, 점자도서, 점자타자기, 점판과 점필, 맹인용 주판, 촉각그림 세트, 촉각 지도과 지구본, 점자 측정도구(자, 시계, 컴퍼스 등) 등의 교재가 있다.

그리고 청각적 보조 자료는 촉각적, 시각적 보조도구와 함께 사용할 수 있는데, 여기에는 카세트 녹음기, 녹음도서, 입력된 문자 정보를 음성정보로 출력하는 음성합성기, 점자프린트 등이 있다.

8) 시각 장애 아동의 통합교육

맹 혹은 저시력 아동 등 시각 장애 학생의 성공적인 통합교육의 실현을 위하여 전문성을 지닌 교사의 확보가 특히 중요한 요소이다. 그 외에도 학교 및 학급에 있어서 각종 물리적 환경 및 구성원들의 긍정적이며 수용적인 태도와 인식 형성도 그에 못지않게 매우 중요한 역할이자 요소에 해당한다. 교사는 시각 장애 아동의 특성이나 독특한 교육적 요구를 충족시킬 전문적 자질을 습득하고 시력을 통한 학습활동이 곤란한 경우가 있기 때문에 다감각적 접근을 바탕으로 한 교수계획 및 교육과정의 수정이 요구된다.

제6장

청각 장애

청각 장애 아동 및 청소년들은 청력의 손실로 인하여 언어를 수용하는 능력인 수용언어와 의견이나 생각을 표현하는 표현언어 영역에 있어서 제한과 기능상 결함을 가지는 경우이며, 이는 계속하여 장애 학생의 학업성취도, 사회 및 직업 활동 등에서도 다양한 부정적인 영향을 미치게 되기가 쉽다.

1. 청각 장애 아동 교육의 역사

청각 장애인을 위한 교육의 역사는 18세기 말경에야 비로소 청각 장애 관련 특수학교가 생겼을 정도로 그리 길지 않다. 이는 주로 엘리트위주의 교육과 보편적인 국민 교육의 부재를 의미하고, 당시 청각 장애아에게 적합한 대체 의사소통을 위한 수단이 전무했으므로 그들은 교육의 대상에서 사각지대에 방치되었던 것이다(Vernooij, 1982/84). 역사적으로 세계 최초의 청각 장애아 교육은 문헌상으로 볼 때에 16세기 스페인의 베네딕트 파의 수도사이자 청각 장애인 교육의 선구자였던 레온(P. P. de León, 1516~1584)에 의해 시작된 것으로 알려져 있다. 그는 가톨릭 소도회의 하나인 베네딕트(Benedict)회의 한 수도사로서 스페인 귀족의 청각 장애 아동에게 읽기, 쓰기, 말하기 등을 성공적으로 지도하였다. 이때부터 청각 장애 아동도 교육을 통하여 말을 할

<보네트(J. P. Bonet)>

출처: https://de.wikipedia.org/wiki/Juan_Pablo_Bonet

수 있다는 계기가 마련되어 계속하여 스페인의 행정공무원이었던 보네트(J. P. Bonet, 1579~1633)에 의하여 청각특수교육에 관한 최초의 저서인 『소리의 단순화와 농아의 말하기 교수법(*Simplification of the Letters and Method of Teching Deaf-Mutes to Speak*)』이 1620년 발간되었다.

그리고 18세기에 이르러 청각 장애아교육에서 프랑스를 중심으로 수화법(Manual method), 독일을 중심으로는 구화법(Oral method)이 의사소통의 중요한 방법으로 각각 강조되기 시작하였다. 또한 청각 장애아교육학의 선구자였던 프랑스의 레페(C. M. de l'Epee, 1712~1789)는 1770년 파리에 세계 최초의 농 학교를 설립하고 청각 장애아를 사회로 복귀시키고자 몸짓, 표정 및 지문자(指文字)를 통하여 수화를 이용하여 의사 소통법을 지도하였다. 그는 수화(手話, Sign Language)도 구어만큼이나 사고의 표현이 가능하다고 보았으며, 수화를 농인들의 자연언어(Nature Language)라 주장하였다. 그리고 스위스의 의사이자 청각 장애인교육학자였던 암만(J. K. Ammann, 1669~1724)은 보네트(Bonet) 식의 발성법을 발전시켰으며, 특히 말을 할 때에 다양한 입 모양에 관하여 강조하였다.

그 당시 레페(I'Epee)에 의하여 청각 장애아 교육에서 수화가 유럽 전역에 확산되었음에도 불구하고, 독일에서는 교육학자이자 청각 장애아교육학의 독일식 교수법의 창시자인 하이니케(S. Heinicke, 1727~1790)를 중심으로 전통적인 수화 사용을 포기하고, 농아가 상대방 입술의 움직임과 얼굴표정으로 의사소통을 하며 발성연습을 통하여 음성언어를 습득하는 구화법(口話法) 혹은 독순술(讀脣術)을 사용하기 시작했다.

그는 구화법이 수화법보다는 사회 윤리적으로 더 높이 평가받는 것으로 생각하였고(Blau, 1969), 1778년 라이프치히(Leipzig)에 농 학교를 설립하고 구화법을 널리 보급하였다. 이에 청각 장애를 가진 아동들은 각자의 가능성에 따라서 발성, 입모양 관찰, 읽기 및 쓰기 등을 배웠다. 이후로 국제적으로 청각 장애아교육을 둘러싸고 프랑스를 중심으로 한 수화주의와 독일을 중심으로 한 구화주의가 오늘날까지 농아교육에 있어서 서로 다른 입장을 가지고 논쟁이 일어났던 것이었다.

또한 독일의 경우에 청각 장애아를 위한 최초의 특수학교는 하이니케(Heinicke)가 라이프치히(Leipzig)에 세운 국립학교와는 달리 당시의 군주나 영주에 의하여 설립된 사립학교였다. 청각 장애아들에 대한 의무교육은 1805년에 덴마크의 두 개의 옛 공국(公國)이며, 19세기 중엽 프러시아에 각각 합병된 슐레스비히-홀쉬타인(Schleswig-Holstein)과 아울러 프로이센 제국에서 1911년에 각각 도입되었다. 독일어권에서 난청아동을 위한 수업은 19세기에 다양한 장애를 가진 아동들을 입학시킨 사립학교에서 시작하였다. 다시 말하자면, 지적 장애아, 지체 장애아, 언어 장애아, 청각 장애아 등 매우 다양한 형태의 장애 아동들이 대부분 한 학급에서 수업을 받았으며, 매우 드물지만 장애 유형에 따라서 수업을 받는 것도 가능했다고 한다. 1894년 독일의 특수교육학자였던 브라우커만(K. Brauckmann, 1862~1938)은 예나(Jena)에 난청 및 농아를 위한 사립교육기관을 설립하였는데 이곳에서는 이른바 '예나(Jena) 방식'이라는 특별한 수업방법이 사용되었다(Heese, 1969). 이어서 1902년에 최초로 베를린(Berlin)에 국립 난청아학급이 설치되었으며, 이어서 1907년에는 이 학급이 난청아 학교로 확대되었다. 1924년에는 라인펠더(D. Reinfelder, 1865~1939)에 의하여 난청아 학교의 수업을 위한 교육과정이 최초로 생겼다. 1926년에 이미 1,545명의 난청학생이 145학급에서 각각 교육을 받고 있었다. 제2차 세계대

<하이니케(S. Heinicke)>

출처: https://de.wikipedia.org/wiki/Samuel_Heinicke

<암만(K. Ammann)의 교과서>

출처: https://de.wikipedia.org/wiki/Johann_Konrad_Ammann

전 이후에 독일의 특수학교 교육제도에 있어서 농아학교뿐만 아니라 난청아학교까지도 설치되었던 것이다.

한편 20세기 중엽에 미국에서는 종합적 의사소통법(Total communication method)과 소련의 신구화주의(Neooralism)가 청각 장애 아동의 교육에 새로운 대안으로 나타났다. 우선 종합적의사소통법은 의사소통을 위하여 사용할 수 있는 모든 수단(독화, 발화, 수화, 지문자, 몸짓 등)을 사용하는 것이며, 신구화주의란 구화법과 지문자를 병용하는 것을 의미한다.

우리나라의 청각 장애아교육은 1909년 미국감리교 선교사이며 여의사였던 홀(Hall)여사에 의하여 최초로 실시되었다. 그리고 최초의 농 학교는 1913년 조선총독부에 의해 건립된 제생원 맹아부(盲啞部)인데, 1945년 국립맹아학교로 개칭되었다. 이어서 1947년에는 중등과를 신설하여 우리나라 최초의 중등교육기관이 되었고, 1959년에는 맹학교와 농학교로 각각 분리되었다. 2020년 현재 182개의 특수학교 중에 청각장애학교는 전체의 약 8%에 해당하는 14개교가 설립되어 있다(한국특수교육총연합회, 2003; 교육부, 2020). 그 밖에도 우리나라에서는 오랫동안 수화법을 사용하다가 1958년 이후 구화교육이 더욱더 강화되어 확대 실시되고 있다.

2. 청각 장애의 개념

청각 장애에 대한 정의는 장애정도를 비롯하여 장애부위나 장애발생 시기 등에 따라서 매우 다양하게 정의되고 있다. 먼저 미세한 정도의 음(音)을 들을 수 있는가 여부에 따라서, 즉 청각 장애의 정도에 따른 분류로 크게 농과 난청으로 나누어진다. 보통 농(聾)은 보청기의 사용 유무와 상관없이 청각을 통해 음성언어의 수용이 전혀 곤란한 상태이며 청력의 손실이 90dB 이상인 경우에 속한다. 그리고 난청(難聽)은 보청기 사용 유무와 무관하게 청각을 통해 음성언어의 수용이 어느 정도(청력의 손실정도가 대략적으로 35~90dB)까지 가능한 경우이다.

한편 푸르트(Furth, 1977)는 농과 관련하여 평균적으로 80dB 이상, 고도 난청을 평균 60dB의 청력 손실로 정의하였다. 아울러 플라트(Plath, 1982)에 의하면 청력의 정도에 따라서 <표 6-1>과 같이 등급을 분류하기도 한다.

한편 <표 6-2>는 세계보건기구(WHO)의 청력수준에 따른 분류표인데, 국제적인 기준표로 사용되고 있다.

또 우리나라의 장애인복지법 시행령(2018. 12. 31 개정) 별표 1에 따르면, 청각 장애인의 기준을 다음과 같이 규정하고 있다.

① 두 귀의 청력 손실이 각각 60데시벨 이상인 사람
② 한 귀의 청력 손실이 80데시벨 이상, 다른 귀의 청력 손실이 40데시벨 이상인 사람
③ 두 귀에 들리는 말소리의 명료도가 50퍼센트 이하인 사람
④ 평형 기능에 상당한 장애가 있는 사람

이러한 규정을 바탕으로 장애인복지법시행규칙(2003. 6. 30 개정)에는 청각 장애를

〈표 6-1〉 청력손실에 따른 등급 분류

거리(m)에 따른 일상적 대화의 이해도	청력손실 비율(%)	분류
4m 이상	10 ~ 40	경도(輕度)
1 ~ 4m	40 ~ 60	중도(中度)
0.25m ~ 1m	60 ~ 80	고도(高度)

〈표 6-2〉 WHO의 국제 청각 장애분류

청력 정도(dB)	분류
0 ~ 25	정상(normal)
26 ~ 40	경도 난청(mild hearing loss)
41 ~ 55	중등도 난청(moderate hearing loss)
56 ~ 70	중등 고도난청(moderate severe hearing loss)
71 ~ 90	고도난청(severe hearing loss)
91 ~	농(total hearing loss)

다음과 같이 다섯 등급으로 나누어 규정하고 있다.

2급: 두 귀의 청력 손실이 각각 90데시벨 이상인 사람(두 귀가 완전히 들리지 않는 사람)
3급: 두 귀의 청력 손실이 80데시벨 이상인 사람(두 귀에 입을 대고 큰 소리로 말해도 듣지 못하는 사람)
4급: 1. 두 귀의 청력 손실이 70데시벨 이상인 사람(귀에 대고 말을 하여야 들을 수 있는 사람)
2. 두 귀에 들리는 보통 말소리의 명료도가 50% 이하인 사람
5급: 두 귀의 청력 손실이 각각 60데시벨 이상인 사람(40cm 이상 거리에서 발성된 말소리를 듣지 못하는 사람)
6급: 한 귀의 청력 손실이 80데시벨 이상, 다른 귀의 청력손실이 40데시벨 이상인 사람

그러나 최근의 장애인복지법 시행규칙[별표 1] <개정 2019. 6. 4.> 장애인의 장애 정도(제2조 관련)에 따라서 장애등급은 삭제되었고 대신에 다음과 같이 분류하고 있다.

가. 청력을 잃은 사람
1) 장애의 정도가 심한 장애인
두 귀의 청력을 각각 80데시벨 이상 잃은 사람(귀에 입을 대고 큰 소리로 말을 해도 듣지 못하는 사람)
2) 장애의 정도가 심하지 않은 장애인
가) 두 귀에 들리는 보통 말소리의 최대의 명료도가 50퍼센트 이하인 사람
나) 두 귀의 청력을 각각 60데시벨 이상 잃은 사람(40센티미터 이상의 거리에서 발성된 말소리를 듣지 못하는 사람)
다) 한 귀의 청력을 80데시벨 이상 잃고, 다른 귀의 청력을 40데시벨 이상 잃은 사람
나. 평형기능에 장애가 있는 사람
1) 장애의 정도가 심한 장애인
양측 평형기능의 소실로 두 눈을 뜨고 직선으로 10미터 이상을 지속적으로 걸을 수 없는 사람
2) 장애의 정도가 심하지 않은 장애인
평형기능의 감소로 두 눈을 뜨고 10미터 거리를 직선으로 걸을 때 중앙에서 60센티미터 이상 벗어나고, 복합적인 신체운동이 어려운 사람

한편 교육적 측면에서 제정된 우리나라의 「장애인 등에 대한 특수교육법 시행령」 제10조에 따르면 [별표]에는 청각 장애를 가진 특수교육대상자 선정 기준을 아래와 같이 규정하고 있다.

> 청력손실이 심하여 보청기를 착용해도 청각을 통한 의사소통이 불가능 또는 곤란한 상태이거나 청력이 남아 있어도 보청기를 착용해야 청각을 통한 의사소통이 가능하여 청각에 의한 교육적 성취가 어려운 사람.

그리고 청각 장애는 장애부위에 따라서 전음(傳音)성 또는 전도성 난청, 감음(感音)성 혹은 감각신경성 난청 및 혼합성 난청으로 구분된다. 일반적으로 청각구조는 크게 전음기관(외이부터 중이까지의 기관)과 감음기관(내이부터 청신경, 중추신경 전달로, 대뇌피질 청각영역을 포함)으로 구성되어 있다. 전음(도)성 난청은 음을 기계적으로 전달하는 부위인 전음기관에 장애가 발생한 상태로서 청력수준은 대부분 약 60~70dB 정도이고, 음이 작게 들리기 때문에 음을 크게 확대해 주면 대부분 청력이 정상 범주상태에 다다를 수 있다. 그러나 감음성 혹은 감각신경성 난청은 감음기관에 장애가 발생하여 청력수준이 경도로부터 청력을 완전히 상실하는 수준까지 발생하는 다양한 경우를 말한다. 감음성 난청의 경우에는 음을 크게 해도 단지 소음이 증폭되는 것처럼 들리고 음이 왜곡되어 들리거나 음을 들을 수 있는 범위가 좁은 경우 등 보청기를 착용한다 하더라도 음을 이해하는 능력이 향상되지 않을 수도 있다. 혼합난청은 전음난청과 감음난청이 동시에 발생하는 것을 의미한다.

아울러 청각 장애가 시작된 시기에 따라서 아동의 언어발달이나 발음의 명료도 등에 차이가 나타나는데, 이는 주로 선천성 난청과 후천성 난청으로 나눌 수 있다. 선천성 난청은 유전성 난청, 태생성(임신 중) 난청, 주 생성(출산 중)난청 등으로 분류되며, 또한 후천성 난청은 언어습득 이전과 언어습득 이후로 구분된다. 그럼에도 불구하고 청각 장애의 경우에 그 발생 시기를 모르는 경우가 여전히 흔하다. 교육적인 측면에서 아동의 모든 언어 기능이 완성되는 시기는 약 7~8세경으로 보는데, 이에 따라서 언어획득 이후에 청각 장애가 발생한 경우에는 이전까지 익숙했던 청각에 대한 정보의 수용에 어려움이 있으므로 심리적으로 심각한 부작용이 동시에 발생할 수 있다.

3. 청각 장애의 원인 및 출현율

일반적으로 청각 장애를 발생시키는 원인은 매우 다양하며, 또한 그것이 불분명한 경우도 매우 많다. 다음은 외이(Outer ear), 중이(Middle ear) 및 내이(Inner ear) 등 청각기관의 각 부위에 따른 원인과 출생 전, 출생 시, 출생 후 및 성인기 등 발생시기별 원인 질환들을 살펴보고자 한다.

먼저 청각과 관련된 신체기관별 청각 장애 유발 원인을 살펴보면, 외이(外耳)의 원인에는 귀지나 이물질 등이 외이도(外耳道)를 막았을 경우에도 청각 장애를 유발할 수 있지만 이 경우에는 대부분 매우 경미한 경우에 속한다. 그러나 선천적 기형으로 인하여 외이도가 형성되지 않는 경우에는 중이(中耳)의 기형까지 겹쳐 최대한 약 70dB까지의 전도성(傳導性) 청각 장애를 초래할 수 있다. 이런 선천성 기형은 임신초기 태아

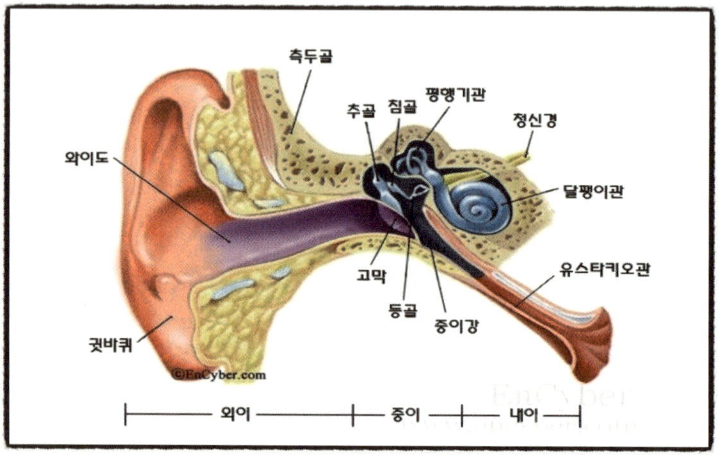

<귀의 구조>

출처: https://blog.naver.com/hearing_good/220786328603

에게 영향을 주는 바이러스성 감염(풍진 등)에 의한 경우가 많다.

이어서 중이(中耳)의 손상 원인에는 고막천공을 들 수 있는데, 이것은 외부적인 강한 충격, 타박 혹은 중이에 대한 과도한 압박 및 기타 염증에 의하여 고막이 파열되는 상태를 말한다. 이때 만일 이소골 연쇄가 건강하면 20~30dB 정도의 청력손실이 야기될 수 있다. 아울러 급성중이염의 경우에는 일반적으로 감염이 주원인인데, 중이에 액이 차서 중이의 증폭기능에 문제를 야기시키고, 약 30dB 정도의 청력손실을 보이지만 대개 의료적인 치료로 회복이 가능하다. 삼출성 중이염은 고막안의 중이강 속에 점액성 진액으로 말미암아 약 30dB의 청력 장애를 수반하는 청력 손실을 가져온다. 이 외에도 알레르기성 중이염과 중이 부분에 뼈가 비정상적으로 자라는 이경화증(耳硬化症, Otosclerosis) 등으로 인하여 청력 손실을 발생하기도 한다.

내이(內耳)의 경우에 기관 손상을 입을 경우에는 대체적으로 심한 청력 손실이 야기되어 특수교육이나 재활 등이 요구된다. 아울러 내이의 손상은 음의 왜곡을 비롯하여 평형의 문제 및 현기증 등 의사소통에 심각한 문제를 유발하기도 한다. 내이 손상은 주로 유전성 장애로 선천적인 농의 약 1/2이 유전이상(Genetic abnormalities)으로 발생한다. 오늘날 청각손상으로 이어질 수 있는 유전적 증후군은 약 150여 가지 이상으로 알려져 있는데, 특히 뇌막염은 출생 후나 외인성(外因性) 원인 중에 가장 흔한 귀 질환으로 청각손실의 약 4.9%를 차지한다. 태내에서 태아가 임산부로부터 임신 3개월 이내에 감염될 경우 청각 장애를 가지고 태어날 수 있다. 아울러 모자혈액부적합은 어머니(Rh-)와 태아(Rh+)가 각기 다른 Rh형을 가지게 될 경우 청각 장애와 더불어 다른 수반장애를 가지거나 심각한 경우에는 태아가 사망할 수도 있다. 그 밖에도 미숙아도 농의 위험성이 있으며, 아울러 청각중추의 손상으로도 청력에 장애가 유발되기도 한다. 특히 거대세포바이러스병인 싸이토메갈로 바이러스(Cytomegalovirus)는 헤르페스 바이러스(Herpes Virus)의 일종으로 다른 헤르페스 바이러스처럼 일정 기간 잠복기를 거친 후 활동을 시작한다. 헤르페스 감염으로는 단순포진(Herpes simplex), 대상포진(Herpes Zoster), 임신포진(Herpes gestationis) 등이 있는데, 태아가 선천적으로 감염될 경우에 약 1/2이 청각 장애를 가지게 된다.

한편 청각 장애가 발생하는 시기에 따라서 출생 전을 비롯하여 출생 시 및 출생 후나 성인기로 구분할 수 있다(Plath, 1982, 1992). 출생 전에 야기되는 청각 장애의 원인으로는 신장, 심장 혹은 뇌 등 다른 기관의 손상과 수반되어 나타나는 중이의 기형으로 인한 유전적 청각 상실 혹은 풍진, 홍역, 백일해 등 임신 중 산모의 질병이 원인이 되는 경우가 많다. 그 외에도 임산부의 항생제, 알코올, 니코틴, 진정제 또는 마약류의 오·남용이 청각 장애에 부정적 영향을 미치기도 한다. 이어서 출생 시에는 특히 두개골 손상, 신생아 황달 및 산소결핍(저산소증) 등이 청각 장애의 대표적인 원인으로 꼽힌다. 그리고 출생 후에는 특히 영유아기에 종종 발생하는 전염성 질병이 청각 손상의 원인이 되기도 한다. 예를 들어, 홍역을 비롯하여 급성 발열성 질환인 성홍열(scarlet fever), 급성 호흡기 전염병인 디프테리아(Diphtheria), 유행성이하선염(볼거리), 결핵, 매독, 뇌염, 뇌막염 등이 여기에 해당한다. 그 밖에도 두개골 손상이나 중이염 등이 청각 손상을 유발시킬 수도 있고, 성인기에는 청각 장애의 원인으로 노인성 난청이나, 소음성 난청(디스코텍, 콘서트, 워크맨(Walkman) 사용 등), 폭발성 외상, 약물중독, 저혈압, 신경성 질환 등을 꼽을 수 있다.

청각 장애 아동에 대한 출현율과 관련해서는 개념정의나 조사방법 등에 따라서 다양한 차이를 보일 수 있는데, 2002년 미국교육국의 보고서에 따르면 청각 장애로 분류되어 특수교육을 받은 6~21세까지의 학생은 70,662명으로 이는 전체 학령기 아동 가운데 약 0.11%를 차지하고 있다(Heward, 2003). 우리나라 보건복지부(2001)의 장애인 실태조사에서 청각 장애인의 출현율은 0.42%이며, 이 중에 0~9세와 10~19세의 연령범위에서 각각 0.04%로 동일한 수치를 보였다.

한편 독일의 경우에도 청각 장애가 의무적으로 신고해야 할 사항은 아니기 때문에 구체적인 청각 장애인의 수치를 알 수는 없지만, 2000년 현재 독일의 청각 장애인은 237,656명으로 그중에 24,806명이 농, 22,351명이 농아 언어발달 장애를 수반하고 있으며, 190,499명이 난청으로 조사되었다. 청각 장애인 중에 약 절반정도는 20~60세 사이의 생산연령에 해당하며, 약 45%는 60세 이상이며, 또한 약 4%는 20세 이하의 아동과 청소년이 차지하고 있다(Leonhardt, 1999). 그러나 독일 농아인협회(Deutscher Gehörlosen-Bund: DGB)에서는 독일에 약 80,000명의 농아들이 있다고 주장하며, 독일 난청인협회(Deutscher Schwerhörigen-Bund: DSB)에서는 약 1,400만 명의 청각 장애인이 있다고 주장한다(Diller, 1997).

4. 청각 장애의 진단 및 평가

모든 유형의 장애와 마찬가지로 청각 장애의 발견은 가능한 빠를수록 효과적이다. 장애의 원인, 정도 및 특성 등을 조기에 파악하는 것은 가능한 청각손실을 최소화하고 언어발달을 돕거나 보상교육을 하는 등 그 중요성은 이루 말할 수 없을 정도이다. 청각 장애의 조기발견과 중재의 의미에 대하여 비잘스키(Biesalski, 1980: 51)는 다음과 같이 강조한다.

> 나의 경험에 의하면 고도 청각손상을 가진 아동의 약 20%는 너무 늦게 발견된다. 즉 선천성 청각 장애의 경우에 종종 3세까지 이르러서 비로소 진단을 받는 것이다. 또한 중도(中度) 청각 장애를 가진 아동들 가운데 약 30%가량도 3~6세 사이에 뒤늦게 발견된다. 경도 청각 장애 아동은 최소한 약 40% 정도가 늦은 시기에 발견되고 있다. 독일에 최소한 4천여 명의 농 및 고도 난청아동이 1~6세 사이 연령에 있다고 확신할 수 있다.

더군다나 신생아나 유아들의 청력 진단은 간단하지가 않음에도 불구하고, 가장 중요한 점 가운데 하나는 소리에 대하여 자녀의 반응 유무나 정도를 우선 부모가 세심하게 관찰하는 일이다. 청각 장애 아동을 판별하는 방법은 다양하지만, 우선 청각 장애 유무를 알기 위하여 영유아 선별(Screening)과정을 거치며, 정확한 사정을 위하여 순음청력검사(pure tone audiometry: PTA), 어음청력검사(Speech audiometry: SA), 유아청력검사 및 특수한 청력 검사 등을 실시하게 된다.

최우선적인 선별 과정은 대개 부모나 교사 등 주보호자의 역할이 매우 중요하여 아동의 청력손실 여부를 발견하는 경우가 많다. 흔히 다음과 같은 특성을 보이는 아동이나 청소년들은 청각적 이상을 가질 가능성이 높은 경우에 해당하므로 정밀진단을 의뢰하는 것이 좋다(김영욱 외, 2005).

- 자주 귀와 관련된 질환을 앓는 경우
- 말소리가 명료하지 않거나 연령에 비하여 조음처리가 불안한 경우
- 라디오나 TV 등을 시청할 때에 필요 이상으로 큰 소리로 듣는 경우
- 좀 더 잘 듣기 위하여 머리를 치켜 올리거나 화자 쪽으로 머리를 돌리거나 귀를 가까이 하는 경우
- 반복하여 말할 것을 자주 요구하는 경우
- 보통의 말소리에 반응이나 주의를 기울이지 않는 경우
- 말하는 활동에 매우 소극적인 경우 등

한편 아동의 청력을 더 정밀하게 측정하고 검사받기 위하여 이비인후과나 언어치료실에서는 다양한 방법을 사용한다. 우선 가장 많이 사용되는 기본적인 검사 방법으로는 순음청력검사로서 소리의 높이(주파수: Hz)와 강도(데시벨: dB)를 점점 변화시켜 가며 개인의 청력역치를 측정하는 방법이다. 청력역치란 각 주파수대에서 처음 소리를 인식하는 데시벨 수준을 의미하는데, 순음청력검사에서는 보통 1~110dB 사이와 125Hz(저음)에서 8,000Hz(고음) 사이의 소리에 대한 반응을 측정하게 된다. 어음청력검사는 말 청력검사(speech audiometry)라고도 하며, 크게 두 가지로 나눈다. 즉 말 청취역치검사(Speech Reception Threshold: SRT)와 낱말분별력검사(Word Recognition Test: WRT)이다. 말 청취역치검사는 일반적인 말소리를 이해하기 위하여 필요한 가장 작은 소리의 정도를 검사하며, 낱말분별력검사는 낱말에 대한 분별능력을 측정하는 것을 말한다. 그 결과는 백분율(%)로 표시하며, 낱말분별력점수(Word Recognition Score: WRS)라고 한다. 한편 반사청력검사는 특히 신생아와 유아의 청각을 검사하기 위한 방법으로 아이에게 소리자극에 대한 눈을 깜박이는 반응, 몸을 움츠리는 반응 등을 통해 청각 장애 여부를 판별하는 것이다. 대체적으로 늦어도 생후 6개월의 아이는 소리가 나는 방향을 인식하고 몸을 돌리는 것을 학습하게 된다(Plath, 1982). 그리고 유희청력검사는 약 2.5세 이상 되는 아동들을 대상으로 실시하는데, 유아의 청력을 측정하기 위하여 놀이를 활용하여 검사를 실시하는 것이다.

또한 조작적 조건화 청력검사는 조건화 원리를 바탕으로 아동이 소리를 듣고 반응할 때 보상(예, 장난감을 가지고 놀 수 있도록 함)을 주는 검사방법을 말한다. 이어서 행동

관찰청력검사는 아동이 소리에 반응하는 것을 관찰하는 것으로 다양한 반응(머리 돌리기, 눈 깜박이기, 놀다 멈추기 등)이 명확하게 관찰될 때까지 강도 수준을 달리하면서 다양한 소리를 제시한다. 보통 이 검사는 3세 이하 아동들에게 사용되는 검사법이다. 유발반응청력검사는 전기 생리학과 컴퓨터를 이용하여 음 자극에 대한 청각신경계에서의 미세전위의 변화를 관찰함으로써 청각 장애유무를 검사 및 판별하는 것이다. 이 검사법은 뇌성마비아동이나 청소년 등 일반검사가 어려운 아동에게도 객관적인 검사가 가능하다는 장점이 있지만, 비용이 비싸다는 단점도 있다. 그 밖에도 중이검사는 고막을 향해 긴 소리를 주고난 후 반사되어 나오는 소리의 양을 미세 마이크로 잡아 전기적으로 분석함으로써 고막이나 중이의 건강과 기능 상태를 진단하는 검사방법이다.

5. 청각 장애 아동의 특성

청각 장애 아동과 청소년이 가지는 주요 발달상 특성은 무엇보다도 의사소통영역인데, 이것은 청력의 손상으로 인하여 주로 듣기 능력의 저하에서 기인한다 할 것이다. 따라서 청각 장애는 아동의 언어적 측면을 비롯하여 인지영역, 학업성취도, 사회성, 직업 및 정서영역 등 전체적으로 광범위하게 부정적인 결과를 불러오기도 한다.

1) 언어발달

일반적으로 언어가 발달하기 위해서는 뇌를 비롯하여 청각, 시각 등의 신체 기관의 요인과 운동, 지적기능 및 적절한 언어 환경이 전제되어야 한다. 이에 청각 장애 아동의 언어 발달과정은 청력정도와 청력손상 시기, 지적능력 및 주위환경 등 다양한 개인차가 비장애 아동보다 더 크게 작용하는 것이다.

더군다나 청력손실의 시기에 따라서 즉, 언어습득 전인가 혹은 후인가 여부에 따라서 청각 장애 아동의 언어발달 상태가 다르게 나타나는 것이다. 예를 들어, 언어습득 이전에, 즉 선천적으로 농(聾)일 경우에는 그 이후에 청각손실을 가진 경우보다 모방이나 확장, 추리, 강화 등의 언어적 상호작용이 원활하지 못하기 때문에 정상적인 언어발달 과정에 더 심각한 문제를 야기하게 되는 것이다. 이때에는 언어의 일종이며 농인들을 위한 주된 의사소통 도구인 수화(手話)의 습득은 건청(健聽) 아동의 구어습득 단계와 유사한 과정을 거치게 된다.

그에 비해 청각 장애가 언어습득 시기 이후에 발생하고, 그 정도가 심할 경우에 특별한 언어발달 교육이 제공되지 않으면 습득했던 언어발달과정도 오히려 퇴보하거나 변형될 수도 있다. 청각 장애로 인한 언어발달의 지체는 말하기와 독화(상대방의 입의 모양을 통해 말을 이해하는 것)와 같은 구어(口語, 음성언어) 발달과 동시에 내적언어(대화가 일반적으로 화자와 청자 두 인격체 간의 언어 행위를 의미한다면, 혼자서 대화하는 것은 내적 언어행위이며 스스로 물음을 제기하고 이에 대하여 스스로 대답을 하는 것으로 곧 이야기하는 형태)의 발달에도 상당히 부정적으로 작용하기도 한다.

그와 동시에 청각손상의 시기에 따라서도 또한 각기 다양한 차이를 보이는데, 즉 청력의 손실이 심하면 심할수록 더 심각한 언어발달 지체가 발생하는 것이다. 난청아동 가운데 조기에 언어교육을 시작하여 청각을 통한 구어의 발달이 가능하게 되면 거의 정상에 가까운 언어발달을 보이기도 하는데, 특수교육을 필요로 할 만큼의 청각 장애를 가진 아동은 또래 건청 아동에 비하여 보통 3~4년의 언어발달지체가 나타난다. 즉 어휘나 단어 발달의 경우 최중도 청각 장애 아동은 약 3년 이상, 또 중등도 청각 장애 아동은 1년 정도 지체되는 것으로 알려져 있다. 그리고 청각 장애 아동의 언어발달은 언어습득 시기의 환경에 따라서도 차이를 보이는데, 가정에서 수화를 통하여 유아 초기에 언어 환경을 조성해준 농부모를 가진 농 아동은 수어의 획득과정이 일반아동의 구어습득 과정과 일치하는 경향성을 보이나, 건청 부모를 가진 농아동의 경우에는 구어발달에 있어서 훨씬 지체된다는 연구결과도 있다.

일반적으로 청각 장애 아동이 가지는 몇 가지 언어발달상의 어려움과 문제점은 우선 발성과 발화에 있어서 불명료화 현상을 보인다는 점이다. 다시 말하자면, 자음은 들어도 판별하기 힘들며 모음을 길게 늘려 발음하거나 비음화되는 경우가 빈번하고 무성음이 유성음화되는 경우가 많다. 어휘발달 면에서도 건청 아동에 비하여 난청아동은 2년 정도, 농 아동은 4~5년 정도 지체된다고 한다. 아울러 명사나 동사와 같은 구체적인 단어의 습득은 비교적 쉽지만 형용사 혹은 부사 등의 추상적인 단어의 습득과 조사의 사용, 문법습득, 문장이해 등에서도 많은 어려움을 가진다. 한편 읽기에서도 어휘를 비롯하여 문법, 비유표현 등에서의 어려움으로 독서력이 성인이 되어도 초등학교 4학년 수준 이상의 발달이 어렵다는 주장도 있다. 그 밖에도 쓰기는 표현이 중복되는 유사어휘의 나열 현상을 보이거나, 중문이나 접속문(예, 철수는 중학생이고, 영희는 초등학생이다)이나 복문(예, 철수는 영희가 예쁘다고 생각한다)보다는 단문(短文)의 사용 경향이 빈번하고 감정표현에 종종 문제를 가진다.

2) 인지 능력

대부분 청각 장애는 인지능력이나 지적능력의 발달에도 부정적으로 작용한다고 본다. 즉 사고(思考)는 언어와 밀접한 관계를 맺는 것으로 보는 입장에서 인간의 지적인 발달은 언어발달과 정비례하므로 지능검사에 의해 측정된 청각 장애 아동(특히 농아동)의 인지나 지적발달 과정에 매우 중대한 영향을 미친다. 이 점에서 인지발달과정에서 언어의 중요성을 강조하는 경우에는 농아동의 인지능력이 비장애 아동에 비하여 평균 2~5년의 지체를 보이고, 또한 이러한 인지능력의 지체를 일으키는 주된 원인을 언어능력의 결함에 기인한다는 것이다(Vygotsky, 1962).

그러나 푸르트(Furth, 1964, 1973)는 인간은 언어가 없어도 사고가 가능한 것으로 보는데, 이에 따라서 농아동의 인지능력은 비장애 아동에 비하여 발달상 지체를 보이지 않는 것으로 주장한다. 그는 농아동의 인지능력은 언어경험에 의존하는 개념을 제외하고는 손상되어 있지 않으며, 언어에 의존한 개념일지라도 농아동의 전반적인 인지발달에 크게 부정적 영향을 주지 않는다고 말한다. 즉 지능의 측정에서 청각 장애인이 비장애인과의 사이에서 가지는 차이는 청각 장애가 직접적으로 초래하는 결과라기보다는 오히려 교육과 환경의 원인이며 언어적, 문화적, 교육적 경험의 차이가 지능의 차이로 반영된다는 것이다. 따라서 청각 장애인이 나타내는 학력, 지능 등과 같은 문제는 적절한 언어적, 교육적, 환경적 경험이 제공되면 비장애 아동과 유사한 정도의 발달이 가능하다는 입장이다.

한편 미클레부스트(Myklebust, 1964), 머피(Murphy, 1972) 및 로젠쉬타인(Rosenstein, 1961) 등은 농아동의 지능이 비장애 아동의 지능과 양적으로는 차이가 없다 하더라도 질적인 차이는 나타난다고 한다. 즉 실제적으로 농아의 인지적, 지각적인 기능화와 추리력의 질적인 면에 차이가 있어 비장애 아동과 비교했을 때에 상상력, 민감성, 추리력 등에 차이가 나타난다는 것이다. 하지만 지능검사는 전통적으로 대부분 건청 아동을 중심으로 구성된 모집단을 통하여 산출된 결과에 바탕을 두고 고안 및 계발된 것이기 때문에 이러한 지능검사도구의 내용, 방법, 절차를 통하여 산출된 농아동의 수행은 그들의 실제적인 능력이 제대로 반영되기가 매우 곤란하다는 입장이다.

아무튼 청각 장애 자체가 원인은 아니지만, 발달과정에서 청각적인 문제가 여러 영향을 미치는 것을 부정할 수는 없을 것이다. 따라서 청각 장애인은 비장애인에 비하여 지적능력에서 개인차가 심하므로 인지능력을 설명하기 위하여 많은 다양한 요소들이 동시에 고려되어야 한다.

3) 학업(학력)성취도

가령 청각 장애를 가진 아동이나 청소년들의 지적능력이 정상 범주 내에 든다 하더라도 그들의 학업성취는 대부분 지체된다. 이는 교과학습의 시작은 언어기능에 크게 의존하므로 청력손실에 의한 영향은 언어능력뿐 아니라, 학습 면에서도 마찬가지로 나타나기 때문이다. 대부분의 청각 장애 아동의 학력은 학년이 진행되어도 초등학교 4학년인 9살 수준에 머문다고 지적하고 있다.

예를 들어, 청각 장애 아동의 읽기이해 수준은 4학년이나 5학년 수준을 넘지 못하며, 셈하기는 읽기보다는 비교적 양호하지만 중학교 2학년 수준을 넘기기 어려운 것으로 나타난다. 또한 청각 장애 아동들이 고학년으로 올라갈수록 비장애 학생과의 학력 간의 차이에 있어서 두드러지게 지체가 발생하는 것으로 알려져 있다. 청력손실시기 및 정도가 학력에 중요한 변인으로 작용하는데, 3세 이전보다는 이후에 청각손상을 입은 아동이 읽기를 더 잘했으며, 청력손실이 가벼울수록 학력의 지체 정도도 비례하여 경미하다는 것이다(김승국, 1995: 최환호, 1995).

4) 성격

청각 장애 아동은 비장애 아동에 비하여 보통 질투심이 강하고, 충동적이며, 사회규범이나 도덕규범의 발달이 미숙하다고 지적하고 있다. 특히 자신의 비사회적인 행동의 원인을 대부분 타인의 탓(외적 귀인)으로 돌리는 경향이 강하다는 점과 관련하여, 프리츠 하이더(F. Heider, 1896~1988)의 귀인 이론(歸因理論, attribution theory)이 적용될 수 있다. 이는 성공이나 실패의 원인을 찾는 방식에 대한 이론으로서 어떤 사건의 원인을 무엇이라고 생각하는가에 따라 개인의 감정, 미래 수행 기대, 동기 따위가 크게 달라진다는 것이다. 이처럼 자신의 행동에 대한 원인을 그 사람의 내부적인 요소(내부 귀인)에서 찾는지, 아니면 상황적인 요소(외부 귀인)에서 찾는지에 따라 대인관계나 타인에 대한 인상 형성과 행동에 큰 영향을 미칠 수 있다는 것이다. 예를 들어, 길거리에서 구걸하는 노숙자에 대하여 알코올 중독이나 게으름으로 구걸하는 것으로 보는 경우에는 내적 귀인으로, 혹은 사회적 구조나 불경기 등으로 실직하여 구걸하는 것으로 이해하는 경우에는 외적 귀인으로 이해할 수 있다. 이러한 귀인에 따라 그에 대한 긍정적 혹은 부정적 태도가 형성되고 행동적으로 물질적인 도움 여부가 결정되는 것이다.

그러나 현재는 청각 장애인 특유의 성격에 대한 존재 여부에 대하여 비판적인 견해가 대세라고 할 수 있다. 이러한 청각 장애인들의 성격적 특성은 대인과의 의사소통 과정에서 나타날 수 있는 문제라 볼 수 있다. 즉 청각 장애 아동은 유아기부터 의사소통에서 곤란한 경우가 많으며, 이것은 계속하여 사회·정서적 경험의 제한성으로 이어지게 된다는 것이다. 아울러 가정에서 부모의 과보호나 방임 등 그릇된 양육형태나 사회환경에서 거부 및 차별적 반응이나 소외감의 경험이 그 주된 배경이 될 수 있다고 보는 것이다.

5) 사회 · 정서적 발달

우선 청각 장애 아동들의 사회 · 정서적 발달 과정이나 정도는 비장애 아동과 유사하다고 본다. 그러나 유아기에는 청각 장애 아동과 비장애 아동 간에 큰 어려움이 발생하지 않지만, 연령이 더해갈수록 상호작용과 친밀성의 형성이나 지속적으로 유지되기가 곤란한 일이 나타나기도 한다. 그것은 연령의 증가와 함께 친구관계에 있어서 더욱더 언어를 통한 의사소통이 매우 중요한 요소로 큰 영향을 미치기 때문이다. 일반적으로 비장애 아동들은 주변 환경의 일을 직접 관찰하거나 경험함으로써 비교적 쉽게 학습하지만, 청각 장애 아동은 여러 사소한 사회적 관습이나 태도도 구체적으로 지도해야 하는 경우가 많다. 따라서 교사는 비장애 아동이 청각 장애 아동과의 의사소통과 원만한 상호적인 관계 조성과 발전을 위하여 학습과 사회활동 영역에서 구체적이고 체계적인 다양한 지도가 필요한 것이다(이소현, 박은혜, 2006).

6. 청각 장애 아동의 교육적 지원 및 통합교육

청각 장애 아동의 수업과 교육에서 주요 관심사는 학교나 사회생활 가운데서 무엇보다도 원활한 의사소통의 실현을 통하여 독립적인 학습활동 및 긍정적인 인간관계를 형성하도록 지원하는 것이다. 청각 장애 아동을 위한 교육환경은 아동의 장애정도나 특성에 따라서 선택하고 결정되어야 한다. 따라서 여기에서는 농아나 난청아동을 위한 의사소통지원에 관한 몇 가지 형태를 살펴보고자 한다.

우리의 일상적인 삶에서 시각이나 청각 등 감각기관은 우리 주변의 정보를 인식하고 이해하는 과정에서 매우 중요한 역할과 기능을 담당한다. 그러나 청각 장애를 가진 아동이나 청소년은 의사소통에 중대한 결함을 가지게 되고 장애의 정도가 중할수록 음성언어를 통한 의사소통이 극히 제한될 수도 있다. 상대방의 입술을 시각기관(눈)을 통하여 읽어 상대방의 음성언어(말)를 이해하는 독화(讀話)나 혹은 고유명사 등 시각적 판독이 어려운 경우에 사용하는 지문자(指文字) 등 다양한 의사소통 지원방법이 있다. 또한 최근에는 구화, 수화, 지문자 등 다양한 의사소통 유형을 적절히 동시에 사용하는 통합커뮤니케이션(Total Communication)의 중요성이 제기되고 있다.

청각 장애학교의 유치부 및 초등부과정에서는 청각구화(음성언어)가 강조되고 있지만 중학교나 고등학교 과정에서는 수화 및 지문자의 사용이 점점 증가하는 추세에 있다. 청각 장애 아동을 대상으로 하는 의사소통방법에는 구화법, 수화법, 동시법, 큐드스피치(Cued Speech), 로체스트법(Rochester Method), 종합법(Total Communication), 이중 언어사용법(2B 또는 Bilingual Method) 등이 있다.

1) 의사소통법

(1) 구화법(Oral Method)

먼저 독일에서 발전한 구화법은 주로 독화와 발성중심의 교육방법이지만, 오늘날 청각활용이 추가되어 청각구화법(aural oral method)이 강조되고 있다. 따라서 현재 구화법은 독화, 발어 및 청능 훈련 등으로 구성되고, 청각을 통하여 음성언어를 획득하고 의사소통을 구사하는 것을 말한다.

우선 독화(독순, 讀脣, lip reading)는 화자(話者)의 입술 움직임이나 얼굴표정을 보고 상대방의 말을 이해하는 것이며, 발어지도는 상대방의 입 모양을 모방하고 촉각과 근육운동감각을 사용하여 발성 및 발음훈련을 하는 것이다.

이어서 청능훈련은 잔존청력을 이용하여 음성언어를 포함한 음(音)의 인식을 비롯하여 변별과 이해하는 법을 학습하는 과정이다. 그리고 청각의 장애가 비교적 가벼운 난청아동은 보청기를 사용함으로써 음성언어를 통한 의사소통이 가능한 경우가 많다.

 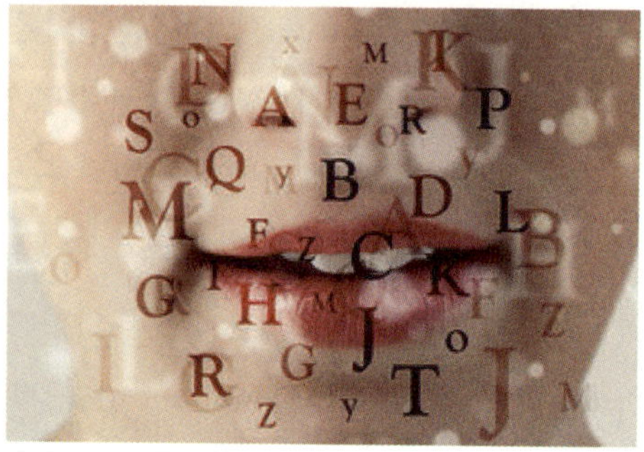

<독화(독순, 讀脣, lip reading)>

출처: https://de.wikihow.com/Lippenlesen

출처: https://www.helpster.de/lippenlesen-spannendes_212320

그에 비해 청각손상의 정도가 중도(重度)일 경우에는 청각만으로 음성의 청취가 불가능한 환경이 많을 것이다. 이때는 보청기를 착용함으로써 음성정보를 부분적으로 수용하고 아울러 독화, 언어지식 및 회화 상황의 전후관계 등을 다양하게 고려하여 의사소통을 지원할 수 있을 것이다.

이는 또한 일상생활에서 흔히 들을 수 있는 소리인 다양한 환경음(環境音) 청취가 가능하여 정서적 안정이나 일상생활 가운데 일어날 수 있는 위험을 동시에 예방할 수도 있다. 최근에는 보청기 기술의 발달로 인하여 중증 청각 장애인인 경우에도 조기에 보청기를 사용하여 학습활동을 함으로써 더욱더 효과적으로 청각을 통한 교육의 가능성이 기대되고 있다. 따라서 구화법은 독화, 발어 및 청능으로 구성되어 음성언어능력을 통하여 건청인과의 의사소통이 가능할 뿐만 아니라, 문자언어를 학습하여 추상적 개념이나 사고능력의 발전이 가능하다는 점을 특히 강조한다.

(2) 수화법(수지법, 手話, Manual Method, sign language)

구화법이 독일에서 시작한 반면에, 수화법은 프랑스에서 최초로 시작한 시각언어 형태의 의사소통방법이다. 이는 구두(口頭) 혹은 청력에 의한 의사소통이라기보다는 손짓, 몸짓, 표정 등을 사용하는 수어와 동시에 손가락의 모양을 변화시켜 자모와 수를 표

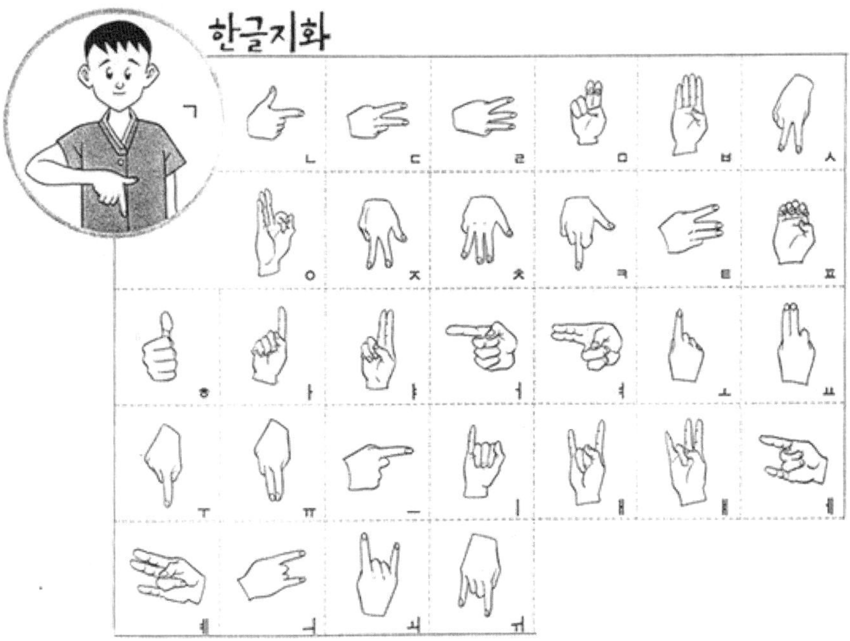

<우리나라 지문자>

출처: http://www.inven.co.kr/board/webzine/2097/985309

시하는 지문자(finger-spelling)를 사용하는 지화법의 대화 형태를 의미한다. 수화는 가장 작은 단위로 언어의 음운론 수준인 수화소(chereme)가 있는데, 먼저 수화소에는 수화 어휘를 구성하는 데 있어 손이 작용하는 위치인 수위(手位), 일상생활 속에서 쉽게 찾아볼 수 있는 것으로 어떤 형상이나 상징과 관련되어 있는 것으로 형상을 구성해 보이는 수형(手形)이 있다. 그리고 손의 움직임인 수동(手動), 수화자의 신체에 대한 손바닥의 방향과 펼쳐진 손가락 끝의 방향을 의미하는 수향(手向), 수화의 기호 중에 수위, 수형, 수동, 수향의 조합만으로는 낱말이 의미하는 뜻을 전할 수 없어 손이나 손가락 이외의 다른 신체부위의 동작까지 취하는 체동(體動)이 있다. 그 밖에도 손동작 이외의 얼굴표정이나, 고개와 머리의 움직임, 입술, 눈썹과 눈, 어깨와 몸의 움직임 등의 비수지신호(non manual signal; NMS)로 구성되어 있다.

그러나 최근까지 수화법을 통한 의사소통은 청각 장애 아동의 구화능력과 추상적 사고능력의 형성에 부정적인 영향을 미친다는 이유로 교육현장에서 강조되지 않았다. 하지만 구화습득에는 개인차이가 있으며, 구화와 수화를 같이 사용하는 것이 더욱더 효과적인 경우도 있다. 또한 구화를 사용할 때에도 의사소통상의 한계가 있으므로, 오늘날에는 수화와 아울러 지문자도 병용하고 있다. 수화는 쉽게 이해할 수 있는 장점이 있지만, 어휘수가 부족한 단점이 있는데 최근에는 전문용어나 학습용어가 개발되어 더 전문적인 내용의 의사소통이 가능하게 되었다.

우리나라 수화는 보통 두 가지 형태로 구분하는데, 자연수화와 문법수화이다. 자연수화는 청각 장애인 사이의 의사소통 방식의 수화 형태로서 국어를 이해하지 못해도 객관적으로 의사소통이 용이하며 지문자나 구화사용은 극히 드물다. 문법수화는 한국어의 문법적인 구조와 동일한 수화 형식을 의미하며 지문자나 구화를 동시에 병용하기도 한다.

(3) 동시법(Simultaneous method)

동시법은 구화사용과 아울러 수화 및 지문자를 함께 병용하는 의사소통방법을 의미한다. 이것은 구화에 있어서 발화의 한계성과 피드백 곤란을 개선하기 위하여 수화와 지문자로 보충하는 형태를 말한다.

(4) 큐드 스피치(발음 암시법, Cued Speech)

이는 화자가 발성기에 단서(Cue)를 뺨 근처에 부가하여 독화를 보조하는 형태를 말한다. 독화에서 입모양은 같으나 의미가 다른 단어나 시각적으로 구별이 불가능한 음의 읽기가 곤란하므로, 수지(手指)에 의해 단서를 제공하여 독화를 용이하도록 돕는 방법을 말한다. 이것은 유아기부터 사용이 가능하며 독화와 발화할 때에도 가능한 의사소통방법이다. 단서는 모음을 4가지 손의 위치로서 표시하고 자음은 8가지 손 형태로 표현할 수 있다. 그러나 이러한 발음암시법은 언어나 언어적 개념이 아니며, 수화도 지문자도 아니다. 아울러 발화와 함께 사용될 때 비로소 그 의미가 있으며, 큐(단서) 단독으로는 의미를 전달할 수 없는 것이 특성이다.

(5) 로체스트법(Rochester method)

구화법과 지문자를 병용하는 대화법으로서 처음에는 지문자를 사용하고 점차 발성 및 발어를 통하여 언어습득을 해나가는 의사소통방법을 말한다.

(6) 종합법(Total Communication)

종합법은 위의 다양한 의사소통법의 한계성으로 인하여 청각 장애인과 비장애인 간에 또는 청각 장애인 상호간에 효과적인 의사소통을 하기 위하여 의사소통이 가능한 모든 방법들, 즉 구화, 수화, 지화, 몸짓, 낱말 카드, 그림 등으로 의사소통을 하는 형태를 말한다. 이것은 1968년 미국에서 시작하여 현재는 세계적으로 보급되어 언어능력, 학력, 인지, 사고 및 정서발달 등 많은 영역의 발달에 긍정적인 영향을 미친 것으로 보고 있다.

(7) 이중(二重)언어 · 이중문화 접근법(2Bi 이론, Bilingual Method)

2Bi 이론은 청각 장애 아동 중심의 교육, 사회 및 문화를 인정하는 교육의 본질을 강조한 교육철학을 바탕으로 시작되었다. 이것은 수화(자연수화)를 우선 모국어로 인정하고 나중에 음성언어와 문자언어를 제2외국어로 도입하여 이해하는 새로운 패러다임으로의 변환을 일으킨 의사소통 새로운 접근 방법이다.

이러한 의사소통법이 종합법과 다른 점은 종합법은 일반 언어를 표준으로 삼고 구화와 수화 등 두 가지 형태를 사용하여 의사를 전달하는 것이므로 청각 장애인의 자연수화를 그들의 모국어의 표준으로 인정하는 이중 언어와는 전혀 다른 개념으로 이해해야 한다.

2) 청각 장애 아동의 통합교육

청각 장애 아동들이 통합학급에서 효율적으로 학습활동에 참여하기 위해서는 여러 가지 조건이나 환경이 전제되어야 한다. 그중에서도 우선 청각 장애 아동에 대한 비장애 아동들의 올바른 이해와 수용적 자세가 무엇보다도 중요하다. 아울러 청각 장애 아동의 개별적 특성에 따른 정확하고 객관적인 정보와 지식의 습득, 물리적 환경의 배려, 교수·학습법의 수정 및 보청기, 전화기, 컴퓨터 등 특수교육 공학적 기기의 배치 등이 요구된다. 따라서 일반교사는 청각 장애 아동에 대한 다양한 특성 및 교육적 필요에 대한 정확한 인식과 자질을 반드시 필요로 한다.

제7장

지적 장애

특수교육의 역사에서 지적 장애 아동과 청소년들에 대한 명칭이나 정의는 다양한 국가나 문화권에 따라 매우 차이를 보였다. 이들을 위한 교육적 지원이나 서비스는 19세기 초 프랑스의 이비인후과 의사이자 농 교사였던 이타르(J. M. G. Itard, 1774~1838)가 프랑스의 남부 지역인 아베룡(Aveyron)의 숲속에서 발견된 야생소년을 대상으로 전문적인 교육을 실시한 것으로부터 그 기원을 찾는다. 지적 장애 아동은 발달속도가 다소 완만하지만, 적절한 교육과 훈련을 통하여 발전적인 교육적 변화를 기대할 수도 있다.

<이타르(J. M. G. Itard)>

출처: https://de.wikipedia.org/wiki/Jean_Itard

1. 지적 장애 아동 교육의 역사

인류사에서 지적 장애인에 대한 사회적 태도는 각 문화와 시대에 따라서 매우 다양한 변화를 나타내었다. 지적 장애인을 비롯한 모든 장애 아동이나 허약아동에 대한 사회에서의 교육적 지원은 원시, 고대를 거쳐 근대에 이르기까지 거의 찾아볼 수 없으며,

오히려 이들은 조롱이나 유기, 살해의 대상으로 전락하였다. 물론 중세시대에서는 기독교 사상의 도래로 장애인, 빈민 등에 대한 자선과 보호의 차원에서 사회적 시각의 변화가 일어났지만, 여전히 수도원이나 빈민보호소에서의 수용이 오히려 사회적 격리를 초래했다는 비판도 있다(Bach, 1979). 게다가 중세시대의 마녀재판과 관련하여서 많은 장애인들이 이른바 '귀신이 들었거나 미친 사람' 또는 '악마의 작품'이나 '괴물' 등으로 간주되어 장작더미 위에서 화형을 당하기도 하였다(Meyer, 1983).

이러한 장애인에 대한 부정적인 사회적 인식은 계몽주의 사상의 태동과 함께 점차 긍정적인 변화를 나타내기 시작하였다. 특히 18세기 말경부터 페스탈로치(Pestalozzi, 1746~1827), 이타르(Itard, 1775~1838) 및 세긴(Seguin, 1812~1880) 등에 의하여 종래의 장애 및 질병에 대한 미신적인 사고를 넘어 지적 장애에 대한 연구에 관심을 보이고 비로소 그들에 대한 교육의 가능성을 찾기 시작하였다. 정서·행동 장애아교육학과 더불어 지적 장애아교육학은 특수교육학에서 가장 역사가 짧은 분야에 해당한다. 지적 장애 아동을 위한 교육시설은 구겐모스(G. Guggenmoos, 1775~1838)에 의하여 19세기 초인 1816년 오스트리아의 잘츠부르크(Salzburg) 근교인 할슈타인(Hallstein)에 세계 최초로 설립되었다. 1841년에는 스위스의 의사이자 현대 장애인 복지의 선구자였던 구겐뷜(J. J. Guggenbühl, 1816~1863)이 스위스의 인터라켄(Interlaken) 근교인 아벤트베르크(Abendberg)에 지적 장애아 치료소를 세웠다. 그 이후 잇달아 지적 장애인들을 위한 시설들이 교회나 국가적인 차원에서 많이 설립되기 시작하였다. 독일의 교육학자인 게오르겐스(J. D. Georgens, 1823~1886)와 개혁교육학자인 다인하르트(H. M. Deinhardt, 1821~1880)는 1861년에 오늘날까지 영향력을 미치는 저서 『지적 장애와 지적 장애인시설을 중심으로 한 치료교육학(*Die Heilpädagogik. Mit besonderer Berücksichtigung der Idiotie und der Idiotenanstalten*)』을 출간하였다.

<다인하르트(H. M. Deinhardt)>

출처: https://anthrowiki.at/Heinrich_Marianus_Deinhardt

아울러 게오르겐스는 이미 1854년에 자신의 부인

이며 프로이센의 저술가이자 교육학자였던 가이에테-게오르겐스(J. M. von Gayette-Georgens, 1817~1895)와 오스트리아 빈(Wien) 근교의 바덴(Baden) 지역에 한 시설을 설립하였다. 이는 곧 '레바나 치료 및 교육시설(Heilpflege- und Erziehungsanstalt Levana)'이었는데, 장애아와 비장애아를 위한 모델적인 시설이었고, 동시에 초기의 통합 교육 기관이라 평가할 수 있다. 1867년 독일의 드레스덴(Dresden)의 초등학교에 첫 번째 지적 장애 아동을 위한 학급이 생겨났다. 이어서 1910년에는 네덜란드에 지적 장애 아동에 대한 의무교육이 법적으로 도입되었다. 그러나 19세기 말경부터 다윈의 적자생존원리를 기초로 한 사회적 다윈주의(social darwinism) 이론이 확대되어 지적 장애를 유전적인 성향으로 보거나 사회적 범죄와 부도덕행위에 밀접한 관련성이 있다는 생각에 미래의 인간종(人間種)에 대한 위협적인 존재로까지 간주되었다. 이러한 왜곡된 사고는 계속하여 훗날 독일의 제3 제국 시대인 히틀러(A. Hitler, 1889~1945)의 나치정권(1933~1945)에까지 영향을 끼치게 되어 수많은 장애인들과 정신질환자들이 강제적인 불임시술과 이어서 강제적 안락사로 처참하게 희생되는 비극이 초래되었다. 그뿐만 아니라, 1933년 「제국교육법(Reichsschulgesetz)」에서 모든 지적 장애 아동을 교육이 불가능한 존재로 여기고 의무교육에서 제외시키기도 했다(Hagemeister, 1995).

제2차 대전이 종전된 1945년 이후에도 지적 장애아에 대한 교육 불가론이 계속되었으나, 1958년 '장애아를 위한 연방 생활지원협회'의 설립으로 또 다른 전환기를 맞이하게 되었다. 이후에 구서독에 특수유치원, 주간보호소, 학교, 보호작업장, 거주시설 등이 잇달아 건립되었다. 아울러 장애아 부모연합회는 그들의 자녀들을 위한 교육권 보장을 위하여 투쟁하였다. 그러나 구동독은 여전히 지적 장애아에 대하여서는 의무교육권을 적용하지 않고, 단지 국가적인 보건 제도의 책임하에만 두었다(Vernooij, 2007).

20세기 중 · 후반에 이르러 특수학교 등 많은 교육기관과 '지적 장애인 권리선언(1971)', '장애인 권리선언(1975)' 및 '세계장애인의 해(1981)' 등 다양한 국제적인 선언이 발표되면서 국가적인 차원에서 점점 교육 및 사회적 통합에 박차를 가하게 되었다.

우리나라의 지적 장애아교육은 1949년 국립각심학원(현, 국립재활원의 전신)으로 볼 수 있지만 엄밀하게 보면 그것은 교육시설이라기보다는 수용시설에 지나지 않았다. 1963년 한국구화학교가 문교부의 인가를 얻어 농아와 함께 지적 장애아 교육을 병행하였고, 1966년에 대구보명학교가 우리나라 최초의 독립된 지적 장애아 특수학교로 설립되었다. 교육인적자원부(2004)의 특수교육실태조사서에 따르면, 전체 139개의 특수학교 가운데 84개(국립 1, 공립 34, 사립 49)가 지적 장애학교에 해당한다. 여기에서 14,337명의 지적 장애 아동과 청소년들이 현재 유치부·초등부·중·고등부에 각각 재학 중이다. 최근 교육부(2020) 발표에 따르면, 전체 95,420명의 특수교육대상자들 가운데 지적 장애가 50,693명으로 전체 장애 학생 가운데 가장 높은 비율인 약 53.1%를 차지하고 있다. 아울러 특수학교의 경우에는 전체 182개교의 특수학교 중에 지적 장애학교가 126개교로 약 69%로 나타났다.

2. 지적 장애의 개념

1) 지적 장애의 개념 정의

지적 장애가 과거에는 전통적으로 바보를 비롯하여 저능아, 백치, 정신 장애, 정신지체 등 매우 다양하게 불린 만큼 이에 대한 개념 정의도 국가와 문화에 따라서 여러 가지 형태를 보이고 있다.

먼저 독일교육협의회(Der Deutsche Bildungsrat, 1973)는 지적 장애와 관련하여 다음과 같이 정의하고 있다.

> 지적 장애는 신체적-유전적 혹은 그 밖의 손상으로 인하여 전반적인 정신적 발달과 학습능력에 있어서 장차 일생동안 사회적 혹은 교육적인 도움을 필요로 할 정도로 매우 제한적인 사람을 말한다. 또한 언어적, 사회적, 정서적, 운동성과 아울러 인지적인 영역에서 발달의 지체를 보인다.

오늘날 지적 장애라는 용어와 관련하여 특히 영국에서는 1913년 「정신결함법(The Mental Deficiency Act)」을 제정하여 '18세 이전에 존재하는 인간의 내재적인 원인이나 질병과 상해에 의한 불완전한 정신발달상태'라고 정의하였다. 그리고 1950년대까지 정신박약(feeble-minded)과 정신결함(mental deficiency) 등을 사용해왔지만, 이 용어가 치료(혹은 교정)불가능이라는 의미를 내포할 뿐 아니라, 부정적인 낙인(stigma)을 붙이는 인식이 팽배해지는 것을 비판하면서 1960년대 이후부터 정신지체(mental retardation)라는 용어가 널리 사용되었다(김영욱 외, 2005).

이어서 1980년대에는 정신지체 개념이 발달 장애라는 새로운 포괄적 개념으로 대치하려는 시도가 있었다. 이는 우선 정신지체의 정의에서 적응행동의 개념이 모호하고, 학습 장애 및 자폐증 등 당시 정신지체와 관련된 주변의 다양한 장애와 복잡다양하게 관련된 점을 지적하였다. 더군다나 1984년 개정된 「발달 장애법(Developmental Disabilities Act)」과 1992년 미국정신지체협회의 정신지체에 대한 새로운 정의(AAMR: American Association on Mental Retardation)가 매우 밀접한 점과 아울러 종래의 정신박약이나 정신지체라는 용어의 부정적인 이미지를 다소 해결할 수 있는 점 등을 꼽았다. 그러나 학자에 따라서는 두 가지 개념의 공통성뿐만 아니라, 차이점도 있기 때문에 계속적인 논의가 필요하다고 주장하기도 한다.

한편 우리나라의 경우에는 한국지적 장애인복지협회에 의하면 2007년 10월 12일 개정된 장애인복지법이 시행됨에 따라 기존의 '정신지체'를 대신하여 '지적 장애'라는 새로운 법적 명칭이 사용되었다. 이것은 2007년 2월 장애인 복지법 전면개정을 앞두고 국회의원들과 보건복지부, 교육인적자원부 등 정부 관계자, 특수교육 및 정신과의사 등 전문가와 부모 관련단체 등이 참여한 가운데 정책 워크숍을 열어 외국의 명칭변경 움직임과 국내 당사자들의 욕구를 토대로 명칭변경 필요성을 논의하고 그 결과 지적 장애로의 명칭변경에 의견을 모아 장애인복지법 개정안에 반영하였다. 또한 장애인복지법에서뿐만 아니라, 장애인 등에 대한 특수교육법에서도 2016년에 정신지체를 지적 장애로 용어를 개정하였다.

이처럼 용어나 개념에 대한 정의는 다양한데, 일반적으로 교육적인 입장에서 지적 장애는 지적기능과 아울러 적응행동상의 문제를 동시에 포함하여 지능지수가 평균이하이며, 적응행동에 있어서의 결함이 동시에 존재하고 그러한 결함이 발달기간(18세 이전) 동안에 나타나며 아동의 교육활동 능력에 곤란을 겪는 사람을 말한다. 따라서 지적 장애 아동을 정의하는 것은 어떤 입장에서 보는가에 따라서 다소 해석에 있어서 차이를 보이는 것이다.

(1) 지능지수(Intelligence Quotient: IQ)를 기준으로 한 정의

지능지수는 오랫동안 국제적으로 흔히 지능검사(IQ-Test)를 통하여 측정하여 인지적인 기능을 정량화하는 것인데, 이는 전통적으로 지적 장애의 진단과 평가에서 중요한 분류기준으로 사용하고 있다. 흔히 정상분포곡선에서 -2 표준편차(Standard Deviation: SD), 즉 IQ 70~IQ 75 이하를 지적 장애아의 범주로 규정한다. 즉 대부분의 지능검사의 평균이 100점이고 표준편차가 15점으로 되어있다. 즉 IQ가 100인 사람은 또래의 평균에 해당하는 지능을 가진 사람이고 ±15인 편차를 적용할 때에 IQ 85~115 사이의 경우도 평균 범주에 속한다. 그 반면에 100으로부터 2배의 표준편차, 즉 ±30을 적용함으로서 70점 미만일 경우에 지적 장애라 하며, 반대로 130 이상을 영재아, 우수아 등으로 부른다.

미국의 경우에는 일반적으로 지적 장애의 상한선을 지능지수 70으로 규정하는 반면에, 독일의 바흐(Bach, 1977b)는 지적 장애의 기준을 지능지수 55~60 이하로 정의하고 있다. 한편 리프만(Liepmann, 1979)의 연구에 의하면, 학령기 아동의 약 0.6% 정도가 지능지수 60 이하인 지적 장애아에 속한다고 보고하였다.

(2) 사회적응 능력의 수준에 따른 정의

이어서 지적 장애아에 대한 또 다른 분류 방법의 기준으로는 일상적인 생활적응 능력을 중요한 틀로 이해하는 것이다. 따라서 지적 장애아는 일반적인 환경에서 부적응 상태가 발생하고, 일상적이고 사회적인 생활 중에 타인이나 다른 어떤 것의 도움이나 보호를 필요로 하는 사람을 일컫는다. 그러나 표준화된 지능검사에서 점수가 낮은 경우에도 가끔 적응행동이 적절한 경우 학업 이외의 다른 생활에는 정상적일 수 있다. 예로서, 1970년대의 <6시간 지적 장애 아동>이란 보고서에 따르면, 학교생활을 하는 6시간은 학업활동에서는 정신지체인 듯이 보이지만, 학교수업 이외의 18시간 동안의 일상생활은 대부분 정상적이라는 게 주 내용이었다.

이처럼 지적 장애 아동이나 성인 중에는 측정된 지능은 평균 범주보다 낮아도 사회적으로 충분히 받아들여지는 행동을 할 수 있다는 사실을 인식하면서 미국의 정신지체협회(American Association on Mental Retardation: AAMR)가 정의에 이 내용을 추가하였다. 즉 지적 장애의 정의를 위한 주요 기준으로 지능지수와 함께 생활적응 능력을 동시에 고려해야 한다는 것이다. 이에 지적 장애란 적응행동에 결함이 있으며 아울러 지능지수가 평균수준이하의 상태로 주로 발달기(임신기에서 18세 사이의 기간)에 발생한 것이다. 이것은 미국의 정신지체협회(American Association on Mental Retardation: AAMR)가 채택한 지적 장애아에 대한 정의의 중요한 기초가 되었다. 2002년 미국 정신지체협회(AAMR)에서 발표한 정의에 따르면 '정신지체란 지적인 기능과 개념적, 사회적, 실제적인 적응기술로서 표현되는 적응행동영역에 있어서 유의미한 한계로서 특징 지워지는 장애이며, 18세 이전에 나타난다'라고 정의한다. 또한 여기에서 개념적 기술이란, 언어, 읽기와 쓰기, 화폐개념 및 자율성 등을 의미하고, 사회적 기술이란 대인관계, 책임감, 자존감, 규칙 따르기 등을 말한다. 그리고 실제적인 적응기술은 식사, 배설 및 착탈의 등의 기초생활기능, 일상생활 도구 활용, 작업기술, 안전유지 등이다. 또한 2002년에 이 단체가 제시한 지적 장애에 대한 새로운 정의에서는 개념에 대한 구조적인 전환이 보인다. 즉 지금까지 원인중심의 의료모델이나 지적기능중심의 심리학적 모델과는 달리 제한된 지적기능을 가진 개인과 그를 둘러싼 환경과의 상호작용의 표출을 강조하는 기능적 모델로서의 입장이 두드러진다는 점이다. 또한 정상적인 발달을 한 사람이 이 시기 이후(18세 이후)에 발생하는 지체 증상은 오히려 치매로 분류되는 것이다. 이에 지적 장애는 지적기능, 적응행동 및 발생 시기 등을 함께 고려하여 이해해야 한다(김영욱 외, 2005; Grossman, 1983).

한편 우리나라는 1994년 개정「특수교육진흥법 시행령」제9조 2항에 따르면 정신지체를 가진 특수교육대상자는 '지능검사결과 지능지수가 75 이하이며 적응행동에 결함을 지닌 자'로 규정하고 있다. 그러나 2016년 6월 21일 개정된「장애인 등에 대한 특수교육법 시행령」에 따르면 지적 장애를 지닌 특수교육대상자를 '지적기능과 적응행동상의 어려움이 함께 존재하여 교육적 성취에 어려움이 있는 사람'으로 정하고 있다. 이어서 2019년 6월 4일 개정된「장애인복지법 시행규칙」 제2조 <별표 1>은 '지적 장애인(장애의 정도가 심한 장애인에 해당함) 지능지수가 70 이하인 사람으로서 교육을 통한 사회적, 직업적 재활이 가능한 사람'이라 정하고 있다.

2) 지적 장애의 분류

지적 장애는 다양한 입장에서 분류가 가능하지만 여기에서는 법적인 관점과 지원의 정도 및 교육적 분류를 살펴보고자 한다.

(1) 법적인 관점

먼저 2001년 12월 19일 일부 개정된「특수교육진흥법시행령」은 정신지체를 지닌 특수교육대상자는 지능검사 결과 지능지수가 75 이하이며, 적응행동에 결함을 지닌 자로 규정하였다. 이때 구체적인 적응행동의 내용은 정하지 않고 있었다. 그리고 2003년 5월 1일 개정된「장애인복지법 시행규칙」에 의하면 지적 장애를 <표 7-1>에서

〈표 7-1〉 장애인복지법상의 정신지체 분류

급 별	판정 기준
1급	지능지수 34 이하인 사람으로 일상생활과 사회생활의 적응이 현저하게 곤란하여 일생 동안 타인의 보호가 필요한 사람
2급	지능지수가 35 이상 49 이하인 사람으로 일상생활의 단순한 행동을 훈련시킬 수 있고, 어느 정도의 감독과 도움을 받으면 복잡하지 아니하고 특수기술을 요하지 아니하는 직업을 가질 수 있는 사람
3급	지능지수 50 이상 70 이하인 사람으로 교육을 통한 사회적, 직업적 재활이 가능한 사람

보는 바와 같이 3등급으로 구분하였다. 그러나 이러한 세 가지 장애 등급은 2019년 6월 4일 개정된 「장애인복지법 시행규칙」에서 삭제되었다.

아울러 앞서 기술된 바와 같이 「장애인복지법 시행규칙」이 2019년 6월 4일 개정되면서 그 개념 정의도 변화를 맞이하였던 것이다. 그 밖에도 2007년 당시 전면 개정된 「장애인 등에 대한 특수교육법 시행령」에는 적응행동에 대한 구체적인 내용이 명시되지 않았을 뿐만 아니라, 지적 장애의 기준 가운데 하나인 지능지수의 한계선이 언급되어 있지 않음을 볼 수 있었다.

(2) 지원정도에 의한 관점

1992년 당시 미국정신지체협회(AAMR)에 의하면 지적 장애를 개인적 생활 영역에서 지원정도에 따라서 <표 7-2>와 같이 새로운 개념을 도입하여 분류하기도 했다.

〈표 7-2〉 지원정도(support)에 따른 정신지체 분류

분 류	지원 정도
간헐적 지원 (intermittent)	지원이 필요하거나 인생의 전이기간에 단기간의 지원이 필요함(예: 실직 혹은 의료적 위기)
제한적 지원 (limited)	정해진 기간 동안의 일관적인 지원(예: 시간제한적인 고용훈련, 학령기에서 성인기로의 전이적 지원)
광범위한 지원 (extensive)	일부 환경(가정 및 직장)에서의 시간제한 없는 정기적(예: 매일)인 지원(예: 장기간의 가정생활지도)
전반적 지원 (pervasive)	생애전반에 걸쳐 모든 환경에서의 일관되고 지원정도가 높음

(3) 지적 기능과 적응기능의 정도에 따른 분류

이와 같은 분류방법은 현재 많이 사용되고 있는 분류방법으로, 감각동작, 의사소통, 자조활동, 사회적 행동 등의 영역에서 숙련도를 바탕으로 <표 7-3>과 같이 경도(mild), 중등도(moderate), 중도(severe), 최중도(profound)로 분류하고 있다(Grossman,

〈표 7-3〉 지적기능 및 적응기능에 따른 정신지체의 분류

구분	지능지수(IQ) 정도	IQ편차 절취점	적응적 제한성의 정도
경도(輕度)	IQ 50~55에서 70~75	-2 표준편차	두 가지 이상의 영역
중등도(中等度)	IQ 35~40에서 50~55	-3 표준편차	두 가지 이상의 영역
중도(重度)	IQ 20~25에서 35~40	-4 표준편차	모든 영역
최중도(最重度)	IQ 20~25 이하	-5 표준편차	모든 영역

1983).

아울러 특수교육에서 오랫동안 지적 장애를 교육 가능급, 훈련 가능급, 보호 수용급 등으로 분류했지만, 이제 더 이상 사용하지 않는다. 그것은 모든 인간은 교육적 대상이며, 아울러 교육받을 권리가 있기 때문이다. 또한 근본적으로 교육과 훈련은 다르다는 철학적 입장에서 이러한 분류가 장애 아동에 대한 선입견과 편견을 가져올 수도 있다는 비판이 있다. 특히 훈련 가능급이나 보호수용이라는 용어에 대하여 해당 지적 장애아 부모들이 매우 강한 거부감을 나타내는데, 이러한 명칭이 마치 동물을 연상시키게 한다는 것이다.

한편 지금은 사용하지 않지만 긴 기간 동안 의학적인 관점에서 지적 장애는 정신박약(Oligophrenia)이라고 명명하기도 하였다. 예를 들어, 헬브뤼게(Hellbruegge, 1982)에 의하면, 장애정도에 따른 의학적 분류로 IQ 0~19까지를 고도정신박약 혹은 백치, IQ 20~34 사이를 중도(重度)정신박약, IQ 35~49를 중도(中度)정신박약 그리고 IQ 50~70을 경도정신박약으로 각각 나누기도 했다.

우리나라의 경우에도 1977년 특수교육진흥법이나 1981년 심신장애자복지법 등에서 한동안 '정신박약'이라는 용어가 공식적으로 사용되기도 했다. 그러나 1989년 장애인복지법 개정을 통해 발달 속도나 발달의 폭이 느리고 적지만 계속적으로 발달하고 있다는 의미로서 '정신지체'라는 용어로 변경되었다. 그 이후 2007년에 다시 장애인복지법을 개정하여 좀 더 긍정적이며 가치중립적인 의미에서 '지적 장애'를 사용하게 되었다.

한편 특수교육계에서는 2007년 '장애인 등에 대한 특수교육법'을 새롭게 제정하면

서 장애인복지 관련 법령과 같이 '지적 장애'로 대체할 수 있는 기회가 있었지만, 여전히 과거의 '특수교육진흥법'에서 사용한 '정신지체'를 사용하다가 2016년에 일부 개정을 통하여 비로소 '지적 장애'를 도입하였다.

3. 지적 장애의 원인 및 출현율

지적 장애의 발생 원인은 매우 다양한데, 지금까지 그 원인이 밝혀진 경우는 불과 10~15% 정도에 불과하다. 지적 장애의 발생원인은 다양하게 나눌 수 있지만, 여기에서는 발생 시기별로 출생 전을 비롯하여 출생 시 및 출생 후로 살펴보기로 한다(Neuhaeuser/Steinhausen, 2003; Fronefeld, 2002).

우선 출생 전의 발생 원인으로는 감염과 중독(풍진, 매독, 비루스 감염, 약물중독, 니코틴중독, 납중독 등), 염색체 이상(다운증후군, 클라인펠터증후군, 성염색체 이상, 상염색체 이상 등), 선천적 대사이상(아미노산장애, 탄수화물, 지방 및 단백질 장애, 성장효소장애 등), 뇌 형성 발달 장애(뇌 형성결손, 신경내결손 등), 환경적 원인(자궁 내 영양실조, 약물남용, 모성질환, 임신 중 방사선 노출 등), 원인불명의 출생 전 원인(무뇌증, 소두증, 수두증, 수막척수낭류 등) 등이 있다.

출산 시의 경우에는 외상 및 신체적 원인(저산소증, 외상, 조산, 난산, 만산, 체중과다 등), 자궁 내 장애(모성당뇨, 모성빈혈, 모성고혈압, 급 · 만성 태반부전증 등), 신생아 장애, 감염, 호흡장애, 영양장애 등 매우 다양하다.

한편 출생 이후의 발생 원인에는 출생 후 뇌질환(신경 섬유종, 결절성뇌경화증, 헌팅톤 무도병 등)을 비롯하여 환경적 요인(심리사회적 요인, 감각기관 상실, 가정환경, 부모의 자녀양육태도, 사회 환경 요인, 각종 사고 등), 감염, 열병 및 발작(곰팡이감염, 기생충 감염, 뇌막염, 뇌염, 경련, 간질 등) 등을 들 수 있다.

한편 지적 장애아의 출현율은 이를 판별하는 준거에 따라서 다양할 수 있는데, 독일의 경우 통계적 자료에 의하면 1991년부터 2002년까지 특수학교에서 교육을 받는 지적 장애 아동은 0.57%에서 0.77%로 증가하였다(KMK, 2002). 슈프렌(Spreen, 1978)은 전체 국민 가운데 약 3.0%를 지적 장애인으로 보는 반면에, 잔더(Sander, 1973)는 전체 아동 및 청소년의 0.6%가 이에 해당하는 것으로 보았다. 벤델러(Wendeler, 1993)에 의하면, 전체 지적 장애인 중에 9%가 고도(高度), 33%는 중도(重度), 58%는 경도 지적 장애로 각각 구분한다. 독일 연방통계청(Statistisches Bundesamt, 1996)에 의하면 6세까지의 지적 장애 아동은 남자 3,050명, 여자 2,258명으로 집계되어 남자아이와 여자아이의 비율이 3:2 정도로 나타났다.

우리나라의 경우 한국보건사회연구원(2001)의 조사에 의하면 정신지체의 출현율은 0.31%라고 발표하고 있으며, 정동영 등(2001)은 전체 특수교육대상자를 2.71%로 추정하고 그 가운데서 지적 장애 아동은 전체 학령기 아동의 0.83%인 34,026명으로 추산하고 있다.

4. 지적 장애의 진단 및 평가

우리나라 「장애인 등에 대한 특수교육법」에 따르면 지적 장애로 인한 특수교육대상자로의 선정 기준은 주로 지능검사와 아울러 적응행동검사를 중심으로 한다. 지능측정은 전문가에 의하여 아동을 대상으로 직접 검사를 실시하며, 적응행동검사는 부모나 교사 및 보호자를 대상으로 검사지, 설문지 혹은 인터뷰 등을 통하여 실시한다. 지적 장애 아동을 바르게 판별하기 위해서는 형식적인 진단검사와 비형식적 검사, 면접, 관찰, 누가기록 등 다양한 검사 기법을 사용한 정보와 자료의 수집이 필요하다. 여기에는 지적기능을 비롯하여 학업성적, 사회적(생육력, 병력, 가정환경 등) 그리고 정서 · 행동, 적응행동, 의학적 상황, 언어발달 등 전반적인 정보와 자료를 수집해야 한다(Vernooij, 2007; Bundschuh, 1980).

이어서 판별과정이나 진단 · 평가과정은 다음과 같은 기본적인 순서와 내용으로 실시된다(김영욱 외, 2005).

첫째, 아동에 대한 관찰을 통하여 학습능력, 적응행동 등 다양한 영역에 있어서 지적 장애의 가능성에 대한 발견과정을 거친다. 아동이 또래아동과 비교하여 적절한 발달 기준에 도달하는지 살펴보거나 지적 장애와 관련된 특성이 발견되는지를 확인하는 것이 중요한데, 특히 여기에서는 교사 및 부모의 관찰이 무엇보다도 필요하다.

둘째, 취학 전에 지적 장애 여부를 알기 위해서는 시각이나 청력검사, 학습 성취도 검사, 지능검사, 사회적응도 등 의학적, 교육적 및 심리적인 입장에서 전문가를 통한 다양한 발달 선별 검사를 실시한다.

셋째, 아동이 교과학습 및 적응행동에 있어서 문제가 지속적으로 발생할 경우에는 진단·평가 팀을 통하여 사정 및 평가가 이루어져야 한다.

또한 지적 장애 여부는 일반적으로 표준화 검사와 비표준화 검사를 실시함으로써 알 수 있다. 표준화 검사는 언제, 어디서, 누가 실시하더라도 검사의 내용, 실시 방법이 동일하여 채점 결과 같은 점수가 나오며, 해석이 동일하도록 표준화된 절차를 거쳐 제작한 검사이다. 그러므로 검사를 실시할 때는 실시 요강에 따라 모든 과정을 엄격하게 통제해야 한다. 일반적으로 표준화(형식적) 검사는 검사 제작 전문가에 의해서 제작되고 시판되며 검사의 규준(Norm), 신뢰도(Reliability), 타당도(Validity)와 같은 통계적인 자료가 제시되어 있다. 반면에 비표준화 검사는 엄격하고 체계적인 표준화 절차를 거쳐 제작되지 않고 연구자들이 비공식적으로 제작한 척도나 설문지 등을 지칭하며, 비형식적 검사라고도 한다. 여기에는 로르샤하 잉크 반점 검사, 주제통각 검사 등이 있다.

지적 장애 아동을 진단하기 위한 표준화된(형식적) 검사도구로는 각 영역별 다음과 같은 유형들이 있다.

1) 지능검사(IQ-Test)

■ 한국형 아동용 웩슬러 지능검사(Korean Wechsler Intelligence Scale for Children Ⅲ: K-WISC-Ⅲ): 이는 종합적인 인지능력 평가검사도구로서 WISC-Ⅲ는 여러 가지 목적에 적합하며 유용하다. 검사는 동작성 소검사들과 언어성 소검사들로 구성되어 있

으며, 동작성 소검사와 언어성 소검사의 점수가 합해져서 전체 IQ점수를 산출한다. 교육적인 계획과 배치를 위한 심리교육평가, 학령기 아동의 특수성 진단, 임상적 · 신경심리학적 평가 및 연구 등이 있다. 연령적 적용범위는 6세에서 16세 11개월까지의 아동의 지능을 임상적으로 평가할 수 있는 개별지능검사이다.

■ 한국형 유아용 웩슬러 지능검사(Korean Wechsler Preschool and Primary Scale of Intelligence: K-WPPSI): 웩슬러 유아지능검사는 취학 전 아동 및 초등학교 저학년용으로 만 3세에서 7세 3개월 된 아동의 지능을 측정한다. K-WPPSI는 그 모체인 WPPSI-R 및 다른 웩슬러검사들과 마찬가지로 지능을 각 영역별 능력이 개별적으로 존재하는 것이 아니라, 다차원적인 속성을 가진 총체적인 지적 능력으로 보고 이들 능력을 측정하기 위하여 여러 소검사와 다양한 과제들로 구성하였다. 본 검사 도구는 만 3세에서 만 7세 3개월 된 아동이다. 그러나 어린 영재아동이나 나이가 많은 지적 장애 아동과 같은 경우에는 이 연령범위를 벗어나더라도 사용 가능하다.

■ 고대-비네지능검사(Kodae-Binet Scale): 이 검사는 지능검사의 시조인 프랑스의 심리학자이자 심리측정의 창시자였던 비네(A. Binet, 1857~1911)가 1905년에 처음 시도한 지능검사법을 바탕을 한 스탠포드 비네검사를 한국판으로 표준화한 지능검사 도구이다. 피험자의 성격적인 면, 대인행동의 태도, 말솜씨 등을 관찰함으로써 피험자의 어디에 결함이 있는지, 어떤 면이 탁월한지를 알아낼 수 있는 개인지능 검사이다. 이 검사의 피험자 연령은 만 4세 이상 만 15세 미만을 대상으로 한다. 그러나 지적 장애와 같은 장애 아동은 성인이라도 실제 연령을 불문하고 만 14세로 간주하여 해당 환산표를 기준으로 판단할 수 있다.

■ 카이제-코스 정신발달검사(KISE-KHOS: KISE-Kohs Block Design Test): 네 개의 입방체를 가지고 아동이 제시된 도판과 같은 모양으로 직접 배열하도록 하는 일종의 수행검사(performanoe test)로서 언어적 요인의 영향을 제거하기 위한 비언어적 지능검사 도구이며 개별적으로 혹은 다른 검사와 병행하여 사용할 수 있다. 유아와 지적

장애 아동 등의 인지적 발달수준과 지적능력을 체계적으로 측정·평가할 수 있다. 일반 아동일 경우 3~5세 11개월까지 적용되며, 지적 장애 아동일 경우에는 연령에 무관하게 실시할 수 있다.

■ 간편 인물화 지능검사(Draw-a-Man-Test): 인물화를 통한 지능검사는 1926년 미국의 심리학자인 구디노프(F.L.Goodenough, 1886~1959)에 의해 개발되었다. 그는 아동화는 성격이나 흥미보다는 지적인 요인과 밀접한 관련이 있다는 입장을 바탕으로 그림을 통하여 아동의 발달단계를 기술하고자 과학적 방법과 실험적 근거를 토대로 인물화 지능척도를 구성하였다.

이 검사는 지능을 측정하기 위해서 만들어진 집단 또는 개인용으로도 실시할 수 있는 지능검사로, 인물화 검사에서 측정하는 '지능'의 개념은 지적 성숙, 엄밀히 말해서 개념적 성숙의 의미이다. 그리고 인물화에 의해 측정되는 지능은 선천적이고 잠재적인 정신 능력이라기보다는 학습에 의해 수정되고 시간의 경과에 따라 반응이 풍부해진 지적 성숙을 의미한다. 사람은 말로 표현하지 않는 자신의 감정 상태를 형태화할 수 있는 매개물을 조작하고 정리하는 과정 속에 투사한다는 것이다. 이때 연필과 붓은 시각적 공간을 조작하는 도구로 조직적이고 독창적인 활동을 가능하게 하는 매개체가 된다. 이 검사 도구는 보통 0~9세 정도의 연령층 아동들을 위하여 사용할 수 있다. 이 검사는 예를 들어, "엄마를 그려봐"나 "여자를 그려봐" 또는 "아빠를 그려봐"나 "남자를 그려봐"라는 형태로 아동에게 자연스럽게 접근하여 마치 아동이 놀이를 한다는 기분으로 큰 거부감이 없이 진행을 할 수 있다.

2) 사회성숙도(Social Maturity Scale: SMS)검사

■ 사회성숙도검사: 사회성숙도검사는 자조(SH-self help)를 비롯하여 이동(L-locomotion), 작업(O-occupation), 의사소통(C-communication), 자기관리(SD-self direction) 및 사회화(S-sociali- zation) 등과 같은 변인으로 구성되는 사회적 능력

(social competence), 즉 적응행동(adaptive behavior)을 평가 혹은 측정하는 도구이다. 이 검사는 미국 심리학자 돌(E. A. Doll)이 1936년에 제작한 <바인랜드 사회성숙척도(Vineland Social Maturity Scale)>라는 검사로, 세계에서 널리 활용되고 있는 적응행동척도이다. 그리고 김승국, 김옥기(1985)가 우리나라 실정에 맞게 수정하고 3개의 문항을 새로 만들어 모두 120개 문항으로 제작하였다. 검사의 구성은 자조능력(일반적 자조능력, 식사 자조능력, 옷 입고 벗기 및 청결 자조능력)과 이동능력, 작업능력, 언어능력, 자기지향성, 사회화이다. 적용범위는 0세부터 30세까지 해당한다.

3) 한국판 적응행동검사(Korean-Scales of Independent Behavior-Revised: K-SIB-R)

■ 한국판 적응행동검사는 학교, 가정 및 지역사회에서 학생의 일상생활에서 자조능력, 타인과의 의사소통, 사회적 상호작용, 학업과제 및 작업관련 혹은 직업 전 과제 능력을 평가하기 위하여 고안된 규준 참조 검사 도구이다. 이것은 적응행동상의 학생이 가진 강점과 약점을 파악할 수 있고, 장애 학생들의 특수교육 프로그램의 방향을 결정하는 데 사용할 수 있으며, 치료 및 교육 프로그램의 효과를 알아보는 데 아주 유용하다.

하위검사 구성 요소로는 독립적 적응행동과 문제행동 영역으로 대별되고, 독립적 적응행동에는 운동기술(대근육 운동, 소근육 운동), 사회적 상호작용 및 의사소통기술(사회적 상호작용, 언어이해, 언어표현), 개인생활기술(식사와 음식준비, 신변처리, 옷 입기, 개인위생, 가사/적응행동), 지역사회생활기술(시간 이해 및 엄수, 경제생활, 작업기술, 이동기술)검사로 구성되어 있다. 이어서 문제행동영역에는 내적 부적응행동(자신을 해치는 행동, 특이한 반복적인 습관, 위축된 행동이나 부주의한 행동), 외적 부적응행동(타인을 해치는 행동, 물건을 파괴하는 행동, 방해하는 행동), 반사회적 부적응행동(사회적으로 공격적인 행동, 비협조적인 행동)검사가 포함된다.

4) 기초학습기능검사(KEDI-Individual Basic Learning Skills Test: IBST)

■ 기초학습기능검사: 이 검사는 학생의 학습 수준이 정상과 어느 정도 떨어지는가를 알아보거나, 또는 학습 진단 배치에서 어느 정도 수준의 아동 집단에 속하는가를 결정하는 데 필요한 도구이다. 특히 학생들의 선수학습능력이나 학습 결손상황의 파악, 학생들이 부딪치고 있는 학습 장애의 현상이나 요인 등을 밝혀내고 개별화 교육프로그램(IEP)을 작성하는 데 기초적인 자료로 사용할 수 있다. 적용범위는 유치원부터 초등학교 6학년까지이며, 동시에 장애 아동을 대상으로 기초 능력을 평가하는 데도 사용된다.

■ 교육진단검사(Psychoeducational Profile: PEP): 교육진단검사는 학습에 문제를 가지고 있는 아동들의 행동과 능력을 평가하기 위해 구성되었다. 발달진단으로 쓰일 때에는 모방, 지각, 소 근육운동, 대 근육운동, 눈·손 협응, 언어 이해 능력 및 언어 표현 능력 등의 발달 수준을 측정한다. 아울러 병리 진단일 경우에는 대인 감정, 사람 사귀기, 물건 다루기, 감각, 언어 등 각 영역에 걸쳐 병리 행동이나 정신 장애의 정도를 평가한다. 지각, 언어이해 및 표현능력 등 7개의 기능 영역과 대인감정, 감각 등 5개의 병리 척도를 측정하여 장애 아동의 개별화 교수 프로그램(IEP)을 구성할 수 있다. 적용 범위는 보통 생활연령 12세 이하이면서 정신연령 5세 이하의 지적 장애 아동이나, 자폐범주성 및 발달 장애 아동 등이 속한다.

5) 운동능력(Motor Skill)검사

■ 오세레츠키(Oseresky) 운동능력검사: 본 검사 도구는 미국 바이랜드(Vineland) 연구소에서 표준화한 것을 우리나라에서 재표준화한 것이다. 이 검사는 단순한 운동의 양적 측정뿐만 아니라, 협응력, 속도, 자발동작, 단일동작, 수행능력들을 측정하는 데 주목적이 있는 것으로 나이에 따라 성장하는 운동능력의 성숙도를 실제로 측정하기 위해 만들어졌다. 이 검사는 아동의 발달과 교육에 관한 평가와 아울러 직업, 사회, 임상,

분야에서 아동을 평가함에 있어서도 중요한 기초 자료를 얻을 수 있다. 개인용 검사이나 경우에 따라서 집단으로 검사를 실시할 수 있다. 이 검사의 적용 범위는 만 4세에서 16세까지로 유치원부터 고등학교까지 광범위하게 사용할 수 있다.

아울러 이 검사는 모든 연령 단계에 다음과 같은 6개의 하위검사영역으로 구성되어 있는데, 즉 일반적 정적 협응검사, 손동작 협응검사, 일반동작 협응검사, 운동 속도검사, 동시적 다발 동작검사, 단일동작 수행능력검사이다.

5. 지적 장애 아동의 특성

지적 장애 아동과 청소년들은 일상생활과 사회생활에 있어서 주로 신체나 운동발달, 지적 기능, 적응행동 또는 언어적인 영역과 관련하여 매우 다양한 문제가 발생할 수 있다.

1) 신체 및 운동발달

중추신경계의 한 부분인 뇌나 신경의 발육에 어려움을 가진 지적 장애 아동에게 발생하는 신체적이나 건강상의 특성과 관련하여 또래의 비장애아와 비교했을 때 다소간 여러 가지 차이를 보인다. 먼저 신장(키), 체중과 골격의 발달이 또래 비장애 아동에 비하여 평균이하로 차이를 보인 경우가 많고, 또 부적절하고 불균형적인 식사, 질환에 감염성이 높은 점, 치아의 이상 등 지적 장애아의 일반적인 건강상의 문제들이 보인다. 지적 장애아의 운동발달에 있어서도 신체의 대 근육 운동(예를 들어, 목 가누기, 배밀이, 앉기, 기기, 서기, 걷기 등)은 또래 비장애아와 비교했을 때에 발달단계는 유사하지만 발달의 속도는 비장애아보다 2~4년 정도 지체를 보인다. 또한 지적 장애아의 소 근육 운동(예를 들어, 팔 휘두르기, 손 뻗기, 손 전체로 물건 잡기, 엄지와 검지로 물건 잡기 등)은 대 근육 운동의 발달 속도보다 더욱 느리게 보인다(Sondersorge, 1967; Wendeler, 1984).

2) 지적기능

지적 장애아의 지능지수(IQ)는 보통 70~75 이하라고 정의하고 있고, 학습에 있어서 수용, 이해, 기억 등에서 다양한 지적능력의 지체가 발생한다. 여기에는 특정 대상이나 과제 또는 개념에 초점을 기울이는 선택적 주의집중(selective attention)의 결여, 잦은 실패경험으로 인한 낮은 동기부여, 장기기억보다는 단기기억력의 저하, 일반화능력의 결여, 언어능력의 결핍, 개념적·지각적 능력 및 상상력 결여, 모방력의 저하, 창의성의 부족, 추상적 개념의 이해력 및 분별력의 결여 등 기본적인 지적능력에 있어서 지체가 발생한다는 것이다(Bach, 1981).

3) 적응행동

특히 지적 장애 아동은 개념 정의에서 핵심적인 요소인 낮은 지적 기능과 아울러 일상생활에서 두 가지 이상의 적응기술에 결핍을 보이는 특성을 가진다. 이때 적응기술에는 의사소통, 자기보호, 가정생활, 사회적 기술, 지역사회생활, 건강 및 안전, 교과수업, 여가(leisure), 작업 등이 속한다. 또한 적응기술의 개념은 적응행동의 개념에서 유래하는데, 적응행동이란 주변 환경으로부터 요구되는 역할 기대에 대하여 개인이 어떻게 대처하는가로 정의할 수 있다. 즉 적응행동은 일상생활에서 적합한 기능을 위하여 학습해 온 개념적(인지, 의사소통 및 읽기 및 쓰기의 학업기술, 금전 개념 등), 사회적(대인관계, 책임감, 자존감, 법률준수 등의 사회적 능력 기술), 실제적 기술(식사, 이동, 화장실 이용, 교통, 가사, 약물 복용, 전화사용 등의 독립적 생활 기술) 등으로 구성되어 있다.

4) 언어영역

인간의 말이나 또는 언어의 발달은 지적 발달과 매우 밀접한 관계를 가지고 있기 때문에 대부분의 지적 장애 아동이나 청소년들은 언어의 다양한 영역에서 비장애아에 비하여 발달 지체 양상을 보인다. 그들은 언어발달 영역에서 특히 문장의 길이가 대체적으로 짧으며, 단순한 문장을 사용하는 경향이 있고, 아울러 조음장애 및 구어발달의 지연, 어휘의 제한성, 부정확한 문법사용 등 다양한 언어발달상 장애가 나타난다. 언어적 기술의 발달은 지적 장애 아동의 교육적 및 사회적 통합을 위하여 필수적으로 요구되는 중요한 내용 중 하나에 포함된다.

한편 슈프렌(Spreen, 1978)은 지능지수의 분류에 따른 지적 장애 아동의 언어발달상의 문제와 관련하여 다음과 같이 언급하고 있다.

> IQ 20 이하의 경우에는 거의 모두 중대한 언어적 장애를 가지고 있으며, IQ 21~ 50을 가진 장애아는 약 90%가 언어지체가 나타난다. 그리고 IQ 51~70의 경증장애인은 45%가 언어 장애를 동반하고 있다.

그리고 청각 장애, 코-인후공간의 기형이나 과대한 혀의 크기 혹은 얼굴근육의 장애, 경련 또는 언어중추신경계의 손상 등은 다양한 언어적 장애를 유발시킨다(Atzesberger, 1979). 그러나 지적 장애아의 언어 장애의 원인은 신체기관의 구조적인 손상뿐만 아니라 결핍된 언어적 자극, 격리, 거부 또는 부모의 과잉보호 등 양육 및 교육환경에 기인할 수도 있는 것이다(Spreen, 1978).

6. 지적 장애 아동의 교육적 지원 및 통합교육

지적 장애 아동 및 청소년에 대한 교육적 서비스는 기본적으로는 장애의 정도나 연령단계 등에 따라서 목표, 내용 및 방법 등이 다양하게 고려되어야 한다.

1) 지적 장애의 정도에 따른 교육적 지원

먼저 지적 장애 아동은 자신이 가진 지적 능력이나 적응행동 수준을 고려하여 배치되는 교육적 환경이 다양해지는데, 최소제한환경인 일반학급을 비롯하여 특수학급이나 병원, 장애인 시설 또는 가정 등이 여기에 속한다.

특히 간헐적 지원을 필요로 하는 경도의 지적 장애 학생(IQ 50~55에서 70~75)은 학교교육에 있어서 최소한의 교과 교육의 가능성을 지니고 있으며, 또한 적절한 교육을 통하여 학령기 이후에 지역사회 환경 및 직업생활에 전적으로 혹은 부분적으로 독립적인 활동이 가능하다. 따라서 초등학교의 경도 지적 장애는 일반교육과정을 수준에 맞게 조절이나 수정하여 학습하는데 무엇보다도 기능적 학업 기술 또는 학습준비기술의 교수와 학습에 초점을 맞춘다.

일반적으로 비장애아가 학업기술을 중점적으로 학습하게 될 때 경도 지적 장애 학생들은 기능적 학업기술을 주로 배우게 된다. 예를 들어, 비장애 학생들은 다른 교과 내용을 잘 습득하기 위해 읽기를 배우는 반면에, 지적 장애 아동들은 신문을 보거나 전화번호부를 이용하는 등 실제적인 생활영역에서 독립적인 기능을 위해 읽기를 학습하는 것이다. 지적 장애 학생들에게 있어서 기능적 학업기술의 습득은 두 가지 의미를 가지는데, 먼저 그들은 학습 시간이 오래 걸리므로 제한된 시간에 미래 생활에 가장 필요하고, 또 학습이 가능한 수준의 내용을 가르치고자 하는 것이다. 또한 이들은 일반화 능력에 어려움이 있기 때문에 교과서만으로 학습하기보다는 실생활에 적용하는 교수방법을 통하여 일반화를 촉진시키는 것이다(이소현, 박은혜, 2006).

한편 기능적 학업기술의 교수에는 두 가지 접근법이 잇는데, 첫째는 단원 혹은 주제별 접근(unit approach)이다. 먼저 생활주제를 선택하고 관련된 기초기술들을 제시한 후 주제와 관련된 기초기술의 연습기회들을 제공하는 것이다. 예를 들어, '시간'이라는 큰 주제하에 여가시간이나 계절 등의 하위 주제와 관련된 다양한 기초기술들을 학습할 수 있다. 그 외에도 교통(하위 주제로는 버스 타기, 운전하기, 지하철 타기 등), 돈 관리(하위 주제로는 용돈 예산 세우기, 은행 이용하기 등) 등의 주제들로 융통성 있게 장애 및 비장애 학생들의 연령이나 기술수준, 흥미에 맞는 활동들을 계획할 수 있는 것이다. 둘째는 읽기를 비롯하여 쓰기, 셈하기 등의 기본 학업기술들을 각각 가르친 후 이들을 실생활에서 적용시켜 기능적으로 연습할 수 있도록 기능적 연습활동(functional practice activities)을 제공하는 방법이다. 그리고 읽기, 쓰기, 셈하기 등의 영역에서 교사는 다양한 기능적 활동을 계획할 수 있는데, 읽기의 경우 어떤 정보를 얻기 위해서 읽어야 하거나 또는 여가활동으로 읽게 할 수도 있다. 또한 실생활에서 기능성이 높은 어휘들을 선정하여 가르치는 방법도 사용되는데, 맞춤법, 서법(hand writing), 문장표현과 같은 쓰기에 관한 활동들도 전화 메모 적기, 편지쓰기 등과 같이 의사소통을 필요로 하는 다양한 활동들로서 구성할 수 있다. 또한 이러한 활동들 중에는 한 가지 기술만이 아니라 여러 기초기술들을 필요로 하는 경우가 많으므로 활동을 계획할 때, 이러한 모든 기초기술들 외에 수행능력도 고려해야 한다. 예를 들어, 수학능력을 연습하기 위한 활동을 하는데, 읽기능력의 부족으로 인해 어려움을 겪는 일이 없도록 하기 위한 것이다(이소현, 박은혜, 2006; 박승희, 1999).

다른 한편 학습준비기술 습득을 위한 지도는 저학년의 지적 장애 학생들에게 더욱 요구되는 사항이며, 학습준비기술이란 실제 학업교과를 배우기 위해 갖추어져야 할 선수 기술들을 말한다. 예를 들어, 여기에는 자리에서 가만히 앉아있기, 교사에게 주의집중하기, 지시 따르기, 시각적 자극과 청각적 자극을 변별하기, 언어 발달, 근육 협응 능력 발달(예: 연필 쥐기, 가위질하기), 자조기술(예: 단추 채우고 풀기, 화장실 사용), 집단상황에서 또래와 상호작용하기 등이 포함된다(이소현, 박은혜, 2006).

이어서 지적 기능의 수준이 IQ 25~30에서 50~55 정도이며, 제한적 지원을 필요로 하는 중등도 지적 장애아는 현저하게 지체된 지적능력으로 인하여 학습의 가능성은 매우 어렵지만 교사나 치료사 등의 도움을 통하여 기본적인 신변처리를 비롯하여 가정이나 이웃과의 생활적응, 단순 직업 훈련 등의 능력을 가지고 있다. 그리고 IQ 30 이하의 중도나 최중도 지적 장애아는 다면적이고 전반적인 지원을 필요로 하며 일반적인 교육을 통하여 독립적인 생활이 불가능한 경우가 많기 때문에 대부분 각종 보조 기구 및 타인의 도움을 필요로 한다. 그러나 경도 지적 장애아들과는 달리 중등도, 중도 및 최중도 지적 장애아들은 장애 정도가 심할 뿐만 아니라 지체 장애, 감각장애 혹은 정서 · 행동 장애 등 중복성이 나타나므로 다양한 관점에서 다각적이고 협력적인 접근이 대부분 요구되는 것이다. 이들은 주로 특수학교와 장애인 시설에서 교육적 지원을 받아 왔지만, 최근에는 특수학급이나 일반학급에서 통합에 대한 노력과 연구가 활발히 진행되고 있다(이대식 외, 2006; 이소현, 박은혜, 2001; 서울 경인 특수학급교사 연구회편, 2006). 중도 지적 장애아들을 위한 교육프로그램 작성이나 실행에 있어 몇 가지 원칙과 주의사항을 살펴보면 다음과 같다(이소현, 박은혜, 2006).

첫째, 지적 장애아의 생활연령에 적합한 교육과정이나 교수자료에 대한 선택이다. 중도 지적 장애아들은 생활연령과 정신연령 간의 차이가 큰데, 이러한 격차는 생활연령이 높아질수록 더 커지기 때문에 정신연령만을 고려하여 교과과정이나 교수자료를 계획하다 보면 생활연령에 어울리지 않는 지나치게 어린 아이에게나 어울리는 교수활동이 되기 쉽다. 예를 들어, 중 · 고등학교 학생이지만 인지적으로 수 개념이 부족한 경우에 유아용 수 개념 지도 자료를 사용하고 동물스티커를 강화로 사용하는 경우가 있을 수 있다. 이러한 교육활동은 지적 장애아를 무시하는 것이나 혹은 교육적으로도 결코 바람직하지 않는 경우이다. 아울러 지적 장애 아동으로 하여금 가능한 한 독립성을 증진하고자 하는 교육목표에도 이러한 유아용 교재의 사용은 적절한 선택이 아닌 것이다.

둘째, 지적 장애 아동에게 있어서 실생활에 필요한 기능적 활동의 교수-학습이 요구되는 것이다. 중도 지적 장애아를 위한 교육의 가장 큰 목표 가운데 하나는 장차 독립적으로 생활하도록 하는 것이어서, 교육에 있어서 실제적인 활동으로 계획하는 것이 바람직한 것이다. 예를 들어, 착탈의 교육에서 인형에게 옷을 입혀보는 것보다는 오히려 직접 자신의 옷을 가지고 배우고 연습하는 것이 더 실제적이다. 이처럼 다양한 일상생활의 활동들은 중도 지적 장애 학생의 학교생활에서 학업적인 것 이외의 생활훈련의 중요성을 말해준다. 즉 인사하기, 청소하기 등의 활동들이 학업적 교과목의 교수만큼이나 중요하기 때문에 교사가 지적 장애아라고 이러한 여러 책임에서 면제나 배제해준다거나, 다른 사람이 대신 해주는 것보다는 적극적으로 교수 상황으로 삼는 것이 바람직하다. 중도 지적 장애아들 중에서도 읽기나 쓰기 같은 학업교과를 어느 정도 습득할 수 있는 학생들이 있다. 그러나 대부분 학습에 많은 시간이 소요되기 때문에 이를 고려하여 필요하고 가능한 사항들을 잘 선정하여 가르치도록 해야 한다.

셋째, 지역사회 중심의 교수로서 기능적인 기술을 가르쳐야 한다는 것과 같은 측면에서 가능한 한 지역사회에서 직접 경험 교육이 이루어지도록 하는 것이다. 중도 지적 장애아들은 대부분 교실보다는 지역사회 환경(예: 가게, 은행, 지하철 등)에서 사용하는 기술들이 필요하기 때문에 직접 지역사회 환경 속에서 가르치는 것이 교육적으로 더 효과적이다(박은혜, 1997). 교실에서 지역사회에서의 교수를 대신하거나 준비하기 위해 모의환경을 구성하여 수업을 할 수도 있지만, 모의환경 교수가 특히 필요한 때를 제외하고는 오히려 지역사회에서의 직접적인 경험이 기술의 습득이나 일반화를 위하여 더 실제적인 도움이 된다. 예를 들어, 시장 보기나 건널목 건너기, 지하철 이용하기, 음식점, 백화점, 은행, 가게, 다양한 여가/오락 시설들, 현금인출기, 자동판매기 등의 다양한 장소에서 지역사회 중심 교수활동이 실시될 수 있다. 또한 체계적인 교수계획에 의해 이루어지는 지역사회 중심 교수는 단순한 일회적인 현장학습이나 적응훈련과는 구분되어야 한다(김유리, 1998; 장혜성, 2005; 지경미, 박은혜, 2002).

넷째, 지적 장애 아동을 위한 통합적 치료활동이 요구된다. 중도 지적 장애아들 가운데는 중복 장애가 많이 나타나기 때문에 언어치료를 비롯하여 물리치료, 작업치료 등 여러 전문가의 도움을 필요로 한다. 최근의 기능적 접근에서는 여러 전문가들 간의 협력을 강조하고 있다. 여기에는 다양한 접근법이 있는데, 우선 전형적인 의료 모델로서 다양한 개인 전문영역에 속하는 사람들이 대상자에 대하여 모두 각각 분리된 평가와 처치를 내리는 다학문적 접근(multidisciplinary teams)이 있다. 또는 팀의 구성원이 자신의 전문적인 영역에 대하여 진단을 내리면서 비공식적으로 다른 전문가와 의사소통을 하거나 정기적인 모임을 통하여 의견을 나누기도 하는 협력형태이며 부모도 참여하는 간학문적 접근(interdisciplinary teams)이 있다. 그러나 각 전문가들이 교육프로그램의 고안과 실행의 시작에서부터 통합적으로 처치를 수행하기 위해 정보와 기술들을 서로 교환하는 등 팀 구성원 간에 가장 상호작용이나 협력 활동이 활발한 초학문적 공동팀(transdisciplinary teams)의 형식이 가장 이상적인 접근법에 해당한다. 이 모델에서는 교실에서 필요할 때마다 학생을 치료실로 데리고 나가는 것이 아니라 교실을 포함한 학교 내의 생활에 치료를 통합시키도록 노력한다. 이는 치료 목표가 약해지거나 달라지는 것은 아니며 단지 치료 방법이 기능적인 학교생활 장소에서 자연스럽게 이루어지도록 하는 것이다. 예를 들어, 학교의 계단을 오르내리는 기회들을 치료사의 자문과 계획에 따라 잘 활용하는 것이 일주일에 세 번 치료실에 가서 인공 계단을 오르내리는 훈련을 하는 것보다 더 효과적이라는 설명이다. 또한 이러한 통합된 치료는 중도 지적 장애아가 수시로 교실에서 나가야 하는 일을 덜어주기 때문에 학급 활동에서 소외될 가능성을 줄여줄 수 있다. 통합된 치료는 간접치료라고도 불린다. 치료사들이 직접 교실에 들어오기도 하지만 교사들에게 아동에게 필요한 치료적 요소와 방법을 알려주어 교사가 담당하는 부분도 있기 때문이다. 치료사들이 교실에 자주 들어오게 되는 이러한 모델은 교사의 입장에서 추가적인 성인 전문 인력으로서 학급운영에 도움이 된다고 인식되기도 하는 반면, 이를 부담스러워하는 교사들도 있는 것으로 나타나고 있다. 사실 과거에는 우리나라의 경우에는 특수학교에 치료교육교사가 배치되어 있어 전문치료사의 역할을 담당하였으며, 특수학급에 있는 장애 학생은 현재 순회 치료교사의 도움을 받을 수도 있었다(교육인적자원부, 2005; 강혜경, 2005; 강혜경, 박은혜, 2005).

다섯째, 지적 장애 아동들과 비장애아들과의 의미 있는 상호작용을 들 수 있다. 중도 지적 장애아와 비장애 학생들과의 상호작용은 상호 긍정적인 영향을 주는 것으로 이미 국내외적으로 보고되고 있다. 아울러 상호작용의 방법과 내용면에 있어서 다양한 의견이 있다. 예를 들어, 학교생활 전체를 비장애 학생들과 함께 동일한 학급에서 지내야 한다고 보는 견해도 있는 반면, 하루 중 일부만 이러한 상호작용 기회를 제공하면 된다고 보기도 한다. 이른바 일반학급에서 모든 일과를 보내는 경우인 완전통합은 전자에 해당하며, 특수학급에 있는 중도 지적 장애아가 또래교사나 특별한 친구 프로그램을 통해 제한된 시간동안 일반학급에서 또래 비장애 아동을 접하게 되는 프로그램은 후자의 예일 것이다.

여섯째, 아울러 중도 지적 장애아의 교육프로그램에 가족의 참여가 주는 의미나 효과의 중요성이다. 모든 장애 아동의 교육과 재활에 있어서 부모나 가족의 참여는 성공을 위한 결정적 요인 중 하나에 해당하는데, 이는 중도 지적 장애아들이 배우는 기술들 중에 가정에서 적용되는 것이 많기 때문이다. 가르칠 기술의 선택에서부터 실제 생활 가운데서 이행하는 일반화에까지 가족들이 적극적으로 개입하고 보조할 때 장애 학생의 학습은 더욱더 효과적이고 발달이 빠를 수 있는 것이다. 즉 가족의 의견이 수용될 때 중도 장애 학생에게 가르칠 교육내용이나 기술을 선정할 때 더 효과적이며, 학교에서의 교수-학습 내용 및 기술이 가정으로까지 이어질 때 일반화도 촉진할 수 있다. 가족들은 수시로 혹은 개별화교육계획(IEP) 회의 등에서 학생에 대한 정보를 제공하고 나아가서는 교실의 보조교사 역할 등을 함으로써 아동의 교육에 다각적으로 참여할 수 있다.

2) 지적 장애 아동의 연령 단계에 따른 교육적 지원

학령전기와 관련하여 2007년 5월 27일에 공포되고 2008년 5월 26일 시행될「장애인 등에 대한 특수교육법」제3조(의무교육 등) ①항에 따르면 유치원 · 초등학교 · 중학교 및 고등학교 과정의 교육은 의무교육으로 하고 만 3세미만의 장애영유아교육은 무상으로 실시한다. 동법 제2장 제5조(국가 및 지방자치단체의 임무)에는 특수교육대상자의 조기발견, 특수교육교원의 양성 및 연수, 특수교육 기관의 설치 · 운영 및 시설설비의 확충 · 정비 등 조기 특수교육에 대한 책임을 규정하고 있다. 장애영유아교육을 위한 기관은 매우 다양한데 예를 들어, 일반유치원, 일반유치원의 특수학급, 일반학교 병설유치부 및 특수유치학교, 일반 어린이집 혹은 장애영유아 전담어린이집 등을 들 수 있다. 장애아영유아교육기관의 역할은 특히 장애 및 장애의 위험성에 대한 조기발견을 바탕으로 한 영유아교육 및 조기치료이다. 이러한 과정은 궁극적으로 장애의 제거, 장애의 최소화 및 보상교육의 효과로 이어지는 것이다. 다른 한편 장애영유아를 위한 영유아교육기관은 빠르면 빠를수록 더 효과적이라는 통합교육의 관점에 있어서도 매우 중요한 의미를 가진다.

일반적으로 초등부 1학년부터 고등부 3학년까지는 기본교육과정에 의거하여 교육

내용이 구성된다. 경도 지적 장애아들은 보통 일반학급, 학습 도움실 혹은 특수학급 등에 배치되어 교육적 서비스를 받는다. 또한 대부분의 지적 장애아들은 언어치료, 작업치료 및 물리치료 등의 관련 치료 서비스를 필요로 한다.

중등학교 과정의 경도 지적 장애아는 일반학급, 학습 도움실 혹은 특수학급에 배치되는 반면에 중도 및 중증 지적 장애아는 대체적으로 특수학교에서 교육적 서비스를 받는다. 또는 장애의 정도가 더 무거울 경우에는 병원, 시설 또는 가정 등에서 순회교육을 통하여 교육활동에 참여시키고 있다. 중등학교에서는 지적 장애아들에게 기능적 교과교육보다는 오히려 졸업 후 사회적응을 위한 진로지도나 직업중심의 전환교육을 강조하고 있다. 조인수(2002)에 의하면 전환교육이란 장애 학생이 학교교육을 마치고 사회에서 생산적이고 독립적인 성인생활을 할 수 있도록 학령기 동안 필요한 교육프로그램과 지원 서비스를 제공하는 것이다. 비장애 학생과는 달리 지적 장애아의 경우에는 새로이 전환된 지역사회 환경에 쉽게 적응하지 못하므로 교사 및 각 영역 전문가는 미리 교육과 훈련의 기회를 충분히 제공하는 것이 중요하다. 여기에는 거주, 직업훈련, 성(性)의 관리 및 성생활, 결혼, 여가활용, 대인관계 기술 등 일상생활에서 필요한 내용들이 포함된다(김영욱 외, 2005).

3) 지적 장애 아동의 통합교육

지적 장애아의 성공적인 통합교육을 위하여 다양한 요인 가운데 우선 교사의 역할이 무엇보다도 중요하다. 비장애 학생들을 대상으로 적절한 오리엔테이션을 통하여 지적 장애에 대한 바른 이해를 하도록 돕는 일과 장애 학생과 비장애 학생의 상호작용이 이루어지도록 방법을 강구하여야 한다. 여기에는 직·간접적인 체험(시청각 자료 관람, 일일 장애체험, 장애인 초청 특강 혹은 장애인 교육시설의 방문 등)을 통하여 객관적인 정보와 지식을 습득하여 지적 장애에 대한 부정적인 태도와 차별적 행동을 예방하는 것이 속한다.

아울러 지적 장애아가 보이는 문제행동에 대하여 교사의 적절한 행동수정이나 긍정적 행동지원(PBS)도 필요하므로 철저한 분석을 통하여 긍정적인 행동으로 바뀌도록 도와야 한다. 또한 통합된 교육환경에서 지적 장애아의 교육내용은 주로 개별화교육계획에 의거하여 구성되고 실행되어야 한다. 일반교과과정 이외에 장애정도 및 특성에 따라 기능적 학업교과 혹은 일반적 학습준비기술의 습득을 강조하기도 한다. 장애정도가 심하여 학업교과의 학습이 어려운 경우에는 일상생활 중심의 교육과정을 사용한다. 통합된 교육적 필요를 잘 파악하여 적절한 교육내용을 계획하는 것이 매우 중요할 뿐만 아니라 특수 교사와 일반교사의 공동협력이 요구된다. 공동협력에 있어서 중요한 교사의 두 가지 자세는 상호존중과 공동책임의식이라고 할 수 있다.

이어서 통합교육에 있어서 교사가 사용할 수 있는 교수방법은 다양하지만 여기에서는 교사 주도적 방법, 학생 주도적 방법, 또래 주도적 방법 및 컴퓨터보조학습 등으로 나누어 살펴본다(이소현, 박은혜, 2006).

첫째, 교사 주도적 교수법은 과제분석과 모델링이 있다. 과제분석은 주어진 과제를 해결하기 위해 우선 갖추어야 할 선행기술 및 하위 단계들을 분석하는 것이다. 학생에게 각 단계를 가르치기 전에 부족한 선행기술들을 먼저 가르친다. 과제분석은 학업기술과 일상생활기술 모두에 적용될 수 있다. 이와 같이 세부적으로 나누어 가르치는 방법은 가르치기 위한 목적뿐 아니라 어떤 단계를 잘하는지 못하는지를 바로 평가할 수 있는 점검표의 역할도 할 수 있다. 한편 모델링은 교사가 직접 과제 수행과정을 여러 번 보여준 후에 장애아가 모방하는 것이다.

둘째, 학생 주도적 방법은 아동의 독립성을 향상시키는 것으로서 자기 점검법, 자기 교수법, 자기 강화법과 같은 자기조절 기술에 대한 관심이 증가되고 있다. 먼저 자기 점검법은 자신의 행동을 기록하게 함으로써 자기 행동에 대한 인식을 높여서 스스로 통제하도록 하는 방법을 말한다. 자기강화법은 자신이 일정한 과제의 목표를 달성했을 경우 스스로에게 정해진 강화를 부여하는 것이다. 자기 교수법은 어떤 과제의 수행순서를 스스로 말해가면서 실행하도록 하는 것이다.

셋째, 또래 주도적 교수법은 한 학생이 또래교사로서 다른 학생에게 특정한 기술을 가르치거나 돕는 것을 말한다. 이때 도움을 받는 학생뿐 아니라 도움을 주는 학생도 책임감과 자존감, 또한 학업능력 자체에서도 긍정적 결과를 가져온다고 보고되었다. 또래교수법의 형태는 동일 연령 또래교수법, 서로 다른 연령간의 또래교수법 등이 있으며, 일반 학생들 간의 또래교수법의 사용과, 장애 아동과 비장애 아동간의 또래교수법 사용의 긍정적인 효과가 학업적인 성취뿐 아니라 사회성 기술의 향상, 학교생활에 대한 태도 등에서 나타난다. 일반적으로 또래교사는 새로운 것을 가르치는 것보다는 배운 것을 복습시키거나 연습하는 것을 도와주고, 피드백과 강화를 주는 역할을 하도록 한다. 또래교수방법을 효과적으로 운영하기 위해서는 교사의 면밀한 사전계획이 중요하며, 또래교사를 하는 학생이 정기적으로 교사와 만나 지시와 지원을 받도록 하는 것이 중요하다.

이 밖에도 특수교육공학적인 측면에서 컴퓨터보조학습(CAI: computer-assisted instruction)을 통하여 다양한 교과영역에서 장애 아동들을 위한 개별화된 교육을 제공하는 데 활용될 수 있다. 새로운 지식을 제공하거나 교사의 강의를 보충하는 역할을 하는 개인교수형의 프로그램, 배운 내용의 숙달을 위한 반복연습형의 소프트웨어들이 지적 장애 아동에게 많이 사용된다. 간단한 연산 연습, 어휘 학습 등에 컴퓨터보조학습을 활용하여 효과를 거둔 연구들이 국내에서도 보고되고 있다(김현주, 2004; 이정은, 2001).

제8장

지체 장애

지체 장애는 장애정도나 장애발생 원인 혹은 장애 유형 등에 따라 매우 다양하게 나타난다. 또한 지체 장애는 종종 중도·중복 장애를 수반하므로 개인 내적으로 차이가 크게 발생하며, 아울러 개인 간의 차이도 동시에 보인다. 따라서 지체 장애 아동을 위한 교육은 장애의 특성과 필요에 따른 적절한 개별화교육계획을 수립하여 통합적 교육환경 가운데 실시하는 것이 효과적이라 할 것이다.

1. 지체 장애 아동 교육의 역사

지체 장애 아동 및 청소년들을 위한 교육의 역사에서 각 시대와 문화권 등 다양한 요인에 따라서 그들의 사회적 위치와 의미는 다소 달리 이해되었다(Blaesig, 1966; Merkens, 1981; Schmeichel, 1983; Wilken, 1983; von Pawel, 1984). 그러나 장애인들에 대한 사회적 태도는 어느 시대나 나라를 막론하고 대체적으로 거부와 차별 등 부정적인 인식과 태도로 특징지을 수 있을 것이다. 인류역사의 흐름 중에서 원시와 고대시대에 지체 장애인은 배척의 대상이었는데, 그들은 종종 출생 후 즉시 유기되었다. 신체적인 이질성은 호기심을 유발하기도 했는데, 장애인들은 일 년에 한 번 또는 몇 번 서는 대목장이나 큰 광장에 구경거리나 유희거리로 취급받았으며, 수세기 동안 지체 장애인은 이러한 운명을 견뎌야 했다(Wilken, 1983).

한편 유대인들은 신체적인 불구를 신에게 행한 죄의 결과인 벌로 인식하는, 즉 인과응보사상(因果應報思想)이 매우 강하였다. 또한 그리스 문화와 로마문화권에서는 신체적 불구를 가진 아이들을 유기하거나 혹은 살해하기도 했다. 아동유기 풍습은 기독교의 도래와 함께 금지되기도 했고, 장애인들은 자신의 생계를 구걸이나 수도원의 도움으로 연명하며 사회의 최하위계층에 속하였다.

그러나 다른 한편 원시나 고대 시대의 멸절의 시대에 비하여 중세시대에서는 기독교 세계관으로 인하여 인간의 신체적-정신적 상태와 상관없이 모든 인간은 하나님의 자녀라는 인간의 존엄성 사상이 일기 시작하였다. 그리고 이후부터 사회적으로 지체 장애인의 생명권, 물질적 지원이나 교육권을 점차적으로 인정하는 매우 중요한 이론적이고 실제적인 기초가 되었다.

또한 18세기의 계몽주의 사상도 장애인에 대한 사회의 인식 변화에 결정적인 영향을 미쳤다. 즉 인간은 자신의 삶을 더 이상 운명적으로 받아들이기보다는 스스로의 노력을 통하여 개선할 수 있는 이성적(理性的)인 존재라는 인식은 지체 장애인을 바라보는 새로운 시각을 제공하였다. 인간의 신체에 대한 연구를 통하여 의학적인 측면에서 신체적인 손상을 치료할 수 있으며, 교육을 통하여 독립적인 삶을 영위할 수 있다는 사상이 시작된 것이었다. 특히 17세기까지만 하더라도 장애인들은 최빈곤층에 속했으며, 의료학적인 치료는 부유층이나 혹은 전상자들의 일부에게만 시행되었던 것이었다.

<베넬(J. A. Venel)>

출처: https://de.wikipedia.org/wiki/Jean-Andr%C3%A9_Venel

이후 18세기 중엽에 처음으로 신체적 장애를 교정하려고 시도하는 정형외과의사들이 있었다(Wilken, 1983). 특히 스위스의 정형외과 의사였던 베넬(J. A. Venel, 1740~1791)은 1779년 처음으로 정형외과 시설을 설립하여 보행할 때 발의 바깥 가장자리로 디디게 되고 변형이 심할 경우 발등으로 보행하는 만곡족(clubfoot)과 척추 만곡증(sway-back)을 철대나 다

<하이네(J. G. Heine)>

출처: https://de.wikipedia.org/wiki/Johann_Georg_Heine

른 다양한 기구를 사용하여 교정하였다. 정형외과적 보조도구의 사용 외에도 교사들에 의하여 병상에서의 수업이 실시되었다.

독일에서는 1816년 도공(刀工), 악기(기계) 제작자이자 정형외과의 창시자인 하이네(J. G. Heine, 1771~1838)에 의해 뷔르츠부르크(Wuerzburg)에 보조기구 제작실이 설립되었다. 그리고 1823년 의사였던 블뢰머(J. G. Bloemer)에 의하여 설립된 베를린의 '신체적 장애를 가진 사람들을 위한 치료소(Heilanstalt fuer Verwachsene)' 등을 통하여 의학적인 측면이 강조되었음에도 불구하고, 이는 오늘날 지체 장애인 교육이나 복지의 이론과 실제의 기초석으로 작용하였다.

아울러 정형외과적인 측면뿐만 아니라, 사회교육학적인 관점에서 1832년과 1833년에 독일의 뮌헨(Muenchen)에서 쿠르츠(J. N. von Kurz, 1783~1865)공작에 의하여 가난하고 신체적 장애를 가진 소년을 위한 공업학교와 수공업학교가 건립되었다. 이것은 지체 장애인을 위한 첫 번째 교육기관이었고, 또한 생계능력을 향상시키기 위한 직업 교육도 실시되었던 것이다. 1866년에는 독일의 목사이자 신학자이며 지체 장애인 복지의 선구자였던 호페(Theodor C. J. Hoppe, 1846~1934)목사에 의하여 독일 포츠담(Potsdam)지역에 장애인시설을 세워 치료, 교육 및 장기요양 서비스를 제공하였다. 가톨릭교회에서는 1904년 8월 15일 가톨릭 신학자이자 장애인 복지 사업의 선도자였던 좀머(H. Sommer, 1872~1918)에 의하여 병원, 양로원 및 장애인 시설들로 구성된 자선협회인 '조셉(Josefs-Gesellschaft)회'를 설립하여 오늘날 지체 장애인의 직업교육 및 학교재단 등으로 활동하고 있다.

또한 범종교적으로는 1906년 베를린 첼렌도르프(Berlin-Zehlendorf)에 정형외과적인 장애를 가진 아동 및 청소년을 위한 시설인 '오스카 헬레네(Oskar-Helene)의 집(Heim/Huas)'이 설립되었다.

특히 여기에는 독일의 정형외과 의사이자 특수교육학의 발전에 크게 기여했으며, 아

<오스카 헬레네의 집(Oskar-Helene-Haus) 본관>

출처: https://de.wikipedia.org/wiki/Hans_W%C3%BCrtz#/media/Datei:Oskar1_Helene_Heim_Berlin.JPG

울러 오스카 헬레네의 집 시설장을 역임했던 비잘스키(K. Biesalski, 1868~1930)와 지체 장애인 교육학의 선구자중 한사람이며 교육 책임자인 뷔르츠(H. Wuertz, 1875~1958)를 통하여 지체 장애인 구제사업의 모범적인 기관이 되었으며, 이를 통해 당시 지체 장애아교육학은 무엇보다도 구제 사업에 전념하였음을 알 수 있다. 아울러 이러한 지체 장애인을 위한 다양한 복지 및 교육적 활동은 다른 유럽 국가들에게도 크게 영향을 끼쳤다(Kaiser, 1969; Speck, 1995).

<비잘스키(K. Biesalski)>

출처: https://de.wikipedia.org/wiki/Konrad_Biesalski

이처럼 활발한 지체 장애인에 대한 치료, 보호 및 교육적 활동은 국가적인 차원에서 교육제도로 계속해서 이어지는데, 19세기에서 20세기로의 전환점에 당시 독일제국에 학령기 지체 장애아를 위한 15개의 교육시설이 있었다(Blaesig, 1966). 이어서 1910년 이후 베를린과 함부르크 등지에서 지체 장애아 학교가 설립되고, 1920년대에는 지체 장애인 생활 및 이용시설 내에 학교 설치가 급증하기 시작하였다. 그 당시에 이미 분리교육에 대한 저항과 지체 장애아의 통합교육에 대한 요구가 강렬하게 주장되었다.

그러나 제3제국인 민족사회주의정권(1933~1945)의 수립과 동시에 지체 장애인들은 분리와 멸절의 처절한 시대를 맞이하게 되었다. 우선 1933년에서 1938년에는 국가적으로 유전성 질병으로 간주된 경우에는 강제적 임신중절의 시기이며, 이어서 1939년에서 1941년까지는 강제적 안락사 및 1942년에서 1945년에는 강제수용소에서 대량학살이 자행되었던 것이다. 1933년 7월 14일 공포된 「차세대 유전성 질병 예방에 관한 법(Gesetz zur Verhütung erbkranken Nachwuchses)」은 현저한 기형을 가진 지체 장애인들을 위협하였다. 그리고 1938년 7월 6일의 「독일제국 학교교육법(Gesetz über die Schulpflicht im Deutschen Reich)」에서는 지체 장애인을 교육이 불가능한 존재로 설명하고 의무교육으로부터 면제시켰는데, 엄밀히 말하자면 그들은 수업에서 완전히 배제되었던 것이다. 결국 수많은 지체 장애인들은 '살 가치가 없는 목숨(lebensunwertes Leben)'으로 간주되어 나치독재의 안락사 계획에 따라서 무참하게 희생되었다(Jantzen, 1982).

1945년 제2차 세계대전 이후 구서독뿐만 아니라, 구동독도 각각 독자적인 학교교육제도를 바탕으로 지체 장애아 교육을 실시하였다. 1950년대에 구동독지역의 몇몇 도시에 지체 장애아를 위한 학교가 설립되었다(Berndt, 1986). 1957년 2월 27일에는 일명 「지체 장애인법(Gesetz ueber die Fuersorge fuer Koerperbehinderte und von einer Koerperbehinderung bedrohte Personen: Koerperbehindertengesetz)」이 구서독에서 제정되어 지체 장애인의 보호와 지체 장애아교육학의 기초를 이루었다. 또한 1950년대 말과 1960년대 초에 다양한 부모회가 발족되어 지체 장애아를 위한 학교가 거주지 근처에 빠르게 증가하는 촉매제가 되었다. 그들은 당시 장애 아동에게 필요한 특별한 촉진활동은 다만 분리된 기관에서만 실행할 수 있는 것으로 믿었다. 지난 수십 년 동안 지체 장애교육학은 구동독과 구서독에서 총체적인 교육제도와 특수교육을 통하여 변화를 계속하였다. 그리고 특히 1960년대에는 지체 장애아교육학의 중심에는 1946년 슈톨베르크(Stolberg)에 건립된 제약회사인 유한회사 그뤼넨탈(Gruenenthal GmbH)이 생산한 진정제인 탈리도마이드(Thalidomide) 성분의 부작용(일명 Contergan 사건)으로 인하여 전 세계적으로 약 10,000여 명의 심한

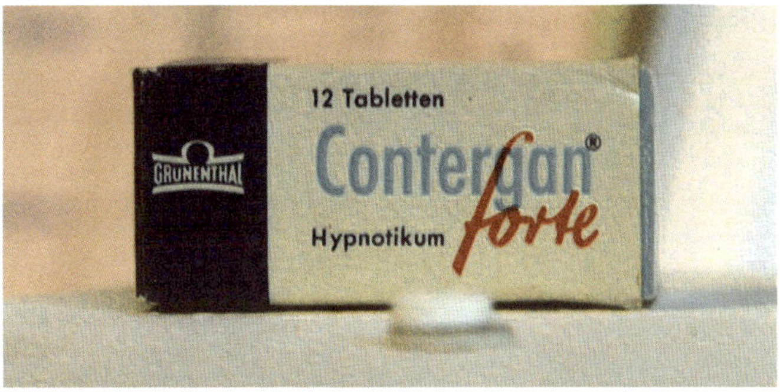

<콘터간(Contergan)>

출처: https://www.welt.de/kultur/history/article108632744/Der-Kampf-der-Contergan-Firma-gegen-die-Opfer.html

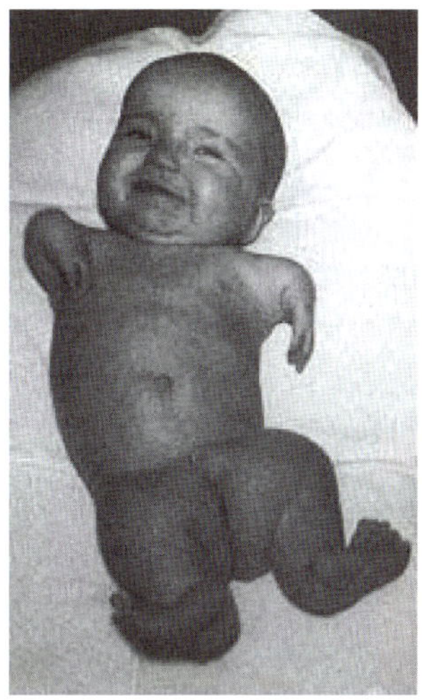

<콘터간 희생자 아기>

출처: https://www.pinterest.de/pin/745838388258845106/

기형이나 사지 및 신체기관 결손 아동이 출생하였다. 이 약품은 임산부에게 안전하다고 간주되어 1957년 10월 1일부터 1961년 11월 27일까지 배포되었는데, 신경계에 부작용이 발생하면서 1961년 8월 1일부터는 처방전이 요구되었다. 1963년에 콘터간 피해자 자녀들의 부모들이 건립한 '독일 탈리도마이드 피해자 연방협회(Bundesverband Contergan-geschädigter)'에 의하면 2016년 현재 독일에는 약 2,400여 명의 탈리도마이드 희생자가 살고 있다고 보고하였다.

그리고 1970년대에 소아마비가 높은 비율을 차지한 반면에, 1980년대 이후에는 특히 중증 뇌성마비 장애인들이 특수교육의 주된 관심사로 떠올랐다. 또한 1970년대부터 통합교육은 특수교육의 이론과 실제에서 중요한 논의의 주제가 되어 오늘에 이르고 있다.

한편 우리나라의 경우에는 최초의 지체 장애아를 위한 시설은 1952년 민영재에 의하여 서울에 설립된 삼육아동재활원이었다. 이후 1959년 10월 선교사 아담스(James

E. Adams, 1867~1929)에 의하여 소아재활원이 설립되었고 세브란스병원에서 운영하였다(안병즙, 1995). 그리고 우리나라 최초의 지체 장애아를 위한 학교는 1964년 연세대학교 의과대학 세브란스 소아재활원 국민 학교였다. 이 교육기관의 설립목적은 장기간 입원 중인 학령기 연령의 지체 장애아에게 초등교육을 실시하고 무엇보다도 병원 내에 설치됨으로써 신체적인 기능을 개선하기 위한 치료교육을 통하여 건전한 사회인으로 육성시키고자 하였다. 그리고 이 학교는 1987년에 연세재활학교로 교명이 변경되었다. 이어서 1962년 대전성세재활학교, 1966년 대구보건학교, 1971년 제주영지학교, 1972년 대구성보학교, 1976년 부산 혜남학교 등 일련의 공·사립학교가 계속하여 설립되었다. 교육인적자원부(2004)의 자료에 따르면 현재 총 139개의 특수학교 가운데 정신지체학교 84개교에 이어서 두 번째 규모인 19개교의 지체 장애학교가 설립되어 있다. 지체 장애학교의 아동 가운데 뇌성마비 장애가 약 80% 이상을 차지하고 있으며, 중도·중복 장애가 최근의 뚜렷한 추세인 것을 알 수 있다(전헌선, 2001). 최근 교육부(2020)의 특수교육통계를 보면, 지체 장애 학생은 전체 특수교육대상자 중에 약 10.4%인 9,928명이 있으며, 또한 전국에 182개교의 특수학교 중에 지체 장애 특수학교는 22개교로 전체의 약 12%를 차지하고 있다.

2. 지체 장애의 개념

먼저 지체 장애의 정의는 각 나라나 문화권 또는 장애유형, 원인, 정도 등의 여러 가지 요인에 따라서 매우 광범위하고 다양하다.

우리나라 「특수교육진흥법 시행령」 제9조 제2항의 특수교육대상자 진단 · 평가 · 심사 및 판별의 기준에 의거하면 지체 장애를 가진 교육대상자는 '지체의 기능 · 형태상 장애를 지니고 있고 체간(두부와 몸통)의 지지 또는 손발의 운동·동작이 불가능하거나 곤란하여 일반적인 교육시설을 이용한 학습이 곤란한 자'로 정하고 있다. 그러나 2007년 새롭게 제정된 「장애인 등에 대한 특수교육법 시행령」에 따르면 지체 장애를 지닌 특수교육대상자를 '기능 · 형태상 장애를 가지고 있거나 몸통을 지탱하거나 팔다리의 움직임 등에 어려움을 겪는 신체적 조건이나 상태로 인해 교육적 성취에 어려움이 있는 사람'이라고 정하고 있다. 아울러 오랫동안 교육 및 수업권이 보장되지 않았던 장기입원 및 치료를 요하는 학생들이 2005년 3월 이후로 심장 장애, 신장 장애, 간 장애 등 만성 질환으로 인한 건강 장애를 특수교육대상자로 포함하여 현재 병원학교에서 교육적 서비스를 받고 있다.

또한 「장애인복지법 시행규칙」에 따르면 특수교육과는 달리 장애인의 분류를 크게 신체적 장애와 정신적 장애로 대별한다. 신체적 장애는 다시 외부 신체기능의 장애와 내부기관의 장애로 구분하는 반면에, 정신적 장애는 지적 장애, 정신 장애 및 발달 장애(자폐증)를 포함하고 있다. 아울러 장애인복지법에는 뇌 병변 장애(중추신경의 손상으로 인한 복합적인 장애)를 소분류에서는 지체 장애(절단장애, 관절장애, 지체기능장애, 변형 등의 장애)와는 다른 범주로 간주하고 있음을 알 수 있다. 이처럼 「장애인복지법」은 이미 폐지된 「특수교육진흥법」이나 혹은 최근에 제정된 「장애인 등에 대한 특수교육법」과 비교할 때 장애의 종류가 더 광범위할 뿐만 아니라, 분류방법에서도 다소 차이를 보이고 있다.

미국의 경우 「미국장애인교육법(Individual with Disabilities Education Act)」에서는 지체 · 건강 장애(physical and health impairments) 개념을 사용하여 두 범주로 구분하여 정의하고 있다. 첫째는 아동의 교육적 수행에 부정적 영향을 미치는 정형외과적 장애로서 심한 외과적 손상을 말하는데, 여기에는 선천적 이상에 의한 손상(만곡족(Clubfoot), 사지결여증 등), 질병에 의한 손상(뇌성마비, 절단, 골절, 화상에 의한 수축 등)을 포함한다. 둘째는 건강 장애를 말하는데 심장병을 비롯하여 결핵, 신장염, 천식, 빈혈증, 혈우병, 간질, 납중독, 백혈병, 당뇨병 등과 같은 만성 혹은 급성의 건강문제로 인하여 개인의 근력, 지구력 및 민첩성 등의 제한과 결손을 의미한다(김영욱 외, 2005).

독일의 경우에는 독일 교육협의회(Deutscher Bildungsrat, 1973)에 의하면 지체 장애인을 다음과 같이 정의하고 있다.

> 몸의 지지체계와 운동체계의 손상 혹은 운동체계의 현저한 기능저하로 인하여 사회적 환

경에서의 이동능력이 제한적인 조건에서만 가능한 자이다. 또한 얼굴과 몸통의 변형이나 외모의 기형상태가 외현적으로 분명히 나타나는 사람도 지체 장애인의 범주에 포함한다.

그리고 독일「연방사회구제법의 통합보조법 시행령(Eingliederungshilfe- Verordnung des Bun- dessozialhilfegesetzes)」을 살펴보면 '지체 장애인이란 내부기관이나 피부의 질병, 손상 혹은 기능의 저하로 인해 신체적인 업무능력이 현저하게 제한되는 자이다'라고 밝히면서 구체적으로 다음과 같이 명시하고 있다(Schellhorn, 1977).

- 지지체계와 운동체계의 기능저하로 인해 운동능력이 현저하게 제한되는 자.
- 얼굴과 몸통의 현저한 변형 혹은 특히 얼굴부위의 기관이 거부감을 유발할 정도로 변형을 보이는 자.
- 내부기관 혹은 피부의 질병, 손상 혹은 기능의 저하로 인해 신체의 업무능력이 현저하게 제한되는 자.

이어서 Stadler(1998)는 지체 장애의 정의를 좀 더 광범위한 관계성을 고려하여 다음과 같이 설명하고 있다.

지체 장애는 몸의 지지 및 운동기관 또는 다른 내·외적인 신체기관과 그 기능의 손상으로 인하여 나타나는 신체적인 지체의 중(重)한 정도와 다양한 외형의 종합적 개념이다.

이러한 다양한 정의들을 종합하면, 지체 장애란 지체(체간과 사지)에 있어서 의학적으로 마비, 절단, 변형 및 기형 등 손상의 결과로 개인적 혹은 사회적으로 이동, 운동, 자세유지 및 형태상의 현저한 기능저하와 외현적(外現的)인 일탈현상으로 개인적 활동, 학습 및 사회적 참여에 어려움을 보이는 것을 의미한다.

3. 지체 장애의 원인 및 출현율

지체 장애의 범주는 매우 넓은데, 먼저 선천성 혹은 후천성, 뇌손상 여부, 진행성 또는 비진행성, 장애의 정도, 장애발생시점, 신체기관의 장애부위나 장애증상 등 매우 다양한 기준에 따라서 나눌 수 있다.

하우프트(Haupt, 1982)는 지체 장애와 관련하여 가장 많은 발생 원인을 뇌성마비를 비롯하여 하반신마비 및 이분척추, 근육계질환, 신체기관의 기형, 중증 만성질환 등 다섯 가지로 세분하였다. 한편 슈타들러(Stadler, 1998)는 지체 장애의 분류를 아래와 같이 원인별로 우선 크게 세 가지 영역으로 나누고 구체적인 내용을 설명하고 있다.

- 중추신경계의 손상(뇌/척수): 영 · 유아기 뇌손상, 뇌성마비, 하반신마비, 소아마비, 간질 등
- 근 · 골격계 손상: 근육 관련 질환, 성장 장애, 척추 이상, 사지기형 및 절단, 골형성부전증 등 취약골(脆弱骨) 관련 질병 등
- 만성질환/신체기관의 기능상실: 류머티즘, 천식, 당뇨병, 심장과 순환기 및 혈관계 질환, 만성신장병, 혈우병, 피부병 등

여기에서는 대뇌, 척수 및 신경계 이상의 신경학적 장애, 근육, 뼈, 관절의 근 · 골격장애, 학대나 각종사고 등의 외상성 손상, 외현적 신체상의 일탈인 선천성 기형 및 만성적 질병 등 다섯 가지 영역으로 구분하여 원인과 주요 특성들을 살펴보고자 한다.

1) 원인

(1) 신경학적 장애

먼저 신경학적 장애와 관련하여 뇌나 척수 등의 중추신경계의 손상이 지체 장애를

유발하는데, 대표적인 예로는 뇌성마비, 이분척추 및 경련성 질환 등이 있다.

가. 뇌성마비(cerebral palsy: CP)

일반적으로 뇌성마비(腦性麻痺)는 이미 태생기부터 신생아기에 걸쳐 외상이나 혈관 장애, 산소결핍(무산소증), 뇌의 형태이상 등 다양한 원인으로 뇌손상은 영구적이지만, 자라면서 진행하지는 않는 뇌의 비진행성 병변(病變)으로 발생한다. 이는 뇌성마비가 오늘날 지체 장애아 중에 가장 높은 비율을 차지하는 유형인데, 일반적으로 특성으로는 자세나 평형유지, 이동 및 운동능력, 근육 협응 등에 있어서 결함을 가진다. 뇌성마비의 발생을 시기별로 살펴보면, 먼저 출산 전을 비롯하여 출산 시와 출산 후로 나눌 수 있다.

출산 전의 요인에는 모체의 감염(특히 임신 초 3개월간의 풍진, 매독 및 기타 바이러스 감염 등), 방사선 노출, 약물중독, 태반의 이상, 모체의 산소결핍 등으로 인한 임신 중의 무산소증, 모체(Rh-)와 태아(Rh+)의 혈액형 부적합으로 인한 핵 황달 그리고 태아의 미성숙 등을 들 수 있다. 출산 시 원인으로는 난산, 기도폐쇄, 호흡마비, 양수 흡인 등에 의하여 뇌 손상으로 인한 뇌성마비의 위험성이 있다. 그리고 출산 후의 원인으로는 두부외상, 감염(뇌염, 뇌막염), 뇌종양 등을 들 수 있다. 또한 뇌성마비는 신생아 1,000명당 3~4명 정도로 발생한다(Biermann/Goetze, 2005).

한편 뇌성마비는 <표 8-1>과 같이 마비부위에 따라서 단마비, 양마비, 편마비, 대마비, 삼지마비, 사지마비 등으로 구분되며, 각각의 특성을 가진다.

그리고 뇌성마비는 근 신경학적 분류방식에 따르면, 경직형, 불수의 운동형, 운동실조형, 강직형, 진전형 및 혼합형 등이 있다(Biermann/Goetze, 2005; Schmutzler, 1996).

먼저 경직형(痙直形, spastic type)은 가장 일반적인 형태로서 전체 뇌성마비아의 약 50~60%를 차지하며, 근육에 심한 긴장과 수축을 보인다. 경직형은 간헐적으로 경련이 동반되기 때문에 경련성(spasticity)이라고도 한다. 경직형은 자기가 표현하고자 하는 행동이나 동작을 통제하는 대뇌표피에서부터 말초신경까지 운동신경 경로의 손상으로 발생하며 근육의 발작적인 긴장 혹은 수축이 나타난다. 뇌성마비 아동이 신체의

〈표 8-1〉 마비부위에 따른 형태와 특성

마비 형태	마비 특성
단마비(Monoplegia)	한쪽 상지 혹은 한쪽 하지의 마비
양마비(Diplegia)	양쪽 상지나 양쪽 하지의 마비
편마비(Hemiplegia)	한쪽의 상지와 하지의 마비
대마비(Paraplegia)	우상지와 좌하지 마비나 좌상지와 우하지 마비 등 대각선 형태의 마비
삼지마비(Triplegia)	상지 및 하지의 세 부분의 마비
사지마비(Quadriplegia)	상지 및 하지 전체 마비

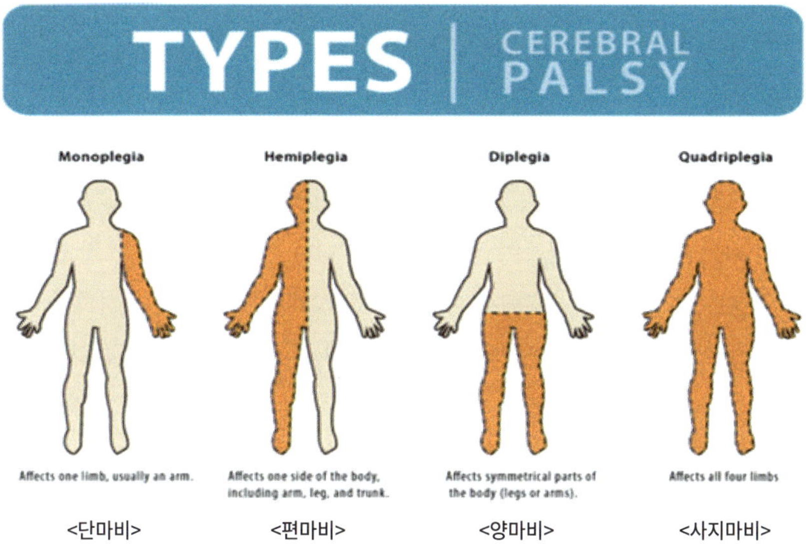

출처: https://blog.naver.com/wnscks1122/220870677427

일부를 굴곡시키고자 할 때에 온몸을 동시에 굴곡시키는 특징이 있으며, 손목이나 팔을 안으로 구부리려고 할 때에도 목, 허리, 팔, 어깨 등의 모든 기관이 동시에 구부리는 현상이 나타난다. 배를 대고 눕게 되면 강한 굴곡성 경련을 보이기도 한다. 아울러 신체의 어느 기관을 뻗치려할 때에도 동일하게 온몸이 동시에 뻗치게 되는 신전형 현상을 볼 수 있다. 또한 등을 대고 누울 때 머리와 어깨는 등 쪽으로 뻗치며 골반과 무릎관절, 발목관절들이 뻗치며 안쪽으로 돌아가서 가위 모양같이 꼬이는 것을 살필 수 있다. 아울러 경직성 뇌성마비는 성장함에 따라서 관절구축이나 변형이 발생하기도 하고 지능의 저하, 간질성 경련, 시각 장애, 지각장애 등이 수반되기도 한다.

이어서 불수의 운동형(不隨意運動型, athetosis)은 경직형에 이어서 뇌성마비의 약 40%정도를 차지한다. 무정위 운동형이라고 하기도 하는데, 중추신경의 뇌기저핵의 손상으로 발생한다. 이것은 자신의 의지와는 관계없이 조절할 수 없는 동작이나 떨림, 뒤틀림 혹은 춤추는 듯한 모습으로 나타난다. 이러한 무정위 운동형은 쉬거나 잠잘 때에는 거의 나타나지 않는다. 그러나 연필을 잡는 동작에서는 크고 구부러진 팔 동작을 해야 하고 얼굴을 찡그리거나 침을 흘리거나 혀를 내밀 수도 있다. 걸음걸이는 서툴고 비틀어져 어색할 수도 있으며, 근육은 과긴장될 수도 이완될 수도 있다. 또한 언어표현, 동작 및 일상생활에서 곤란을 가지기도 한다. 일반적으로 팔보다는 다리의 기능이 더 좋고 지능은 높은 편이며 약 20% 정도가 청각 장애를 동반한다. 그리고 발음 및 호흡근의 조절 장애로 인하여 언어 장애가 나타나기도 한다.

그리고 운동 실조형(運動失調型, ataxia)은 뇌성마비의 약 5~10%가 이 유형에 속한다. 소뇌의 손상으로 발생하며 특히 신체의 균형과 손의 협응 운동이 잘 안 되는 상태로서 근육수축도가 심한 상태에서 아주 경미한 상태까지 그 변화가 심하게 나타난다. 아울러 운동 실조형은 경련형이나 불수의 운동형이 일부분 혼합적으로 나타나기도 한다. 일어섰을 경우 균형 잡기가 어렵고 양발을 벌리고 서 있는데 보행 시 운동감각이나 균형감각의 불협응으로 인하여 후방으로 넘어지기 쉽다. 의도하는 물건을 잡을 때는 필요 없는 과잉 동작이 수반된다. 움직임은 안정된 자세를 유하기 위해 끊임없이 노력하고 있는 듯하다.

또한 강직형(强直型, rigidity type)은 관절을 굴곡하거나 신전하면(뻗치는 동작)마치 아연강을 굽히는 것과 같은 저항을 보인다. 이 유형에는 사지마비가 많고 지능 장애가 나타나 언어나 동작이 둔하고 성장이 결여되어 사회적 적응이 어려울 경우가 많다. 또한 강직형은 경직형과 비슷하지만 과잉동작이나 불수의적 동작은 볼 수 없는데 뇌성마비아의 약 5~10%로 나타난다.

진전형(振顫型, tremor type)은 뇌막염과 같은 출생 후의 질환에 의하여 발생하며, 대소변을 가리지 못하거나 말더듬 등 유창성 장애가 나타난다. 이 형태는 전체 뇌성마비아의 약 2~5% 정도를 차지한다. 진전형은 안정을 취하고 있을 경우에는 괜찮지만

<뇌성마비 아동의 승마치료>

출처: https://de.nextews.com/66131d45/

수의 운동 시에는 진전이 나타나는 것이 특징 가운데 하나이다. 이것은 대부분 대뇌와 소뇌의 연락장애가 있을 때 나타나는 증상이고, 뇌의 기저핵이 광범위하게 손상되었을 때에도 발생한다. 진전형은 운동 시에 근육의 수축이 균형과 적절한 시간의 조화가 일어나지 않아 비협조적인 운동 현상이 나타난다. 예를 들자면, 사지나 손가락의 운동이 자신이 의도하는 대로 움직이지 못하는 경우로서 손가락으로 어떤 물체를 만지려 할 때에 목적물에 다다르지 못하고 오히려 목적물의 앞으로나 혹은 측면으로 빗나가게 된다.

끝으로 혼합형(混合型, mixed type)은 두 가지 형태가 중복된 경우를 말하는데, 일반적으로 경직형과 불수의운동형이 혹은 불수의운동형과 운동 실조형이 혼재되어 나타난다.

한편 뇌성마비아의 특성은 장애유형이나 장애정도, 수반장애, 각종치료 및 교육적 활동 유무 등에 따라서 매우 다양하게 나타나지만 주로 운동, 이동 및 자세유지에 기능적 제한성을 가진다.

일반적으로 신생아는 생후 12~14주 내에 머리를 가눌 수 있고, 6개월 정도에는 앉을 수 있다. 약 12개월이 되면 독립적인 보행을 시작하게 되는데, 이러한 각 단계의 전환기에 다양한 경험을 통하여 인지, 언어, 감각, 운동 등의 영역이 발달하게 된다. 그러나 이러한 운동과 이동 기관에 손상을 가질 경우 아동의 발달과정에 영향을 미치게 된다.

실제로 신생아 때에는 뇌성마비를 정확히 조기에 분별하기는 쉽지 않지만, 일반적으로 운동 신경 손상의 현상으로는 민감성, 지나친 둔감, 창백함, 경직됨, 아치형으로 구부러짐, 지나친 경기, 안구진탕증(眼球振盪, Pathologic nystagmus)과 황달(黃疸, jaundice) 등을 들 수 있다. 뇌성마비 증상을 보이는 신생아에게 발견되는 몇 가지 공통적인 행동특성을 살펴보면 지나치게 잠을 자는 경향이 있고, 울음소리도 약하며, 젖을 빠는 힘도 적고, 주변에 대한 관심도 매우 적음을 볼 수 있다. 뇌성마비아의 누워있는 모습도 비장애아와는 달리 지나친 굴곡형 혹은 뻗친 자세를 보인다. 아울러 뇌 손상으로 야기되는 뇌성마비는 운동 및 이동 영역뿐만 아니라 정신지체, 학습 장애, 청각, 시각, 통각, 촉각, 압력 및 온도 등의 감각장애, 경련성 간질, 정서·행동 장애 혹은 의사소통 장애 등을 수반하는 것으로 알려져 있다.

나. 이분척추(척추 갈림증, spina bifida)

이분척추는 태아기에 척추가 완전하게 폐쇄되지 않아서 척추의 어떤 부위든지 발생하는 선천성 중앙선 결함(Midline defects)이다. 척추가 완전히 폐쇄되지 않았기 때문에 척수가 외부로 돌출하여 신경 손상을 일으키고 아울러 운동 및 감각에 손상을 두어 마비 등의 기능 장애를 유발하는 것이다.

이분척추의 원인과 관련하여는 다양한 의견들이 있는데, 우선 가족 중에 유전적인 요인을 비롯하여 바이러스 감염, 태아에게 나쁜 영향을 미치는 유해물질, 비타민 A와 D의 결핍, 엽산의 부족, 포도당의 과잉 등이 거론되고 있다(Biermann/Goetze, 2005).

이분척추는 크게 잠재성 이분척추(spina bifida occulta)와 낭포성 이분척추(spina bifida cystica)의 두 가지 주요 형태로 나뉜다(Biermann/Goetze, 2005).

약 40%가 잠재성 이분척추이며, 나머지는 낭포성 이분척추에 해당한다. 잠재성 이분척추는 가장 가벼운 상태로 척수가 밖으로 돌출하지 않았으므로 거의 신경성 장애가 발생하지 않는다. 낭포성 이분척추는 수막류(meningocele)와 척수 수막류

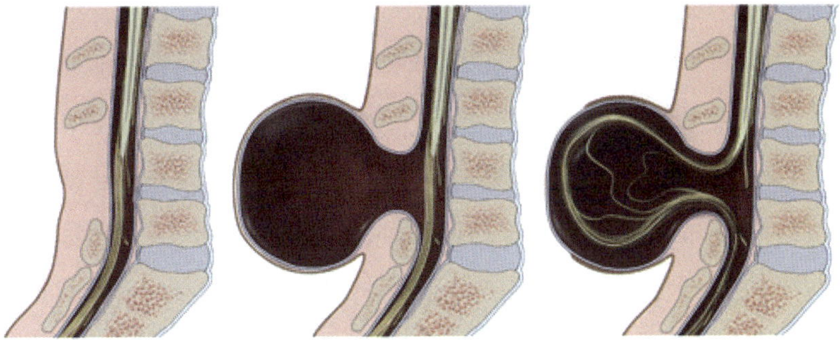

<이분척추의 유형>

출처: https://de.wikipedia.org/wiki/Spina_bifida#/media/Datei:Typesofspinabifida.jpg

(myelomeningocele)의 두 형태로 구분한다. 낭포성 이분 척추 가운데 4%가 수막류이고, 96%가 척수 수막류이다. 수막류는 척추의 어떤 지점에 척수 액이 들어 있는 주머니 모양이 형성되어 돌출하게 된다. 그러나 그 주머니에 있는 수막류는 신경조직이 없으므로 마비가 없는 것이 보통이고 낭(주머니)을 없애기 위해서 외과수술을 한다. 척수 수막류는 가장 일반적이고 심각한 유형이다. 척수 수막류는 앞의 수막류처럼 척수나 신경섬유로 형성된 주머니를 가지고 있다. 이러한 경우에는 신경성 장애를 일으켜 하지의 마비와 항문 및 방광괄약근 혹은 골반 등의 마비가 수반되기도 한다. 또한 척수 수막류를 가진 아동의 절대 다수가 수두증(Hydrocephalus)을 동시에 갖는다. 수두증이란 뇌척수액의 생산과 흡수과정상의 불균형이나 뇌 척수액 순환통로의 폐쇄로 인하여 뇌실 내(腦室內)나 두개강 내(頭蓋腔內)에 뇌 척수액이 과잉 축적되어 뇌압이 올라간 상태를 말한다.

이처럼 잠재성 이분척추와 낭포성 이분척추 가운데 수막류 아동은 비교적 정상적으로 성장할 수 있을 것이다. 그러나 척수 수막류 아동은 신경학적인 손상으로 1,000명당 1명 정도로 발생하며, 주로 하반신 마비를 일으켜 성장과 발달에 영향을 받게 된다. 따라서 신체보장구와 목발, 보행기 또는 휠체어의 사용이 요구되는 경우가 많다.

이분 척추아동의 학습적인 측면에서 수반장애가 없다면 특별한 문제는 없다. 잠재성

이분척추를 가진 아동은 정상적인 지능을 가지며 정규학교에서도 잘 적응한다. 수막류를 가지고 태어난 어린이들도 특히 수막류가 뇌수종을 수반하지 않는다면, 정상적인 지능을 가질 것이다. 척수 수막류를 수반한 이분척추 아동은 일반적으로 경도정신지체 범위에 해당하는 평균 이하 IQ를 나타낸다. 특히 척수 수막류 아동의 약 80%에게서 수반장애로 나타나는 뇌수종을 가진 경우에는 뇌의 손상과 척추조직의 손상으로 말미암아 지각과 인지 등에서 중복적인 기능 장애가 나타난다.

아울러 이분척추 아동들은 보통 장소의 이동에 제한성을 가지고, 치료를 받기 위하여 학교에 장기적으로 결석함으로써 학업성취도에 영향을 미친다. 또한 척수 수막류 아동들은 감각기능이 저하되어 방광과 항문 괄약근의 조절능력이 부족하다. 잠재성 이분 척추와 낭포성 이분척추 가운데 수막류 아동들처럼 학습에 특별한 제한이 나타나지 않음에도 실금은 이들 아동들의 학교생활에 사회적, 물리적 장벽을 만든다. 요실금을 가진 아동은 성숙함에 따라 그들의 상태에 대처법을 배우는데, 아동들은 방광을 배수하는 법과 매 3~4시간마다 스스로 도뇨관(catheterize)을 삽입하는 방법을 익힌다(Doose, 1977).

다. 경련성 질환(뇌전증, 腦電症, Epilepsy)

뇌전증은 과거에는 간질(癎疾)이나 전간(癲癇)이라 칭하였는데, 2009년 6월 7일 대한간질학회에서 용어를 뇌전증으로 바꾸었다. 이는 뇌의 비정상적인 전기 활동에 기인하는 운동, 감각, 행동 및 의식장애 등이 지속적이고 빈번하게 발생하는 발작 증세를 말한다.

베르게스트(Bergeest, 2002)에 의하면 전체인구의 0.5~1.0% 정도가 지속적으로 또는 자주 경련을 보인다고 한다. 뇌전증을 가진 대부분의 학생들은 평균적인 지적능력을 가지고 있으며, 그 원인은 매우 다양하지만 아직 밝혀지지 않는 경우가 절대 다수에 해당된다. 예를 들어, 대뇌 기형(예: 뇌성마비)을 비롯하여 뇌나 뇌신경 체제의 감염, 뇌종양, 저혈당증과 같은 신진대사 장애, 알코올이나 납중독, 머리 부상으로 인한 흉터조직에 의해 생성된 잠재적인 손상, 고열, 혹은 뇌의 혈액 공급 장애 등에 의해서 간질이 발생할 수 있다. 즉 간질은 다양한 심리적 신체적, 감각적 요인들에 의해 쉽게 영향을 받을 수 있는 사람들에게 발작이 나타나는데, 피로, 흥분, 분노, 놀람, 항진, 호르몬의 변화(월경기간이나 임신기간), 마약이나 알코올 섭취의 중단으로 인한 허탈감, 빛·소리·촉각과 같은 특정 형태에 노출됨으로 인해 발작이 발생하기도 한다.

그리고 경련성 발작은 대뇌전체에서 동시에 그리고 임상적으로는 신체 좌우 모두에서 일시에 시작되고 의식소실을 동반하여 뇌파검사 시에 양쪽 대뇌에서 전반적으로 간질파를 볼 수 있다. 간질의 주요 유형을 살펴보면, 우선 강직 간대발작(대발작, Tonic-clonic seizure)을 비롯하여 소발작(Absence seizure), 근간대성 발작(Myoclonic seizure) 및 실조성 발작(Atonic seizure)으로 구분할 수 있다.

우선 대발작인 강직 간대 발작은 가장 흔한 형태이며 아무런 전조 현상을 느끼지 못하고 갑자기 의식을 상실하고 쓰러지며 근육에 경련이 생긴다. 소리를 지르거나 신음을 하는 경우가 있으며 입에서 침이 나오고 얼굴은 파랗게 되다가 창백해진다. 혀를 깨무는 경우가 있으며 경련 진행 중에 방광조절능력이 저하되어 소변을 보는 때도 있다. 경련 과정을 살펴보면, 우선 초기 발작 시에는 몸이 뻣뻣해지는 강직기(剛直期, tonic phase)를 지난 후 몸을 떠는 간대기(clonic phase)를 거친 후에 회복기(convalescent phase)를 지나 종료한다. 발작 후에는 사지가 힘없이 긴장이 풀린 듯 처지게 되며 몇 시간 동안 깊이 잠을 자는 경우가 대부분이며, 잠에서 깨어나면 두통을 호소하기도 한다.

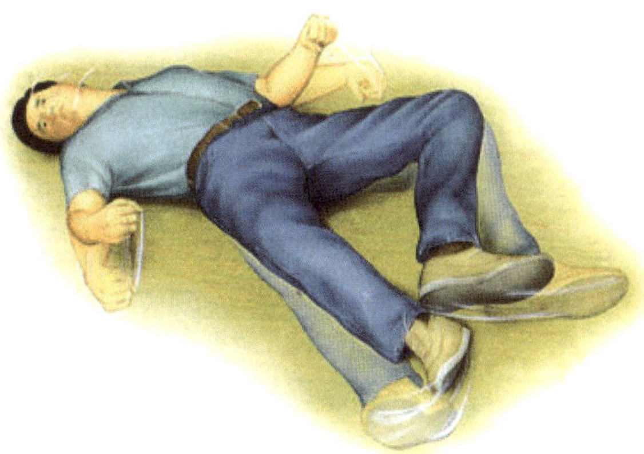

<강직 간대발작(Tonic-clonic seizure)>

출처: http://cafe.daum.net/ok1221/9Zdf/1115781?q=%EB%87%8C%EC%A0%84%EC%A6%9D+%EA%B7%B8%EB%A6%BC&re=1

한편 소발작은 주로 5~7세 아동에게 잘 나타나는데 보통 사춘기 때에 사라진다. 소발작은 수초 동안 의식을 상실하며 눈을 깜박이거나 멍하게 앞을 응시한다. 또한 가벼운 근육 경련이 동반되기도 한다. 근간대성 발작은 의식에는 변화가 없는데 마치 깜짝 놀라듯 전신의 근육이 순간적으로 수축하는 것이다. 실조성 발작은 전신의 근육이 순간적으로 수축하는 것과는 반대로 깜짝 놀라며 힘이 빠지는 듯한 발작을 말한다.

이어서 간질의 응급처치 요령을 살펴보면, 전형적인 발작은 의료적인 응급상황이 아니라 현명하게 대처하는 것이 중요한 상황이다. 아동이 교실에서 대발작 증세를 보였을 때, 교사와 또래 학생들은 충분한 정보와 훈련을 통하여 응급처치 및 통합교육을 위한 교육이 필요하다. 따라서 일반적으로 경련성 간질의 경우 관계 교사는 다음과 같은 내용을 숙지하여야 한다(이소현, 박은혜, 2006).

- 침착하게 대처한다. 다른 학생들에게 발작 증세의 특징에 대하여 미리 알려주어 조용하고 냉정하게 대처하도록 한다.
- 발작 증세를 보인 아동을 바닥에 편하게 눕히고 기구나 기타 딱딱하고 위험한 물건으로 인하여 다치지 않도록 멀리 한다.
- 아동의 머리에 베개 등을 두어서 경련 시 머리가 바닥에 부딪혀 다치지 않도록 한다.
- 발작을 멈추게 할 수는 없으므로 환자를 움직이지 못하게 손발을 꽉 잡거나 주물러 주는 것은 오히려 해롭다.
- 아동이 숨을 쉴 수 있도록 기도를 확보하는 것이 무엇보다도 중요하다. 따라서 얼굴을 옆으로 천천히 돌려줌으로써 혀를 깨물지 않도록 하거나 혹은 아동의 기도를 열어 침을 흘리게 한다. 또한 강제로 아동의 입을 열지 말고, 혀를 당기거나 입안에 어떤 것도 넣지 않는다.
- 경련자체보다는 기도확보를 통하여 숨을 계속 쉴 수 있도록 하여야 하며 경련 중에 호흡이 멈출 수도 있으므로 인공호흡을 하며 신속히 이송한다.
- 신체의 발작이 끝나면 아동이 의식을 회복할 때까지 휴식을 충분히 취하게 하라.
- 소아는 열성경련이 많으므로 미지근한 물로 몸을 닦아주도록 하며 이에 앞서 옷을 벗겨서 수분의 증발 시 체온이 떨어질 수 있도록 한다.

(2) 근 · 골격장애

가. 근이영양증(筋異營養症, muscular dystrophy)

근이영양증은 근육을 유지하는 단백질 결핍에 의해 팔, 다리 등의 근육이 굳어져 결국 움직일 수 없게 되어 사망하는 질병인데, 의학적인 용어로는 진행성 근디스트로피라고 한다. 이는 유형에 따라 다소 차이가 있지만, 이르면 소아기 때부터 발병해 나이가 들면서 점점 근육의 힘이 약해지다가 폐렴 등 합병증까지 겹쳐 빠르면 20~30대에 조기에 사망하게 되는 희귀성 난치병이다. 발병 원인은 세부적으로 완전히 규명되지 않았지만 일반적으로 유전적 요인으로 보며, 치료약은 아직 없다. 의료적 조치로는 여전히 단지 근육의 약화 진행 정도를 늦출 수는 있는 물리 및 재활치료가 전부인 상태다.

근이영양증은 원인 유전자와 증상 및 진척 정도에 따라 다음과 같이 네 가지 유형으로 구분한다. 그중 가장 대표적인 뒤센형(Duchenne type)은 프랑스의 생리학자이자 신경학자였던 뒤센(G.-B. Duchenne, 1806~1875)에 의해 발견된 것이다. 이 형태는 1,700명 가운데 1명 정도로 발생하는 가장 빈번한 형태이며 3세 이전에 발생한다. 10세 정도가 지나면 독립보행이 어렵고 척추의 만곡이 시작되며 앉아 있기 힘들고 17세 전후에는 누워서 생활하게 된다. 그리고 질병의 경과는 매우 빠른 편이며, 일반적으로 20세 전후에 사망하게 된다.

<뒤센(G.-B. Duchenne)>

출처: https://de.wikipedia.org/wiki/Guillaume-Benjamin_Duchenne#/media/Datei:Guillaume_Benjamin_Amand_Duchenne.jpg

이어서 독일의 신경학자이자 정신과의사이며, 인간유전학자였던 베커(P. E. Becker, 1908~2000)의 베커형(Becker type)이 있다. 이는 5세 이후부터 20대 전에 나타나며, 독립보행은 16세까지 가능하며 수명은 거의 정상에 가깝다. 이 두 유형은 성염색체인 X염색체상에 있는 '디스트로핀(Dystrophin)'이라는 유전자 이상으로 근육의 형태를 유지하는 단백질이 결핍돼 근육조직이 지속적으로 파괴됨으로써 발병한다. 보통 디스트로핀 유전자를 지닌 모계(보인자)로부터 남아에게만 유전되지만, 드물게

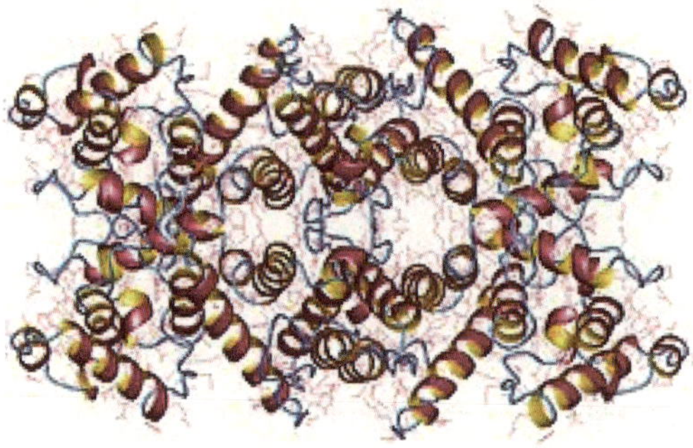

<디스트로핀(Dystrophin)>

출처: https://de.wikipedia.org/wiki/Dystrophin#/media/Datei:1dxx.jpg

돌연변이에 의해 발병하는 경우도 있다.

이 외에 지대형(肢帶型, Limb-Girdle type)과 안면견갑상완형(顔面肩甲上肢型, Facioscapulohumeral type)이 각각 있다. 지대형은 소아기 때부터 50세 전후까지 발병하고 어깨, 골반, 허벅지, 팔, 얼굴, 머리 부위 등의 순서로 근육이 약화되며, 병의 진척은 느린 편이다.

반면 안면견갑상완형은 10~20대에 발병하고 주로 얼굴과 어깨 근육이 눈에 띄게 약화되는 것이 특징이며, 평균수명에는 거의 지장이 없다. 이 두 가지 유형은 듀센형과 베커형과 달리 성염색체가 아니라 상염색체상의 유전자 이상으로 발병하기 때문에 남녀 모두에게 발병이 가능하다.

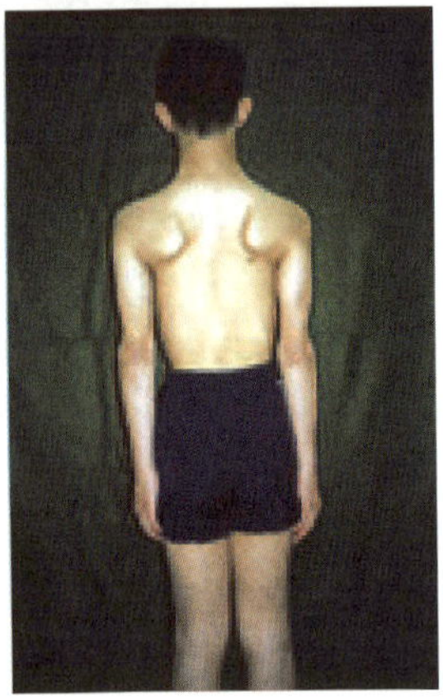

<안면견갑상완형>

출처: http://www.homi.info/learning/info/10.htm

이들은 특히 골반, 다리, 어깨, 언어근육 등에 문제가 발생하므로 달리기나 점프가 불가능하고, 일어설 때 손으로 무릎과 허벅지를 짚으며 일어나는 모습, 즉 가우어사인(Gowers Sign) 증상을 보인다.

또한 이들은 넘어지면 쉽게 골절이나 타박상을 입을 우려도 있으므로, 보행통로에는 위험한 물건은 두지 말고 보호모를 착용시키는 것도 좋다. 특히 종아리부분에

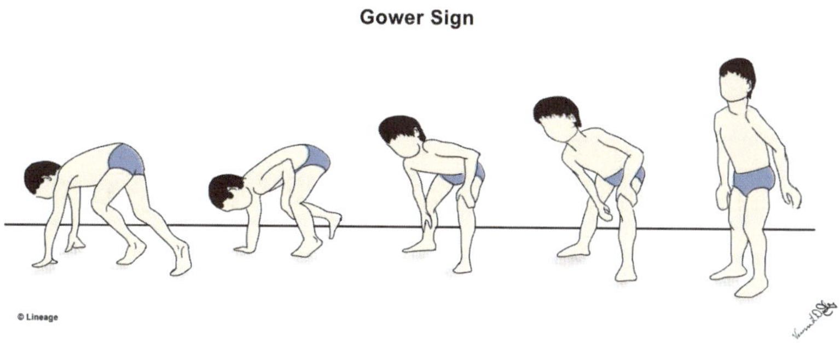

<가우어 사인(Gowers Sign)>

출처: https://step1.medbullets.com/msk/110005/duchenne-and-becker-muscular-dystrophy

다리근육이 발달한 것이 아니라, 근육 대신에 지방조직이 뭉쳐 있는 가성비대(假性(筋)肥大, Pseudo-hypertrophy)를 볼 수 있다.

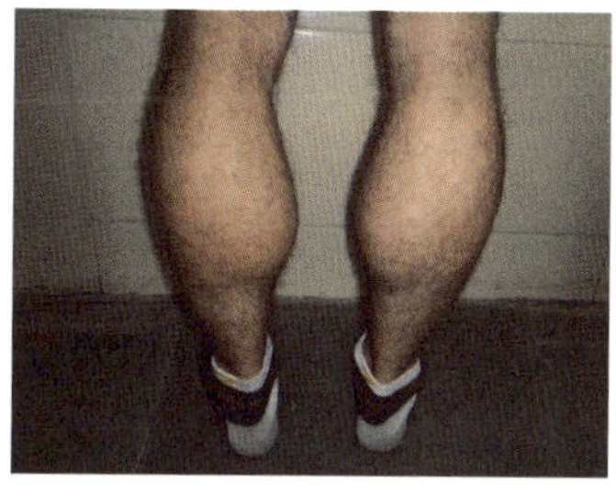

<가성비대(Pseudohypertrophy)>

출처: http://www.labome.org/research/Reversible-calf-pseudohypertrophy-in-a-young-male.html

따라서 근육이 굳어지는 것을 막기 위해 종아리나 무릎 관절을 주무르거나 가벼운 스트레칭 운동을 시키는 것도 필수이다. 그러나 과도한 운동은 오히려 근육의 파괴를 가속화시키므로 주의해야 한다. 또한 앉거나 누워만 있기 때문에 무릎과 관절 및 팔꿈치, 척추 등이 구축(굽어짐)된다. 따라서 가벼운 스트레칭이나 서 있기 운동을 하면 굽는 것을 다소 늦출 수 있다. 척추가 구부러지면 가래 배출이 어렵게 되고 감기나 폐렴에도 자주 걸리게 된다. 양치질이나 마스크 착용으로 감염을 예방하고 복식호흡으로 가래 배출을 스스로 하는 훈련이 필요하다. 또 운동량이 부족하기 때문에 비만이나 순환장애, 욕창을 동반할 수 있어 주의가 필요하다. 호흡이나 심장기능이 약해져 말기가 되면 호흡부전이나 심부전 등 합병증이 올 수도 있다. 합병증은 자칫 잘못 대처하면 수명을 단축시킬 수도 있어 빠른 의학적인 조치가 필요하다(Bergeest, 2002; Biermann/Goetze, 2005).

나. 연소성 류마티스 관절염(juvenile rheumatoid arthritis: JRA)

흔히 류마티스 관절염이란 주로 양쪽 팔과 다리에 있는 관절에 생기는 만성 관절염을 말하며, 전체 인구의 약 1% 정도가 이러한 질병을 가지고 있다. 보통 여자가 남자보다 3배 정도 더 흔하고, 30대 후반에서 50대 사이에 가장 많이 발생한다.

그러나 어린이에게도 류마티스 관절염이 발생하는데, 이 경우에 연소성 류마티스 관절염이라고 한다. 류마티스 관절염은 관절과 결합조직 내의 가벼운 염증, 종창 혹은 경직으로부터 위축과 관절 기형을 수반하는 극도로 쇠약한 증상에 이르는 넓은 범위에 분포되어 있다. 특히 어린이의 경우 통증완화, 발열 및 경직의 치료와 변형이 일어나지 않도록 예방하는 것이 중요하다. 또한 아동이 가능한 운동과 활동을 하게하며, 위생, 약물 부작용 등 일상생활동작 훈련을 지속적으로 실시하고 심리적인 안정과 지지가 반드시 필요하다.

다. 불완전골생성증/골형성부전증(osteogenesis imperfecta)

이는 매우 희귀한 유전성 전신성 결체 조직병으로 인한 골(骨)의 취약성으로 특히 다발성골절을 자주 유발한다. 이 질환은 중증형과 지연형의 두 가지로 구분되는데, 신생아 20,000명당 1명 정도로 발병한다. 먼저 중증형은 선천적으로 발생하여 출생 후부터 다발성골절과 사지단축 및 변형이 있으며, 대부분 사산되거나 출생 후 수시간 내에 사망한다. 그리고 지연형은 소아에서 골절이 발생하지만 쉽게 치유되며, 종종 다량의 신생골을 형성하여 골절된 뼛조각이 해부학적 위치가 아닌 비정상적인 위치에서 골 유합을 이루는 상태를 의미하는 부정유합(不整癒合)이 흔하다.

골절은 특히 하지에 많이 발생하며 골절 유합 기간은 정상골과 같다. 다발성골절로 여러 가지 형태의 기형이 생기며 척추측만곡도 동반된다. 또한 두 눈의 흰 부분인 공막이 성인이 되어도 유아 때와 같이 얇아서 청색을 띠고 있는 상태인 청색공막(青色鞏膜, blue sclera)과 철모를 쓴 머리모양(helmet head)의 이마나 혹은 조기 농(聾, early deafness)을 관찰할 수 있다. 특이한 치료법은 아직 없고 경험적인 치료에 그치며, 치료는 골절치료 정도이다. 특히 학급에서 교사와 또래학생들은 이러한 아동의 골절을 막기 위하여 반드시 신체적인 활동 시에는 주의하는 가운데 학교생활과 놀이 활동에 임하게 해야 한다.

(3) 외상성 손상(trumatic injury)

또한 외상성 손상이 지체 장애로 이어질 수 있는데, 여기에는 각종 사고나 아동학대 등 신체에 대한 여러 가지 물리적 충격으로 인한 원인이 가장 많은 경우에 해당한다.

가. 척수손상(Spinal cord injury)

인간의 척추는 모두 32~33개의 뼈로 구성되어 있는데, 우선 목 척추에 해당하는 경추가 7개, 등에 해당하는 흉추가 12개, 허리에 해당하는 요추가 5개, 엉덩이에 있는 천추가 5개, 마지막으로 꼬리뼈인 미추가 3개 혹은 4개이다. 우리가 만일 팔을 움직이려고 한다면, 우선 뇌에서 움직이라는 신호를 보내는데 그 신호는 척추 속에 있는 큰 신경인 척수를 타고 팔로 신호를 전달하게 되어 팔의 근육이 작용하여 움직이게 되는 것이다. 이처럼 척수는 뇌와 더불어 인체에 있어서 중추 신경에 해당하며, 대뇌의 명령을 신체 각 부위에 전달하는 중요한 연결 통로에 해당한다. 그러나 각종 질병이나 교통사고, 추락사고 등 외부적인 충격으로 인하여 척수에 손상이 가해질 수 있는데, 이때 척수가 손상을 입게 되면 손상된 부위 이하에서 감각신경이나 운동신경 혹은 자율신경계에 다양한 기능상 장애가 발생하는 것이다.

나. 외상성 뇌손상(traumatic brain injury: TBI)

외상성 뇌손상은 특히 외부의 물리적인 힘이나 심각한 충격에 의하여 뇌에 손상이 일어나는 것을 말한다. 여기에는 교통사고를 비롯하여 안전사고, 아동학대, 총상 및 두부에 대한 폭력 등이 속한다. 이러한 뇌손상은 대부분 인지, 신체, 행동, 감각, 언어 및 정서적인 기능 등 매우 다양한 영역에서 기능과 역할의 제한성을 초래하게 되는 것이다.

다. 절단(amputation)

신체 기관에 대한 절단은 각종 사고 등 외상이나 또는 악성종양 등에 의하여 발생할 수 있는데, 이로 인해서 다양한 보조기구나 보행기와 휠체어 등을 필요로 하는 경우가 많다.

라. 반흔 구축(cicatricial contracture)

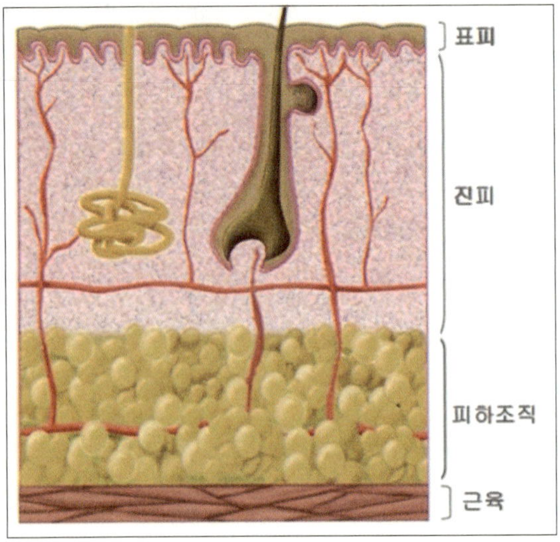

<피부조직>

출처: https://search.daum.net/search?nil_suggest=btn&w=img&DA=IIM&q=%ED%94%BC%EB%B6%80%EC%A1%B0%EC%A7%81&docid=33NJ888i3-uF2sHxXy

보통 2도 이상의 화상에서 반흔의 구축(화상 흉터)이 진행되어 2차적인 변형이나 관절구축을 유발한다. 화상이란 각종 열에 의해 피부세포가 파괴 혹은 괴사되는 것을 의미한다. 아울러 화상은 화재나 가스 폭발 등으로 손상을 가지는 화염화상을 비롯하여 뜨거운 물이나 수증기 등의 열탕화상, 전류의 감전으로 인한 전기화상, 산(酸)이나 화학물질로 인한 화학 화상 그리고 다리미, 전기장판 등으로 인한 접촉화상 등으로 구분한다.

또한 화상의 정도에 따라서 상처부위에 약간의 동통이나 붉게 부어오르게 되는 발적(發赤) 현상을 보이는 1도 화상, 수포(물집)가 생기고, 피하조직의 부종을 동반하고 심하게 통증을 가지는 2도 화상 및 피부의 표피나 진피층과 더불어 피하조직까지 손상되는 3도 화상 등이 있다. 그리고 최근에는 피부의 모든 층과 동시에 피하의 근육이나 신경과 뼈 조직까지 가장 심각하게 손상되는 4도 화상으로도 구분하고 있다.

(4) 선천성 기형(Congenital Deformity)

선천성 기형은 출생 시나 출생 전에 가지고 있는 기형을 말하는데, 그 원인으로는 유전인자 요인, 태아의 태내 환경요인 등으로 구분된다. 먼저 유전인자 요인으로는 염색체이상이나 단일 유전인자의 장애가 있는데, 여기에는 다운증후군(Down's syndrome)과 유전인자의 돌연변이 등이 있다. 그러나 인간의 모든 선천성 기형 중에서 10%만이 유전적인 원인에 의한 것으로 추정된다. 태아의 태내 환경요인으로는 기계적 압박이나 방사선 노출, 약물 중독 등을 꼽을 수 있다.

무엇보다도 임산부의 약물 부작용으로 발생한 사건 중 역사상 가장 큰 사건은 탈리도마이드(Thalidomide)이다. 일종의 진정제와 독감치료제였던 탈리도마이드는 1957년에 독일에서 개발되어 콘터간(Contergan), 디스타발(Distaval), 텐지발(Tensival), Valgraine(발그라이네) 혹은 아스마발(Asmaval) 등 매우 다양한 이름으로 불리었고, 1962년까지 독일뿐만 아니라 유럽, 일본 등지에 판매되었다. 이 약물을 복용한 임산부들로부터 팔, 다리, 청각기관 등 신체 기관이 없는 이른바 '해표지증(海豹肢-症, phocomelia)'의 기형아들이 출생했는데, 유럽에서만 약 8,000명을 비롯하여 전 세계 46개국에서 약 10,000명 이상 장애 아동이 태어났다. 탈리도마이드의 독작용(毒作用)은 매우 강력하여 임신 4~5주 사이에 단 일회 복용으로도 기형아가 생긴 것이다(Pawel, 1977).

아울러 풍진이나 당뇨병 등의 질환이 임신 첫 3개월 이내의 산모에게 있을 때 기형이 유발될 수 있다. 즉 선천성 기형의 원인으로 여러 요인이 복합적으로 작용하므로 치료에 있어서도 어려움이 많고 예방도 불가능한 경우가 많지만, 임산부의 건강관리, 해로운 주위환경으로부터 보호함으로써 그 빈도를 줄일 수는 있다.

그 밖에도 사지의 선천성기형 중 종종 손가락이나 발가락의 수가 정상보다 많은 기형인 다지증(Polydactyly), 손의 흔한 선천성 질환 중의 하나로 손가락들이 오리발처럼 서로 붙어 있는 합지증(Syndactyly), 하나 또는 두 개의 손가락이 비대해진 거대지(Macrodactlyly) 등이 있으며, 하지에서는 선천성 고관절탈구(Congenital Dislocation of Hip), 선천적으로 정강이뼈가 제대로 붙지 못해 뼈가 잘못 형성되거나 부분적인 악화로 인해 관절이 아닌 부위에 관절과 비슷한 부위가 생겨 정강이뼈가 바깥쪽으로 휘고 병적골절이 일어나는 질환인 선천성 경골 가(假)관절증(Congenital Pseudoarthrosis of Tibia), 선천성 만곡족(Congenital Club Foot) 등이 있다.

의료적인 처치가 요구되는 대부분의 선천성 기형은 조기에 치료를 시작할수록 예후가 좋지만, 치료의 효과는 기형의 종류나 치료시기에 따라서 다소 차이를 보인다.

(5) 만성적 질병

여기에는 소아당뇨(diabetes)를 비롯하여 천식(asthma), 낭종성섬유증(cystic fibrosis), 혈우병(hemophilia) 및 후천성 면역 결핍증(AIDS) 혹은 소아암 등이 기타 지체 장애의 주요 원인으로도 해당한다.

2) 출현율

사실 지체 장애의 출현율은 지체 장애가 병·허약이나 중복 장애 등 다른 장애와 복합적으로 나타나기 때문에 파악하기는 쉽지 않다. 국립특수교육원(2001)의 자료를 살펴보면 우리나라 6~11세의 아동과 관련하여 약 0.27%로 나타났다. 그 가운데서 지체 장애 0.19%, 중복 장애 0.01%, 병허약 0.07%로 각각 나타났다.

독일의 경우에는 중증지체 장애아의 출현율과 관련하여 잔더(Sander, 1973)는 약 0.3%로 보는 반면에, 슈타들러(Stadler, 1995)는 0.3~0.5%로 각각 제시하고 있다. 만일 경도지체 장애를 포함하면 최대 약 10%까지 추정하고 있다.

4. 지체 장애의 진단 및 평가

장애여부에 대한 진단과 평가는 성공적인 교육이나 재활과 더불어 궁극적으로 독립적인 개인 및 사회활동을 위하여 매우 중요하고 기초적인 단계라 할 것이다. 정확한 진단 및 평가를 위하여 부모를 비롯하여 교사의 세심한 관찰과 의료진, 물리치료사, 작업치료사, 재활기사, 양호교사, 특수교사, 부모, 언어병리학자, 사회사업가 등 관련 전문가의 협력적인 진단 및 검사가 요구된다. 지체 장애에 대한 진단 및 평가와 관련하여 크게 두 가지 영역으로 구분하면 의학적인 측면과 교육 · 심리적 측면이다.

먼저 의학적인 진단과 관련하여 아동의 성장과정과 현재의 상태를 관찰하고 신체적인 문제를 검사하는 것이다. 여기에는 아동의 병력을 비롯하여 발육사, 신체의 형태상 이상, 운동 발달, 언어, 자세 유지, 대근육 및 소근육, 평형감각 등에 대하여 광범위한 진단이 실시된다.

이어서 아동의 교육적 계획을 수립하고 실행하기 위한 교육 · 심리적인 진단에서는 인지, 정서, 행동, 의사소통, 직업, 사회성 및 성격 등에 관하여 표준화된 검사를 실시한다. 이와 관련하여 대상아동의 진단 및 판별을 위해 필요한 다양한 평가도구들을 보면 다음과 같다(곽승철 외, 2003; 교육인적자원부, 2000).

- 지능검사: 카우프만 아동용 개별지능검사(Kauffman Assessment Battery for Children (K-ABC), 한국판 웩슬러 아동 지능검사(K-WISC-III), 한국교육개발원 웩슬러 아동용 지능 검사(KEDI-Wechsler Adult Intelligence Scale KEDI-WAIS), 인물화에 의한 간편 지능 검사(Draw-a-Man-Test), 특수아 지능검사(CMMS: Columbia Mental Maturity Scale), 기초학습 기능검사(KEDI-Individual Basic Learning skills test), 기초학습기능 검사(KEDI-Individual Basic Learning skills test) 등
- 성격검사: 로샤 잉크반점검사(Rorschach Ink blot Test), 주제통각검사(Thematic Apperception Test), 좌절상황그림검사(Pictorial Test), 집/나무/인물화검사(House/Tree/Person)
- 적응행동검사: 바인랜드 적응행동검사(Vineland Adaptive Behavior Scale), 게셀 발달목(Ge-sell Developmental Schedules), 알페본-볼 발달프로파일(Alpern-Boll Develop-

mental Profile), 베일리 유아발달검사(Bayley Scale Infant Developmental), 케인-레빈 사회적응력검사(Cane-Ievine Social Competency Scales)

- 행동검사: 아동 · 청소년 행동평가척도(K-CBCL: Korea-Child Behavior Checklist), 벅스의 행동 평정 척도(Burks Behavior Rating Scales)
- 지각-운동검사: 지각-운동 발달진단검사(PMDT: Perceptual-Motor Diagnostic Test), 시각운동 통합발달검사(VMI: Developmental Test of Visual-Motor Integration), 시지각 발달검사(DTVP: Developmental Test of Visual Perception), 한국판 시지각 발달검사-2(K-DTVP-2: Korean Developmental Test of Visual Perception), 한국판 오세레츠키 운동능력 검사, 도수근력검사, 반사검사, 대근육 운동검사, 정상관절 운동범위검사, 서기 및 걷기 검사, 자세검사, 일상생활동작평가
- 언어 검사: 언어학습능력검사(ITPA: Illinois Test of Psycholinguistic Ability), 언어 이해 · 인지력 검사, 그림 어휘력 검사, 문장 이해력 검사
- 직업 능력검사: 서류심사 및 면접, 직업적성 및 흥미검사, 신체 직업능력 및 정신기능 검사, 표본작업평가, 현장실습평가, 직무분석

5. 지체 장애 아동의 특성

지체 장애는 장애의 원인이나 범주가 매우 다양하기 때문에 일반적인 특성을 설명하기가 간단하지는 않다. 그러나 대부분의 지체 장애아가 가지는 공통적인 주 장애는 운동영역을 비롯하여, 이동, 자세유지 등에 어려움이 있고, 또한 외현적인 형태이상을 들 수 있다. 그러나 많은 지체 장애아들은 그와 더불어 시각, 언어, 인지 등의 중복 장애를 수반하고 있어서 특이한 심리적 특성을 나타내는 경향도 보인다.

여기에서는 지체 장애아의 일반적인 특성과 아울러 특히 현재 지체 장애학교의 주된 장애유형을 차지하는 뇌성마비를 중심으로 학습과정에 나타나는 주요 특성에 대하여 살펴보기로 한다.

1) 지적 특성

만일 지체 장애 아동 중에 이동 및 운동 등의 기능만 부분적으로 제한을 가지는 경우에는 지적 능력에 있어서 비장애 아동에 비하여 대체적으로 큰 차이가 나타나지 않는다. 그러나 입원이나 수술 등으로 인하여 잦은 결석으로 학습 동기나 학업성취도가 저하될 위험성은 높을 수 있다. 특히 뇌성마비장애아는 지적능력과 관련하여 매우 다양한 특성을 보이는데, 평균이나 혹은 그 이상의 우수한 지적 능력을 가진 경우도 있지만(Verhaaren & Connor, 1981), 그들 가운데 40~60%는 평균적으로 비장애 아동에 비해서 지적 장애를 수반하는 것으로 나타났다(Nelson & Ellenberg, 1986). 그러나 여기에서 주의할 점은 뇌성마비아동이나 뇌성마비 유아의 검사는 심신의 발달이 미숙하고, 운동이나 의사소통 장애 등 여러 장애를 수반하고 있으므로 비장애아를 중심으로 만들어진 표준화된 검사도구와 그 결과에 대한 신뢰도를 동시에 고려해야 한다. 이와 같은 전통적 지능검사의 한계를 극복하고자 새로운 관점으로 실제적 지능(practical intelligence) 혹은 비학문적 지능(non-academic intelligence)이라는 넓은 의미의 지능 개념을 제안하고 있다. 실제적 지능은 생활 장면에서 직면하는 문제점을 해결하는 능력을 측정하는 반면에, 비학문적 지능은 계량적 접근 방법을 탈피하여 관찰, 면접, 자유놀이 등의 여러 접근 방법의 비형식적 검사에 의해 할 수 있는 평정 방법을 말한다.

2) 지각특성

먼저 지각(perception, 知覺)이란 인간이나 동물 등 유기체가 감각기관을 통해 외부의 사물이나 자극을 의식하고 인지하고 변별하며 해석하는 과정을 의미한다. 따라서 지각은 학습과정과 일상생활 가운데서도 매우 중요한 요소이므로, 지각장애 유무를 조기에 발견하여 의학적, 교육적 혹은 심리적으로 중재하는 것이 요구된다. 예를 들면, 지각장애의 경우에 교통신호, 위험신호, 방향표시, 단어, 그림 등을 인지하고 변별하고 해석하는 데 어려움이 발생할 수 있다.

지체 장애 학생 가운데 절대 다수에 해당하는 뇌성마비아동은 다양한 지각 장애를 동시에 수반하고 있다. 특히 그들은 시 지각 장애가 흔히 발생하는데, 뇌성마비아동 중에는 사물의 크기와 위치 학습 장면이나 생활 장면의 형태나 순서를 반대로 보거나 잘못 인지하는 공간 지각 장애를 가지고 경우가 있다. 또한 눈과 손의 협응 부조화로 인해 읽기 및 쓰기 등을 학습할 경우 혼돈을 초래하며 개인적인 일상생활 중에서도 여러 가지 어려움이 생기게 된다.

3) 정서 및 행동적 특성

일반적으로 다양한 지체 장애는 아동 및 청소년의 정서 및 행동에 있어서 여러 가지 부정적 영향을 주게 된다. 예를 들어, 변형된 외모나 제한된 기능, 통증이나 다양한 치료 및 수술, 일탈된 행동특성(이동 및 운동 형태, 보행자세, 얼굴표정, 경련장애 등)은 아동의 성격이나 학교생활에 학습동기결여, 무기력증, 의존성, 우울, 공격성, 위축 등이 종종 나타나게 된다. 뇌성마비아의 교육에 있어서 학습을 방해하는 요인 중에 하나는 정서적으로 주의 집중력의 결핍을 들 수 있다. 즉 선택적 주의 집중력(selective attention)의 부족으로 환경 내의 특정 대상에 주의를 집중하지 못하고 불필요한 자극이나 관계없는 자극에 무선택적으로 반응하며 종종 주의가 산만한 특성을 가진다.

또한 지체 장애에 대한 자신의 지각이나 인지 등과 더불어 가족 및 사회적 환경의 태도 등에 의하여 대체적으로 부정적이고 왜곡된 자아개념이나 낮은 자아존중감을 가질 수 있다. 그리고 과잉 행동으로 안정성이 결여되고 공격적이고 파괴적이며 반윤리적인 행동이 발생하기도 한다. 이러한 뇌성마비아의 부정적인 정서와 행동상의 특성들은 계속하여 학교생활과 장차 사회생활에 있어서 부정적인 사회 · 심리적 특성을 형성하는 데 부정적인 영향을 줄 수 있다(Steinhausen/Wefers, 1977; Jansen, 1972).

4) 언어 발달적 특성

지체 장애아의 언어발달이나 의사소통 영역과 관련하여 지적인 부분 또는 발성이나 조음 및 호흡기관의 손상이 전제되지 않는다면, 언어발달 과정에 대부분 큰 문제는 발생하지 않는다.

그럼에도 불구하고 뇌성마비아동의 경우에는 많은 경우 인지장애와 더불어 조음이나 발성 및 호흡기관 등의 기능 제한으로 인하여 말장애과 언어 장애를 수반하기도 한다. 뇌성마비아동이 가지는 언어 장애의 일차적인 원인은 근조직(筋組織)으로 전달되는 뇌 기능의 제한성 때문이다. 이것은 호흡, 후두 및 후두상부조직의 신경근육 조절에 문제를 발생시키는데, 말은 민첩한 운동근육 활동으로서, 약 50쌍 이상의 근육들이 조화로운 기능을 해야 하는 복잡한 근육 활동이기 때문이다.

뇌성마비로 인하여 야기되는 언어 장애는 조음, 호흡, 음성, 유창성, 운율의 문제를 포함한다. 거의 모든 발음이 어렵지만, 특히 혀끝소리인 /ㅅ, ㅈ, ㄹ/들이 가장 어렵다. 또한 말은 느리고, 힘이 들며, 리듬감이 없고, 높낮이도 단조롭다. 호흡 또한 비정상적인 경우가 많은데, 말의 시작을 부드럽게 하기가 어렵고, 발성을 오래도록 지속시키는데 어려움을 가진다. 또한 말소리의 높낮이와 크기를 조절하기가 어려워 말소리에 변화가 많다.

또 다른 이유로는 잘 조정되지 못하는 정서적 반작용이 말의 산출에 부정적인 영향을 미치며, 제한적인 인지기능도 언어발달의 지체를 초래하는 한 원인으로 작용하기도 한다.

6. 지체 장애 아동의 교육적 지원 및 통합교육

지체 장애아의 교육과 관련하여서는 장애유형이나 장애정도 등이 다양하고 광범위하기 때문에 아동간의 개인적인 차이가 매우 크다. 따라서 교육목표나 교육내용, 교육

방법 및 교육기자재 등을 선택하고 계획하는 경우에는 아동 개개인의 지적, 신체적, 언어적, 감각적, 정서적 능력 등 다양한 개인적인 요인들을 고려하는 것이 중요하다. 그리고 오르트만(Ortman, 1995; 1997; 1999)은 다양한 연구 가운데서 지체 장애 아동이나 청소년의 경우에, 특히 진행성 질환이나 죽음과 직면한 학생들에 대한 다양한 논의가 필요함을 지적하고 있다.

대부분의 지체 장애아에 대한 교육적 지원은 교육적인 측면뿐만 아니라 치료, 특수교육공학 및 물리적인 교육설비 등 다양한 학문적 협력을 동시에 요구하고 있다.

1) 지체 장애 아동의 교육적 지원

(1) 교육과정

우리나라 지체 장애학교 교육의 역사 가운데 그 특성을 살펴보면, 1970년대까지는 인지능력에 큰 지장이 없는 소아마비아동이 주된 장애유형이었기에 일반학교 교육과정을 준용하여 실시하였다. 그러나 1980년대 이후 인지, 감각, 언어, 지각 등 다양한 수반장애를 가진 뇌성마비 및 중도 · 중복 장애 아동으로 교육대상이 옮겨감에 따라서 1983년 12월 31일(문교부고시 제83-13호) 최초의 지체 장애학교 교육과정을 제정하였다. 그 이후 장애유형 및 사회 환경의 변화에 따라서 1989년 12월 29일(문교부 고시 제89-10호) 개정 · 고시되어 사용하다가 다시 1998년 6월30일(교육부 고시 1998-11호) 개정하여 적용하고 있다.

7차 특수학교 교육과정에 의하면, 지적 장애 및 정서행동 장애 학생의 경우에는 기본교육과정을 따르는 반면에, 지체 장애 학생을 위한 교육과정은 감각장애(시각 및 청각) 학생과 마찬가지로 국민공통기본교육과정에 의거하여 교육적 지원을 하고 있다. 국민공통 기본교육과정은 교과활동, 치료교육활동, 재량활동 및 특별활동의 네 가지 영역으로 나누어져 있다. 그러나 2007년 5월 25일 제정되고 2008년 5월 26일 시행된 「장애인 등에 대한 특수교육법」에 따르면 기존의 교육과정의 한 영역이었던 치료교육활동이 신법에서는 상담지원, 가족지원, 보조인력 지원, 보조공학 기기지원, 학습보조기기 지원, 통학지원 및 정보접근지원과 아울러 특수교육 관련 서비스로 포함되어 용어도 치료지원으로 개정되었다.

각 학교 급별 교육과정의 중점사항을 살펴보면, 우선 취학 전 지체 장애유아교육에서 부모의 태도와 역할은 장차 아동의 교육과 재활에 중대한 영향을 미친다. 이 시기에는 대부분의 활동이 가정에서 이루어지므로 부모는 장애자녀에게 특별한 존재와 의미로 작용한다. 취학 전 지체 장애유아의 교육목표는 부모로 하여금 많은 전문가들의 도움을 얻어 유아의 운동 능력을 신장시키고 행동 발달을 도모해주어 아동의 자립 활동의 기초를 마련하는 것이 중요하다. 또한 감각 운동이 많이 성장하는 시기이므로 가능한 정상적인 운동 형태를 초기에 자리 잡게 하기 위해서 바른 자세지도와 주의 집중 능력, 의사소통 체계의 기본 기능 익히기 등을 학습하도록 도와야 한다(이소현, 박은혜, 2001).

그리고 초등교육과정에서는 일반 초등학교 교육과정에 따른 교과 활동과 물리치료, 작업치료, 언어치료를 포함한 치료적 지원 활동이 실시되어야 하며, 교육과정은 아동의 언어적 능력, 지적능력, 흥미, 일상생활 능력, 신체적 잔존 능력, 정서적 상태 등을 종합 평가하여 잠재능력을 향상시킬 수 있는 활동과 내용으로 계획하고 실행해야 한다.

이어서 중등교육은 초등교육에 이어 단계적인 교육과 함께 진로 · 직업 준비교육을 바탕으로 실생활에 필요한 지식과 기능을 습득하여 올바른 인격형성을 도모하고 지체 장애를 극복하여 적극적인 사회참여를 통하여 사회에 공헌하는 인간육성을 목표로 한다.

(2) 교육내용

지체 장애아교육에 있어서 최근 동향 중에 하나는 중도 · 중복화 현상이 두드러지게 나타는 점을 고려할 때에 특히 운동 및 이동기능의 향상, 독립적인 신변처리능력, 사회 · 정서적 안정, 의사소통기술은 매우 중요한 기본적 교수-학습 내용에 속한다.

먼저 지체 장애 아동 및 청소년들의 운동 및 이동능력의 향상은 다양한 경험의 확대와 대인관계 형성의 기초를 이루고 학습활동뿐만 아니라, 개인적 활동에 있어서 필수적인 요소라 할 것이다. 여기에는 평형감각 훈련을 비롯하여 바르게 앉기, 서기, 걷기, 바른 자세의 유지, 물건 쥐기, 팔 뻗기, 잡기 등 다양한 소근육과 대근육 운동을 통하여 향상시킬 수 있다. 학교생활이나 일상생활에 필요한 활동을 수행하기 위한 운동과 이동 능력을 습득하기 위해 여러 분야 전문가들이 팀을 이루어 공동으로 협력하여야 한다.

이어서 지체 장애 아동이나 청소년들은 장애의 정도가 무겁고 중복성을 가질수록 독립적인 신변 처리 능력이 더욱더 절실히 요청된다. 예를 들어, 신변 처리 기능에는 식사, 대·소변문제, 착탈의, 위생동작(세수, 양치질, 머리손질, 목욕 등), 몸단장 등 일상생활 영역에서 필요한 활동들을 말한다. 이러한 신변 처리 기능을 습득하기 위해서는 수업의 많은 부분이 가정이나 학교 또는 지역사회 등 실제적이고 일상적인 환경에서 실제적으로 이루어지도록 계획하는 것이 필요하다.

그리고 지체 장애 학생의 사회 및 정서적 안정도 요구되는바, 이는 무엇보다도 장애에 대한 자신의 수용도(긍정적 자아개념)와 더불어 사회 환경의 반응 정도(사회적 인식이나 태도) 등 상호적인 관계에 달려있다. 이러한 점에서 교육적 활동이나 사회적 활동 영역에서의 적절한 통합교육은 장애 학생 자신뿐만 아니라, 또래 비장애아들에게도 안정적인 사회성과 정서적인 측면에 서로 간에 매우 긍정적인 영향을 미친다 할 수 있다.

그 밖에도 지체 장애 학생들에게 중요한 교육적 내용에는 말장애나 언어 장애로 인하여 일반적인 음성언어로 의사소통에 어려움을 수반하는 지체 장애아를 위하여 보완·대체 의사소통 체계를 사용하여 학습활동과 사회활동을 지원할 수 있다. 즉 언어 장애로 인해 말을 할 수 없고, 소근육 운동 기능의 제한으로 글을 쓰지 못하는 지체 장애아에게는 보완·대체 의사소통(Augmentative and Alternative Communication: AAC) 체계를 이용하여 학습할 수 있다. 보완·대체 의사소통은 형태에 따라서 두 가지로 구분하는데, 우선 구화, 수화, 체어(體語, gesture) 등 특별한 도구 없이 의사소통하는 비도구 체계(비보조적 기술)가 있으며, 의사 소통판, 전자 의사 소통판, 전동타자기 혹은 컴퓨터 등 특별한 장치나 기구를 사용하는 도구체계(보조적 기술)가 있다.

2) 치료적 중재

지체 장애아는 교육적 측면에서의 지원뿐만 아니라 수술, 약물 및 작업치료, 물리치료, 언어치료 등 각종 치료적 지원을 동시에 필요로 하는 등 상호간의 초학문적 접근이 중요하다. 그것은 지체 장애아는 교육적 지원과 아울러 의학적, 심리적, 직업적 및 사회적으로 매우 복잡하고 다양한 요구를 가지기 때문이다. 따라서 교육자들은 치료적 지원을 담당하는 전문가들과의 상호 개방적이고 협력적인 지원 활동이 요청되는 것이다.

지체 장애 학생들을 위한 수술요법의 예로는, 일반적 수술(이분척추, 수두증)을 비롯하여 뇌성마비의 경련성 감소를 위한 신경 외과적 수술, 인공관절 삽입수술, 절단수술(외상(外傷), 만성골수염, 종양, 심한 기형) 등을 들 수 있다. 이어서 약물치료는 근 경직, 경련성 발작 혹은 주의력결핍과잉행동장애(ADHD)의 행동 통제를 위해 약물치료를 통하여 문제 행동을 조절하고 있다. 또한 작업치료(occupational therapy)와 관련하여, 우선 작업이란 개인에게 의미 있는 모든 종류의 정신적, 육체적 및 사회적 활동을 말한다. 이에 작업치료는 신체적, 정신적 혹은 사회적 등 발달과정에서 저하된 기능을 작업을 통해 실시하는 의미 있는 치료활동으로 최대한 독립적으로 일상생활을 수행하고 능동적으로 사회생활에 참여하도록 조력하는 치료적 활동이다. 또 물리치료(physical therapy)는 신체적인 손상 및 장애를 가진 사람에게 물리적인 요소 즉, 물, 열, 냉, 전기, 광선, 운동, 레이저, 기타 기구나 치료사의 기술 등을 이용하여 손상이나 장애를 최소화시켜 기능을 최대한 회복시키는 재활을 목적으로 하는 치료법을 말한다.

그 밖에 언어치료도 많은 뇌성마비아동이나 청소년들이 필요로 하는 치료영역으로서, 언어 이해(수용언어) 및 표현 능력(표현언어)에서 보다 바람직한 방향으로의 의사소통 영역에서 개선을 도모하는 치료적 지원 활동을 의미한다.

3) 특수교육 공학적 지원

현대사회에 이르러 공학(technology)의 발달은 산업부분뿐만 아니라, 교육환경에까지 도입되어 많은 긍정적 변화에 기여하게 되었다. 이에 첨단 공학을 활용한 교수-학습 방식의 다양화 등 교육의 전체영역에 질적 변화를 가져왔다. 이것은 특수교육에서도 많이 활용되는데, 장애의 보완적 대체수단으로 사용되어 장애인의 학습활동과 일상생활 및 사회생활에서 삶의 질을 향상시켜주거나, 다양한 교수-학습방식이 적용되어 특수교육의 전반적인 질적 발전을 이끌게 되었다.

특수교육에 있어서 응용되는 공학적 형태는 컴퓨터나 시청각 매체를 활용한 보조 수업과 인터넷이나 근거리 통신망(LAN)을 활용한 원격교육과 같은 일반적 교육공학(educational technology)과 휠체어, 보청기 등 장애인의 기능향상 및 재활에 적합하도

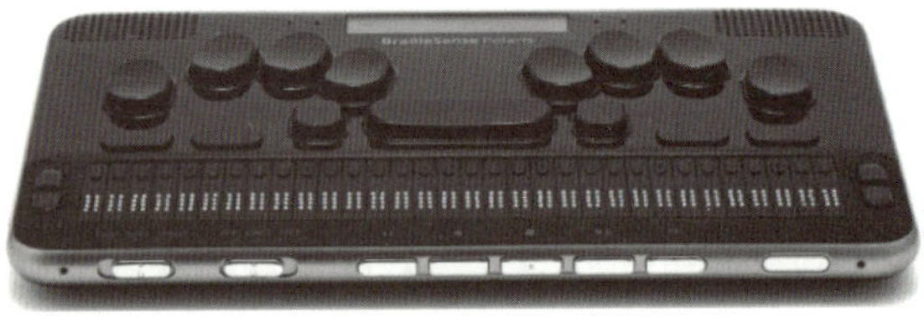

<점자정보단말기>

출처: https://search.daum.net/search?nil_suggest=btn&w=img&DA=SBC&q=%EC%A0%90%EC%9E%90%EC%A0%95%EB%B3%B4%EB%8B%A8%EB%A7%90%EA%B8%B0

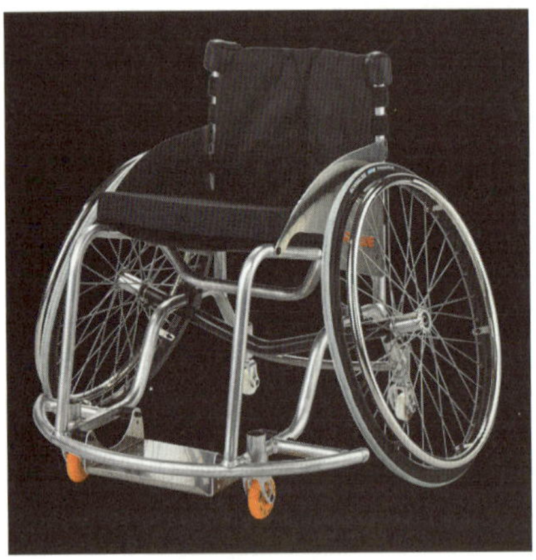

<스포츠용 휠체어>

출처: https://www.meyra.de/rollstuehle/active/active-rollstuhl-details/product-475/

<휠체어 장애인용 그네>

출처: https://www.sport-thieme.de/Spielplatzger%C3%A4te/Schaukeln/Einzelschaukeln/art=1608609

록 특별하게 설계된 보조공학기기(assisted technology)를 가리키는데, 이것을 종합적으로 말할 때 특수교육공학이라 한다.

예를 들어, 시각 장애인(음성합성기, 스크린 리더, 독서기, 광학문자 재인장치, 점자 프린터, 점자정보단말기(점자노트북), 화면확대 프로그램, 접촉감지 키보드 등), 청각 장애인(보청기, 표준수화 통역 시스템, 언어습득기, 언어훈련 프로그램, 문자삽입 화상기, 청각보조장치, 골도전화기, 전화증폭기) 및 지체 장애인용(센서 스위치, 헤드 마스터, 트랙볼, 보드메이커, 터치 윈도우, 전광펜, 전동휠체어 등) 보조공학기기 등을 들 수 있다.

4) 교육설비

지체 장애와 관련하여 최근의 동향은 중증이나 혹은 중복 장애 형태가 급격하게 증가한다는 사실이다. 지체 장애의 정의와 범주는 넓고 다양하기 때문에 뇌성마비를 비롯하여 다양한 형태의 지체 장애를 가진 아동 및 청소년의 교육적 지원에 있어서 다른 장애 유형에 비하여 더 복잡 다양한 교내 교육설비나 물리적인 교육의 환경 구비를 필요로 한다.

지체 장애아와 관련되는 설비를 살펴보면, 우선 책 · 걸상은 학습뿐만 아니라 자세의 교정과 유지에 중요한 역할을 하므로 뇌성마비아동 혹은 휠체어 장애아 등 각 개인의 신체적인 특성과 필요에 따라 편리성과 안전성을 고려하여 제작되고 배치되어야 한다.

그리고 화장실 등 각종 위생시설은 지체 장애아들이 편리하고 가능한 한 독립적으로 문제를 해결할 수 있도록 배려하여 설치하는 것이 중요하다. 그 밖에도 여러 가지 놀이시설도 안전성을 바탕으로 지체 장애아의 운동기능의 향상과 놀이를 통한 심리적 안정감과 대인관계 기술을 습득하는 데 유용한 설비에 속한다. 그 밖에 출입문, 계단, 복도 및 바닥 등의 크기, 모양 및 재질 등을 설치하기 위하여 각각의 지체 장애 아동들의 안전성이나 편리성 등 여러 가지 특성과 필요를 미리 고려하여 설계되어야 한다.

5) 지체 장애아 통합교육

지체 장애아의 성공적인 통합교육을 위하여 가장 중요한 전제 조건은 많지만, 특히 학교 모든 구성원들의 태도와 인식을 비롯하여 장애특성에 알맞은 학교의 설비 등 물리적인 환경이 중요하다. 지체 장애아와 비장애 또래들과의 적합한 통합적 교육환경이 조성되기 위하여 우선 다음과 같은 질문이 비판적으로 제기되어야 한다(Biermann/Goetze, 2005).

- 교사와 또래 아동들은 지체 장애 아동이 학급에 들어오는 것이 무엇을 의미하는지에 대하여 충분히 규명되었는가?
- 지체 장애 아동이 수업시간에 적극적으로 참여하기 위하여 공학적 보조기구들이 충분히 비치되어 있는가?
- 수업에 관계되는 교사와 또래학생들은 공학적 보조 기구들에 대한 사용법을 숙지하고 잘 다룰 수 있는가?
- 장애 아동에 대한 교육적 욕구를 충족시킬 수 있는가? 일정한 자격을 가진 교사가 충분히 배치되어 있는가?
- 부가적인 치료교육활동이 가능한가? 그리고 치료 교육 시에 또래학생이나 부모들의 보조 활동이 때때로 가능한가?
- 또래들이 지체 장애를 가진 학생을 소외시키지 않고 열린 마음으로 대화할 준비가 되었는가?
- 지체 장애 아동은 어떤 교육이 우선시되어야 하는가?

그중에서도 통합학급 교사의 역할과 기능은 성공적인 통합교육의 가장 기본적이고 필수적인 요건에 속한다. 통합학급 교사는 학급전체를 대상으로 지체 장애 아동이나 청소년이 입급되기 전에 지체 장애나 지체 장애 학생에 대한 철저한 오리엔테이션이 필요하다. 따라서 관련 교사는 해당학생의 인지, 운동 및 이동, 감각, 의사소통능력 또는 수반장애 등 객관적이고 실제적인 다양한 정보를 파악하고 있어야 한다. 이러한 정보를 바탕으로 또래학생들이나 교직원들에게 필요한 정보를 제공하여 지체 장애 학생이 학습활동을 비롯하여 전반적인 학교생활에 있어서 원만한 통합교육이 실행되기 위하여 환경적으로 차별적 태도나 거부적인 행동이 나타나지 않도록 주의를 기울여야 한다. 아울러 지체 장애 학생의 장애정도 및 유형 등을 바탕으로 개별적인 교육과정, 개별화교육프로그램(IEP) 및 교수방법 등을 계획하여 교육적 지원을 실시한다.

통합교육을 성공적으로 실현하기 위하여 또래와 기타 학교 구성원들의 반응뿐만 아니라, 학교의 물리적 환경도 지체 장애 학생에게는 매우 중요한 환경적 요소이다. 지체 장애 아동의 주 장애는 무엇보다도 이동, 운동 및 자세유지 등을 들 수 있다. 그들이 이러한 어려움을 극복하고 학습활동과 놀이(사회)활동에 있어서 또래학생들과의 의미 있는 참여와 상호작용을 위하여 건물의 출입구를 비롯하여 계단, 복도, 바닥, 화장실, 놀이시설 등에 편의 시설이 구비되어야 한다. 그와 아울러 교실환경의 경우에는 책상 및 걸상, 사물함 등 장애의 특성 및 장애 학생의 필요에 따라서 물리적 환경이 조성되고 기타 교구 및 교재 등도 충분히 갖추어야 할 것이다.

제9장

의사소통 장애

회어만(Hoermann, 1970)은 인간과 언어와의 의미와 관련하여 “언어의 소유는 인간을 다른 동물과 구별하는 것이다. 언어 속에는 인간 존재의 모든 가능성이 포함되어 있다”라고 언급하였다. 특히 인간은 다른 동물과는 달리 자신의 생각이나 느낌을 명확히 다른 사람에게 전달할 수 있는데, 이를 가능하게 해주는 수단은 바로 언어(言語)이다. 인류가 역사적으로 문화와 문명을 후세대에게 전수하고 유지·발전시키는 주요 수단 중에 독특한 점이 언어인 것이다. 그러나 이러한 언어를 통한 의사소통과정에 다양한 이유로 인하여 장애나 지체의 발생은 학습과정을 비롯하여 다른 다양한 영역에서 아동의 발달과 성장에 매우 부정적 요소로 작용하기도 한다. 아울러 성인연령에 있어서 후천적으로 뇌의 일부분에 혈액을 공급하고 있는 혈관이 막히거나(뇌경색) 혹은 터짐(뇌출혈)으로 뇌가 손상되어 나타나는 신경학적 증상인 뇌졸중(Ischemic Cerebrovascular Disease/stroke)이나 뇌종양(Brain tumor) 등으로 언어의 상실이나 제한은 개인의 사회적 관계뿐만 아니라, 심리·정서적인 측면에서도 많은 어려움과 문제를 야기하기도 한다(Mattes, 2003).

1. 의사소통 장애 아동 교육의 역사

의사소통교육(학)의 개념은 타 영역의 장애아교육에 비하여 매우 늦게 출발한 학문으로서, 지금부터 불과 약 100년 전부터 관심을 가졌다. 그러나 말장애(speech disorder)—특히 말더듬(stuttering)—에 대한 고대 문헌자료는 고대 그리스나 로마시대까지 거슬러 올라갈 정도로 오랜 전통을 가지고 있다. 우선 구약성경의 출애굽기 4장 10절을 살펴보면, “모세가 여호와께 고하되 주여 나는 본래 말에 능치 못한 자라 주께서 주의 종에게 명하신 후에도 그러하니 나는 입이 뻣뻣하고 혀가 둔한 자니이다”라는 고백을 통하여 말장애에 대한 기록이 있음을 살펴볼 수 있다(Orthmann, 1980).

또한 그리스의 의사이자 교사였던 히포크라테스(Hippokrates von Kos , B. C. 460~377)와 로마의 정치인, 문필가이자 철학자였던 시세로(M. T. Cicero, B. C. 106~43)는 이미 말장애의 원인을 말을 담당하는 신체 구조, 호흡, 발성 혹은 언어적 결함 등 의학적인 측면에서 발견하기도 했다. 고대 그리스의 문필가인 플루타르크(Plutarch, A. D. 50~125)는 그리스의 대표적인 웅변가였던 데모스테네스(Demosthenes, B. C. 384~322)에 관하여 보고하고 있는데, 원래 말더듬이였던 데모스테네스는 유창하고 끊이지 않게 말을 하기 위하여 입에 조약돌을 머금은 채 해변가에서 열정적으로 연설 연습을 했다고 전한다(Dupuis, 1983).

<히포크라테스>

출처: https://de.wikipedia.org/wiki/Hippokrates_von_Kos

한편 중세 시대에서 이탈리아의 의사였던 머큐리알리스(H, Mercurialis, 1530~1606)는 1584년 말더듬을 중심으로 저술된 말장애에 대한 첫 전집을 저술하였다. 이 저서에서 장애 치료를 위한 몇 가지 이론들을 참고해보면, 우선 따뜻하고 건조한 공기를 유지하는 것을 비롯하여 잠을 적게 잘 것, 화를 내지 말 것, 크고 분명하게 말하는 발성을 연습할 것 등이다. 말장애의 원인이 악마의 소행이라는 중세의 전통적 사고방식이 팽배했던 이 시대에 이러한 과학적인 견해들은 매우 놀라운 것이었다(Orthmann, 1980).

<암만(Amman)>

출처: https://de.wikipedia.org/wiki/Johann_Konrad_Ammann

그리고 중세시대 이후 15세기 르네상스, 16세기 종교개혁, 18세기의 계몽주의 등 일련의 다양하고 획기적인 사상적 흐름은 인간관과 세계관을 새롭게 형성하게 하는 데 결정적인 영향을 미치게 됨으로써 동시에 의사소통 장애인들에 대한 관심도 증폭하게 하였다. 특히 18세기에 이르러 의사소통 장애에 대한 교육적인 중재가 시작되었는데, 먼저 스위스의 의사이자 농교육학자였던 암만(J. K. Amman, 1669~1724)이 농아, 조음장애 및 말더듬 아동들의 치료에 헌신하였다.

그리고 1770년 프랑스 파리에 농교육학의 선구자였던 드 레뻬(C. M. de L'eppee, 1712~1789)에 의하여 농아시설이 건립되었다. 1778년 하이니케(S. Heinicke, 1727~1790)는 독일의 라이프치히(Leipzig)에 최초의 농아 및 의사소통 장애아를 위한 특수학교를 세웠다. 1816년에는 독일의 서정 시인이자 아동 문학가였던 구겐모스(J. Guggenmoos, 1775~1838)가 난청 및 언어 장애아를 위한 교육기관을 오스트리아 잘츠부르크(Salzburg) 근교의 할레슈타인(Hallestein)에 설치하였다. 구겐모스는 자신이 건립한 이 교육시설의 기능을 일반학교와 농아학교의 중간단계로 설명하고 있으며, 헤제(Heese, 1953)의 견해도 이 시설을 청각 장애 및 언어 장애아를 위하여 교육학적인 관점에서 운영된 첫 번째 특수학교로 인정한다. 그리고 1825년에는 뉴욕에 말더듬 학생을 위한 학교가 설립되는데, 여기에는 몇 가지 원칙이 있었다. 즉 우선 혀를 가능한 입속의 아래쪽에 두게 하였고, 아울러 말더듬을 극복하기 위하여 올바른 위치에 혀를 두게 하는 연습을 특히 강조하였다(Moeckel, 1988).

특히 의사소통 장애아교육학의 역사에서 매우 중요한 분기점에 해당하는 시점은 1830년 슐테스(R. Schulthess, 1802~1833)의 저서인 『조음장애와 말더듬(*Das*

Stammeln und Stot-tern)』이다. 그는 최초로 말장애의 다양한 유형 가운데 이 두 가지 개념을 명확하게 구분하였다. 슐테스에 의하면 연발성 흘음(말더듬)의 원인과 치료를 처음으로 심리적인 측면에서 보았던 것이다. 과거에는 조음장애와 말더듬의을 각각 다르게 사용하거나 혹은 혼용하기도 하였다(Orthmann, 1980).

이어서 19세기에 들어와서 학문과 공학의 발달로 말미암아 의사소통 장애 영역에도 매우 지대한 영향을 끼치게 되는데, 특히 모든 어린이에 대한 교회의 사회 복지적 활동을 배경으로 복지국가의 기초를 형성하게 되었다. 특히 농아교육자들이 큰 관심을 가지고 실시한 농아들에 대한 언어교육은 언어의 음성학적이고 생리학적인 측면을 바탕으로 시작하였다. 농아교육자들 가운데 주목할 만한 인물에 해당하는 슈만(P. Schumann, 1870~1943)은 라이프치히(Leipzig)에 독일농아교육박물관(Das Deutsche Museum für Taubstummenbildung)을 건립하였을 뿐만 아니라, 언어치료학과 농아학 간의 관계성에 있어서 기초를 정립하였다. 한편 의학적인 관점에서는 1877년 내과 의사인 쿠스마울(A. Kussmaul, 1822~1902)의 저서인『언어 장애. 언어 병리학의 시도(*Die Stoerungen der Sprache. Versuch einer Pathologie der Sprache)*』를 통하여 의사소통 장애아교육학에 있어서 체계론적인 기초를 마련하게 되고, 유창성 장애의 원인과 치료에 있어서 생리학적인 이론을 발전시키는 중요한 계기가 되었다(Orthmann, 1980).

<쿠스마울(A. Kussmaul)>

출처: https://de.wikipedia.org/wiki/Adolf_Ku%C3%9Fmaul#/media/Datei:Kussmaul.jpg

그리고 학문적인 영역에서의 발전뿐만 아니라, 교육청에서도 의사소통 장애 아동을 위한 치료과정이 설치되었다. 이는 1872년 10월 15일 프로이센(Preussen)의 '초등학교, 교원 지망생과 사범학교에 관한 일반규정(Die Allgemeinen Bestimmungen des Volksschul-, Präparanden und Seminarwesen)'을 통하여 다양한 장애 유형에 대한 학교차원에서의 조치가 마련되었다. 각 교육청은 말더듬 학생을 위한 교육과정도 학교 내에 구비하도록 하였다.

그리고 1879년에는 독일의 언어치료 및 농교사이

며 공적인 언어치료 제도를 정립한 구츠만(A. Gutzmann, 1837~1910)은 자신의 저서인 『방법적으로 체계화되고 실제적으로 검증된 과정을 통한 말더듬과 근본적 치료(*Das Stottern und seine gruendliche Beseitigung durch ein methodisch geordnetes und praktisch erprobtes Verfahren*)』를 출판하여 19세기 말에 의사소통 장애아의 언어치료학에 지침이 될 만한 업적을 남기기도 했다. 그의 저서는 1912년 의학적 측면에서 음성학자이며 언어치료학의 대가인 그의 아들 구츠만(H. Gutzmann, 1865~1922)의 언어치료교육학 관련 의학박사 논문 "언어치료학. 치료를 특별히 고려한 언어 장애에 대한 강의(Sprachheilkunde. Vorlesungen ueber die Stoerungen der Sprache mit besonderer Beruecksichtigung der Therapie)"를 통하여 더욱더 발전되었다. 이후로 독일의 많은 지방에 말더듬 초등아동을 위한 언어치료과정이 설치되거나, 교사와 의사들이 구츠만 부자(父子)의 도움을 통하여 교육학적인 관점에서 언어치료 교육이 실시되었다. 1927년 통계자료에 따르면, 당시 14개 도시에 '언어치료학급(Sprachheilklassen)'과 4개의 도시에 '언어치료학교(Sprach-heilschulen)'가 설립되었다. 또한 1913년에는 오스트리아의 빈(Wien)에 의사소통 장애아를 위한 특별 초급반이 설치되기도 했다. 그리고 1942년에는 11개 도시에 '언어치료학급', 10개 도시에는 '언어치료학교'가 각각 개설되었다. 그러나 이러한 교육기관은 매우 느린 속도로 증설되었는데, 그 이유는 입학이나 교과과정 및 수업, 교사교육 등에 대한 법적인 근거가 마련되지 못한 점을 이유로 보고 있다. 그 이후 1927년 함부르크(Hamburg)에 의사와 치료교사를 중심으로 '독일 언어치료교육학연구협회(Arbeitsgemeinschaft fuer Sprachheilpaedagogik in Deutschland e. V.)'가 설립되고, 1928년에 함부르크에서 언어치료교사를 위한 독자적인 시험규정이 처음으로 공포되었다. 1929년에는 할레(Halle)에서 '언어 장애아(Das sprachkranke Kind)'라는 주제로 독일에서 첫 번째 학회가 개최되었다. 그 당시까지 의사소통 장애아의 교육은 학교나 교육학적인 접근보다는 의학적인 측면이 훨씬 강하게 반영되었다. 그러나 의사소통 장애아를 위한 일련의 발전적인 변화는 1933년부터는 급격하게 퇴보하기 시작하여 1933년 6월 나치정권에 의하여 '독일 언어치료교육학연구협회'는 결국 폐쇄되어 1953년에야 새롭게 창설되었다(Baumgartner, 1994).

이후 1950년대와 1960년대에는 특히 독일의 경제적인 부흥과 동시에 특수교육제도 등 장애인에 대한 사회적 인식이 향상됨에 따라서 언어치료교육학에도 학문적으로 역동적인 모습을 보였다. 1955년부터 1980년까지 독일의 언어치료학교의 수는 11개에서 70개로 대폭 증설되어 약 7천여 명의 언어 장애 학생이 교육을 받았다. 이어서 1980년에서 1990년대에 새로운 변화가 나타나는데, 언어 장애 아동에 대한 전통적인 분리교육이 비판을 받으며 통합교육에 대한 움직임이 점점 강조되었다(Orthmann, 1980).

2. 의사소통 장애의 개념

인간의 의사소통(communication)이 가지는 기본적인 3요소는 화자, 청자 및 내용(message)을 바탕으로 인간관계에서 개인의 생각이나 느낌을 구어나 수화, 상징어, 체어(體語, gesture), 얼굴 표정, 문자 등 언어적이나 또는 비언어적인 다양한 도구들을 활용하여 전달하고 이해하는 상호적 관계이다. 그중에서도 인간의 의사소통은 주로 말(speech)과 언어(language)를 수단으로 상호 작용이 이루어지고 있다.

우선 말(speech)이란 의사소통을 위해서 필요한 근육 활동으로 언어학적인 기호를 조음 및 음향학적으로 산출하는 것을 의미한다. 그리고 말을 산출할 때 관련되는 주요 신체기관으로는 발성기관(폐, 성대)을 비롯하여 조음(발음)기관(아래와 윗입술, 혀, 잇몸, 입천장, 인두벽 등) 및 공명 기관(입술강, 구강, 비강, 인두강)으로 구성되어 있다.

그리고 언어(language)는 사물이나 사건, 생각 및 느낌 등을 표현하기 위해 임의적으로 사용하는 기호로 되어있으며, 청각(auditory), 문자(graphic), 또는 몸짓(gestured)에 의한 상징체계를 말한다. 아울러 언어는 전달하고자 하는 의미를 특정 문맥이나 환경 등 목적에 따라서 언어적인 체계를 따른 것이고, 여기에는 의미론적, 구문론적, 화용론적 측면의 언어학적 단위들로 구성되어 있다.

이에 의사소통 장애(communication disorders)는 기호체계의 의미를 수용하고 이해하고 적합하게 사용하고 전달하는 과정상에서 발생하는 손상으로 말장애(speech disorder)와 언어 장애(language disorders)를 포함한 포괄적 개념이라 할 수 있다. 결국 의사소통 장애는 개인적인 생활, 학교생활 및 장차 사회생활 전반에 걸쳐 다양한 부정적인 결과로 이어질 수 있는 것이다.

독일의 경우에는 최근까지도 언어 장애(Sprachbehinderung)라는 개념을 사용하고 있는데, 크누라(Knura, 1974)는 언어 장애에 대하여 다음과 같이 정의하고 있다.

> 언어 장애는 음성과 문자를 사용한 일반적인 일상 모국어를 연령에 맞게 수용하고, 이해하고 표현하는 능력이 다양한 영역에서 일시적 혹은 지속적으로 무능력함으로써 인성, 사회성, 정서적, 정신적 및 신체적인 발달과 성취능력에 위협이 되거나 저해되는 것을 말한다. 이러한 무능력은 한 가지, 여러 가지 혹은 모든 언어적 기능에까지 포함될 수 있다.

하지만 언어 장애 개념은 청각이나 혹은 지적 장애 등 다른 손상의 결과로 언어적 특이성을 가지지 않는 사람에게만 제한적으로 적용되어야 한다(Vernooij, 2007).

또한 독일교육위원회(Der Deutsche Bildungsrat, 1996)는 언어 장애에 대한 정의를 아래와 같이 설명한다.

> 언어 장애란 내면적 언어의 준비, 언어이해 및 말하기 등에 관여된 신체기관의 중앙 및 주변영역의 손상이나 혹은 기능상의 결함으로 언어이해력, 전달 및 표현능력에서 현저하게 지체되는 경우를 말한다. 이러한 언어적 손상은 언어이해, 말 등의 영역에 영향을 미치며, 개별적인 손상에 따라서는 의사소통에 지장을 초래하며 더 나아가서는 학습과 사회적 행동에 있어서 다양한 일탈 현상을 유발하게 된다.

한편 우리나라의 「특수교육진흥법 시행령」에 따르면 의사소통 장애는 조음장애, 유창성 장애, 음성장애, 기호장애 등으로 인하여 의사소통이 곤란하고 학습에 어려움이 있는 자로 정하고 있다. 여기에서 조음 장애, 유창성 장애 및 음성 장애는 말장애를, 기호장애는 언어 장애를 각각 의미한다. 이어서 2007년 새롭게 제정된 「장애인 등에 대한 특수교육법시행령」의 별표에 따르면 의사소통 장애를 지닌 특수교육대상자를 다음과 같이 정하고 있다.

가. 언어의 수용 및 표현능력이 인지능력에 비하여 현저하게 부족한 사람.
나. 조음능력이 현저히 부족하여 의사소통이 어려운 사람.
다. 말 유창성이 현저히 부족하여 의사소통이 어려운 사람.
라. 기능적 음성장애가 있어 의사소통이 어려운 사람.

3. 의사소통 장애의 원인 및 출현율

그론펠트와 리터펠트(Grohnfeldt/Ritterfeld, 2000)에 따르면 의사소통과 관련하여서 장애유형을 언어, 말, 발성, 화술(話術), 삼킴 영역 등으로 구분하였다. 각 영역별 구체적인 예들을 간단히 살펴보면, 우선 언어영역에는 언어발달지체, 의미론-어휘상의 문제, 이차적 언어발달지체, 음운론과 관련된 아동의 발음상 지체, 실어증, 읽기-쓰기 문제 등, 말 영역에는 음성학과 부분적으로는 음운론과 관련된 아동의 발음상 지체, 구음장애, 뇌성마비, 비음병(鼻音炳), 일부 근(筋)기능의 장애 등이 각각 여기에 해당한다. 아울러 목소리나 발성과 관련하여서는 구음장애를 비롯하여 뇌성마비, 발성장애, 후두절개, 비음병 등의 다양한 요인이 있다. 그리고 화술영역에는 말더듬, 선택증 함묵증(무언증, Selective mutism), 대인 말 공포증, 뇌성마비, 후두절개 등을 들 수 있다. 그 밖에도 삼킴 영역에는 식도 통증과 뇌성마비를 주요인으로 꼽고 있는 것이다.

포이저(Peuser, 2000)는 의사소통 장애를 그 원인에 따라서 중추적 장애와 부수적 장애, 그리고 장애발생의 시점에 따라 언어습득 전후의 시기, 그 밖에도 신체기관 관련 유무에 따른 장애 등으로 범주를 구분하였다.

또한 그림(Grimm, 1999)의 경우에는 아동의 다양한 발달과정에서 일차적인 언어발달 장애와 이차적인 언어 장애로 구분하면서 다음과 같이 구체화하였다. 즉 청각 혹은 중증 시각손상을 가진 감각장애의 경우, 후천적 실어증 등 신경학적 손상의 경우, 다운증후군 등 지적 장애의 경우 및 자폐범주성 장애 등 발달 장애의 경우 등이다.

아울러 의사소통 장애의 발생원인과 분류유형도 매우 다양하게 나타나는데, 우선 비어만/괴체(Biermann/Goetze, 2005)는 유전적 요인, 신체기관의 구조적 요인, 심리적 요인 및 사회문화적 요인 등으로 구분하고 있다.

언어적 장애는 일반적으로 신체적인 특성들처럼 사실 유전되지는 않는 편이다. 그렇지만 위험한 요인으로 작용할 수 있는 가족환경에서의 언어적 약점과 같은 일정한 성향들은 유전될 수 있는 것으로 본다. 그리고 신체구조적인 원인은 여러 영역에서 언어 장애를 유발할 수도 있는데, 예를 들어, 구개 및 구순파열 등의 조음기관의 손상은 다양한 정도의 발음상 장애를 일으킬 수 있다. 일차적 혹은 이차적인 청각손상도 마찬가지로 소리의 인지에 지장을 주거나 불가능하게 하여 언어 장애를 유발시키기도 한다. 한편 뇌성마비장애의 구음장애 등 말하기 근육의 운동기능의 손상은 언어이해나 발음에 지장을 주거나 불가능하게 만들 수 있다. 이어서 신경학적인 결손은 의사소통에 있어서 중추적인 이해과정에 악영향을 끼칠 수 있게 된다. 가족과 관련되거나 혹은 가족외적인 의사소통과정에서의 결함과 학대나 성폭력 등의 심리적인 외상은 아동의 언어발달에 부분적으로 나쁜 영향을 주거나 혹은 완전한 실어증까지 이를 수 있다. 한편 유창성 장애의 경우에도 종종 심리적인 스트레스가 주요 요인으로 작용하고 있는 것으로 보고 있다. 의사소통 장애의 발생원인 가운데 사회문화적인 요소와 관련하여 텔레비전이나 컴퓨터게임 등은 아동과 성인 사이의 의사소통에 부정적인 결과를 가져오게 하여 결국은 독서와 규칙적인 대화의 시간과 기회를 박탈함으로써 아동에게는 모국어에 있어서 철자법 등 언어성취도를 저하시키는 주요 요인으로 작용할 수 있다.

한편 하이넬트(Heinelt, 1971)는 언어 장애와 지체의 원인과 관련하여 세 가지 범주로 제시하는데, 우선 성격적 요인(지능, 감정, 정서 및 기분, 자아 존중감, 성별, 언어동기 등), 신체적 요인(청각능력, 뇌생리학, 신경학적 원인, 근육운동, 해부학적 측면 등) 그리고 사회환경적 요인(가족적 환경, 사회문화적 배경 등)이다.

이에 본 절에서는 의사소통 장애를 구성하는 두 가지 주요소에 해당하는 말장애와 언어 장애를 중심으로 이에 따른 유형, 원인 및 특성 등에 대하여 알아보고자 한다.

1) 유형 및 원인

(1) 말장애(speech disorders)

말이란 언어(language)를 음성기호로 바꾸어 청각기관을 통하여 수용하여 이해함으로써 인간 상호간의 의사소통을 실행하기 위한 주요 수단이라 할 것이다. 따라서 체계적인 상징관계를 나타내는 기호조직을 음성부호를 통하여 상대방에게 자신의 생각과 의견을 전달하는 과정에서 발생하는 일반적인 말장애는 조음장애, 유창성 장애와 음성(발성)장애로 나뉜다.

먼저 조음장애(articulation disorder)는 언어학에서 한 낱말을 다른 낱말과 구별해주는 말의 최소단위인 음소(音素, phoneme)를 계획하거나 발음하는 과정에서 기질적이거나 기능적인 결함으로 정확하게 말소리를 산출하지 못하는 경우이다. 조음장애는 주로 지적 장애아, 자폐범주성 장애 아동, 청각 장애아, 구개파열아동 혹은 언어발달지체 아동 등에게서 자주 나타나며, 그 특성으로는 음의 산출시 주로 첨가, 왜곡, 생략, 대치 등의 현상으로 의사소통에 곤란을 가진다. 조음장애의 구체적인 원인은 대체로 기질적 원인과 기능적 원인 등으로 나눌 수 있다. 우선 기질적 조음장애는 구조적이나 신경학적 손상이 나타나며, 여기에는 단설증(텅 타이(Tongue-tie), 혀 유착증 또는 설소대(舌小帶) 단축증, 혀의 길이 및 크기가 지나치게 작은 경우), 치열의 부정교합(아랫니 및 윗니의 불균형), 구개파열, 청각 장애, 마비성 조음장애(대뇌 혹은 말초 신경계의 손상으로 인한 다양한 근육의 운동 기능저하)와 실행증(대뇌 회로상의 손상으로 조음의 근육 움직임을 계획하는 데 손상) 등을 대표적으로 꼽을 수 있다. 이어서 기능적 조음장애는 구조적, 청각적 혹은 신경학적 손상은 없지만 인지 기능, 잘못된 발음습관, 학업성취도, 문화적 영향 등으로 인하여 자신의 독특한 패턴으로 나타나는 조음장애를 일컫는다. 더불어 각종자음 및 모음을 발음하는 데 필요한 조음기관 가운데 하나인 입술을 닫고 열거나 또는 둥글게 하는 기능 등이 미약하거나 불가능하면 바른 조음이 불가능한 것이다. 혀는 다양한 모양과 위치를 형성하는데 기능상 문제가 있는 경우에는 자음과 모음의 정확한 음의 산출에 문제가 발생할 수 있다(Vernooij, 2007).

한편 유창성 장애(fluency disorder)란 조음기관이나 발성기관의 기질적인 장애 없이 주로 심리적 혹은 환경적인 요인으로 구어의 정상적인 흐름이 곤란하여 율동적이고 유연한 방식으로 진행되지 못하는 것을 말한다. 유창성 장애는 말의 흐름(시간)에 문제가 있는 것으로 음의 반복 또는 연장 등에 의해 말의 흐름에 이상을 가져오는 말더듬이나 말하는 속도가 지나치게 빠르고 비조직적인 문장구어로 발음이 불분명한 속화 등이 있다. 또한 유창성 장애는 일반적으로 정상적인 사람의 말 수행에서 일어나는 비유창성을 이른바 '정상적인 비유창성'이라고 한다. 여기에는 삽입(예를 들어, '어, 저, 그러니까 동대문이 어디입니까?'), 수정(예, '오늘은 소나기가 아니 보슬비가 내립니다'), 미완성구(예, '오늘은 날씨가...'), 구의 반복(예, '오늘은 날씨가, 오늘은 날씨가 매우 좋군요') 혹은 쉼(예, '오늘은 (쉼) 매우 춥군요') 등의 특징이 있다.

하지만 병리적인 비유창성은 구어의 유연한 흐름을 방해 혹은 깨어짐의 현상이 일어남을 의미한다. 이에 병리적인 혹은 비정상적인 비유창성은 말소리의 반복(예, 단어 전체의 반복: '오늘, 오늘은 기분, 기분이 참 좋아요'/단어 부분 반복: '오, 오, 오, 오늘은 기분이 참 좋아요'), 말소리의 연장('오----늘은 기이-----분이 참 좋아요'), 말소리의 폐쇄('오(폐쇄/막힘)늘은 기분이......'(기류의 멈춤 혹은 고정), 말소리의 투쟁('오늘은 기분이 참 좋아요'라고 말할 때 얼굴의 찡그림, 몸 비틀기 혹은 시선의 교란 등의 행동이 수반됨)이 있다. 한편 유창성 장애의 원인으로는 매우 다양한데, 먼저 기질적인 원인(말더듬의 경우는 언어정보를 좌반구가 아닌 우반구에서 처리한다는 이론의 언어반구의 문제, 유전적 문제), 신경증(성격, 정서적인 문제, 내적갈등), 학습이론(부모, 주변에 의한 학습) 혹은 언어학적 이론(언어발달 지체) 등이 있으며, 그 외에도 부적합한 교육환경을 통하여 말더듬 증상이 고착화될 수도 있다. 보통 말더듬의 약 80%는 3~5세 사이에 첫 증상이 나타나고, 모든 아동의 약 1%만이 말더듬 현상이 지속되어 조기중재를 필요로 하며 치료의 가능성이 매우 높다고 본다. 그러나 5년 이상 말더듬 현상을 보이는 아동에게 있어서 치료의 개연성은 20%로 낮아진다고 한다. 아울러 말더듬의 남녀 비율을 살펴보면, 3~10명 : 1명으로 남자아이에게서 훨씬 더 빈번하게 나타난다고 한다(Grohnfeldt, 1990).

이어서 음성(발성)장애(voice disorder)는 성대를 비롯하여 호흡기관 혹은 말소리의 구조적이거나 기능적인 손상에 의하여 음도(pitch)나 크기(loudness) 그리고 음성의 질적 변화가 나타남으로써 콧소리, 쉿소리, 숨이 새는 소리, 거친 소리 혹은 쉰 소리 등으로 의사소통에 곤란을 초래하는 말장애의 한 유형이다. 또한 음성장애의 원인으로는 크게 두 가지로 대별할 수 있는데, 즉 기질적 음성장애와 기능적 음성장애이다. 우선 기질적 음성장애는 구조적 혹은 신경학적인 손상을 말하는데 예를 들어, 선천성 기형(선천성 후두막, 고양이 울음 증후군, 선천성 후두낭종 및 후두 점막증, 선천성 후두 연화증 등), 외상성 질병(물리적 충격으로 인한 손상, 화상, 화학적 부식으로 인한 손상, 방사선에 의한 손상 등), 염증성 질환(급성 및 만성 후두염), 후두종양, 후두신경장애, 내분비병리(갑상선 및 부갑상선 기능장애, 뇌하수체 기능장애, 생식선 기능장애 등), 후두적출시술 등 다양한 원인을 들 수 있다. 그리고 기능적 음성장애는 후두의 구조적인 변화가 나타나지 않음에도 불구하고 음성장애를 보이는 것은 주로 성대의 사용에 있어서 잘못된 발성이나 잘못된 호흡, 지나치게 약하거나 큰 음성의 부적절한 강도, 사춘기, 호르몬의 변화, 스트레스, 지나친 흡연, 오염된 환경적 요인과 위식도 역류, 알레르기, 알코올 등 생물학적인 원인 등 매우 다양한 성대의 오남용과 관련이 깊다고 할 수 있다(Grohnfeldt, 1993; Knura, 1974).

(2) 언어 장애(language disorder)

일반적으로 지적 장애, 뇌성마비, 자폐범주성 장애, 과잉행동 장애, 청각 장애 아동, 소아정신병, 사회적 언어 경험의 박탈이나 제한 등으로 인하여 수반되는 언어 장애는 주로 수용언어(언어이해력) 장애와 표현언어(언어표현력) 장애로 구분한다(Grimm, 1999; Mervis/Bertrand, 1997). 다시 말하자면, 이는 자신의 생각과 느낌을 언어적인 체계(예, 구어, 수어 등)로 상징화 또는 기호화하는 데 어려움을 나타내거나, 화자의 상징화나 기호화된 언어적인 체계과정을 수용하거나 이해하는 데 어려움으로 인하여 발생하는 의사소통 장애 중에 한 가지를 의미한다.

아울러 언어 장애의 유형으로는 구문론(언어형태) 장애를 비롯하여 의미론(언어내용) 장애 그리고 화용론(언어기능) 장애로 나누기도 한다. 구문론 장애는 언어학적 구조나 형태의 이상으로 형태소 및 낱말의 배열과 그들이 결합하여 구, 절, 문장 등을 이루는 방법에 문제가 있는 것을 말한다. 예를 들어, "사과가 나를 먹었다"와 같이 문법 형태소를 잘못 사용한 경우, 낱말의 순서를 바꾸어 문장을 만드는 경우, 문장이 아닌 구의 형태로 사용하는 경우 등의 특성이 있다. 이어서 의미론 장애는 말의 이해나 내용에 관한 이상으로 단어나 문장의 의미를 잘못 이해하고 사용하는 경우로, 예를 들어, 상대어(예; 여기-저기, 이-저)의 이해와 사용 곤란, 접속문의 의미 이해 곤란(예; '나와 어머니는 시장에 갔다'에서 '내'가 시장에 간 것은 이해하지만 '어머니'가 시장에 간 것은 이해하지 못한다) 등의 특성이 있다. 또한 화용론 장애에서 화용론적 능력이란 화자의 입장에서는 청자의 의도를 인식하고 이해하는 능력을 의미하며, 청자의 입장에서는 화자를 인식하고 이해하는 능력을 말한다. 이에 화용론 장애는 실제 의사 소통상황에서 화자와 청자 사이에 말의 기능적인 이상을 가리킨다. 예를 들면, 간접적인 표현을 이해하지 못한다거나 의사소통순서를 잘 지키지 못하여 대답을 기다리지 않고 질문만 하는 것이다. 화용론 장애의 경우 말을 잘 알아듣지 못하거나, 어휘의 수가 적으며, 말이 연결되지 않는 것, 말의 수가 적으며 혹은 조사의 사용과 용언의 활용능력이 부족한 것 등 다양한 특성을 볼 수 있다.

이와 더불어 언어 장애는 실어증(aphasia)을 포함하기도 하는데, 실어증이란 이미 습득한 언어적 기호(language symbol)를 이해하거나 표현하는 데 어려움을 가지는 경우인데, 그 원인으로는 뇌졸중을 비롯하여 뇌출혈, 교통사고 및 안전사고와 같은 외상(trauma) 등으로 언어중추에 손상으로 나타나는 장애이다. 이는 뇌손상으로 인하여 이전에 비해 말하기(speaking)를 비롯하여 듣기(listening), 읽기(reading) 그리고 쓰기(writing)를 통한 의사소통 능력이 저하된 경우를 의미한다. 또한 실어증은 다양한 형태로 구분하는데, 우선 말을 하지 못할 뿐만 아니라 이해하지 못하는 전반적 실어증 그리고 건망성 실어증(Anomic aphasia)으로 사물의 이름이나 개념을 말하는 데 장애가 있으며 뇌의 측두엽의 병변으로 인해 발생한다. 그리고 브로카 실어증(Broca's aphasia)은 극히 천천히 말을 하며 단어들끼리 떨어지는 특징을 보이는 등 유창성 및 조음장애를 보이는 실어증이다. 이것은 넓은 왼쪽 전두의 상해에 의해 발생하며, 문법에 어긋난 말의 특징은 명사와 동사는 풍부하지만 관사와 전치사가 부족하여 결과적으로 말이 짧으며 구문이 결핍되어 있는 점이다. 또 베르니케 실어증(Wernicke's aphasia)은 말을 할 수는 있지만 말한 내용을 충분히 이해하지 못하는 등 문어와 구해의 이해에서 장애를 보이는 실어증의 형태로 베르니케 중추의 손상에 의해 발생하는 것이다(Poeck, 1977; Bauer/Kaiser, 1988).

2) 출현율

사실 의사소통 장애는 원인과 그 유형이 매우 다양하기 때문에 정확한 출현율을 산출하기는 쉽지 않다. 한국보건사회연구원(1991) 등 각 조사연구에서 제시된 의사소통 장애의 유형별 출현율을 살펴보면 약 0.84%다. 연구결과들은 서로 차이를 나타내고 있는데, 이것은 장애의 정의(음운장애, 음성장애, 말더듬, 구강안면파열, 뇌성마비, 청각 장애, 실어증, 언어발달지체 등)나 조사방법에 따른 것으로 보인다. 만일 정신지체로 인한 의사소통 장애 아동을 포함할 경우 그 비율은 훨씬 더 높아질 것이다.

독일의 경우를 살펴보면, KMK(2004) 교육통계에 의하면 6세에서 15세 사이의 학령기 아동의 약 0.4%가 언어 장애관련 학교에 재학 중인 것으로 보고되고 있으며 2000년 0.375%, 2001년 0.380% 그리고 2002년 0.394%로 해마다 약간의 증가세를 보이고 있음을 알 수 있다. 그리고 블라이딕(Bleidick, 1995)의 연구에 따르면, 의사소통 장애 중에 23.4%가 조음 장애를 보이며, 5.6%는 특정음의 발음 장애, 2.5%는 말더듬, 2.1%는 음성 장애 그리고 1.6%가 병적인 비음(鼻音) 등으로 각각 조사되었다.

아울러 그론펠트(Grohnfeldt, 1993)와 크누라(Knura, 1982)에 의하면 학령기전 아동의 약 30% 그리고 초등학교연령의 약 10% 정도의 아동이 언어적 치료를 필요로 할 정도의 언어 장애를 가진 것으로 보고 있으며, 남아가 여아에 비해 훨씬 더 높은 출현율을 보였다.

4. 의사소통 장애의 진단 및 평가

의사소통 장애의 진단과 평가는 각 관점에 따라서 다양하게 구분하여 실시한다. 하지만 대부분의 경우 의료적 측면을 비롯하여 청력, 심리적 측면, 언어검사, 특수교육학적 진단 등 종합적인 과정을 거쳐 실시하며, 연령이나 빈도, 정도, 지속시간 및 문제행동의 수반 유무 등 종합적인 요소들이 반드시 고려되어야 할 것이다.

우선 의료적 측면에서 의사소통 장애아와 관련되는 의학 분야는 소아과를 비롯하여 소아정신과, 재활의학과, 이비인후과, 성형외과 및 신경외과 등을 대표적으로 꼽을 수 있다. 이러한 다양한 분야에서 아동은 유전적, 생리적 이상 유무를 진단하는데 두뇌 기능검사를 비롯하여 대근육과 소근육, 운동발달 및 신경계 기능검사, 인지능력 검사, 청각기능, 조음기관 검사들이 실시된다. 이러한 의학적인 진단의 목적은 의사소통에 관여하는 총체적인 신체기관들의 정상적인 기능여부를 판단하는 데 있다. 의사소통 장애아에게 있어서 청각 장애는 언어발달에 매우 중요한 요소에 해당하기 때문에 청력 및 청각검사는 반드시 실시되어야 한다. 이에 검사유형에는 유아용 청력검사를 비롯하여 연령과 검사 목적에 따라서 매우 다양한 검사법이 있다. 아울러 지능검사 및 성격검사, 학업성취도검사 등 심리검사는 의사소통 장애아의 진단 및 평가뿐만 아니라 치료 및 교육에서도 중요한 자료로 사용된다. 언어검사나 언어평가는 주로 언어치료실에서 실시되며 언어표현(말장애)과 언어이해력(언어 장애) 검사로 구분할 수 있다. 특수교육학적 진단은 아동의 언어적 상태와 관련하여 잠재적 위험이 보이거나 혹은 실제로 장애가 나타날 때에 학교교육에 있어서 성취여부를 진단하는 것이다. 독일의 경우 네 개의 하위 검사항목이 있는 2세 아동을 위한 언어발달검사지(Sprachentwicklungstest fuer zweijaehrige Kinder: SETK 2)와 3~5세 아동을 위한 언어발달검사지(Sprachentwicklungstest fuer drei- bis fuenfjaehrige Kinder: SETK 3~5)가 있다. 3세 아동을 위한 언어발달 검사지는 4개의 하위 검사항목이 있으며, 4~5세 아동에게는 5가지 하위 항목이 제시된다(Grimm, 2000, 2001).

언어특수교육학적인 입장에서는 세 가지 차원의 진단이 실시되는데, 우선 언어적 능력의 분석, 신체기관이나 신경생리학적 요소, 개인의 성격적 혹은 사회적 영향요인 등을 말한다. 일반적으로 언어발달이나 언어 장애 등 언어능력을 판별하는 검사는 음성학적-음운론적 영역, 의미론-어휘론 영역, 구문론-형태론 영역 그리고 화용론 등 네 가지 영역으로 구분하여 실시하며 다양한 연령별 판별도구들이 있다(Vernooij, 2007). 그리고 이러한 다양한 판별영역과 내용을 위에서 이미 살펴본 의사소통 장애의 두 가지 형태 가운데 우선 말장애와 관련하여 살펴보면, 조음장애는 음의 산출 시에 생략, 대치, 왜곡 및 첨가의 증상을 수반하는데, 조음 장애의 유무를 판별하기 위해서는 병력, 면담, 구강 및 안면 검사, 청력 선별검사, 표준화된 조음 검사 도구, 말 표본 등의 과정을 필요로 한다. 여기에는 오조음의 발생 빈도 및 지속 시간, 생활연령 등의 다양한 요소들을 살펴야 한다. 현재 일반적으로 사용하는 조음검사 도구는 한국어 발음 검사, 바른 발음, 그림조음검사, 우리말 조음 음운학습 및 평가도구 등이 있다.

이어서 유창성 장애(말더듬)유무를 진단할 때 말더듬 유형과 빈도와 지속 시간, 수반되는 문제행동 유무 등을 동시에 참조하여야 한다. 우선 말더듬의 유형과 관련하여 일반아동에게도 나타나는 유형을 '정상적인 비유창성'이라고 하는데, 주로 삽입(예, '나는 집에 어 간다'), 수정(예, '나는 학교 아니 집에 간다'), 쉼(예, '나는 ---- 집에 간다'), 미완성구(예, '나는 가고 너는 ----'), 구의 반복(예, '나는 학교에 나는 학교에 간다') 등의 증상을 나타낸다. 그러나 이러한 증상이 정상적인 범위를 벗어날 경우에는 '병리적인 비유창성'이 된다. 대체적으로 단어 전체 반복(예, '나는 나는 학교에 간다'), 단어 부분 반복(예, '나나나나나는 집에 간다'), 연장(예, '나~~~는 학교에 간다'), 폐쇄(예, 기류의 멈춤/고정), 투쟁(예, 말을 하지 못하고 몸을 비트는 행동을 한다) 등이 나타난다. 보통 말더듬의 빈도는 말을 더듬는 단어나 혹은 음절의 수 또는 %를 측정하는데, 발화의 약 5% 이상이 말더듬 현상을 보일 경우에 말더듬으로 진단한다. 또 말더듬의 지속 시간은 말더듬 지속 시간의 평균을 측정하는데, 말을 더듬는 시간이 1초 이상 지속이 되면 말더듬으로 간주된다. 그리고 비유창성 말을 하는 동안 다양한 수반행동이 나타나는데, 얼굴의 찡그림, 몸 비틀기 혹은 떨림, 좌절감, 공포, 시선의 교란 등의 외적, 내적 행동이 수반되는 것이다. 말더듬의 검사도구로는 P-FA(파라다이스-유창성검사) 등이 있다.

한편 발성(음성)장애는 목소리의 질, 고저, 크기 및 공명이 비정상적으로 산출되는 경우를 말하는데, 사례조사를 비롯하여 호흡, 발성, 공명 등에 대한 세밀한 분석이 있어야 한다. 그리고 음성장애의 진단 및 평가영역은 사례조사와 음성 및 음성기능 평가로 나뉜다. 우선 사례조사는 설문지, 상담 그리고 관찰 등으로 구성된다. 그리고 설문지에는 발병 시기 및 기간과 같은 음성 문제 현재의 질병과 약물의 복용과 같은 의학적 측면, 음성 사용, 흡연 및 음주와 같은 음성 위생, 유전적 요인과 직업생활 등의 가정 및 직장, 청력·언어·인지발달과 같은 발달적 정보, 성격·타인과의 상호작용과 같은 개인적 정보 등을 담고 있다. 또한 음성 및 음성기능 평가에는 음성장애인의 음성을 직접 듣고 평가하는 주관적인 평가와 음성분석 기기를 사용하여 음향학적 · 생리학적 · 공기역학적 측면에서 분석하는 객관적 평가가 있다. 이 검사도구로는 성대가 들어있는 목 앞쪽의 물렁뼈인 갑상연골 양측 피부에 부착시킨 전극을 통과하는 전기의 저항을 그래프로 나타내는 전기 성문파형검사(Electro-glottography: EGG), 성대의 진동을 관찰하는 데 임상에서 가장 유용하게 사용하는 방법으로 후두 스트로브스코피(Laryngostroboscopy) 등이 있다.

이어서 수용언어와 관련하여 언어 장애의 진단, 평가는 음운능력검사(발화시 생략, 첨가, 대치 등의 음운변동을 분석), 구문능력 검사(형태소의 결합, 문법 형태소, 구문분석), 의미능력(낱말의 의미, 문장의 의미를 이해하고 표현하는 능력) 및 화용능력(의사소통의도와 대화능력 등)검사 등으로 구분한다. 현재 가장 많이 사용되고 있는 표준화된 검사도구로는 그림어휘력 검사(PPVT-R), 문장 이해력 검사, 언어 이해 인지력 검사, 영유아 언어발달 선별 검사, 취학 전 아동의 수용언어 및 표현언어 척도(REEL), 언어문제해결력 검사 그리고 한국-노스웨스턴 구문선별(NSST) 검사 등이 있다.

5. 의사소통 장애 아동의 특성

의사소통 장애로 발생하는 특성은 장애유형에 따라서 매우 다양하다. 본 절에서는 상호 작용의 관계 속에 있는 일반적인 측면을 중심으로 신체·감각적, 지적 및 학업성취도, 사회·정서적 특성으로 나누어 의사소통 장애 아동의 특성을 살펴보고자 한다.

1) 신체·감각적 특성

대부분의 의사소통 장애 아동이나 청소년들은 신체적인 기능에 있어서 특별한 문제를 보이지는 않는다. 그러나 뇌성마비나 지적 장애, 자폐성 장애 등 다른 수반장애를 가진 경우나 또는 선천성 기형을 비롯하여 외상성 질병이나 후두종양, 후두신경장애, 내분비병리 및 후두적출시술 등 구조적, 신경학적인 손상으로 인한 기질적 음성 및 조음장애는 운동 및 운동 협응 기능의 결함으로 이어질 수 있는 것이다.

또한 중증의 시각이나 청각 장애 등 감각장애를 가진 경우에는 의사소통 장애를 수반하는 경우가 많은데, 특히 청각 장애는 조음장애를 빈번하게 유발하기도 한다.

2) 지적 능력 및 학업성취도

일반적으로 의사소통 장애아는 지적 능력이나 학업 성취에서 또래들보다 비교적 낮은 경향을 보인다. 이는 그들이 지적 장애나 학습 장애 또는 기타 장애를 수반하고 있으므로 의사소통 장애 자체가 지능이나 학업 성취에 부정적인 영향을 미친다고 단정하기는 곤란하다. 그럼에도 불구하고 언어발달과 인지 및 학업성취도는 상호 밀접한 관련성이 있는 것으로 보인다. 이에 말장애의 경우 학업성취도에는 별문제가 발생하지 않더라도 장애정도에 따라서는 또래들과의 학습이나 놀이 활동 등 사회적 상호작용에서 부정적 요인으로 작용하기도 한다. 그러나 의사소통 장애의 유형 중에 특히 언어 장애의 경우에는 말장애보다는 표현이나 수용언어에 있어서 더 심각한 결손이 나타나기 때문에 지적능력이나 학업성취도 전반에 걸쳐 훨씬 더 심각한 결과를 발생시키기도 하는 것이다.

3) 사회 · 정서적 특성

사회 · 정서적 특성과 관련하여 말장애나 언어 장애 등 의사소통 장애의 경우에는 학교나 사회적 반응에서 거부를 비롯하여 선입견이나 차별 및 불이익 등을 경험함으로써 열등감과 낮은 자아 존중감이 형성되기가 쉽다. 이러한 사회 환경으로부터의 부정적인 반응들을 의사소통 장애 아동이나 청소년들이 거듭해서 경험하게 될 경우에는 결국 정서적으로 위축되거나 분노를 유발하며 반사회적 행동 등 문제행동으로 이어지는 등 악순환적인 현상이 반복될 수도 있다는 것이다.

6. 의사소통 장애 아동의 교육적 지원 및 통합교육

학령기 아동이나 청소년들에게 있어서 특히 의사소통은 학교생활이나 일상적인 생활 중 교사나 또래들 간의 관계에서 학습활동뿐만 아니라, 놀이나 행사 등 사회적 활동에서 의미 있는 상호작용을 위한 가장 중요한 수단 중 하나에 속한다. 이에 의사소통 과정에서 오(誤)조음, 말더듬, 일탈된 음성이나 언어 이해력의 문제 등 표현언어나 수용언어 영역에서 어려움이나 문제가 발생할 경우에 일반적인 학습과정이나 혹은 대인관계에서 다양한 문제들이 나타나게 되는 것이다.

흔히 의사소통 장애는 자폐범주성장애나 지적 장애 혹은 학습 장애 등 기타 다양한 수반장애가 함께 보이기도 하는 것이다. 또한 의사소통 장애가 구조적이나 신경학적 원인으로 유발된 경우에는 의학적 중재를 반드시 필요로 하는데, 기능적이거나 심리학적 문제로 유발된 말장애나 언어 장애는 언어병리학과 언어치료학적 측면에서 중재할 수 있는 것이다. 따라서 말-언어 장애 학생들은 일반학급이나 특수학급 혹은 특수학교에 배치되기 때문에 원활한 의사소통을 강화하기 위한 교육적 중재에는 특히 일반학급 교사, 특수학급(교)교사, 언어치료사 및 부모들 간의 긴밀한 협력이 반드시 요구된다. 의사소통 장애의 교육을 위한 일반적인 기본원리는 다음과 같이 두 가지로 구분된다.

첫째, 먼저 학교 및 가정에서 원활한 의사소통을 위하여 수(허)용적인 환경조성이 매우 중요하다. 교사 및 부모는 아동의 언어발달 촉진을 위하여 깊은 관심을 가지고 경청해야 하며, 아울러 아동의 단점이나 실수에 대하여 비판하지 말아야 한다. 또한 통합교육 환경에서는 또래들이 의사소통 장애아에 대한 올바른 인식과 태도를 기초로 상호작용하도록 지도해야 한다.

둘째, 의사소통 장애 아동 및 청소년들의 의사소통 기술을 향상시키기 위하여 학교나 가정 및 기타 여러 활동과정에서 말을 할 수 있는 다양한 환경이나 기회를 최대한 제공하여 성취동기를 고취시키는 것이 무척이나 필요하다.

이에 의사소통 장애유형에 따른 몇 가지 기본적인 치료나 교육원리 및 통합교육에 관하여 살펴보고자 한다.

1) 의사소통의 장애유형별 지도 원리

의사소통 장애에서 먼저 말장애의 가장 많은 유형인 조음장애, 유창성 장애 및 발(음)성 장애와 언어 장애(언어발달지체)와 관련된 지도법에 대하여 알아보고자 한다.

(1) 조음장애

조음장애를 위한 교육적 접근방법에서는 우선 기능적 장애와 기질적 장애 등 장애 원인별로 구분하여 교육적 서비스를 제공하는 것이 고려되어야 한다. 예를 들어, 구개파열이나 청각 장애와 같은 기질적(구조적)인 원인으로 발생한 조음장애는 무엇보다도 우선 의료적인 측면에서 조치가 필요한 경우가 많다. 또 다른 기능적인 조음장애는 우선 말을 듣고, 그 차이를 알게 하는 것으로 'ㅅ'을 'ㅈ'으로 대치하는 아동의 경우에, '사사', '사자', '자사' 혹은 '자자' 등의 소리를 들려준 다음 구분하도록 훈련하는 변별 교육을 한다. 또한 특정음을 발음하고 그 소리가 어느 글자의 발음인지 알도록 하는데 '사' 혹은 '자'음을 소리 낸 다음 아동은 '사' 혹은 '다' 가운데 어떤 것인지 알아맞히는 인식교육을 필요로 하는 경우도 있다. 아울러 실제로 정확하게 음을 발화하는 산출 및 그 산출된 조음이 일상적인 환경에 일반화하는 전이 과정의 언어치료 및 교육도 조음장애를 개선하는 데 중요한 교육적 지원이라 할 것이다.

(2) 유창성 장애

유창성 장애의 대표적인 유형 중애 하나인 말더듬의 치료 및 교육을 위하여 가장 중요한 점은 우선 언어적 환경을 허용적 또는 수용적인 분위기로 개선하는 것이다. 만일에 아동의 비유창성으로 인하여 주변으로부터 비난이나 벌을 받거나 좌절을 자주 경험할 경우에는 말더듬 증상이 더욱더 심화될 수밖에 없을 것이다. 따라서 심리적으로 안정되고 편안한 분위기를 바탕으로 또래들과 함께 큰 소리로 책읽기나 동시 읽기, 역할극, 놀이 또는 노래 등을 통하여 자신감을 향상시키며, 교사, 치료사 및 부모는 인내심을 가지고 점진적인 치료효과를 목표로 유창성 장애의 교육적 접근을 시도해야 할 것이다.

(3) 발성(음성)장애

발(음)성 장애의 치료와 관련하여 두 가지 관점이 있는데, 첫째는 기질적 또는 구조적 원인으로 발성장애가 유발된다면 근본 원인에 대한 의학적인 치료가 우선적인 과제일 것이다. 예를 들어, 후두병변으로 인하여 후두절제수술을 한 경우에는 정기적인 이비인후과 치료와 동시에 인공후두에 의한 발성이나 식도발성 훈련이 필요하다. 또한 기능적인 요인으로 발생하는 발성장애의 경우에는 심리치료를 병행하면서 발성 훈련이 진행되어야 한다. 특히 대인공포증 등 심리적인 장애요인을 감소시키고 올바른 호흡 및 발성훈련을 통하여 원활한 의사소통을 지원하기도 한다.

(4) 언어 장애(언어발달지체)

언어 장애나 언어발달지체는 주로 지적 장애, 학습 장애, 뇌성마비, 자폐범주성장애 등으로 인하여 종종 유발되는 경우가 흔하다. 이러한 경우에는 아동들을 위해서 언어의 문법적 구성이나 어휘발달 등 언어 이해력 향상을 통하여 표현언어 및 수용언어의 전반적인 발달을 촉진하기도 한다. 그리고 언어 장애 유형에 따른 교수방법은 주로 구문론(언어형태), 의미론(언어내용) 및 화용론(언어기능) 등 언어학적 접근법을 통하여 의사소통 능력을 개선하도록 돕는다.

2) 의사소통 장애 아동의 통합교육

특수교육의 역사에서 의사소통 장애를 가진 아동의 대부분은 과거에뿐만 아니라, 오늘날에도 또래 비장애 아동들과 함께 수업을 받았다. 통합교육의 성패는 교사와 학급 비장애 또래아동들이 의사소통 장애 및 장애 아동 및 청소년들에 대한 이해를 기초로 공동 노력의 여부에 달려있다(Welling, 2000).

특히 말-언어 장애 아동의 통합교육에 있어서 주요 관심사는 우선 또래 아동들과의 학습 및 사회적 활동에 있어서 의미 있는 상호작용을 위하여 표현언어와 수용언어의 원활한 활용에 두고 있다. 이에 성공적인 통합교육의 실현을 위하여 장애 아동의 입장에서는 또래와의 관계 가운데서 의사소통의 모방학습과 발성, 음성의 질, 말의 유창성 및 언어적 이해력을 향상하는 언어치료를 통하여 전반적인 의사소통기술을 촉진하는 것이라 할 수 있다. 그 반면에 교사 및 비장애 또래들의 관점에서는 적합한 모델의 역할로서 의사소통 장애아에게 심리-정서적으로 허용적이며 수용적인 환경과 분위기를 형성하여 수업활동뿐만 아니라 휴식시간, 학교의 행사 및 각종 활동 시에 표현언어와 수용언어의 촉진을 위한 상호 의사소통의 기회를 최대한 제공하는 데 강조점이 있는 것이다.

제10장

정서 · 행동 장애

정서 · 행동 장애 아동이나 청소년들은 교육의 역사에서 사회복지학을 비롯하여 심리학, 신경정신의학, 법학, 교육학 등 다양한 학문적 입장에 따라서 사회부적응아, 정서장애아, 범법자, 문제아, 비행청소년, 반 사회아 등 매우 다양한 용어로 불리었다. 정서 · 행동 장애아는 불안한 정서와 문제 행동으로 인하여 개인생활이나 학교생활, 사회생활 및 대인관계의 형성 등 삶의 전반적인 영역에 걸쳐 매우 여러 가지의 부정적인 문제와 결과를 초래하게 된다.

1. 정서 · 행동 장애 아동 교육의 역사

교육학이나 사회복지 영역 관련 역사에서 사회적 행동이 일탈 현상을 가진 사람들은 모든 시대뿐만 아니라 문화권에도 존재하였다. 보통 개인의 행동에 있어서 일탈 현상의 강도(强度)나 사회 환경적 반응은 주로 문화적인 요인을 비롯하여 종교적, 윤리적, 경제적 혹은 사회적 상황 등 여러 가지 관계를 중심으로 일어난다. 이러한 각 국가나 문화권에서 사회적 규범이나 기대에 부합하지 못하는 일탈적 행동에 대한 사회적 반응은 수 세기를 지나오면서 매우 다양한 형태를 보였다. 특히 이에 대하여 유럽 문화권에서는 사형에서부터 다양한 신체적인 체벌을 거쳐 사회적 적응을 돕기 위한 합리적인 치료나 교육적 도움에 이르기까지 다양한 모습으로 나타났다(Vernooij, 2007).

오늘날 정서 · 행동 장애아교육이라고 불리는 행동상 문제를 가진 아동이나 청소년들에 대한 교육기관의 형태는 역사적으로나 국제적으로나 보통 다섯 가지로 정리할 수 있다(Bleidick, 1995).

첫째, 사회복지학적인 관점에서 유기아동을 비롯하여 방임된 아이 혹은 고아 등은 기독교 초기에는 대부분 수도원에서 보호되었고, 그 후에는 병원에서도 일부 수용되기도 했다. 중세시대의 병원들은 질환을 가진 사람들뿐만 아니라, 동시에 빈궁한 모든 사람들을 위한 기관이기도 했다. 또한 이 시대에 사회적 소외계층의 아이를 돌보는 기관은 주로 기아(飢餓) 육아원이나 고아원이었는데, 이곳에서는 단지 읽기나 쓰기 등 기초적인 기능을 통하여 종교적인 교리문답을 중점적으로 교수했으며, 계획적인 교육이라기보다는 그 당시의 수도원 학교와 마찬가지로 채찍 등을 가지고 행한 매우 엄격한 규율이 강조되었다(Guenther, 1978). 또한 사회적 빈곤층에 있는 아이들을 위한 고아원이 1547년 독이의 뤼벡(Luebeck)을 비롯하여, 1550년에는 이탈리아의 밀라노(Milano), 1561년 네덜란드의 암스테르담(Amsterdam), 1597년 함부르크(Hamburg)와 1600년에는 프랑스의 파리(Paris)에 잇달아 건립되기 시작하였다. 또한 신성 로마제국이 있던 독일을 중심으로 로마 가톨릭 교회와 개신교 사이에서 벌어진 종교전쟁인 30년 전쟁(1618~1648) 후에 고아원 설립이 급속도로 확충되었다. 아울러 개신교의 새로운 움직임으로서 독일 경건주의의 대표자이며 루터파 신학자인 슈페너(P. J. Spener, 1675~1705)와 독일 개신교 신학자이자 교육학자였던 프랑케(A. H. Francke, 1663~1727) 등의 신학자로 대표되는 경건주의가 대두되면서 인간을 실제적으로 돌보고 도우며 결국은 구원에 이르게 하는 일에 특히 집중하였다.

<슈페너(P. J. Spener)>

출처: https://upload.wikimedia.org/wikipedia/commons/7/7e/Philipp_Jacob_Spener.jpg

따라서 그들에게 있어서 특히 빈곤하고 행동에 여러 가지 어려움이 있는 방치된 아동이나 청소년들의 교육이 주 관심사였다. 아울러 그들은 구빈원(救貧

院)이나 고아원에 더 이상 보호만 하거나 또는 구걸행각에 무관심한 것이 아니라, 계획적인 학습과 아울러 노동을 통하여 직업을 준비하는 데도 중점을 두기도 했다. 그 첫 번째 모범적인 공업(실업)학교는 1784년 독일의 루터파 목사였던 바게만(G. W. Wagemann, 1742~1804)에 의해 괴팅겐(Goettingen)에 설립되었는데, 이 학교에는 가난하고 방치된 아이들뿐 아니라 가족 환경이 양호한 아동들 중에 교육이 곤란한 아동들도 동시에 입학하였다. 특히 오늘날 행동 장애아교육에 있어서 중요한 위치를 점하고 있는 스위스의 교육학자였던 페스탈로치(J. H. Pestalozzi, 1746~1827)는 가족이 없거나 혹은 방치된 아동들을 기숙학교에서 가족교육과 심리학적으로 근거를 둔 수업을 실시하였다.

<프랑케(A. H. Francke)>

출처: https://de.wikipedia.org/wiki/August_Hermann_Francke#/media/Datei:August-Hermann-Francke.jpg

<취리히에 소재한 페스탈로치(J. H. Pestalozzi) 동상>

출처: https://de.wikipedia.org/wiki/Johann_Heinrich_Pestalozzi#/media/Datei:Pestalozzidenkmal_Zürich.jpg

둘째, 범죄교육학적인 측면에서 교도소를 비롯하여 청소년 교도소, 교도소학교 등의 교정 시설에서 행동 장애아들에 대한 사회적 조치가 시행되었다. 이미 16세기 말경인 1595년 네덜란드의 암스테르담(Amsterdam)에서는 범법행위를 한 아동과 청소년들을 사형이나 금고형을 통하여 교화하기보다는 오히려 엄격한 훈육이나 중한 노동, 종교적인 상담 및 수업을 통하여 그들의 행동을 개선하고자 하였다. 또한 1609년에는 브레멘(Bremen), 1613년 뤼벡(Luebeck), 1617년 카셀(Kassel), 1622년 함부르크

(Hamburg), 1636년에는 단치히(Danzig)와 1675년 뤼네부르크(Lueneburg) 등 독일의 여러 지역에서도 청소년 관련 교도소가 잇달아 건립되었다. 그리고 18세기 말까지 독일에 행동상에 결함을 가진 아동 및 청소년을 위한 교도소가 최소한 60여 개가 설립되었다. 교도소학교에서는 기독교 신앙교육뿐만 아니라 셈하기, 쓰기 및 읽기도 가르쳤으며, 아울러 미술교육도 실시하였다. 이러한 이론이나 실제는 훗날 1922년 소년법원법(Jugendgerichtsgesetz: JGG) 제정을 비롯하여 범죄 청소년들을 위한 다양한 규정과 기관들이 생기는 중요한 동기로 작용하였다. 특히 당시에 독일의 가장 유명한 청소년 교도소는 1920년 6월 20일 함부르크(Hamburg)의 엘베(Elbe)강가의 하뇌퍼잔트(Hahnoefersand)였다. 이 시설에서 독일의 심리학자이자 사회학자였던 본디(C. W. Bondy, 1894~1972)와 범죄학자 및 사회교육학자였던 헤르만(W. Hermann, 1896~1972)이 현대적인 교육을 실시하기 위하여 노력하였다.

<본디(C. W. Bondy), 왼쪽>

출처: https://de.wikipedia.org/wiki/Curt_Bondy#/media/Datei:Curt_bondy_2.JPG

<함부르크의 하뇌퍼잔트(Hahnoefersand) 청소년 및 여성 교도소 건물>

출처: https://de.wikipedia.org/wiki/Justizvollzugsanstalt_Hahn%C3%B6fersand#/media/Datei:Christian-Koch-Haus_JVA_Hahnöfersand.jpg

한편 히틀러와 민족사회주의자들의 나치정권(1933~1945) 동안에 이 소년법원법은 수정되었으며, 1960년 독일 교육부장관회의(KMK)에서 교도소학교도 특수학교의 한 형태로 포함되었다. 그러다가 1972년의 독일 교육부장관회의에서는 교도소학교가 특수학교에서 다시 제외되었지만, 함부르크(Hamburg) 등과 같은 몇몇 지역에서는 많은 학습 장애 및 행동 장애 학생이 청소년 교도소에서 함께 특수 교육적 서비스를 실시하였기 때문에 여전히 특수학교의 제도권 내에 잔류하기도 했다. 다만 함부르크에서는 1976년까지 교도소학교가 여전히 특수학교의 제도권 형태로 유지되었다.

셋째, 학교교육학적인 관점에서는 관찰반(Beobachtungsklasse: Beo-Klasse)을 비롯하여 교육반(Erziehungsklasse: E-Klasse), 분리된 소그룹반(separierende Kleinklasse) 등의 다양한 명칭의 형태로 설치되었다. 이 중에 인지에는 큰 문제가 없지만 '감정과 의지영역'에 장애를 가져 또래학생들의 교육 및 학습에 위험을 유발하는 학생들을 위한 관찰반은 1926년 봄에 스위스 취리히(Zuerich)에 설치되었다. 이와 유사한 형태로 독일 베를린(Berlin)에서는 이른바 교육반이 생겨났다. 이러한 기관들의 주요한 과제는 또래학생과 환경과의 관계를 정상화하는 것에 두었다. 그리고 관찰반 체제의 확충은 1950년대에 절정을 이루었다. 스위스의 관찰반과 독일의 교육반의 형태를 따라 독일에서는 다시 초등학교 과정에 행동 장애 학생을 위한 분리된 형태의 소그룹반이 1957년 함부르크와 1961년에 브레멘(Bremen)에서 각각 설치되었다. 그 이후 1950년 중반까지 구서독에는 행동 장애 아동 및 청소년들을 위한 특수학급을 함부르크에서는 '소 그룹반', 베를린에서는 '관찰반', 그리고 브레멘에서는 '교육반', 또한 하노버(Hannover)에서는 '공동생활 곤란자 반(Klasse fuer gemeinschafts-schwierige Kinder)' 등 다양한 명칭으로 불렸다. 아울러 일탈행동의 유형과 정도의 다양한 현상에 대하여 1950년 프랑스 파리에서 제1회 국제 정신의학회(Der 1. Internationale Kongress fuer Psychiatrie)가 개최되어 '행동 장애(Verhaltensstoerung)'라는 개념으로 정하였다.

넷째, 특수교육학-통합교육학적 관점에서 특수학급이나 특수학교 및 통합교육을 통하여 행동 장애 아동들에 대한 교육적 지원이 이루어지고 있다. 특히 2차 세계대전(1939~1945) 후에 대도시의 상황은 매우 어려웠는데, 항구도시이자 공업도시인 브레멘이나 함부르크는 대다수가 파괴되었으며 많은 피난민들을 수용해야 했다. 이때 전쟁 중이나 전쟁의 결과로 곤경에 있는 어린이들은 그 고통이 매우 극심했으며, 1947년과 1948년 사이에 '전상(戰傷) 아동을 위한 특수반(Sonderklasse fuer so genannte kriegsgeschaedigte Kinder)'이 설치되기에 이르렀다. 아이들의 대다수는 신경증, 주의

집중력 결핍, 사회부적응 등의 일탈행동이 나타났다(Klink, 1962). 이 특수학급은 당시 초등학교에 부속된 잠정적인 기관으로 설치되어 순간적인 위기를 완화시킬 목적을 가졌다. 그 이후에 시간이 지나면서 특수반의 성격이 변화되는데, 이는 더 이상 전상 아동이 아니라, 학업성취도가 저하되고 학습동기가 결여되거나 신경증적인 아동들로 구성되기 시작하였다. 또한 순간적인 곤경을 극복하기 위하여 설치된 특수학급이 임시적인 성격보다는 상설학급으로 인식되기 시작했다. 즉 이 학급에 해당하는 아동이나 청소년들은 또래 친구나 교사 및 수업의 진행을 방해할 뿐만 아니라, 특별한 요구를 필요로 하는 대상으로 부각되었다. 이러한 다양한 문제에 직면한 당시 수많은 초등학교의 반발은 결국 초등학교에 소속되었던 브레멘의 특수학급들이 1952년에는 '발달 장애아 특수학교(Sonderschule fuer Entwicklungsgestoerte Kinder)'로 변경되는 것을 비롯하여 함부르크, 하노버 및 쾰른(Koeln) 지역 등으로 확대되어 특수학급에서 독립적인 특수학교로 발전되었다(Klink, 1962; Muecke 1957). 그리고 이 후 1962년부터 1970년 사이에 행동 장애 아동과 청소년을 위한 새로운 특수학교 형태의 학교시설이 계속 신설되기 시작하였다. 이미 1960년에 독일 교육부장관회의(KMK)의 '특수학교제도 규정을 위한 심의(Das Gutachten zur Ordnung des Sonderschulwesens)'에서 이러한 학생의 특수학교 입학에 대한 권고가 있었다. 1968년에 함부르크에서는 '행동 장애아 특수학교(Sonderschule fuer Ver-haltensgestoerte)', 브레멘에서는 '발달 장애아 특수학교(Sonderschule fuer Entwicklungsgestoerte)'의 명칭을 가진 공식적인 교육기관들이 건립되었다.

한편 독일 중서부의 노트라인 베스트팔렌(Nordrhein-Westfalen) 주에서는 그 시기에 '교육곤란아(Sonderschule fuer Erziehungsschwierige)' 특수학교가 있었다. 동시에 1969년에는 '교육보조학교(Schule fuer Erziehungshilfe)' 형태로 이들을 위한 교육기관이 세워지기도 했다. 그 밖에도 니더작센(Niedersachsen) 주에서는 '공동생활 곤란아 학교(Schule fuer gemeinschafts-schwierige Kinder)'라는 이름으로 각각 설립되었다.

그러나 1972년 독일 교육부장관회의에서 행동 장애아 특수학교의 목적으로 학생들이 가능한 한 빠른 기간 내에 일반학교에 재통합을 천명함으로써 이 학교는 잠시 머무르는 과도기적 학교로 이해되었다. 또한 1973년 독일 연방교육협의회의 교육위원회

(Bildungskommission des Deutschen Bildungsrates)는 행동 장애 아동 및 청소년의 통합교육에 관하여 발표했는데, 함부르크-하부르크(Hamburg-Harburg)와 프랑크푸르트(Frankfurt/Main)와 뮌헨(Muenchen) 등지에서 행동 장애아에 대한 통합교육이 확대되었다.

다섯째, 정신의학적인 관점에서 아동 및 청소년 정신병원 및 병원학교 등이 행동 장애아를 위한 주요 교육기관으로도 사용되었다. 아동 및 청소년들의 정신질환에 대한 깊은 관심은 19세기 초기에 이르러 시작되었다. 그때까지만 하더라도 일탈행동을 하는 아동이나 청소년들은 보통 미개인, 부랑아, 백치, 무도병(舞蹈病) 환자로 간주되어 구걸행위를 하거나 혹은 나중에는 엄한 훈육과 중노동에 내몰리는 등 정신병원에서 비참한 환경 중에 살아야 했다. 그러나 1789년부터 1799까지 일어난 프랑스 혁명의 세 가지 기본이념인 자유, 평등, 박애정신을 바탕으로 정신질환자에 대한 부정적인 종래의 태도에 변화가 일기 시작했다. 1789년 사냥꾼들이 프랑스의 아베롱(Aveyron) 언덕 지역에서 약 12세로 추정되는 야생 소년을 발견했는데, 당시 그는 네 발로 달리고 말을 하지 못하는 등 인간의 특성은 볼 수 없고 마치 짐승 같은 행동을 하였다. 이에 그는 체계적인 관찰과 교육적 촉진을 위하여 프랑스 파리에 있는 농아시설로 이송되었다. 그 당시 정신박약이나 백치로 명명된 이 소년을 이과(耳科) 의사이며 농(聾)교사였던 이타르(J. Itard, 1774~1838)는 최초로 정신적 제한성을 가진 사람에 대한 교육을 시도하였다. 그리고 이 야생소년에 대한 6년간의 교육적 시도를 통하여 약간의 성공적인 결과를 보였지만, 이를 통하여 이타르는 세계적으로 알려지는 계기가 되었다. 이 사건을 바탕으로 소위 '비정상적'인 아동 및 청소년의 교육에 대한 관심이 증폭되었던 것이다(Malson et al., 1972).

그리고 아동 및 청소년 정신과 병원, 병원학교 등 정신질환자를 위한 각종시설에서는 의학적인 측면에서 심리학적 진단 및 치료를 실시하고, 학교 내에서뿐만 아니라 학교 외의 교육적 상황에서도 교육심리학적인 지원을 통하여 도움이 제공되었다. 또한 제2차 세계대전 이후 아동 및 청소년 정신병원에는 장기간 치료를 요하는 학생들을 위하여 이미 병원학교가 설치되어 의료적 처치와 함께 특수교육체제를 바탕으로 수업 및 교육을 담당하였다. 여기에는 프랑스의 이타르(J. Itard)를 비롯하여, 프랑스의 의사이자 교육학자이며, 지적 장애인 교육학을 학문적이며 체계적으로 정립한 세긴(E. Seguin, 1812~1880), 이탈리아의 의사이자 교육학자이며 몬테소리 교육학의 창시자인 몬테소리(M. Montessori, 1870~1952), 오스트리아의 의사이자 심층 심리학자였던 프로이트(S. Freud, 1856~1939)와 오스트리아의 의사이자 심리분석학자인 아들러(A. Adler, 1870~1937) 등의 다양한 이론을 바탕으로 진단, 교육 및 치료적 활동이 실시되었다. 그리고 1864년에는 독일의 프랑크푸르트(Frankfurt/Main)에 최초의 아동정신병원이 설치되었다(Wienhues, 1982).

그 후에 독일의 나치정권하에서 특수교육과 특수학교는 전혀 질을 달리하는 국면을 맞이하게 되는데, 우선 1933년 '차세대 유전성질병 예방법(Gesetz zur Verhuetung erbkranken Nachwuchses)'에 따라서 정신질환자, 알코올 중독자 등에게 국가적으로 강제불임시술이 자행되었고, 행동 장애아와 같은 자들은 유전적으로 열등한 자로 간주하여 모든 치료교육적인 중재가 소용없는 것으로 볼 뿐만 아니라, 교육적 변화도 불가능한 것으로 이해하는 등 의료적인 조치나 교육적 지원에서 제외되기도 했다(Vernooij, 1982/84).

2. 정서 · 행동 장애의 개념

정서 · 행동 장애의 개념은 이미 역사에서도 본 바와 같이 그 용어와 아울러 정서 및 행동상의 외현적인 형태도 매우 다양하여 통일된 정의를 내리는 것이 쉽지 않다. 현재 국제적으로 사용하는 '행동 장애'라는 용어는 1950년 프랑스 파리에서 열린 제1회 국제 정신의학회에서 정한 일탈행동의 총체적인 용어로서 정신질환에서부터 중한 범죄행위까지의 모든 형태를 포함하고 있는 개념이다(Wiesenhuetter, 1964; Myschker, 2005; Vernooij, 2000).

하버스(Havers, 1978)에 따르면, 행동 장애는 학교 환경을 중심으로 살펴보면 다섯 가지 범주의 일탈행동을 의미한다. 먼저 학교의 과제물에 대한 학생의 문제행동(주의

집중력 결핍, 게으름 등), 또래들과의 상호작용의 규칙에 있어서 문제행동(폭력, 탈취, 폭언 등), 교사 혹은 학교 관계자와의 상호작용의 규칙에 있어서 문제행동(반항, 도전, 대화거부 등), 학교나 학급의 규범에 있어서 문제행동(잡담, 신체적인 불안, 학교기물의 파손, 지각 및 수업 빼먹기, 시험 시 부정행위 등), 잔류성 일탈행동(신경증이나 과민성 행동 장애, 예를 들어, 손톱 물어뜯기, 머리카락 뽑기, 손가락 빨기, 성기 가지고 놀기, 자주 울기, 공포증 등)으로 나눈다.

한편 학교 내 환경만을 고려하는 것은 행동 장애의 일부분만을 말하는 것이며, 오늘날 학교 외부적인 환경에서 공격성을 비롯하여 폭력, 파괴, 범법행위를 하는 아동 및 청소년의 수가 증가하므로 포괄적인 개념 정의가 필요한 것이다. 따라서 미쉬커(Myschker, 2005)는 행동 장애를 다음과 같이 정의한다. 즉 행동 장애는 시대적, 문화적인 특성들을 바탕으로 사회적 기대규범으로부터 일탈되는 행동이 생활의 다양한 영역에서 빈번하고 심각하게 발생함으로 상호작용, 발달, 학습 및 노동능력이 결여되어 특별한 교육적 혹은 치료적인 도움을 통하여 극복할 수 있는 경우로 이해하고 있다. 이에 행동 장애의 개념은 의학이나 교육학, 심리학 및 사회학 등 다양한 학문적인 관점에 따라서 매우 혼재되어 나타날 뿐만 아니라, 이러한 일탈행동은 여자아이보다 오히려 남자아이에게서 더 종종 발생한다는 점이다. 미쉬커(Myschker, 1999; 2005)에 따르면, 행동 장애의 형태를 <표 10-1>과 같이 네 가지 유형으로 구분한다.

〈표 10-1〉 행동 장애의 네 가지 유형

유형	주요 특성
외현적 행동	공격성, 과잉반응, 충동성, 반항성, 규칙위반, 횡포성, 주의력 결핍, 도전성 등
내면적 행동	불안, 무관심, 우울, 위축, 친구가 없음, 수면장애, 열등감, 병·허약, 동기 결여, 자존감 결여 등
사회적 미성숙 행동	발달지체, 퇴행, 언어-말장애, 집중력 저하, 학업성취도 저하, 빈번한 피곤증세 등
사회적 범법 행동	무책임성, 흥분성, 폭력성, 좌절감, 관계성 장애, 뻔뻔함, 규정 위반, 낮은 윤리의식, 기물파괴, 중독성 약물 사용 등

또한 최근 미국에서는 '정서 · 행동 장애(Emotional and Behavioral Disorder)'라는 용어를 학문과 교육 분야에서 광범위하게 사용하고 있다. 미연방정부의 특수교육 서비스 적격성을 결정하는 장애인교육법(Individuals with Disabilities Education Act.: IDEA)에서는 심한 정서 장애(serious emotional disturbance)를 다음과 같이 정의 내리고 있다.

(1) 심한 정서 장애는 다음 중 한 가지 이상의 특성이 장기간 동안 현저하게 나타나며 교육적 수행에 불리한 영향을 미치는 상태를 의미한다.
  (a) 지능과 감각 그리고 건강 요인으로 설명할 수 없는 학습의 무능력
  (b) 또래 및 교사들과 만족스러운 대인관계를 형성하거나 유지하지 못함
  (c) 정상적인 상황에서 부적절한 행동이나 느낌
  (d) 일반적으로 만연된 불행이나 우울한 기분
  (e) 개인 문제나 학교 문제와 관련된 신체 증상이나 두려움을 나타내는 경향

(II) 심한 정서 장애는 정신분열증을 포함한다. 심한 정서 장애를 가진 것으로 결정되지 않는다면 사회적 부적응 아동들은 포함되지 않는다.

한편 우리나라 과거 「특수교육진흥법」에서 제시하고 있는 정서 · 행동 장애의 정의는 미국 IDEA에서 제시하고 있는 내용과 유사하다. 그러나 미국에서는 자폐증과 정서 · 행동 장애를 분리시키고 있는데, 우리나라의 경우 「장애인 등에 대한 특수교육법」이 제정된 2007년 5월부터 비로소 정서 · 행동 장애와 자폐성 장애를 각각 분리하여 제시하고 있다. 참고적으로 「특수교육진흥법」상의 정서 · 행동 장애를 지닌 특수교육대상자의 진단, 평가, 심사 및 선정기준은 다음과 같다.

가. 지적, 신체적 또는 지각적인 면에 이상이 없음에도 학습 성적이 극히 부진한 자
나. 친구나 교사들과의 대인관계에 부정적 문제를 지닌 자
다. 정상적인 환경하에서 부적절한 행동이나 감정을 나타내는 자
라. 늘 불안해하고 우울한 기분으로 생활하는 자
마. 학교나 개인문제에 관련된 정서적인 장애로 신체적인 통증이나 공포를 느끼는 자
바. 감각적 자극에 대한 반응, 언어, 인지능력 또는 대인관계에 결함이 있는 자

이어서 새로운 법령인 「장애인 등에 대한 특수교육법 시행령」에 따르면 정서 · 행동 장애를 지닌 특수교육대상자를 아래와 같이 정하고 있다.

> 장기간에 걸쳐 다음 각 목의 어느 하나에 해당하여 특별한 교육적 조치가 필요한 사람
> 가. 지적 · 감각적 · 건강상의 이유로 설명할 수 없는 학습상의 어려움을 지닌 사람
> 나. 또래나 교사와의 대인관계에 어려움이 있어 학습에 어려움을 겪는 사람
> 다. 일반적인 상황에서 부적절한 행동이나 감정을 나타내어 학습에 어려움이 있는 사람
> 라. 전반적인 불행감이나 우울증을 나타내어 학습에 어려움이 있는 사람
> 마. 학교나 개인문제에 관련된 신체적인 통증이나 공포를 나타내어 학습에 어려움이 있는 사람

3. 정서 · 행동 장애의 원인 및 출현율

정서 · 행동 장애의 발생 요인과 관련하여서는 매우 복합적인 모습을 보이는데, 본 절에서는 의학적(생물-신체학적) 관점을 비롯하여, 심리학적, 사회 · 문화적 그리고 교육학적 입장에서 각각 알아보고자 한다.

1) 발생원인

(1) 의학적인 입장

정서 및 행동상의 장애를 발생하는 요인 가운데 먼저 출산 시나 출산 후 신체기관의 손상을 들 수 있다. 다시 말하자면, 태아가 태내에서 가질 수 있는 손상으로서는 염색체 이상으로 발생하는 터너(Turner syndrome) 증후군(발생빈도 1:4000)과 클라인펠트(Klinefelter Syndrome) 증후군(발생빈도 1:500)에서 수동적 태도를 비롯하여 우울 증

세나 반사회적 행동경향 등 다양한 문제행동들이 나타나기도 한다(Steinhausen, 1988). 또한 출생 전후에 선천적인 원인뿐만 아니라, 산소결핍, 사고나 질병으로 인하여 뇌나 척수 등의 중추신경계의 손상으로도 행동 장애가 발생할 수 있다. 이때 나타날 수 있는 대표적인 문제 행동을 보면, 신체적인 발달지체를 비롯하여 운동장애, 집중력과 기억력 결여, 말·언어 장애, 적응능력의 결여, 다동성(多動性), 감각장애 등이 나타난다. 그리고 내분비장애도 행동이나 정서적 장애 유발요인으로 작용하는데, 특히 호르몬 체계, 갑상선 기능, 부신(副腎)기능, 생식선 기능 등의 이상을 꼽을 수 있다. 그리고 행동 장애는 정신분열증, 유아자폐성 장애, 경련성 간질(뇌전증) 등에서도 나타나는데, 사고능력 및 현실인식의 저하, 흥분성, 불안, 충동성 등이 있다(Remschmidt, 1987).

그 외에 부모요인도 마찬가지로 자신의 자녀들에게 신체적인 특성만 아니라, 특정 질환에 대한 성향도 유전하게 되는데, 이는 유전인자가 유전법칙에 따라서 결정적인 역할을 하는 것이다. 이어서 사회적 학습도 행동에 영향을 줄 수 있지만, 단지 행동경향들은 대부분 유전되는 것인데, 이때 단 하나의 유전인자가 영향을 줄 수도 있지만 대체적으로는 다수의 복합적인 유전인자들이 문제 행동의 원인으로 작용하기도 한다. 특히 영유아기 시절에 경험한 심각한 영양결핍도 뇌의 발달에 부정적인 영향을 줌으로써 뇌손상이나 지적 장애 등을 일으키는 정신적 혹은 감정의 양적 감퇴가 나타나는 감정둔마(感情鈍痲, Apathy)의 형태로 행동 장애로 이어질 수 있다. 이러한 현상은 계속하여 과잉행동이나 우울증 혹은 학업성취도의 저하나 사회적 은둔상태 등으로 진행될 수도 있는 것이다(Biermann/Goetze, 2005).

(2) 심리학적인 입장

이어서 정서·행동 장애의 여러 가지 원인과 관련하여 심리학적인 입장에서는 정신분석학(Psychoanalysis)적 접근이나 행동주의(Behaviorism)적 이론을 대표적으로 들 수 있다.

먼저 정신분석학적인 관점에서는 특히 유년시절에 부모자녀관계를 정서행동 장애의 주요 원인으로 설명한다(Freud, 1973; Erikson, 1984). 특히 프로이트(Freud, 1953)는 아동 발달을 구강기(0~1세)를 비롯하여 항문기(2~3세), 남근기(3~6세), 잠재기(7~11세) 및 생식기(11세 이후) 등 5단계로 구분하여 각 단계별 심리적 특성을 제시하였다. 이때 영유아들이 각각의 발달 과정에 있어서 적절한 환경이나 조건이 조성되지 못할 경우에 건전한 자아 및 성격형성에 문제가 발생하는데, 이는 어릴 때일수록 더 부정적인 영향을 미친다는 것이다. 예를 들어, 초기 생식기 단계에 해당하는 남근기(3~6세) 과정을 원만하게 극복하지 못할 경우에는 이어지는 오이디푸스 콤플렉스(Oedipus complex)단계를 성공적으로 해결하지 못하고 신경증에 이를 수 있다는 것이다. 이는 프로이트의 이론에 의하면, 모든 유아는 어머니에게 최초의 성적 충동을 느끼고 어머니를 독점하려는 욕망으로 인해 아버지에 대한 증오와 적의를 품게 된다는 것이다. 만일에 이러한 잠재의식 속의 갈등이 자연스럽게 해소되지 않고 고착되면 신경정신적 문제가 발생한다는 것이다. 이러한 이론을 바탕으로 볼 때, 특히 어린 시절의 불안정한 심리구조는 행동 장애의 가장 중요한 요인으로 작용한다. 인간의 생애주기 가운데서 영·유아 시기에서 건강한 발달은 사랑을 비롯하여 안전, 존중, 인정, 성공 등 결정적인 환경을 바탕으로 기본적인 욕구가 충족될 때만 결국 성취된다.

이때 무엇보다도 가장 중요한 환경은 부모인데, 특히 유년시절에 어머니나 혹은 지속적인 보호자와의 지속적인 분리 환경은 아이의 건전한 신체 및 정서발달을 저해할 뿐만 아니라 인생 전체를 위협할 정도로 매우 심각한 요인으로 작용하기도 한다. 그러나 장기간 동안 아이와 어머니와의 내면적인 접촉이 중단된 경우뿐 아니라, 정서적인 관계가 지나치게 과잉이거나 또는 결핍될 때에도 심리적으로 병리적인 현상이 나타난다. 즉, 지나치게 보호하거나 너그러운 어머니로 인하여 아이는 욕심이 많거나, 응석받이나 매우 의존적인 성향을 보일 수 있다. 반면에 매우 냉정하고 엄격한 어머니의 경우에 자녀는 무뚝뚝하거나 불만 불평하거나 공격적인 행동이 나타날 수 있는 것이다. 아울러 의식적이든 혹은 무의식적인 거부적 환경은 아이로 하여금 공격성, 방임적 행동, 자신감 및 독립심 결여, 이기주의와 성숙의 지체 등 심각한 문제들을 유발하게 한다(Spitz, 1968; Adler, 1976). 부모와 자녀 사이가 정서적으로 온화하고 수용적인 관계형성은 장차 아이로 하여금 사회적 규범을 내면화하여 바른 사회적 태도와 행동형성에

<파블로프(I. P. Pavlov)>

출처: https://de.wikipedia.org/wiki/Iwan_Petrowitsch_Pawlow#/media/Datei:Ivan_Pavlov_NLM3.jpg

<왓슨(J. B. Watson)>

출처: https://de.wikipedia.org/wiki/John_B._Watson#/media/Datei:John_Broadus_Watson.JPG

<스키너(B. F. Skinner)>

출처: https://upload.wikimedia.org/wikipedia/commons/3/3f/B.F._Skinner_at_Harvard_circa_1950.jpg

있어서 대단히 큰 작용을 한다는 것이다(Freud, 1971).

이어서 1960년대와 70년대에 최고 정점을 이룬 행동주의 관점에서 학습이론은 일반적인 행동과 마찬가지로 문제행동이나 부적응 행동도 역시 주변 환경의 자극을 통하여 학습되는 것으로 보는 것이다. 우선 러시아의 의사이자 생리학자인 파블로프(I. P. Pavlov, 1849~1936)는 동물 실험을 통하여 행동은 고전적 조건화(Classical Conditioning)의 바탕인 자극(stimulus)과 반응(response)의 과정 가운데 학습되는 것으로 보고 있다.

또한 파블로프의 조건화 이론에 영향을 받은 미국의 심리학자인 왓슨(J. B. Watson, 1878~1958)은 1920년에 이러한 원리를 11개월의 어린 알베르트(Little-Albert-Experiment)에게 사용하였다. 그는 고전적 조건형성은 동물뿐만 아니라 인간의 적응적인 행동이든 부적응적인 행동이든 불문하고 모든 행동은 성장과정에 환경적 자극과 반응 간의 학습을 통한 결과라고 주장하였다. 한편 미국의 심리학자인 쏜다이크(E. L. Thorndike, 1874~1949)에 의하면 행동은 시행착오적 반응을 반복하는 가운데 인지를 통하여 효과의 법칙에 의거하여 실패적인 반응은 약화되고 성공적인 반응은 강화되는 과정에서 학습된다는 것이다.

그리고 미국의 심리학자였던 스키너(B. F. Skinner, 1904~1990)의 조작적 조건화

<반두라(A. Bandura)>

출처: https://de.wikipedia.org/wiki/Albert_Bandura#/media/Datei:Albert_Bandura_Psychologist.jpg

는 스키너 상자를 통하여 여러 반응 가운데 하나가 보상받음으로써 보상받는 행동이 학습되는 것을 말한다. 그리고 사회학습이론가에 속하는 캐나다의 심리학자인 반두라(A. Bandura, 1925~현재)는 인간의 행동은 사회적 상호작용 가운데 모방, 관찰 등을 통하여 학습된다고 하였다(Krech & Crutchfield, 1985).

특히 학습이론의 측면에서 부적응 행동의 원인으로, 성장과정에 있어서 부모의 지나친 억제와 불안 및 공포적인 환경에서 학습에 의해 획득된 비적응적인 행동의 지속적인 습관은 계속하여 신경증이나 공포증, 충동성, 우울증, 야뇨증 혹은 공격성 행동 등 다양한 문제행동으로 이어진다는 것이다. 특히 반두라의 모델이론(model theory)에 따르면 타인의 행동 양식뿐만 아니라 영화 등 대중매체와 또래의 간접적인 환경을 통하여 관찰과 모방에 의하여 행동형성에서 중요한 요인에 속한다(Bandura, 1976).

(3) 사회 · 문화적인 입장

이어서 사회학적인 관점에서 볼 때, 인간의 행동이란 기본적으로 인간 상호간의 관계 속에서 사회적으로 지배적인 규범이나 가치와 깊은 관련이 있다고 보는 것이다. 여기에서 다른 사람과의 상호작용에 있어서 사회로부터 허용되거나 기대되는 규범적 행동은 우선 대다수의 개인들이 보이는 행동(통계적 규범)과 법, 도덕 또는 교육목표 등 사회 규범적인 가치를 바탕으로 하는 행동(이상적 규범) 혹은 사회적으로 편안하고 유익이 되는 행동(기능적 규범) 등을 의미한다(Mutzeck, 2000). 그러나 일반적으로 통용되는 사회적 기대 및 규범 등 사회 문화적 요소로부터 일탈적인 문제행동이 나타났을 경우에는 낙인(labeling)을 붙이게 된다(Krappmann, 1975).

그리고 행동 장애아와 관련된 시설에 있는 아동의 약 80%는 사회적으로 하위계층 출신이며, 이들은 사회화 과정에서 다양한 결손 요인들이 작용한다는 것이다. 이는 현실적으로는 대부분 중산층 출신 아동들을 주요 대상으로 형성된 교육제도 및 교육기관 가운데서 인지적, 사회적 및 정서적인 영역에서 학업성취도가 경쟁적으로 요구되고 있다. 이러한 사회적 환경에서 적은 수입, 열악한 거주환경, 제한적인 일자리, 무력감의 체험 등 하위계층의 아동 및 청소년들은 중산층과 비교할 때에 가족 내적인 관계에서 병리적 현상이 나타날 수 있다. 또한 더 나아가서 제한된 사회적 관계는 학교 및 교육에 있어서 인지, 정서, 언어 등 여러 가지 영역에서 사회적 부적응을 유발하게 되는 것이다.

일반적으로 문화적인 요소에는 학교를 비롯하여 이웃, 가족, 대중매체, 또래집단, 이웃, 사회계층, 종교, 도시화 등이 있다. 그러나 이러한 요소들은 끊임없이 상호작용의 관계 속에서 영향을 주고받는데, 위의 다양한 요소들 중에 많은 것이 행동 장애와 무관하지 않다는 것이다. 인간의 일탈 행동이나 대중매체의 영향에 대해서는 예나 지금이나 의견이 다양하지만 몇 가지 연구결과를 살펴보면 다음과 같다(Biermann/Goetze, 2005).

- 텔레비전에서 방영되는 폭력성은 통계적으로 특히 여아에게서 공격적인 태도를 증가시킨다.
- 친사회적인 프로그램은 실제적으로 친사회적 태도를 강화시키는 경향이 높다.
- 장시간의 텔레비전 시청은 공격성 행동을 증가시키다.
- 학업성취도가 낮은 아동이나 이상과 현실의 구분에 문제를 가진 아동은 폭력성을 연기하는 인기배우와 자신을 쉽게 동일시한다. 그리고 폭력으로 문제해결을 하는 경향이 더 강하게 나타난다.
- 행동 장애아는 폭력성 프로그램을 더 많이 시청하며, 또한 텔레비전의 방송내용을 실제로 여긴다.
- 텔레비전의 폭력성은 이미 폭력적 경향이 강한 아동 및 청소년들에게 특히 더 매력적으로 보인다.

그 밖에 가족의 역기능도 행동 장애의 직접 또는 간접적인 유발요인으로서 중요한 영향을 미치는 것으로 본다. 여기에는 심리적 문제를 비롯하여 장애, 사회적 일탈, 범죄, 부모의 낮은 교육상태, 교육적 요소의 결손, 가족적 상황, 부부갈등, 가족 내 의사소통의 문제, 폭력, 학대, 방임, 열악한 거주환경 등이 포함된다. 또한 또래집단도 일탈행동에 관여하는 것으로 보기도 한다(von Salisch, 2005; Gasteiger-Klicpera/Klicpera, 2001).

(4) 교육학적인 입장

아동이나 청소년들의 일탈 행동의 원인으로서 교육학적인 관점은 학교를 둘러싼 환경을 주요 요인으로 들 수 있다. 사실 학생들의 문제 행동은 학생 자신의 건강이나 인지, 학습동기, 자아 존중감과 사회적 기술 등 다양한 개인적 요소와 밀접한 관련이 있지만, 학교교육 제도나 교사의 교육형태 등 학교환경에 따라서 이것이 더욱더 심각한 일탈현상으로 나타날 수 있다는 것이다. 예를 들어, 행동 장애를 유발하는 학교환경과 교사 요인으로는 성적(成績) 제일 주의적 경향에서의 학업실패나 적절한 사회적 행동에 대한 모델 기준의 결여, 훈육에 있어서 일관성 결여와 처벌적 성향, 학습자들의 개인차에 대한 둔감성, 학생에 대한 기대치의 불일치, 학습내용의 부적절성 등으로 공격성, 파괴성, 반항성이나 충동적 행동 등 다양한 반사회적 행동으로 이어질 수 있다는 점이다(Biermann & Goetze, 2005; Tausch & Tausch, 1991).

2) 출현율

정서 · 행동 장애의 출현율은 우선 표준화된 판별도구의 미비나 정의의 다양성으로 매우 여러 가지 수치가 제시되어 있다. 국립특수교육원(2001)에 의하면 학령기 아동의 약 2.71%가 정서 · 행동 장애 아동(자폐성 장애 포함)에 해당한다는 것이다. 그러나 몇몇 연구자들(김인자, 1987; 윤점룡, 1989 등)에 의하면 그 비율은 1.27~22%까지 이르는 경향을 나타내고 있다.

한편 독일의 정서 · 행동 장애의 출현율도 마찬가지로 일반화된 연구결과가 제시되지 못하고 있는데, 렘슈미트/슈미트(Remschmidt/Schmidt, 1994)의 연구에 의하면

12~20%로 보고하고 있으며, 또한 미쉬커(Myschker, 2005)에 의하면 약 5~30%까지로 상당한 불일치를 보이고 있다. 그중에 특별한 연구결과(Steuber, 1973; Myschker, 2005)를 살펴보면, 정서 · 행동 장애 아동의 60~70%가 남아였는데, 지난 30여 년 동안 여아의 출현율이 꾸준히 증가했다는 것이다. 그리고 독일의 경우(Bach et al., 1986)에는 일탈적인 행동이 장애 학생과 주요학교(Hauptschule)의 학생들에게서 가장 빈번히 나타났다는 것이다. 이러한 출현율은 물론 도시의 크기, 연령, 학교규모, 학급의 분위기, 교사의 나이 등 매우 다양한 변인들과 깊은 관련이 있는 것으로 보는 바이다.

4. 정서 · 행동 장애의 진단 및 평가

일반적으로 진단과 평가의 두 가지 중요한 목적으로는, 우선 행동 장애 여부를 결정하고, 일탈적인 행동 장애를 가진 아동과 청소년의 전반적인 교육과 치료를 위한 계획을 설정하는 데 있다할 것이다. 또한 정서 · 행동 장애의 진단과 평가를 실시하기 위하여 의료진, 특수교육자, 심리학자 및 사회복지사 등 다양한 분야의 전문가적 공동협력을 필요로 한다. 또한 행동 장애의 여부는 행동의 빈도나 강도, 지속시간, 연령 및 환경 등 다양한 요소들이 종합적으로 고려되어 결정되는 것이다.

의료진의 경우에는 국제적인 분류체계인 정신 장애 진단 및 통계 편람(Diagnostic and Statistical Manual of Mental Disorder: DSM) 또는 국제장애분류(International Classification of Disorder: ICD)를 바탕으로 행동 장애의 주요 요인과 관련하여 신경학적, 정신적 혹은 신체 기관의 손상에 기인하는지 그 여부를 판단하고 필요할 경우에는 의학적인 치료활동을 실시한다(Remschmidt & Schmidt, 1994).

그리고 특수교사는 부모를 비롯하여 교사에게 설문지 혹은 면담 등을 통하여 가정, 시설 혹은 학교 등 주변 환경에서 아동에 대한 인지능력, 학업성취도, 공포증, 신경증, 우울증, 충동성 등 성격관련 변인, 사회적 행동, 성장과정 등 다양한 정보를 수집하여 제공하게 된다.

또한 심리학자는 심리 임상적 치료의 필요성을 판단하기 위하여 심리측정검사 도구로는 지능검사를 비롯하여 적응행동검사, 사회성숙도검사, 자아개념검사 등이 있으며, 투사 검사에는 인물화 검사, 로르샤흐 검사(Rorschach-Test), 집-나무-사람(HTP) 검사 혹은 장면 구성 검사(Sceno-Test) 등을 사용한다. 그 밖에도 가족관계나 사회문화적 배경에 있어서 병인성(病因性) 요소가 있는지 파악하기 위하여 주무 사회복지사와의 면담도 실시할 수 있다.

5. 정서 · 행동 장애 아동의 특성

비어만과 괴체(Biermann/Goetze, 2005)에 의하면 행동 장애를 네 가지 차원으로 구분한다. 즉 우선 공격적 태도 등의 외적인 행동적 일탈을 비롯하여 불안 등 내적인 문제행동, 미성숙 그리고 사회적 범법행위 등으로 나눈다.

먼저 외적인 문제 행동의 형태로는 파괴적이고, 투쟁적이며 위험하거나 또한 명예훼손성의 공공연한 공격적인 행동양식과 아울러 사회적인 통제력의 결핍 가운데 손상을 입히는 행동으로서 파괴행위나 거짓말, 절도, 방화, 갱단 활동 등 은폐된 공격적 행동양식들이 여기에 속한다. 학령기 아동 및 청소년들의 약 4~10%가 심각한 사회적 문제를 야기할 정도로 공격성을 가진 것으로 본다. 이 중에 남자아이의 경우에 이미 15세 이전에 만성적으로 공격적인 행동을 하며, 나중에는 정신 병리학적으로 범법행동까지 보이게 된다. 그 반면에, 여자아이는 통계적인 자료에 따르면, 추후에는 우울증이나 공포증 등 내면적인 행동뿐만 아니라, 범법행위 등 외현적인 일탈 행동도 보이게 된다. 공격적 행동은 사회적으로나 인지적으로 학습된 행동이며, 여기에는 주변 환경을 비롯하여 개인적 성격 및 행동 등 세 가지 요소들이 서로 상호작용한다. 그리고 기본적인 가설로는 공격성이란 학습되는 행동이며, 강화나 모방학습을 통하여 촉진된다고 한다. 이러한 공격성의 개선과 중재에 있어서 변화 모델이 매우 중요한 역할을 한다. 우선 심리

역동적인 접근 방법에서 일차적인 목적은 아동을 정서적으로 이해하여 결국은 공격적인 행동을 오히려 관대하고 친절하게 자신을 표현하는 것을 학습하도록 지원하는 것이다. 그리고 행동수정이나 사회 · 인지적 중재를 위한 기초는 학습이론이며, 행동수정에 있어서 널리 알려진 기법으로는 강화(부적 및 정적 강화), 벌, 타임아웃(Time out), 소멸(소거), 모델학습(모방), 인지의 재구조화 등이 있다. 인지행동이론은 사회적 기술 습득을 포함하는데, 아동들은 공격적인 행동을 하지 않고 자신의 의견과 감정 및 욕구를 표현할 수 있는 사회적 관찰능력을 배워야 한다.

이어서 내적 문제행동의 유형에는 다양한 불안증을 비롯하여 우울증이나 사회적 위축 등이 있으며, 그 외에도 법적인 면에서 정해진 법규를 위반하는 행위로서의 다양한 범죄행위를 꼽을 수 있다. 지난 20년간 국제적으로 아동 및 청소년들의 범법행위는 가파르게 증가하는 추세를 보이고 있는데, 아마도 중독성 약물과 깊은 관련이 있는 것으로 추측된다. 아울러 가족관계의 부조화(이혼 및 별거 등)도 미성년 범죄의 중요한 요인으로 작용하는 것으로 알려져 있다.

이어서 본 절에서는 정서 · 행동 장애의 특성과 관련하여 제5판 미국정신 장애진단 및 통계편람(DSM-V-TR)과 국제 장애분류(ICD)에 나오는 진단기준을 참고로 하고자 한다. 물론 정서와 행동을 분리하여 생각하는 것은 간단하지 않다. 그리고 정서와 행동은 상호작용을 하고 중복적으로 발생하는 경우가 많다. 여기에서는 외현적으로 나타나는 현상의 강도와 빈도에 따라서 정서적 장애(정적인 측면)와 행동적 장애(동적인 측면)로 각각 구분하여 살펴보고자 한다. 우선 정서적 측면에 있어서 주요 장애로는 불안장애를 비롯하여 선택적 함구(묵)증, 반응성 애착장애, 우울 장애 등이 있으며, 행동적 장애와 관련하여는 주의력결핍 · 과잉행동장애(ADHD), 품행장애, 반항성장애 등을 대표적으로 꼽을 수 있다.

1) 정서적 측면(내면화)의 장애

(1) 불안장애(Anxiety disorder)

불안이나 공포는 현재나 미래에 대하여 지각된 위험에 대한 강한 인간의 정서적 반응으로 회피나 도피 현상을 의미한다. 여기에는 감정적(안절부절, 예민성, 짜증, 긴장 등)인 것을 비롯하여, 신체적(빠른 심장박동, 소화불량, 경련, 발열, 두통, 호흡곤란, 불면, 어지러움 등) 그리고 행동적(회피 및 도피) 이상 증상이 나타난다. 이에 불안장애를 가진 아동이나 청소년은 학교에서의 교우생활과 학업 성취뿐 아니라, 전반적인 삶에 지속적으로 부정적인 영향을 미치게 된다(Jensen, 2005). 그리고 이러한 불안장애의 하위 범주에는 분리불안장애를 비롯하여 범(일반화성)불안장애, 특정 공포증, 사회공포증, 강박장애, 공황장애, 광장공포증 및 외상 후 스트레스성장애 등이 있다.

먼저 분리불안장애(Separation Anxiety)는 일정한 환경(집)이나 대상(부모)으로부터 분리될 때에 과도하게 불안을 느끼는 정서 상태를 가리킨다. 보통 이러한 아동의 가정환경이나 양육형태를 살펴보면, 지나치게 가족 중심이거나 어린이를 과잉보호하는 경우가 많다. 이러한 아동들은 지나치게 의존적이고 융통성이 없으며, 부모의 사랑을 과도하게 필요로 하는 경향이 강하게 나타난다. 또한 사회적 위축이나 무감동, 슬픔이 나타나고 일과 놀이에 집중하지 못하기도 한다. 아동의 연령에 따라서는 동물·괴물·어둠·폭력·강도·유괴범·사고 등에 공포를 느끼기도 하고, 죽음이나 죽는 것에 대한 염려도 많이 하고 학교에 가기를 거부하여 학업상 장애나 사회적인 고립을 초래하기도 한다. 분리가 예상되어 기분이 상할 때는 화를 내거나 분리를 강요하는 사람을 구타하는 일이 발생하기도 한다. 또한 혼자 있을 때는 누가 자기 방을 훔쳐보거나 무서운 형체가 다가온다고 느끼기도 하는데, 이때 교육 및 치료는 우선 부모의 양육 환경과 방법을 단계적으로 개선하고 수정해야 한다.

이어서 범불안장애(generalized anxiety disorder)는 과잉불안장애라고도 하는데, 특정상황이나 대상을 중심으로 발생하기보다는 다양한 상황에서 지나치게 걱정하고 불안을 나타내어 학교나 사회생활에 심각한 지장을 유발시킨다. 그리고 범불안 장애에서 신체적 증상으로는 쉽게 피로해지거나 자극에 민감, 근육의 긴장, 수면장애 등을 들 수 있다. 또한 범불안 장애를 효과적으로 개선하고 치료하기 위해서는 무엇보다도 왜곡된 지각을 바로잡아 불안을 해소시켜 주는 인지치료나 환자의 신체 증상에 대해 직접적으로 개입하여 잘못된 행동 방식을 고쳐 주는 행동치료 및 항불안제나 항우울제 등의 약물 치료를 중심으로 하면서 정서적으로 지지적인 접근을 해야 한다.

또한 특정 공포증(specific phobia)은 일정한 대상이나 상황에 대해서 분명하고도 지속적인 두려움을 느끼며, 두려운 자극에 노출되면 즉각적인 공포반응이 나타나는 것이다. 이에 특정 공포증에는 먼저 동물이나 곤충을 두려워하는 동물형을 비롯하여, 천둥이나 폭풍 등 자연환경을 두려워하는 자연 환경형, 피를 보거나 주사를 맞거나 신체적 손상을 두려워하는 혈액-주사형, 폐쇄공포증(폐쇄된 공간을 두려워 함)이나 고소공포증(높은 장소, 비행기 타는 것 등을 무서워함)처럼 특정 상황을 지나치게 두려워하는 상황형 등을 들 수 있다. 흔히 아동들에게 보이는 공포적 반응은 인지적이나 행동적 혹은 신체적 측면에서 나타나는데, 공포증 아동의 인지는 공포 자극에 노출됨과 동시에 어떤 끔찍한 일이 일어날 거라고 예측하는 것으로 특징지어진다. 또한 이로 인해 걱정과 근심이 과다할 정도로 많고, 항상 공포 자극에 대해 경계하는 행동을 보이기도 하며, 심장박동이 빨라지거나 땀이 난다든지 손이나 몸을 떨거나 혹은 소화불량 등 신체적 증상 등을 보인다. 이에 특정 공포증을 위한 치료법에는 인지행동치료나 약물치료를 실시할 수 있다. 특히 인지행동 치료 중에는 노출요법을 사용하기도 하는데, 이는 아동에게 단계적으로 공포상황을 제시하고 안전하다는 것을 체험하도록 하여 안심하고 극복하도록 격려하고 지지하는 방법이다.

한편 사회공포증(social phobia)의 경우에는 낯선 사람들이나 타인의 평가를 받게 되는 사회적 상황이나 수행적인 상황, 예를 들어, 아동들의 경우 또래 앞에서 발표를 하거나 자신의 생각과 느낌을 표현하거나 무대에서 연주를 한다든지 혹은 대중들 앞에서 연설을 하는 상황에서 불안을 느끼게 되는데 가슴이 두근거리고 얼굴이 붉어지면서 당황하고 불안증을 보이는 것이다. 그래서 그들은 가능한 이러한 상황을 피하려고 노력하게 되는 회피반응을 보이는데 어쩔 수 없이 상황에 부딪히는 경우에는 상황이 발생하기 전부터 미리 불안을 느끼는 예기불안이 나타나기도 한다.

강박장애(obsessive-compulsive disorder)는 자신이 원하지 않는 생각과 행동을 반복하게 되는 불안장애의 한 유형이다. 이것은 강박 사고와 강박 행동으로 나눌 수 있는데, 먼저 강박사고란 반복적으로 의식에 침투하는 고통스러운 생각이나 충동 또는 심상(心想)을 말한다. 예를 들면 음란하거나 근친상간적인 생각 혹은 공격적이거나 신성모독적인 생각, 오염에 대한 생각, 반복적 의심, 물건을 순서대로 정리하려는 충동 등을 말한다. 강박장애를 가진 사람은 이러한 생각이 부적절하다는 것은 알고 있음에도 불구하고 잘 통제되지 않고 반복적으로 의식에 떠올라 고통스러워한다. 따라서 이러한 사고를 없애기 위한 노력이 흔히 강박행동으로 표출된다. 이에 따라 강박행동은 불안을 감소시키기 위해서 반복적으로 나타내는 행동을 말하는데, 예를 들어, 씻기, 청소하기, 정돈하기, 확인하기와 같은 외향적 행동으로 나타날 수도 있고, 또는 숫자 세기, 기도하기, 속으로 단어 반복하기와 같이 내적 행동으로 나타나는 경우도 있다.

<공황장애(Panic Disorder)>

출처: https://www.angst-verstehen.de/panik/panikstoerung/

공황장애(Panic Disorder)는 특별한 이유 없이 갑자기 극도의 두려움과 불안을 느끼는 불안장애의 일종이다. 공황장애의 주요 증상으로는 심한 불안을 비롯하여 심장이 지나치게 두근거리고, 호흡이 곤란하거나 흉통이나 가슴 답답함 혹은 어지러움이나 죽음의 공포가 엄습하는 것 같은 현상을 보인다. 이런 증상은 보통 1시간을 넘지 않으며 주 2회 정도의 빈도로 나타나게 된다. 그리고 공황장애의 주요 원인으로 추정되는 요인에는 먼저 유년기의 초기 부정적인 경험이나 외부적인 스트레스 혹은 유전적인 요인이나 인지적인 요인도 발병에 영향을 주는 것으로 보고 있다.

한편 광장 공포증(agoraphobia)은 강박 신경증의 한 증상으로 안전지대를 떠나거나 또는 안전한 곳에 되돌아올 수 있는 길이 힘들어진 상황에서 큰 공포와 불안증을 가지는 것을 의미한다. 이러한 공포증을 가진 사람의 대부분은 혼자 있는 것을 두려워하고,

<외상 후 스트레스성장애(post traumatic stress disorder:PTSD>

출처: https://www.apotheken-umschau.de/posttraumatische-belastungsstoerung

항상 보호자를 요구한다. 이들은 낯선 거리나 사람들이 밀집한 백화점이나 광장 혹은 공공장소 등에 혼자 나갈 경우 심한 공포감을 가지고 현기증이나 발한(發汗), 빠른 심장박동 등이 일어난다.

그 밖에도 외상 후 스트레스성장애(post traumatic stress disorder: PTSD, 정신후유증)의 경우에는 사고나 천재지변 등 극도의 치명적인 스트레스를 직·간접적으로 보거나, 듣거나, 경험한 이후에 나타나는 어떠한 특정 증상들을 가리킨다. 이들은 보통 사건 당시의 기억이 아무 때나 떠오르거나 자신의 기억을 통제하지 못하거나 혹은 놀람, 괴기성 반응, 악몽, 긴장상태로 들어가면서 잠이 오지 않고 잠을 이룰 수 없는 상태도 빈번히 경험한다.

(2) 선택적 함구(묵)증(Selective mutism)

선택적 함구증은 정상적으로 말할 수 있는 능력을 가졌음에도 불구하고, 특정 상황에서 말하는 데 지속적인 실패를 보이는 증상을 말한다. 보통은 아동들이 입학 초기에 낯선 사람과는 말을 하지 않고 어머니에게 매달리지만 점진적으로 자연스럽게 이러한 증상이 사라진다. 그러나 전형적으로 선택적 함구증을 가진 아동은 부모, 형제와 집에 있을 때는 정상적으로 말을 하지만, 교사 혹은 또래친구나 낯선 사람과는 대화를 하지 못한다. 그러나 아주 드물게는 그 반대의 경우도 보고되며, 그 증상이 명백해지는 것은 학령기 이전이지만 대개 학교에 입학해서야 증상이 두드려져 선택적 함묵증으로 진단을 받게 된다.

이런 아동들은 표준말로 의사표현하지 않고 대부분 몸짓을 비롯하여 고개 끄덕이기, 머리 흔들기, 몸 잡아당기기, 밀치기 혹은 어떤 경우에는 단음절의 짧고 일정 목소리 또는 변경된 목소리로 의사 표현을 하기도 한다.

(3) 반응성 애착장애(Reactive attachment disorder)

이어서 반응성 애착장애란 유아나 소아기 초기에 발생하는 장애인데, 특히 주 양육자와의 관계에서 나타나는 정서적인 장애를 의미한다. 이는 주로 어머니의 장기적 입원이나 치료, 부모의 가정불화, 무관심, 방임, 유기 및 아동학대 등으로 인하여 장기적 분리나 애정의 결핍 등으로 인하여 특히 아동과 어머니와의 애착형성에 문제가 발생할 경우가 대표적인 원인에 속한다. 그 특징으로는 정서적으로는 무표정하거나 위축, 경계심, 불안, 과민이나 공격성을 보이기도 한다. 또는 동시에 언어나 인지 발달 영역에도 지체를 보이기도 하는데 이는 대인관계 형성에 어려움을 유발시키기도 하여 자폐증과 유사한 증상을 보이기도 한다. 하지만 어머니-자녀 간의 건전한 애착이 형성되도록 환경이나 정서적으로 재구조화될 경우에는 자폐범주성 장애보다 훨씬 빠르게 개선된다.

(4) 우울 장애(Depressive disorder)

우울증은 가장 흔한 정신 장애 중에 하나이며, 일반적으로 우울한 기분, 비관적인 생각, 불면증, 식욕감퇴 등의 현상이 수주에서 6개월 정도 지속적으로 나타날 때 우울증이라고 할 수 있다. 우울증의 주요 원인으로는 우선 신경전달 물질의 이상이나 호르몬 분비 이상, 뇌의 구조나 기능의 이상 등 생물학적 원인을 비롯하여 비관적, 강박적, 의존적 성격 등의 인격적 특성을 가진 사람들이나 집착이 강하고, 죄책감이 많거나 자존심이 상실된 사람 혹은 실직, 이혼, 사별 등과 같은 특별한 사건들을 겪으면서 받는 스트레스나 고부갈등, 불행한 결혼생활 등 고통스러운 상황의 반복 등 심리·사회적 원인

<우울 장애(Depressive disorder)>

출처: https://www.apotheken-umschau.de/Depression

이 작용하기도 한다.

아울러 계절의 변화나 시간 등의 변화에 따른 생물학적인 시계의 부적응과 생체리듬의 이상(예를 들어, 우울증에 잘 걸리는 유전적 또는 체질적 요인, 알코올 중독이나 본드, 마약 등의 약물 남용, 만성적 신체질환 등)으로 나타나는데, 흔히 다른 요인과 복합적으로 발생한다.

우울증의 증세는 매우 다양하게 나타나는데, 예를 들어, 지속적인 우울감을 비롯하여 짜증, 흥미나 즐거움의 상실, 불안, 초조, 피로감 등이 나타난다. 그 밖에도 심할 경우에는 무기력, 무가치감, 집중력 저하, 우유부단함, 죽음에 대한 생각, 자살 충동 등 여러 가지 증상들을 나타난다. 이어서 체중 감소나 식욕의 변화, 불면증 또는 수면과다, 근육통, 변비, 호흡곤란, 가슴의 통증 등과 같은 신체 증상을 동반하기도 하고, 기타 건강염려증, 신체 망상, 피해망상 등의 증상이 동반되기도 한다.

우울증을 보이는 아동의 경우에는 우선 짜증이 늘고, 친구관계가 원만하지 못하며, 식욕부진이나 성장지체, 학업성취도 저하, 반항적이고 의존적인 태도 등을 보이기도 한다. 한편 청소년들의 우울 증상으로는 학교성적의 하락이나 반사회적 행동, 가출, 무단결석, 알코올 남용, 약물 남용, 성적 문란, 폭력 등으로 나타날 수 있다. 또한 학업이나 입시에 대한 압박감으로 인하여 불안감이나 절망감, 식욕부진, 피로, 의욕저하, 집중력 저하, 기억력 저하 등의 현상도 보이곤 한다. 보통 우울증의 치료는 약물치료나 인지행동치료, 정신치료 등이 있는데, 우울증의 종류와 정도에 따라 다양한 치료방법을 선택한다.

특히 약물치료와 관련하여 항우울제를 사용하는데, 약물을 복용할 때는 중독성 등 여러 부작용이 있을 수 있으며, 의사와의 상담을 통해 적절히 조절하며 효과가 나타날 때까지 지속적으로 약물을 복용하는 것이 매우 중요하다. 그리고 인지행동치료는 자신이나 환경, 미래 등에 대한 잠재적인 분노, 수치심, 죄책감 등 부정적 사고를 발견하여 변화를 유도하는 방법이다. 또한 정신치료는 의사나 심리치료사와의 상담을 통하여 자신의 질병과 내외적 갈등을 바로 인식하고 문제를 개선할 수 있도록 도움을 제공하는 것이다. 기타 전기 경련치료는 심한 우울증 환자에 대한 매우 중요한 치료 수단으로 약물치료에 실패한 경우에 상태가 심해 즉각 효과를 보아야 할 경우 등에 사용하기도 한다. 그 밖에도 광선치료는 특히 계절성 우울증 환자들에게 약 2천 5백만~1만 럭스의 광선을 30~120분 노출시켜주는 것으로서 진행한다.

2) 행동적 측면(외현화)의 장애

(1) 주의력결핍 · 과잉행동장애(Attention-Deficit/Hyperactivity Disorder: ADHD)

ADHD아동이란 주로 주의집중이 현저하게 결핍되고 지나치게 많이 움직이는 아동들을 말한다. 이는 주로 부주의, 과잉행동 및 충동적 행동이 주요 세 가지 특징이라 할 수 있다. 그리고 주의력결핍 · 과잉행동의 원인으로는 먼저 유전성, 출산전후의 뇌손상, 대뇌 전두엽 이상의 신경해부학적, 중추신경계의 신경전달물질의 기능 장애인 신경생화학적, 중추신경의 성숙 지체로 나타나는 신경생리학적 요인 및 염증, 납 혹은 알코올 중독 등 그 원인이 매우 다양하며 복합적으로 발생한다. 또한 ADHD아동에게 나타나는 세 가지 주요 특성의 여러 가지 증상들을 살펴보면 다음과 같다.

우선 부주의 혹은 주의력 결핍(attention-deficit)과 관련하여 아동이 세부적인 활동에서 면밀한 주의를 기울이지 못하거나, 학업이나 작업 또는 여러 학습활동에서 부주의한 실수를 매우 빈번하게 보인다. 예를 들어, 일을 하거나 놀이를 할 때 지속적으로 주의를 집중할 수 없거나, 다른 사람이 직접 말을 할 때 경청하지 않는 것으로 보이거나, 지시를 완수하지 못하고, 과업과 활동을 체계화하지 못하거나, 지속적인 정신적 노력을 요구하는 학업 또는 숙제 같은 활동에 참여하기를 피하거나 싫어하고 또는 저항하는 모습을 보이는 것이다. 아울러 그들은 놀이 활동이나 숙제하는 데 필요한 장난감, 학습 과제, 연필, 책, 또는 도구 등을 자주 잃어버리기도 하고, 외부의 자극에 의해 쉽게 산만해지는 선택적 주의집중(selective attention)에 어려움을 가지기도 한다. 흔히 선택적 주의집중이란 기능적으로 가치가 큰 환경 자극이나 목표와 관련된 자극에 주의를 집중하고, 그 밖의 자극을 무시함으로써 주의 집중을 하는 능력을 말한다.

이어서 과잉행동(Hyperactivity)은 예를 들어, 손발을 가만히 두지 못하거나 의자에 앉아서도 몸을 옴지락거리거나, 앉아 있도록 요구되는 교실이나 다른 상황에서 자리를 떠나고, 부적절한 상황에서 지나치게 뛰어다니거나 기어오르기도 한다. 그 밖에도 조용히 여가 활동에 참여하거나 놀지 못하고, 끊임없이 활동하거나 마치 무엇인가에 쫓기는 것처럼 행동하기도 하며, 지나치게 수다스럽게 말을 많이 하는 경향도 동시에 보인다.

그리고 충동성(impulsiveness)과 관련하여 성급함을 비롯하여 즉각적인 반응, 질문이 채 끝나기 전에 급하게 대답하기, 자신의 차례를 기다리지 못함, 사회·학업·직업 등의 장면에서 문제를 초래할 정도로 다른 사람의 활동의 방해나 간섭 등의 양상으로 나타난다. 이런 아동들은 특히 의견을 말하면서 차례를 기다리지 못하고, 지시를 경청하지 못하고, 적절치 못한 시기에 대화를 시작하고, 지나치게 다른 사람의 활동을 방해하거나 간섭하고, 다른 사람으로부터 물건을 가로채거나 만져서는 안 될 물건을 함부로 만지기도 한다.

그 외에도 ADHD의 유형은 아동들의 부주의를 비롯하여 과잉행동이나 충동 장애 등의 세 가지 증상 중에 특히 한 가지 양상이 두드러지게 나타나기도 하는데 이는 주로 복합형, 주의력결핍 우세형, 과잉행동·충동 우세형 등으로 구분하기도 한다. ADHD 아동의 치료와 관련하여 학령기 아동에게 흔히 쓰이는 약물은 주로 중추신경 자극제나 항우울제 등을 사용한다. 그리고 비약물 치료로는 부모 훈련이나 놀이치료, 정신치료 혹은 사회성 훈련들을 병행하여 적용하기도 한다.

(2) 품행장애(Conduct disorder)

일반적으로 품행장애란 반사회적인 행동을 비롯하여 공격적, 도전적 행위를 반복적 혹은 지속적으로 행하여 사회나 학업 및 작업 활동에 중대한 지장을 초래하는 장애를 의미한다. 사회적으로 용납되지 않은 행동을 지속하는 것이 품행장애의 주된 증상인데, 여기에는 비행이나 공격성이 동반된다. 그리고 이러한 행동증상은 가족뿐만 아니라 대인관계 전반에서 나타날 수 있는 등 가정과 학교 및 사회에서 전반적으로 나타나기도 한다. 교육심리학적 관점으로는 품행장애, 사회학적으로는 일탈 행동, 법률적으로는 청소년 비행이라 할 수도 있다. 품행장애는 아동의 성격이나 유전, 생리적·생화학적 요인 등 개인적 측면과 부모의 정신질환을 비롯하여 신체적·성적학대, 부모의 이혼·별거, 부모의 양육태도, 그리고 사회경제적 환경 및 문화 등 사회 환경적 원인 등이 상호작용한 것으로 보고 있다.

이어서 품행장애에서 나타나는 다양한 특성 가운데 대표적인 몇 가지 내용을 살펴보면 다음과 같다.

- 사람과 동물에 대한 공격적 행동을 보임으로써 상대방을 괴롭히거나 위협 및 협박하고, 타인에게 신체적 공격을 하거나 심각한 손상을 입힐 수 있는 무기를 사용하기도 한다. 그 밖에 동물에게도 신체적으로 가혹하게 대하기도 하고 노상강도, 날치기, 강탈, 성적 행위 등의 범죄행위를 자행한다.
- 기물 및 재산파괴 행위를 고의적으로 하는데, 방화, 타인의 재산파괴(예를 들어, 자동차 창문 파괴, 학교 기물파괴 등) 등이 있다.
- 사기, 문서위조 또는 도둑질로 거짓말을 빈번하게 하고 귀중품을 훔치기도 하는 등 반사회적 행동을 한다.
- 심각한 규칙 위반인데, 예를 들어 부모의 금지에도 불구하고 종종 심야에 귀가하거나 가출과 무단결석을 하기도 한다.

품행장애 아동과 청소년들에 대한 치료는 다양한 전문 영역에서 협력적으로 이루어져야 하는데, 예를 들어 약물치료, 심리치료 등 의학적인 측면과 법적인 조치나 가족교육, 사회와 학교에서의 협조 등을 포함하여 이루어진다. 약물치료로는 주로 항우울제,

항경련제, 각성제, 항정신성 치료제 등을 투여하고, 심리치료의 경우에는 인지 행동치료와 행동치료를 통하여 사회기술 훈련이나 행동개선에 효과를 기대할 수 있다. 또한 가족치료가 병행되기도 하고, 부모교육이나 부모 상담을 통하여 행동적인 문제를 개선하기도 한다.

(3) 반항성 장애(Defiant disorder)

반항성 장애란 거부적이고 도전적인 행동을 통하여 주로 지속적인 고집이나 지시에 대한 저항, 어른이나 친구와의 타협, 양보, 협상을 하지 않는 양상 등으로 표현된다. 이러한 장애를 가진 사람들은 흔히 자신을 반항적이거나 도전적이라고 생각하기보다는 오히려 자신의 행동을 불합리한 요구나 환경에 대한 반응이라고 정당화하는 경향이 대체적으로 강한 편이다. 반항성 장애는 연령과 장애 정도에 따라서 다양하게 나타나는데, 활동적이거나 높은 반응성 등의 기질적 요인과 부모의 양육형태나 가정의 양육환경 등 주로 가정적-부모적 환경 요인 등에 영향을 많이 받는 것으로 알려져 있다.

아동의 문제행동을 효과적으로 다루기 위하여 부모 훈련 프로그램을 비롯하여 분노를 보다 잘 조절할 수 있도록 도와주는 개인 정신치료나 가족의 의사소통 개선을 위한 가족치료 혹은 문제해결 능력을 함양하고 부정적 행동을 감소시키는 인지-행동 치료 및 또래 관계에서 유연성과 좌절을 극복할 수 있는 사회기술 훈련 등이 있다.

6. 정서 · 행동 장애 아동의 교육적 지원 및 통합교육

괴체와 노이캐터(Goetze/Neukaeter, 1989)와 가슈타이거-클릭페라, 율리우스 및 클릭페라(Gasteiger-Klicpera/Julius/Klicpera, 1990)에 의하면 교육적-치료적 관점에서 다양한 중재유형을 소개하고 있다. 여기에는 예를 들어, 조작적 행동수정, 인지적 행동수정, 오스트리아-미국계 정신과 의사이며 사회학자였던 모레노(J. L. Moreno,

<고든(T. Gordon)>

출처: https://de.wikipedia.org/wiki/Thomas_Gordon_(Psychologe)

1889~1974)의 역할놀이나 연극형식을 통해 억압된 감정과 갈등을 표출하는 심리극의 일종인 사이코드라마(Psychodrama), 미술 및 음악치료, 근육이완, 정신요법의 자발성 훈련, 놀이치료, 손가락인형 놀이, 명상 등이 있다. 그리고 미국의 정신의학자인 글래서(W. Glasser, 1925~2013)의 현실요법(Reality therapy), 오스트리아 미국계 정신의학자이며 교육학자였던 드라이커스(R. Dreikurs, 1897~1972)의 개인 심리학적 접근이나 미국의 임상 심리학자였던 고든(T. Gordon, 1918~2002)의 대화치료 등이 대표적이라 할 수 있다.

또한 일탈적인 정서나 문제행동을 보이는 아동과 청소년의 교육적 지원에는 기본적으로 교육과 치료뿐 아니라, 예방(정보제공, 상담, 위험한 환경의 발견 및 제거 등)과 직업재활을 위한 적절한 교육 활동도 고려되어야 한다. 아울러 그들을 위한 교육적 계획과 실천은 특히 개인적 측면(연령, 장애의 유형, 정도 등)과 교육 환경적 측면(특수학교, 일반학급, 특수학급, 병원 혹은 시설 등) 등 다양한 관련 요인들을 반드시 고려하여 제공되어야 할 것이다.

1) 교육적 지원

정서 · 행동 장애아교육에 있어서 여섯 가지 접근 모델을 바탕으로 중재전략에 대하여 알아보고자 한다.

(1) 정서 · 행동 장애의 접근모델

이미 앞에서 정서 · 행동 장애아 교육의 역사에서 살펴본 바와 같이 정서 및 행동 장애 현상은 매우 다양한 관점에서 설명할 수 있다. 다시 말하자면, 아동이나 청소년들의 일탈적인 정서나 행동은 어떻게 발생하며, 또 어떻게 다루어야 할 것인가?에 대한 대답은 다양한 입장에서 이해할 수 있다. 그리고 이는 각각의 접근 모델로부터 정서 · 행동 장애의 개념적 이해, 예방, 중재 및 재활에 관한 기본적인 원리와 방법 등을 이끌어낼 수 있다. 벤크만(Benkmann,1993)은 정서 · 행동 장애아 교육에 있어서 아래와 같이 여섯 가지의 다양한 개념 모델들을 소개한다.

① 생체학(somatology, 신체생리학)적 접근 모델

생체학적 접근 모델은 정서 · 행동 장애의 주요 원인과 관련하여 각 개인의 선천적 기질이나 환경이나 복합적이고 상호적인 요인에 기인하는 신체기관의 손상이나 기능상의 결손으로 발생한다고 본다. 이러한 개념모델을 바탕으로 치료활동도 생체학이나 의학적인 측면에 초점을 맞추는 것이다. 그리고 후천적인 정서 · 행동상의 문제는 출생 전이나 출생 시 혹은 출생 후에 나타날 수도 있는 것이다(Harbauer et al., 1980).

생체학적 접근 모델에서 진단의 핵심적인 의미는 정서 · 행동 장애의 발생과 관련이 있거나 원인으로 여겨지는 신체적 요인을 찾는 것에 있다. 즉 신체적인 손상으로 인해 직접적으로 야기되거나 혹은 환경과의 상호작용의 과정에서 발생하는지의 여부 등 다양한 장애증상들을 의학적으로 구별하는 데 있는 것이다.

이어서 생체학적 모델이론을 바탕으로 하는 하위이론에는 정서 · 행동 장애를 신체기관의 결손(결손이론)이나 인지나 사회 및 정서적 미성숙을 초래하는 중추신경계 발달지체(지체이론)의 결과 등으로 설명하기도 한다. 이러한 접근 모델에서는 특히 의학적인 관점에서 건강과 병약, 장애와 비장애 여부 등을 기준으로 구분하며, 또한 이러한 범주 내에서 분류하고 동시에 치료하는 것이다. 그리고 생체학적 접근 모델에서는 종종 자폐성 장애, 뇌기능장애와 정신질환 등을 소아 및 청소년정신과 등 의학과 정신의학의 관계성을 응용하기도 한다. 과잉행동아동의 치료에서 생체학적 모델을 전형적으로 볼 수 있는데, 각성제의 일종인 리탈린(Ritalin)의 복용을 통하여 학업성취 영역과 문제행동이 대부분 현저하게 개선된다는 것이다(Grissemann, 1993). 그러나 한편으로 생체학적인 접근 모델의 비판점은 정서 · 행동 장애와 관련하여 의학적인 진단의 신뢰성이 종종 과대평가되고 있다고 지적한다. 또한 이는 아동을 결손의 관점에서만 보며 단편적으로 부정적 견해를 강조하는 면도 있다는 점이다. 정서·행동 장애의 사회적인 요인과 교육적인 차원이 이 접근 모델에서는 전혀 고려되지 않는다는 점도 간과해서는 안 된다. 따라서 과잉행동아동에 대한 치료활동으로 약물치료와 동시에 사회적 교육활동 등 통합적인 요소들을 동시에 고려하여 병행되어야 하는 것이다.

② 심리 역동(psychodynamic)적 접근 모델

오스트리아의 철학자이자 신경심리학자였던 프로이트(S. Freud, 1856~1939)의 심층심리학적 입장을 바탕으로 정서·행동 장애의 심리분석학적인 치료는 이미 오래전에 시작되었다. 그리고 프로이트의 제자인 오스트리아의 심층심리학자인 아들러(A. Adler, 1870~1937)는 개인심리학을 기초로 이론과 심리치료를 구상하였다. 또한 아동과 관련된 치료형태에서 이미 프로이트의 딸이며 심리분석학자인 안나 프로이트(Anna Freud, 1895~1982)는 미국의 심리학자인 액슬라인(V. Axline, 1911~1988)과 놀이치료(play therapy)를 발전시키기도 했다.

특히 심리 역동적 접근 모델은 여러 가지 심층 심리학적인 사고모델을 종합한 것이었다. 이는 역동성을 비롯하여 무의식의 세계, 정서 및 성격발달의 결정적 요인과 정서·행동 장애 발생에 영향을 미치는 어린 시절의 욕구 충족 등을 매우 강조한다. 만일 영유아기의 욕구가 충족되지 못할 경우에 아동은 정신적 충격에 따른 외상을 경험하며, 갈등을 극복하지 못하고 그것은 결국 심리·정서적 발달을 저해하고 일탈적인 행동을 야기하는 원인이 된다는 것이다. 따라서 이러한 접근 모델에서의 치료는 무엇보다도 무의식적인 내적 갈등의 발견과 중재인데, 아동 및 청소년의 불만족스러운 욕구가 반드시 충족되어야 한다. 이에 따라서 시설뿐만 아니라, 학교에서도 마찬가지로 심리역동적인 '교육적 치료(Educational therapy)'가 제안되었다(Kupffer, 1978; Baulig, 1982). 여기에서 아동과 교육자의 관계는 결정적인 의미를 가지는데, 즉 교육자와의 정서적인 연합을 심리치료과정에서 가장 중요한 환경으로 간주하고 있는 것이다.

물론 심리역동적 이론들 가운데서도 강조점이 다소 다르게 나타나기도 한다. 즉 프로이트는 이드(id, 원자아)-에고(ego, 현실적 자아)-슈퍼에고(superego, 초자아) 등의 성격발달모델에서 동물적 충동자극인 원자아(id)를 강조한 반면에, 레들(Redl, 1971)은 자아(ego)의 현실적 기능을 강화하려고 노력하였다. 본질적으로 심리역동적 관점에서 정서·행동 장애아 교육의 주 과제는 정서적이나 사회적 욕구의 충족을 통하여 발달을 촉진시키는 것이라 할 것이다. 또한 여기에는 안정된 환경을 비롯하여 욕구와 감정의 수용, 격려, 갈등 조절, 성공체험, 자립심 고취 등이 핵심용어라 할 것이다. 이를 위하여 학교에서는 특히 음악적 활동을 통하여 인지, 사회 및 정서적인 측면을 종합적으로 고려하여야 한다(Husslein, 1983).

<1913년 프로이트(Sigmund Freud)와 딸(Anna Freud)>

출처: https://de.wikipedia.org/wiki/Anna_Freud#/media/Datei:Sigmund_en_Anna.jpg

그리고 제2차 세계대전 이후에 심층심리학은 다양한 변화 가운데 정서·행동 장애의 치료에 상당히 응용되었다. 그러나 비판가들은 심리역동적 치료의 낮은 성공률을 지적하는데, 특히 수업에 있어서 이러한 접근모델은 문제가 나타난다고 주장한다. 즉 수업의 구조는 치료 상황의 구조와 일치하지 않기 때문에 오히려 더 많은 정서·행동상의 장애를 유발시킬 수 있다고 보았다. 또한 교육자나 교사는 일반적으로 치료사 자격을 갖추고 있지 않다는 점을 지적하였다. 사실 심층심리학에서는 그 원인이 신체 구조적 혹은 해부학적인 결손에 있지 않더라도 정서·행동 장애를 가진 아동과 청소년을 환아(患兒)로 간주하는 것이다. 아울러 심층심리학에서는 환경적인 요인을 부차적인 것으로 여기고, 신체기관의 영향력을 고려하지 않고 수년간 비싼 심리치료를 통하여 잘못된 치료를 할 수 있는 위험성의 내재에 대해서도 경계하는 목소리가 높은 편이다. 그럼에도 불구하고 심리역동적인 접근법은 오늘날까지도 정서·행동 장애의 개념적 이해와 치료에 중요한 의미를 차지하고 있다.

③ 행동주의(behaviourism)적 접근 모델

앞서 심층심리학 이론의 반대적인 입장 가운데 대표적인 이론이 바로 행동주의적 관점인 학습이론이라 할 수 있다. 다시 말하자면, 인간의 행동은 무의식적인 충동에 의하여 조절되기보다는 오히려 특정 환경의 자극과 반응과정 가운데 학습된다는 것이다. 행동 장애는 이른바 정상적인 행동양식과 마찬가지로 학습과정 가운데서 습득하고, 또한 시간이 경과함에 따라서 점점 고정화된다는 주장이다.

이는 대부분 동물실험을 통하여 얻어진 세 가지 학습이론인데, 우선 러시아의 생리학자이자 의사였던 파블로프(I. P. Pavlov, 1849~1936)의 고전적 조건화 이론은 기존의 반사적 반응을 유발하는 자극과 새로운 자극이 반복해서 제시됨에 따라서 새로운 자극만으로도 원하는 반응이 유발되며, 인간은 이러한 과정을 통하여 새로운 자극이나 환경에 대한 반응을 학습한다는 것이다. 이어서 미국의 심리학자인 쏜다이크(E. Thorndike, 1874~1949)와 스키너(B. F. Skinner, 1904~1990)의 조작적 조건화 이론은 행동의 결과가 강조되고 강화와 벌이 핵심적 개념을 이루는 것이다. 즉 강화와 벌을 조작함으로써 행동의 변화가 가능하다는 의미이다. 또한 캐나다의 심리학자인 반두라(A. Bandura, 1925~현재)의 사회적 학습·모델링 이론에 의하면 개인은 관찰이나 타인의 행동을 모방함으로써 새로운 행동이나 반응을 습득한다는 것이다.

<쏜다이크(E. Thorndike)>

출처: https://upload.wikimedia.org/wikipedia/commons/6/66/PSM_V80_D211_Edward_Lee_Thorndike.png

그러나 1960년대 말부터 심리학 분야에 사고의 변화가 일기 시작하여 새롭게 인지적 방법이 추가적으로 도입되어 교육적 행동수정에 적용되었다. 이러한 행동수정 기법에는 계약서를 비롯하여, 자기조절, 자기평가, 자기교수, 자기표현 등이 있는데 정서·행동 장애아 교육에 매우 중요한 공헌을 하였다(Redlich & Schley, 1981).

그리고 행동이론적 모델에서는 의학적인 관점에서 바라본 바와 같이 아동을 더 이상 환아(患兒)로 취급하지 않았으며 일반적인 범주 내에서 평가하였다. 또한 이러한 이론은 학업이나 사회성 영역에서 새로운 행동을 학습하는 데 종종 응용될 수 있었다. 그러나 이의 단점으로는 기계론(수동적)적 혹은 결정론적 인간관이나 아동의 심리적인 측면 등 장애 발생에 관련되는 다른 요인에 대한 무시나 강화법을 통하여 생성되는 물질주의적인 교육 등을 대표적으로 꼽을 수 있다.

④ 사회학적(Sociological) 접근 모델

이어서 정서 · 행동 장애의 개선을 위한 사회학적인 접근 모델과 관련하여, 특히 1960년대에 등장한 낙인이론(labeling theory)이 있다. 이 이론은 사회적 제도를 비롯하여 관습이나 규범 혹은 법규 등 사회를 유지하기 위한 기본적인 제도적 장치들이 오히려 범죄적인 행동을 일으키는 요인으로 작용할 수 있다는 이론으로서 정서 · 행동 장애아 교육의 발전에 의미 있는 공헌을 하였다. 다시 말하자면, 어떤 특정아동의 행위가 규범에서 벗어났을 경우에 사회 구성원들은 이를 일탈 행동이라고 규정하고 지속적으로 당사자를 일탈자로 낙인찍으면 당사자도 수용하게 되고 고정화되어 정서 · 행동 장애아가 되고 만다는 것이다. 정서 · 행동 장애는 객관적인 현상보다는 일정한 사회적 맥락 가운데서 붙여지는 명칭을 통하여 사회가 규정함으로써 생기는 결과라 본다. 사회문화적으로 차별받는 계층이나 혹은 장애인으로 불리는 사람 등 사회적인 문제집단도 이러한 일련의 사회적 과정에 의하여 생성되는 것으로 보는 입장이다.

이와 관련하여 교육에 있어서 중요한 과제 중 하나는 사회적 접촉과 학습과정을 통하여 표찰화와 낙인화를 가능한 한 피하고 줄여야 한다는 것이다. 아울러 당사자에게 있어서는 자기관리능력(역할 수행 및 의사소통 기술 등)을 강화해야 하며, 여기에는 역할 놀이, 단체 활동, 의사소통법, 학생중심 수업, 상호작용훈련 등을 실제적인 기본 요소로 보는 것이다. 낙인화 과정은 학교구조와도 밀접한 관련이 있으므로 학교제도의 개방성이나 유연성 및 통합학교 형태는 낙인화를 예방하기 위한 중요한 출발점이 되기도 한다.

그러나 비판점으로는 우선 낙인이론이 주장하는 일차적 일탈에 대해서는 명확한 설명이 없다는 점을 들 수 있다. 그리고 비록 당사자가 사회로부터 낙인이 찍히더라도 오히려 자신의 자아정체성이 외부로부터 비행자로 여겨지는 것을 거부하고 부정한다는 연구 결과들이 있다는 것이다. 또한 실제로 자신에게 부여된 낙인과 무관하게 문제행동을 하는 경우도 종종 볼 수 있다. 그리고 일차적 일탈을 유사하게 경험한 사람들 가운데 낙인을 모면한 자들은 낙인찍힌 사람들과 마찬가지로 비행을 반복하고 상습적인 범죄자로 발전한다는 것이다. 이 이론에서 가장 큰 단점은 경험적 연구들이 낙인이론의 중심적 주장을 뒷받침하는 데 실패한 점과 교육학적인 측면에서 이러한 이론을 적용하기가 용이하지 않다는 것과 표찰화 혹은 낙인화를 줄이기 위하여 앞에서 언급된 학교환경의 실제적인 기본요소의 영향력을 파악하기가 쉽지 않는 것이다.

⑤ 정치 · 경제학(political and economic)적 접근 모델

이어서 정치와 경제학적인 개념모델에서 정서 및 행동 장애는 기본적으로 경제적, 사회문화적인 관계를 바탕으로 발생한다고 본다. 특히 자본주의적인 경제구조는 아동과 청소년의 정서 및 행동 장애를 유발하는 전반적 생활환경의 불안정에 책임이 있다고 본다. 예를 들어, 열악한 거주환경, 불안정한 가족관계, 가난, 교육기회의 결여 등은 자아실현과 인격형성에 부정적인 영향을 미치게 된다는 것이다. 따라서 이러한 접근모델에서는 당사자들의 상황을 개선하기 위하여 궁극적으로는 다른 새로운 사회 및 경제적 형태의 변화가 요구되는 것이다. 다시 말하자면, 사회적인 불공평과 사회구조적인 문제 상황의 개선이 필연적이라는 것이다. 1970년대부터 이러한 비판 가운데 수많은 개혁들을 시도하였지만, 정서 및 행동 장애의 발생빈도는 감소되지 않았고 정치적으로나 교육적으로도 구체적이고 실현 가능한 대안들이 제시되지 못하고 있는 실정이다.

그리고 정치 · 경제학적 개념모델에 의하면 정서 · 행동 장애의 교육은 우선 정치적 과제를 해결하는 데 협력하고, 아울러 당사자들이 자신의 관심사를 관철하기 위한 자질을 길러 자립성을 강화하도록 돕는 일로 이해하기도 한다.

⑥ 생태학(ecological)적 접근 모델

생태학적인 관점에서는 아동도 마찬가지로 개인적인 상호 작용을 하는 다양한 주변의 사회적 생태계 속에서 살고 있다고 본다. 이에 각각의 생태 체계들은 흔히 네 가지 단계를 구성하고 있는데 각 단계들은 상호간에 의존적이고 또한 영향을 서로 주고받는다. 우선 가족과 같은 직접적인 환경 내에서 이루어지는 활동, 역할 및 대면적인 대인관계의 유형인 미시체계(micro system)를 비롯하여, 가정과 학교 간의 관계, 학교와 직장 간의 관계와 같이 개인을 둘러싸고 있는 두 가지 이상의 환경에서 일어나는 과정인 중간체계(meso system)가 있다. 이어서 개인이 직접 참여하고 있지는 않지만 부모의 근무조건, 직장에서의 역할, 책임감의 정도, 의사결정 과정에서의 참여와 같은 부모의 직업 환경, 주거환경, 실직, 만성적 빈곤 등 그 개인의 발달에 영향을 주는 외 체계(exo system)와 일반적인 문화, 정치, 사회, 법, 종교, 경제, 교육정책과 같은 광범위한 사회적 맥락인 거시체계(macro system)가 있다.

이 관점에서 정서·행동상의 장애는 아동의 각 체계에 있어서 아동-환경의 상호작용에 있어서 불균형의 표현으로 발생한다는 것이다. 따라서 문제행동에서 새로운 행동양식을 찾을 때 첫 단계는 사회적인 생태체계를 분석하는 것이 필수적이다. 이러한 분석 자체가 원인과 결과를 산출하기보다는 오히려 아동, 환경 및 아동과 환경 등 더 넓은 관점과 관심영역을 포괄하며 문제에 대한 총체적인 이해를 가능하게 한다는 점이 이 이론의 주요 특징 중 하나이다.

이러한 접근방법에서 중재전략은 생태계의 구조를 기본적으로 변화시키는 것이다. 아동을 중점적으로 치료하기보다는 오히려 주변 환경과의 상호작용과 체계 구조의 개선이 더 급선무인 것으로 보며, 이때 아동의 욕구와 관심이 적극적으로 고려되어야 한다. 특히 미국의 심리학자이자 심리치료사였던 로저서(C. Rogers, 1902~1987)의 상담(대화)치료법이나 독일-스위스-미국계 심리역동적(psychodynamic) 심리학자였던 콘(R. C. Cohn, 1912~2010)의 주제 중심적 상호작용(Themenzentrierte Interaktion: TZI) 등과 같은 인본주의적 심리학의 이론들은 생태학적 접근모델에서의 교육적 의미가 매우 크다 할 것이다.

<로저스(C. Rogers)>

출처: https://de.wikipedia.org/wiki/Carl_Rogers#/media/Datei:Carl_Ransom_Rogers.jpg

또한 체계모델은 기존 이론들을 일부 수용하여 새롭게 확대한 형태이며 실제적인 효과에 대하여 명확한 대답을 하는 것은 아직 쉽지 않다. 그러나 생태학적 모델 접근법은 정서·행동 장애아 교육학에 있어서 가장 중요한 행동 중재법으로 널리 이해되고 있다(Winkler & Vernooij, 1998).

⑦ 각 접근 모델의 개관

앞에서 살펴본 이론모델들은 서로 다양한 관점을 바탕으로 발전하였으며, 각각 공헌점뿐 아니라 비판점도 동시에 있다. 따라서 정서·행동 장애의 개념을 이해하고 교육적 중재를 실시할 때는 다차원적인 측면에서 접근하는 것이 매우 중요하다(Myschker, 2005).

<표 10-2>는 정서·행동 장애와 관련된 접근 모델들의 주요 특성들을 개괄적으로 소개하고 있다.

〈표 10-2〉 **접근 모델별 주요 특성**

	생체학적 접근 모델	심리 역동적 접근 모델	행동주의적 접근 모델	사회학적 접근 모델	정치·경제학적 접근 모델	생태학적 접근 모델
주요 개념	결손, 지체	무의식적 충동	학습을 통한 행동의 변화	사회적 상호작용	자본주의적 생산관계	생태체계
발생 원인	신체기관의 손상	심리 내면적 갈등	원하지 않는 행동의 학습	낙인화	사회·경제적 결핍	체계 내에서 손상된 환경적응력
중재법	약물, 식이요법, 기능훈련	심리치료	행동치료	통합, 제도적 장치를 통한 통제 비판	권리운동, 사회 비판	각 체계별 아동과 환경의 조정
대표 학자	Frostig, Lempp, Cruickshank, Grissemann	Redl, Bittner, Vernooij, Reiser,	Schumacher, Neukaeter, Lauth, Petermann	Krappmann, Keupp, Kuhnekath	Reichmann, Mannoni, Jantzen	Speck, Myschker, Mutzeck
비판점	교육학적 측면 경시, 결함의 고정화	긴 치료 기간, 고비용, 신경증 외의 분야 적용에 한계	기계적 인간관, 정서/심리적 측면 무시	교육학적 측면 경시, 일차적 일탈행동 원인 불명확	구체적 실행방안 불명확	혼합주의적 이론

(2) 기관별 교육적 중재 전략

여기에서 정서·행동 장애의 교육이나 개선을 위한 기관별 중재적 조치를 알아보기 전에 예방적 측면을 잠시 조명해보고자 한다.

모든 장애의 형태에서 알 수 있는 바와 같이, 특히 예방적 활동은 사후 치료적 측면에 비하여 시간을 비롯하여 비용이나 스트레스 등에 있어서 개인적인 측면뿐 아니라 사회적으로도 훨씬 더 합리적이고 효율적임에는 틀림이 없다. 보통 예방적 활동에는 조기 발견을 비롯하여 조기 진단 및 교육적 촉진, 장애의 잠재적 위험을 가진 아동 및 집단에 대한 조치 혹은 장애 발생원인 및 예방에 대한 계몽 및 홍보 활동 등이 포함된다. 특히 정서 및 행동 장애 교육에서 말하는 예방이란 아동 및 청소년의 심리적, 사회적 그리고 정서적인 장애를 막기 위한 목적으로 행하는 모든 교육적 활동을 말한다.

과거에는 일반적으로 1차, 2차 및 3차 예방 등으로 분류했으나, 최근에는 보편적, 선택적 그리고 집중적 예방개념을 더 선호하고 있다. 먼저 보편적 예방개념은 흔히 유치원이나 학교 등 관련 기관에서 모든 사람을 대상으로 행동 장애의 위험성을 사전에 막는 일반적인 예방 조치를 말한다. 그리고 이를 위하여 우선 부모들은 다양한 정보와 상담을 통하여 그들의 교육적인 활동에 도움을 받을 수 있거나, 학교의 수업 시간 중에 사회적이나 정의적 측면에서의 관련 내용이 다루어질 경우 범죄와 약물중독을 미리 차단할 수 있다. 이를 위하여 교사들은 적합한 학습 환경을 조성하고 유익한 사회적 혹은 정의적인 태도를 보여주는 것이 중요하다. 한편 아동이나 청소년의 측면에서는 사회화 과정에서 적합한 기능이나 기술을 습득하고 유지하는 훈련을 통하여 행동 장애의 위험성을 미리 막을 수 있다는 것이다. 또한 부모를 위한 가정통신문은 실효성에 있어서 비록 비판적인 측면이 있기는 하지만, 1차 예방을 위한 포괄적이고 실제적인 한 활동 형태에 해당할 것이다. 특히 심리 프로그램의 응용, 직업준비교육, 의사소통기술 및 윤리교육 프로그램 등이 매우 효과적인 전략으로 알려져 있다(Hillenbrand & Hennemann, 2005). 무엇보다도 일차적 예방을 위하여 교육적 활동은 매우 중요할 뿐 아니라, 비교적 많은 효과를 보이고 있다.

이어서 선택적 예방과 관련하여, 특히 이미 잠재적 위험성의 영향력 아래에 있는 아동 및 청소년들이 해당되는데, 예를 들어 가족의 빈곤, 가족구조의 파괴, 어머니의 정신적 질환이나 아동기 폭력 및 학대 경험 등을 가진 경우를 말한다. 특히 2차 예방을 위하여 잘 알려진 미국의 프로젝트로 코웬(Cowen, 1980)의 '기초적인 정신건강 프로젝트(Primary Mental Health Project: PMHP)'를 들 수 있다. 이는 진단과정을 통하여 초기의 행동 장애를 선별하는데, 이 프로그램은 초등학교의 신입생 교육, 부모교육, 이혼이나 부모의 사망 등의 위기 상황에서의 중재 등에서 흔히 활용된다. 이것은 조기 진단과 선별을 통해 학교부적응 학생들에게 도움을 주기 위한 프로그램이었는데, 초등학교 저학년 학생들이 정서적으로나 학업상으로 학교에서 성공적으로 적응할 수 있도록 지원함에 그 목적이 있다.

한편 집중적 예방은 이미 높은 위험상황 중에 있거나 이미 장애 상태를 보이는 아동이나 청소년들을 위하여 장애의 계속적인 진행을 막기 위한 조처를 의미한다. 정서·행동 장애아 특수학교나 시설에서의 집중적 예방의 대부분 활동은 특수교육적인 지원과 더불어 다양한 치료들도 병행하게 된다.

앞서 정서·행동 장애아 교육의 역사에서도 본 바와 같이 이들을 위한 교육적 중재에는 다양한 인접 학문이나 전문기관들의 적극적인 협력이 요구된다. 우선 학교제도권 내에서 관련되는 대표적인 기관은 특수학교이다. 그러나 20세기 중반부터 특수학교의 분리체제에 대한 거센 비판으로 말미암아 통합이나 외래(통원)적 교육환경이 강조되고 있다. 사회교육(복지)학적인 관점에서도 마찬가지로 생활시설보다는 이용시설을 통하여 그들의 통합과 재활을 강조한다. 그리고 소년법 등 법적으로는 처벌적인 관점보다는 오히려 교육적으로 접근하고자 하며, 의학 분야에서는 특히 아동 및 청소년 정신과를 중심으로 다양한 협력을 바탕으로 의료적 재활을 돕고 있다.

① 학교 교육적 측면

독일 행동 장애아 특수학교의 명칭은 '교육보조학교(Schule fuer Erziehungshilfe)' 혹은 '교육곤란아 학교(Schule fuer Erziehungsschwierigen)' 등 각 주(州)마다 독특한 자신의 법적 근거를 바탕으로 다양하게 부르고, 일반학교의 교육과정에 의거하여 교육적 지원을 제공받고 있다. 학교가 가지는 중요한 과제 중 한 가지는 일탈적 행동을 보이는 학생을 일반학교 및 또래 학생에로의 재통합 혹은 복귀하도록 조력하는 데 있다. 즉 행동 장애 아동과 청소년들의 성격, 정서, 사회 및 인지의 건강한 발달을 도우며 자신의 문제해결력을 촉진시킴으로써 책임 있는 삶을 영위하도록 하는 것이다. 1970년대부터 강조된 통합운동으로 말미암아 행동 장애 아동과 청소년들에 대한 특수학교에서의 전통적인 분리 교육은 사회적 비판에 직면하면서 일반학교에서 통합적 교육환경이 마련되기 시작하였다. 따라서 행동 장애를 가진 아동과 청소년들의 절대 다수는 특수학교가 아닌 일반학교에 재학하기 시작하였던 것이었다. 또한 행동 장애 발생 빈도와 관련하여 전체 학생 중에 약 15% 정도로 추정하고 있다. 독일의 모든 학령기 아동의 약 3~6%는 여러 특수학교들 중에 한 학교에 재학 중인 것으로 조사되었으며, 약 0.3% 미만은 행동 장애아 학교에서 교육적 서비스를 제공받고 있다(Cloerkes, 1997). 2000년도에는 34,902명의 사회-정서적 발달을 위하여 특수 교육적 촉진을 필요로 하는 행동 장애 학생이 있고, 그중에서 약 25% 정도는 일반학교에서 수업을 받고 있다(Rumpler, 2002). 특히 이러한 행동 장애는 초등학교와 실업계 학교에 해당하는 주요학교(Hauptschule) 및 학습 장애 학교에서 흔히 보이는 현상이라는 것이다.

한편 행동 장애아를 위한 교육은 <그림 10-1>과 같이 네 가지 형태, 즉 개별적, 집단별, 특수학교의 측면 및 다차원적 단계 등으로 구분할 수 있다.

첫째, 최근에 생성된 과정인 개별적 단계는 특히 일반 초등학교나 주요학교(Hauptschule)에서 상담교사와의 상담과 통합교육이나 수업 혹은 개별적인 지원이 이루어지는 것을 말한다. 개별적인 교육 지원의 단계는 대부분 상담, 의사 소통법, 조직력 등의 자질을 갖춘 특수교사를 통하여 실시된다.

둘째, 행동 장애 학생의 사회성과 학업성취의 촉진을 목적으로 자신의 원적 학급과 학년에 적응하도록 돕기 위한 집단 혹은 특수학급의 형성은 일반학교 내에서 관련 학생을 대상으로 일시적으로 이루어지는 형태이다. 그러나 이러한 집단 형성에 대한 학교내외의 부정적인 현상들이 종종 관찰되기도 한다.

셋째, 행동 장애아 특수학교나 교육 지원센터는 사회성과 정서적 능력을 발달시키기 위하여 특별한 수업이 따로 제공되어야 한다. 이러한 교육기관들은 과도기적 학교로서 근본적으로 일반학교로의 조속한 재통합을 목적으로 하지만, 사실 만족할 만한 성공적

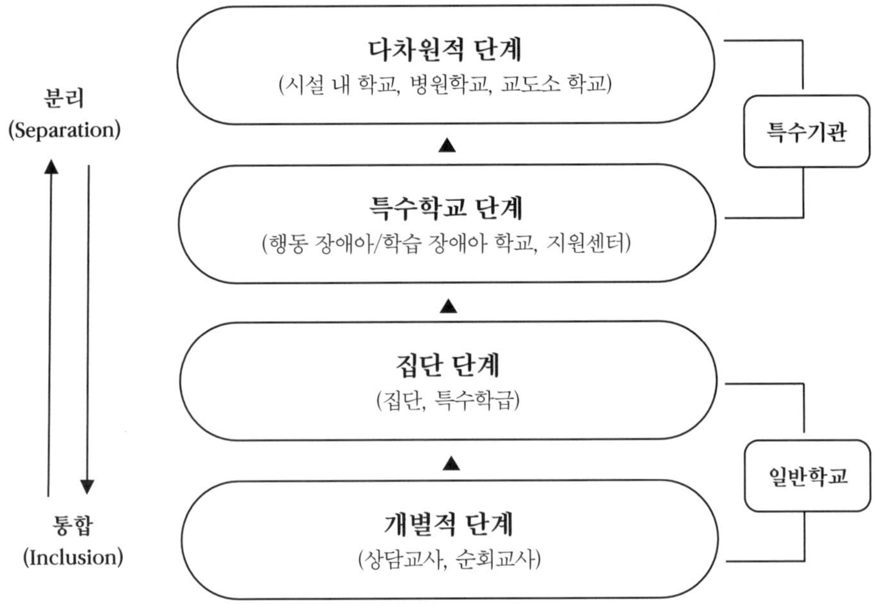

〈그림 10-1〉 정서 · 행동 장애의 학교 교육적 중재의 단계별 체계

인 교육적 결과를 내지는 못하고 있다. 아울러 1970년대에 이르러 전통적인 특수학교에 대한 다양한 사회의 비판으로 말미암아 통합에 대한 논의도 동시에 진행되었다.

넷째, 행동 장애의 다양한 요소들을 고려한 다차원적 단계에서 학교는 교육적 보조기관의 한 기본 요소로 보는 것이다. 이에 행동 장애학교에 재학 중인 학생 중에 대략 절반 이상은 복지나 의료 및 교정 시설 관련 기관에 거주하고 있다. 여기에는 사회복지사, 교육자, 의료진, 법률가, 간호인 등 다양한 전문가들의 광범위적인 협력이 요구되는 것이다.

그 외에도 행동 장애 학생들에게 정상적인 삶을 영위할 수 있도록 기회를 제공해야 하는데 생애주기 중에서 문제점이 발생하기도 한다. 그리고 그들은 인지능력의 결여뿐만 아니라 정확성, 신뢰성, 책임성이나 유연성 등 직업생활에서의 일반적인 원칙의 결여 현상도 동시에 나타난다. 따라서 행동 장애 학생들을 위한 직업교육은 매우 중요한 의미를 가지며, 이에 독립적인 기관이나 적합한 조치가 필요한 것이다(Dieterich, 1993). 우선 행동 장애아 학교나 또는 그와 관련된 기관들이 가지는 중요한 과제 중에

한 가지는 안정된 정서와 인식능력 발달과 동시에 직업발견 및 직업선택을 위한 일련의 중재 과정이라 할 것이다. 여기에서 현장 실습이나 직업상담, 사회-정서적 능력이나 인식능력의 함양 등을 통하여 행동 장애 학생들은 특별한 지원을 받는다. 특히 경제적 불황과 높은 비율의 청년실업에 직면하여 행동 장애 학생을 위한 전환교육으로서의 직업교육은 매우 중요한 의미를 가지는 것이다.

② 사회 교육(복지)적 측면

사회 복지적인 측면에서의 지원 활동은 1991년의 독일의「아동 및 청소년보조법(Das Kinder- und Jugendhilfegesetz: KJHG)」이나 1992년「청소년복지법(Das Gesetz für Jugendwohlfahrt: (JWG)」등에 법적 근거를 두고 있다. 아울러 이는 아동 및 청소년들의 교육과 성장 발달에 있어서 기본적 권리를 보장함에 그 목적을 두고 있다.

역사적으로 행동 장애 아동 및 청소년을 위한 사회교육이나 사회 복지적 측면에서 장애인 시설은 가장 고전적인 특별한 교육기관 중 하나에 해당한다. 이처럼 시설에서 제공되는 교육은 아동 및 청소년이 가족적인 상황이나 교육적인 문제 등의 이유로 인하여 가정 외의 일정 시설에서 거주하며 받는 교육의 한 형태를 의미한다.

한편 1945년 제2차 세계대전이후에 장애인 시설이 대폭 증가되었는데, 1960년대 중반부터 1970년대 초에 들어오면서, 특히 1965년부터 시설에 수용된 청소년에 대한 부적절한 처우를 바로잡으려는 운동인 이른바 '홈 캠페인(Heimkampagne)'이 일어났다. '시설에서 아이를 데려오라(Holt die Kinder aus den Heimen!)'라는 표어 아래 시설 교육의 부정적인 결과(예를 들어, 높은 범죄율, 사회적 격리성 및 인권침해 등)에 대한 거센 사회적 비판이 일기 시작했던 것이다. 이에 따라서 오늘날 관련 아동과 청소년들을 위한 후견가족이나 양(養)가족과의 거주 형태와 거주 환경에 있어서 급속한 변화가 일기 시작하였다(Heun & Wiesenfeldt-Heun, 1994). 또한 동시에 시설종사자의 교육적 자질이나 인식이 향상되고 새로운 교육적 개념들이 제시되기도 하였다.

그 당시 시설거주자의 대부분은 사회적 하위계층 출신이며(Myschker, 2005), 동시에 한 부모 가정의 자녀들이 다수를 차지하고 있었다(Heun & Wiesenfeldt-Heun, 1994). 또한 교육의 문제와 문제 행동들은 대부분 부모의 이혼, 부부관계의 위기, 경제적 결핍, 가족의 방임 및 학대, 학교에서의 실패경험 및 낙인 등에 기인하고 이는 재차 시설거주의 이유로 귀결된다는 것이다. 그 외에도 행동 장애아 교육의 입장에서 볼 때에 폐쇄적 장애인 시설에서의 거주 문제에 대한 논란의 결과로 함부르크(Hamburg)나 브레멘(Bremen) 같은 대도시에서는 이러한 시설을 폐쇄하기까지 하였다. 물론 아르벡(Ahrbeck, 1993)은 심층심리학적인 관점에서 중증 행동 장애 아동 및 청소년들의 시간제 폐쇄형 시설은 오히려 심리적으로 혹은 인간관계 발달을 위한 긍정적인 기회로 보기도 하였다.

③ 교정시설적인 측면

청소년과 관련된 각종 교정시설은 범죄 교육학(Kriminalpädagogik)을 기초로 하여 독일의 경우 「청소년법원법(Jugendgerichtsgesetz)」을 준거로 삼고 있다. 여기에서의 적용대상은 두 가지 연령집단으로 구분하는데, 즉 14세에서 17세까지의 청소년 연령과 18세에서 20세까지의 청년 연령을 동시에 포함한다. 이는 14세 미만의 어린이들은 형사책임을 질 수 없는 미성년으로 보는 것이다(Hillenbrand, 2006).

행동 장애 아동을 위한 교육적 지원은 교도소 등 형 집행기관에서도 실시되는데, 몰렌하우어(Mollenhauer, 1995)는 이것을 사회교육학적 기관들 가운데 가장 극단적인 사례라고 설명한다. 독일에서는 일부 교정시설에 청소년 교도소와 아울러 일반교도소 내에 청소년부를 설치하여 운영하고 있다(Myschker, 2005). 이는 법적인 기초를 바탕으로 형의 집행은 주로 교정 및 보충적 교육활동을 지향하고 있으며, 기관 내 청소년 혹은 청년들이 장차 사회에서 범법행동을 하지 않고 책임 있는 인생을 살 능력을 함양시키기 위한 것이다.

청소년 교정시설 내에서의 교육적 활동은 주로 학교교육, 직업교육 및 여가교육의 세 가지 분야로 구분할 수 있다. 우선 학교교육의 영역과 관련하여 사회적 갈등을 유발시키는 주원인으로 재소자들의 인지를 비롯하여 정서나 심리역동적인 다양한 결손 요소들이 충분히 고려되어야 한다. 여기에는 연령과 개인적인 특성에 따른 지원 서비스 활동이 중요한데, 직업교육에 있어서는 주로 수공업 직종이 많이 제공되고 각 분야의 기능장(Meister)들이 중재를 돕는다. 또한 여가활동은 종종 범죄 행위의 출발점이 될 수 있는 위험성이 내재되어 있기 때문에 건전한 여가활동 교육은 매우 중요한 사회 교육적 과제에 속한다 할 것이다. 여기에는 주로 스포츠를 비롯하여 예술적 활동, 공예나 심리 치료적 대화 등이 있다. 그러나 이러한 교육적 활동은 사실 현실적으로 몇 가지 주요 난제가 있다. 여기에는 예를 들어, 교정시설 내의 관계자들이 특수교육학적인 소양이 부족할 뿐 아니라, 교육적 관점과 교정시설의 기능과 인식 간의 차이로 인하여 실현 가능성이 비교적 낮다는 점을 들 수 있다.

④ 아동 및 청소년의 정신의학적 측면

행동 장애를 가진 아동이나 청소년을 대상으로 하는 정신의학적 중재는 주로 병원에서 수주에서부터 심지어는 수년에 이르기까지 입원치료를 하거나 혹은 외래(통원) 치료가 요구되는 경우가 있다. 미쉬커(Myschker, 2005)에 따르면 독일 전역에 현재 약 114개의 아동 및 청소년 정신과 병동이 있고, 약 30,000명의 환아(患兒)들이 입원치료를 받고 있다는 것이다. 그리고 환자의 대략 절반 이상이 11세에서 15세이고, 1/3이 16세에서 20세이며, 나머지는 10세 미만으로 이루어져 있다.

그리고 행동 장애를 위한 치료 및 교육적 지원에는 정신분석을 비롯하여 행동치료나 체계 치료 및 정신의학적 중재 외에도 관련 아동과 청소년들은 사회교육과 학교 교육적 차원에서 동시에 협력적 지원 서비스가 필수적인 환경요인으로 보는 것이다. 그것은 환아들의 입원기간이 짧게는 며칠에서 길게는 몇 년에 이르기까지 매우 다양하기 때문에 교육적 활동은 재활을 위하여 가능한 한 효과적인 기여를 해야 할 과제를 안고 있기 때문이다. 그러나 종종 다양한 관련 전문가들 간의 관점 차이로 인한 갈등들이 나타나기도 한다. 그중 한 가지 예를 들면, 특수교육 교사들은 쉽게 '치료를 위한 보조원' 정도로만 간주되기도 한다는 것이다. 이러한 의료시설에 적용되는 사회교육학적 중재에는 교육적-치료적 방식들을 병행하여 포함하는데, 여기에는 음악 및 미술치료 활동을 비롯하여 놀이, 심리역동적 활동, 긴장완화 활동, 면담 등이 포함된다. 그리고 시설 내에서 행해지는 수업은 주로 성격발달이나 안정을 도모하기 위한 주요 과제를 가지고 있다. 아울러 교사의 특별한 역할은 두려움과 폭력성 요인을 제거하여 학습을 촉진할 수 있는 교육환경을 형성하는 일이다. 그리고 수업의 형태나 방법으로는 프로젝트 수업을 비롯하여 열린 수업, 집단 활동, 행동수정, 심리역동 활동, 심리극, 음악·미술·놀이 치료 등을 통하여 실시된다.

⑤ 기타

오늘날에는 다양한 교육 및 복지시설들 간의 긴밀한 상호 협력이 행동 장애 교육에 매우 중요한 성공요인으로 대두되면서 특히 학교사회복지의 의미가 두드러지고 있다. 행동 장애아 교육에 있어서 학교사회복지 활동의 역할은 무엇보다도 당사자의 사회적 문제를 세밀하게 파악하여 그에 따른 문제 해결 전략을 제시한다는 점이다. 그러나 종종 학교사회복지와 교육기관 및 교육자 간의 상호 입장차이로 인하여 갈등도 발생하기도 한다. 특히 학교사회복지의 기능에서 중요한 세 가지 분야는 수업 관련 프로그램 제공, 수업 외의 여가활동과 학교 외적 활동 등을 들 수 있다. 우선 수업 관련 프로그램에서는 위기대처법을 비롯하여 학생이나 교사 및 학부모 상담, 수업용 프로젝트 참여, 여가활동, 숙제보조, 특히 직업과 관련된 전환교육 보조, 교사를 위한 상담 및 슈퍼비전(supervision) 등을 들 수 있다. 그리고 수업 외 여가활동과 관련하여서는 공동연구모임이나 성별에 따른 여가제공, 다문화 여가활동, 학생카페운영, 부모교육, 학교생활 및 학교문화 형성 협력 등을 대표적으로 꼽을 수 있다. 아울러 학교 외적인 활동에는 학교 외부의 청소년 관련 단체와의 협력이나 지역 사회에서 사회기반시설 및 생활공간 개선을 위한 활동단체 결성 등이 좋은 예이다(Walkenhorst, 1995).

2) 통합교육

장애 학생과 비장애 학생들 간의 통합교육은 오늘날 교육학적인 측면을 비롯하여 학교 정책적 혹은 연구 방법론적으로 다양한 분야에서 논의의 주제가 된다.

행동 장애 학생의 통합도 1970년대 이후부터 다양한 형태로 시도하여 긍정적인 결과를 얻어내기도 하였지만, 아직 만족할 만한 정도는 아닌 것으로 보아 여전히 실험연구 단계라 할 수 있다. 특히 신체적 혹은 정신적 기능의 저하와 달리 아동의 일탈된 문제 행동은 통합교육에서 더 부정적 영향을 미친다고도 할 수 있다(Bleidick, 1988a; Hartke, 1998). 다른 장애영역과 마찬가지로 행동 장애 아동 및 청소년의 통합교육과 수업에서도 많은 성공요인들이 서로 전제되어야 할 것이다. 만일 적절하지 못한 교육 환경 가운데서 이루어지는 수준의 통합교육은 오히려 통합학급 내에서 장애 학생이 또래들로부터의 사회적 거부현상을 더욱더 부채질하는 등의 부작용이 발생하기 때문이다. 따라서 이를 위하여 교육정책이나 유관기관과의 협력관계, 각종 교육이나 재활시설의 확충 등을 비롯하여 장애아 및 통합교육에 대한 일반교사의 기본적인 태도나 자질, 특수교육교사의 역할 및 기능의 전문성, 다양한 교수방법, 문제행동의 수정, 비장애 학생의 협력 및 수용의지, 학부모의 상호 협력 등 통합교육 장면에서 가장 먼저 전제되어야 할 요소가 많은 것을 알 수 있다(Biermann/Goetze, 2005).

제11장

자폐범주성 장애

우리나라에 있어서 특수교육의 질적인 발전의 계기는 1977년 12월 31일에 제정되어 1979년부터 시행된 「특수교육진흥법」을 바탕으로 시작되었다. 이 법에 따르면 그 당시 특수교육대상자는 시각 장애를 비롯하여 청각 장애, 정신지체, 지체부자유, 언어장애, 학습 장애, 정서 장애(자폐성 포함) 및 기타 교육부령이 정하는 장애로 정하고 있다.

그러나 이 법은 특수교육대상자들을 위한 충분한 교육적 지원에 있어서 미흡함을 비판하고 개선하기 위하여 제정된 지 30년 만에 폐지가 결정되었다. 그리고 교육기본법 제18조에 근거하여 2007년 5월 27일자로 새로운 「장애인 등에 대한 특수교육법」이 공포되고, 2008년 5월 26일부터 시행되기에 이르렀다. 이는 장애인이나 또는 특별한 교육적 요구가 있는 사람에게 통합교육의 환경을 제공하고 생애주기를 비롯하여 장애유형, 장애정도를 고려한 교육을 실시함으로써, 그들이 자아를 실현하고 사회가 통합되는 데 기여할 수 있도록 함을 목적으로 제시하였다. 특히 동법 제3장 제15조(특수교육대상자의 선정)에 따르면 과거의 「특수교육진흥법」에서 명시된 장애유형 가운데 일부가 개정되거나 확대되기도 했다. 여기에는 지체부자유를 지체 장애, 정서 장애를 정서·행동 장애로 변경하였으며, 자폐성 장애를 정서 장애로부터 분리·독립된 장애유형으로 제시하였다. 또한 종래의 언어 장애를 의사소통 장애로 개칭하였고, 영아 및 9세 미만의 아동에게 해당하는 발달지체를 특수교육대상자에 추가적으로 포함하여 명시하기도 했다.

1. 자폐범주성 장애 아동 교육의 역사

원래 자폐(自閉, Autism)라는 용어는 어원상 고대 그리스어의 'autós', 즉 '스스로'라는 의미를 가지고 있다. 사실 자폐범주성 장애(Autism Spectrum Disorder: ASD)아동에 대한 교육의 역사는 다른 장애영역들에 비해 매우 짧다고 볼 수 있다.

'자폐증'이라는 용어는 스위스의 정신과 의사였던 블로이러(P. E. Bleuler, 1857~1939)가 1911년에 처음으로 대인관계에 심각할 정도의 장애를 가진 사람들을 위한 학문적이고 실제적인 논의에서 인용하였다. 그는 이를 '자기중심적(self-centered)'인 의미로 이해하였는데, 다시 말하자면 이들은 주변의 환경으로부터 스스로를 격리시키고, 자기 자신의 세계 안으로 움츠려 들어가는 사람들을 가리킨다(Doerr & Guenther, 2003).

<블로이러(P. E. Bleuler)>

출처: https://de.wikipedia.org/wiki/Eugen_Bleuler#/media/Datei:Eugen_bleuler.jpg

그리고 1943년에는 미국의 아동 및 청소년 정신과 의사인 캐너(L. Kanner, 1894~1981)가 처음으로 자폐성 장애를 소아정신 분열증과 구분하기 위하여 '정서적인 접촉의 자폐성 장애(Autistic Disturbances of Affective Contact)'라는 제목의 논문을 *Journal Nervous Child* 라는 잡지에 11개의 자폐증 관련 사례를 관찰하고 기록한 내용을 발표하였다. 그는 이것을 문헌에서 '캐너 신드롬(Kanner-Syndrome)' 혹은 '유아자폐증'이라는 개념을 사용하였다.

<캐너(L. Kanner)>

출처: https://en.wikipedia.org/wiki/Leo_Kanner#/media/File:Leo-Kanner.jpeg

그리고 그는 자폐성 장애는 주변 사람과의 일상적

인 관계 형성이 선천적으로 불가능한 가운데 출생한다고 보았다(Kanner, 1943). 캐너에 따르면 고전적 형태의 자폐성 장애가 보이는 주요 증상들을 살펴보면 아래와 같다(Klein, 1999).

- 우선 관계 형성의 결함을 들 수 있는데, 자폐성 장애 아동은 다른 사람과의 일상생활 가운데서 올바른 관계를 형성하기가 어렵다. 아울러 주목할 만한 것은 사람보다는 어떤 사물에 오히려 더 큰 관심을 가진다는 점이다.
- 언어발달에 있어서 지체를 보인다. 자폐아동들은 대체적으로 비장애아들보다 언어발달이 실제적으로 늦다는 것이다. 여기에는 언어적 수준이 또래 아동보다 낮을 뿐만 아니라 의미 있는 상호 의사소통이 매우 곤란하다는 점도 포함된다.
- 반향 언어로서 상황과 관련이 희박하고, 상대방의 말을 기계적으로 감정을 동반하지 않는 반복적인 언어행동을 말한다.
- 대명사 사용의 혼란인데, 예를 들어, “너는 빵을 먹고 싶니?”라는 질문에 “너는 빵을 먹고 싶니!”라고 대답하는 것이다.
- 항상 반복적이고 제한적이며 고정된 놀이 활동이다. 따라서 상상력이 풍부한 놀이로의 단계적 발전이 불가능한 것이다.
- 변화에 대한 심한 거부감과 반항적 행동이다. 일상적인 주위환경의 변화에 대하여 매우 거부적인 반응을 나타낸다는 것이다.
- 뛰어난 기억력을 들 수 있는데 많은 자폐성 장애를 가진 아동이 특정 영역에 놀랄 만한 기억력과 암기력을 보이는 점이다.
- 논란의 여지가 있지만 자폐아동은 비장애 아동과 차이가 없이 정상적인 지능을 가진 것으로 보았다.

이어서 캐너는 자폐성 장애의 여러 가지 증상을 두 가지 핵심적인 특성으로 요약하였는데, 우선 일상적으로 반복적인 행동의 지나친 고집이나 2세 이내에 시작되는 극심한 사회적 격리성향을 들었다.

한편 1944년에는 오스트리아의 소아과 의사이자, 특수교육학자인 아스퍼거(H. Asperger, 1906~1980)도 자폐증 연구에 큰 관심을 보였고 이를 유아정신 분열증과 구분하는 데 이바지하였다. 그는 문헌에서 자폐성 정신질환이나 ‘아스퍼거 신드롬(Asperger Syndrome)’에 대하여 몇 가지 대표적인 증상들을 언급하였다. 예를 들어, 인간관계의 결핍, 정서적 손상, 언어적 문제, 조음기관의 문제, 불안하고 수동적인 사회적 태도 등이 해당한다. 물론 아스퍼거 장애가 캐너의 자폐성 장애와 유사한 증상도 보이지만, 큰 차이점으로는 언어 발달지체나 인지적인 결함보다는 사회성 영역(사회적 의사소통, 사회적 상호작용, 사회적 이해 등)에 뚜렷하게 어려움을 가지는 특성을 가진다는 것이다(Klein, 1999).

<자폐범주성 장애>

출처: https://upload.wikimedia.org/wikipedia/commons/0/0d/Autistic-sweetiepie-boy-with-ducksinarow.jpg

이와 관련하여 영국의 런던 정신의학 연구소(Institute of Psychiatry London)의 러터(M. Rutter, 1933~현재)는 자폐증뿐 아니라, 언어 장애에 대한 연구를 통하여 자폐증은 선천성 뇌장애로 이해하고, 특히 지능지수에 있어서 차이성을 강조하였다. 이는 자폐아동의 지능은 비장애 아동과 큰 차이가 없는 정상적인 지능을 가졌을 것이라는 캐너의 주장과는 배치되기 때문에 주목을 끌기도 했다(Rutter, 1984; 1985).

이어서 영국의 노팅엄(Nottingham) 대학교의 발달심리학자였던 뉴슨(E. Newson, 1929~2014)은 러터의 이론을 더 확대하였다. 즉 캐너가 자폐증의 특성에서 지체되고 일탈적인 언어발달에 대하여 언급한 반면에 뉴슨은 표정이나 몸짓 등 비언어적 표현을 포함한 모든 의사소통의 결함 형태를 언급하였다. 그리고 러터와 뉴슨은 공통적으로 자폐증의 시작 연령과 관련하여 2세 이전이라는 캐너의 주장에 동의하였다. 뉴슨과 러터가 자폐증의 시작 연령으로 보았던 나이는 아마도 아동의 장애를 인식한 당시의 나이를 가리키는 것으로 보인다.

하지만 자폐증에 대한 정보가 점점 늘어감에 따라 자폐증은 확실하고 분명하게 구분되는 장애가 아니라는 것이다. 윙(Wing, 1976)과 윙과 굴드(Wing & Gould, 1979)는 1979년 런던에 거주하는 아이들을 대상으로 역학조사를 실시하였다. 연구 대상에는 중증 지적 장애아들을 제외한 자폐적 특성을 지닌 아이들을 포함시켰으며, 자폐증에 있어서 가장 핵심적인 결함은 사회성의 문제라는 결과를 도출한 것이다. 지적 장애 아동은 그의 발달 연령에 맞는 사회적 능력이 있는 반면에, 자폐아동은 인지능력과 상관없이 심각한 사회적 결함이 있음이 보고되었다. 자폐아의 사회성 결여와 관련하여 다른 연구자들로부터도 언급이 되었는데, 윙과 굴드(Wing & Gould, 1979)의 연구 결과에 따르면 자폐아동은 3가지 주요 특성을 보인다. 여기에는 사회적 관계성을 비롯하여 사회적 의사소통 및 사회적 이해력 및 상상력의 결손 등이 대표적으로 포함된다. 각 영역별 구체적인 특성이나 문제점은 다음과 같다.

먼저 사회적 관계성에서의 결손이란 자신을 타인으로부터 분리하거나 상대방에 대하여 무관심한 태도를 비롯하여 기차시간표, 진공청소기, 소독약, 화장실, X-ray 사진, 부서진 공원의 벤치 등 독특한 사물에 대해 지나친 관심을 가지거나 사회적 태도나 행동의 세밀한 규칙에 대한 제한된 이해능력 등을 의미한다. 이어서 사회적 의사소통의 결함은 다른 사람과 이야기할 의도가 전혀 없는 것을 비롯하여 자신의 욕구를 전달하는 의사소통의 제한성이나 꽤 많은 말을 하지만 청자의 반응에 대한 고려가 없는 태도 등으로 상호적인 대화가 불가능한 상태를 말한다. 아울러 사회적 이해력 및 상상력의 결손과 관련해서는 모방성이 결여됨은 물론이고, 상징적 놀이가 불가하거나 다른 사람의 행위를 흉내 내기는 하지만 그 목적이나 의미를 이해하지 못한다는 것과 단순한 한 가지 역할을 반복하여 놀고 변화와 감정이입 등이 불가한 것을 가리킨다.

<프리트(U. Frith)>

출처: https://upload.wikimedia.org/wikipedia/commons/thumb/b/b6/Uta_Frith.jpg/800px-Uta_Frith.jpg

그리고 1980년 초에 윙은 아스퍼거 증후군의 특징에 대해서도 관심을 가짐으로써 후에 이러한 장애유형에 대한 관심을 한층 고조시켰다. 이어서 1991년에는 독일의 발달심리학자인 프리트(U. Frith, 1941~현재)가 자폐증과 아스퍼거 증후군에 관한 책을 출판하면서 정점에 달했다.

한편 1994년 미국 정신과학회(American Psychiatric Association: APA)의 정신 장애의 진단 및 통계적 편

람 제4판(Diagnostic and Statistical Manual of Mental Disorders: DSM-IV-TR)의 분류체계에 의하면, 자폐는 전반적 발달 장애(Pervasive Development Disorder: PDD)라는 상위개념 아래 자폐성 장애(Autistic Disorder), 레트 장애(Rett's Disorder), 소아기 붕괴성 장애(Childhood Disintegrative Disorder), 아스퍼거 장애(Asperger's Disorder) 및 달리 분류되지 않는 전반적 발달 장애와 비전형적 자폐증(Pervasive Developmental Disorder Not Otherwise Specified: PDD, NOS) 등으로 구성되었다.

그러나 최근 2013년의 정신 장애 진단 및 통계편람(DSM-V)에서는 과거의 서로 분리되었던 여러 가지 장애들을 자폐범주성 장애 혹은 자폐스펙트럼 장애(Autism Spectrum Disorder: ASD)로 통합·수정하였다. 이는 위에서 언급된 바와 같이 자폐스펙트럼 장애의 개념이 분명하게 다른 유사한 장애유형과 명확하게 구분되기보다는 사회성, 언어성 및 행동적인 측면에서 포괄적이고 다양한 특성이나 증상들을 보인다는 것이다.

2. 자폐범주성 장애의 개념

자폐증(Autism)에 대한 용어는 일반적으로 미국정신과학회(APA)에서 발간하는 정신 장애의 진단 및 통계 편람(DSM)을 인용하여 주로 사용하고 있다. 1952년부터 1994년의 DSM-IV까지 수차례 용어와 분류 형태에 변화를 거듭하였다. 초기에는 캐너의 영향을 받아 자폐증을 일종의 정신병으로 이해하여 정신분열증적 반응(Schizophrenic reaction), 정신분열증(Schizophrenia), 아동기형(Childhood type)이라는 병명으로 아동기의 정신병적 반응(DSM-I)으로 알았다. 그러다가 1980년대에 이르러 이들은 발달에 문제가 있는 것으로 판명되어 DSM- III에서 최근에 이르기까지 사용 중인 전반적 발달 장애(pervasive developmental disorder: PDD)라는 개념이 도입되어 광범위한 발달 장애의 한 유형으로 알려졌다. 여기에서는 전반적 발달 장애를 3가지로 분류하는데 유아기 자폐증(Infantile Autism: 30개월 이전 발병), 소아기 발병 전반적 발달 장애(Childhood Onset Pervasive Developmental Disorder: 30개월 이후 발병) 및 비전형적 전반적 발달 장애(Atypical Pervasive Developmental Disorder) 등이다.

그 이후 1987년에는 DSM-III를 보완한 DSM-III-R이 출판되는데, 전반적 발달 장애의 개념이 더욱더 확대되었다. 그러나 진단명은 자폐성 장애(Autistic Disorder), 전반적 발달 장애(Pervasive Developmental Disorder), 비전형적 전반적 발달 장애(Pervasive Developmental Disorder, Not Otherwise Specified: PDD, NOS)로 분류되었다.

이어서 1994년에 이르러 최근의 진단분류체계인 DSM-IV에서는 전반적 발달 장애(PDD)라는 개념아래 다음과 같이 다섯 가지로 구분하였다.

- 자폐성 장애(Autistic Disorder): 전형적인 자폐증
- 레트 장애(Rett's Disorder)
- 소아기 붕괴성 장애(Childhood Disintegrative Disorder)
- 아스퍼거 장애(Asperger's Disorder)
- 달리 분류되지 않는 전반적 발달 장애와 비전형적 자폐증(Pervasive Developmental Disorder, Not Otherwise Specified: PDD, NOS): 발병 연령이 늦은 경우, 비전형적인 증상, 충분한 진단 준거에는 미치지 못하는 정도의 증상이 나타나는 비전형적인 자폐증(atypical autism)이 여기에 해당된다.

아울러 오랫동안 자폐를 '자폐적 성향'이나 '유사자폐증' 혹은 '발달 장애'나 '전반적 발달 장애' 등 매우 다양한 용어로 불러왔다. 이는 그만큼 자폐증을 명확하게 구분하기가 어렵고 자폐성 장애를 가진 사람들의 특징이 모두 동일하지 않다는 의미이다. 이에 1996년에 윙(Wing)은 이미 자폐 스펙트럼(autism spectrum)이라는 용어를 제안하기도 했다. 이것은 마치 스펙트럼을 통하여 일곱 가지 무지개의 색깔 외에도 수많은 미묘한 색깔의 변화들을 관찰할 수 있는 바와 같다. 즉, 자폐성 장애에 있어서도 모든 기능이 저하되는 전형적인 자폐증이 있는가 하면 어떤 한 분야는 탁월한 재능을 보이는 서번트증후군(Savant syndrome)이나 고기능 자폐증(High Functioning Autism: HFA) 혹은 아스퍼거 증후군 등이 있기 때문이다. 따라서 이들을 구분하지 말고 하나의 연속

체로 설명하는 것이 자폐 스펙트럼의 주장이다.

자폐성 장애의 진단기준과 관련하여 가장 널리 사용하고 있는 미국정신의학회(APA)의 정신 장애 진단 및 통계편람 제IV판을 살펴보면 아래와 같다(American Psychiatry Association, 2000).

A. 1, 2, 3에서 총 6개(또는 그 이상) 항목, 적어도 1에서 2개 항목, 2와 3에서 각각 1개 항목에 충족되어야 한다.

1. 사회적 상호 작용에서의 질적인 장애가 다음 항목들 가운데 적어도 2개 항목으로 표현된다.
   (a) 사회적 상호 작용을 조절하기 위한 눈 마주치기, 얼굴 표정, 몸자세, 몸짓과 같은 다양한 비언어적 행동을 사용함에 있어서 현저한 장애
   (b) 발달 수준에 적합한 친구 관계 발달의 실패
   (c) 자발적으로 다른 사람들과 기쁨, 관심, 성공을 나누지 못한다(예: 관심의 대상을 보여 주거나, 가져오거나, 지각하지 못함).
   (d) 사회적으로나 감정적으로 서로 반응을 주고받는 상호 교류의 결여(예: 단순한 사회적 놀이나 게임에 적극적으로 참여하지 않고, 혼자 놀기를 좋아하며, 단순한 도구나 기계적인 수단으로 다른 사람을 놀이에 참여시킨다)
2. 질적인 의사소통 장애는 다음 항목들 가운데 적어도 1개 항목으로 표현된다.
   (a) 구두 언어 발달의 지연 또는 완전한 발달 결여(몸짓이나 흉내 내기와 같은 의사소통의 다른 방법에 의한 보상 시도가 수반되지 않는다)
   (b) 적절하게 말을 하는 경우, 다른 사람과 대화를 시작하거나 지속하는 능력의 현저한 장애
   (c) 상동증적이고 반복적인 언어나 괴상한 언어의 사용
   (d) 발달 수준에 적합한, 자발적이고 다양한 가상적 놀이나 사회적 모방 놀이의 결여
3. 제한적이고 반복적이며 상동증적인 행동이나 관심, 활동이 다음 항목들 가운데 적어도 1개 항목으로 표현된다.
   (a) 강도나 초점에 있어서 비정상적인, 한 가지 이상의 상동증적이고 제한적인 관심에 집착
   (b) 특이하고 비효율적인, 틀에 박힌 일이나 의식에 고집스럽게 매달림
   (c) 상동증적이고 반복적인 동작성 매너리즘(예: 손이나 손가락으로 딱딱 때리기나 틀기, 몸 흔들기, 몸 기울이기, 발끝으로 걷거나 기이한 손동작과 기이한 몸자세)
   (d) 대상의 부분에 지속적으로 몰두(예: 단추, 신체부분이나 움직임에 집착, 끈이나 고무 밴드와 같은 물체에 애착)

B. 다음 영역 가운데 적어도 한 가지 영역에서 기능이 지연되거나 비정상적이며, 3세 이전에 시작된다.

(1) 사회적 상호 작용
(2) 사회적인 의사소통에서 사용되는 언어
(3) 상징적 또는 상상적 놀이

C. 장애가 레트 장애 또는 소아기 붕괴성 장애로 잘 설명되지 않는다.

이어서 과거의 자폐성 장애와 마찬가지로 전반적 발달 장애의 범주에 해당된 레트 장애(Rett's syndrome), 소아기 붕괴성 장애(Childhood disintegrative disorder) 및 아스퍼거 장애(Asperger syndrome)의 특징을 참고적으로 간단히 살펴보면 다음과 같다.

우선 레트 장애는 1965년에 독일-오스트리아계의 소아과 의사이자 신경병리학자이며 레트증후군에 대한 최초의 저술가인 레트(A. Rett, 1924~1997)에 의하여 발견되었다. 그 당시에는 일반적으로 레트 장애가 특히 여아에게만 발생하며 1만 명당 1명꼴로 나타났다.

<레트(A. Rett), 우측>

출처: https://upload.wikimedia.org/wikipedia/commons/thumb/5/59/1987.12.16.AndreasRett.WienerVorlesung-en.JPG/1280px-1987.12.16.AndreasRett.WienerVorlesungen.JPG

레트 장애는 출생 시에 이미 존재하지만 2세 정도부터 나타나는 것으로 알려졌다. 이는 점진적으로 매우 심각한 퇴행현상을 보이며, 손을 비틀거나 손가락을 핥거나 물어뜯는 등의 상동적인 손동작이 나타난다. 아울러 이미 습득한 표현언어나 수용언어 등 의사소통 장애와 운동실조현상도 보이며, 두뇌의 성장이 감퇴되어 소뇌에 나타나는데, 그들의 약 75%는 경련성 장애가 수반되기도 한다. 그 밖에도 불규칙적인 호흡, 과호흡, 무호흡 등 호흡기 계통에 다양한 문제가 발생한다. 레트 장애가 점진적으로 진행됨에 따라서 근육의 긴장도가 증가되어 강직이나 경직되므로 대부분 독립보행이 불가능하여 휠체어를 사용하는 경우가 많게 된다. 레트 증후군을 가진 사람들의 수명과 관련하여서는 자료나 정보가 아직 충분하지 못하지만, 대략적으로 평균 40세 전후라 알려져 있다.

레트 증후군은 X염색체에 위치하며 단백질을 코딩하는 유전자로 알려진 MECP2 (methyl CpG binding protein 2)염색체의 이상이 원인이다. 그리고 MECP2 염색체에서 나타날 수 있는 변이는 약 200여 가지 이상인데, 모든 인종을 불문하고 영향을 끼친다. 지금까지는 우성 반성 유전으로 여성에게 주로 발견되었지만 최근에는 남자에게도 발병할 수 있는 것으로 밝혀졌다. 레트 증후군은 미국의 정신 장애 진단 및 통계편람(DSM) 제4차까지는 자폐성 장애의 일종으로 포함시켰다. 그러나 이는 유전병임이 밝혀짐에 따라서 다른 자폐스펙트럼 장애와는 증상에 이질적인 면이 있어서 DSM-5부터는 자폐스펙트럼에서 제외되었다.

이어서 소아기 붕괴성 장애(Childhood disintegrative disorder: CDD)는 생후 2~3년간은 정상적으로 발달하지만 보통 10세부터 수개월에 걸쳐서 지적기능을 비롯하여 사회적, 언어적 및 운동 기능이 상실되는 증후군이다. 이는 1908년 오스트리아의 특수교육학자인 헬러(T. Heller, 1869~1938)가 처음 발표하여서 헬러 증후군(Heller syndrome)이라고도 불린다. 발병원인은 아직 명백하게 밝혀지지 않았지만, 중추신경계 이상으로 나타나는 것으로 추정한다. 헬러 증후군의 주요 특징으로는 먼저 의사소통 기능을 상실하는 것을 비롯하여 다른 사람과의 상호교류가 현저하게 퇴행하며, 자해나 강박행동 등이 발생하게 된다. 그리고 대부분 심한 지적 장애를 비롯하여 경련성 장애나 다양한 대사이상 등 신경과적인 문제를 수반하기도 한다. 또한 헬러 증후군 증세가 나타나기 전에는 매우 활동적이지만, 동시에 과민해지거나 불안증을 보일 수도 있다. 이어서 2세가 지나고 10세 이전까지 수용언어나 표현성 언어 기능의 상실이나 사회적 기능, 적응행동, 대변가리기나 방광조절, 놀이, 운동기능 중 적어도 두 가지를 상실하게 된다. 그 외에도 정서적인 장애들 가운데서 특히 불안증이 흔하게 나타나는데, 이는 대소변가리기와 같은 자립능력이 퇴행됨으로써 나타나는 것으로 보인다. 이는 증세가 마치 자폐증과 비슷하기 때문에 치료방법도 자폐증에 준하여 적용되기도 한다.

이어서 아스퍼거 장애(Asperger syndrome)는 1944년 오스트리아 소아과 의사이자 특수교육학자인 아스퍼거(H. Asperger, 1906~1980)에 의해 밝혀진 정신 장애의 일종이다. 이는 전형적인 자폐성 장애와는 달리 정상적인 지능의 고기능 수준을 가진 것으로 본다. 자폐성 장애의 대부분이 언어발달에 심각한 문제를 가지는 반면에, 아스퍼거 장애 아동의 경우에 언어패턴은 다소 이상할 수 있지만, 의사소통이 전혀 불가한 것은 아니다. 이 장애 아동의 가장 큰 특징은 또래들과의 관계 형성에서 특히 어려움을 가진다는 점이다. 그들은 주로 혼자 지내는 성향이 강하고 한 가지 관심사에 지나치게 관심을 보이는 등 독특한 행동경향을 보이기도 한다(Attwood, 1998). 예를 들어, 전국의 기차역이나 전철역 이름을 알고 있다든지 혹은 영어능력이 매우 뛰어난 경우도 있다. 이는 물론 스스로 관심이 많아 혼자 배우고 습득한 것이다.

한편 2013년에 개정된 미국의 정신 장애 진단 및 통계편람(DSM-V)은 앞의 DSM-IV에 비하여 몇 가지 차이점이 있다. 예를 들어, 이전의 전반적 발달 장애(全般的發達障碍, pervasive developmental disorder: PDD)라는 용어 대신에 자폐스펙트럼 장애(Autism Spectrum Disorder: ASD)를 공식적으로 사용한다. 그리고 이전의 전반적 발달 장애의 하위개념 중 하나였던 레트 장애는 개정된 자폐스펙트럼 장애에서는 제외가 되었고, 아울러 이전의 나머지 하위 유형의 진단명들이 삭제되고 전형적인 자폐장애, 아스퍼거장애 혹은 비전형 전반적 발달 장애로 진단된 경우에는 자폐스펙트럼 장애로 통합되었다. 또한 자폐스펙트럼 장애는 사회적 의사소통이나 제한적이고 반복적인 행동 영역에서 심각도에 따라서 세 가지 수준의 지원요구(1수준: 적은 지원요구, 2수준: 많은 지원요구, 3수준: 상당히 많은 지원요구 등)로 구분된다. 아울러 사회적 의사소통이나 상호작용에서 현저한 제한을 가진다 하더라도 자폐스펙트럼 장애의 진단 준거에 부합할 경우에는 사회적(화용적, 話用的, pragmatics) 의사소통 장애로 평가되기도 한다.

다음은 미국의 정신 장애 진단 및 통계편람(DSM-V)에 따른 자폐스펙트럼장애(ASD)에 따른 진단기준을 살펴보고자 한다.

A. 다양한 분야에서 나타나는 사회적 의사소통과 사회적 상호작용의 지속적인 결함으로 인하여 현재 또는 이전부터 지속적으로 다음과 같은 세 가지가 모두 특징으로 나타난다.

1. 사회적- 정서적 상호성의 결함(예를 들어, 비정상적인 사회적 접근과 정상적인 대화의 실패, 타인과 관심이나 정서적 공유의 제한, 사회적 상호작용의 시작이나 반응상의 어려움)
2. 사회적 상호작용을 위한 비언어적인 의사소통 행동상의 결함(예를 들어, 언어 및 비언어적 의사소통에 대한 통합적 사용에 어려움, 눈 맞춤과 몸짓 등의 비언어적 행동의 어려움, 몸짓의 이해나 사용의 결함, 얼굴 표정이나 비언어적인 의사소통에서 전반적 결핍)
3. 사회적 관계의 형성과 유지 및 이해의 어려움(예를 들어, 다양한 사회적 상황에 적합한 행동의 어려움, 상상 놀이를 공유하거나 친구 사귀기의 곤란, 또래에 대한 관심이 결여)

B. 제한적이고 반복적인 행동, 흥미 및 활동이 현재 또는 이전부터 지속적으로 다음 항목들 가운데 적어도 두 가지 이상 나타난다.

1. 상동적이거나 혹은 반복적인 동작활동, 사물의 사용이나 말하기(예를 들어, 단순한 상동적인 운동, 장난감을 길게 정렬하기 또는 물체 튕기기, 반향어)
2. 동일성에 대한 고집, 일상적인 일과에 대한 집착 또는 언어나 비언어적 행동에 대한 의례적

인 패턴 양상(예를 들어, 작은 변화에도 지나친 불안증, 변화로의 어려움이나 고정된 사고 패턴, 늘상 같은 일과나 음식에 대한 요구)
3. 정도나 초점이 비정상적인 매우 제한적인 관심(예를 들어, 특정한 물체에 대한 지나친 애착이나 몰입, 지나치게 과도하며 한정된 흥미에 몰두)
4. 감각 정보에 대한 둔감 혹은 민감한 반응 또는 환경적인 감각 영역에 있어 특이한 감각적 관심(예를 들어, 통증이나 온도에 대한 분명한 무관심, 특정 소리나 감각에 대한 혐오적인 반응, 과도하게 냄새 맡기나 대상을 만짐, 빛이나 움직임에 대한 시각적 강한 관심)

C. 증후는 반드시 초기 발달 시기부터 나타나야 한다(그러나 발달시기에 따른 사회적 요구가 개인의 제한된 능력을 넘어서기 전까지 증후가 충분하게 나타나지 않을 수 있다. 혹은 이후 발달 시기에는 학습된 전략에 의해 증후가 감추어져 나타나지 않을 수도 있다).

D. 이러한 증후는 사회적, 직업적 혹은 현재의 기능수행이 다른 중요한 기능 영역에서 임상적으로 유의미한 손상을 유발한다.

E. 이러한 어려움은 지적 장애보다 더 잘 설명되지 않는다. 지적 장애와 자폐스펙트럼 장애는 자주 함께 수반된다. 자폐스펙트럼 장애와 지적 장애로 함께 진단되기 위해서는 사회적 의사소통이 일반적인 발달 수준에서 기대되는 수준보다 낮아야 한다.

주의점: DSM-5의 진단 기준상 자폐성 장애, 아스퍼거 장애 또는 달리 분류되지 않는 광범위성 발달 장애로 진단된 경우에서는 자폐스펙트럼 장애의 진단이 내려져야 한다. 사회적 의사소통에 뚜렷한 결함이 있으나 자폐스펙트럼 장애의 다른 진단 항목을 만족하지 않는 경우에는 사회적(실용적) 의사소통 장애로 평가해야 한다.

한편으로 우리나라의 경우에는 「장애인 등에 대한 특수교육법 시행령」에서 여전히 용어가 개정되지 않아 자폐범주성 장애보다는 자폐성 장애로 사용되고 있으며, 그 정의는 다음과 같다.

사회적 상호작용과 의사소통에 결함이 있고, 제한적이고 반복적인 관심과 활동을 보임으로써 교육적 성취 및 일상생활 적응에 도움이 필요한 사람

또한 우리나라의 장애인복지법시행령 <별표 1>의 장애인 종류 및 기준에 따른 장애인의 '7. 자폐성 장애인(自閉性障礙人)'항에 의하면 다음과 같이 정하고 있다.

소아기 자폐증, 비전형적 자폐증에 따른 언어·신체표현·자기조절·사회적응 기능 및 능력의 장애로 인하여 일상생활이나 사회생활에 상당한 제약을 받아 다른 사람의 도움이 필요한 사람

3. 자폐범주성 장애의 원인 및 출현율

먼저 자폐범주성 장애(ASD)의 원인과 관련하여 주로 생물학적이나 혹은 신경학적 관점이 중심을 이루지만, 이는 매우 다양함과 동시에 아직 명확히 규명되지 않은 것이 사실이다.

캐너(Kanner, 1943) 이후로 자폐범주성 장애와 그 원인에 대하여 매우 많은 주장들이 제기되어 왔다. 예를 들어, 관계성의 문제에서 보면 자폐범주성 장애의 주된 원인을 부모의 책임으로 돌리는 것을 볼 수 있다. 즉 이러한 장애의 원인을 부모-자녀 간의 관계에서 자녀가 어머니의 충분한 사랑과 관심을 경험하지 못한 결과로 보았다. 그러한 어머니들을 표현하기 위하여 이른바 '냉장고 부모(Kühlschrankmutter)' 혹은 '냉정한 지적 부모(kalte intellektuelle Eltern)'라고 부르기도 했다(Bettelheim, 1967). 이에 이른바 '문제 어머니'와 아이의 관계는 오랜 기간 동안 자폐증의 주된 유발 요인으로 인식되어서 부모, 특히 해당 어머니들에게 심적 고통과 죄책감을 주었던 것이었다. 1972년에 재차 이러한 가설이 틴베르겐과 틴베르겐(Tinbergen & Tinbergen, 1972)에 의하여 제기되었는데, 다시 말하자면, 자폐증은 어머니와 자녀 사이의 관계성의 붕괴로 발생하는데, 이러한 이론은 치료 활동에 있어서 중요한 기초로 작용하는 것으로 보았다. 하지만 이러한 자폐증에 대한 부정적인 원인론은 임상적 경험이나 연구결과를 통하여 다른 다양한 요인들이 관련된다고 보고 더 이상 수용되지는 않았다.

한편으로는 자폐증의 원인을 감각적 상실로 인하여 발생하는 것으로 보았는데, 예를 들어 이러한 아동들은 주로 농아였거나 혹은 아마도 출생 전이나 출생 시 감각적 손상을 가졌다고 주장한다(Spiel & Spiel, 1987). 엘리오트(Eliot, 2001)는 자폐증 아동의

근육운동이나 인지능력, 집중력, 학습 및 언어문제는 귓속의 평형 감각기관의 손상과 깊은 관련이 있다고 언급하기도 했다.

한편 베버(Weber, 1988)는 자폐증 아동의 약 41%가 뇌손상을 가졌고, 약 29%가량은 청소년 연령에서 간질성 발작을 일으킨다고 보고하기도 했다. 인간의 뇌에 대한 해부학적 입장의 새로운 연구에 따르면, 자폐증 아동과 비장애 아동 간의 뇌 구조에 차이를 보인다는 것이다. 쿠어체슨(Courchesne, 1995)에 따르면, 자폐증 아동의 대뇌 반구를 비롯하여 시상이나 기저핵 혹은 뇌간에서는 유의미한 이상이 발견되지 않았지만, 소뇌의 크기는 평균보다 더 작다는 것이다. 그리고 최근 캘리포니아대학교 샌디에이고(UCSD) 자폐증 연구센터 쿠어체슨(E. Courchesne) 교수에 의하면 자폐증 어린이는 그렇지 않은 어린이에 비해 전두엽 전피질(prefrontal cortex: PFC)의 뉴런(neuron) 수가 평균 67% 많고 뇌 무게도 평균보다 무거운 것으로 밝혔다. 일반적으로 뉴런은 신경계를 이루는 구조적·기능적 기본 단위인 신경세포이며, 전두엽 전피질의 기능은 고차원의 정신 기능인 사회성이나 정서, 의사소통 능력 및 인지기능의 발달을 담당하는 일을 하는 것이다(http://www.medical-tribune.co.kr).

아울러 휘브너(Huebner, 1992)의 입장에 따르면 자폐증 아동들은 해마나 전두엽 등의 다른 뇌 영역에 손상이 있음을 밝히기도 했다. 그럼에도 불구하고 현재까지 이러한 뇌의 구조적 차이가 자폐증 성향의 주된 원인 여부인지에 대한 분명한 증거는 여전히 제시하지 못하는 실정이다.

아마도 자폐성 장애는 다양한 형태와 영역의 신경학적인 손상이나 일탈이 있는 것으로 보인다. 뇌손상에 기인한 자폐증의 발생 이론은 계속적으로 지지를 받고 있는데, 아울러 뇌의 편도핵이 자폐증과 관련 있는 것으로 보고 있다. 이는 자폐증의 사회·정서적 결함은 시상하부(hypothalmus), 편도(amygadala), 해마(hippocampus)와 그 외의 인접기관들로 구성되어 있는 대뇌의 변연계(limbic system) 결함에 기인한다는 것이다. 변연계의 핵심적인 역할은 감정과 기억형성에 관여를 하게 된다. 아울러 자폐증의 발생과 환경적 요인과의 관계는 임산부의 임신 중 건강상태를 비롯하여 출산 시의 문제나 다른 환경요인이 정상적인 뇌 발달의 저해 여부에 달려있다고 보는 것이다.

그리고 최근에는 자폐증의 원인과 관련하여 유전적 결함에서 찾기도 하는데, 유전적 손상이나 기질적 요인들이 이미 출생 전에 뇌 발달과정에 부정적인 영향을 미치고, 징후와 증상들이 점점 나타나서 2세경에는 확연하게 나타나는 것을 알 수 있다는 것이다(Klicpera & Gasteiger-Klicpera, 2000; Blakemore & Frith, 2006).

한편 자폐증은 신경전달물질 등 신체기관의 생체생화학적 물질생성 과정에서의 결손이나 신진 대사 이상을 제기하기도 한다. 여기에는 예를 들어, 뇌 신진 대사를 비롯하여 면역체계, 위와 장의 기능 등의 여러 가지 문제들이 포함된다. 이 외에도 심리적이나 혹은 감각적 원인과 다양한 질병들에도 기인할 수 있다는 것인데, 1993년 이후로 보통 생후 12~15개월 영아들에게 해당하는 홍역을 비롯하여 볼거리, 풍진 혼합 백신(Measles Mumps Rubella Vaccine: MMR)접종으로 인한 수은성 물질을 통한 자폐의 유발요인 여부에 대한 논란이 계속되고 있다(Dzikowski, 2000). 그러나 최근에는 MMR(홍역·볼거리·풍진) 혼합백신이 자폐스펙트럼장애와는 무관하다는 사실이 확인됐다. 이탈리아 알렉산드리아(Alexandria) 지역 전염병감시센터(SeREMI)의 카를로 피에트란토니 의학 통계학 교수 연구팀이 MMR 백신과 수두 백신의 효과를 평가한 51편의 연구논문과 1천 3백만 명의 아이를 대상으로 이 백신들의 부작용을 살펴본 연구논문들을 종합 분석한 결과 이 같은 사실이 확인됐다고 보고했다(https://www.yna.co.kr).

아울러 자폐증의 출현율은 인구 만 명당 약 19명 정도로 발생하는데, 만일 아스퍼거 증후군까지 포함한다면 발생률은 93명으로까지 급증한다(Gillberg & Wing, 1999). 자폐증은 종종 간질이나 다운증후군, 주의력결핍과잉행동장애(ADHD)나 뇌성마비, 유전적 혹은 발달적 장애와 수반되어 나타날 수 있다. 따라서 자폐스펙트럼장애의 범주에 관한 일치된 자료는 아직 없지만, 트레바르텐(Trevarthen et al., 1996)은 약 4백 명당 1명꼴로 자폐증이 발생한다고까지 주장한다.

아울러 자폐범주성 장애의 발생은 여자보다는 남자아이에게 1 : 4 정도로 더 빈번히 나타나는데, 아스퍼거 증후군까지 포함할 경우에는 1 : 9로까지의 비율을 보인다. 자폐범주성 장애인의 약 70%는 경증이나 혹은 중증 지적 장애를 동시에 수반한다(Attwood, 1998; Gillberg, 2002).

4. 자폐범주성 장애의 진단 및 평가

무엇보다도 장애는 조기발견과 조기진단을 통하여 교육이나 의료적 중재의 실행이 가장 중요하다는 사실은 부인할 수 없다. 자폐범주성 장애는 보통 생후 6개월에서부터 12개월 사이에 발생한다고 한다. 아울러 결정적인 진단은 대체적으로 약 2세에서 4세 사이에 내려진다. 지콥스키(Dzikowski, 2000)는 자폐성 장애에 있어서 주요한 초기 증상들에 대하여 아래와 같이 설명한다.

> 종종 자폐성 아이들은 배고픔 등의 특별한 욕구가 없음에도 심하게 울어댄다. 그들은 특히 부모와 같은 신뢰할 만한 사람들에 대한 반응으로서의 웃음을 거의 보이지 않는다. 또한 약 6~7개월 사이에 장난감에 대한 관심을 전혀 가지지 않으며 잡지도 않는다. 팔에 안기었을 때 머리를 기대지 않는다. 옹알이를 잘 하지 않는다. 생후 1년 전에 부모들은 아이가 주위에 관심을 거의 가지지 않는 것을 느낀다. 아이와 놀려고 할 때 설명할 수 없는 소리를 지르기도 한다. 만일 혼자 놀도록 두면 가장 만족한 것으로 보이고, 다시 진정되기도 한다. 어떤 물건을 가지고 있을 때 놀이로 발전시키는 것이 매우 드물고, 오히려 단순하게 다루곤 한다. 아이는 시선을 어머니 혹은 아버지에게 두지 않고, 소음에 대하여 마치 청각 장애아처럼 반응을 하지 않는다. 강아지, 시계 등 관심 있는 대상에 대하여 '저기' 혹은 '여기'라는 표현과 동작을 하지 않는다. 대부분의 자폐아동들은 단조로운 언어생활 및 반향어 등 언어발달에 상당한 지체를 보인다.

자폐성 장애는 주로 소아과를 비롯하여 정신과나 신경과 혹은 임상심리학자 등 주로 의학적 입장에서는 신경학적인 질환으로 포함된다. 그 밖에도 심리학적이나 혹은 특수교육학적 진단과 부모 및 보호자나 친구 및 친척 등 주변의 관찰을 통하여 발견되기도 한다. 아울러 체크리스트 등 설문지를 통하여 수집된 정보와 자료도 진단·평가에서 매우 중요한 의미를 가진다.

그리고 진단·평가를 위하여 가장 기본적으로는 영·유아의 지각을 비롯하여 모방행동, 놀이, 정서, 언어, 사회적 행동, 운동성 및 기타 문제행동에 대하여 부모나 보호자로부터 관찰 결과에 대하여 체크리스트를 통하여 간단하게 선별한다. 또한 표준화된 진단검사 도구들을 통하여 자폐성 장애의 진단이 실시된다. 자폐성 장애의 대표적인 몇 가지 진단영역이나 검사 도구를 살펴보면, 먼저 인지능력검사(언어성 검사, 동작성 검사)를 실시하는데, 검사도구로는 웩슬러 유아지능검사(WPPSI), 웩슬러 아동지능검사(WISC-III), 웩슬러 성인지능검사(WAIS) 등이 대표적이다. 그 밖에도 한국 카우프만 인지검사(K-ABC)나 그림지능검사(PTI), 베일리 영유아발달검사(BSID) 혹은 스텐퍼드-비네 지능검사(SBIS)를 실시한다. 다음으로 의학적인 검사가 있는데, 이는 아동의 연령이나 감각, 운동기능, 신경학적 측면 등 각 영역별로 발달 정도를 진단·평가하게 된다. 이어서 사회성 발달검사로는 아동의 사회적 행동을 검사하는 과정으로서 대표적인 검사도구로는 자폐영아검목표(CHAT), 아동기 자폐증 평정척도(CARS) 혹은 자폐아행동검목표(ABC) 등이 있다. 그리고 언어능력검사에는 언어이해력 검사를 비롯하여 인지력 검사, 문장이해력 검사 혹은 그림어휘력 검사 도구를 통하여 표현언어나 수용언어 능력을 알아보는 것이다. 또한 학업성취도 검사와 관련하여서는 학습준비도 검사와 기초학습기능 검사 도구를 통하여 파악하게 된다.

그 밖에도 자폐성 장애의 더 세밀한 진단과 평가를 위하여 아동의 출생과정이나 생육사, 부모나 가족을 중심으로 한 가족력 등 사회적·환경적 배경에 대한 면담과 보고서 등을 통한 다양한 정보나 자료도 진단 및 평가에서 매우 중요한 기초로 사용된다.

최근까지 자폐성 장애는 국제질병분류표(International Classification of Diseases, 10th Version: ICD-10)를 기준으로 장애상태와 전반적 기능(발달)평가 척도(Global Assessment Scale: GAS)를 평가한 후에 이를 종합하여 최종 장애등급 진단을 내린다.

〈표 11-1〉 자폐성 장애등급 판정기준

장애등급	장애 정도
1급	ICD-10의 진단기준에 의한 전반성 발달 장애로 정상발달의 단계가 나타나지 아니하고 지능지수가 70 이하이며, 기능 및 능력장애로 인하여 GAS척도 점수가 20 이하인 사람
2급	ICD-10의 진단기준에 의한 전반성 발달 장애로 정상발달의 단계가 나타나지 아니하고 지능지수가 70 이하이며, 기능 및 능력장애로 인하여 GAS척도 점수가 21~40인 사람
3급	2급과 동일한 특징을 가지고 있으나 지능지수가 71 이상이며, 기능 및 능력 장애로 인하여 GAS척도 점수가 41~50인 사람

이에 자폐성 장애는 <표 11-1>과 같이 1급에서 3급까지 분류하였다.

그러나 2019년 7월 1일자로 자폐성 장애 등급(1~3급)의 구분이 사라지고, 이를 모두 통틀어 '정도가 심한 장애'로 개정되었다.

5. 자폐범주성 장애 아동의 특성

대부분의 자폐성 장애를 가진 아동이나 청소년들은 여러 가지 발달 영역에서 몇 가지 대표적인 문제행동을 보인다. 이들은 대체적으로 약 3세 이전에 사회적 상호작용을 비롯하여 의사소통이나 혹은 특별히 제한된 관심이나 행동 영역에서 기능적 결함을 가짐으로써 일생 동안 지속적인 도움을 필요로 하는 비정상적인 발달상 장애를 가진다(Schumutz- ler, 2006). 이에 자폐성 장애 아동과 청소년에게서 관찰되는 대표적인 몇 가지 행동특성을 살펴보면 다음과 같다(Strobel, 2005; Aarons & Gittens, 1992).

1) 대인관계 및 사회적 행동

자폐성 장애의 경우에는 이미 유아기에 유치원이나 어린이집 등 영유아교육기관에서 대체적으로 부모나 교사들이 아이들의 행동이나 태도에서 일탈현상에 대하여 인식하게 된다. 예를 들어, 눈 맞춤이 전혀 없으며, 어머니가 아이를 팔에 안으면 마치 낯선 사람처럼 몸을 돌리거나 혹은 저항하는 등 마치 외적으로는 아이에게 어머니의 존재가 무의미하게 보이기도 한다. 또한 이러한 아동의 특성 중 하나는 마치 청각 장애를 가진 것처럼 이름을 불러도 무관심하며, 반응조차 보이지 않는다. 게다가 대부분의 자폐성 아동은 신체적 접촉을 매우 거부하는 경우가 많다. 이미 생후 3개월 말경에도 아이의 면전에서 어머니가 말을 걸어도 낯선 사람을 대하는 듯 웃지 않는 모습을 보이기도 한다. 또한 6개월 말에도 부모나 익숙한 보호자에게 팔을 뻗는 시도조차도 하지 않는 경우가 종종 나타난다(American Psychological Association, 1994).

이어서 개별이나 혹은 집단 놀이 행동에서도 자폐성 장애를 가진 아동이나 청소년들은 모든 사물이나 장난감을 가지고 아주 단순하게 혹은 지나칠 정도로 일정한 틀에 박힌 놀이 활동이 관찰된다. 이들은 다른 또래 아이들처럼 놀지 못하고, 오히려 혼자 동일한 방법으로 활동하는 것을 더 만족스럽게 느끼는 것으로 보이기도 한다. 그리고 대부분은 그렇게 중요하지 않은 것으로 보이는 세세한 것에 지나칠 정도로 관심과 흥미를 가지고 장난감 원래의 기능을 제대로 살리지 못하는 모습을 보인다. 여기에는 예를 들어, 통신판매 상품목록을 수시간 동안 단순히 책장을 넘기며 놀거나, 또는 다양한 종류의 장난감 자동차를 항상 동일한 방법이나 규칙으로 분류하고 정리하기도 하는 것이다(Wing, 1996).

2) 지각(知覺, perception) 행동

지각이란 인간이나 동물 등 유기체가 감각기관을 통해 외부의 사물이나 자극을 의식하는 과정을 의미한다. 대부분의 자폐성 장애 아동은 환경내의 여러 물체나 상황을 바르게 이해하는 시각을 비롯하여 청각, 미각, 후각, 촉각 등의 감각을 이용하는 데 다양한 어려움이나 문제를 보인다. 자폐성 장애 아동들이나 청소년들은 특정 자극에 대하여 너무 지나치게 집착하거나 또는 회피하는 과잉반응을 보이기도 하고, 또 다른 경우에는 주변의 자극에 대하여 전혀 무반응적인 행동을 보이기도 한다. 예를 들어, 세탁기 안의 회전중인 원통이 자폐성 장애아에게는 여러 가지 지각적인 측면에서 아주 큰 매력으로 작용할 수도 있다. 다시 말하자면, 세탁물의 다양한 색깔이나 움직임, 세탁기의 단순하고 규칙적인 작동 소음, 향기로운 세제를 품은 뜨거운 물의 냄새 등은 자폐성 아이의 관심을 끌 수 있는 것이다. 그러나 공사용 기계인 압축공기 해머의 요란한 소리에 대해서는 모순적인 반응을 보이는데, 여기에서는 공포나 놀람 혹은 반항적 반응을 비롯하여 기쁨과 감동적인 표현도 동시에 보이기도 한다. 아울러 자폐성 장애아는 상황에 따른 적절한 웃음이나 분노, 기쁨, 두려움, 통증이나 슬픔 등 사회·정서적 감정을 표현하고 조절하는 능력에서 결함이 나타나기도 한다. 특히 자폐성 장애아들은 사람이나 사물을 관찰하고 알아가는 과정에서 주로 후각이나 미각을 집중적으로 사용하여 냄새나 맛을 보기도 한다(Grandin, 1995; Williams, 1994).

그리고 자폐성 장애아의 지적능력과 관련하여 그들의 약 75%는 중등도(重等度) 정도의 지적 장애(IQ 35~50)를 수반하기도 한다. 그러나 특별한 소수의 경우에는 달력이나 전화번호부 등을 기억하는 데 놀랄 만한 능력을 보이는 경우도 있다. 또한 퍼즐 맞추기나 음악적 능력 등 비언어적인 분야에서도 매우 뛰어난 솜씨를 발휘하는 천재성이 나타나기도 한다(Dodd, 2005).

이와 관련하여 베버(Weber, 1983)의 연구에 의하면, 자폐성 장애 아동이나 청소년들 가운데 약 60%는 지적 장애 수준의 지능 발달을 보이고, 약 20%는 학습 장애, 약 17%는 평균과의 경계선 그리고 나머지 약 3%만이 평균적인 범주의 지능지수를 가진 것으로 보고한다.

3) 언어적 발달

자폐성 장애아들이 가진 의사소통 능력은 매우 다양한 특성들을 볼 수 있다. 다시 말하자면, 언어발달지체와 동시에 표현언어와 수용언어 등 의사소통 전반에 매우 심각한 발달상 문제가 나타나는 것을 알 수 있다(Janzen, 1999). 즉 언어학적인 관점에서 이들은 문법이나 의미에 있어서 각각의 상황에 적합한 의사소통 기술이나 능력이 매우 결핍되어 있다는 것이다.

먼저 표현언어적인 면에 있어서는 음성언어가 전혀 형성되지 않는 경우나 단지 몇 개의 단어만을 습득하거나 조사를 비롯하여 조동사, 전치사, 대명사 등의 활용이 불가능한 단순어만 구사하는 수준을 보이기도 한다. 그리고 언어를 습득한 자폐성 아동의 약 3/4 정도가 반향어(메아리증, 反響語, Echolalia) 증상을 나타내는 것으로 알려져 있다. 반향어란 상대방이 말한 것을 의미 없이 무목적적으로 반복하는 언어적 특성을 말하는데, 자신이 들은 것을 곧바로 반복하는 즉시성 반향어와 이후에 반복하는 지연성 반향어 등으로 구분하기도 한다. 그리고 이들은 추상적이나 상징적 언어의 학습이나 표현이 불가능하거나 어려우며, 표현언어의 경우에는 억양의 결여와 리듬이 없는 마치 기계적인 음성언어를 종종 사용한다는 점도 언어적 특징 중 한 가지에 속한다.

이어서 자폐성 장애아는 수용언어 능력의 경우에 있어서도 언어 이해력의 발달이 대부분 지체되어 있는 것이 특징이다. 즉 언어 정보의 수용을 비롯하여 기억이나 활용 및 상대방의 표정, 목소리의 억양이나 몸짓 등의 다양한 비언어적인 의사소통 수단에 대한 이해에 어려움을 가진다(Quill, 2000; Hodgson, 1995).

4) 문제 행동

자폐성 장애 아동들 가운데 많은 경우에는 고정된 환경이나 사물, 순서 및 규칙 등에 대하여 집착행동(執着行動)이 지나치게 강하며 변화에는 매우 거부적인 반응을 나타내고, 새로운 대상에 대한 관심도는 매우 낮은 것이 특징이라 할 것이다(Rollett & Kastner- Koller, 2007). 여기에는 예를 들어, 항상 정해진 길로 가기만 고집하는 것을 비롯하여 정해진 순서대로 행동하거나, 옷이나 음식, 공간, 물건 등에 대하여 항상 정해진 장소에 있기를 지나치게 원하고 변화에 대하여 매우 불안 증세를 나타내는 행동 혹은 장난감이나 사물을 항상 동일하게 나열하여 언제까지나 그대로 있기를 고집하는 행동 등이 속한다. 아울러 본래의 기능을 무시하고 특정의 대상 및 어떤 종류의 특징에 골몰하는 행동, 예를 들어, 자동차를 밀고 놀기보다는 항상 바퀴만 즐겨 돌리는 행위를 꼽을 수 있다. 그리고 음식과 관련해서도 새로운 것을 먹으려 하지 않고 익숙한 음식만 즐겨 먹거나, 항상 정해진 동일한 컵에 물을 마시려는 등의 특성을 보이는 것이다.

이어서 자폐성 장애 아동의 행동 특성들 중 또 다른 한 가지로 상동행동(尙同行動)이 있다. 이는 지속적으로 행하는 무목적적인 자기자극 행동을 말하는 것이다. 예를 들어, 몸을 전후 혹은 좌우로 흔들기, 팔과 손을 흔들기, 손뼉 치기, 아래위로 뛰기, 회전하며 손뼉 치기, 빨리 달리기 등으로 나타나거나 혹은 물건을 이용하여 두드리기, 냄새 맡기, 돌리기, 흔들기, 까치발 걷기 등의 행동들이 있다.

<집착행동: 동일한 장소에 동일한 형태로 장난감을 정렬한 모습>

출처: https://www.t-online.de/gesundheit/kindergesundheit/kinderkrankheiten/id_41172172/autismus-definition-formen-symptome-und-therapie.html

아울러 지적 장애나 정서 · 행동 장애, 그 밖의 발달 장애를 지닌 아동들에게서도 종종 나타나는 행동 중의 하나인 자해행동(自害行動)도 자폐성 장애 아동에게 보이는 중대한 문제행동에 속한다. 주된 자해행동으로는 예를 들어, 장시간 동안 벽이나 마루, 책상 등에 자신의 머리를 박거나 팔로 치는 행위나 자신의 주먹으로 자기의 머리나 얼굴을 때린다든지 혹은 자신의 손가락으로 눈꺼풀을 누르는 행위, 자신의 신체를 물거나 꼬집는 행동 등 자신의 신체에 상처나 변형 혹은 죽음에까지 이를 정도로 강렬한 공격적인 행동을 가리킨다. 한편 이러한 자해행동은 자기자극행동으로 이해하기도 하는데, 즉 우리 몸은 내외적으로 일정한 수준의 자극을 받고 또 일정한 양의 자극을 필요로 하고 있는데 주위로부터 충분한 자극을 받지 못할 때 이 불충분한 양의 자극을 보충하기 위해 자해행동을 할 수 있다는 주장이다. 그뿐만 아니라 자해행동의 동기와 관련하여 주의와 관심을 끌기 위한 행동이라는 주장도 있다. 또한 이러한 자해행동은 아동이 불안하거나 통제감이 결여될 때에 나타날 수 있다고 보기도 한다. 그리고 일반적으로 부모를 비롯하여 형제, 친구 등 주변의 인물들을 통하여 언어적 행동이나 동작성 모방은 아동의 사회적 발달에 매우 중요한 영향을 미친다고 본다. 그러나 반면에 대부분의 자폐성 장애 아동들은 주변 사람의 행동을 관찰하거나 모방하는 능력에 있어서 한계를 가진다는 특성을 강조하기도 한다(Weber, 1983).

6. 자폐범주성 장애 아동의 교육적 지원 및 통합교육

1) 교육적 서비스

자폐성 장애는 현대 의학이나 교육적 조치로는 아직 완전히 치료될 수는 없는 것으로 알려져 있다. 그럼에도 조기 진단을 통한 교육이나 치료적 중재는 매우 중요하고 기초적인 요소라 할 수 있다. 자폐성 장애 아동은 대체적으로 주의력에 결함이 나타나고 모방하는 행위가 비교적 적고, 또한 언어 이해력도 부족하다. 따라서 여러 가지 활동이나 흥미에 있어서 종류가 제한되고 집착하는 경향이 있으므로 결국은 학습 활동에 있어 다양한 문제를 보인다.

그러므로 자폐성 장애 아동의 학습지도는 우선 아동의 장애유형이나 정도에 따른 적합한 개별교육계획(IEP)을 수립하고, 그 기능을 습득하고 향상할 수 있도록 환경을 조성해야 한다. 다시 말하자면, 아동의 현재 학습 수행 수준이나 능력에 따른 목표 설정이나 효과적인 교재와 자료 및 강화제, 지원의 유형과 수정 절차 등 다양한 요인들을 포괄적으로 고려하여야 한다. 또한 이들은 학습한 내용을 일반화하는 능력에 있어서 지체되며 극히 제한적이기 때문에 특히 실제적인 생활환경과 직접 관련시키는 일이 매우 중요하다 할 것이다. 아울러 자폐성 장애 아동은 발달 전반에 걸쳐 다양한 문제가 보이므로 지적인 학습에 치중하기보다 중추신경계 발달의 기본이 되는 운동기술이나 아동의 독립 및 자립 활동을 최대한 향상시킬 수 있는 신변처리 기술이나 사회성 향상 등에 교육 목표를 집중하여 설정하는 것이 요구된다.

이에 자폐범주성 장애 아동과 청소년이 가진 주요 특성을 살펴보면, 먼저 의사소통 기술의 제한이나 다양한 문제행동, 사회성 및 사회적 관계성의 제한성이 나타나기 때문에 다양한 교육 프로그램 통하여 발달과 촉진을 도와야 한다.

(1) 의사소통기술의 촉진

대부분의 자폐성 장애 아동과 청소년들은 표현언어뿐 아니라 수용언어에서도 많은 어려움과 문제를 보인다. 일반적으로 의사소통 기술은 가정이나 학교생활 속에서 이루어지는 일상적인 삶에서 다양한 대화를 함으로써 습득되고 향상된다. 따라서 자폐성 장애아들에게는 언어치료나 혹은 부모와 대화시간 갖기 등의 계획적인 사회적 접촉시간을 정하여 체계적이고 점진적인 의사소통 기회와 환경이 지속적으로 제공되는 것이 무엇보다도 중요하다. 그러나 가장 일반적인 의사소통 방법인 구두 언어(구어)로 자신의 생각을 표현하기 어려운 경우에는 보완 · 대체의사소통체계(Augmentative and Alternative Communication: AAC)를 사용한다. 예를 들어, 여기에는 구화를 비롯하여 얼굴표정이나 수화 혹은 몸짓 등을 이용하는 비도구체계(비보조적 기술)와 의사 소통판, 전자 의사 소통판 등 다양한 장치나 기구를 사용한 도구체계(보조적 기술) 등으로 구분한다.

또 언어치료실에서 습득한 내용은 일상생활 가운데서 일반화하는 과정이 반드시 필요하며, 이때 부모나 교사들의 적극적인 참여가 필요하다. 그러나 무엇보다도 더 중요한 것은 아동이 언어를 사용하려는 동기를 부여하기 위하여 허(수)용적인 분위기와 아울러 언어를 사용할 자연스러운 기회를 최대한 다양하게 조성해 주는 것이라 할 수 있을 것이다.

<언어치료실>

출처: https://www.rehamedia-shop.de/allora-2.html

<보완 · 대체의사소통체계(AAC)>

출처: https://sprachtherapie-dortmund.com/unsere-praxis/

(2) 문제 행동의 수정

흔히 자폐성 장애 아동에게 나타나는 문제 행동에는 상동행동을 비롯하여 자해나 공격적 행동, 주의력 결핍 과잉행동장애(ADHD), 집착행동 등을 대표적으로 꼽을 수 있다.

자폐성 장애 아동이 가지는 일탈 행동의 수정 과정은 일반적으로 우선 문제 행동의 내용을 비롯하여 원인이나 환경적 요인, 아동발달 상황, 상관관계 등 광범위한 기초적 자료조사를 비롯하여 목표행동의 설정과 프로그램의 개발 및 실시, 평가의 절차를 거친다. 또한 행동수정 전략을 사용할 때에는 우선 문제행동의 특성, 아동의 상황 등 여러 가지 요소가 반드시 고려되어야 한다. 일반적으로 문제행동을 개선하기 위한 전략으로는 1910년대 초부터 행동주의 학습이론을 바탕으로 오랜 전통 속에서 정적강화(positive reinforce, 상, 좋은 성적, 칭찬 등) 및 부적 강화(negative reinforce, 청소, 숙제 등의 면제, 경고음이 사라짐 등) 등 강화법을 비롯하여 토큰 경제(token economy, 칭찬 스티커를 통하여 선호하는 강화물을 교환할 수 있음), 바람직하지 못한 행동을 감소시키기 위해 지금까지 제공되던 강화를 제거하여 아동의 행동에 대한 흥미를 잃도록 유도하는 기법인 소거(extinction)가 있다. 그리고 행동 계약서나 혹은 선호하는 반응(행동)은 덜 선호하는 반응(행동)을 강화하여 행동의 발생 빈도를 증가시킬 수 있다는 프리맥 원리(Premack principle)가 있는데, 예를 들어 학생에게 '놀기(선호)'와 '숙제(덜 선호)'가 있을 때, 숙제를 먼저 하게 하고 놀게 해주면, 놀기 위해서 공부를 하게 된다. 이때 놀기라는 행동은 숙제라는 행동을 하게 강화(유인)물로 작용하는 것이다. 그 외에도 오늘날에는 대부분 금지된 벌(일시격리, 벌칙, 체벌 등)이 있고, 또한 감각통합치료법을 비롯하여 놀이치료, 미술치료, 음악치료, 인지치료 등 다양한 지원 프로그램을 적용하여 자폐성 장애 아동의 행동 개선과 발달을 촉진할 수 있다. 이처럼 전통적인 행동수정 방법은 아동이 어떤 행동문제를 일으켰을 때 결과에만 초점을 맞추었고, 또한 왜 그런 행동을 하는지 그 이유나 과정에 대해서는 거의 관심이 없었다. 다만 문제행동을 유지시키는 강화 요인을 제거하거나 벌을 제공함으로써 부적응 행동문제를 제거하는 것에만 강조점을 두었다.

그러나 최근에는 주로 문제 행동을 억압하는 행동주의적 입장에서의 행동수정은 비인도적이라고 가정하여 지양하기 시작하였다. 그 대신 긍정적 행동지원(肯定的 行動支援, Positive Behavior Support: PBS)은 문제 행동을 대체할 수 있는 적절한 행동을 가르치는 접근법으로 응용 행동 분석을 비롯하여 정상화와 통합 운동 및 인간 중심이라는 세 가지 가치를 기본 요소를 바탕으로 형성된 행동지도 방법이라 할 수 있다. 긍정적 행동지원은 효과적인 교육프로그램을 제공하여 특히 문제 행동의 예방을 강조하고 있다.

일반적으로 아동들이 보이는 이른바 문제행동은 다양한 원인이나 기능이 있다. 여기에는 먼저 '회피하기'가 있는데, 이는 불안, 스트레스, 긴장 혹은 공포적인 분위기에서 벗어나기 위하여 도망치기, 거부하기, 비명지르기, 물건집어 던지기, 자해행동 등의 회피행동을 할 수 있다는 것이다. 이어서 '관심 끌기'로 부적응행동은 주 양육자나 타인으로부터 개별적인 관심이나 상호작용을 하기 위한 행동으로 이해하는 것이다. 여기에는 교실 돌아다니기, 짜증내기, 옷 벗기, 책상 아래로 기어들어가기 등이 있다. 그리고 '원하는 것을 얻기'가 있는데, 이는 아동 자신이 원하는 물건들을 얻기 위해 부적합한 행동을 한다는 것이다. 예를 들어, 소리지르기, 상대방을 때리기, 방해하기 등을 들 수 있다.

긍정적 행동지원의 절차는 일반적으로는 먼저 문제행동의 식별과 정의를 비롯하여 문제행동의 기능의 진단(ABC모델(선행 사건(Antecedents)-행동(Behavior)-후속결과(Consequences))이나 관찰기록 방법 등), 가설수립, 행동지원 계획수립 및 계획의 실행, 평가 및 수정 단계를 거친다.

(3) 사회성 및 사회적 관계의 증진

자폐성 장애 아동이나 청소년의 주 장애 중에 한 가지는 사회적 상호관계성의 형성과 유지에 현저한 곤란을 가진다는 점이다. 자폐성 장애는 사회적 접근이 어렵고, 타인에게 보내는 반응도 역시 빈약하다. 즉 여기에는 또래 다른 아이들에 대한 관심이나 타인과의 공통 관심의 형성과 유지, 모방행동, 적절한 감정이나 정서적 표현, 상호이해 및 대인관계 기술, 사회적 규정 및 전통의 이해와 적응 등이 포함된다. 따라서 자폐성 장애인들의 사회성과 사회적 관계성을 강화하기 위해서는 과제분석을 비롯하여 모델링(modelling), 놀이행동, 또래의 상호작용, 가정-학교-사회의 상호 협력관계 등 다양한 촉진전략이 적용될 수 있다.

2) 통합교육

모든 인간은 태어나면서부터 누구나 다 주변의 모든 환경과 상호작용 속에서 사회적 관계를 형성하고 유지하며 살아가고 있다. 특히 아동 및 청소년들은 또래와의 상호작용을 통해서 사회적 적응행동 유형이나 기술을 습득하고, 원만한 또래 관계를 형성하고 유지하는 것은 아동 발달에 있어 매우 중요한 요소에 속한다.

그렇지만 자폐성 장애 아동은 유아기 때부터 부모와의 애착형성이 제대로 형성되지 않고, 주위 환경에도 무관심하며, 사회적 접촉이나 또래와의 협동놀이 등에 많은 어려움을 보인다. 그리고 더 나아가 사회성 발달에 있어서 중요한 상징적 놀이나 추상적인 놀이에도 심각한 결함이 발생한다. 이러한 자폐성 장애 아동들의 사회적 상호작용의 문제는 적절한 사회적 행동들을 불가능하게 하고 언어를 비롯하여 인지, 학업 기술 등 발달 영역 전반에 걸쳐 매우 부정적 요인으로 작용하는 것이다.

그러나 또래 아동들과 적절하고 효율적인 상호작용은 올바른 사회 적응과 균형적인 인성 발달을 위해 매우 중요하며, 또한 또래 아동들과의 통합교육의 가능성을 보여주기도 한다. 특히 또래아동과의 상호작용은 자폐성 장애 아동들을 위한 조기 특수교육에 있어 매우 중요한 의미를 가진다. 그렇지만 장애 아동들이 또래 아동들과 단순히 물리적으로 접촉하는 것만으로는 적절하고 효과적인 상호작용을 기대하기 어렵기 때문에 또래 아동들과 계속적이고 반복적인 교육적 또는 사회적 접촉의 기회와 환경을 조성하고 제공하는 것은 매우 중요하다. 이는 장애 아동들로 하여금 또래와의 상호작용을 통하여 다양한 사회적 기술들을 학습할 수 있는 기회를 제공하는데, 학습은 또래를 모방하거나 사회적 상호작용과 놀이를 통해서 효과적으로 이루어질 수 있기 때문이다.

제12장

학습 장애

여러 장애유형 가운데 학습 장애(learning disorder)는 독일이나 미국 등 선진국에서는 장애 아동 및 청소년 등 전체 학령기에서 실제로 가장 높은 비율을 차지하는 장애유형이다. 우리나라의 경우에는 1994년 1월 7일 개정된 「특수교육진흥법」에서 유치원 및 고등학교 과정의 무상 교육을 명시함으로써 처음으로 장애유아들에 대한 교육이 언급되었다. 그뿐만 아니라 특수교육대상자에 학습 장애 아동을 선정하여 포함하기도 하였다. 그러나 특수교육의 역사에서 학습 장애는 그 원인이나 개념 정의와 관련하여 매우 다양하게 이해되어 왔으며, 오늘날까지도 여전히 논란의 대상이 되는 한 주제에 해당한다.

1. 학습 장애 아동 교육의 역사

독일의 경우에는 2017/18년 현재 의무교육 연령기에 있는 아동 및 청소년(6~15세) 중에 약 7.3% 정도에 해당하는 539,965명이 특수교육대상자이다. 이 가운데 학습 장애아는 186,625명으로 약 34.6%를 차지하고 있다(https://www.kmk.org).

사실 학습 장애아에 대한 교육의 역사적 흐름을 자세히 밝히는 것은 간단한 사항이 아니다. 아울러 오늘날 학습 장애아나 학습 장애에 해당하는 개념은 교육의 역사 가운데서 매우 다양한 용어로 불리었다.

아마도 19세기까지만 하더라도 대부분 지적으로 매우 낮은 수준으로 여긴 학습 장애 아동이나 청소년들에 대한 교육적 촉진에 대한 필요성은 사회적으로도 거의 인식조차 하지 못하였다. 다만 소수의 부유한 가정 출신의 낮은 지능을 가진 아동이나 청소년들은 개인수업을 받았고, 서민층에 해당하는 장애 아동들은 교육적 촉진보다는 대부분 단순한 보육의 대상으로만 여겨졌다고 할 것이다.

특히 합리주의와 계몽주의 사상은 인간은 스스로 발전할 수 있는 이성적인 존재로 이해하였고, 이에 모든 사람들은 자신의 능력이나 가능성에 따라 적합한 교육이 필요하다고 보았다. 예를 들어, 합스부르크(Habsburg) 왕조 시대의 교육개혁가 펠비거(J. I. von Felbiger, 1724~1788)도 소위 저능아들도 함께 수업에 포함시키기도 했으며, 스위스의 교육학자인 페스탈로찌(J. H. Pestalozzi, 1746~1827)도 자신의 저서나 실제적인 교육적 활동에서 모든 사람들이 교육권이 있음을 천명하기도 했다. 그 밖에도 프랑스의 의사이자 농 교사였던 이타르(J. Itard, 1774~1838)도 아베롱(Aveyron)의 야생아를 교육의 대상으로 인정하고 이를 실천하였다.

먼저 오늘날 학습 장애 아동 및 청소년들을 위한 시설 설립과 관련하여 1838년 독일의 개신교 목사였던 할덴방(K. Haldenwang, 1803~1862)이 남부독일의 빌트베르크(Wildberg)에 '정신박약아 구호소(Rettungsanstalt fuer schwachsinnige Kinder)'를 설치하였으며, 또한 같은 해에 의사이자 특수교육학자였던 케른(K. F. Kern, 1814~1868)은 농아를 위한 시설을 설립하고, 1842년에는 '정신박약아(Schwachsinnige)'를 위한 부서를 추가적으로 만들었다.

이어서 스위스의 의사이자 근대 장애인 복지의 선구자였던 구겐뷜(J. J. Guggenbühl, 1816~1863)은 1841년에 오늘날 독일의 뉘른베르크(Nuernberg) 근처의 아벤트베르크(Abendberg) 지역에 '정신박약아 치료소(Heilanstalt fuer Kreatinen (Schwachsinnige) und bloedsinnige Kinder)'를 개소하였다. 그는 의학과 교육학을 접목하였는데, 그 당시 이러한 시설들은 모두 사설기관이었고 최초의 공공시설은 독일 동부에 위치한 후버투스베르크(Hubertusburg)의 '정신박약아교육원(Erzihungsanstalt fuer bloedsinnige Kinder in Hubertusberg)'이었다.

<할덴방(K. Haldenwang), 앞줄 우측>

출처: https://de.wikipedia.org/wiki/Karl_Georg_Haldenwang#/media/Datei:Karl_Georg_Haldenwang_ca_1860.jpg

<시설의 아이들과 구겐뷜(J. J. Guggenbühl)>

출처: https://de.wikipedia.org/wiki/Johann_Jakob_Guggenb%C3%BChl#/media/Datei:Guggenbühl.jpg

이어서 특수학급(Spezialklassen) 혹은 보충학급(Nachhilfeklassen) 형태의 교육시설이 1835년 독일의 작센(Sachsen)주의 헴니츠(Chemnitz)에 세워졌다. 이는 가톨릭의 견진성사(堅振聖事)를 위하여 필요한 지식을 가지지 못한 14~20세 학생을 위한 '긴급학교(Notschule)'였다. 이후에는 학습능력이 떨어지는 아동들만 이 기관에서 교육을 받았다. 또한 작센 안할트(Sachsen-Anhalt) 주의 남부지역 차이츠(Zeitz)에 위치한 빈민학교(Armenfreischule)는 1803년부터 보충학급을 설치하여 학생들에게 하루에 한 번이나 두 번씩 셈하기를 비롯하여 읽기 및 쓰기 등 기초적인 교육을 실시하였다.

이어서 보조학교(Hilfsschule)라는 개념이 사용되었고, 일각에서는 이른바 '정신박약' 학생으로 분류된 이들을 위하여 건립된 시설을 통한 교육적 노력이 이후에 학습 장애아 학교의 전신인 보조학교의 생성에 영향을 미친 것은 사실이지만, 두 기관의 성격은 다르다는 주장도 제기되었다. 그리고 그 당시 보충학급은 보조학교의 전신은 아니라고 보는 것이다.

한편 독일 작센 주의 후버투스부르크(Hubertusburg)의 농아교사이자 교육학자였던 슈퇴츠너(H. E. Stoetzner, 1832~1910)는 1864년에 '저(低)재능아동 학교(Schulen für schwachbefähigte Kinder)'라는 제목의 책을 저술하고 새로운 형태의 학교를 설립하여 교육 제도권 밖의 소외된 아동들을 교육하고자 노력하였다. 그는 이러한 아동들을 '학급에서 꼴찌들(Die letzten in der Klasse)'이나 '정신적으로 약한 아이(geistig schwaches Kind)' 혹은 '우둔아(Bloedsinnige)'라고 부르거나 특히 '정신박약아(Idioten)' 등 다양하게 칭했으며, 이 책에서 '보조학교'라는 개념을 처음으로 사용하였다(Schroeder, 2000). 또한 독립된 기관으로서 최초의 보조학교로는 1881년에 독일의 니더작센(Niedersachsen) 주의 브라운슈바이크(Braunschweig)와 작센(Sachsen) 주의 라이프치히(Leipzig)에 각각 건립되었다. 이어서 1883년에는 도르트문트(Dortmund)와 할버쉬타트(Halberstadt), 1885년에는 크레펠트(Krefeld)와 쾨닉스베르크(Koenigsberg), 그리고 1886년에는 쾰른(Koeln)과 라이헨바흐(Reichenbach)에 잇달아 문을 열었다. 그리고 이러한 보조학교의 설치는 사실 몇 가지 설립동기가 있었는데, 우선 사회에 대한 자선적 동기를 들 수 있다. 그뿐만 아니라 소위 '정신박약아'들로 인하여 다른 비장애아들의 발전이 방해를 받는다고 여겼기 때문에 초등학교의 부담을 경감시키고자 하였다. 아울러 일반 초등학교에서는 대부분 어려움에 직면했던 이 아이들에 대하여 적합한 교육방법을 통하여 유용한 인간으로 양성하고자 꾀하였다. 이어서 1898년 독일 보조학교협회(Verband der Hilfsschulen Deutschlands: VdHD)가 하노버(Hannover)에서 결성되어 보조학교 및 보조학교교육학의 확대를 목적으로 삼았다. 또한 같은 해에 독일 보조학교협회 회의에서는 경미한 지적 장애로 인하여 학업상 발달 지체된 아동들만을 교육의 대상으로 규정하기로 결의하였다. 아울러 1908년부터 보조학교협회는 매달 '보조학교(Hilfsschule)'라는 협회지를 발간하였다. 그리고 20세기 초의 독일제국 시대에 이르러 이미 70여 개의 보조학교에 43,000명의 학생과 1928년 바이마르(Weimar) 공화국 시절에서는 70,000여 명 이상의 학생들이 교육과 수업에 참여하였다(Myschker, 1983).

또한 제1차 세계대전(1914~1918) 이후 1920년대에는 보조학교의 교육대상에 변화가 있었는데, 즉 학교 보건의(保健醫, 校醫, Schularzt)의 '정신박약'에 대한 진단서가 생략되고 학업성취도가 낮은 아동들을 위한 교육기관으로 바뀌게 되었다. 특히 1920년대 초기부터 1930년대 초까지 특수교육은 전성기라 불릴 만큼 양적으로뿐 아니라, 질적으로도 도약한 시기였다.

그러나 1933년 1월 30일 히틀러(A. Hitler)가 집권을 시작한 제3제국시대(1933~1945)에 접어들자 보조학교는 사회적 다윈주의(social darwinism)나 인종주의(racism), 제2차 세계대전 준비 등의 민족사회주의의 정치적 이념과 정책으로 말미암아 최악의 상태를 맞이하게 되었다. 그리고 결국 1945년 초에는 대부분의 보조학교가 폐쇄되기에 이르렀다.

그리고 전 세계적으로 처참한 상흔을 남긴 채 2차 세계대전(1939~1945)이 끝난 1945년 이후에 구동독에서는 보조학교의 개념을 대체적으로 교육가능성이 있는 '지적 장애학교'로 이해하였다. 한편 구서독 지역은 1938년 제정된 「제국교육법(Reichsschulgesetz)」을 이어받았는데, 그것은 보조학교 교육대상자를 지적 장애 아동으로 규정하는 것에 동의하였기 때문이다. 또한 제3제국에서 공식적으로 도입한 '특수학교(Sonderschule)'라는 상위개념을 그대로 유지하였다. 그리고 1950년대 말경에는 보조학교의 이미지를 개선하고자 시도하였으며, 1960년대에 독일교육부장관회의(KMK)의 '특수학교 제도 규정을 위한 심의(Das Gutachten zur Ordnung des Sonderschulwesens)'에서 처음으로 공식적인 명칭으로 학습 장애 혹은 학습 장애아라는 개념을 사용하였다. 그리고 보조학교에서 학습 장애아를 위한 특수학교로의 용어변경은 독일 헤센(Hessen)주를 선두로 지금까지 사용하였던 '보조학생(Hilfsschueler)'이라는 개념 대신에 최초로 공식적인 명칭으로 '학습 장애아'라는 개념이 전국적으로 새롭게 도입되었다(Moeckel, 2001).

한편 미국의 경우에도 그 용어와 개념이 다양한 변화를 거쳐 왔는데, 1920년대 초기 학습 장애와 난독증의 원인과 치료에 헌신한 미국의 의사였던 오턴(S. T. Orton, 1879~1948)은 학습 장애의 원인을 뇌의 좌 혹은 우반구의 손상으로 보았다. 그리고 1940년대 이전까지는 아동의 학습문제의 원인을 지적 장애나 또는 정서적인 장애나 사회 문화적 요인에 기인하는 것으로 이해하였다. 1940년 이후부터 독일계 미국인이자 철학자, 정신병리학자이며 발달심리학자인 쉬트라우스(E. W. M. Straus, 1891~1975) 등은 임신 중 감염이나 출산 시의 산소결핍 혹은 신생아의 고열 등으로 인한 뇌손상으로 인하여 학습 장애가 발생하는 것으로 보았다. 그러나 1960년대에는 더 구체적으로 밝히면서, 미소뇌기능장애(minimal brain dysfunction: MBD)가 학습 장애의 주요 원인인 것으로 주장하였다. 즉 학습 장애의 경우에는 뇌 기능은 정상인데 단지 미세한 일부분의 뇌세포 기능이나 구조상의 경미한 수준의 손상을 지적하였다. 그러다가 1963년에 미국의 심리학자이자 교육학자였던 커크(S. A. Kirk, 1904~1996)가 시카고(Chicago)에서 열린 부모회에서 지금까지의 의학적인 측면보다는 오히려 교육적인 입장에서 최초로 '학습 장애'라는 개념을 도입하여 '학습 장애란 맹, 농 등의 감각장애나 일반적인 지적 장애가 아님에도 언어를 비롯하여 읽기나 말하기 및 의사소통 기술 등의 발달에 장애가 있는 것'으로 정의함으로써 오늘날 학습 장애 개념을 이해하는 중요한 기초를 놓게 되었다.

2. 학습 장애의 개념

학습 장애는 앞서 교육의 역사에서 간단하게 살펴본 바와 같이 나라와 학문적인 입장이나 장애발생 원인 등에 따라서 학습 장애 개념을 정의하는 것은 간단하지가 않다. 예를 들어, 사회학적인 관점에서는 학습 장애의 원인을 사회문화적, 경제적 혹은 가족적인 요인에서 찾는다. 아울러 교육 · 심리적인 측면에서는 학습을 비롯하여 학습구조, 학업성취도, 인지 등을 발생원인의 중요한 관련 변인으로 본다. 또한 의학적인 측면에서는 대체로 뇌손상 등의 신체 기관의 결함이 학습 장애로 이어진다는 것이다.

먼저 학습 장애의 개념과 관련하여 독일 교육협의회의(Deutscher Bildungsrat)는 일차적으로 의학적인 입장을 기초로 신체기관의 손상을 비롯하여 기능적 문제와 학업성취도, 인지, 발달심리 및 학습심리뿐만 아니라, 사회적 요인 등 매우 광범위한 내용을 포함하여 다음과 같이 정의하고 있다(Deutscher Bildungsrat, 1973; Schumutzler, 1999).

> 학령기에 있어서 학습 장애아란 발달의 지체 또는 중추신경계의 손상이나 사회문화적인 결핍으로 인하여 현저하게 저하된 인지능력으로 말미암아 특히 학교에서의 학습내용에 대

한 수용, 저장 및 구성 능력 등이 또래들에 비하여 떨어짐으로 낮은 학업 성취도를 보이는 아동 및 청소년을 말한다. 아울러 사회적인 요인과 생물학적인 요소들이 학습 장애의 발생요인에 있어서 명확하게 증명할 수는 없지만 일정한 방식으로 종종 상호작용하는 것이다.

그리고 학습 장애에 있어서 발달지체나 낮은 학업성취도는 기초적인 교육적 판별 기준에 해당된다. 그 반면에 지능지수(IQ)는 결정적인 역할을 하지는 않지만 교육계획 및 방법에 있어서 중요한 요소로 작용하는 것으로 본다. 또한 학습 장애 집단을 동질집단 속의 이질집단으로 표현할 정도로 학습 장애 영역은 매우 복잡 다양한 유형의 장애 집단으로 형성되어 있다. 마찬가지로 학습 장애아의 지능지수와 관련하여서도 나라에 따라서 일치된 결과를 보는 것은 쉽지 않다. <표 12-1>에서 보는 바와 같이 독일의 경우에는 일반적으로 평균 지능지수를 90~110으로 할 때에 지적 장애는 지능지수 55 이하, 학습 장애는 지능지수 55~75를 가리킨다. 다시 말하자면, 학습 장애의 지능지수는 대개 지적 장애와 평균 지능지수 사이의 범주 수준이라는 것이다. 또는 지능지수 정상 범주를 100으로 했을 때 일부 학자들은 학습 장애아의 지능지수 범주를 55~85로까지 보기도 한다. 그리고 교육적 측면에서 특별한 교육적 촉진을 필요로 하는 학습 장애아는 '학습영역과 관련하여 포괄적이고, 지속적이며 또한 중대한 지장을 초래함으로써 명백하게 일탈적인 학업성취와 행동양식이 일반학교의 수업에서 특별한 촉진이나 지원체제에도 불구하고 충분한 교육적 성과를 이루지 못하는 아동'으로 본다(Kanter, 1974).

한편 미국의 경우에는 학습 장애의 정의와 관련하여 특히 1977년 장애인교육법(Individuals with Disability Education Act: IDEA)과 1981년 학습 장애연합회(National Joint Committee on Learning Disabilities: NJCLD)에 의하면 다음과 같다. 우선 미국 장애인교육법(IDEA)에서는 특정 학습 장애(specific learning disability)

〈표 12-1〉 학습 장애 아동의 지능지수(IQ) 범주 비교

지적 장애아 지능지수 범주	학습 장애아 지능지수 범주	평균 지능지수 범주
IQ 55 이하	IQ 55~75 또는 55~85	IQ 90~110

라는 개념을 다음과 같이 규정하고 있다.

> 구어와 문어 등 언어의 이해나 사용과 관련된 한 가지 이상의 기초 심리학적 정보처리과정에 장애가 발생하는 것으로 듣기, 생각하기, 말하기, 읽기, 쓰기, 산수 등에서 불완전한 능력을 보인다. 이 용어는 지각장애, 뇌손상, 미세 뇌기능장애, 난독증 및 발달적 실어증을 포함한다. 그러나 시각 장애, 청각 장애, 운동장애, 정신지체, 정서 장애 또는 환경적 · 문화적 · 경제적 박탈의 원인으로 학습에 문제를 보이는 아동의 경우에는 적용되지 않는다.

아울러 미국 학습 장애연합회(NJCLD)의 정의는 기존의 미국 장애인교육법(IDEA)의 내용을 일부 비판하면서 다음과 같이 설명하고 있다.

> 학습 장애란 듣기, 말하기, 읽기, 쓰기, 추리 혹은 수학계산 능력에 심한 곤란을 나타내는 여러 종류의 장애집단을 총칭하는 용어이다. 이러한 장애는 선천적이며 중추신경계 장애 때문인 것으로 추정된다. 학습 장애가 다른 장애조건(감각장애, 지적 장애, 사회 및 정서 장애)이나 환경적 영향(문화적 차이, 불충분하거나 부적절한 지도, 정신발달상의 요인)과 함께 일어난다고 하더라도 이러한 조건이 직접적인 결과로 발생하는 것은 아니다.

한편 우리나라의 경우를 살펴보면, 1994년 개정된 「특수교육진흥법」에서 학습 장애 아동이란 "셈하기, 말하기, 읽기, 쓰기 등의 특정한 분야에서 학습상 장애를 지니는 자"로 규정하고 있다. 그러나 최근의 「장애인 등에 대한 특수교육법 시행령」에는 학습 장애를 지닌 특수교육대상자를 다음과 같이 규정하고 있다.

> 개인의 내적 요인으로 인하여 듣기, 말하기, 주의집중, 지각(知覺), 기억, 문제 해결 등의 학습 기능이나 읽기, 쓰기, 수학 등 학업성취영역에서 현저하게 어려움이 있는 사람.

위의 다양한 학습 장애 개념의 정의를 종합해보면 몇 가지 특징적인 내용을 살펴볼 수 있다.

첫째, 학습 장애 아동 및 청소년들의 지적 기능에 대한 다양한 논란이 여전히 있음에도 불구하고 일반적으로는 평균범주에 속하거나 혹은 평균 이상의 지능지수를 가진 것으로 보는 것이다.

둘째, 학습 장애는 특히 듣기, 말하기, 읽기, 쓰기, 셈하기 등의 학습영역에서 한 가지 이상의 어려움을 가진다.

셋째, 학습 장애에서 나타나는 학습상의 문제가 지적 장애나 정서 및 행동 장애, 시각 및 청각 장애 등의 감각적 손상이나 혹은 문화적 차이, 교육기회의 결핍, 경제적 빈곤 등의 1차적인 외부 요인으로 발생하는 경우는 포함되지 않는다(Kanter, 1976).

넷째, 학습 장애의 주원인은 일반적으로 중추신경계의 손상이 가장 큰 요인으로 발생하는 것으로 이해하는 것이다.

그 밖에도 학습 장애, 학습부진 및 학습지진의 개념들이 혼용되는 경우가 종종 발생한다. 먼저 학습 장애는 환경적인 문제보다는 주로 중추신경계의 기능장애로 인하여 발달기에 발생되어 기억을 비롯하여 사고, 말하기, 듣기, 읽기, 쓰기, 수학 및 사회적 기능에 장애를 가지는 경우를 말한다. 그리고 학습부진은 평균적인 지적 능력을 가지고 있음에도 불구하고 중추신경계의 이상이기보다는 오히려 정서(우울증, 불안증, 강박증 등) 및 환경(예를 들어, 가정이나 학교 또는 지역사회 등에서 가정불화, 빈곤, 결손가정, 스트레스 등)적인 문제로 인하여 학업성취도가 떨어지는 경우로, 이러한 환경적 혹은 정서적 요인들이 제거되거나 치료적 개입을 통해 개선되면 정상적인 학습능력과 학업성취도를 보이는 경우를 말한다. 한편 학습지진은 주로 지능수준이 낮고 기본적인 학습능력이 낮은 경우로 지능지수가 약 75~80 이하로서 학습을 하는 데 시간이 걸리고, 지적 장애아들의 85%가량이 보이는 현상이다. 그 원인으로는 지적 장애나 자폐 범주성 장애 또는 뇌손상으로 인한 기질성 뇌증후군, 유전성 질환 및 대사성질환 등을 대표적으로 꼽을 수 있다.

우리나라의 경우에 교육부(2020) 통계자료에 의하면, 학습 장애를 가진 특수교육대상자는 1,226명으로 전체 가운데 가장 낮은 비율인 약 1.3%로 나타났다. 이는 우리나라가 독일이나 미국 등에 비하여 여전히 학습 장애의 개념 정의나 진단·평가 및 선정절차 혹은 학습 장애에 대한 사회적 인식 등에 어려움이 내재되어있음을 알 수 있다.

3. 학습 장애의 원인 및 출현율

일반적으로 학습 장애를 유발하는 요인들은 매우 다양할 뿐만 아니라 상호작용하는 것으로 보기 때문에 정확한 원인을 아는 것은 사실 어렵다 할 것이다. 본 절에서는 일반적인 요인으로 여겨지는 사회적 측면을 비롯하여 교육적, 생물학적인 입장에서 알아보고자 한다.

1) 사회적 측면

우선 학습 장애의 유발 요인 중에 사회적 측면에서 살펴보면, 학습 장애 아동과 청소년들의 약 80%는 지나치게 결핍된 발달 환경 속의 사회적 하위계층의 자녀들이 해당한다는 점을 들 수 있다. 즉 학습 장애를 가진 특수교육대상자들의 부모들은 대체적으로 낮은 학력이나 직업교육 수준을 나타내거나 무직이며, 아울러 보통 임시직 노동자라는 사실이다. 이에 따라서 그들은 대체적으로 낮은 수입과 크기가 작고(40m^2) 값싼 집에 거주하거나 또는 노숙자 구호시설에서 생활하는 편이다. 그들 중에 약 40%는 5~14명의 다자녀 가정으로 조사되기도 하였다(Klein, 1980). 여기에서 그들은 사회적 격리 및 차별성을 경험할 뿐 아니라, 특히 노숙자들은 건강상태가 좋지 못하여 전염병에 노출될 위험이 크기도 하였다. 아울러 10대 등 어린 산모들은 잦은 출산을 통하여 몸이 쇠약해져 있으며, 영양결핍이나 각종 질병 등으로 자녀 양육이 매우 곤란할 정도의 환경에 처해져 있다는 것이다(Breipohl, 1977).

그 밖에도 의료적인 조치가 결핍된 가정에서의 출산 환경은 아이의 생명과 발달과정에 있어서 위험성을 배가시킬 뿐만 아니라, 출생 이후에 필요한 다양한 의료적 진단을 받기 어렵기 때문에 자녀의 건강한 발달이나 장애에 대한 조기발견 등에서 문제가 생길 위험성에 있다는 것이다(Iben, 1974).

2) 교육적 환경요인

클라인(Klein, 1980)에 따르면 아동학대를 비롯하여 높은 이혼율이나 약물 및 알코올 중독 등 심리-사회적인 교육적 요소들도 아동들의 건전한 발달 과정에 매우 지대한 부정적인 요인으로 작용한다. 그뿐만 아니라, 가정이나 교육 환경에서 아동들에 대하여 일관성 없고 모순적인 교육 형태나 장시간의 신체적 혹은 심리적 방임, 무관심, 장난감 제공의 결핍, 언어 및 학습적 자극의 부족, 교육 및 사회화를 위한 자극모델 부족, 성취동기의 결여 등 매우 다양한 요소들이 아동이나 청소년들로 하여금 학습 장애를 일으키는 주요 요인으로 보고 있다.

3) 생물학(의학)적 측면

의학적인 관점에서 학습 장애는 신경학적으로 대뇌 기능의 결함이나 비교적 가벼운 뇌기능의 손상을 의미하는 미소뇌기능장애(微小腦機能障礙, Minimal Brain Dysfunction: MBD)에 기인할 수 있다는 것이다. 이는 지각이나 행동 혹은 학습에 부정적인 영향을 미치는데, 예를 들어, 지각 기능을 비롯하여 언어, 기억, 주의력 혹은 운동 기능 등에 어려움이 나타날 수 있다. 그리고 학습 장애 아동들 중에는 뇌성마비를 비롯하여 임산부의 약물이나 음주 및 흡연, 출생 시 난산에 의한 무산소증(Anoxia), 미숙아(preterm infant, 37주 미만의 출생아, 조산아라고도 함), 신생아기 혹은 유아기의 각종 사고, 간질, 신경계의 감염 등을 통하여 뇌손상을 받은 경우가 많았으며, 뇌파검사에서 높은 빈도의 비정상 뇌파가 보고되고 있다(Mueller, 1971; Will, 1982).

특히 읽기 학습 장애는 우반구(직관력과 공간인식 능력, 심미적 감상 능력 등)와는 달리 좌반구 기능(분석력과 이성 및 언어 능력 등)과 깊은 관련이 있는데, 이의 결함으로 인하여 읽기능력이 장애를 보이는 것으로 보는 것이다. 그리고 유전적 요인으로는 읽기장애를 가진 부모들의 자녀들에게서 읽기 능력에 어려움을 보일 가능성이 높게 나타난다. 그 밖에도 난독증(Dyslexia)을 가진 아동의 경우에는 그 부모나 형제에게도 난독증을 보이는 경우가 약 34%인 것으로 나타났다(Lewis, 1992). 흔히 난독증은 학습 장애 유형 중 하나인 읽기 학습 장애로 분류된다.

특히 난독증은 발달단계별로 다양한 특성들을 보이는데, 예를 들어, 자신에게 아주 익숙한 단어 외에는 읽기 어려워하거나, 받침이 있는 단어는 읽지 못하거나, 따라 쓰기는 가능하지만 받아쓰기는 어려워하기도 한다. 이어서 날짜나 이름이나 전화번호 외우기를 어려워하거나 읽기 이해력이나 작문에도 문제를 보이고 철자법의 경우에도 오랫동안 곤란한 점 등을 대표적으로 꼽을 수 있다.

4. 학습 장애의 진단 및 평가

학습 장애는 보통 학령기에 주로 뚜렷하게 나타나지만, 그 증상은 이미 유아기부터 보이기 때문에 특히 이를 조기에 발견하여 교육적 지원이나 의료적인 치료가 매우 중요하다. 학습 장애는 유치원 등 취학 전 연령에서도 이미 의학적으로나 교육적 혹은 심리학적인 진단을 필요로 하는 경미한 뇌 손상을 암시하는 중요한 증상들을 알 수 있다. 슐라크(Schlack, 1983)에 따르면, 학습 장애 아동이나 청소년들의 주 증상으로는 동작성 발달 지체를 비롯하여 언어발달지체, 불안, 인내력의 결여 혹은 만들기, 그림그리기 및 퍼즐놀이 등의 회피행동, 자신감 결여와 또래로부터의 외톨박이 등을 들 수 있다.

미국의 정신과학회(APA)의 진단기준지침서인 정신 장애 진단 및 통계 편람(DSM) 중 과거의 제4판과 최근의 제5판에 따르면 학습 장애의 진단 기준은 <표 12-2>와 같다. 또한 학습 장애아 진단 평가는 흔히 사례사, 면접, 관찰, 비형식적 검사(교사제작 검사, 교육과정 검사 등), 준거참조 검사(학생면담, 학생의 자기평가보고서 등) 등의 방법이 있으며, 감각능력, 운동능력, 사회적 능력, 개념능력, 언어적 능력 및 정서적 능력 등 다양한 내용이 포함된다.

또한 학습 장애를 위한 진단 · 평가도구로는 지능검사도구(한국 웩슬러 아동 지능검사: K-WISC-III, 카우프만 아동지능검사: K-ABC, 한국형 지능검사: KISE-KIT,

〈표 12-2〉 미국 정신과학회의 학습 장애 아동 진단기준

DSM-IV	DSM-V
1) 읽기장애(Reading Disorder)/난독증(dyslexia) A. 읽기의 정확도 또는 이해 능력을 평가하기 위해 개별적으로 실시된 표준화 검사에서, 읽기 성적이 개인의 생활 연령, 측정된 지능, 그리고 나이에 적합한 교육에 비해 기대되는 정도보다 현저하게 낮다. B. A항의 장해가 읽기 기술이 요구되는 학업의 성취나 일상생활의 활동을 현저하게 방해한다. C. 만약 감각 결함이 있다면, 읽기 장해는 통상적으로 감각 결함에 동반되는 정도를 초과해서 심한 정도로 나타난다. 2) 산술장애 혹은 산수장애(Mathematics Disorder) A. 개별적으로 실시된 표준화 검사에서, 산술 능력이 개인의 생활 연령, 측정된 지능, 그리고 나이에 적합한 교육에 비해 기대되는 정도보다 현저하게 낮다. B. 기준 A항의 장해가 계산이 요구되는 학업의 성취나 일상생활의 활동을 현저하게 방해한다. C. 만약 감각 결함이 있다면, 산술 능력 장해는 통상적으로 감각 결함에 동반되는 정도를 초과해서 심한 정도로 나타난다. 3) 쓰기장애(Disorders of Written Expression/dysgraphia) A. 개별적으로 실시된 표준화 검사(또는 쓰기 기술 기능 평가)에서 쓰기 능력이 개인의 생활 연령, 측정된 지능, 그리고 나이에 적합한 교육에 비해 기대되는 정도보다 현저하게 낮다. B. 기준 A항의 장해는 쓰기 능력(예: 문법적으로 올바른 문장과 체계적인 문단을 쓰는 것)이 요구되는 학업의 성취나 일상생활의 활동을 현저하게 방해한다. C. 만약 감각 결함이 있다면, 쓰기 장해는 통상적으로 감각 결함에 동반되는 정도를 초과해서 심한 정도로 나타난다.	**A. 학습과 학업기술의 사용 시 문제 해결을 위한 중재에도 불구하고 읽기, 쓰기 언어, 수학 영역에서 아래 여러 가지 증상들 중 최소한 한 가지 증상이 적어도 6개월간 지속적으로 나타난다.** 1. 부정확하거나 느리게, 어렵게 단어읽기(단어를 부정확하고 느리고 머뭇거리며 읽기, 단어를 종종 추측하기, 소리 내어 읽는 데 어려움) 2. 읽은 내용의 의미 이해시 어려움(정확하게 문장은 읽지만, 순서나 관계성, 추론이나 읽는 내용의 주요 의미 이해의 곤란함) 3. 철자 표기의 어려움(추가나 생략, 모음과 자음의 혼돈) 4. 쓰기 표현의 어려움(문장 내의 여러 문법이나 구두법 결여, 문단구성 수준의 어려움, 분명하지 않은 생각에 대한 쓰기 표현의 문제) 5. 수 감각이나 수 지식, 계산의 곤란(낮은 수준의 수, 수 크기, 관계성 이해력, 또래와 같은 수학지식의 기억 대신 손가락 사용하여 한자리수 덧셈하기, 수계산 과정에서 혼란이나 순서에 어려움) 6. 수학적 추론의 곤란(문제 해결에서 수학적 개념이나 지식 및 과정의 적용 시 곤란함) **B. 특정학습 장애의 학업적 어려움에 대한 분명한 임상지표는 개별적으로 수행된 표준화된 성취도 평가와 종합적인 임상검사로 실제 연령에서 기대되는 학업 기술 수준이나 평균 학업성취보다 수적으로 현저히 낮을 때이다. 이런 낮은 학업기술은 아동의 경우에 학교 내 학습활동의 저해 원인이 되며, 이는 학교 기록들과 교사의 평가점수로 나타난다. 17세 이상인 경우에 학습적 어려움에 대한 문서 기록들은 표준화된 평가들을 대체할 수 있다.** **C. 학업적 어려움은 학령기 동안에 시작된다. 그러나 개인의 제한된 학습능력을 넘어선 학업기술이 요구되기 전까지 명백하게 보이지 않을 수도 있다(예를 들어, 일정 시간의 시험, 제출기한이 촉박하고 복잡한 쓰기 능력을 필요로 하는 과제, 큰 부담될 만한 중요 과제).** **D. 학업적 어려움은 지적 장애, 교정되지 않은 시력과 청력의 문제, 다른 정신이나 신경학적 장애, 심리사회적 및 언어적 문제나 부적절한 교육에 기인될 수 없다.**

그림지능검사: PTI 등)를 비롯하여 투사검사도구(아동용 주제통각검사: CAT 검사, 로샤 검사: Rorschach Test, 인물화 검사: DAP 등), 성격검사도구(다면적 인성검사: MMPI, 한국 아동 인성 검사: KPI-C 등), 학습 장애 선별검사도구(국립특수교육원(KISE) 기초학력검사, 학습 장애 선별척도), 교육적 진단도구(국립특수교육원(KISE) 자폐아교육진단검사, 학습준비도 검사), 언어능력 검사도구(언어발달 검사, 구문검사, 음운검사 등), 지각운동검사도구(지각운동검사, 운동능력검사, 시각운동통합검사), 사회적응·행동검사도구(행동발달평가, 사회성숙도검사, 적응행동검사, 한국판 아동·청소년 행동평가척도(K-CBCL) 등이 있다.

그리고 우리나라의 경우에는 학습 장애를 진단 평가하는 도구로서 지능검사, 기초학습기능검사, 학습준비도 검사, 시지각 발달검사, 지각운동발달검사, 시각운동통합발달검사 등으로 정하고 있다. 아울러 장애인증명서나 진단서를 참고자료로 활용할 수 있음을 비고란에 명시하고 있다.

한편 학습 장애의 진단평가는 주로 중재반응모델(Responsiveness to Intervention: RTI)이나 불일치 모델(Discrepancy Model: DM)을 바탕으로 실시된다. 먼저 중재반응모델은 효과가 증명된 중재활동에도 불구하고 변화가 없을 경우에는 학습 장애로 평가한다는 것이다. 이는 세 단계의 절차를 거치는데, 1단계에서는 모든 학생들을 대상으로 보편적인 교수-학습환경을 제공하고 교육과정 중심측정을 통하여 위험학생을 선별하여 그들의 성취도를 5주간 추적한다. 이어서 제2단계에서는 1단계에서 선별된 소집단 학생을 대상으로 체계적이고 집중적인 교육을 제공하여 수행수준(학업성취)과 발달속도(진전도)가 모두 지체되는 이중 불일치를 통해 선별을 거쳐 교육과정을 기반으로 성취도를 관찰한다. 끝으로 제3단계에서는 제1단계와 제2단계를 거쳐 선별된 잠재적인 학습 장애 아동들을 대상으로 특수교육 프로그램을 제공하고 다양한 전문가들을 통한 팀 평가에 따라서 배치 및 장애여부를 결정하여 집중적이고 개별화된 프로그램과 성취도를 조사하는 것이다.

불일치모델은 학생에 대한 기대수준과 실제 수행수준 간에 심각한 차이가 발생하는 것을 의미한다. 다시 말하자면, 각 연령의 수준에 해당하는 아동이 평균적으로 도달할 수 있을 것이라고 기대하는 성취수준에 비하여 실제적으로는 현저하게 못 미치는 현상

〈표 12-3〉 학습 장애 선정 조건 및 절차

구분	학습 장애 선정 기준	학습 장애 선정 절차
학습 장애 선정 조건 및 절차	1조건: (선별 및 중재)선별 검사결과 학습에 문제가 있는 것으로 의심되는 학생을 대상으로 최소 3개월 이상의 집중적이고 효과적인 소집단 규모의 보충학습이나 방과 후 학습 등 체계적인 서비스를 제공받은 후에도 학업성취도(학교단위 학력평가나 교육과정 중심평가)평가결과 동 학년의 하위 15~20%에 해당되는 자 2조건: (지능)최소 2가지 이상의 지능검사로 측정한 지능이 평균 75 이상(±5)에 해당하는 자 3조건: (학력)기초학습기능검사나 KISE 기초학력검사, 읽기 검사, 기초학습기능수행평가 등을 통한검사결과 동 학년 수준의 평균으로부터 최소 -2표준편차(또는 2학년) 이하의 학력수준을 가진 자 4조건: (배제요인)지적 장애, 정서 · 행동 장애, 감각장애 등의 다른 장애나, 가정불화, 폭력, 학교생활 부적응, 문화적 기회 결핍(탈북아동, 국내 이주학생) 등 개인의 내적 원인이 아닌 외적요인으로 인해 학업에 집중하지 못할 만큼의 뚜렷한 이유가 있을 경우는 학습 장애로 선정하지 않음	**1단계: 선별 및 선정의뢰** ① 학습 장애 선별검사결과 ② 중재반응 평가 결과(3회 이상 학교단위 학력평가 또는 교육과정 중심평가 결과) ③ 중재반응 참여 증빙 자료 ④ 선택사항: 의료기관에서의 난독증 진단 자료 등 **2단계: 검사 실시 및 학습 장애 판정** (특수교육지원센터) ① 지능검사 실시(2종 이상) ② 학력진단검사 실시(기초학습기능검사, KISE 기초학력검사 등 표준화 검사) ③ 배제요인 검토 **3단계: 특수교육대상학생 선정** (특수교육운영위원회) 검사 결과 및 제출 자료를 검토하여 특수교육운영위원회에서 학습 장애 특수교육대상학생으로 최종 선정

을 가리킨다. 이에 따라서 국립특수교육원(2009)에서 제시한 학습 장애 선정 조건 및 절차를 살펴보면 <표 12-3>과 같다.

국립특수교육원(2009)의 학습 장애 선별검사를 위한 초등학생용 영역별 문항을 살펴보면 다음과 같다. 우선 영역은 읽기, 쓰기, 수학 및 기억 · 주의 · 지각으로 각각 구분되어 있다. 그리고 검사 문항은 각 영역별 각 네 개의 문항으로 구성되어 있고, 평가는 '자주 나타남(2)', '가끔 나타남(1)', '나타나지 않음(0)' 등이다. 예를 들어, 읽기 영역에서는 '단어를 보고 즉각적으로 읽지 못하거나, 자주 접하지 않는 단어나 새로운 단어를 올바르게 읽는 데 어려움을 보인다', 쓰기 영역에서는 '글씨를 지나치게 천천히 쓰거나, 글자가 크거나 글자모양이 이상하고, 글자 간격이 지나치게 좁거나 넓다' 등이 제시되어 있다. 이어서 수학 영역에서는 예를 들어, '기본적인 수 개념이 부족하다. 두 수 중 큰 수 변별하기, 수 세기, 자리 값 등에 어려움을 보인다'이고, 기억 · 주의 · 지각 영역에서는 '다른 사람의 말을 듣고 의미를 파악하는 데 어려움을 보이거나, 적절한 단어를 선택하여 말하는 데 시간이 오래 걸리고 유창하게 말하는 데 어려움을 보인다' 등을 들 수 있다. 이때 네 가지 영역에서의 합계가 5점 이상일 때는 집단검사가 필요한 아동으로 간주한다.

5. 학습 장애 아동의 특성

학습 장애 아동이 보이는 특성들은 매우 다양하게 나타난다. 이는 개별적으로 많은 특성이 동시에 나타나는 경우도 있을 뿐 아니라, 경우에 따라서는 몇 가지만 나타나기도 한다. 학습 장애 아동이나 청소년들이 보이는 일반적인 특성들은 <표 12-4>와 같이 다양한 영역에서 볼 수 있다. 이들은 그중에서도 읽기를 비롯하여 쓰기 및 셈하기와 같

〈표 12-4〉 학습 장애아의 보편적 특성

학습적인 영역	행동 및 사회성 영역	운동능력
• 지시사항을 이해하는 데 어려움이 있음. • 단어를 종종 잘못 발음함. • 자신의 생각을 표현할 때 두서가 없음. • 글자를 거꾸로 읽거나 줄을 건너뛰어 읽음. • 문자나 숫자를 거꾸로 씀(god을 dog, 31을 13으로 씀). • 사물을 짝짓거나 크기별로 분류하는 데 어려움이 있음. • 더하기 곱하기는 할 수 있으나, 빼기 나누기는 하지 못함. • 소극적인 학습 태도	• 친구와 잘 어울리지 못하는 등 사회성이 부족하고 자신감이 낮으며, 위축됨. • 사소한 실수를 참지 못하고 감정의 기복이 심함. • 사회적 기술이 매우 부족함. • 사회적 위축감이 높음. • 학업의 어려움이나 또래들과의 관계성이 원만하지 못한 경험들로 가출이나 비행을 저지를 수 있음. • 일상생활 가운데 감정이나 반응의 변화가 심한 편임. • 학습된 무기력을 종종 보임.	• 뛰기, 달리기 등의 운동능력이 부족함. • 새로운 시도를 주저하며 변화를 싫어함. • 수업 중에 손발을 자주 움직이며 다른 사람을 방해하는 행동을 함. • 문에 잘 부딪치고 계단에서 발이 걸려 잘 넘어짐. • 쉽게 주의가 산만해지고 집중시간이 짧아 과제를 마칠 때까지 집중할 수 없음. • 등교를 거부함. • 소근육 운동의 부족으로 글씨체가 또래에 비해 너무 서투름.

은 학습적인 면을 비롯하여 운동능력, 행동 및 사회성 혹은 언어적 영역에 이르기까지 매우 광범위하고 많은 특성들이 나타난다(Vernooij, 2007).

1) 학업상의 특성

학습 장애는 한두 과목에서만 문제가 발생하기도 하지만, 대부분은 전반적인 교과목에서 학업상 문제가 나타난다.

그들이 가진 학업 영역에서 나타나는 대표적인 특성으로는 과제수행 능력이 낮은 것을 비롯하여 학업성취도가 결여된다는 점이다. 즉 기초교과영역에 해당하는 읽기나 쓰기 및 셈하기(수학)영역에서 특히 많은 어려움들을 보인다.

무엇보다도 학습 장애 아동들에게서 가장 높은 비율로 나타나는 읽기학습 장애는 읽기습관을 비롯하여 단어재인(단어를 보고 정확하게 발음하는 것), 이해, 부적절한 어법 등 전반적인 부분에서 나타나기도 한다. 더군다나 신경학적인 원인으로 인하여 읽기장애가 심한 경우에는 읽기, 쓰기, 말하기, 듣기, 작문 등 말(표현언어)이나 언어(수용언어)의 모든 영역에서 문제를 보이는 난독증(dyslexia)이 나타나기도 한다.

또한 쓰기 학습 장애와 관련하여서는 글자쓰기를 비롯하여 맞춤법이나 작문, 문장의 구조 등에 있어서 여러 가지 어려움을 보인다. 이런 경우에 아동들은 대체적으로 문장이 짧고 단순하며, 받아쓰기나 철자 오류 등에 있어서 많은 실수를 종종 보인다. 아울러 이들은 쓰기 영역에서 거울에 비치면 읽을 수 있는, 즉 거울에 비치는 글자처럼 좌우가 거꾸로 되게 쓰는 경영(鏡映)쓰기를 흔히 볼 수 있는 것도 한 특성이라 할 것이다.

그리고 셈하기나 수학영역에 있어서도 전반적으로 다양한 문제가 있는데, 즉 숫자를 비롯하여 기본적인 수학부호의 의미 등과 함께 기본적인 수학의 사칙연산의 개념을 잘 이해하지 못한다.

아울러 부주의로 인한 셈하기 오류를 자주 범하며, 암산을 잘하지 못하기도 한다. 또한 계산할 때 수의 자릿값(place value) 이해에 어려움을 겪으며, '받아 올리기'등과 관련된 계산에서 자주 실패를 경험하게 된다. 그리고 도형이나 분수, 소수 등과 관련된

출처: http://www.paradisi.de/Freizeit_und_Erholung/Gesellschaft/Behinderte/Artikel/22040_Seite_6.php

출처: https://de.wikipedia.org/wiki/Spiegelschrift#/media/Datei:Spiegelschrift.png

출처: https://www.augsburger-allgemeine.de/wissenschaft/Wenn-Lesen-Schreiben-und-Rechnen-zur-Qual-werden-id36298327.html

<학습 장애 아동의 읽기(왼쪽 위), 쓰기(왼쪽 아래), 수학영역(오른쪽)>

문제들을 어려워하고, 수학적 추리와 관련하여 문장제 문제를 잘 풀지 못하며 추상적인 수학개념들에 곤란을 겪기도 한다. 그 밖에도 적절한 문제해결 전략을 찾거나 사용하는 데 어려움을 보이고, 차트나 그래프 혹은 표를 이해하거나 만드는 데 제한성이 나타나기도 한다.

2) 의사소통적 특성

학습 장애 아동들은 언어적 발달 과정에서 언어의 내용이나 형태 및 사용뿐 아니라, 말소리에 대한 화자의 인식과 사용 패턴과 관련되는 음운론(Phonology)을 비롯하여, 형태론(Morphology), 구문론(Syntax), 의미론(Semantics) 및 화용론(Pragmatics) 등의 영역에서 다양한 문제가 발생하기도 한다. 먼저 음운론은 말소리에 대한 화자의 인식과 사용 패턴과 관련되는 영역이고, 형태론은 단어의 내부 구조를 분석하고 그 구성 요소의 성질을 연구하는 것이다. 아울러 구문론이란 단어의 결합으로 이루어지는 문장의 구조나 구문 요소를 분석하여 각 문장 성분이 구성되는 규칙과 관련된 언어학의 한 분야이며, 의미론이란 단어를 비롯하여 구, 문장 등의 의미를 형식 언어로 기술하거나 자연언어로 재서술하고, 중의성 및 어휘관계 등의 의미 현상을 연구하는 것이다. 이어서 화용론은 사람들이 실제 대화에서 의사소통을 위해 언어를 어떻게 사용해야 하는가를 연구하는 분야라 할 것이다.

그 밖에도 학습 장애 아동이나 청소년들은 구어수용에 있어서 다른 사람의 말은 들을 수 있지만, 들은 말을 제대로 이해하는 데는 어려움을 가진다. 또한 통합 및 내적 언어 장애로서 학습 장애 아동의 언어 장애 중에서 가장 많이 분포되어 있는 유형인데, 이는 자신의 일상생활 경험을 언어로 의미 있게 해석하고 조직하고 통합하지 못하는 경우를 의미한다. 그리고 구어표현에 있어서도 마찬가지로 자신의 생각이나 느낌 및 경험을 구어로 표현함에 있어서도 마찬가지로 종종 문제가 발생하는 것을 볼 수 있다.

3) 지각적(知覺的, perceptual) 특성

일반적으로 지각이라는 개념은 신체 기관이나 기능 가운데서 시각을 비롯하여 청각 및 촉각 등 다양한 감각자극을 인지하고 변별하고 해석하는 능력을 의미한다. 예를 들어, 지각장애는 일상적인 생활환경에서 교통신호나 위험신호, 방향표시, 단어, 그림 등을 인지하고 변별하고 해석하는 데 어려움이 있을 수 있다는 것이다. 특히 시 지각과 청지각 영역에 장애가 발생하면 학습과제에 다양한 부정적인 영향을 미칠 수 있다. 만일 시 지각에 문제가 발생할 경우에는 'ㅏ'를 'ㅓ'로 읽거나, '6'을 '9'로 이해하는 등 그림이나 숫자 혹은 글씨를 읽고, 이해하고 기억하는 데 많은 혼란과 어려움이 발생할 수 있다는 것이다.

4) 운동 및 행동 장애

학습 장애 아동이나 청소년들에게서 관찰되는 주요 운동 및 행동 장애로는 대체로 세 가지 영역으로 구분되는데, 즉 과잉행동을 비롯하여 과소행동 및 운동실조 등이 있다. 먼저 과잉행동의 경우에는 과도하고 무목적적인 행동을 나타내는 경우나 가만히 앉아있거나 서있지 못하는 것을 의미한다. 그리고 과소행동은 반대로 자연스럽게 활동을 하지 않는 상태로서 이러한 아동은 학습활동을 하지 않은 채로 오랫동안 조용히 앉아 있는 상태를 가리킨다. 또한 운동실조란 근육통제력의 결함을 말하는데 예를 들어, 뛰기나 공을 던지고 받거나 체조를 하는 대근육 운동장애나, 쥐기를 비롯하여 잡기, 가위질을 하거나 단추를 잠그는 동작 등의 소근육 운동장애를 의미한다.

5) 사회 · 정서적 특성

학습 장애 아동들은 사회 및 정서적인 특성과 관련하여 여러 가지 특성을 보이는데, 대표적으로 부정적 자아개념을 비롯하여 낮은 좌절극복 의지, 불안, 사회적 거절, 과제의 회피, 열악한 자기관리능력 및 수행력 지체 등을 꼽을 수 있다. 이는 학습 장애로 인해 학업상의 곤란을 가질 뿐 아니라, 동시에 또래 친구들이나 교사 등과의 대화 기술 및 상대방의 느낌과 감정을 공감적으로 이해하고 상호작용하는 사회적 기술과 대인관계 기술의 결핍이 결국에는 좌절감이나 거부감 및 낮은 자존감과 자아개념 등의 결과를 낳는다고 보는 것이다.

6) 인지(cognition), 초인지(Metacognition) 및 기억의 결함

대부분의 학습 장애 아동이나 청소년들은 학습 활동이나 일상적인 활동에 있어서 조직적으로 사고하고 전략을 사용하여 문제를 해결하는 능력을 의미하는 인지능력의 저하를 자주 보인다. 그뿐만 아니라 그들은 자신의 행동을 평가하고 조절하는 능력인 초인지 능력에도 어려움을 보이기도 한다. 이는 자신의 행동을 부적절하거나 문제로 평가했을 때 그 행동을 재조절하여 올바르게 수정하려는 능력이 해당될 것이다. 즉 초인지는 과제의 성공적 완수에 대한 자기조정 과정을 사용하는 능력인데, 여기에는 활동계획을 비롯하여 계속적 활동효과에 관한 평가, 노력의 결과에 대한 점검, 곤란과 문제성에 대한 중재의 시도 등이 대표적인 요소이다(Schroeder, 2000).

한편 학습 장애아의 기억과 관련하여 마찬가지로 문제가 나타나는데, 기억은 학습과정에서 매우 중요한 부분이다. 그들은 특히 청각적-시각적 자극에 대한 기억문제에 어려움을 가지고 있는 것으로 알려져 있다. 시각적 기억의 어려움은 학습 장애 아동의 읽기 학습에 문제를 초래할 수 있으며, 또한 청각적 기억에서의 결핍은 학습 장애아의 구어발달을 저해하는 주요 원인으로 작용하기도 한다. 그러나 근본적으로 학습 장애아들의 기억문제를 이해하기 위한 접근 방법과 관련하여서는 특히 학습과정에 능동적으로 참여하는 데 필요한 전략적 결함에 주의를 기울여야 한다. 즉 학습 장애아들이 기억문제에 어려움을 가지는 것은 과제를 학습함에 있어서 계획하고 시작하며, 또한 종결하는 능력인 학습전략의 결함이나 효율적이고 합리적인 암기전략을 제대로 사용하지 못함으로 발생한다고 한다(Suhr, 2004).

결국은 인지나 초인지 및 기억의 세 가지 요소는 상호작용을 하는 관계 속에 있고, 이들 중에 한 부분만 문제를 보이더라도 잇달아 나머지 두 영역에 동시에 부정적 영향을 미친다는 사실이다.

7) 주의집중(ADD) 혹은 주의력결핍 과잉 행동적(ADHD) 특성

주의집중은 과제나 학습을 효율적으로 실행하는 데 있어서 매우 중요한 조건 가운데 하나이다. 그러나 학습 장애 아동이 가지는 문제 행동 가운데 가장 빈번한 것 중의 하나가 바로 주의집중에 어려움을 가진다는 것을 들 수 있다. 이들은 한 과제를 끝까지 완수할 정도로 그 과제에 주의를 집중하지 못하는 모습을 보인다. 또한 이들은 학습과 관련

<칵테일 파티 효과(cocktail party effect)>

출처: https://de.wikipedia.org/wiki/Cocktailparty-Effekt#/media/Datei:Patrón_cocktail_bar_(5807919992).jpg

된 것과 관련되지 않은 자극을 잘 구별하지 못하는 청각체계의 선택적 주의집중 결여로 인하여 학습과제 수행의 효율성이 낮다고도 한다. 이를 일명 '칵테일 파티 효과(cocktail party effect)'라고 한다. 이는 보통 큰 모임 등 다소 시끄러운 장소에서도 상대방과 대화를 나눌 수 있는 것은 주변에서 동시에 들리는 많은 소리 가운데서도 자신이 원하는 대화의 내용을 선택하여 소통하는 능력이 있기 때문에 가능한 것이다.

그리고 그들은 한 가지 자극에서 다른 자극으로 주의를 이동시키는 데도 동시에 어려움을 갖기도 한다. 따라서 일련의 연속된 학습과제에 주의를 균등하게 지속적으로 기울이지 못하여 학습과제를 끝까지 수행하지 못하는 경우가 종종 발생한다. 학습 장애 아동이 모두 주의집중 장애를 가지고 있는 것은 아니지만, 많은 학습 장애 아동이 주의집중에 어려움을 보이고 있다. 동시에 이러한 주의집중에 장애를 보이는 아동은 언제나 움직이며, 산만하고 학습하기에 충분할 만큼 오랫동안 주의를 지속하지 못하여 학업성취에 매우 어려움을 보이는 경우가 많이 있다.

6. 학습 장애 아동의 교육적 지원 및 통합교육

학습 장애아에 대한 교육에서도 마찬가지로 가장 중요한 요소 가운데 하나는 무엇보다도 조기발견과 조기치료나 교육이라 할 것이다. 이때 물론 부모도 중요하지만, 동시에 일반(통합)학급 교사의 역할이 매우 중요한데, 그것은 학습 장애의 다양한 특성을 보이는 아동에 대한 관찰 등을 통하여 교사가 전문적인 도움을 제공하거나 다양한 전문가들에게 의뢰하는 일이다.

학습 장애아에 대한 재활과 교육적 지원과 관련하여 여러 분야에서 상호 협력적인 접근이 반드시 필요하다. 여기에서는 크게 의학적인 측면과 교육적인 관점에서 각각 살펴보고자 한다.

1) 의학적 측면

의학적 입장에서는 학습 장애의 발생 원인을 주로 뇌기능장애에서 보는 경향이 강하기 때문에 조기 진단이나 치료적 중재에 중요한 의미를 두고 있다. 학습 장애아를 위한 의학적인 조처에는 약물치료를 비롯하여 비타민 치료법이나 식이요법 혹은 신경생리학적 접근법이 있다. 먼저 약물치료법과 관련하여 성장 둔화나 식욕부진, 복통, 체중 저하, 불면증, 시각 장애 등의 여러 부작용들이 지적되고 있지만, 특히 아동의 충동성 및 부주의한 행동을 개선하기 위하여 리탈린(Ritalin) 등 다양한 약제를 사용하고 있다.

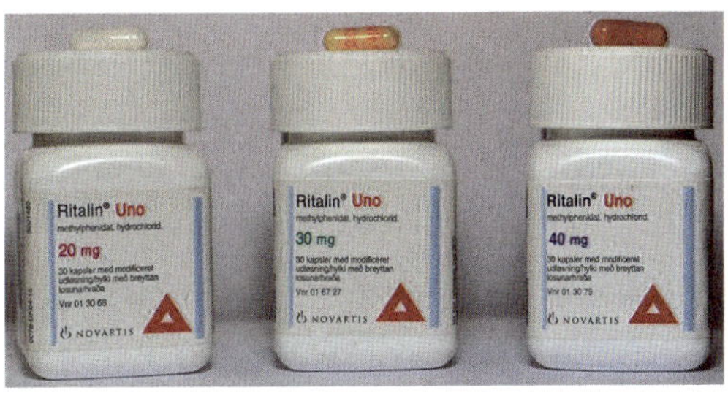

<리탈린(Ritalin)>

출처: https://www.taringa.net/+info/tipos-de-drogas-y-sus-efectos-secundarios_132dhn

이어서 비타민 치료법의 경우에도 마찬가지로 아직 논란이 있지만, 신체기능의 균형적인 발달을 위하여 각종 비타민 등 적절한 영양공급이 중요하다는 것을 가정한다. 따라서 복합비타민의 섭취가 과잉행동을 수정하고 집중력을 향상시키는 데 도움이 된다고 한다.

한편 식이요법으로는 식용색소를 비롯하여 인공조미료나 방부제 등 생화학 장애를 일으키는 음식을 가능한 최소화하는 대신에 현미를 포함한 잡곡밥, 비타민과 미네랄 중에 천연재료로 만들어진 것을 선택하여 음식을 섭취하는 것이 아동의 과잉행동을 감소시킨다는 것이다. 물론 이러한 주장과 관련하여서도 여전히 상반적인 의견이 공존하고 있는 실정이다.

그 밖에도 몇몇 관련 전문가들은 신경생리학적 관점에서 학습 장애의 원인을 신경학적 기능의 결함으로 보고 신경조직의 훈련을 통하여 이동성, 언어, 감각운동 능력 등의 기능을 향상시키고자 시도하기도 한다.

2) 교육적 측면

학습 장애 아동은 일반적으로 언어를 비롯하여 학업성취나 인지, 사회 및 정서, 운동 및 행동적인 측면 등 매우 다양한 영역에서 광범위한 문제가 나타난다. 따라서 학습 장애 아동들은 의학적인 중재뿐만 아니라, 동시에 교육적인 지원 서비스를 제공받아야 한다.

먼저 다른 장애유형들의 경우와 마찬가지로 학습 장애아 교육에 있어서도 가장 중요한 선제 조치는 장애의 조기발견인데, 이때 교사의 관찰이나 전문가에 대한 의뢰 등의 역할이 매우 중요하게 요구된다 할 것이다. 따라서 학령기에 해당하는 비장애 아동에 대한 발달과정과 아울러 앞의 <표 12-4>에 제시된 바와 같이 학습 장애에 대한 다양한 영역에서의 기본적인 여러 가지 특성들을 숙지하는 것이 필요하다.

이에 학습 장애아를 위한 교육적 중재에서 기초적인 학습조건을 비롯하여 교과지도와 통합교육 등에 관하여 살펴보고자 한다.

(1) 기초적 학습조건

대다수의 학습 장애 아동이나 청소년들은 주의력이나 기억, 동기화 및 인지능력 등 학업활동에 필요한 기본적인 기능들이 매우 결핍되어 학업성취에 지장을 초래하는 경우가 허다하다. 이러한 기초적인 기능이나 요소들은 일반적으로 상호 관련성을 가지고 있으므로 한 영역이라도 문제가 발생하면 다른 부분에 연쇄적으로 부정적인 영향을 끼치게 된다.

학습 장애 학생들의 주의력(Attention)과 관련하여서는 한 가지 과제나 주제 및 활동에 집중하는 능력을 의미하는바, 학습에 있어서 가장 기초적인 요소 가운데 속한다. 따라서 학습 장애 아동을 위한 다양한 시청각 매체나 교실환경 및 교수법 또는 다양한 행동수정 전략을 사용함으로써 주의력을 개선하고 강화할 수 있을 것이다.

또한 보통 단기기억(short-term memory)과 장기기억(long-term memory) 등 두 가지로 구분하는 기억(memory)은 정보의 습득, 저장 및 인출과정 등의 정보처리에 있어서 학습활동과 매우 깊은 연관성을 가진다. 따라서 학습 장애 아동을 대상으로 교수-학습활동 시에는 반복 학습을 비롯하여 상상에 의해서 떠오르는 우연하고 단편적인 사물이나 사건의 이미지를 자유롭게 나열하거나 재구성하여 의미 있는 형태로 조직하는 시각적 혹은 언어적 연상(聯想)이나 또는 운율(노래) 등 다양한 암기전략을 사용함으로써 기억력을 강화할 수 있을 것이다.

그리고 학습 장애 아동들은 학습동기에 종종 어려움을 나타내는데, 동기는 자신의 행동을 촉발시키는 기본적인 내적 충동을 의미한다. 그러나 학습 장애 아동이나 청소년들은 학교의 학업성취 과정에서 여러 번의 실패를 경험함으로써 학습된 무기력으로 인하여 동기 유발이 용이하지 않은 경향이 매우 강한 편이다. 또한 이러한 태도는 어떤 과제나 문제를 해결하는 데 있어서 부모나 교사 등 외적인 요소에 의존하여 독립적인 과제 해결을 더욱더 곤란하게 한다. 따라서 이를 개선하기 위해서는 교육내용이나 목표 및 방법의 조절이나 수정 등을 통하여 긍정적인 경험과 성공적인 체험 환경을 제공함으로써 학습에 대한 동기를 유발시키는 것이 무엇보다도 우선되어야 할 것이다.

그 밖에도 학습 장애 아동들은 과제나 현상에 대하여 조직적으로 사고하고 전략을 사용하여 문제를 해결하는 인지능력에 많은 한계가 나타난다. 이에 인지능력 강화 훈련은 학습 장애아들의 학업과 사회적 행동에 있어서 발생하는 여러 문제들을 극복하는 데 효과적일 수 있다. 이를 위하여 다양한 학습전략이나 교수전략을 사용할 수 있다. 예를 들어, 자신의 행동을 스스로 언어적으로 통제하면서 과제를 수행하는 자기 교수법(self instruction)을 비롯하여, 자신의 행동을 구체적으로 기록하여 자기 행동에 대한 이해 및 인식을 높여 스스로 조절하도록 하는 자기 점검법(self monitoring)이 있다. 아울러 교사 중심의 수업으로 학습 장애 아동이 학습해야 할 내용을 작은 단위로 구분하여 가르치는 교수전략으로는 과제분석 방법 등을 들 수 있다.

(2) 교과지도

학교교육에서 기초적 교과로는 읽기(reading)를 비롯하여 쓰기(writing) 및 셈하기(arithmetic) 등 일명 '3R's'를 말한다. 이는 계속하여 상급학년에서 상위 개념이나 지식들을 습득하는 데 중요한 기본적 학습활동이 되는 것이다. 그러나 학습 장애 아동은 이러한 영역에 있어서 종종 다양한 문제가 발생하여 특별한 프로그램이나 적합한 교수전략 등이 필요한 것이다.

먼저 읽기영역은 단어인식을 비롯하여 이해 및 단어 발성법 등으로 구성되는데, 인쇄된 단어나 문장 혹은 부호를 인식하고 이해하며 음성기관을 통하여 올바르게 소리내어 읽는 것을 말한다. 또한 읽기 능력의 향상을 위하여 아동의 수준이나 능력 및 흥미 등을 고려하여 내용 및 방법 등이 계획되어야 할 것이다. 학습 장애 아동들의 읽기 기능을 향상시키는 전략으로는 아동이 읽기 어려워하는 단어에 색깔이나 점을 찍어 표시하는 단서사용법, 읽기의 양 조절이나 녹음교재사용, 컴퓨터 활용 혹은 반복읽기나 교재내용의 난이도 조절 등을 들 수 있다.

이어서 학습 장애 아동들은 손으로 쓰는 필기(筆記, handwriting) 기능에 여러 가지 제한점을 가지는데, 여기에는 느리게 쓰기를 비롯하여 띄어쓰기의 문제, 필체의 문제, 연필 쥐는 방법 등의 다양한 문제가 있다. 그리고 쓰기영역에는 손으로 직접 단어나 문장을 쓰는 필기, 맞춤법에 의거하여 쓰는 철자 및 자신의 생각과 느낌을 표현하는 작문으로 구성되어 있다. 또한 필기에 필요한 기본적인 요소로는 소근육 운동을 비롯하여 시 지각, 눈-손의 협응 동작, 시각적 기억, 정서적 문제, 동기화 등이 있다. 올바른 필기 기술을 위해서는 가위질이나 색칠하기, 도형 그리기, 크기, 모양 등의 식별 훈련 등이 우선 요구된다. 또한 철자는 문자 체계에 있어서 어법(語法)의 규칙에 의거하여 맞게 표기하는 방법을 가리킨다. 즉 적당한 철자법을 실행하기 위해서 아동은 단어를 읽기, 발음과 구조적 분석과의 관계성 파악, 단어를 시각화하여 쓰는 운동력 등을 소유하여야 한다. 철자 교수를 위하여 언어학적이나 발음중심적인 접근인 규칙에 따른 교수 및 단어에 초점을 맞추는 언어학적 접근, 발음중심의 접근법, 눈높이, 웅진 혹은 빨간 펜과 같은 철자 프로그램 교재를 사용하거나 또는 컴퓨터 프로그램 등을 활용하기도 한다. 이어서 작문은 주로 읽기를 비롯하여 철자, 언어적 표현력 등을 바탕으로 한다. 작문 기능의 향상을 위하여 처음에는 작문의 길이를 단순하게 하며, 주제도 아동의 관심을 고려하여 지도하는 것이 효과적인데, 특히 일기쓰기나 편지쓰기 등을 통하여 교육할 수 있다.

그 밖에도 학습 장애 아동이 가지는 학습상 어려움 가운데 한 가지는 수 개념을 비롯하여 숫자 읽기 및 쓰기나 사칙연산과 계산 능력 등을 포함하는 수학 혹은 셈하기 영역이다. 이는 종종 지각이나 추상적 사고, 기억 및 읽기와 깊은 관련성을 가지는 것이다. 이러한 수학 및 셈하기 능력을 함양하기 위하여 무엇보다도 우선은 아동의 수준에 적합한 단계별 교수와 목표를 설정하는 것이 매우 중요하다. 그와 더불어 일상적인 환경에서 접할 수 있는 실제적인 사물을 가지고 구체적이고 직접적인 경험을 통하여 교수-학습활동을 하는 것이 더 효율적일 수 있는 것이다.

(3) 통합교육

우리나라의 경우에 학습 장애 아동의 출현율은 약 0.83~14%에 이를 정도로 매우 광범위하게 나타나 있다. 그리고 미국은 전체 장애 학생들 가운데 약 51%를 차지할 정도로 압도적인 비율을 보이고 있다. 한편 독일의 경우에도 마찬가지로 전체학생의 약 2.5~4% 정도가 학습 장애를 가진 것으로 보고 있다(Kanter, 1974; Der Deutsche

Bildungsrat, 1973). 독일의 전체 장애 학생 가운데 가장 높은 비율을 학습 장애가 차지할 정도로 높은 출현율을 보이고 있는 것이다(Sekretariat der Kultusminister-konferenz, 2003). 이처럼 학습 장애 아동이나 청소년들은 학령기 아동 중에서 가장 많이 분포되어 있고, 동시에 통합교육과 관련하여 사회 · 정서 및 행동적인 측면에서의 교육적 서비스를 요구하기도 하지만 가장 관심을 가져야 할 부분은 역시 교수-학습 활동 영역으로 보인다. 이에 우선적으로는 일반(통합)학급교사들은 학습 장애 아동에 대한 정확한 교육적 진단을 통하여 적합한 개별화교육프로그램(IEP)의 목표를 비롯하여 내용이나 방법 및 평가 등 전반적인 교육적 지원 서비스를 계획하고 실행해야 할 것이다.

학습 장애 아동들을 위한 통합적인 교육환경에서 사용할 수 있는 효과적인 교수-학습전략에는 교육과정과 교육내용 등에 있어서 교사중심의 직접교수법을 비롯하여 모든 학생들이 동일한 공간과 시간에 개인에게 적합한 수준의 다양한 학습활동을 실시하는 다수준별 포함 교수법, 통합학급의 적합한 또래를 활용하여 면밀한 계획을 설립하여 학습 장애 아동의 학업 및 문제해결력을 향상시키는 또래교수법 등을 대표적으로 들 수 있다.

그 외에도 학습 장애아에 대한 평가 방법에서도 수정이나 조절과정이 불가피한 것이 사실인데, 여기에는 평가 목표를 비롯하여 내용이나 과정 및 방법 등에 있어서 다양한 요소들이 반드시 고려되어야 할 것이다.

제13장

건강 장애

우리나라는 매년 질병 등으로 인해 약 8천여 명의 학생이 중퇴나 휴학을 하고 있는 실정이다. 그리고 미국, 독일, 일본, 프랑스, 핀란드 등 여러 국가들에서는 기능적, 사회적 활동 제한에 따른 학습곤란 및 불리도 장애의 개념에 포함하여 건강 장애(Health impairment)라고 칭하고 있다. 이와 같은 국제적인 추세에 따라서 '만성질환으로 인한 건강 장애'를 특수교육 대상에 처음으로 포함한 특수교육진흥법 일부가 개정(2005. 3. 24.)됨으로써 비로소 이들을 위한 공적인 교육적 지원과 서비스가 제공되기에 이르렀다.

1. 건강 장애 아동 교육의 역사

우리나라의 경우에 건강 장애의 개념 및 그들을 위한 교육기관인 병원학교의 시작은 다른 선진국들에 비하여 매우 짧은 역사를 가지고 있다. 우리나라는 매년 질병 등으로 인하여 수천여 명의 학생들이 중퇴나 휴학을 하고 있는 현실 가운데서 장기입원 학생을 위한 교육적 대책이 요구되었다. 그와 아울러 장애개념이나 장애범주의 확대라는 세계적인 추세에 따라 관련 교육법령 등이 개정됨으로써 이들에 대한 교육권이 법적으로 보장되는 기초를 다지게 되었다. 2000년 초부터 당시 교육인적자원부는 조사연구 및 관련 단체의 의견수렴 과정 등을 거치면서, 2005년 3월 24일 「특수교육진흥법」 제10조 제1항 제8호 및 동법 시행령 제9조 제2항 관련 별표 제8호를 개정함으로써 '건강 장애'를 특수교육대상자로 포함하여 병원학교에서 건강 장애 학생을 위한 교육적 서비스를 제공하기 시작하였다. 현재 우리나라의 병원학교는 장기입원 및 장기치료로 학업을 중단하거나 유급하고 있는 건강 장애 학생들의 학습권 보장, 학교생활 적응도모 및 치료효율성 증대 등을 주요 사업목적으로 설정하여 교육적 지원을 하고 있다.

또한 교육부(2020)에 따르면, 현재 병원학교는 약 33개교인데, 약 36%(12개교)정도가 서울 및 수도권에 설치되어 있다. 이어서 부산·울산·경남지역에 약 24%(8개교)가 설립되어 건강 장애 학생들이 치료를 받으면서 학업을 지속하고 있는 것으로 나타났다. 그리고 건강 장애 학생의 수는 약 1,785명으로 전체 특수교육대상자 중에 가장 낮은 비율인 약 1.9%를 차지하고 있다. 그동안 건강 장애 학생의 수는 매년 유사한 형태를 보이지만, 병원학교의 수는 꾸준히 증가하는 추세를 보이고 있다. 이는 병원학교의 설치를 통하여 건강 장애 학생들에게 더 많은 교육기회를 제공하기 위한 대책이며, 아울러 시·도 교육청별로 병원학교를 1개 이상 설치하여 지역별 균형적인 발전을 촉진하고, 해당지역 종합병원과 교육청 간의 협약을 통하여 양 기관의 이미지 제고 향상을 통한 적극적인 홍보를 실시하고 있는 것이다. 또한 중앙정부 및 지방자치단체의 재정지원 홍보 및 관련 협회나 단체, 학부모들의 여론형성을 통해 병원학교 설치를 권장하고 있다.

한편 독일의 경우는 역사적으로도 이미 1924년에 독일 서남쪽의 자르란트(Saarland) 주의 홈부르크(Homburg) 주립병원의 외과-정형외과 병동에서 의무교육에 속하는 환아(건강 장애)들을 대상으로 병원학교 수업이 이루어졌다. 그리고 쾰른(Koeln) 대학교 병원에서는 이미 1950년 초에 정형외과와 어린이 병원에서 병상 수업형태로 교육이 실시되었다.

독일의 건강 장애 학생을 위한 국가적인 차원에서의 교육적 지원은 이미 1960년 3월 「특수교육제도의 규정에 관한 교육부장관회의 심의(Gutachten zur Ordnung des Sonderschulwesens vom Schulausschuß der Ständigen Konferenz der Kultusminister der Länder in der Bundesrepublik Deutschland 1960)」에서 병원학교와 가정수업의

교육대상과 목적에 대하여 규정하고 있다. 이어서 1968년 12월 5일 「교육부장관회의의 결의(Beschluss der KMK)」, 1972년 3월 16일 「특수교육제도의 규정에 관한 교육부장관회의의 권고(Empfehlung zur Ordnung des Sonderschulwesens)」, 1973년 10월 12~13일의 장애 및 장애에 의해 위험한 아동 및 청소년의 교육적 촉진(Zur pädagogischen Förderung Behinderter und von Behinderung bedrohter Kinder und Jugendlicher)과 관련하여 「독일교육위원회 권고」, 1982년 5월 24일 「건강 장애 학생의 수업에 관한 권고(Empfehlungen für den Unterricht mit kranken Schülern)」 및 1994년 5월 6일의 「독일학교의 특수교육학적인 촉진에 관한 권고(Empfehlungen zur sonderpädagogischen Förderung in den Schulen in der Bundesrepublik Deutschland)」 등 오늘날까지 범정부적인 차원의 지속적인 관심 가운데 건강 장애 학생의 병원학교를 통한 교육적 지원을 실현하고 있다(Drave et al., 2000). 이어서 1998년 3월 20일 전국 주(州)교육부장관회의(KMK) 결의인 「건강 장애 학생의 수업촉진 권고(Empfehlungen zum Foerderschwerpunkt Unterricht kranker Schuelerinnen und Schueler)」를 통하여 질환, 병원입원, 장기적이고 만성적인 질병 등에 있어서 특수교육적인 촉진의 필요성, 병원학교와 원적 학교 교사 간 협력, 특수교육학적 입장에서 건강 장애 학생과 부모에 대한 상담 등에 관하여 연방정부적인 차원에서 기초적으로 기술하고 있다. 그러나 전국의 16개 주(州)정부는 이를 근간으로 하지만 건강 장애 학생들의 교육이나 수업에 관한 법령들은 각각 다소 다르게 제정하고 있다(Sekretariat der Staendigen Konferenz der Kultusminister der Laender in der Bundesrepublik Deutschland, 1998).

특히 독일 기본법(Grundgesetz) 제3조 3항에는 '아무도 자신의 장애로 인하여 불이익을 받아서는 안 된다(Niemand darf wegen seiner Behinderung benachteiligt werden)'라는 장애인차별금지법을 바탕으로 삶의 모든 영역에서 보호를 받고 있다. 아울러 앞서 살펴본 바와 같이 1972년 3월과 1994년 5월의 연방주(州) 정부들의 교육부장관회의의 결의를 통하여 독일의 특수교육제도는 확대 및 세분화 · 단일화 등의 일련의 과정을 거치면서 건강 장애 학생을 위한 교육과 수업에 관한 세부적인 규정을 제시하였다. 그 외에도 연방사회부조법(Bundessozialhilfegesetz: BSHG), 각 주정부의 관련 교육법에 따라서 장애 학생의 교육권이나 수업권이 명확하게 보장되고 있다.

예를 들어, 함부르크(Hamburg) 학교교육법(Schulgesetz) 제12조 제6항 등에 따르면 '신체적, 정신적 혹은 심리적인 질병으로 인하여 장기간 또는 지속적으로 학교를 다닐 수 없는 학생들은 가정수업(Hausunterricht) 혹은 병원학교수업(Krankenhaus-unterricht)을 통하여 교육적 보호를 받게 된다'라고 명시하고 있다. 또한 라인란트 팔츠(Rheinland-Pfalz) 주(州)의 학교교육법 제44조 제3항에는 '학교교육 혹은 수업을 받지 못하는 학생, 특히 장기질환을 가진 학생들에게 병원수업이 교육청의 허락을 통하여 허용된다'라고 수업과 교육권을 명확하게 보장되고 있다(Sekretariat der Staendigen Konferenz der Kultusminister der Laender in der Bundesrepublik Deutschland, 2005; www.uni-mainz.de).

또한 독일의 병원학교는 1972년 3월 16일「교육부장관회의의 권고」에 의거하여 전체 10가지 다양한 형태의 특수학교 가운데 하나로 교육제도권 내에 공식적으로 포함되어 있다.

한편 독일의 경우는 2020년 현재 건강 장애 학생은 총 11,336명으로 전체 특수교육대상자 중에서 가장 낮은 비율인 약 2.1%이지만, 해마다 큰 폭은 아닐지라도 꾸준히 증가하고 있음을 알 수 있다(https://www.kmk.org). 또한 그중에 10,917명(약 96%)이 특수학교의 유형인 병원학교, 419명(약 4%)은 일반학교에 각각 재학 중인 것으로 나타났다. 아울러 현재 독일의 특수학교 수는 총 2,835개교인데, 이는 2006년 3,395개교, 2010년 3,320개교 그리고 2015년에는 3,011개교로 장애 학생에 대한 교육은 전통적인 분리교육에서 통합교육으로 뚜렷한 변화추세를 보이고 있음을 알 수 있다(https://de.statista.com). 한편 독일 특수교육연합회의 자료에 따르면 현재 전국 16개 주에 267개의 병원학교가 설치되어 있다. 그중 노트라인 베스트팔렌(NRW) 주가 61개교로 가장 많고, 바덴뷔템부르크(BW) 주에 57개교, 바이에른(Bayern) 주에 31개교 순으로 각각 나타났다(http://joomla.hbs.rv.schule-bw.de).

2. 건강 장애의 개념

우리나라에서는 2005년에는 건강 장애를 심장 장애 · 신장 장애 · 간 장애 등 만성질환으로 인하여 3개월 이상의 장기입원 또는 통원치료 등 계속적인 의료적 지원이 필요하여 학교생활 · 학업수행 등에 있어서 교육적 지원을 지속적으로 받아야 하는 자(특수교육진흥법 시행령 제9조 제2항 관련 별표 제8호)로 규정하고 있다. 그러나 이후 2007년의 「장애인 등에 대한 특수교육법 시행령」에서는 건강 장애를 가진 특수교육대상자의 정의가 다소 개정되었다. 다시 말하자면, 건강 장애 특수교육대상자란 '만성질환으로 인하여 3개월 이상의 장기입원 또는 통원치료 등 계속적인 의료적 지원이 필요하여 학교생활 및 학업수행에 어려움이 있는 사람'으로 정하고 있다. 한편 병원학교란 장기 입원이나 장기 통원치료로 인해 학교 교육을 받을 수 없는 학생들을 위해 병원 내에 설치된 학교로서 현 병원학교는 교사 1인이 운영하는 파견학급 형태이나 여러 학교 급, 학년의 학생이 함께 공부하기 때문에 병원학교로 통칭되고 있다. 또한 이 병원학교는 장기치료를 받는 학생에게 학업의 연속성 및 또래 관계를 유지시키고 심리 · 정서적 안정으로 치료효과 증진에 운영의 목적이 있는 것으로 한다.

한편 독일은 현재 건강 장애라는 용어 대신에 환아(Kranke Kinder, 患兒)라는 개념이 사용되고 있다. 장기간의 질병 혹은 일정한 간격으로 병원이나 이와 유사한 의료기관에 입원하여 치료받음으로 인하여 학교를 다닐 수 없는 학생들은 각 주정부의 관계 법령에 의거하여 이 기간 동안 교육을 받게 된다. 특히 노트라인 베스트팔렌(Nordrhein-Westfalen) 주(州)의 학교교육법 52조에 의거한 「특수 교육적 촉진 및 가정수업과 병원학교 시행령(Verordnung ueber die sonderpaedagogische Foerderung, den Hausunterricht und die Schule fuer Kranke)」 제3장 제42조 제1항에 병원학교의 교육대상자와 관련하여 "병원의 입원치료나 이와 유사한 의료 기관에서 최소한 4주 동안 원적 학교 수업에 참여할 수 없는 학생들은 병원학교에 입학한다"라고 정하고 있다. 이에 노트라인 베스트팔렌주의 건강 장애 학생으로 병원학교에 입학할 수 있는 대상은 다음과 같다(Ministerium fuer Schule und Weiterbildung des Landes Nordrhein-

Westfalen, 2006).

1) 현재 병원에 입원해 있으며, 아프기 전에 다녔던 원적 학교에서의 수업에 4주 이상 참여가 곤란한 것으로 예상되는 학생
2) 규칙적인 간격으로 일정기간 동안 병원을 가야 하는 학생
3) 한 학년 동안에 병원에 재차 입원이 필요하거나 혹은 입원이 예상되는 학생
4) 지속적인 긴 질병이나 이로 인하여 요구되는 치료의 필요성 때문에 원적 학교에서의 수업을 일주일에 최소한 하루를 규칙적으로 결석을 해야 하는 학생 등

그러나 바이에른(Bayern), 헤센(Hessen) 혹은 메클렌부르크 포폼메른(Mecklenburg-Vorpommern) 주(州) 등은 6주 이상으로 그 기간을 다르게 규정하고 있다.

또한 건강 장애의 범주와 관련하여, 우리나라의 경우에는 현재 소아암, 신장 및 심장 질환 등 대부분 몇 가지 신체적 질환에만 한정적이다. 그 반면에 독일은 신체적 병상(病狀)도 매우 광범위하여 천식을 비롯하여 중증알레르기나 신경성 피부염, 뇌전증, 낭포성 섬유증, 각종 암, 겸상적혈구 빈혈, 혈우병, 췌장염, 궤양성 대장염, 선천성 면역결핍증, 척추측만, 고관절 이형성증, 종양, 신장, 신경계 질환, 류마티스 질환, 심장병, 당뇨병, 대사 및 통증 질환 등이 포함되어 있다. 그뿐만 아니라, 사회적 행동 장애를 동반한 과잉행동 및 주의력결핍증, 학교거부증과 수반되어 나타나는 주의력결핍증, 분리불안의 일종인 학교공포증, 사회 · 정서적 장애, 인격성 장애, 자폐스펙트럼 장애, 조현병, 알코올 · 마약 및 약물중독, 강박장애, 우울한 에피소드, 자해행동, 섭식장애(거식증, 비만, 폭식증), 틱 장애나 뚜렛 증후군, 외상 후 스트레스성 장애 등 소아 · 청소년 정신과적인 질환들을 동시에 포함하고 있다.

그 밖에도 우리나라의 병원학교 실태는 병원 당국으로부터의 '시혜적'인 측면이 강한 '의존적'인 시설이라 해도 과언은 아닐 것이다. 그러나 그 반면에 독일의 병원학교는 확고한 법적인 배경을 바탕으로 건강 장애 학생들에게 교육권과 수업권이 보장된 '독립적'인 교육기관이라 할 것이다. 아울러 그들은 의료진을 비롯하여 치료사, 특수교사, 일반교사, 원적 학교 및 담임교사 등 여러 관련 전문가들이나 기관 간의 긴밀한 협력 관계가 형성된 점을 볼 수 있다.

3. 건강 장애의 원인 및 특성

건강 장애 학생은 주로 유·초·중·고등 학령기 전이나 학령기 동안 발생한 만성질환으로 인하여 장기간의 일반적인 학교교육의 결손으로 인하여 특별한 의학적인 치료와 보호뿐만 아니라, 교육에 있어서도 마찬가지로 독특한 교육목표나 내용 및 방법 등을 필요로 하는 특수교육대상자를 말한다. 이에 만성질환은 유전적이나 혹은 후천적 원인에 기인할 수 있으며, 사실은 신체를 비롯하여 사회 · 정서 및 심리적인 영역의 질병 등 매우 다양한 범주를 포함하고 있음을 알 수 있다.

건강 장애 아동은 만성적이고 때로는 생명을 위협하는 조건의 질병으로 인해 집중적인 의학적 치료나 주기적인 치료 등 계속적인 의학적 관심을 요구하며, 아울러 질병으로 인해 교사들의 특별한 관심과 보호를 필요로 한다. 예를 들어, 소아암은 주의집중, 순서화, 기억 및 이해 능력을 요구하는 과제수행이 곤란하며, 신장 장애는 우울 및 자살기도, 불안, 공포, 강박적 사고와 신체개념의 왜곡 등의 정서적 반응을 나타낸다. 여기에서는 우리나라의 건강 장애 학생들 가운데 가장 높은 비율을 차지하는 건강 장애의 원인 질환에 대한 기본 유형과 그 특성에 대해 살펴보고자 한다(국립특수교육원, 2006).

1) 소아암(pediatric cancer)

소아암은 소아(어린이)에게 발생하는 악성 종양을 의미하며, 이는 어린이들에게 발생하는 모든 악성종양의 질환을 통칭하는 말이므로, 소아암의 종류는 매우 다양하다. 소아암으로 분류되는 질환 중에 가장 높은 발병률을 보이는 질환은 백혈병이라 할 수 있다. 혈액에 생기는 암세포인 백혈병은 전체 소아암의 약 40% 정도를 차지할 만큼 발병률이 매우 높고, 급성백혈병인 경우에는 생명에 큰 위협을 가할 정도이다.

소아암의 가장 일반적인 형태인 백혈병은 미성숙한 림프세포(lymphocytes)의 통제

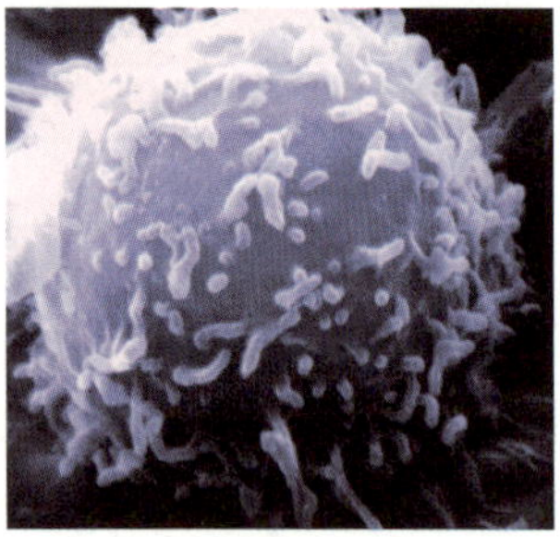

<림프세포(lymphocytes)>

출처: https://de.wikipedia.org/wiki/Lymphozyt#/media/Datei:SEM_Lymphocyte.jpg

불가능한 성장과 증식으로 인해 적혈구수가 감소하고, 백혈구수가 증가하는 혈액 형성 조직의 질병을 말한다. 최근 의학과 과학의 발달로 다양한 화학요법의 적용이나 향상된 진단 기법, 효과적인 중추신경체계에 대한 예방치료로 인해 힘든 치료과정을 거쳐 완치될 수 있는 가능성이 높은 만성적 질병으로 인식되고 있다.

그리고 소아암을 가진 아동의 특성으로는 소아암 아동의 생존율이 높아질수록 치료과정으로 인해 장기적으로나 단기적으로 인지를 비롯하여 사회정서 및 행동에서의 문제가 발생하게 된다. 또한 이로 인해 이들의 전체적인 신체적 혹은 심리적인 기능이 저하되는 현상으로 이어질 수 있다. 특히 수량적 기술이나 소근육 운동이나 시각과 운동의 협응에서 어려움을 겪는다고 보고되고 있다. 그리고 백혈병 아동들 중 약 1/3이 학교 복귀 후 특수교육 서비스를 필요로 하는 것으로 나타났다.

백혈병 치료를 위하여 방사선 치료, 화학요법을 받았던 아동들의 학교기록, 출석 및 성취도 검사를 검토해 본 결과에 따르면, 읽기와 수학에서 또래보다 낮은 성취율을 보였다고 한다. 게다가 이들은 주의집중 능력과 순서화 능력 그리고 기억과 이해 능력을 요구하는 과제수행에서도 대체적으로 어려움이 발생하였다.

특히 3년간의 화학요법 치료를 받은 아동들의 경우에는 최근에 진단을 받아 치료를 시작한 아동들에 비해서 집중력을 비롯하여 기억이나 구성, 표현 및 수용언어 기술 등을 포함한 상위 인지 기능에 대한 검사에서 더 낮은 점수를 받았다고 보고된다. 또한 치료가 끝난 아동 중 약 60%가 수학영역에서 학습 장애를 보였다는 것이다. 소아암 아동에 대한 조치 사항과 관련하여서는 백혈병과 같은 만성적인 질병을 경험한 아동들에게는 특히 수학과 같은 수량적 영역에서 특수 교육적 서비스가 필요하다고 한다.

그 외에도 악성림프종을 비롯하여 고환에 발생하는 악성 종양인 고환태아성암(testicular tumor), 뇌조직의 뇌종양(brain tumor), 신경조직에 발생하는 신경아세포종(neuro- blastoma) 등의 소아암들이 있으며, 연간 약 1,200명가량의 어린이들이 소아암 판정을 받는다고 한다(https://gabyu.tistory.com).

2) 신장 장애(kidney trouble)

신장 장애란 신체 내의 노폐물을 제거하여 적절한 수분과 전해질을 보유할 수 있도록 조절하는 기관인 신장의 기능 이상으로 인해 일상생활 활동에 어려움을 가져오며 장기간 신장 기능을 대신하는 치료가 필수적인 상태를 의미한다.

우리나라 장애인복지법 시행령 [별표 1] 장애의 종류 및 기준에 따른 장애인(제2조 관련)에 의하면, 먼저 '9. 신장장애인(腎臟障礙人)이란 신장의 기능장애로 인하여 혈액투석이나 복막투석을 지속적으로 받아야 하거나 신장 기능의 영속적인 장애로 인하여 일상생활에 상당한 제약을 받는 사람'이라 규정하고 있다. 그리고 장애인복지법 시행규칙 제2조 제1항 관련 별표 1에 의하면, 종래까지는 신장 장애인은 2급 및 5급으로 구분하였다. 즉 제2급은 만성신부전증으로 인하여 1개월 이상 혈액투석 또는 복막투석을 받고 있는 사람이며, 제5급은 신장을 이식 받은 사람으로 규정되었다. 그러나 2019년 7월 1일부터 장애등급제를 단계적으로 폐지하고 수요자 중심의 장애인 자원체제로 전환함에 따라서 과거의 1~3급은 장애 정도가 심한 장애인, 4~6급은 심하지 않은 장애인으로 구분되었다. 먼저 만성신부전증의 경우에는 신장의 기능이 정상의 약 20~30% 이하로 저하된 경우로 소아의 경우 사구체 신염을 비롯하여 만성 신우신염, 방광요관 역류, 선천성 신장 기형 등이 주된 원인이 되어 발생한다. 그리고 신장의 기능이 정상의 10% 이하로 현저히 저하된 중증의 신부전 상태인 말기 신장 장애(end stage renal disease: FSRD)의 경우에는 구토나 식욕부진과 같은 소화기 증상, 두통, 불안, 집중력 장애와 같은 정신증상, 사지 저림 혹은 근력 저하 등 말초신경 장애, 면역 기능 저하로 인한 감염 위험 증가, 빈혈 등 다양한 증상이 나타나게 된다.

또한 신장 장애 아동의 특성으로는 소아에서 특징적이며, 성인에 비하여 빈번히 문제가 되는 임상 양상으로는 대표적으로 성장 장애를 들 수 있다. 유아의 경우 식욕부진이나 식이제한 등으로 인하여 열량 공급 부족이나 만성 빈혈 혹은 각종 내분비 장애 등

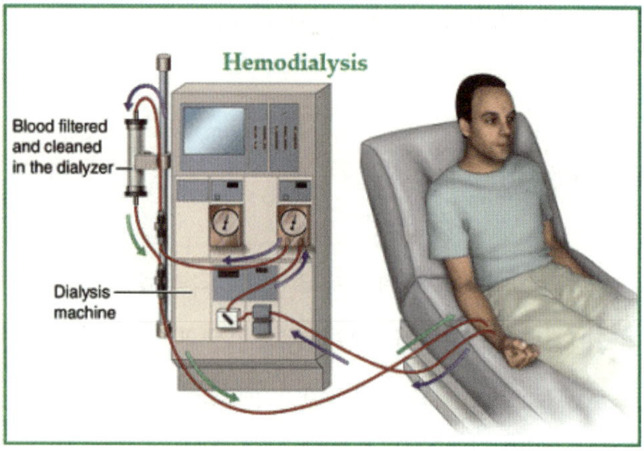

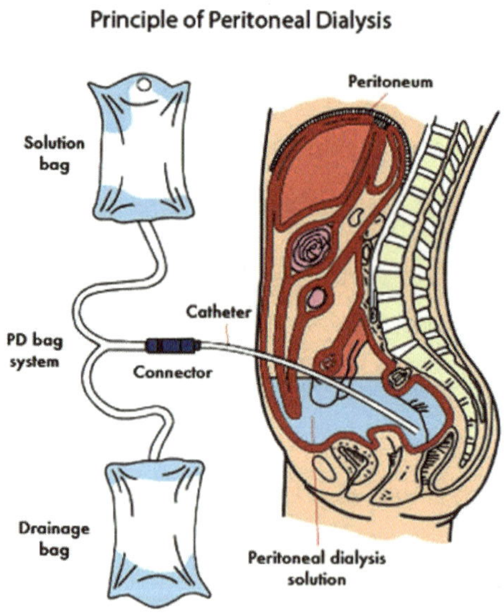

<혈액 투석(hemodialysis)(위)과 복막투석(peritoneal dialysis)(아래)>

출처: https://theydiffer.com/difference-between-hemodialysis-and-peritoneal-dialysis/

으로 신체적 성장 장애가 발생할 수 있다. 아울러 어린 뇌는 신장(콩팥)의 기능이 감소하면서 체내에 쌓인 노폐물들이 배설되지 못해 나타나는 질환인 요독증(尿毒症, uremia)으로 병에 걸릴 가능성이 높은 이환성(罹患性)이 있으므로 뇌증을 비롯하여 지능발달 지연 등 심각한 부작용이 초래되는 경우가 많다. 나이가 많은 아동은 호르몬 조절에 이상이 생겨 사춘기의 지연이나 성적 성숙의 지체가 나타나며, 또한 이러한 신체적 미성숙 상태가 아동에게 커다란 정신적 부담으로 작용하게 되어 심각한 정신과적 문제가 동반될 수도 있는 것이다.

신장 장애 아동에 대한 치료 방법으로는 특히 투석이 있으며, 이는 혈액을 외부로 끌어내어 혈액투석기에 의해 불순물과 수분을 적절한 수준까지 제거하는 혈액 투석(hemodialysis)과 자신의 몸속에 있는 복막을 이용하는 복막투석(腹膜透析, peritoneal dialysis)이 있다.

신장 장애는 칼륨이 많은 과일류의 섭취를 제한하는 등의 식이 제한이 요구되며, 투석치료와 함께 빈혈치료를 위해 조혈 호르몬제를 투여하거나, 부갑상선 기능 항진증을 예방하기 위한 비타민 D의 주사가 필요한 경우도 많다. 아울러 신장 이식법은 신장의 모든 기능을 대치할 수 있다는 점에서 가장 이상적인 치료법이지만, 적합한 신장공여자가 제한되어 있는 것이 단점이다.

그 밖에도 신장 장애 아동은 장기간에 걸친 투석치료 과정에서 오는 여러 가지 정서적 부담과 더불어 심리적 스트레스를 경험하고, 인공적인 방법에 의해 생명을 연장시키고 있다는 점으로 인해 우울이나 자살기도, 불안, 공포, 강박적 사고나 혹은 신체개념의 왜곡 등의 부정적 정서 반응이 나타날 수도 있다.

3) 소아천식(小兒喘息, pediatric asthma)

소아천식은 알레르기 염증에 의하여 호흡기 통로에 염증이 생기고, 이로 인하여 협착을 야기하는 만성호흡기 질환을 말한다. 이로 인하여 다양한 물질에 대해 민감성이 증가되며, 공기의 원활한 흐름을 방해하여 호흡에 어려움을 느끼게 된다. 이의 주요 증상으로는 기관지가 좁아져서 숨이 찬 것을 비롯하여 기침이 나고 가슴에서 색색거리는 소리가 들리며, 가슴이 답답해지는 증상 등이 지속적으로 반복되는 것이다. 특히 소아천식을 가진 아동의 경우에는 다양한 특성들이 나타난다. 예를 들어, 천식 자체가 직접적으로 학습에 문제를 야기하는 것은 아니지만, 질병으로 인해 학교에 결석을 자주 하거나, 학교에 등교했을 경우에도 기분이 불쾌하거나, 집중을 할 수 없어 새로운 기술과

정보 습득에 많은 어려움이 야기될 수 있다. 또한 학업성취 수준과 질병 간의 상관관계는 명확히 보이지는 않지만, 주의집중 장애와 천식과 관련이 있다는 가설도 여전히 논쟁의 여지가 있다. 게다가 무산소증으로 인한 뇌 손상을 비롯하여 학교 결석이나 집중을 방해하는 병의 증세들이나 청각 장애를 야기하는 귀의 감염, 수면 부족, 질병을 치료하기 위한 약물 사용으로 인한 부작용 등 여러 가지 요인으로 인해 학교생활이나 일상생활에 많은 어려움을 경험할 수 있는 것이다.

그 외에도 지속적인 스테로이드 복용 등 약물 복용의 가장 큰 부작용으로 침체된 기분이나 두려운 느낌 혹은 단기기억의 장애 등이 수반될 수 있는 것을 볼 수 있다.

4) 소아당뇨(children diabetes)

일반적으로 소변으로 포도당이 배출된다고 하여 이름 붙여진 질병이 당뇨병이다. 이는 유전적이거나 환경적인 원인으로 인슐린이 부족하거나 혹은 인슐린이 제대로 일을 못하는 상태가 되면 혈당이 상승하게 되는데, 이 때문에 혈당이 지속적으로 높은 상태를 당뇨병(Diabetes Mellitus)이라고 한다.

소아당뇨는 보통 14세 이하의 연령에서 발생하는 경우를 말한다. 이는 췌장에서 인슐린(Insulin)을 합성하여 분비시키는 능력이 감소되어 발생하는 질병으로 식사 후 높아진 영양소들의 처리가 불가능해져 혈액 내에 높은 농도의 당이나 지방 등의 영양소가 있어도 세포들이 이용할 수 없는 상태를 의미하는 것이다. 인슐린은 이자(췌장)속의 불규칙적인 내분비조직인 랑게르한스섬(Langerhans islets) 베타세포에서 분비되는 호르몬으로 혈액 속의 포도당을 간과 근육조직 등에 저장하고 에너지원으로 이용하도록 촉진하는 작용을 한다. 인슐린은 인슐린 의존성 당뇨(Insulin Dependent Diabetes Mellitus: IDDM, 1형)와 인슐린 비의존성 당뇨(Non-Insulind Dependent Diabetes Mellitus: NIDDM, 2형)로 분류된다. 의존성 당뇨는 인슐린의 절대량이 부족하여 발생하는 것이므로 반드시 인슐린 투여로 치료해야 하며, 흔히 소아 연령기에 많이 발생되어 이른바 소아당뇨라고 불리기도 한다. 아직까지 확실한 완치 방법이 없을 뿐만 아니라, 적극적으로 관리하지 않으면 망막증을 비롯하여 신증, 신경병변 등의 합병증을 가져올 수도 있는 만성질환이다.

소아당뇨는 소아 만성질환 중 발병률이 가장 높은 질환 중 하나인데, 미국 등 외국의 경우 5세에서 1,430명당 1명, 16세 전후에는 360명당 1명으로 증가하여 평균 0.3~0.6% 정도로 본다. 국내의 경우에는 발병률에 관한 정확한 통계가 없지만 대략적으로 0.08~0.1% 정도로 추정하고 있다. 2000년 현재 전체 당뇨병 환자의 약 5%를 차지하는 가운데 매년 증가 추세를 나타내고 있다. 특히 6~8세나 12~15세 사이의 두 연령집단에서 높은 발생률을 보이는 편이다.

그리고 소아당뇨의 의학적 증세 및 처치 방법과 관련하여서는 소아 당뇨의 경우 소변으로 당이 배설된다. 이때 많은 수분도 동반되기 때문에 많은 양의 소변을 보게 되며 이로 인한 신체 내의 수분 부족으로 많은 양의 물을 섭취하는 증상을 보인다. 혈액 속에는 많은 양의 당이 존재하지만, 세포 내에는 당이 부족하여 세포 내의 에너지 부족이나 조직의 영양소 저장의 결핍으로 말미암아 심한 공복감을 느끼게 되고 따라서 많은 양의 음식물을 섭취하는 결과를 초래하는 것이다.

당뇨의 증상으로는 조직의 영양소 저장 부족 및 세포의 에너지원 결핍으로 지방조직이 분해되고 근육에 존재하는 단백질도 분해되어 체중이 감소되며 세포의 활동부족으로 인해 심한 피로를 느끼기도 한다. 특히 학령기 및 청소년기 소아 당뇨의 경우에 당뇨를 잘 조절하지 못했을 때는 학교에서 고혈당과 저혈당이라는 두 가지 의학적인 위험 상황이 발생할 수 있다. 즉, 충분한 인슐린 공급을 받지 못했을 경우, 당뇨병성 케토산혈증(ketoacidosis)을 유발하는 고혈당(hyper-glycemia)이 발생할 수 있다. 그 반면에 인슐린이 과다 분비되어 혈당치를 위험한 수준까지 떨어뜨리는 경우 저혈당(hypoglycemia)을 보일 수 있다.

더군다나 감염이나 감기 등 바이러스성 감염을 비롯하여 신체적 또는 정신적 스트레스, 인슐린 결여 등의 원인으로 케토산혈증이 발생되면 의식이 흐려지며, 갈증, 피로, 빈뇨, 복통, 심계 항진 등의 증상을 보인다. 이는 응급상황이기 때문에 케토산혈증이 의심되면 즉시 병원에서 반드시 치료를 받을 수 있도록 해야 한다.

또한 저혈당이 경우에는 인슐린 투여 용량이 너무 많거나 신체 활동이 많아지고 충분한 영양 섭취를 하지 않았을 경우에 발생한다. 이때에는 어지러움이나 식은땀, 시야 흐림, 심계 항진, 메스꺼움, 갑작스러운 성격변화 등의 증상을 보이고, 저혈당이 의심되는 경우 가능하면 먼저 혈당검사를 실시하여 혈당이 얼마나 감소되었는지 확인한 후 과일 주스, 우유, 무과당 소다와 같은 당 성분을 섭취하도록 해야 한다. 그러나 만약 경련을 일으키거나 의식을 잃은 경우 음식물이나 음료를 절대로 경구 투여하면 안 되고 대신 글루카곤(glucagon) 주사를 놓을 수 있는 의료인의 즉각적인 응급처치를 받아야 한다.

그리고 소아당뇨 아동의 심리적 특성 및 대처 방법과 관련하여 당뇨병은 적절한 혈당 상태 관리를 위해 하루에도 수차례 혈당 검사 및 인슐린 주사를 실시해야 한다. 또한 적정 영양 수준을 고려한 식사가 일정한 양으로 규칙적으로 이루어져야 한다. 이어서 매일 꾸준한 운동을 필요로 하는 등 철저한 자기관리를 요하는 질병이기 때문에 다른 어떤 질환보다도 개인의 삶을 크게 위축시킬 가능성이 있다는 것이다. 이러한 당뇨병이 신체적, 정신적으로 미성숙한 시기에 발병한 소아당뇨인의 경우에는 당뇨관리가 일생 동안 끊임없이 이루어져야 한다. 이로 인하여 겪게 되는 심적인 부담감이나 질병관리를 효과적으로 하지 못하는 데서 올 수 있는 신체적 부작용이나 합병증에 대한 우려와 불안에 따른 우울과 스트레스 상황 속에서 생활하게 되는 것이다. 한편 자기개념 형성에 있어 민감한 시기인 학령기 및 청소년기 소아당뇨인의 경우 주로 성인에게 많이 나타나는 당뇨가 자신에게 생겼다는 것에 대한 수치심과 분노, 좌절감 등으로 인한 심리적 갈등도 더욱 심해지게 된다.

그 외에도 학교에서 운동할 장소가 없거나 시간의 부족, 혈당검사나 주사를 할 적당한 장소의 부족으로 인해 학교에서의 당뇨 관리에 있어 어려움을 경험하기도 한다. 그리고 신체기능의 저하로 인해 학업수행에 문제를 갖게 되고 수학여행 등 여러 학교 행사에서 제외될 때 소외감을 느끼게 되는 등 학교생활적응에 있어 전반적인 어려움을 경험하게 된다. 이와 같은 심리적 이유로 인해 때로 교사나 또래에게 자신의 증상을 숨기려고 하기 때문에 만약 다른 사람들이 혈당 응급 상황 시의 대처 방법을 모를 경우 매우 위험해질 수 있다. 따라서 교사들은 가급적 소아당뇨 학생들이 자신의 증상을 공개할 수 있도록 하고 이를 잘 수용할 수 있도록 교실 분위기를 만들어 주는 것이 특히 필요하다.

5) 심장 장애(cardiac disorder)

심장 장애는 관상동맥 질환인 협심증을 비롯하여 심근경색이나 심부전, 선천성 심장 기형, 심장판막증, 부정맥 등으로 심장이 더 이상 정상적인 기능을 하지 못하는 상태를 총체적으로 일컫는 질병이다. 「장애인복지법 시행령」의 [별표 1] 장애의 종류 및 기준에 따른 장애인(제2조 관련)에서는 '10. 심장장애인(心臟障碍人)이란 심장의 기능부전으로 인한 호흡곤란 등의 장애로 일상생활에 상당한 제약을 받는 사람'으로 규정하고 있다. 아울러 장애인의 장애등급표(장애인복지법시행규칙 제2조 제1항 관련 별표 1)에 따르면, 다음과 같이 제1급, 제2급, 제3급 및 제5급으로 구분하였다.

제1급: 심장기능의 장애가 지속되며, 안정 시에도 심부전증상 또는 협심증 증상 등이 일어나서 운동능력을 완전히 상실하여 상시적으로 개호인이 필요한 사람(심장질환을 진단 받은 지 1년 이상 경과한 사람에 한한다. 이하 같다)

제2급: 심장기능의 장애가 지속되며, 신체주위의 일은 어느 정도 할 수 있지만 그 이상의 활동으로는 심부전증상 또는 협심증 증상 등이 일어나서 정상적인 일상생활을 영위하기 어려운 사람

제3급: 심장기능의 장애가 지속되며, 가정 내에서의 가벼운 활동은 상관없지만 그 이상의 활동에는 심부전증상 또는 협심증 증상 등이 일어나서 가벼운 일상생활은 가능하나 정상적인 사회활동을 영위하기 어려운 사람

제5급: 심장을 이식받은 사람

그러나 2019년 7월 1일부터 이러한 등급제가 폐지되고 중증(제1급~제3급)과 경증(제4~6급)으로만 구분되어 있는 상태이다. 소아 심장 장애의 원인이 되는 질환으로는 선천성 심장질환을 비롯하여 류머티스성 열, 심부전, 부정맥 등이 있다.

특히 선천적 심장질환(Congenital Heart Disease: CHD)은 태어날 때부터 심장이나 폐동맥, 대동맥 같은 큰 혈관의 모양이 정상과 다른 것으로 선천성 기형의 가장 많은

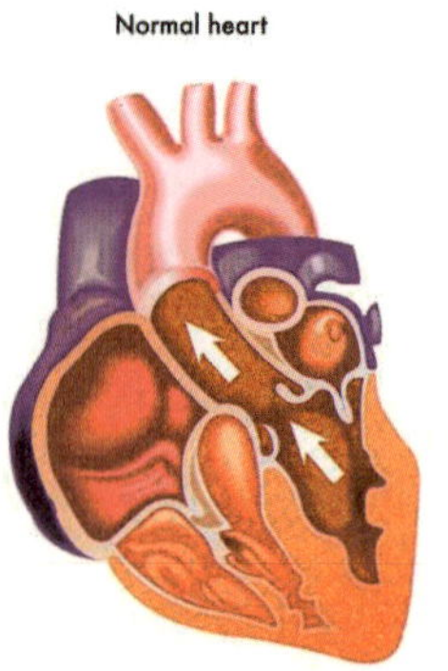

<정상 심장>

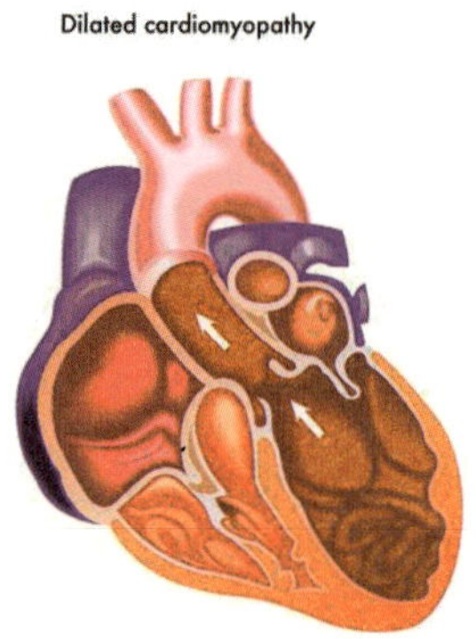

<확장형 심장근육병증(Dilated cardiomyopathy)>

출처: https://asdoencascardiacas.blogspot.com/2012/11/miocardiopatia-dilatada.html

부분을 차지한다. 이는 20세 이하의 아동에서 발병률이 높은 만성질환에 속한다. 그리고 전체 선천성 심장질환 원인의 약 16%는 염색체 이상과 유전자 결함이며, 나머지 약 83%는 임신 중 질병 및 임신 초기 모체 감염, 다인자 유전 등의 유전-환경 상호작용으로 보고 있지만, 대부분의 경우에는 사실 원인이 분명하지 않다. 선천성 심장질환의 대부분이 수술로 교정할 수 있고 경증인 경우 비수술적 치료로 개선할 수도 있다.

심장 장애는 대부분 선천적인 질병으로 인해 정상적인 신체적 발달을 하지 못하며 잦은 호흡기 질환 등으로 인해 정상적이고 활발한 학교생활을 하는 데 많은 어려움을 갖게 된다. 또한 등·하교나 체육 수업 참여 등 학교생활을 위한 기본적 행동에서 어려움을 보이고, 친구관계가 대체적으로 수동적이고 동정적인 경향을 보일 뿐만 아니라, 학습 수행에서 어려움을 갖고 있는 반면에 학습에 대한 욕구는 강한 것으로 알려져 있다.

4. 건강 장애의 진단 및 평가

「장애인 등에 대한 특수교육법 시행령」 제10조(별표9호)는 건강 장애를 지닌 특수교육대상자를 '만성질환으로 인하여 3개월 이상의 장기입원 또는 통원치료 등 계속적인 의료적 지원이 필요하여 학교생활 및 학업 수행에 어려움이 있는 사람'으로 정의하고 있다. 즉 건강 장애 학생의 선정 기준은 만성질환의 치료를 위하여 장기 의료처치가 요구됨으로써 연간 수업일수의 3개월 이상 결석이나 유급 위기에 처해 있으므로 학교생활이나 학업수행에 어려움이 있어 특수교육적 지원이 요구되는 학생을 말한다. 아울러 이들은 장애인증명서나 장애인수첩 혹은 진단서를 통해 만성질환을 확인한다. 여기에서 3개월 이상의 계속적인 의료적 지원은 입원 혹은 통원치료 등 장기간의 의료적 처치가 요구되는 만성질환을 의미하며 연속적인 3개월 입원 학생만을 제한적으로 선정하지 않도록 유의한다.

우리나라의 경우에는 주로 간 장애를 비롯하여 심장 장애나 신장 장애 혹은 소아암 등이 주요 건강 장애 유형에 해당한다. 따라서 독일의 경우와는 달리 소아당뇨를 비롯하여 아토피나 뇌전증(腦電症) 혹은 악성빈혈이나 주의력결핍과잉행동장애(ADHD) 등은 만성질환이기는 하지만 정상적인 학교 출석이 가능하며, 특수교육적 지원이 시급하게 요구되지 않기 때문에 현실적으로는 건강 장애 특수교육대상자로 선정되어 있지 않고 있다. 더군다나 우리나라의 건강 장애 학생 범주에 정신과적 질병은 아예 포함되어 있지 않은 현실임을 감안할 때 이들은 교육적 사각지대에 있다 할 것이다.

한편 건강 장애 학생 선정과 특수교육 관련 지원 과정은 대부분 다음과 같다. 보호자 혹은 각급 학교의 장(보호자의 동의)은 건강 장애가 있다고 의심되는 학생의 발견 시 진단서 혹은 장애인등록증 혹은 장애인수첩을 특수교육대상선정신청서와 함께 지역교육청 교육장(초·중학생)이나 시·도교육청 교육감(고등학생)에 진단 및 평가를 의뢰한다.

5. 건강 장애 아동의 교육적 지원 및 통합교육

우리나라의 병원학교나 혹은 원적 학교로의 복귀 후에 건강 장애 아동이나 청소년들은 장애 특성상 매우 다양한 교육적 욕구와 어려움을 동시에 가지고 있다(국립특수교육원, 2006). 우선 질병 자체나 그로 인한 잦은 결석이나 교사나 또래 학생들의 인식 혹은 정보의 부족 등으로 학교생활에 여러 문제가 발생한다. 예를 들어, 유급으로 인해 상급학교 진학이나 상급학년 진급의 곤란을 비롯하여 학습 지체 누적 현상, 또래들과의 관계 유지의 어려움, 수업참여 기회 박탈 또는 소외감 유발 우려, 응급처치 부재 혹은 대처 미비 등이 대표적이라 할 수 있다. 특히 병원학교의 경우에는 다양한 학교 급별 학생이 혼재되어 있으며, 학력수준에 맞는 개별화된 교육을 요구하는 등 대상학생의 다양성으로 지원요구가 매우 광범위함을 알 수 있다.

1) 교육적 지원

건강 장애 학생을 위한 교육지원 방안으로는 우선 교육기회 확보로 건강 장애 학생의 학습권을 보장하고, 개별화된 학습지원과 심리 · 정서적 지원의 균형적인 제공으로 학교생활의 적응을 도모하며, 다양한 교육적인 지원 서비스로 삶에 대한 희망과 용기를 심어주고 치료효과를 증진하는 것이다.

건강 장애 학생들은 일련의 입급(교) 과정을 거친 후에 교육현장에서는 학습지원(개별화된 교육계획, 사이버 가정 학습 서비스, 순회교육, 화상강의 시스템 시범운영, U-러닝지원 시범운영 등), 심리-정서적 지원(전화, 이메일 등 통신매체 이용, 건강 장애에 대한 인식 개선 교육, 캠프 등 특별행사 실시, 봉사점수제 활용), 인력지원(담임교사, 특수교사, 같은 반 친구, 학부모 도우미, 교사자원봉사단, 예비교사도우미, 민간단체, 의

<쾰른(Koeln)의 요한 크리스토프 빈터스(JCW) 병원학교 내 · 외부 모습(초등부 정신과적 건강 장애아 교육시설)>

출처: https://jcw-schule.de/downloads/www-Auftritt-Villa-2018.pdf

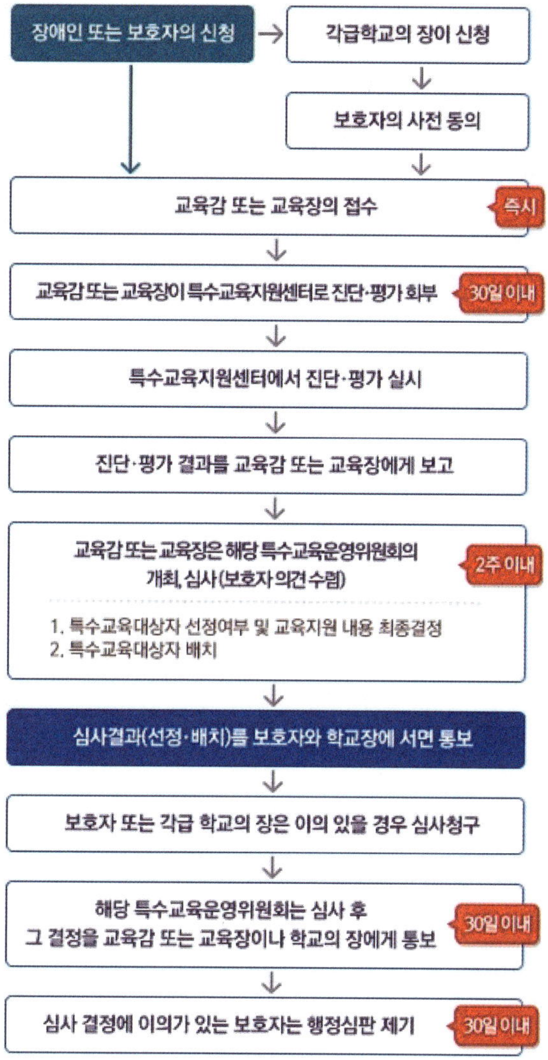

료진, 사회 사업팀) 영역으로 구분되어 장애의 특성과 필요를 고려하여 소정의 교육과정에 의거하거나 수정하여 다양한 교육적 지원이 실시된다.

국가적인 차원에서 병원학교의 운영방침을 살펴보면, 우선 건강 장애 학생의 개별화 교육계획을 수립한다. 여기에는 병원학교 특수교사가 원적 학교의 일반교사와 의료진 및 학부모 등과의 협력을 통하여 수립하며 개별화 건강관리 계획을 포함한다. 아울러 다양한 교육방법으로 개별학생의 요구에 따라 다양한 교육을 제공한다. 예를 들어, 사이버가정학습 서비스 및 화상강의시스템을 활용하는데 컴퓨터나 개인용 휴대단말기를 통하여 개인별 학년과 학력 수준에 맞게 사이버가정학습 서비스를 활용하고, 특히 중·고등부학생의 경우 화상강의시스템을 활용하여 개별 지도를 받을 수 있도록 조치한다. 또한 순회(방문)교육을 통하여 교사나 자원봉사자가 병실 혹은 병원학교에서 개별지도를 하거나, 두 개의 병원학교를 인근 지역의 u-러닝지원 연구학교와 연계하여 운영함으로써 병실에서도 학습 가능 체제를 구축할 수 있다.

병원학교의 교육과정은 학업 중심 교육과정과 심리·정서적 적응 지원의 균형을 유지하는 데 초점을 맞추어야 한다. 이를 위하여 입원 시기나 질병의 정도 등에 따라 심리·정서적 적응 수준이 다를 수 있으므로, 심리·정서적 부분과 학업지원 간에 균형을 유지하고, 가능한 체계적인 교육 시간표를 운영하도록 하며, 지나치게 일회적이고 행사 위주의 수업은 가능한 피하고, 일관성 있는 교육이 이루어지도록 하는 것이 특히 중요하다.

또한 학사관리의 몇 가지 방향과 원칙을 보면, 우선 건강 장애 학생의 학적은 원적 학교에 그대로 두고, 병원학교 출석여부를 소속 학교에 문서나 구두로 전달하여 학교 출석으로 처리한다. 그리고 병원학교의 소속 학교나 협약교육청 등의 관리 하에 수업 확인증명서를 발급하면, 원적 학교에서는 이를 출석으로 인정하도록 한다. 학생당 1일 적정 교육시수는 의료진과 협의하여 조정하되, 초등학생은 1시간 이상, 중·고등학생은 2시간 이상을 1일 최소수업 시수로 정한다. 이어서 건강 장애 학생의 학업성취도 평가와 관련하여, 가능하면 평가 당일 학교 출석을 권장하고 건강상의 이유로 곤란한 경우 가정이나 병원을 방문하여 평가하며, 직접 평가가 불가능한 경우 학교 단위의 평가관련 위원회나 학업성적관리규정 등을 통해 학내에서 자치적으로 결정하여 처리하도록 한다.

그리고 병원학교 운영위원회 구성 및 운영방침에 따르면, 병원학교 소속 교육청에서는 병원학교 설치·운영에 주도적인 역할을 하는 의료진에 대해 '명예교장'직을 부여하여 지속적인 참여를 독려하도록 한다. 또한 병원 학교장을 비롯하여 의료진이나 간호사, 사회사업가, 특수교사, 특수교사 소속 학교장, 병원학교 소속 교육청의 관계 장학사, 학부모 등이 참여하는 공식적인 의사소통 체계(예를 들어, 병원학교 운영위원회 구성)를 마련하여 병원학교 운영에 대해 협의하도록 한다.

한편 통원치료나 요양 중인 건강 장애 학생의 개별화된 학습지원을 위하여 개별화 교육계획을 수립하여 실행한다. 여기에서는 원적 학교의 담임교사와 병원학교의 담당 특수교사가 협력하여 개별화 교육계획을 작성하고, 개별화 건강관리계획은 물론 통신교육 등 다양한 교육방법을 통해 연간 수업일수 확보를 위한 교육과정 운영 계획을 포함한다. 특수학급이 설치되지 않은 학교는 특수교육지원 센터나 인근 학교의 특수교사가 지원할 수 있도록 한다. 이런 경우에는 통신교육(이메일, 전화, 인터넷, 사이버가정학습서비스 등을 통해 과제를 부여하고 확인하는 등), 가정교육(사전계획에 의해 학습과제 부여), 출석교육(학교 수업이나 행사활동에 참여), 체험교육(사전계획에 의해 가족이나 관련협회·단체의 활동에 참여) 등 다양한 방법으로 교육적 지원을 실시하는데, 이메일(E-Mail)이나 전화 등을 통해 학습내용이나 학습지를 전달하여 지속적인 학습참여가 가능하도록 한다. 또는 건강상태로 인해 학교에서의 평가 참여가 불가능한 경우에는 담당교사가 방문하여 평가를 실시하는 등 학교차원에서 별도의 평가 방안도 다각적으로 모색한다.

또한 특수교육운영위원회의 종합적인 판단과 부모의 동의를 바탕으로 해당 학생이 소속된 원적 학교의 일반교사와 특수교사가 순회교육을 담당하거나, 해당 교육청에서 건강 장애 학생 순회교육을 위한 협력학교를 지정하여 운영할 수도 있다. 또한 화상강의시스템을 운영하는데, 인터넷을 통한 실시간 일대일 화상강의를 시범적으로 운영하여 개별학생의 학년 및 학력 수준에 적합한 개별화된 학습지원을 모색한다.

아울러 건강 장애 학생들의 심리·정서적 적응을 위하여 비장애 또래학생들과의 상호작용 확대를 통한 심리·정서적 지원이 필요하다. 이를 위하여 같은 반 친구 혹은 인근학교 학생들이 병원학교 혹은 가정을 방문하여 학교생활에 대해 전달해주고, 함께 교류할 수 있는 기회를 자주 마련하여 또래 관계를 지속적으로 유지할 수 있도록 봉사점수를 부여할 수 있는 방안도 검토한다. 그리고 건강 장애에 대한 인식개선이나 학교생활적응지원 자료 개발이나 보급을 통하여 비장애 아동에게는 의료적 정보를 제공하고, 건강 장애 학생에게는 장차 학교생활 적응을 위한 기본적인 지침서를 마련하게 되는 의미를 가질 수 있다.

그 외에도 건강 장애 학생들의 다양한 캠프 참여를 통하여 비장애 또래들과 함께 서로의 경험을 나누고 즐거운 시간을 갖게 함으로써 재활의지를 부양하고, 심리 · 정서적 안정을 갖도록 지원하는 것도 매우 중요한 교육적 활동이라 할 것이다. 이러한 활동을 통하여 특히 건강 장애 학생들이 경험한 질병의 고통이나 죽음에 대한 두려움 등으로 인한 부정적인 신체상(body image)이나 인생관에 대하여 다 함께 생각해보는 교육기회로 활용하는 것도 교육적으로 매우 의미 있는 것이다. 기타 전화나 이메일 등 통신을 이용하거나 가정이나 병원 방문 등을 권장함으로써 재활과 통합교육을 위한 기초를 마련하는 것도 좋은 방법이라 할 것이다.

2) 통합교육

건강 장애 아동의 원적 학교로의 복귀 후에 통합교육을 위하여서는 우선 그들의 장기결석에 대한 교사와 또래의 이해가 있어야 한다. 건강 장애 아동의 약 58%가 일상적으로 학교를 결석하고, 약 10%는 수업의 1/4 이상을 참여하지 못한다고 한다. 천식과 같은 만성적인 질병을 가진 아동들은 하루나 며칠 동안의 짧은 결석을 경험하고, 당뇨나 투석이 요구되는 질병의 경우에는 학교에서 학급에 있기보다는 몇 시간 동안 보건교사와 함께 시간을 보내야 한다. 또한 이들의 장기간의 결석뿐만 아니라, 단발적으로 자주 일어나는 결석도 건강 장애 아동들의 학업수행에 부정적인 영향을 줄 수 있다. 이러한 장기결석의 주요 이유로는 감기나 열과 같은 사소한 질병을 비롯하여 만성적 질병 자체의 직접적인 영향이나 예약된 병원 방문 등이 해당한다.

그리고 이들을 위하여 학업수행이나 학교행사 등 교내 · 외적인 활동에 참여의 기회를 최대한 제공해야 한다. 학교결석이 장기간 지속될 경우에는 학교에서의 학업 수행에 부정적인 영향을 받을 수 있으리라 예측된다. 예를 들어, 당뇨나 소아암과 같은 만성적 질병을 가지고 있는 아동의 경우에는 질병 자체뿐만 아니라, 약물 치료과정에서 생기는 부차적인 결과로 인해 학습에 어려움을 겪게 된다. 그리고 아동이 이미 학습에 문제를 가지고 있었다면, 만성적 질병은 학습 문제를 더욱더 가중시키게 되고, 이 문제로 인해 학교 복귀 시 적절한 학습 프로그램이나 지원이 반드시 필요하게 된다. 건강 장애 학생들이 가진 여러 가지 이유로 인해 체육시간의 참여나, 과외활동, 소풍가기 등의 다양한 학교 활동에 함께 하는 것에 어려움을 보이고, 더 나아가 학교 활동 참여의 어려움은 특수 장비나 물리적인 접근 장치 혹은 도우미의 부재 등 학교의 지원 자원의 부족에 의해 영향을 받게 되므로 아동들이 최대한 활동에 참여할 수 있도록 학교당국이나 교사들에 의해 이러한 교육 활동들이 수정이나 조절되어야 할 것이다. 건강 장애 청소년들에 따르면 체육교사가 자신들이 스스로 어떤 활동에 참여할지를 결정하도록 해주거나 혹은 활동을 수정해서 자신들의 참여를 가능하도록 해주는 것에 대해 긍정적으로 평가한다. 아울러 자신들이 그 활동에 제대로 참여할 수 있는지에 대해 교사들이 심각하게 고려한 후에 대안적인 활동을 제시해 줄 필요가 있다고 주장하기도 한다.

건강 장애 학생들의 원적 학교에서의 통합교육에서 건강 장애 학생 본인들에 대한 지원뿐 아니라, 가족들이 건강 장애 학생을 양육하고 교육하는 데 필요한 교육적 지원을 동시에 포함해야 한다. 먼저 입원 중인 건강 장애아들의 부모들은 다양한 교육이나 상담지원을 요구할 수 있는데, 우선 자신의 자녀에게 일어날 수 있는 일과 그에 대한 대처 방법과 양육 과정에서 느끼는 여러 가지 정서적 지지를 원하며, 그중 이러한 경험을 공유할 수 있는 부모 지원 그룹(parent support group)이 요구되기도 한다. 여기에서는 자녀의 질병 예후를 비롯하여 자녀의 질병에 대한 대처 방법 등에 대한 정보를 알고 이에 따라 자녀에게 적절한 지원을 제공할 수 있는 능력을 가지기를 원한다는 것이다. 또는 현재까지의 여러 가지 의료적 서비스와 교육을 병원 상황과 연결하고 조절해 줄 수 있는 코디네이터(coordinator)의 필요성을 제기한다는 것이다.

특히 건강 장애 아동의 통합을 위하여 무엇보다도 중요한 것은 또래 관계의 형성과 유지를 위하여 지원하는 일이다. 또래들과 사회적인 상호작용의 어려움을 경험하게 되는 이유는 매우 다양하다. 우선 질병 치료를 위한 장기 입원 등으로 또래와의 접촉이 중지된 채 학교의 장기 결석이 지속될 경우에는 아동이 학교와 친구들로부터 고립감을 최소한으로 느끼도록 조치해 주는 것이 매우 중요하다. 그와 더불어 아동의 신체상의 변화도 부정적인 영향을 줄 수 있는데, 청소년의 경우 외모의 변화로 인해 놀림거리가 되거나 자신의 질병에 대하여 친구들에게 설명해야 하는 것에 대해 매우 불편하고 두렵게 생각한다. 이때 건강 장애 아동들은 언어적인 폭력(놀리는 것 등)을 비롯하여 침을 뱉거나 밀거나 혹은 신체적 폭력도 경험한다는 것이다. 이들은 기침을 자주 하거나, 약을 먹거나, 휠체어를 이용하거나, 신체적으로 다르게 보일 때, 혹은 교실의 도우미나 특별한 장비가 필요할 때와 같이 다른 아이들과 다르게 보일 때 괴롭힘을 당하기도 한다. 교사는 친구들 앞에서 건강 장애 학생의 병상(病狀)에 대하여 언급할 때는 특히 주의해야 하며, 놀리는 것에 대해 중재 역할을 해 주어야 한다.

아울러 또래들의 지나친 호기심도 건강 장애 학생들의 입장에서는 매우 곤란한 경우가 있다. 학기 초에 자신을 잘 알지 못하는 새로운 친구들을 대해야 할 때의 어려움을 호소하며, 조용히 혼자 약을 복용하는 등의 최대한 주의를 끌지 않으려고 함으로써 이러한 상황을 피하려고 노력한다. 그러나 한편으로는 건강 장애 학생은 친구들이 자신에게 어떤 일이 일어날 수 있다는 것에 대해 알아야 하며, 긴급 상황 시 어떻게 해야 되는지 알아야 하고, 감염의 위험이 있는 신체적 접촉에 주의해야 하며, 자신의 상태에 대해 잘 이해하고 있어야 한다고 본다.

그러나 다른 한편으로는 또래들로부터 자신의 건강상태에 대해 비밀을 유지하고자 하는 심리가 작용하기도 한다는 것이다. 이는 무엇보다도 자신의 사생활(privacy)에 대한 비밀 유지를 원하기 때문이다. 그리고 교사들은 건강 장애 아동을 대할 때에 다른 아동들과 동일한 방식으로 대해야 하는지에 대해 때때로 혼란스러워하며, 아동의 질병상태에 대한 두려움으로 인해 '낮은 기대감'을 갖고 '과잉보호'한다고 보고하기도 한다.

그 밖에도 초등학생들은 아동의 질병이 혹시나 전염되는 것은 아닐까 두려워함으로써 만성적인 질병을 가지고 있는 아동과 상호작용하는 것을 거부하는 경우가 많은 것으로도 알려져 있다. 대부분의 건강 장애 아동들은 자신의 질병에 대해 잘 알고 있는 또래들에 의해 가장 큰 정서적 지원을 받는다고 한다. 학교에서 몇몇 친구들과 친밀한 우정관계를 발전시킬 수 있고, 이들을 이해하는 친구들은 다른 친구들에게 이 학생의 건강상태를 설명해줌으로써 과도한 호기심의 대상이 되지 않도록 도와주고 항상 동행해줌으로써 이들이 괴롭힘을 당하는 것을 막아주기도 하는 것으로 나타났다. 기타 의료적 처치가 긴급하게 필요할 경우에는 다른 사람에게 즉시 알려주고, 가방을 들어주거나 휠체어를 밀어주는 등 지속적으로 도와주고 건강과 관련된 걱정을 함께 나누며 학교 공부를 도와주고, 결석 시 급우들과 연락을 취할 수 있게 해주는 등의 역할을 통하여 건강 장애 아동의 재활과 통합은 조속하고 성공적으로 달성될 것이다.

그러나 현실적으로는 우리나라 건강 장애 학생들을 위한 병원학교 운영 및 해당 학생들의 교육과 수업의 발전을 위해서는 무엇보다도 법적·제도적인 측면을 보완·수정하여 재구성할 필요가 있는 것으로 보인다. 즉 건강 장애의 범주나 질병 지속 기간 등과 관련된 개념의 재정립이나 다양한 전문가 및 관련 기관과의 긴밀한 협력 활동과 공동 책임의식을 가지는 것이 중요하다. 그리고 명백하게 법적으로 특수학교이자 특수교육 대상자인 병원학교와 건강 장애 학생의 교육적 정체성을 명확히 정립하여 학령기 학생들의 교육권과 학습권에 있어서 그 누구도 사각지대에 방치되지 않아야 할 것이다.

제14장

발달지체

발달지체, 즉 장애 영·유아에 대한 교육적 활동은 사실 이미 오래전에 특수교육 현장에서 찾아볼 수 있었지만, 1970년대에 이르러 비로소 그 개념이 확립되었다(Bleidick & Hagemeister, 1994).

우리나라의 경우에는 1977년 제정·공포된 「특수교육진흥법」이 30년 만에 전면 폐지되었다. 그 대신 2008년 5월 26일부터 새롭게 시행된 「장애인 등에 대한 특수교육법」 및 「장애인 등에 대한 특수교육법 시행령」 제4장 영·유아 및 초·중등교육과 관련된 조항을 통하여 장애 영·유아에 대한 교육이 법적으로 확대·강화되는 계기를 마련하였다. 우선 초·중학교에만 적용되고 있는 특수교육 대상자의 의무교육 연한이 2010학년도부터 유치원과 고등학교까지 확대되었다. 즉 만 3세부터 만 17세까지의 특수교육대상자는 의무 및 무상교육을 받을 권리를 가지게 되었다. 국가 및 지방자치단체의 재정여건을 고려하여 2010학년도부터는 만 5세 이상 유치원 과정과 고등학교 과정, 2011학년도부터는 만 4세 이상 유치원 과정, 2012학년도부터는 만 3세 이상 유치원 과정까지 차례로 확대 실시하였다. 아울러 「영유아보육법」에 따른 평가 인증을 받고, 장애유아를 담당하는 보육교사 3명 중 1명을 특수학교 유치원 교사자격증 소지 교사로 배치한 보육시설에서도 유치원 과정 특수교육대상자의 의무교육을 받을 수 있다. 국가 또는 지방자치단체는 특수교육대상자의 의무교육을 위해 입학금을 비롯하여 수업료, 교과용 도서대금, 학교 급식비를 부담하고, 그 외에 학교운영 지원비, 통학비, 현장체험학습비 등은 예산의 범위에서 부담하거나 보조할 수 있다.

한편 장애의 조기발견 및 장애영아에 대한 무상교육과 관련하여 교육감 또는 교육장은 영·유아 또는 학생을 대상으로 장애 선별검사를 무상으로 실시해야 한다. 또한 현재 만 3세 미만의 장애영아 대부분이 사교육에 의존하는 있는 문제를 해결하고자 만 3세 미만의 장애영아에 대한 무상교육을 도입했다. 장애 발견 및 진단·평가 절차를 거쳐 특수교육대상자로 선정되면 만 3세 미만 영아라도 3년 이상 유경력 특수학교 유치원 교사 자격증 소지자의 전문적인 교육을 무상으로 받을 수 있게 되었다.

사실 장애는 외형적으로 나타나 쉽게 분별할 수 있는 경우도 있지만, 특히 영·유아 시기에는 구분하기가 간단하지 않다. 따라서 이러한 경우 장애가 고정화나 심화 과정으로 악화되기 이전에 이를 조기에 발견하여 의료적으로나 교육적으로 적절한 중재조치를 하는 것은 매우 중요한 의미를 가지는 것이다.

1. 발달지체의 개념 및 필요성

일반적으로 영·유아교육의 개념은 각 국가나 혹은 학문적인 입장에 따라서 매우 다양하게 이해하는 것이다. 예를 들어, 독일의 특수교육제도에서 아동 및 청소년의 발달과정을 연령별로 살펴보면, 먼저 0~3세를 조기영역, 3~6세를 기본영역, 6~15/18세를 학교영역, 15/18세부터를 직업영역과 성인교육영역 등으로 각각 구분하고 있다. 영유아교육이란 출생한 후부터 학교에 입학 전(0~6세)까지의 아동에 대한 교육을 말한다. 따라서 이 개념은 아동들의 발달과정에서 언어를 비롯하여 지능이나 활동성, 지각, 정서 및 사회성 등 인간의 기본적인 요소들을 자극하여 올바른 방향으로 이끌고 극대화하기 위하여 교육(학)적이나 교수법적 혹은 방법론적으로 요구되는 모든 내용들을 포괄적으로 담고 있다. 특수교육학의 한 영역인 장애 영·유아교육은 학습과정이 선천적 손상이나 혹은 후천적으로 나타난 장애로 인하여 일반 유치원이나 일반학교에서의 교육과 장차 성인으로서 스스로 책임 있고 독립적인 삶의 영위가 제한적이거나 위협받는 아이들을 대상으로 한다. 또한 장애 영·유아 교육은 특히 조기진단 및 조기치료의 의학적 측면, 교육 · 심리적인 입장에서의 조기발견과 진단, 부모상담 및 특수교육 활동, 장애인 및 그 가족의 개인적 또는 사회적 권리문제와 관련하여 사회 복지적 접근 등 다양한 전문영역에서의 협력적인 접근이 반드시 필요한 것이다(Schmutzler, 2006; Bleidick, u. a., 1994; Thurmair/Naggl, 2000). 아울러 페히슈타인(Pechstein, 1975)에 의하면 장애 영 · 유아 교육에 있어서 소아 신경정신과 의사를 비롯하여 소아 심리학자나 물리치료가, 언어치료사, 특수교육학자, 사회복지사 및 특수교육교사 등을 기본적인 팀 구성원으로 강조하였다.

그리고 장애 영 · 유아교육은 발달의 가소성(可塑性, plasticity: 발달되어가는 가능성 또는 변화되어가는 가변성)이 현저하게 나타나는 영 · 유아기에 있는 아동들에게 의도적 또는 조직적으로 교육을 실시하여 개개의 장애로부터 파생되는 운동이나 운동 능력, 지적 능력, 사회성 발달 등의 지체를 방지하고 적응 능력을 향상시키는 교육을 의미한다. 장애 아동에 있어서 영유아교육은 장애로 말미암아 손상된 기능을 회복시키고자 하는 의미 이외에 잠재된 기능을 최대한으로 활용하여 그들의 전체적인 발달을 도모하고자 하는 것도 포함되는 것이다.

일반적으로 영 · 유아는 정신구조 및 신체기능을 비롯하여 운동 기능이나 언어기능 등이 자연스럽게 분화하여 급속히 성장 및 발달되어가는 과정이라 할 수 있다. 따라서 성장과 발달에 적합한 주변의 환경과 교육적 지원도 필요하지만, 그들 자신 스스로가 성장할 수 있는 가능성도 무한하게 지니고 있는 것도 사실이다. 그러나 장애 영 · 유아의 경우는 특별한 중재가 없이는 성장 가능성의 부분까지도 정지되거나 혹은 그 장애로 인하여 새로운 장애가 수반될 수도 있는 위험성도 도사리고 있는 것이다. 이에 장애 아동에 대한 영유아교육은 장애로 말미암아 손상된 기능을 최대한 회복시키고 잠재된 기능을 극대로 활용하여 그들의 전체적인 발달을 도모하고자 하는 데 교육적 의의를 가지는 것이다.

이처럼 장애를 가지거나 장애의 위험성이 보이는 영 · 유아에게 있어서 조기발견이나 조기진단을 통하여 조기치료 및 영유아 교육 등이 주는 의의와 필요성은 구체적으로 다음과 같다(Heese, 1978; Vernooij, 2005; Sohns, 2000).

첫째, 장애의 제거나 혹은 최소화를 들 수 있다. 영 · 유아기에 발생한 장애는 적절한 조기중재를 통하여 손상된 학습 능력 또는 발달 능력의 회복 가능성이 크므로 장애를 완전히 제거하거나 혹은 빠른 중재를 통하여 장애 정도의 최소화를 기대할 수 있다는 점이다.

둘째, 이차적 장애의 예방을 들 수 있다. 이미 발생한 일차적 장애로 인하여 파생될 수 있는 심리적 정서적인 문제 등 이차적인 장애발생을 적절한 교육적 혹은 의료적인 조치를 통하여 조기에 예방할 수 있다.

셋째, 보상교육(compensatory education)적 측면에서 특히 손상되거나 지체된 신체기관의 기능이나 역할을 다른 신체기관이나 혹은 대체·보완기구를 통하여 대행 능력을 발달시킬 수 있다.

따라서 장애 영·유아의 교육은 수반장애 및 문제행동의 예방을 비롯하여 시각, 청각 혹은 운동성의 잔존기능의 강화나 사회적 태도 개선, 이동 및 운동자세 또는 언어적 문제 등을 수정할 수 있다는 의미를 가진다. 그와 더불어 장애 영·유아교육은 점자나 수화 혹은 다양한 공학적 보조기구 등을 통한 기능과 역할의 보상(예를 들어, 청각 및 시각 장애를 가진 헬렌 켈러(Helen Keller, 1880~1968)는 촉각 및 지문자(Fingerspelling)로 여교사인 설리번(Anne Sullivan, 1866~1936)과 의사소통을 함)이나 사회적·교육적 통합의 실현에 있어서 가장 기초적인 교육의 시작이라 할 것이다(Heese, 1978).

<켈러(H. Keller, 좌)와 설리번(A. Sullivan, 우)>

출처: https://de.wikipedia.org/wiki/Helen_Keller#/media/Datei:Helenkelleranne sullivan1898.jpg

2. 발달지체의 진단 및 평가

특수교육에서 진단과 평가의 목적이나 의의는 매우 중요한 의미를 가진다. 즉 이는 아동의 장애 상태나 정도를 비롯하여 발달정도 및 문제행동 등을 사전에 바르게 이해함으로써 각 개인에게 적합한 교육목표나 교육내용 및 방법 등을 결정하는 데 가장 기초적인 자료로 의미를 가진다.

그리고 진단과 평가는 주로 의학적 진단을 비롯하여 심리학 또는 사회학적 진단 등으로 구분된다. 아동에 대한 각종 정보 및 자료 수집의 방법은 매우 다양한데, 여기에는 대체로 면접이나 관찰 혹은 검사 등을 통하여 이루어진다. 먼저 면접은 진단에 있어서 일반적으로 부모를 대상으로 이루어진다. 이때에는 자녀의 출산 상황이나 생육 상태에 관한 많은 정보를 얻을 수 있는데, 예를 들어, 가족구성 및 가정의 분위기, 태생기의 이상 여부, 출생 시의 상황, 발달과정, 부모의 양육 형태, 아동의 일상적 행동 및 문제 행동의 유무, 치료 상황 등 매우 다양한 요소들이 포함되는 것이다(Hinze, 1992; Lenhard, 2005).

아울러 관찰이란 아동으로부터 직접 자료나 정보를 수집하기 위한 것으로서 아동을 혼자 놀이실 등에서 놀게 하면서 행동을 관찰하는 방법을 비롯하여 관찰자가 아동과

<다양한 놀이 관찰>

출처: https://www.kita-fuchs.de/ratgeber-paedagogik/beitrag/lerngeschichten-das-besondere-beobachtungsverfahren-in-der-praxis/

출처: https://www.kita-fuchs.de/ratgeber-paedagogik/beitrag/beobachtung-als-grundlage-der-paedagogischen-arbeit-1/

같이 놀이를 하면서 관찰하는 방법 혹은 아동을 집단속에 넣어서 관찰하는 방법이나 특정한 장면을 설정하여 반응을 살피는 방법 등 매우 다양한 유형들이 있다. 그리고 관찰 결과에 대한 기록은 특징적인 행동을 그대로 묘사하여 가는 방법이나 채점표 혹은 평정 척도를 사용하는 방법이 주로 사용되며, 동영상을 사용하는 방법도 있다. 이는 각각 장단점이 있지만, 중요한 점은 아동의 발달 상황과 문제 행동을 구체적으로 정리하는 것이 우선이라 할 것이다.

그리고 아동에게 있어서 발달의 객관적이고 수량적인 파악을 위해 각종 검사를 실시하는데, 여기에는 일반적인 발달을 비롯하여 심리발달이나 인지발달, 사회적응능력, 언어능력, 지각능력, 감각운동능력 혹은 성격 등에 관하여 각각 측정하는 것을 말한다(Vernooij, 2005).

3. 발달지체 아동의 교육

장애 영·유아의 교육적 지원을 필요로 하는 대상은 일정한 진단도구와 절차에 의하여 인지를 비롯하여 신체나 언어, 심리 사회적 발달, 신변 처리기술 영역 중 한 가지 이상에서 발달 지체를 보이거나, 신체적 혹은 정신적으로 발달 지체를 일으킬 높은 가능성을 지닌 것으로 보이는 영·유아를 말한다. 여기에는 예를 들어, 다운증후군 등 출생 후 실제적으로 장애를 가진 영·유아나 신체를 비롯하여 인지, 의사소통, 사회성·정서, 적응과 같은 각 발달 영역에서 하나 또는 그 이상의 영역에서 지체가 있는 것으로 진단된 발달 지체 유아가 포함된다. 그뿐만 아니라 장애위험유아(Children at risk)로서 진단 시에는 장애가 나타나지 않았으나 방치할 경우 발달 지체 가능성이 높은 것으로 확인되는 신체 또는 정신 조건을 지닌 영아나 유아(예를 들어, 미숙아, 지적 장애를 가진 어머니에게서 양육되는 유아나 학대 유아 등)들도 함께 고려되어야 한다(Pechstein, 1975). 그러나 보통 장애 유아의 경우에는 평가 결과의 여러 가변성을 바탕으로 장애 유형별 명칭을 붙이기보다는 오히려 발달 지체라는 명칭으로 여러 장애를 포괄적으

<페스탈로치(Pestalozzi) 부부와 아이들>

출처: https://de.wikipedia.org/wiki/Johann_Heinrich_Pestalozzi#/media/Datei:Pestalozzi.jpg

<프뢰벨(Fröbel) 생가이자 프뢰벨 박물관>

출처: https://de.wikipedia.org/wiki/Friedrich_Fr%C3%B6bel#/media/Datei:Oberweißbach-Fröbelhaus1.jpg

로 통칭하고 있다.

또한 영·유아교육은 영·유아시기에 이루어지는 모든 교육적 활동들을 의미하는데, 장애로 의심되는 아동에 대한 조기 발견을 포함하여 원인과 상태에 대하여 의학적, 교육적, 심리적 혹은 사회·정서적인 측면에서의 조기 진단이나 임상적 혹은 의학적인 관점에서의 조기훈련 혹은 조기치료 또는 교육적 활동을 중심으로 이루어지는 조기 교육 등 일련의 과정 전체를 포함하는 의미를 가진다. 특히 스위스의 교육학자였으며, 교성(教聖)이라 일컫는 페스탈로치(J. H. Pestalozzi, 1746~1827)와 독일의 교육학자이자 페스탈로치의 제자였던 프뢰벨(F. W. A. Fröbel, 1782~1852) 등은 생후 1년 이내의 영·유아교육을 매우 중시하였다. 아울러 그들은 영·유아교육은 지각을 비롯하여 운동, 언어, 정서, 사회성의 각 영역의 학습과정을 전체적으로 발달시키는 것을 특히 강조하였다.

특히 장애 영아 및 유아에게 있어서 주요 발달과제로는 우선 정서적인 측면에서의 안정과 발달이나 사회성 향상 등을 꼽을 수 있다. 이는 장애를 가진 아동은 종종 정서적인 불안정을 보이기 쉽다. 특히 과보호 상태에서 양육된 아동은 부모로부터 떨어지기 싫어하는 경향이 강하게 나타날 수 있다. 또한 그들은 다른 또래아이들과의 놀이나 집단 놀이에서 생활 경험의 부족으로 인해 어려움을 겪으며, 집단 속에서도 자기중심적으로 생활하고, 공격적인 행동이 쉽게 발생할 수도 있다. 이러한 장애 아동의 행동 특성들은 조기교육기관에서의 학습 또는 생활상의 저해 요인으로 작용하기 때문에 가능한 초기에 안정을 시키는 일이 매우 중요한 것이다. 그와 더불어 단순한 정서적 안정뿐만 아니라, 지도계획에서 적합한 정서표출을 위한 능력을 함양하는 것도 함께 고려해야 한다. 그리고 이들이 기본적인 생활 습관을 형성하는 것이 중요한데, 세면이나 식사, 배설, 수면, 착 · 탈의, 위생 등의 자립이 지체되는 경우가 많기 때문이다. 또한 감각이나 지각능력 및 운동 기능이 향상되어야 하는데, 감각은 자기의 상태와 주의의 환경을 연결 파악하는 데 필수적이다. 여기에는 시각 및 청각뿐만 아니라, 운동 감각, 전정 감각(평형 혹은 균형감각), 피부감각 등의 기능도 촉진시켜야 한다. 운동 기능은 인간의 기본적인 생활 습관과 밀접한 관계를 가지고 있고, 더군다나 환경과의 관계에 필수불가결한 도구에 속한다 할 것이다. 또한 장애 영 · 유아들의 감각과 운동의 협응 능력을 강화할 필요가 있는데, 이는 눈과 손의 협응의 감각회로 형성은 정보처리의 기본이므로 역시 중요한 요소에 해당한다. 그 외에도 언어 능력의 강화와 관련하여 의사소통 능력은 사회생활을 영위하는 데 필수 불가결한 도구이며, 의사소통 장애는 다양한 심리적이나 사회적 활동에 문제로 이어질 수 있기 때문이다.

일반적으로 장애 영 · 유아의 교육원리와 관련해서는 비장애 아동과 크게 다르지 않다 할 것이다. 즉 개인의 특성이나 발달 정도 등이 충분하게 고려되어야 한다. 우선 장애 영 · 유아의 양육지도에 있어서 먼저 교사와 아동 간의 공감 관계(Rapport)의 형성과 유지는 매우 중요한 요소이다. 특히 아동이 정서적으로 안정된 가운데 자신감을 가지고 교육적 과제에 참여하도록 하는데, 종종 이들은 소정의 과제를 거부하는 경우가 발생한다. 이는 특히 그 과제에 대한 집중력에 어려움이 있어 나타날 가능성이 높기 때문에 아동이 흥미를 갖는 유희도구나 음악 등의 감각 자극을 이용하여 과제를 수행할 수 있도록 지도한다. 특히 시각이나 청각 등 감각장애가 있는 아동에게는 추상적인 자극보다는 구체적인 사물과 사진, 그림 등의 실제적이고 직접적인 감각경험을 사용할 수 있는 촉진 지도 방법이 더 효과적일 수 있다. 아울러 각 개인의 장애 특성이나 발달 정도에 따라서 소그룹이나 개별적인 지도가 매우 중요한데, 사회성을 향상시키기 위해서는 집단에서의 생활 지도도 동시에 요구된다. 또한 장애 · 영유아를 위한 교재나 교구의 선택과 결정에서도 다양한 교재나 교구들이 필요한데, 이 또한 아동의 발달 수준과 특성에 따라 적합한 자료들을 정하도록 한다(Schmutzler, 2006).

그리고 장애 영 · 유아의 지도에 있어서 집단형성은 아동의 특성이나 인적자원 혹은 물리적 환경 등이 고려되어야 한다. 우선 통합 교육적 환경을 들 수 있는데, 이는 일반 유치원이나 어린이집에서 장애 유아와 비장애 아동들을 동일한 시간 및 공간에 배치하여 공동으로 교육하는 형태를 말한다. 그 반면에 분리교육환경으로서 장애 영 · 유아만을 교육대상으로 하여 교육을 실시하는 기관으로는 예를 들어, 각 특수학교의 부설 유치부 또는 장애아만을 전담하는 유치원이나 어린이집을 가리킨다. 또 다른 교육환경의 형태로는 교류(협력)교육으로서 분리교육을 받고 있는 장애 아동들이 일반 유치원이나 어린이집의 아동들과 일정한 시간과 과목에 있어서 함께 교류하는 교육을 말한다. 이것은 분리교육의 단점을 보완하기 위하여 고안된 한 형태로 상호간에 지리적 거리가 가까워야 하는데, 특히 일반 유치원 및 어린이집의 상호 이해와 협력이 절실히 필요하다. 독일의 경우에는 앞의 세 가지 형태 외에도 몇몇 주(州)에서 실시하는 특수교육촉진 센터에서 실시하는 수업이 있다. 이는 보통 1~4학년 가운데서 실시되는데, 특수학급과 일반학급이 특수학교 내에 함께 설치되어 있거나 혹은 위성체계를 통하여 네트워크로 서로 연결되어 있는 경우를 말한다(KMK-Empfehlungen von 1994, Drave et al., 2000).

제15장

영재

영재교육(Gifted education)은 특수교육의 한 분야로서 주로 과학이나 예·체능 분야 등의 영재를 대상으로 하는 교육을 일컫는다. 특정 영역에서 지능이나 창의성 등 높은 능력과 성취도를 보이는 아동들에게 흔히 영재아, 우수아, 천재 혹은 재능아 등의 여러 가지 용어를 사용하여 왔다. 오늘날 모든 국가는 고급인력 자원의 개발과 양성교육을 통하여 번영과 발전을 위하여 무한한 경쟁 속에 있다. 또한 교육의 기본 개념에는 적절한 환경을 제공하여 아동의 잠재능력을 최대한 계발하고 끌어냄을 교육의 중요한 기능과 역할로 포함하고 있기도 하다. 또한 우리나라의 모 대기업 회장도 '한 명이 100만 명을 먹여 살리는 시대'라며 천재경영론을 발표할 정도로 수월성 교육을 특히 강조하기도 하였다.

보통 특수교육의 대상으로는 다양한 영역에서 성취능력이 또래들과 비교하여 평균 범주의 이하로 현저하게 큰 편차를 보이는 장애 아동에게 교육적 지원 서비스를 제공하는 것으로 이해한다. 그러나 사실은 이러한 측면에서 보면 그 차이가 비록 긍정적인 차원에서 나타나지만, 영재아동들도 특수교육의 범주에 포함시킬 수 있다는 의미이다. 이들은 장애 아동들과는 달리 일반적인 교육방법이나 내용으로는 그들의 독특한 필요와 욕구를 충족시키기

<세계 영재인 협회(Mensa) 로고>

출처: https://de.wikipedia.org/wiki/Hochbegabung#/media/Datei:Logo_Mensa_Deutschland.svg

곤란하므로 특별한 교육적 환경이 조성되어야 할 필요가 있다는 것이다.

1. 영재아동 교육의 역사

영재아동들이 가진 잠재적인 능력을 최대한으로 계발시켜 주기 위해서는 그들의 지적·심리적 특수성이 고려되어 차별화된 교육 환경이 반드시 제공되어야 한다. 세계적으로 본격적인 영재교육은 사실상 1950년대 이후로 큰 관심을 보이기 시작했다.

오늘날 모든 국가들은 영재교육에 큰 관심을 가지는데, 예를 들어, 미국을 비롯하여 이스라엘, 러시아, 중국, 호주, 필리핀, 대만, 싱가포르 등지에서 영재학교나 영재학급, 지역공동 영재교육센터 혹은 일반학교에서의 영재교육 프로그램의 개설 등 다양한 형태의 영재교육을 실시하고 있다. 특히 러시아나 중국, 폴란드에서는 1950년대부터 수학과 과학 분야의 경시대회에서 영재아의 조기발견을 통하여 체계적으로 영재교육 프로그램을 제공하고 있는데, 예술·체육 분야에서의 영유아교육도 마찬가지로 실시하고 있다.

영재성향의 진단 기준은 국가와 시대나 문화권에 따라서 매우 다양하며, 또한 사회적 가치관에 따라 크게 영향을 받아 왔다. 고대 그리스 아테네(Athene)에서는 사회적 지위나 성별에 따라 교육권이 차등적으로 제한되었다. 특히 상류층에 속하는 고대 그리스인들은 남아들에게만 읽기나 쓰기, 산수, 역사, 문학, 예술, 체육 등을 교육하는 사립학교에 보냈다. 그리고 그리스어의 'sophistes'에서 유래한 '현인(賢人)'이라는 의미를 가진 소피스트(Sophist)들을 가정교사로 두고 남자 아동들에게 수학을 비롯하여 논리학, 수사학, 정치학, 문법, 일반문화, 토론 등을 가르치도록 하였다. 단지 고대 그리스의 철학자였던 플라톤(Platon, B. C. 428/427~B. C. 348/347)의 아카데미에서만 사회적 계급과 상관없이 지능과 체력에 기초하여 젊은 남녀를 선발하여 무상으로 교육을 시켰다고 한다.

이어서 중국은 당나라 시대인 기원후 618년경에 천재나 신동들을 왕궁으로 불러서 그들의 영재성을 계발시켜 주는 데 관심을 두고, 문학이나 지도력, 상상력, 창의성, 기억력, 추론능력 등 다중재능의 중요성을 인정하였다. 아울러 아동의 재능 수준에 따른 수준별 교육을 강조하고 그들을 위한 특별한 교육프로그램 및 환경을 강조하였던 것이었다.

그리고 영국이나 유럽에서는 오래전부터 능력 수준별 학업진로나 능력별 집단편성(특별학급 혹은 특수학급 등)을 통하여 고기능의 학습자들에게 특별교육 프로그램을 제공하였다.

한편 미국의 경우에는 사실 19세기 중반까지도 영재 아동들에 대한 교육에 특별한 관심을 가지지 않았다. 따라서 영재들을 위한 특별한 교육적 서비스는 매우 희소하여 단지 극소수의 탁월한 영재들에게는 속진학습이나 월반제도 등 특별한 교육서비스가 제공되었다. 그러나 영재교육에 지대한 관심을 불러일으킨 역사적인 사건이 발생했는데, 구소련이 1957년 10월 4일에 인공위성 스푸트니크(Sputnik) 1호를 발사함으로써, 미국은 큰 충격에 휩싸였던 것이다. 이것을 계기로 미국 영재교육은 활성화되어 영재들을 판별하고, 속진학습과 능력별 학습 집단편성이 이루어졌으며 압축교육과정을 운영하기 시작하였다. 그리고 대학의 강의를 고등학교에도 개설하였고, 초등학교에서도 외국어를 가르치게 되었다. 또한 수학, 과학 등 교육과정이 새롭게 개발되기에 이르렀다. 미연방정부는 1988년에 「The Jacob K. Javits Gifted and Talented Student Education Act(P.L. 100-297)」라는 영재교육법을 공포하였다. 이를 통하여 각 주정부에서 추진하는 영재교육 정책을 원활히 수행할 수 있는 법적인 기반을 마련하였으며, 또한 연방정부는 영재교육을 위한 예산을 확보하여 각 주에 지원을 할 수 있는 중요한 계기를 마련하였다.

우리나라의 경우에는 영재교육에 관심을 갖게 된 시기는 1980년대 초반으로 기초연구와 정책개발연구를 시작하였다. 이를 토대로 한 과학 고등학교 및 일반 고등학교의 영재반 설치 · 운영 등 영재교육이 뒤늦게 출발하였다. 영재교육을 위한 연구실험학교로서 1980년도에 구미고등학교를 설립하여 영재아 특수반을 설치 운영하였다. 이어서 1981년도부터 각 시 · 도의 학생과학관에서 과학영재교육 프로그램을 개발하고 실험적으로 운영을 시작하였다.

또한 1983년에는 과학영재교육을 실시하기 위하여 경기 과학 고등학교가 최초로 설립되었고, 경기도 내의 중학교 3학년 학생 중 우수학생 60명을 선발함으로써 과학영재교육을 본격적으로 실시하게 되었다. 그 이후 과학영재교육은 전국적으로 설립된 과학고등학교를 중심으로 이루어졌다. 또한 1971년에는 한국과학원(KAIS)이라는 이름의 대학원이 서울 홍릉수목원 근처에 처음 설립되었다. 이어서 1981년에는 당시 한국과학기술연구소(KIST)와 통합을 거쳐 한국과학기술원(KAIST)으로 설립되어 영재교육이 고등학교 수준을 넘어 대학으로까지 도약할 수 있게 되었다. 우리나라의 영재교육과 관련된 법적인 기초는 1996년에 「초 · 중등교육법」 제27조(조기진급 및 조기졸업 등), 대통령령 제14,761호(조기진급 및 조기졸업에 관한 규정), 1997년에는 「교육기본법」 제19조(영재교육)를 들 수 있다. 2000년 1월에는 「영재교육진흥법」이 마침내 제정·공포되었으며, 2002년 4월 18일에는 「영재교육진흥법 시행령」이 통과되면서 영재교육에 대한 법적인 뒷받침이 한층 더 강화된 것을 알 수 있다. 우리나라의 경우에는 현재 영재교육과 관련하여 한국과학영재학교, 민족 사관학교, 특수목적고, 자립형사립학교 등 대표적인 다양한 형태의 교육기관이 운영되고 있다.

2. 영재의 개념

영재(gifted or talented)에 대한 개념의 정의는 학문적인 입장에 따라서 매우 다양하게 설명되고 있다(한종하, 1987; Urban, 1990; Feger, 1988). 영재성은 전통적으로 단지 지능검사를 통한 지능지수(Intelligence Quotient: IQ)가 중요한 진단 기준의 요소로 여겨왔다. 예를 들어, 고대-비네검사(K-BINET)에서는 IQ 122~131을 우수, IQ 132 이상을 최우수라고 하는 반면에, 아동용 웩슬러 지능검사(KEDI-WISC)에서는 IQ 120~129를 우수, IQ 130 이상을 최우수라 규정하고 있다.

하지만 최근에 이르러 지능검사가 모든 우수성을 측정하기에는 다소 결함이 있으며, 단지 일부의 능력만을 측정할 수밖에 없다는 논란이 제기되었다. 아울러 높은 지능과 우수성을 반드시 동일시하기에는 다소 무리가 있음을 지적하기 시작하였다. 우르반(Urban, 1990)에 따르면 '영재성은 많은 특성을 가지는데, 보통은 높은 지능과 관련이 있었다. 그러나 영재성의 현상은 아이의 성격을 비롯하여 관심이나 동기, 경험, 사회화 과정 등 다양한 요소나 환경과도 밀접한 의존성을 가지는 것이다'라고 주장하였다. 이에 영재성이란 개념의 정의는 몇 가지 기본적인 특성을 가진다. 우선 대부분 학령기 전을 비롯하여 초등학교나 중등학교 재학 시기 동안 높은 재능이 나타나거나, 월등한 능력이 나타난다. 아울러 현재나 미래에 있어서 지능이나 창의성, 예술적인 분야에서 높은 정도의 잠재성을 기대할 수 있다는 것이다. 또한 일반학교의 정규교육으로는 고기능적인 교육적인 촉진을 달성할 수 없는 경우도 포함한다는 것이다(Biermann/Goetze, 2005).

한편 우리나라의 「영재교육진흥법」 제1조(목적)는 '재능이 뛰어난 사람을 조기에 발굴하여 능력과 소질에 맞는 교육을 실시함으로써 개인의 타고난 잠재력을 계발하고 개인의 자아실현을 도모하며 국가와 사회의 발전에 이바지하게 함을 목적으로 한다'라고 선포하고 있다. 그리고 동법 제2조(정의)에서 '1. "영재"란 재능이 뛰어난 사람으로서 타고난 잠재력을 계발하기 위하여 특별한 교육이 필요한 사람을 말한다'. 그리고 이어서 '2. "영재교육"이란 영재를 대상으로 각 개인의 능력과 소질에 맞는 내용과 방법으로 실시하는 교육을 말한다'라고 명시하고 있다.

또한 동법 제5조(영재교육대상자의 선정)에서는 '① 영재교육기관의 장은 다음 각 호의 어느 하나의 사항에 대하여 뛰어나거나 잠재력이 우수한 사람 중 해당 교육기관의 교육 영역 및 목적 등에 적합하다고 인정하는 사람을 영재교육대상자로 선발한다'라고 정하고 있다. 즉 여기에는 일반 지능을 비롯하여 특수 학문 적성, 창의적 사고 능력, 예술적 재능, 신체적 재능 및 그 밖의 특별한 재능 등을 말한다.

한편 1978년 미국의 교육부(United States of Office of Education, USOE)는 영재아의 정의를 다음과 같이 하였다.

> 영재아/재능아란 뛰어난 능력을 갖고 있어서 훌륭한 성취를 보일 가능성이 있다고 판별된 아동으로서 그 자신과 사회에 기여하기 위하여 정규 교육과정이 제공하는 것 이상의 변별적

인 특별 교육 프로그램이나 도움을 필요로 하는 아동이다. 뛰어난 성취를 할 수 있는 아동들은 일반지적 능력, 특수학문 적성, 창의적이고 생산적인 사고, 지도력, 시각과 공연예술, 정신운동능력 등에서 한 분야나 여러 분야에서 이미 성취를 나타내거나 성취할 잠재 능력이 있는 아동들이다.

렌즐리(Renzulli, 1978)는 영재성이 가지는 세 가지 주요 요소를 주장하는데, 즉 평균 이상의 지적능력, 높은 창의성, 높은 과제 집착력을 들었다. 평균이상의 능력은 웩슬러(Wechsler) 지능검사 결과 IQ 115 이상이면 충분히 영재교육의 대상이 될 수 있다고 주장한다. 창의성은 영재성의 주요 요소이지만, 창의성의 개념은 측정방법의 다양성에 따라서 학자들마다 다를 수 있다. 그러나 보통 창의성은 '새로우면서도 유용한 것을 생각해내거나 만들어내는 특성'이라고 정의한다. 이어서 과제 집착력은 한 가지 과제나 영역에 자신의 에너지를 집중시키는 성격 특성을 일컫는다. 한편 미국 하버드대 심리학과 하워드 가드너(Gardner, 1984)는 여덟 가지 다중지능이론(Theory of multiple intelligences)을 제시한다. 여기에는 종전의 지능의 개념을 다원화하여 지능을 먼저 언어적 지능(Linguistic Intelligence)을 비롯하여 논리-수학적 지능(Logical-mathematical Intelligence), 공간적 지능(Spatial Intelligence), 음악적 지능(Musical Intelligence), 신체-운동적 지능(Bodily-kines- thetic Intelligence), 대인관계 지능(Interpersonal Intelligence), 개인 이해 지능(Intrapersonal Intelligence), 자연적 지능(Naturalistic Intelligence)을 말한다. 사실 이러한 다양한 지능은 순서가 서로 바뀔 수도 있고, 또는 각 형태의 지능은 더 세분화될 수도 있다. 하지만 가드너의 다중지능이론에서 특히 강조하는 점은 인간은 다원성(多元性)을 가진 존재라는 것이다.

3. 영재의 원인 및 출현율

사실 영재성의 발생 원인에 대한 명확한 설명은 아직도 분명하지 않은 문제 가운데 하나이다. 그러나 여기에서는 크게 선천적인 측면에서 유전적 혹은 생물학적인 원인과 후천적인 입장에서 사회문화적 요인 또는 환경적 요인에서 살펴보고자 한다.

다수의 과학자들에 의하면, 재능의 기원과 관련하여 기본적으로 뇌 기능은 매우 이른 시기에 그리고 빠르게 발달하는 생물학적인 혹은 유전적인 원인에 기인하는 것으로 본다. 즉 유전인자는 부모로부터 자녀들에게 다양한 잠재적인 특성이나 자질을 다음 세대로 이어지게 한다. 일란성 쌍생아와 이란성 쌍생아와 관련된 연구는 유전적인 역할의 의미를 말해주는데, 이란성 쌍생아는 일반적으로 서로 다르지만 일란성 쌍생아는 지능에서 매우 높은 상관성을 보인다는 점이다. 영재아들은 학교교육이나 혹은 기타의 외부적 요소 등 사회문화의 환경적인 영향을 받기 이전에 이미 뛰어난 성취를 보인다는 점에서도 유전적인 영향이 크다는 주장이다.

그 반면에 영재성은 아동의 환경적인 조건에 좌우된다고 보는 것이다. 즉 자녀양육 형태 등의 가정환경, 영양섭취, 조기의 성공경험, 적절하고 풍부한 학습기회나 환경의 제공 등이 여기에 포함되는 것이다. 또한 이와 관련하여 페거(Feger, 1988)는 영재성에 영향을 미치는 다섯 가지 요소에 비지적(非知的)인 인성(근면, 인내, 집중력 등)을 비롯하여 적절한 환경요인, 기회 혹은 행운의 우연적 요소, 발달심리학적 요소, 신체적 조건 등을 언급하였다.

이렇게 볼 때 가장 균형을 갖춘 인식은 영재성은 선천적인 유전적 기질과 환경적인 자극과 경험이 상호 영향을 주고받는 깊은 연관성을 가진 것으로 보는 것이다.

우리나라의 경우 박성익 외(2003)에 의하면 영재아의 출현율은 약 3%로 대략 40만여 명으로 추정하고 있다. 그 가운데 초등학생의 비율이 약 18만 명, 중학생 8만 명, 3~5세의 취학 전 아동이 7만 명, 고등학생이 6만 명 그리고 대학생이 3만여 명으로 나타난다.

한편 독일은 연방교육연구부(Bundesministerium fuer Bildung und Forschung, 2001)의 보고서에 따르면 국민의 약 2% 정도가 IQ 130 혹은 그 이상의 지능지수를 가진 것으로 보고 있다. 이에 따르면, 독일에는 약 30만 명 정도의 18세 미만의 영재아동 및 청소년이 있다는 것이다. 또 다른 독일의 영재아의 세부적인 통계로는 IQ 115는 국민의 약 16%, IQ 130은 2%, IQ 145는 0.1%로 각각 보고 있기도 하다(Biermann & Goetze, 2005).

이어서 미국의 통계 자료에 따르면 학령기 아동의 약 5%가 영재학생으로 판별되어 교육을 받고 있다(Heward, 2003; Clark, 1997).

4. 영재의 진단 및 평가

영재아의 진단이나 평가의 주된 목적은 특별한 재능이 있는 것으로 추정되는 아동의 잠재성을 찾는 과정이라 할 것이다. 그러나 영재아의 정의에서도 본 바와 같이 영재성은 IQ검사 외에도 학문적 재능의 영역이나 창의성 혹은 특별한 영역에서의 다양한 요인들을 바탕으로 진단 및 평가 과정을 거친다.

무엇보다도 영재아의 진단 평가에서도 관찰이나 면담, 검사도구 등을 통하여 지적, 예술적 혹은 기술적, 신체적인 면들의 독특성을 조기에 발견하는 것이 특히 중요하다. 여기에는 교사의 관찰도 매우 중요한 역할을 하므로 영재아동에 대한 기초적인 지식과 정보를 사전에 숙지하는 것이 반드시 요구된다 할 것이다. 또한 발달과정에서 많은 정보를 가진 아동의 부모도 영재아 진단과 평가에 있어서 중요한 역할을 하는데, 예를 들어, 설문지나 면담 혹은 관찰 활동 등을 통하여 필요한 정보를 제공할 수 있다. 그뿐만 아니라 예술이나 체육 분야에서는 전문가들의 평가가 영재성 판별의 중요한 기준이 된다. 게다가 또래들의 추천이나 혹은 자신의 뛰어난 능력이 무엇이고, 그 이유를 말하는 자천(自薦)을 통해서도 영재성의 잠재력이 발견될 수도 있다(Biermann & Goetze, 2005).

영재아동의 판별에 있어서 전통적으로는 지능검사(IQ-Test)가 1960년대까지 매우 객관적이고 결정적인 요건 가운데 하나에 포함되었다. 보통 지능검사는 먼저 선별과정으로서 주로 집단 지능검사를 실시하여 영재집단을 선별한 후에 판별 단계인 개인용 지능검사를 거치게 된다. 그 외에도 창의성 검사를 비롯하여 학업 성취도 검사나 지도력 또는 예술성에 있어서 특성을 진단 판별하는 것도 있다. 그러나 대부분의 검사과정에서 검사도구나 검사방법 및 내용에 있어서 여러 논쟁의 여지가 여전히 존재하고 있음도 간과할 수 없는 점이라 할 것이다(Torrance, 1962; Biermann & Goetze, 2005; Urban, 1990).

5. 영재아동의 특성

영재아의 다양한 특성과 관련하여서는 의견이 매우 분분하기도 한데, 예를 들어, '허약하다'를 비롯하여 '이기적이다' 혹은 '사회성이 좋지 못하다' 등 전통적으로는 부정적인 인식이 지배적이었다. 그러나 영재아동들은 일반적으로 학업적인 측면에서뿐만 아니라, 예술이나 지도력 또는 창의성 등 비지적인 영역 등 다양한 분야에서 우월한 능력이나 특성이 나타난다. 이러한 영재아의 다양한 특성들은 성별이나 언어, 문화 혹은 특정 장애 아동 집단 등에서 매우 광범위하게 나타난다. 영재아들의 지적인 면을 비롯하여 신체적, 창의적, 사회 및 정서에 있어서 일반적인 다양한 특성을 종합하여 살펴보면 <표 15-1>과 같다(송준만/유효순, 1995; 김홍주 외, 1994; 김천일 외, 1995; Silverman, 1995).

〈표 15-1〉 영재아의 영역별 일반적 특성(계속)

영역별	일반적 특성
지적 영역	-어휘가 풍부하고 표현력이 우수하고 언어 구사력이 뛰어나다. -독서 능력이 높다. -추상화, 개념화, 종합화 능력, 인과 관계의 이해력이 발달되어 있다. -주위 환경에서 조직, 일관성을 좋아한다. -질문 태도나 정보 탐색 시에 내면적 가치를 중시한다. -회상 가능한 다양한 주제의 정보를 많이 가지고 있다. -중요한 원리를 포착하며 상황, 사람 또는 문제에 관한 일반화가 빠르다. -복잡한 문제를 하위 요소로 분리하여 체계적으로 분석한다. -관찰력이 매우 뛰어나며 호기심이 강하다. -핵심적인 답변을 한다. -상식 수준이 높으며, 학업성취도가 높고 성적이 우수하다.

신체 영역	-키가 평균적으로 크다. -출생 시 체중이 더 무겁고, 빨리 걷기 시작하며 사춘기를 일찍 경험한다. -체력이 강하고, 정력적이고 건강하다.
창의 영역	-사고가 매우 활발하다. -새롭고 특이한 독창적인 사고를 한다. -다양한 대안을 제시하는 등 융통성 있는 사고를 한다. -상황이나 문제에 대하여 집중적인 사고를 한다. -가설을 설정하여 추론을 잘 한다. -사물, 아이디어, 상황 또는 문제 사태에 대한 호기심이 많다. -자신의 견해 또는 아이디어를 쉽고 명료하게 표현한다. -미(美)에 대해 민감하며 미적 차원에 끌린다.
사회 정서 영역	-완전한 것을 추구하며 비판적이며 도전적인 것을 추구한다. -사태 판단 시 나름대로 가치 판단을 하는 경향을 보인다. -자신의 능력을 현실적으로 파악하려고 한다. -유머감각이 있다. -자아의식이 강하다. -다른 사람을 지배하려는 경향이 강하다. -자신보다 연상의 친구를 사귄다. -도덕 및 윤리적인 문제에 관심이 많다.

6. 영재아동의 교육적 지원 및 통합교육

1) 교육적 중재

영재아의 교육적 욕구나 기대를 충족시키기 위하여 교육적 환경의 수정이나 조절이 불가피하며, 아울러 부모 및 교사의 역할과 협력 또한 매우 중요한 요소에 속한다.

우선 교육적 환경의 조성과 관련하여 다양한 특수집단의 편성이나 교육과정의 변화과정이 있어야 한다. 영재성 아동의 교육을 위한 특수집단 조직방법은 학생들의 특성과 능력에 따라서 특수학교를 비롯하여 특수학급이나 학습 도움실 혹은 자료실 등의 형태를 대표적으로 들 수 있다. 여기에서 특수학교는 과학고등학교나 외국어고등학교, 예술 중·고등학교, 체육고등학교 혹은 민족사관학교 등을 말한다. 이어서 특수학급의 형태로는 일반학교에 영재아동들을 위하여 특별하게 편성된 반으로 각각의 능력과 흥미에 따라서 학습을 하는 것을 의미한다. 그러나 또래아동들과의 통합 교육을 위하여 예체능교과나 학교행사 및 야외활동 등은 일반아동과 함께 참여하게 한다. 그 밖에도 학습 도움실이나 자료실의 형태도 제공되는데, 이는 대부분의 수업활동을 또래들과 함께 하지만 일부 특별한 과정만 이곳에서 상주하는 관련 교사나 순회교사들로부터 교육적 지원 서비스를 받는 체제를 가리킨다.

또한 영재아동을 위한 교육과정의 가장 중요한 목적은 각 아동들이 가진 현실적 능력과 잠재력을 최대한으로 계발하는 데 있다 할 것이다. 따라서 그들의 높은 수준의 교육적 욕구와 기대를 충족시키기 위하여 교육과정의 수정이 필요한데, 여기에는 속진교육과정과 심화교육과정 등 두 가지로 구분할 수 있다. 먼저 속진교육과정은 1995년 우리나라의 「교육법」 154조 2항에 의거하여 조기진급이나 조기졸업이 가능하도록 하였다. 이는 학습내용과 수준은 일반교육과정과 동일하지만, 학습의 속도 면에서 매우 빠르게 진행되는 것을 말한다. 이와 관련된 예를 들자면, 유치원이나 초등학교의 조기입학제도를 비롯하여 학년을 한 단계 이상 진급하는 월반제도, 수업연한을 정규과정보다 짧게 운영하는 학년단축, 우수한 중 · 고등학생에게 대학교의 교과목을 수강하도록 허가하는 대학교 과정 조기이수 제도 혹은 일정한 시험을 통과하면 정규 교육과정을 거치지 않더라도 학점을 인정하는 제도 등 매우 다양한 운영방식을 말한다(조석희, 1996; Ey-Ehlers, 2001).

그 반면에 심화교육과정이란 속진교육의 양적인 측면보다는 학습의 질적인 측면을 강조하여 더 심오한 수준의 교육과정 형태를 가리킨다. 여기에는 개별탐구학습을 비롯하여 현장견학, 여름학교, 사사학습(Mentor-ships), 자유 독서 혹은 전문가 초청 강연 등이 대표적인 유형이라 할 수 있다(이군현, 1988).

특히 영재아동의 교육적 서비스와 관련하여 부모와 교사의 위치도 매우 중요한 영향을 미친다. 우선 취학 전 또래아이들과는 월등하게 차이가 나는 인지나 언어, 예술, 기억력, 관찰력, 호기심 및 집중력 등 다양한 영역에서 영재성을 조기에 판별하는 과정에서 의미 있는 관찰자로서의 역할을 기대한다는 것이다. 이어서 이들을 위한 적절한 교육적 환경과 서비스를 제공하는 것이 아동의 잠재력을 최대한 향상시키는 데 결정적인 조치라 할 것이다. 따라서 영재아의 부모나 교사는 가정에서나 학교현장에서 영재성에 대한 풍부한 정보와 지식의 소유자이자 사회적 모델, 교육자, 재능의 촉진자, 경청자 및 상담자로서의 매우 복합적이고 다양한 역할을 담당해야 한다.

2) 영재아동의 통합교육

영재아 교육에서 통합교육의 필요성이나 또는 성공적이고 효과적인 통합교육의 방법론에 관하여 전문가들은 아직 일치된 의견을 모으지 못하고 있는 실정이다.

한편 통합교육의 지지자들은 영재아와 일반아동이 한 학급에서 실시하는 통합교육을 통하여 민주사회의 다양한 원칙을 경험하는 기회로 본다.

그러나 다른 한편으로 완전 통합에 대한 회의론자들은 일반학교의 교사들이 특별한 재능을 촉진할 수 있는 충분한 자질이 부족하다는 인식을 하고 있다. 아울러 일반학교의 교사들은 초과노동을 회피하거나 혹은 영재학생들에 비하여 전문지식적인 측면에서 스스로 열등감을 가질 수 있기 때문이다. 그리고 반대자들은 또 다른 이유로 통합된 경우 대체적으로 일반학급의 수업이 평균적인 아동에게 집중되기 때문에 영재아동에 대한 특별한 교육적 촉진에는 별 의미가 없으며, 오히려 영재아동들은 지루함을 느끼거나 학습부진으로 발전할 수 있는 위험성도 배제할 수 없다는 입장이다.

이러한 입장에서 영재아 교육을 실시하는 대부분의 학교체제에서는 중간적 방법으로서 시간제로 영재아 학습 집단을 조직하여 개별적인 촉진을 꾀하고 있다. 동시에 통합학급 내에서 영재아들을 또래주도 교수법의 측면에서 협력적 학습이 이루어지고 있다. 그 밖에도 미국에서는 홈 스쿨(home schooling) 형태로도 영재교육이 시도되고 있다. 독일의 경우에는 아직 이러한 가정적 환경의 영재교육이 실시되고 있지 않지만 부모들의 불만과 국제학생성취도 평가사업(Programme for International Student Assessment: PISA)에서의 부진한 결과에 직면하여 학교교육이 영재아 교육에서 질적인 개선에 실제적인 기여를 할 수 없다면 홈 스쿨도 고민할 것으로도 전망할 수 있다(Biermann & Goetze, 2005).

영재아가 일반학급에 입급되어 교육과 수업을 받을 경우, 아동의 능력이 최대한 계발되도록 개방적이고 허용적인 학습 환경을 조성하는 것이 무엇보다도 중요하다. 즉 영재아의 창의적이고 비판적인 다양한 의견과 생각들이 거부되지 않도록 교사와 또래 학생들의 올바른 인식이 필요하다는 의미이다. 또한 영재성을 가진 아동들은 특별한 분야 외에는 일반적인 또래들이 가진 발달과정상의 일반성을 동시에 가지고 있음을 인정하여 학교행사나 교외활동 혹은 기타 시간에 서로 함께 어울릴 수 있는 기회와 환경을 제공함으로써 소외를 느끼지 않도록 하여 사회성이나 정서적인 균형을 유지하는 것이 무척 중요하다. 교육과정상에서도 영재아동에게 적합한 교육적 과제나 수준을 바탕으로 적용하여 학교생활에 대한 흥미를 상실하여 부적응 행동으로 이어지지 않도록 철저히 계획적이고 세심한 교육적인 배려가 있어야 한다(Webb, etc. 2002).

또한 영재아를 양육하는 부모들의 심리적 현상을 이해함으로써 부모-자녀 간의 갈등이 발생하지 않도록 사전에 조치를 취해야 한다. 특히 자녀의 영재성에 대한 부모의 양육과 스스로의 능력에 대한 부담감과 책임의식을 비롯하여 다른 형제자매와의 경쟁 및 갈등, 부모의 경제적 · 시간적인 고비용, 자녀의 끊임없는 지적 호기심에 대한 부모의 스트레스, 자녀의 미래에 대한 불확실성 등 다양한 어려움이 발생할 수 있다. 따라서 이러한 영재아 부모들이 가질 수 있는 여러 가지 현실적인 문제들을 극복할 수 있도록 사회 제도적인 뒷받침이 조성되어야 하고, 또한 교육적 프로그램이 개발되어 잠재적인 영재성이 최대한 계발되도록 해야 할 것이다(Biermann & Goetze, 2005).

참고문헌

강혜경(2005). 특수교사와 치료교사간 협력적 접근을 통한 교실중심 언어중재가 장애유아의 의사소통에 미치는 영향. 이화여자대학교 대학원 박사학위 청구논문.

강혜경 · 박은혜(2005). 교사와 언어치료사간 협력적 자문모델을 이용한 교실중심 언어중재가 다운증후군 아동의 의사소통에 미치는 영향. **특수교육연구, 12**(2), 309-329.

곽승철 외 공저(2003). **중복 · 지체부자유아교육**. 경북 경산: 대구대학교출판부.

교육부(2018). 2018 특수교육통계.

교육부(2020). 2020 특수교육통계.

교육인적자원부(2000). 특수학교 치료교육활동 교사용 지도서.

교육인적자원부(2004). 특수교육실태조사서.

교육인적자원부(2005). 특수교육진흥법 일부개정법률(2005.3.24공포). 법률 제7395호.

국립특수교육원(1997). 통합교육의 효율적인 운영방안. 안산: 국립특수교육원.

국립특수교육원(2001). 특수교육 요구아동 출현율 조사연구. 안산: 국립특수교육원.

국립특수교육원(2006). 건강장애학생 교육지원 관련 설명자료. 안산: 국립특수교육원.

국립특수교육원(2009). 특수교육대상아동선별 · 진단 검사. 경기: 국립특수교육원.

김기홍(2009a). 통합교육 및 특수학급 운영에 대한 특수학급교사와 통합학급교사의 인식에 관한 질적 연구. 부산지역의 특수학급이 설치된 초등학교를 중심으로. **특수아동교육연구, 11**(2), 17-51.

김기홍(2009b). 특수학교에 재학 중인 장애아동 부모의 통합교육에 관한 인식. **특수아동교육연구, 11**(4), 23-53.

김동연(1984). 보행훈련 프로그램의 구조 연구. 미간행. 박사학위 청구논문. 대구대학교대학원.

김수연(2002). 놀이 프로그램의 통합 및 놀이 수정 교수여부가 일반아동과 장애아동의 정서적 능력과 놀이성에 미치는 영향. 이화여자대학교 대학원 박사학위 논문.

김승국(1993). **맹인의 정의와 실태. 맹인의 교육과 복지**. 서울: 한국맹인복지연합회.

김승국(1995). **특수교육학**. 서울: 양서원.

김승국 · 김옥기(1985). **사회성숙도검사**. 서울: 도서출판 특수교육.

김영욱 외(2005). **특수교육학**. 제3개정판. 서울: 교육과학사.

김옥기(1993). 2000년대의 조기특수교육의 방향. 제8회 한국특수교육학회 심포지엄 자료집.

김유리(1998). 일반사례교수가 정신지체인의 패스트푸드점 식사 기술 습득 및 일반화에 미치는 효과. 이화여자대학교 대학원 석사학위 청구논문.

김인자(1987). 정서부적응아 판별에 관한 연구. 미간행 석사학위논문. 이화여자대학교대학원.

김천일 외(1995). **내 아이를 영재로 기르는 지도 방법**. 서울: 학문사.
김현주(2004). 컴퓨터보조학습이 정신지체 고등학생의 지역사회중심 어휘읽기 능력에 미치는 효과. 이화여자대학교 교육대학원 석사학위 청구논문.
김홍주 외(1994). **신간특수교육학개론**. 서울: 교육출판사.
박성익 외(2003). **영재교육학원론**. 서울: 교육과학사.
박승희(1994). 일반학급의 비장애학생과 특수학급의 장애학생과의 사회적 관계에 대한 일 분석. **특수교육논총, 11**, 95-121.
박승희(1999). 지적장애아의 지역사회 기능에 필요한 어휘목록 개발연구. **재활복지**, 3(1), 23-57.
박승희(2003). **한국장애학생 통합교육**. 특수교육과 일반교육의 관계 재정립. 서울: 교육과학사.
박은혜(1997). 중도장애아를 위한 지역사회중심의 교육방법. **이화특수교육 학술대회 발표논문집**. 중도장애아 교육의 기초와 방법론, 79-101.
보건복지부(2001). 2000년도 장애인실태조사.
서울 경인 특수학급 교사연구회 편(2006). **일반교사를 위한 통합교육 지원 프로그램**. 서울: 학지사.
손인수(1996). **교육사 교육철학의 이론과 실제**. 서울: 문음사.
송준만 · 유효순(1995). **특수아동교육**. 서울: 교문사.
신현기 외 공저(2005). **특수교육의 이해**. 서울: 교육과학사.
안병즙(1995). 한국특수교육의 발달과정에 관한 연구. **일송 안병즙교수 정년기념논총**. 일송 안병즙 교수 정년기념논총간행위원회.
연세대학교 교육철학연구회(1998). **위대한 교육사상가들 II**. 서울: 교육과학사.
윤점룡(1989). 정서장애아의 특성요인과 판별분석. 미간행 박사학위논문. 대구대학교 대학원.
윤점룡(1995). 취학 전 단계에서의 통합교육의 과제와 대책. **특수교육학회, 16**(2), 49-63.
이군현(1988). **영재교육학**. 서울: 박영사.
이대식 · 김수연 · 이은주 · 허승준(2006). **통합교육의 이해와 실제**. 서울: 학지사.
이소현(2003). **유아특수교육**. 서울: 학지사.
이소현(2004). 장애유아의 사회적 통합 촉진을 위한 사회적 상호작용 증진활동이 일반유아들의 사회적 행동에 미치는 영향. **유아교육연구, 24**(2), 159-179.
이소현 · 박은혜(1998). **특수아동교육. 일반학급교사들을 위한 통합교육 지침서**. 서울: 학지사.
이소현 · 박은혜(2001). **장애유아 통합유치원 교육과정**. 서울: 학지사.
이소현 · 박은혜(2006). **특수아동교육**. 서울: 학지사.
이정은(2001). 자기규제학습전략을 적용한 웹 정보검색 훈련 프로그램이 경도 정신지체학생의 웹 정보검색 수행능력에 미치는 효과. 이화여자 대학교 대학원 박사학위 청구논문.
이종태(2002). **대안교육과 대안학교**. 서울: 도서출판 민들레.
이효자 외 공저(1998). **특수아동교육**. 서울: 도서출판 정일.
임안수(1993). **특수교육의 전사. 특수교육백서**. 서울: 교육부.

장혜성(2005). 비장애동료가 참여하는 지역사회중심교수가 일반고등학교 발달장애 학생의 지역사회활용기술 수행과 학생사이 관계에 미친 영향. 이화여자대학교 대학원 박사학위 청구논문.

전헌선(2001). 한국 재택순회교육의 현상과 과제. 한일 재택 순회교육의 현상과 과제. **한국특수아동학회 학술대회논문집.**

정대영(2004). **영재 장애학생의 이해와 지도. 숨겨진 잠재력의 계발.** 경남: 창원대 출판부.

정대영(2005). 통합교육에서의 주요쟁점과 실천과제 고찰. **특수아동교육연구, 7**(1), 21-45.

정동영 · 김형일 · 정동일(2001). **특수교육 요구아동 출현율 조사 연구.** 안산: 국립 특수교육원.

정한영(2003). 장애의 의학적 개념 변천과 쟁점. 이화여자대학교 특수교육연구소 편, **이화 특수교육 모노그라프 1: 장애개념 재정립을 위한 다학제간 접근.** 서울: 새로 기획.

정혜영 · 김창환 · 정영근 · 이숙정 · 정기섭 공저(2008). **독일의 초등학교 교육.** 서울: 문음사.

조석희(1996). **우리 아이는 어느 분야의 영재일까?** 서울: 사계절.

지경미 · 박은혜(2002). 정신지체 고등학생을 위한 컴퓨터활용 전이교육 프로그램 효과 연구: 현금인출기 사용을 중심으로. **특수교육학 연구, 37**, 311-330.

최세민 · 유장순 · 김주영(2005). **특수학급경영론.** 서울: 박학사.

최은미(2011). **발도르프교육의 이해.** 서울: 교육아카데미.

최종인(2004). 발도르프교육학과 인지학. **한독교육학연구, 9**(1), 39-52.

최환호(1995). 읽기전략훈련이 청각장애학생의 독해학습에 미치는 효과. 대구대학교 박사학위논문.

한국교육과정평가원(2009). **2009 교육과정 · 교육평가 국제 동향 연구.** 독일 · 러시아 · 영국 · 프랑스 · 핀란드. 서울: 교육과정평가원.

한국보건사회연구원(2001). 2001년도 장애인실태조사보고. 서울: 한국보건사회연구원.

한국통합교육학회(2005). **통합교육.** 서울: 학지사.

한국특수교육총연합회(2003). 전국특수교육요람.

한종하(1987). **과학영재교육론.** 서울: 학연사.

Aarons, M. & Gittens, T.(1992). *A Handbook of Autism*. London.

Abram, S.(2003). *Die internationale Theoriendiskussion von der Integration zur Inklusion und die Praxisentwicklung in Suedtirol*. Verlag Freie Univer-sitaet Bozen.

Adler, A.(1976). *Kindererziehung*. Frankfurt/M.

Ahrbeck, B.(1993). Offene Erziehung oder geschlossene Unterbringung? Eine Herausforderung an die Verhaltungsgestoertenpaedagogik. *Die Sonderschule 38*, 460-477.

American Psychiatry Association(2000). Diagnostic and statistical manual of mental disorder-IV-TR.

American Psychological Association(1994). Diagnostic and statistical manual of mental disorders. Washington D. C., *American Psychiatric Association*, 4th edition(DSM-IV).

Anstoetz, Ch.(1992). Schwerstbehindertenpaedagogik. In: K.J. Klauer(Hrsg.). *Grundriss der Sonderpaedagogik*. Berlin: Spiess.

Antor, G./Bleidick, U.(1995). *Recht auf Leben - Recht auf Bildung. Aktuelle Fragen der Behindertenpaedagogik*. Heidelberg.

Arbeitsgruppe Bildungsbericht am Max-Planck-Institut fuer Bildungsforschung(Hrsg.)(1997). *Das Bildungswesen in der Bundesrepublik Deutschland. Strukturen und Entwicklungen im Ueberblick*. Reinbek.

Attwood, T.(1998). *Asperger's Syndrome. A Guide for Parents and Professionals*. London, Jessica Kingsley Publishers.

Atzesberger, A.(1979). Bereich Sprache. In: *Handbuch der Sonderpaedagogik. Paedagogik der Geistigbehinderten*. Berlin.

Avenarius, H. & Heckel, H.(2000). *Schulrechtskunde*. Neuwied.

Bach, H. at al.(1986). *Verhaltensauffaelligkeiten in der Schule. Statistik, Hintergruende, Folgerungen*. Berlin: Marhold(2. Aufl.).

Bach, H.(1977). Die Eingliederung Geistigbehinderter in die Gesellschaft unter paedagogischem Aspekt. In: Weigt, M.(Hrsg.). *Schulische Integration von Behinderten. Beitraege zum Verhaeltnis von Sonderschul zum Regelschulsystem*. Weinheim.

Bach, H.(1977b). *Sonderpaedagogik im Grundriss*. Berlin.

Bach, H.(1979). Paedagogik derGeistigbehinderten. In: *Handbuch der Sonderpaedagogik*. Bd. 5. Berlin.

Bach, H.(1981). *Grundlegungsprobleme der Geitigbehindertenpaedagogik I*. Hagen.

Bach, H.(1999). *Grundlagen der Sonderpaedagogik*. Bern: Stuttgart: Wien.

Balzer, B. & Rolli, S.(1975). *Sozialtherapie mit Eltern Behinderter*. Weinheim.

Banathy, B. H.(1973). Employer-Based Career Education Model. In: J.H. Magisos(Ed.). *Career Education*. Washington; American Vocational Association.

Bandura, A.(1976). *Lernen am Modell*. Stuttgart.

Bauer, A. & Kaiser, G.(1988). Der Beitrag der Analyse sprachlicher Interaktion zu einer therapieorientierten Aphasiediagnostik. In: Guenther, K.-B.(Hg.). *Sprachstoerungen*. Heidelberg.

Bauer, K-H.(1926). *Rassenhygiene*. Leipzig.

Baulig, V.(1982). *Auffaelliges Schuelerverhalten. Paedagogische Massnahmen auf ausagierendes Verhalten*. Beltz. Weinheim.

Baumgartner, S.(1994). Sprachheilpaedagogik als Heilpaedagogik - ein Versuch. In: *Die Sprachheilarbeit*, 38, 3, 140-152.

Becker, K. P.(1969). Gegenstandsbestimmung der Sonderpaedagogik und deren Einordnung in das System der Wissenschaften. In: Asperger, H.(Hrsg.). 4. *Internationaler Kongress fuer*

Heilpaedagogik. Wien.

Benkmann, K. H.(1993). Paedagogische Erklaerungs- und Handlungsansaetze bei Verhaltensstoerungen in der Schule. In: Goetze, H. & Neukäter, H.(Hrsg.). Handbuch der Sonderpädagogik, Band 6. Berlin: Edition Marhold.

Bergeest, H.(2002). Koerperbehindertenpaedagogik. Studium und Praxis. Bad Heilbrunn: J. Klinkhard(2. vollst. ueberarb. u. erw. Aufl.).

Bettelheim, B.(1967). *The Empty Fortress*. Free Press. New York.

Biermann, A. & Goetze, H.(2005). *Sonderpaedagogik*. Eine Einfuehrung. Stuttgart.

Biesalski, P.(1980). Kritische Ueberlegungen zur Frueherfassung hoergestoerter Kinder. In: Stange, G.(Hrsg.). *Frueherfassung hoer- und sprachentwicklungsverzoegerter Kinder*. Marburg.

Bigge, J.(1991). *Teaching individuals with phsical and multiple disabilities*(3rd ed.) New York: Merrill.

Bintinger, G. & Wilhelm, M.(2000). Inklusiven Unterricht gestalten. Creating Inclusive Education. In: Behinderte in Familie, *Schule und Gesellschaft 24*, 51-60.

Blaesig. W.(1966). Koerperbehinderten und Krankenhausschulen. In: Lesemann, G.(Hrsg.). *Beitraege zur Geschichte und Entwicklung des deutschen Sonderschulwesens*. Berlin.

Blakemore, F. & Frith, D.(2006). *Wie wir lernen. Was die Gehirnforschung darueber weiss*. Muenchen.

Blau, A.(1969). Geschichte des Gehoerlosenbildungswesens. In: *Enzyklopaedisches Handbuch der Sonderpaedagogik und ihrer Grenzgebiete*. 3. voellig neubearbeitete Auflagedes 'Enzyklopaedischen Handbuchs der Heilpaeda-gogik' Band 1.

Bleidick, U.(1985). Theorie der Behindertenpaedagogik. Handbuch der Sonderpaedagogik. Band 1. Berlin.

Bleidick, U.(1988). Heilpaedagogik, Oekologie, System. In Otto Speck: System Heilpaedagogik. Eine oekologisch reflexive Grundlegung. *Zeitschrift fuer Heilpaedagogik 39*, 827-840.

Bleidick, U.(1999). *Allgemeine Behindertenpaedagogik. Bd. 1 der Studientexte zur Geschichte der Behindertenpaedagogik*. Neuwied: Berlin.

Bleidick, U. & Hagemeister, U.(1994). Einfuehrung in die Behindertenpaedagogik I. Stuttgart: Berlin: Koeln.

Bleidick, U. at al.(1995). Einfuehrung in die Behindertenpaedagogik III. Stuttgart; Berlin; Koeln.

Bock, G.(1986). *Zwangssterilisation im Nationalsozialismus*, Opladen.

Boehm, W. & Fuchs, B.(2004). *Erziehung nach Montessori*. Bad Heilbrunn: Klinkhardt.

Breipohl, R.(1977). Sozialisation in der Obdachlosenfamilie. Rheinstetten.

Bremer-Huebler, U.(1990). Stress und Stressverarbeitung im taeglichen Zusammenleben mit geistig behinderten Kindern. Frankfurt am Main.

Bronfenbrenner, U.(1981). *Die Oekologie der menschlichen Entwicklung*. Klett-Cotta; Stuttgart.

Buerli, A.(1997). Internationale Tendenzen in der Sonderpaedagogik - Vergleichende Betrachtung mit Schwerpunktauf den europaeischen Raum. Studienbrief der Fernuniversitaet Hagen.

Bundesministerium fuer Bildung und Forschung(2001). Zu Entwicklungsschwierigkeiten hochbegabter Kinder und Jugendlicher in Wechselwirkung mit ihrer Umwelt. Erfahrungen und moegliche Loesungswege. Bonn, Berlin.

Bundschuh, K.(1980). *Einfuehrung in die sonderpaedagogische Diagnostik*(6., aktuelle Aufl.). Muenchen/Basel.

Christoffel Blindenmission(CBM)(1997). *Rettet Augenlicht*. Infomappe. Bensheim.

Clark, B.(1997). *Growing up gifted*(5th ed). Columbus; Macmillian.

Cloerkes, G.(1997). *Soziologie der Behinderten*. Eine Einfuehrung. Heidelberg.

Cloerkes, G.(2001). *Soziologie der Behinderten*. Eine Einfuehrung. 2., neu bearb. und erw. Aufl. Heidelberg.

Cloerkes, G.(2007). *Soziologie der Behinderten*. Eine Einfuehrung. 3. Aufl. Winter Verlag: Heidelberg.

Courchesne, E.(1995). New evidence of cerebellar and brainstem hypoplasis in autistic infants, children and adolescents; MR imaging study by Hashimoto and colleagues. *Journal of autism and Developmental Disorders. 25*(1): 19-22.

Cowen, E. L.(1980). The Primary Mental Health Project: Yesterday, Today and Tomorrow. In: *Journal of Special Education 14*, 133-154.

Demmer-Dieckmann, I.(2001). Wenn fruehkindliche Lebensbedingungen das Leben und Lernen nachhaltig bestimmen. In: *Paedagogik, Heft 1*, 8-13.

Der Deutsche Bildungsrat(1996). Deutsche Gesellschaft fuer Sprachheilpaedagogik e.V. Interdisziplinaere Zusammenarbeit. Kongressbericht ueber die XXII. Arbeits- und Fortbildungstagung in in Muenster.

Der Kultusminister des Landes Nordrhein-Westfalen(1995). Verordnung ueber die Feststellung des sonderpaedagogischen Foerderbedarfs und die Entscheodung ueber den schulischen Foerderort(VO-SF) vom 22. 05. 1995.

Deutscher Bildungsrat(1973). Empfehlungen der Bildungskommission. Zur paedagogischen Foerderung behinderter und von Behinderung bedrohter Kinder und Jugendlicher. Verabschiedet auf der 34. Sitzung der Bildungskommission am 12./13. Oktober 1973. Stuttgart.

Deutscher Bildungsrat(1974). *Empfehlungen der Bildungskommission*: Zur paedagogischen Foerderung behinderter und von Behinderung bedrohter Kinder und Jugendlicher. Stuttgart.

Dieterich, M.(1993). *Berufsvorbereitung und berufliche Eingliederung*. In: Goetze/Neukaeter.

Diller, G. & Horsch, G.(1997). In der Diskussion: Neue Wege des Spracherwerbs Hoergeschaedigter. *Hörgeschädigtenpädagogik 51*, 3, S. 145-214.

Dodd, S.(2005). *Understanding Autism*. Elsevier.

Doerr, G. & Guenther, H.(2003). *Sonderpaedagogik*. Band. 5. Schneider Verlag Hohengehren. Baltmannsweiler.

Doose, H.(1977). Erkrankungen des Nervensystems. In: Harnack, G.-A. von(Hrsg.). *Kinderheilkunde* (12. Aufl. 2000). Berlin.

Drave, W., Rumpler, F., Wachtel, P.(2000). Empfehlungen zur sonderpaedagogischen Foerderung. Allgemeine Grundlagen und Foerderschwerpunkte(KMK) mit kommentaren. Wuerzburg.

Dupuis, G.(1983). Sprachbehindertenpaedagogik. In: Solarova, S.(Hrsg.), *Geschichte der Sonderpaedagogik*. Stuttgart: Verlag W. Kohlhammer.

Dupuis, G. & Kerkhoff, W.(1992). *Enzyklopaedie der Sonderpaedagogik, der Heilpaedagogik und ihrer Nachbargebiete*. Berlin.

Dzikowski, St.(2000). Fruehkindlicher Autismus. Hrsg. von der BAG Hilfe fuer Behinderte e. V. Duesseldorf.

Eberwein, H.(1984). Zum Stand der Integrationsentwicklung und -forschung in der Bundesrepublik Deutschland. Dargestellt am Beispiel der Uckermark-Schule in Berlin, der ersten integrativen Grundschule ohne Aussonderung. In: *Zeitschrift fuer Heilpaedagogik 35*, 677-691.

Eberwein, H.(1999). *Integrationspaedagogik*. 5. Auflage. Beltz Verlag: Weinheim und Basel.

Eliot, L.(2001). *Was geht da drinnen vor? Die Gehirnentwicklung in den ersten fuenf Lebensjahren*. Berlin.

Ellger-Rüttgardt, S.(2008). *Geschichte der Sonderpädagogik*. München: Reinhardt.

Erikson, E. H.(1984). *Kindheit und Gesellschaft*. Stuttgart.

Ey-Ehlers, C.(2001). *Hochbegabte Kinder in der Grundschule - eine Herausforderung fuer die paedagogische Arbeit unter besonderer Beruecksichtigung von Identifikation und Foerderung*. Stuttgart; ibidem-Verlag.

Farrell, G.(1956). *The Story of Blindness*. Combrige/Mass.

Feger, B.(1988). *Hochbegabung-Chancen und Probleme*. Bern: Hubert.

Feuser, G.(1995). *Behinderte Kinder und Jugendliche zwischen Integration und Aussonderung*. Wissenschaftliche Buchgesellschaft: Darmstadt.

Fornefeld, B.(2000). *Einfuehrung in die Geistigbehindertenpaedagogik*. Muenchen.

Freud, A.(1971). *Das Ich und die Abwehrmechanismen*. Muenchen.

Freud, A.(1973). *Einfuehrung in die Technik der Kinderanalyse*. Muenchen, Basel.

Freud, S.(1953). *Abriss der Psychoanalyse - Das Unbehagen in der Kultur*. Frankfurt/Main.

Froehlich, A.(1991). *Paedagogik bei schwerster Behinderung. Handbuch der Sonderpaedagogik Band 12*. Berlin.

Fronefeld, B.(2002). *Einfuehrung in die Geistigbehindertenpaedagogik*. Muenchen: Reinhardt(2.

Aufl.)

Fuchs, B.(2003). *Maria Montessori-ein paedagogisches Portraet*. Weinheim/Basel: UTB.

Furth, H. G.(1964). Research with the deaf: Implications for language and cognition. *Psychological Bulletin, 62*(2).

Furth, H. G.(1977). *Lernen ohne Sprache*. Weinheim.

Furth. H. G.(1973). *Deafness and learning: A psychological approach*. Belmont Calif: Wadsworth.

Garbe, H.(1969). Geschichte der Blindenpaedagogik. In: Hesse, G./Wegener, H.(Hrsg.). *Enzyklopaedisches Handbuch der Sonderpaedagogik und ihrer Grenzgebiete*. Band I. Berlin.

Gardner, H.(1984). *Frames of Mind: The theory of multiple intelligences*. New York: Basic Books.

Gasteiger-Klicpera, B. & Julius, H. & Klicpera, Chr.(1990). *Handbuch zum sonderpaedagogischen Foerderschwerpunkt emotionale und soziale Entwicklnung*. Goettingen; Hogrefe.

Gasteiger-Klicpera, B. & Klicpera, C.(2001). Viktimisierung durch Gleichaltrige als Entwicklungsrisiko. *Zeitschrift fuer Kinder- und Jugendpsychiatrie und -psychotherapie, 27*, 93-102.

Gillberg, C. & Wing, L.(1999). Autism not an extremely rare disorder. *Acta Psychiat. Scand.* 99(6); 399-406.

Gillberg, C.(2002). *A Guide to Asperger Syndrome*. Cambrige University Press.

Goellnitz, G.(1981). *Neuropsychiatrie des Kindes- und Jugendalters*. Stuttgart.

Goetze, H. & Neukaeter, H.(1989). *Handbuch der Sonderpaedagogik. Bd. 6. Paedagogik bei Verhaltensstoerungen*. Berlin: Wissenschaftsverlag Spiess.

Grandin, T.(1995). *The learning style of people with autism; an autobiography. Teaching children with autism; Strategies to enhance communication and socialisation*. K. Quill. Albant, N.Y., Delmar Publishers.

Greving, H. & Ondracek, P.(2005). *Handbuch Heilpaedagogik*. Bildungsverlag Eins; Troisdorf.

Grimm, H.(1999). *Stoerungen der Sprachentwicklung*. Goettingen: Hogrefe.

Grimm, H.(2000). *Der Sprachentwicklungstest fuer zweijaehrige Kinder(SETK 2)*. Goettingen; Hogrefe.

Grimm, H.(2001). *Der Sprachentwicklungstest fuer drei- bis fuenfjaehrige Kinder(SETK 3~5)*. Goettingen; Hogrefe.

Grissemann, H.(1993). Unterrichts-, Foerderungs- und Therapiematerialien in der Paedagogik bei Verhaltensstoerungen. In: Goetze/Neukaeter.

Grohnfeldt, M.(1990). *Handbuch der Sprachtherapie*. Bd. 2: Stoerungen der Aussprache. Berlin.

Grohnfeldt, M.(1993). *Stimstoerungen. Handbuch der Sprachtherapie* Band 7. Berlin.

Grohnfeldt, M.(1994). *Stoerungen der Sprachentwicklung*. Berlin.

Grohnfeldt, M. & Ritterfeld, U.(2000). Grundlagen der Sprachheilpaedagogik und Logopaedie. In: Grohnfeldt, M.(Hrsg.)(2000). *Lehrbuch der Sprachheilpaeda-gogik und Logopaedie*, Band 1, Selbstverstaendnis und theoretische Grundlagen. Stuttgart: Kohlhammer

Grossman, H. J.(1983). *Classification in mental retardation*. Washington. DC: American Association on Mental Deficiency.

Guenther, K. H.(1978). *Geschichte der Erziehung*. Berlin.

Haas, V.(1992). Aussenseiter und Randgruppen. Beiträge zu einer Sozialgeschichte des Alten Orients. Konstanzer Althistorische Vorträge und Forschungen, Heft 32. Konstanz: Universitätsverlag.

Hagemeister, U.(1995). Geistigbehindertenpaedagogik. In: Bleidick, U. et al.(Hrsg.). Einfuehrung in die *Behindertenpaedagogik*. Band II.(5., ueberarb. Aufl. Stuttgart/Berlin/Koeln.

Hammerer, F.(1997). *Maria Montessoris paedagogisches Konzept*. Anfaenge der Realisierung in Oesterreich. Wien: Jugend &Volk.

Harbauer, H. & Lempp, R. & Nissen, G. & Strunk, P.(1980). *Lehrbuch der speziellen Kinder- und Jugendpsychiatrie*. Springer, Berlin. 4. Auflage.

Hartke, B.(1998). Integrative schulische Erziehungshilfe-Bilanz und Perspektiven einer Entwicklung. In: *Sonderpaedagogik 28*, 146-156.

Havers, N.(1978). Erziehungsschwierigkeiten in der Schule. Klassifikation, Haeufigkeit, Ursachen und paedagogisch-therapeutusche Massnamen. Weinheim.

Hebenstreit, S.(1999). *Maria Montessori*-Eine Einfuehrung in ihr Leben und Werk. Freiburg: Herder.

Hedderich, I.(1999). *Einfuehrung in die Koerperbehindertenpaedagogik*.Muenchen: Basel.

Heese, G.(1953). Kurzer Abriss der geschichtlichen Entwicklung der Schwerhoerigenbildung in Deutschland. Halle.

Heese, G.(1978). Fruehfoerderun behinderter Kinder als paedagogische Aufgabe. In: Heese, G.(Hg.): *Fruehfoerderung behinderter und von Behinderung bedrohter Kinder*. Berlin.

Heimlich, U.(1995). *Behinderte und nichtbehinderte Kinder spielen gemeinsam*. Konzept und Praxis integrativer Spielforderung. Bad Heilbrunn: Klinkhardt.

Heimlich, U.(1998). 25 Jahre Integration - Bilanz und Perspektiven einer Bildungsreform. In: *Zeitschrift des Verbandes Bildung und Erziehung. 51*(5), 8-12.

Heimlich, U.(2003). *Integrative Paedagogik*. Eine Einfuehrug. Stuttgart u.a.: Kohlhammer.

Heimlich, U.(2007). *Inklusion als Chance einer neuen Lernqualitaet?*. Ein Vortrag auf dem Fachtag "Inklusion/ Exklusion - Moeglichkeiten von Heilpaedagogik in Regelschulen" am 10. 11. 2007 in der Akademie Schoenbrunn in Markt Indersdorf.

Heinelt, G.(1971). Kind und Sprache. In: Behler, W.(Hrsg.). *Das Kind*. Freiburg.

Hellbruegge, Th.(1982). *Pathologische Sozialentwicklung und Soziose*. Muenchen.

Helming, H.(1998). *Montessori-Paedagogik*. Ein moderner Bildungsweg in konkreter Darstellung. 17. Aufl. Freiburg im Breisgau: Herder.

Hensle U. & Vernooij, M. A.(2000). *Einfuehrung in die Arbeit mit behinderten Menschen I*. 6.

Auflage. Wiebelsheim.

Hesselberger, D.(1999). *Das Grundgesetz. Kommentar fuer die politische Bildung*. Neuwied: Kriftel.

Heun, H.-D. & Wiesenfeldt-Heun, D.(1994). Sozialpaedagogik und Heimerziehung. In: Roth, L.(Hrsg.). *Paedagogik: Handbuch fuer Studium und Praxis. Stu-dienausgabe*. Ehrenwirth, Muenchen.

Heward, W. L.(2003). *Exceptional children: An introduction to special education*(7th ed.). NJ: Merrill.

Hillenbrand, C.(2006). *Einfuehrung in die Paedagogik bei Verhaltensstoerungen. 3*. Auflage. Reinhartd.

Hillenbrand, C. & Hennemann, T.(2005). Praevention von Verhaltensstoerungen im Vorschulalter: Ueberblick und theoretische Grundlegung. *Vierteljahresschrift fuer Heilpaedagogik und ihre Nachbargebiete 74*, 129-144.

Hilsheimer, G.(1975). *Verhaltensgestoerte Kinder und Jugendliche*. Ravensburg.

Hinz, A.(1993). *Heterogenitaet in der Schule*. Integration-Interkulurelle Erziehung-Koedukation. Hamburg; Curio Verlag.

Hinz, A.(2002). Von der Integration zur Inklusion - terminologisches Spiel oder konzeptionelle Weiterentwicklung? *Zeitschrift fuer Heilpaedagogik 53*, 354-361.

Hinz, A.(2003). Die Debatte um Integration und Inklusion - Grundlage fuer aktuelle Kontroversen in Behindertenpaedagogik und Sonderpaedagogik? In: Sonderpaedagogische Foerderung. *Integration und paedagogische Rehabilitation 48*(4), 330-347.

Hinze, D.(1991). *Vaeter und Muetter behinderter Kinder*. Berlin.

Hinze, D.(1992). Vaeter behinderter Kinder. Ihre besonderen Schwierigkeiten und Chancen. In: *Geistige Behinderung 31*, 135-142.

Hodgdon, L. A.(1995). *Visual Strategies for Improving Communication Vol. 1*. Michigan, Quirk Roberts Publishing.

Hoermann, H.(1970). *Psychologie der Sprache*. Berlin, Heidelberg.

Hudelmayer, D.(1975). Die Erziehung Blinder. In: Deutche Bildungsrat(Hg.): *Gutachten und Studien der Bildungskommision*. Bd. 52. Stuttgart.

Hudelmayer, D.(1985). Demographische Angaben zur Sehschaedigung im Kindes- und Jugendalter. In: Rath, W./Hudelmayer, D.(Hg.). *Paedagogik der Blinden und Sehbehinderten. Handbuch der Sonderpaedagogik* . Band 2. Berlin.

Huebner, R. A.(1992). Autistic disorder; a neuropsychological enigma. *American Journal of Occupational Therapy. 46*(6). 487-501.

Husslein, E.(1983). Schule und Unterricht fuer Kinder und Jugendliche mit Verhaltensstoerungen. Koenighausen. Wuerzburg.

Iben, G.(1974). *Randgruppen der Gesellschaft*. Muenchen.

Janov, A.(1984). *Fruehe Praegungen*. Frankfurt a.M.

Jansen, G. W.(1972). Die Einstellungen der Gesellschaft zu Koerperbehinderten. Eine psychologische Analyse zwischenmenschlicher Beziehungen aufgrunde empirischer Untersuchungen. Neuburgweier.

Janzen, J. E.(1999). Autism. Facts and Strategies for Parents. USA, Therapy Skill Builders.

Jaumann- Grumann, O. & Oeffner, W.(2010). *Integrative Modelle in der Bundesrepublik Deutschland*. Beispiel einer Foerderschule Schwerpunkt Lernen mit Grundschulzwieg. Frankfurt/M.

Jenaplan-Initiative Bayern e.V. und Gesellschaft fuer Jenaplan-Paedagogik in Deutschland e.V.(1999). Waldbrunn.

Jensen, M. M.(2005). *Introduction to emotional and behavior disorders*. New Jersey: Pearson Prentice Hall.

Jonas, M.(1994). *Behinderte Kinder - behinderte Muetter? Die Unzumutbarkei einer sozial arrangierten Abhaengigkeit*. Frankfurt a. M.

Juelich, M.(1996). *Schulische Integration in den USA. Bisherige Erfahrungen bei der Umsetzung des Bundesgesetzes >Public Law 94-142<* -dargestellt anhand einer Analyse der >Annual Reports to Congress<. Bad Heilbrunn: Klink-hardt.

Kaden, R.(1978). *Sehbehindert - blind. Medizinische, soziale und paedagogische Informationen fuer Betreuer und Betroffene*. Stuttgart.

Kallenbach, K.(1992). Zur psycho-sozialen Situation von Vaetern koerperlich und/ oder geistig behinderter Kinder. In: *Behindertenpaedagogik 31*, 264-277.

Kanner, L.(1943). Autistic disturbances of affective contact. Nervous Child 2.

Kanter, G.(1974). Lernbehinderungen, Lernbehinderte-deren Erziehung und Rehabilitation. In: Deutscher Bildungsrat(Hrsg.); *Sonderpaedagogik 3*. Stuttgart.

Kanter, G.(1976). *Handbuch der Sonderpaedagogik*. Bd. 4. Berlin.

Kauffman, M. J., Gottlieb, J., Agard, J. A., Kukic, M. D.(1975). Mainstreaming: Toward and explication of the construct. In E. L. Meyen, G. A. Vergason, R. J. Whelan(Eds.), *Alternatives for teaching exceptional children*. Denver: Love.

Klein, F.(1999). Autismus. In: Bundschuh, K./Heimlich, U. & Krawitz, R.(Hrsg.). *Woerterbuch Heilpaedagogik*. Bad Heilbrunn; Klinkhardt.

Klein, F., Meinertz, F. & Klausen, R.(1999). *Heilpaedagogik*. Bad Heilbrunn: Klinkhardt. 10. Aul.

Klein, G.(1980). Spezielle Fragen soziokultureller Determinanten bei Lernbehinderung. Stuttgart.

Klein-Landeck, M. & Puetz, T.(2011). *Montessori-Paedagogik*. Einfuehrung in Theorie und Praxis. Freiburg: Herder.

Klicpera & Gasteiger-Klicpera(2000). Autismus. In: Borchert, J.(Hrsg.); *Handbuch der sonderpaedagogischen Psychologie*. Goettingen.

KMK(1972). Sekretariat der staendigen Konferenz der Kultusminister der Laender in der

Bundesrepublik Deutschland: Empfehlungen zur Ordnung des Sonderschulwesens.

KMK(1998). Sekretariat der Staendigen Konferenz der Kultusminister der Laender in der Bundesrepublik Deutschland. Empfehlungen zum Foerderschwerpunkt Unterricht kranker Schuelerinnen und Schueler.

KMK(2002). Sekretariat der Staendigen Konferenz der Kultusminister der Laender in der Bundesrepublik Deutschland. Sonderpaedagogische Foerderung an Schulen 1991 bis 2000. Statistische Veroeffentlichungen der Kultusministerkonferenz. Dokumentation Nr. 159-Maerz 2002. Bonn; Eigenverlag.

KMK(2003). Sonderpaedagogische Foerderung in Schulen 1993-2002. Sekretariat der Kultusministerkonferenz. Bonn.

KMK(2004).Sekretariat der staendigen Konferenz der Kultusminister der Laender in der Bundesrepublik Deutschland: Sonderpaedagogische Foerderung in Schulen 1997 bis 2004.

KMK(2005). Sekretariat der Staendigen Konferenz der Kultusminister der Laender in der Bundesrepublik Deutschland(2005). Das Bildungswesen in der Bundesrepublik Deutschland 2003.

KMK-Empfehlungen(1994). (Sekretariat der Staendigen Konferenz der Kultusminister der Laender in der Bundesrepublik Deutschland); Empfehlungen zur sonderpaedagogischen Foerderung in den Schulen in der Bundesrepublik Deutschland. Beschluss der Kultusministerkonferenz vom 06. 05. 1994. In: *Zeitschrift fuer Heilpaedagogik* 7, 484-494.

Knura, G.(1974). Sprachbehinderte und ihre sonderpaedagogische Rehabilitation. In: Deutscher Bildungsrat(Hrsg.). *Gutachten und Studien der Bildungskommis-sion*. Bd. 35. Stuttgart.

Knura, G.(1982). Grundfragen der Sprachbehindertenpaedagogik. In: Knura, G./ Neumann, B.(Hg.). Paedagogik der Sprachbehinderten. *Handbuch der Sonderpaedagogik Band 7*. 2.,durchgesehene Aufl. Berlin.

Kobi, E.(1993). *Grundfragen der Heilpaedagogik*. Eine Einfuehrung in heilpaedagogisches Denken und Handeln. Bern, Stuttgart, Wien: Haupt.

Kobi, E.(1999). *Was bedeutet Integration?* Analyse eines Begriffes. In: Eberein, H.(Hrsg.). *Integrationspaedagogik*. Behinderte und Nichtbehinderte lernen gemeinsam. Beltz: Weinheim, Basel.

Koch. H. -W.(1973). Der Sozialdarwinismus. Seine Genese und sein Einfluss auf das imperialistische Denken. Muenchen.

Koestler, F. A.(1976). The Unseen Minority - A Social Hystory of Blindness in the United States. New York.

Kramer, R.(2004). *Maria Montessori*. Leben und Werk einer grossen Frau. Frankfurt/M.: Fischer Taschenbuch.

Krappmann, L.(1975). *Soziologische Dimensionen der Identitaet*. Stuttgart.

Krech, D. & Crutchfield, R. S.(1985). Grundlagen der Psychologie. Bd. 3, Lern- und Gedaechnispsychologie. Weinheim/Basel.

Krieg, O.(1981). Roeteln-Risiko fuer Neugeborene. Sonderschulmagazin 2.

Kroeg, W.(2005). *Herausforderung Unterstuetzung*. Perspektiven auf dem Weg zur Inklusion. EQUAL- Entwicklungspartnerschaft MIM.

Kupffer, H.(1978). *Erziehung verhaltensgestoerter Kinder*. Quelle und Meyer. Heidelberg.

Lamb, M. E.(1983). Father of exceptional children. In: Seligman, M(Ed.). *The family a handicapped child*. Orlando. 125~146.

Langemann, J.(1985). *Medizinische Embryologie*. Stuttgart.

Lenhard, W.(2005). Der Januskopf der Diagnostik. Eltern von Kindern mit Behinderung im Spannungsfeld zwischen Unsicherheit und Ausgrenzung. In: *Geistige Behinderung 44*, 2, 99-114.

Leonhardt, A.(1999). *Einführung in die Hörgeschädigtenpädagogik*.(1.Aufl.) UTB für Wissenschaft, Reinhardt Verlag: München.

Lewis, B. A.(1992). Pedigree analysis of children with phonology disorders. *Journal of Learning Disabilities, 25*(9), 586-597.

Liepmann, M.(1979). *Geistigbehinderte Kinder und Jugendliche*. Bern.

Ludwig, H.(2003). *Erziehen mit Maria Montessori*. Ein reformpaedagogisches Konzept in der Praxis. 5. Gesamtaufl. Freiburg im Breisgau: Herder.

Maehler, B. & Schroeder, St.(1991). *Kleines Schullexikon fuer Lehrer in den neuen Bundeslaendern*. Cornelsen Scriptor. Frankfurt a. M.

Malbin, I.(1922). Historische Betrachtungen zur Frage der Vernichtung lebensunwerten Lebens. In: Archiv fuer Frauenkunde und Eugenik, *Sexual- hygiene und Vererbungslehre 8*.

Malson, L., Itard, J., Manoni, O.(1972). *Die wilden Kinder*. Frankfurt/Main.

Mattes, A.(2003). *Aerztlicher Rat fuer Anfallkranke*. Stuttgart.

Mattner, D.(2000). *Behinderte Menschen in der Gesellschaft. Zwischen Ausgrenzung und Integration*. Stuttgart: Berlin: Koeln.

Merkens, L.(1981). Fuersorge und Erziehung bei Koerperbehinderten. Eine historische Grundlegung zur Koerperbehindertenpaedagogik bis 1920. Berlin.

Mervis, C. B. & Bertrand, J.(1997). Developmental relations between cognition and language; Evidenc from Williams Syndrome. In: L.B. Adamson/M.A. Romski(Eds.). *Communication and language acquisition. Discoveries from atypical development*. Baltimore: Paul H. Brookes.

Metzger, K. & Weigl, E.(2010). *Inklusion - eine Schule fuer alle*. Cornelsen Verlag Scriptor GmbH & Co. KG, Berlin.

Meyer, H.(1983). Geistigbehindertenpaedagogik. In: Solarova, S.(Hrsg.). *Geschichte der*

Sonderpaedagogik. Stuttgart.

Ministerium fuer Wissenschaft und Forschung des Landes Nordrhein-Westfalen(1980). Richtlinie fuer den Unterricht in der Schule fuer Sehbehinderte(Sonderschule).

Ministerium fuer Wissenschaft und Forschung des Landes Nordrhein-Westfalen(1981). Richtlinie fuer den Unterricht in der Schule fuer Sehbehinderte(Sonderschule).

Moeckel, A.(1988). *Geschichte der Heilpaedagogik*. Stuttgart; Ernst Klett Verlage GmbH & Co. KG.

Moeckel, A.(2001). *Geschichte der besonderen Grund- und Hauptschule*, 4. erweiterte Aufl. Heidelberg; Universitaetsverlag C. Winter.

Moor, P.(1969). *Heilpaedagogik*. Ein paedagogisches Lehrbuch. Bern, Stuttgart: Hubert.

Mueller, H.(1988). *Der Hamburger Schulversuch* <Integration behinderter Kinder in der Grundschule>. Hamburg.

Mueller, K. E.(1996). *Der Krueppel. Ethnologia passionis humanae*. Muenchen.

Mueller, P.(1971). Sonderschule und Kinderpsychiatrie. Schulaerztliche Taetigkeit an einer Sonderschule fuer Lernbehinderte. In: *Praxis der Kinderpsycho-logie und Kinderpsychiatrie 20*, 193-197.

Murphy, N. J.(1972). *Characteristics of hearing impaired students under six years of age. United States 1969-70*. Washinton, D. C.: Office of Demographic Studies, Gallaudet College.

Muth, J.(1991). Zehn Thesen zur Integration von behinderten Kindern. *Vierteljahresschrift fuer Heilpaedagogik und ihre Nachbargebiete(VHN). 60*, 1-5.

Muth, J.(1992). *Schule als Leben*. Prinzipien-Empfehlungen-Reflexionen. Eine paedagogische Anthologie. Baltmannsweiler/Hohengehren. Schneider-Verlag.

Muth, J.(1999). *Zur bildungspolitischen Dimension der Integration*. In: Eberwein, H.(Hrsg.). *Behinderte und Nichtbehinderte lernen gemeinsam*. Beltz: Weinheim, Basel.

Mutzeck, W.(2000). *Verhaltensgestoertenpaedagogik und Erziehungshilfe*. Bad Heilbrunn/Obb.: Klinkhardt.

Myklebust. H. R.(1964). *The Psychology of deafness, sensory deprivation. learning and adjustment*. New York: Grune and Stratton.

Myschker, N.(1983). Lernbehindertenpaegagogik. In: Solarva, Svetluse(Hrsg.). *Geschichte der Sonderpaedagogik*. Stuttgart: Kohlhammer.

Myschker, N.(1999). Integrative Paedagogik bei Kindern und Jugendlichen mit Ver-haltensstoerung. In: Myschker, N. & Ortmann M.(Hg.). *Integrative Schulpaedagogik. Grundlagen, Theorie und Praxis*. Stuttgart.

Myschker, N.(2005). *Verhaltensstoerungen bei Kindern und Jugendlichen. Erscheinungsformen-Ursachenhilfsreiche Massnahmen*. Stuttgart.

Nelson, K. B., & Ellenberg, J. H.(1986). Antecedents of cerebral palsy; Multivariate analysis of risk. New England *Journal of Madicine, 315*, 81-86.

Neuhaeuser, G. & Steinhausen, C.(2003). *Geistige Behinderung. Grundlagen, klinische Syndrome, Behandlung und Rehabilitation*. Stuttgart: Kohlhammer.

Neumann, D.(1997). Schwerbehindertengesetz. *Bundesversorgungsgesetz*. 20. Aufl. Beck-Texte im dtv.

Nirje, B.(1994). Das Normalidierungsprinzip-25Jahre danach. In: *Vierteljahresschrift fuer Heilpaedagogik und ihre Nachbargebiet 1*, 12-32.

Orthmann, W.(1980). Geschichte der Sprachbehindertenpaedagogik. In: Gerda K. & Berthold, N.(Hrsg.). *Handbuch der Sonderpaedagogik*. Band7: Paedagogik der Sprachbehinderten. Berlin: Carl Marhold Verlagsbuchhandlung.

Ortmann, M.(1995). Progredient erkrankte Schueler als schulpaedagogische Herausforderung fuer die Koerperbehindertenpaedagogik. *Zeitschrift fuer Heilpaedagogik, 46*, 160-167.

Ortmann, M.(1997). Qualifizierung fuer den schulpaedagogischen Umgang mit progredient erkrankten Schuelern im Grundschulalter. *Sonderpaedagogik, 27*(1), 30-39.

Ortmann, M.(1999). Theorie und Praxis der paedagogischen Foerderung chronisch und final erkrankter Kinder. In: H. Bergeest/G. Hansen(1999). *Theorie der Koerperbehinderten-paedagogik*. Heilbrunn; Julius Klinkhardt.

Pawel, B. von(1977). *Koerperbehinderte in regelschulen. Untersuchungen zur sozialen Integratiopndysmeler Schulkinder*. Rheinstetten.

Pawel, B. von(1984). *Koerperbehindertenpaedagogik*. Stuttgart/Berlin/Koeln/Mainz.

Pechstein, J.(1975). Sozialpaediatrische Zentren fuer behinderte und entwicklungsgefaehrdete Kinder. In: Deutscher Bildungsrat(Hg.). *Gutachten und Studien der Bildungskommission*. Bd. 53. Stuttgart.

Peuser, G.(2000). *Sprachstoerungen*. Muenchen; Werner Fink.

Plath, P.(1982). Gehoerlosigkeit - Medizinische Aspekte und paedagogische Rehabilitation. In: *Kommunikation zwischen Partnern; Gehoerlose-Schwerhoerige- Sprachbehinderte*. Duesseldorf.

Plath, P.(1992). *Das Hoerorgan und seine Funktion*. Berlin.

Poeck, K.(1977). *Neurologie. Ein Lehrbuch fuer Studierende und Aerzte*. Berlin.

Prengel, A.(1993). *Paedagigik der Vielfalt, Verschiedenheit und Gleichberechtigung in interkultureller, Feministischer und Intergrativer Paedagogik*. Opladen; Leske + Budrich.

Preuss-Lausitz, U.(1992). Diskussionsbeitrag. In: Lersch, R. & Vernooij, M. A.(Hrsg.). *Behinderte Kinder und Jugendliche in der Schule*. Bad Heilbrunn/ Obb.

Projektgruppe Interationsversuch(1984). *Das Flaemingmodell. Gemeinsamer Unterricht uer behinderte und nichtbehinderte Kinder in der Grundschule*. Weinheim.

Quill, K. A.(2000). *Do-Watch-Listen-Say*. Baltimore, Paul H. Brookes.

Rath, W.(1995). Sehbehindertenpaedagogik. In: Bleidick, U. et al(Hg.). *Einfuehrung in die Behindertenpaedagogik* Band III. 4., ueberarbeitete Auflage. Stuttgart, Berlin, Koeln.

Redl, F.(1971). *Erziehung schwieriger Kinder*. Piper, Muenchen.

Redlich, A. & Schley, W.(1981). *Kooperative Verhaltensmodifikation im Unterricht*. 2. Auflage. Urban & Schwarzenberg. Muenchen.

Reiser, H.(1986). Integration als Prozess. In: *Sonderpaedaggik. 16*(3), 115-122.

Reiser, H.(1992). *Wege und Irrwege zur Integration*. In: Sander, A. & Raith, P.(Hrsg.). *Integration und Sonderpaedagogik*. Foehrig: St. Ingbert.

Remschidt, H.(1987). *Kinder- und Jugendpsychiatrie. Eine praktische Einfuehrung*. Stuttgart, New York.

Remschmidt, H. & Schmidt, M. H.(1994). Multiaxiales Klassifikationsschema fuer psychische Stoerungen des Kindes- und Jugendalters nach ICD 10 der WHO. 3. Auflage.

Renzulli, B. J.(1978). "What makes giftedness?: Reexamining a definition" *Phi Delta Kappan*, 180-4.

Rett, A.(1983). *Mongolismus*. Bern.

Richter, T.(2003). *Paedagogischer Auftrag und Unterrichtsziele - vom Lehrplan der Waldorfschule*. Stuttgart. 1. Aufl.

Rollett, B. & Kastner-Koller, U.(2007). *Praxisbuch Autismus. fuer Eltern, Erzieher, Lehrer und Therapeuten*. 3. Auflage. Urban & Fischer, Muenchen/Jena.

Rosenstein, J.(1961). Perception, cognition and language in deaf children. *Exceptional Children*, 27.

Rudnick, M.(1985). *Behinderte im Nationalsozialismus. Von der Ausgrenzung und Zwangssterilisation zur Eutanasie*. Weinheim: Basel.

Rudnick, M.(1990). *Aussondern-Sterilisation-Liquidieren. Die Verfolgung Behinderter im Nationalsozialismus*. Berlin.

Rumpler, F.(2002). Sonderpaedagogische Foerderung in Zahlen: ein Trend setzt sich fort. *Zeitschrift fuer Heilpaedagogik* 53(2002), 261-263.

Rutter, M.(1984). The Language Development of the Young Autistic Child. In Autism, its Nature, Implications and Consequences, London; National Autistic Society.

Rutter, M.(1985). The Treatment of Autistic Children, *Journal of Child Psychology and Psychiatry*, 26.

Saal, F.(1984). *Warum sollte ich jemand anders sein wollen? Erfahrungen eines Behinderten: Biologischer Essay*. Guetersloh.

Sander, A.(1985). Zum Problem der Klassifikation in der Sonderpaedagogik. Ein oekologischer Ansatz. In: VHN, *Vierteljahresschrift fuer Heilpaedagogik und ihre Nachbargebiete 54*(1), 15-31.

Sander, A.(1973). Die statistische Erfassung von Behinderten in der Bundesrepublik Deutschland. In: Deutscher Bildungsrat(Hg.): *Gutachten und Studien der Bildungskomission*. Bd. 25. Stuttgart.

Sander, A.(1998). Leitfaden zur Kinder-Umfeld-Diagnose von sonderpaedagogischem Foerderbedarf im Schulalter. In: Mutzeck, W.(Hrsg.). *Entwicklungspsychologie*. Bd. 1. Koeln: Kiepenheuer & Witsch.

Sander, A.(1999). Oekosystemische Ebene integrativer Schulentwicklung-ein organisatorisches Innovationsmodell. In: Heimlich, U. *Sonderpaedagogische Foerdersysteme. Auf dem Weg zur Integration*. Kohlhammer: Berlin, Koeln.

Sander, A.(2003). *Ueber die Integration zur Inklusion*. St. Ingbert: Roehrig.

Schlack, H.-G.(1983). Lern- und Verhaltensstoerungen aus aerztlicher Sicht. In: *Kongressbericht Sonderpaed. Massnahmen-Praevention und Rehabilitation*. Kaarst.

Schmeichel, M.(1982). Behinderte Mesnchen-lebensunwert fuer das Dritte Reich. In: *Zeitschrift fuer Heilpaedagogik 33*.

Schmeichel, M.(1983). Geschichtliche Determinanten fuer heutige Ansaetze. In: Schmutzler, H.-J.(1994). *Heilpaedagogisches Grundgewissen. Einffuehrung in die Frueherziehung behinderter und von Behinderung bedrohter Kinder*. Freiburg: Basel: Wien.

Schmidt, M.(1979). *Bedingungen und Besonderheiten der Biogenese lernbehinderter Kinder*, T. 3. Fernuniversitaet Hagen.

Schnell, I.(2006). An den Kindern kann's nicht liegen... Zum aktuellen Stand gemeinsamen Lernens von Maedchen und Jungen mit und ohne sonderpaedagogischen Foerderbedarf in der Bundesrepublik Deutschland. In: gemeinsam leben. *Zeitschrift fuer integrative Erziehung. 14*(4), 195-213.

Schoeffler, M.(1956). *Der Blinde im Leben des Volkes*. Leipzig: Jena.

Schröder, S.(1983). Historische Skizzen zur Betreuung schwerst- und mehrfachgeschädigter geistigbehinderter Menschen. In: Hartmann, N.(Hrsg.). *Bei-träge zur Pädagogik der Schwerstbehinderten*. Heidelberg, S. 17-61.

Schroeder, U.(2000). *Lernbehindertenpaedagogik; Grundlagen und Perspektiven son-derpaedagogischer Lernhilfe*. Stuttgart, Berlin, Koeln: Kohlhammer.

Schuchardt, E.(1996). Integration; zauberformel oder Konzeption eines paedagogischen Weges wechselseitiger Interaktion. In: Zwierlein, E.(Hg.). *Handbuch Integration und Ausgrenzung. Behinderte Mitmenschen in der Gesellschaft*. Neuwied/Kriftel/Berlin(Luchterhand).

Schumacher, E.(2016). *Montessori-Paedagogik verstehen, anwenden und erleben*. Eine Einfuehrung. Weinheim: Beltz.

Schumutzler, H.-J.(1996). *Heilpaedagogisches Grundwissen. Einfuehrung in die Frueherziehung behinderter und von Behinderung bedrohter Kinder*. Herder Freiburg/Basel/Wien.

Schumutzler, H.-J.(1999). *Handbuch heilpaedagogisches Grundwissen*. Herder; Freiburg.

Schumutzler, H.-J.(2006). *Handbuch heilpaedagogisches Grundwissen. Die fruehe Bildung und Erziehung behinderter und von Behinderung bedrohter Kinder*. Herder: Freiburg, Basel, Wien.

Silverman, L. K.(1995). Highly gifted children. In: J.L. Genshaft, M. Bireiey & C.L., Hollinger (Eds.). Serving gifted and talented students: A resource for school personnel. Austin, TX: PRO-ED.

Sohns, A.(2000). *Fruehfoerderung entwicklungsauffaelliger Kinder in Deutschland*. Weinheim/Basel.

Sondersorge, R.(1967). Geistig behindert-mehrfach behindert. In: *Lebenshilfe*.

Speck, O.(1993). *Menschen mit geistiger Behinderung und ihre Erziehung. Ein heilpaedagogisches Lehrbuch*. Muenchen, Basel, 6., voellig neubearbeitete Aufl.

Speck, O.(2003). *System Heilpedagogik. Eine oekologich reflexive Grundlegung*. Muenchen.

Spiel, W. & Spiel, G.(1987). *Kompendium der Kinder- und Jugendneuropsychiatrie*. UTB, Grosse Reihe, Ernst Reinhardt-Verlag.

Spitz, R. A.(1968). *Vom Saeugling zum Kleinkind*. Stuttgart.

Sporken, P.(1975). *Eltern und ihr geistig behindertes Kind. Das Bejahrungsproblem*. Duesseldorf.

Spreen, O.(1978). *Geistige Behinderung*. Berlin.

Stadler, H.(1995). Schule und wie weiter? Zur Beruflichen Integration schwer- koerperbehinderter Jugendlicher. Versuch einer Standortbestimmung. In: *Die Rehabilitation 34*, 2, 81-90.

Stadler, H.(1998). *Rehabilitation bei Koerperbehinderung. Eine Einfuehrung in schul-, sozial- und berufspaedagogische Aufgaben*. Stuttgart; Kohlhammer.

Statistisches Bundesamt(Hg.)(1996). Auszuege aus der Statistik der Schwerbehinderten-Stand 31. Dezember-Angaben fuer Deutschland nach dem Ge- bietsstand seit dem 03. Oktober 1990. Reutlingen.

Steinhausen, H.-C. & Wefers, D.(1977). *Koerperbehinderte Kinder und Jugendliche. Empirische Untersuchung zur Psychologie der Koerperbehinderung*. Weinheim.

Steinhausen, H.-CH.(1988). *Psychische Stoerungen bei Kindern und Jugendlichen- Lehrbuch der Kinder- und Jugendpsychiatrie*. Muenchen, Wien.

Steuber, H.(1973). Zur Haeufigkeit von Verhaltensstoerungen im Grundschulalter. In: *Praxis der Kinderpsychologie und Kinderpychiatrie* 22, 250-264.

Stoerig, H. J.(1975). *Kleine Weltgeschichte der Philosophie*. Koeln.

Strobel, Beate U. M.(2005). *Heilpaedagogik fuer Erzieher/innen*. Ernst Reinhardt Verlag, Muenchen.

Suhr, K.(2004). Konzeption, *Implementation und Evaluation des multidimensonalen Foerderprogramms <Skribo> zur Foerderung rechtschreibschwacher Schuelerinnen und Schueler*. Unveroeff. Dissertation. Universitaet Kiel.

Tausch, R. & Tausch, A. -M.(1991). *Erziehungspsychologie - Begegnung von Person zu Person. Goettingen*, Toronto, Zuerich.

Thalhammer, M.(1974). Geistige Behinderung. In: Speck, O.; Thalhammer, M.(Hg.); *Die Rehabilitation der Geistigbehinderten*. Muenchen, Basel.

Theresia, H.(2015). *Maria Montessori-Die private Frau in der Oeffentlichkeit*. In: Klein-Landeck (Hrsg.). *Fragen an Maria Montessori. Immer noch ihrer Zeit voraus*. Freiburg/Basel/Wien: Herder.

Thimm, W.(1985).: Soziologische Aspekte von Sehschädigungen. In: RATH, W./Hudel-mayer, D.(Hrsg.), *Pädagogik der Blinden und Sehbehinderten. Handbuch der Sonderpädagogik*, Band 2. Berlin: Marhold, 535-568

Thurmair & Naggl(2000). *Praxis der Fruehfoerderung*. Muenchen/Basel.

Tinbergen, E. A. & Tinbergen, N.(1972). Early childhood autism; An ethological approach. In: Advances in Ethology, 10, *Supplement to Journal of comparative Ethology*. Berlin and Hamburg: Verlag Paul Pany.

Torrance, E.P.(1962). *Guiding creative talent*. Englewood Cliffs; Prentice Hall.

Trevarthen, C., Aitken, K., Papoudi, D., & Robarts, J.(1996). *Children with Autism; Diagnosis and Interventions to Meet Their Needs*. London, Jessica Kinsley Publishers.

Urban, K. K.(1990). *Besonders begabte Kinder im Vorschulalter*. Heidelberg: HVA(Edition Schindele).

Verhaaren, P. R., & Connor, F. P.(1981). Physical disabilities. In: J. M. Kauffman & D. P. Hallahan(Eds.). *Handbook of special education*. Englewood Cliffs, NJ: Prentice-Hall.

Vernooij, M. A.(1982). *Schulische Einrichtungen fuer Verhaltensgestoerte. Studienbrief der Fernuniversitaet Hagen*.

Vernooij, M. A.(1984). Behinderung und Verhaltensstoerung. In: Behinderte in Familie, *Schule und Gesellschaft*, 7/4.

Vernooij, M. A.(1998). Im Leiden begegnet uns Gott - aber wollte ich ihm denn begegnen? Ueberlegugnen im Zusammenhang mit dem 'Leid', ein behindertes Kind zu haben. In: Adam, G. & Kollmann, R. & Pithan, A.(Hg.). *Mit Leid umgehen. Dokumentation des Sechsten Wuerzburger Religionspaedagogischen Symposiums*. Muenster, 23-25.

Vernooij, M. A.(2000). Verhaltensstoerungen unter psychologischem Aspekt. In: Borchert, J. (Hg.); *handbuch der sonderpaedagogischen Psychologie*. Goettingen.

Vernooij, M. A.(2005). *Erziehung und Bildung beeintraechtigter Kinder und Jugendlicher*. Parderborn.

Vernooij, M. A.(2007). *Einfuehrung in die Heilpaedagogik. Theoretische und praktische Grundlagen der Arbeit mit beeintraechtigten Menschen*. 8. Auflage. Quelle&Meyer Verlag; Wiebelsheim.

Von Salisch, M.(2005). Welchen Einfluss haben Peers auf Verhaltensauffaelligkeiten im Kindes- und Jugendalter? In: B. Gasteiger-Klicpera, H. Julius/ C. Klic- pera(Hrsg.). *Handbuch zum sonderpaedagogischen Foerderschwerpunkt emotionale und soziale Entwicklung*. Goettingen: Hogrefe.

Vygotsky, L. S.(1962). *Thought and language*. New York: Wiley.

Walkenhorst, P.(1995). Kinder- und Jugenskriminalitaet. Paedagogische Foerderansaetze in Jugendstrafrechtspflege und Schule. *Zeitschrift fuer Heilpaedagogik 41*, 841-858.

Webb, J. T., Meckstroth, E. A. & Tolan, S. S.(2002). *Hochbegabte Kinder- ihre Eltern, ihre Lehrer*. Ein Ratgeber. Bern, Goettingen: Huber(3. Aufl.).

Weber, D.(1983). *Psychologische Stoerungen, insbesondere Autismus*. Fernuniversi-taet Hagen.

Weber, D.(1988). Autistische Syndrome. In: K. P. Kisker, H. Lauter, J. E. Meyer, C. Mueller & E. Stroemgreen(Eds.), *Psychiatrie der Gegenwart VII*, Springer-Verlag.

Weigt, G.(1988). Mangelernaehrung und Behinderung. In: *Zeitschrift fuer Heilpaedagogik 4*.

Welling, A.(2000). Sprachbehinderungen. In: J. Borchert(Hrsg.). *Handbuch der Sonderpaedagogischen Psychologie*. Goettingen: Hogrefe.

Wendeler, J.(1984). *Aspekte der Psychologene bei Geistigbehinderten*. Fernuniversitaet Hagen.

Wendeler, J.(1993). *Geistige Behinderung. paedagogische und psychologische Aufgaben*. Weinheim/Basel.

WHO(1974). Chronicle. Verhuetung der Blindheit. Bericht einer WHO-Studiengruppe, Serie der technischen Berichte der WHO Nr. 518. Genf 1973. In: *Umschau des europaeischen Blindenwesens*.

Wienhues, J.(1982). Schulen fuer Kranke in kinder- und jugendpsychiatrischen Einrichtungen. *Praxis der Kinderpsychologie 31*, 313-318.

Wiesenhuetter, E.(1964). Erscheinungswesen und Ursachen der Verhaltensstoerungen. In: Lueckert, H.-R.(Hg.): *Handbuch der Erziehungsberatung*. Band I. Muenchen.

Wilken, U.(1983). Koerperbehindertenpaedagogik. In: Solarova, S. *Geschichte der sonderpaedagogik*. Stuttgart.

Will, H.(1982). Zur Bedeutung der Diagnosen leichter fruehkindlicher Hirnschaedigungen fuer die paedagogische und sonderpaedagogische Praxis. In: *Psychologie in Erziehung und Unterricht 29*, 279-291.

Williams, D.(1994). *Somebody Somewhere*. New York, Time Books.

Wing, L. & Gould, J.(1979). Severe Impairments of Social Interaction and Associated Abnormalities in Children; Epidemiology and Classification. *Journal of Autism and Developmental Disorders 9*.

Wing, L.(1976). Diagnosis, clinical description and prognosis. In: L. Wing(ed.). *Early Childhood Autism*. Oxford, Pergamon.

Wing, L.(1996). *The Autistic Spectrum: a Guide for Parents and Professionals*. Constable Publishers, U.K.

Winkler, U. & Vernooij, M. A.(1998). Systemische Therapie. In: Wittrock. Witte, E. H.(1989). *Sozialpsychologie*. Ein Lehrbuch. Muenchen.

Wolfenberger, W.(1972). *The principle of normalization in human services*. Toronto.

찾아보기

인 명

주 제

(ㄴ)

(ㄷ)

(ㅈ)

(ㅊ)

(ㅋ)

(ㅌ)

저자 소개

김기홍(金起興)

동아대학교 문과대학 독어독문학 전공
독일 쾰른대학교(Universitaet zu Koeln) 특수교육과 졸업(학사)
독일 쾰른대학교(Universitaet zu Koeln) 특수교육대학원 졸업(석사)
독일 쾰른대학교(Universitaet zu Koeln) 특수교육대학원 졸업(박사)
인제대학교 사회복지대학원 졸업(석사)
전, 가야대학교 초등특수교육과 교수(2002~2005)
현재 부산교육대학교 유아교육과 교수(2006~현재)

주요논문 및 저서

- 장애인에 대한 사회적 태도. 지체장애인에 대한 한국과 독일대학생의 태도연구(역서, 2003, 홍익재)
- 지체부자유학교의 직업교육실태 및 개선방안(2004)
- 우리나라의 장애인차별금지 및 권리구제 등에 관한 법률안과 독일의 장애인평등법의 비교 연구(2005)
- 독일의 건강장애학생을 위한 환아 학교의 교육 및 수업운영체제에 관한 연구(2005)
- 장애아(인)에 대한 대학생들의 태도에 관한 연구: 부산 · 경남지역 소재 대학교를 중심으로(2006)
- 우리나라와 독일의 건강장애학생을 위한 병원학교의 운영체제에 관한 비교 연구(2007)
- 특수학교에 재학 중인 장애아동 부모의 통합교육에 관한 인식(2009)
- 특수학급에 재학 중인 장애아 부모들의 통합교육에 대한 인식(2010)
- 한 · 일 다문화 가정 장애자녀의 양육 및 교육에 대한 일본인 어머니들의 인식 및 지원 요구(2012)
- Schulische Inklusion von Schuelern mit Behinderung im Primarbereich der Bundesrepublik Deutschland im Vergleich zu Suedkorea(2013)
- 특수학교에 재직 중인 특수교사들이 바라본 일반학교에서의 통합교육과 특수학교 교육에 대한 인식(2014)
- 장애아 교육학: 장애아동의 이해와 교육을 위한 입문서(저서, 2014, 집문당)
- 통합교육적 관점에서 본 독일연방공화국의 주별「학교법」상 교육목적 (저서, 2015, 집문당)
- 특수학교에 재직 중인 특수교사들의 통합교육에 관한 인식(2016)
- 독일의 특수학교 교사들의 통합교육애 대한 인식 - 뒤셀도르프, 쾰른 및 부퍼탈 지역을 중심으로(2017)
- 히틀러와 장애인: 독일 제3제국 시대의 주요 정치 이념과 사회 정책 비판 (저서, 2018, 집문당)
- 죽음의 가스실: 독일 제3제국 시대의 장애인과 정신질환자들에 대한 강제적 안락사(저서, 2019, 집문당)